Alois Michels

Freiheit im Denken, Fühlen und Wollen

Alois Michels

Freiheit im Denken, Fühlen und Wollen

Psychologische Grundlagen für einen guten Umgang mit uns selbst und anderen

Frank & Timme
Verlag für wissenschaftliche Literatur

Umschlagabbildung © emerald_media – stock.adobe.com

ISBN 978-3-7329-0805-9
ISBN E-Book 978-3-7329-9160-0

Herstellung durch Frank & Timme GmbH,
Wittelsbacherstraße 27a, 10707 Berlin.
Printed in Germany.
Gedruckt auf säurefreiem, alterungsbeständigem Papier.

www.frank-timme.de

Inhaltsverzeichnis

Vorwort

Als ich vor einigen Jahren mit der Konzeption dieses Buches begonnen habe, war nicht abzusehen, welche fundamentale Bedeutung der Begriff „Freiheit“ innerhalb kürzester Zeit für einen so großen Teil der Menschheit bekommen würde. Aber ebenso wenig war abzusehen, welch großes Konfliktpotenzial innerhalb der menschlichen Gesellschaft der Begriff in sich birgt. Es zeigt sich eine große Diskrepanz, wie viele Menschen einerseits über Freiheit reden und sie einfordern, wie auf der anderen Seite aber kaum jemand einen Begriff davon hat, was Freiheit wirklich bedeutet.

Das zentrale Anliegen dieses Buches war von vornherein, eine Anregung und Unterstützung für einen differenzierten Begriff der Freiheit zu geben. Die wesentlichen Aspekte hierzu möchte ich in Form von Axiomen dem Buch voran stellen.

1. Axiom: Um Freiheit zu erreichen, sollte sich der Mensch in einer ausgewogenen Beziehung sowohl zu seiner Außen- als auch zu seiner Innenwelt befinden. Derzeit haben viele Menschen kaum einen Bezug zu ihrer Innenwelt. Oder es findet ein zu extremer Rückzug in diese statt, um sich vor der äußeren Realität zu schützen, wodurch die Wahrnehmungen der Innen- und Außenwelt sich verzerren.

2. Axiom: Es bedarf eines grundsätzlichen Verständnisses dafür, dass wir Menschen permanent mit drei verschiedenen Welt-Systemen verbunden sind, nämlich der Welt des Geistes, der Welt des Körpers, und der Welt der Seele. Diese drei Welt-Systeme besitzen aus sich heraus die natürliche Tendenz, miteinander in ständiger Interaktion zu sein. Der Mensch aber hat die Tendenz, sich jeweils nur auf eines dieser Welt-Systeme zu beziehen und die anderen beiden außer Acht zu lassen. In den drei verschiedenen Welt-Systemen Geist, Körper und Seele sind jeweils vollkommen unterschiedliche Gesetzmäßigkeiten wirksam. Eine wichtige Voraussetzung dafür, dass der Mensch besser mit diesen unterschiedlichen Gesetzmäßigkeiten umgehen kann, ist, dass er sich ein Wahrnehmungssystem für alle drei Welt-Systeme aneignet.

3. Axiom: Um Freiheit verwirklichen zu können, braucht jeder einzelne Mensch einen Begriff von Freiheit. Das bedeutet, dass er sich bewusst und für sich persönlich mit dem Begriff auseinandersetzt und so diesen Begriff zu seinem eigenen macht. Wenn das geschieht, ergibt sich wie von alleine die Konsequenz, wie sehr Freiheit davon abhängig ist, ob der Mensch in der Lage ist, seinen eigenen Willen aktivieren zu können.

Die Inhalte dieses Buches entstammen aus einer Perspektive, die ich als Körperpsychotherapeut in 40 Jahren Berufserfahrung und Praxis gewinnen konnte. Ich benutze bewusst den Begriff *Perspektive*, weil damit zum Ausdruck gebracht werden soll, dass es sich um einen Aspekt meines individuellen und persönlichen Bewusstseins handelt, aus dessen Quelle die hier dargelegten Aspekte entsprungen sind. Mein individuelles und persönliches Bewusstsein hat einen Weg gesucht und gefunden, den ich als *leibliches Denken* bezeichne. Dieser von mir eingenommenen *leiblichen Perspektive* ist all das zu verdanken, was hier niedergeschrieben ist.

Einleitung

Und du? Wann wirst du die lange Reise
hinein in dich selbst beginnen? (1)
Dschelal-Eddin Rumi

Wir sind auf dem Weg zum Mond. Das ist nicht weit.
Der Mensch muss auf dem Weg in sich selbst viel weiter gehen. (2)
Anäis Nin

Dieses Buch richtet sich an Menschen, die ein tiefes Interesse daran haben, wie wir mit den immer komplexer werdenden Konflikten und Herausforderungen überall in der Welt anders und zielführender umgehen können, als das bisher der Fall ist. Dieser andere und neue Umgang sollte drei wesentliche Kriterien erfüllen. Erstens angesichts der Überbetonung des rationalen Denkens eine Rückbesinnung auf unsere seelischen Regungen und die Empfindungen unseres Körpers in die Auseinandersetzung mit den gegebenen Herausforderungen. Zweitens bedarf es einer grundlegenden Wahrnehmung dafür, dass wir Menschen über ein differenziertes Inneres und damit über mehr Potenziale verfügen, als es den meisten bewusst ist. Diese Wahrnehmung zu schulen und zu fördern, kann heute nicht mehr nur Sache der Eltern alleine sein, und auch nicht Sache innerhalb einer abgesonderten Nische im Rahmen einer Therapie, sondern ist in meinen Augen Aufgabe der gesamten Gesellschaft füreinander und untereinander. Drittens reicht das Wissen und eine entsprechende Wissensvermittlung hinsichtlich der inneren Potenziale des Menschen alleine noch keineswegs aus. Es bedarf, wie im Umgang mit der äußeren Welt, einer konkreten praktischen Schulung und Übung darin, wie man die inneren Potenziale anwendet und zur Entfaltung bringen kann.

Das Buch ist jedoch nicht in erster Linie ein Wissens-Buch, sondern basiert auf einem Erfahrungshintergrund und ist daher eher ein Arbeits-Buch. Denn die heutige Überbetonung des Info-Wissens hilft weder dem Einzelnen noch der Allgemeinheit wirklich weiter. Unsere aktuelle Welt ist überflutet mit Wissen, und dennoch haben viele das Gefühl, es fehlt etwas sehr Wesentliches. Schon der griechische Philosoph Heraklit sprach vor über 2500 Jahren den meisten seiner damaligen Zeitgenossen die Fähigkeit zu tieferer Einsicht ab, und formulierte die polemische Bemerkung, dass „Vielwisserei“ nicht zu Verständnis führe. Und Goethe schrieb nach den ersten Wochen seiner italienischen Reise:

> *„... hätte ich nicht den Entschluss gefasst, den ich jetzt ausführe, so wär' ich rein zugrunde gegangen und zu allem unfähig geworden ... Denn ich konnte mit der historischen Erkenntnis* (hiermit meinte er das rein theoretische Lesen von Büchern, A. M.) *nicht näher; die Gegenstände standen gleichsam nur eine Handbreit von mir ab, waren aber durch eine undurchdringliche Mauer von mir abgesondert.“* (3)

Freiheit bedarf der Integration des Außen und Innen

Um mit den großen Herausforderungen unserer aktuellen Lebenswelt besser umgehen zu können, mangelt es nicht an Wissen im Hinblick auf die äußeren Zusammenhänge, sondern es mangelt am Willen und dem Wissen um innere Zusammenhänge, zum Beispiel darüber, wie der Mensch seinen Willen sinnvoll und zielführend aktivieren kann. Die Gleichsetzung von menschlicher Erkenntnis mit Aneignung von Wissen ist eines der großen Missverständnisse der heutigen Zeit. Erkenntnis aber ist das Ergebnis dessen, was ich als individueller Mensch wahrgenommen, dann in meinem Inneren reflektiert, erfühlt, und schließlich in einer ganz individuellen Freiheit und Verantwortung ausgetragen habe. Dazu bedarf es der Fähigkeit, sich nicht allein dem bloßen Wiegen, Messen, Zählen, und dem Wissen der anderen, sondern den eigenen menschlichen Wahrnehmungen und Empfindungen anzuvertrauen, die zu mehr in der Lage sind als bloßes Aufnehmen des von außen herangetragenen. Denn nur mit dieser Vorgehensweise kann ein inneres Erkenntnis-Licht dem Licht der äußeren Erscheinungen fruchtbringend begegnen. Fruchtbringend und weiterführend insofern, als nur in der Begegnung des

Äußeren der Welt mit dem Inneren des Menschen diejenigen Tiefendimensionen der Wirklichkeit erfahrbar werden können, die uns die rein naturwissenschaftliche Herangehensweise alleine nicht zu geben imstande ist. *„Jeder Mensch, der auf sich selber achtet, weiß, was keine Wissenschaft weiß, da er weiß, was er selber ist"*, sagt Kierkegaard. (4) Dass der Mensch über eine eigene persönliche Erkenntnisfähigkeit und ein inneres Erkenntnislicht verfügt, haben sowohl Kant als auch Goethe noch gewusst. Heute traut sich niemand mehr, so etwas überhaupt zu denken, weil Erkenntnis scheinbar nur etwas ist, das für alle Menschen das Gleiche zu sein hat. Wir benötigen im Umgang mit der Wirklichkeit jedoch das Engagement unserer gesamten Existenz aus Geist, Körper und Seele. Wissenschaftliche Unterstützung kann sehr dienlich sein, aber sie allein wird uns Menschen nicht weiterbringen, wenn wir uns nicht persönlich mit der Wirklichkeit auseinandersetzen. Der Glaube an die Allmacht der Wissenschaft kann somit auch gesehen werden als Versuch der Verschiebung unserer unbewussten triebgesteuerten Allmacht-Phantasien auf eine rein objektive und damit scheinbar sichere Erkenntnismethode. Aber auch umgekehrt kann der bei vielen verbreitete Glaube an die grenzenlose Schöpferkraft des Menschen und die damit einhergehende Neigung, nur nach innen zu schauen und die äußere Realität zu verleugnen, als eine solche Verschiebung unbewusster Allmacht-Phantasien gesehen werden. Denn dieser Glaube wird zu einer Falle, wenn es plötzlich doch nicht weiter geht und alles um uns, und in uns zusammen zu brechen scheint.

Im Gleichgewicht zwischen der äußeren und der inneren Perspektive liegt also ein erster herausfordernder Aspekt unserer menschlichen Freiheit. Für den Menschen, der dieses Gleichgewicht in seinem Bewusstsein findet, bedeutet das, dass er gleichzeitig damit beginnt, auf die unendliche Vielfalt der Möglichkeiten im rein Äußeren zu verzichten und diese loszulassen. Der innere Drang zu immer mehr äußerer Fülle vermindert sich, weil Fülle nun auch im Inneren erfahren wird. Darüber hinaus wiederum wächst in uns die Fähigkeit, den Innen-Räumen im Bewusstsein der anderen gelassener und neugieriger begegnen zu können, wodurch wir in solchen Begegnungen eine weitere Bereicherung erfahren. Der italienische Psychiater, Psychoanalytiker und Begründer einer eigenen Psychotherapie-Methode, der *Psychosynthese*, Roberto Assagioli, schreibt 1972, zwei Jahre vor seinem Tod:

Wenn ein Mensch einer früheren Zivilisation – sagen wir ein Grieche oder Römer des Altertums – plötzlich in der heutigen Menschheit erschiene, würden ihn seine ersten Eindrücke wahrscheinlich dazu führen, sie als eine Rasse von Magiern und Halbgöttern zu betrachten. Wäre er jedoch ein Plato oder Mark Aurel und würde sich weigern, über die von der materiellen Technologie erzeugten Wunder verblüfft zu sein, und würde den menschlichen Zustand sorgfältiger untersuchen, dann würden seine ersten Eindrücke einer großen Bestürzung weichen.

Er würde bald bemerken, dass der Mensch, obwohl er in eindrucksvollem Maße Macht über die Natur erworben hat, in seinem Wissen und in der Beherrschung seines inneren Wesens sehr eingeschränkt ist. Er würde erkennen, dass dieser moderne „Magier", der fähig ist, auf den Grund des Ozeans hinunterzusteigen und sich auf den Mond zu versetzen, weitgehend unwissend ist über das, was in der Tiefe seines Unbewussten vor sich geht, und dass er unfähig ist, in die leuchtenden überbewussten Stufen hinaufzureichen und sich seines wahren Selbst bewusst zu werden. Dieser vermeintliche Halbgott, der mit der Bewegung eines Fingers große elektrische Kräfte kontrolliert und die Luft mit Klängen und Bildern für die Unterhaltung von Millionen überflutet, würde als unfähig erkannt werden, mit seinen eigenen Gefühlen, Impulsen und Begierden fertig zu werden. (5)

Und vielleicht denken wir einmal darüber nach, wie viel Energie, Zeit und Geld wir für die Erforschung der Außenwelt investieren im Vergleich zur Erforschung der Innenwelt. In der äußeren materiellen Welt kennen wir uns heute scheinbar bestens aus. Dass es darüber hinaus auch eine innere Welt gibt, stellt niemand in Frage. In der Bildung und Erziehung der Menschen ist aber das ausschließlich wichtigste Ziel, den Menschen zu befähigen, mit der äußeren Welt zurecht zu kommen. Die Fähigkeit zur Steuerung der inneren Welt und die Vermittlung ihrer Gesetzmäßigkeiten ist bis heute kein erstrebenswertes Bildungsziel. Man ist lediglich bereit, für diejenigen, die mit dieser Ausbalancierung ein Problem haben, gewisse gesellschaftliche Kosten zu übernehmen, ihren „psychischen Defekt" vom Fachmann reparieren zu lassen.

Der Schritt der Ausbalancierung unserer Außen- und Innenwahrnehmung ist aber nur der erste Schritt in der Entwicklung des menschlichen Bewusstseins hin zur Freiheit. Denn inzwischen wissen wir auch, dass es zwischen Innen und Außen noch ein Drittes gibt. Der jüdische Philosoph Martin Buber war einer der ersten, die auf diesen dritten Bereich hingewiesen und ihm einen Namen gegeben hat. Buber musste sich begrifflich auch selber erst einmal herantasten, und stellte mehrere Begriffe dafür zur Diskussion, einer war der Begriff *zwischen.* Die neuere Theorie der Psychoanalyse bezeichnet den Bereich als *intermediären Raum* zwischen Subjekt und Objekt. Aber diese dritte Dimension geistig zu verstehen und leiblich empfinden zu können, ist für uns Menschen derzeit noch keine leichte Aufgabe. Wie sollte das auch sein, wenn wir aktuell nicht einmal die Dialektik zwischen Innen und Außen in unserem Bewusstsein integriert haben.

Die drei verschiedenen Welt-Systeme und ihre unterschiedlichen Gesetzmäßigkeiten

Eine ständige Herausforderung für uns Menschen besteht darüber hinaus darin, dass wir nicht nur Wesen der zwei unterschiedlichen Bewusstseinswelten des Innen und Außen sind, sondern uns darüber hinaus in einer permanenten Interaktion mit den drei verschiedenen Welt-Systemen Geist, Körper und Seele befinden. Dass es neben der Welt des Körpers und der Welt des Geistes eine dritte Welt der Seele gibt, erfährt eine logische Unterstützung durch ein Phänomen, das wir alle kennen. Denn jeder ist vertraut mit einer Fähigkeit zur Wahrnehmung, die nicht ausschließlich von den Sinnesorganen kommt. Einige sprechen in diesem Zusammenhang von einem sogenannten Bauchgefühl, das sie haben, andere sprechen davon, dass ihr Herz ihnen etwas Wichtiges mitteilt. Diese Wahrnehmungen entstammen weder den Sinnesorganen für die Außenwelt, noch entstammen sie dem Denken. Sie existieren aber in uns Menschen. Und die Wissenschaft der Psychologie, die ja eigentlich auch eine Wissenschaft der menschlichen Seele sein sollte, beschäftigt sich nicht einmal mit diesen Phänomenen.

Hier nun einige Erläuterungen im Hinblick auf die unterschiedlichen Gesetzmäßigkeiten der jeweiligen drei Welt-Systeme. Vor mehr als 40 Jahren, als ich mit meiner beruflichen Tätigkeit in einer Kurklinik begann, wussten die wenigsten Menschen, wenn sie nicht gerade Sportler waren, um die Gesetzmäßigkeiten der körperlichen Ertüchtigung, zum Beispiel um den Unterschied zwischen dem Training für das Herz-Kreislaufsystem im Unterschied zum Muskelsystem und zur Gelenkigkeit. Heute ist es beinahe umgekehrt. Es gibt nur noch wenige Menschen, die um diese Gesetzmäßigkeiten nicht wissen. Allerdings, und damit komme ich zum wesentlichen Punkt, ist es aktuell mehr als ersichtlich, dass die Gesetzmäßigkeiten der zwei anderen Welt-Systeme, der Seele und des Geistes, bei den Bemühungen um eine körperliche Ertüchtigung in den meisten Fällen fast völlig außer Acht gelassen werden. Dadurch, dass diese nicht mit einbezogen werden, kommt es zu den überall sichtbaren extremen Phänomenen sowohl im Bereich der aktuellen Fitness-Kultur, als auch im Bereich vieler Eingriffe am Körper, die häufig mehr Schaden als Nutzen bewirken. Auch das Interesse an und das Wissen um die Gesetzmäßigkeiten der Seele hat in den vergangenen Jahren in der allgemeinen Bevölkerung deutlich zugenommen. Jedoch auch hier werden die gewonnenen Erkenntnisse über die Gesetzmäßigkeiten der Seele dann oft nicht abgeglichen mit der vollkommen anderen Logik des Körpers, und auch nicht mit der anderen Logik des Geistes. Die gleichzeitige Wahrnehmung sowohl der Gesetzmäßigkeiten des Geistes als auch der Seele würde beispielsweise bewirken, dass der einzelne Mensch von sich aus in gewissen zeitlichen Abständen das natürliche Bedürfnis verspürt innezuhalten und sowohl eine Synopsis der geistigen Informationen als auch eine Rückverbindung zu seinen seelischen Erfahrungen durchzuführen. Ohne ein solches Innehalten entgleiten die geistigen Impulse und seelischen Erfahrungen viel zu schnell ins Unbewusste und entziehen sich dem weiteren bewussten Zugriff. Und was die Kenntnis über die Gesetzmäßigkeiten des Geistes betrifft, steckt diese in unserer westlich-abendländischen Kultur ohnehin gerade einmal in den Kinderschuhen. So glauben nicht nur Laien, sondern viele wissenschaftlich ausgebildete Ärzte bis heute, dass Kreuzworträtsellösen ein gutes Hirntraining sei. Näheres hierzu erfahren Sie im Kapitel über den Geist. Und wie sehr der Mensch die Tendenz hat, sich in erster Linie einseitig auf die äußerlich messbare Welt des Körpers zu beziehen, und die zwei anderen, mehr im Inneren wahrnehmbaren Welten, außer Acht zu lassen, zeigt sich besonders eindringlich im Umgang mit der Corona-Pandemie. Der Fokus richtet sich ausschließlich auf das biologische Virus (Körper), die psychischen (Seele) und soziologischen Aspekte (Geist und Seele) finden so gut wie keine Beachtung.

Ein sehr konkretes Beispiel, wie das Zusammenspiel von geistigen, seelischen und körperlichen Gesetzmäßigkeiten zur Wirkung gebracht werden kann, ist dagegen das folgende. Als Nelson Mandela und seine Mitstreiter in Südafrika zu einer lebenslangen Freiheitsstrafe verurteilt worden waren, hatte er im Gefängnis, wie er später berichtete, zwei fundamentale Ideen. Die erste Idee war, dass, wenn der ganze bisherige Freiheitskampf nicht umsonst gewesen sein und nun nicht im Sande verlaufen soll, er und seine Mitstreiter die Zukunft in ihr Denken miteinbeziehen müssten. Und Zukunft in das Denken miteinbeziehen hieße, die jetzige Situation als eine vorrübergehende zu denken, auf die es in jedem Fall auch eine Zukunft geben würde, in welcher Form auch immer. Die zweite Idee war, dass er neben der Erlaubnis, an der Universität London ein Fernstudium absolvieren zu dürfen, mit seinen Mitstreitern einen Arbeitskreis bilden durfte, in dem die alten griechischen Philosophen studiert wurden. Unter strenger Bewachung der Gefängnisleitung erhielt Mandela die Erlaubnis, sich einmal wöchentlich mit seinen Mitstreitern zu treffen und über das Gelesene auszutauschen. Es gelang Mandela auch, seine Idee vom Zukunft-Denken in der Verpackung der griechischen Philosophen so an seine Mitstreiter heranzutragen, dass es die Bewacher nicht mitbekamen, seine Mitstreiter aber verstehen konnten. Zu dieser Zeit war es vollkommen offen, wie es politisch weitergehen würde, aber es dürfte nachvollziehbar sein, dass diese Denkweise ihm und seinen Mitstreitern dazu verholfen hat, die langjährige Haft geistig, seelisch und körperlich besser zu überstehen. Aber nicht nur das, in der ersten Rede nach seiner Freilassung vor über 100 000 Zuhörern in einem Stadion rief er zur Überraschung aller zur Versöhnung statt zum weiteren Kampf auf.

Einer, der aktuell die zunehmend eindimensional gewordene Denkweise im Umgang mit der mehrdimensionalen Welt kritisiert und explizit die Bedeutung des Denkens der Zukunft in den Fokus seiner wissenschaftlichen Forschungen rückt, ist der Soziologe Armin Nassehi. Er schreibt:

Ich bin davon überzeugt, dass die Lösung der anstehenden Probleme nur mit einem Paradigmenwechsel gelingen wird, nur mit der Umstellung unserer Denkungsarten auf ein vernetztes Denken, für das uns manchmal die Kategorien, vor allem aber die Ausdrucksformen fehlen. (6)

Und Goethe notiert in seinen *Maximen und Reflexionen* im Jahre 1826, dass ein englischer Kritiker ihm eine „panoramic ability" zuerkannt habe. Diese Art zu denken ist hier gemeint, und diese hat dann Auswirkungen auf die Seele und den Körper. In der aktuellen Wissenschaft sind nur sehr wenige Ansätze von diesbezüglichen Fragestellungen und Überlegungen zu erkennen, auch weil wichtige Kategorien nicht geklärt sind, zum Beispiel, was Geist und was Seele ist. Oder liegt es eher daran, dass sich für Kategorien kaum noch einer interessiert, weil nur noch die schnellen faktischen Resultate zählen? Somit kann dieses Buch auch gesehen werden als ein Versuch, den Kategorien ihre Bedeutung und Würde zumindest im Ansatz zurückzugeben. Ich gehe aber noch einen Schritt weiter, indem ich die These aufstelle, dass auch eine Verbesserung unseres Denkens alleine uns noch nicht zur Freiheit führt, sondern dies nur dadurch geschehen kann, dass wir uns mit allen Aspekten unseres Menschseins, also auch mit dem Fühlen und dem Wollen, sprich Handeln, auf den Weg zur Freiheit machen.

Der fehlende Begriff der Freiheit

Jedoch, wenn wir Menschen zur Freiheit gelangen wollen, führt zunächst kein Weg daran vorbei, dass wir uns geistig einen klaren Begriff darüber machen, was menschliche Freiheit überhaupt ist. Dass es aber bis heute keinen wirklich klaren Begriff über Freiheit gibt, führt uns das inzwischen berühmte *Libet-Experiment* anschaulich vor Augen (7). In diesem Experiment zeigte sich, dass es bereits 0,3 Sekunden vor einer bewussten Entschlussfassung im Gehirn messbare Impulse für die jeweilige Entscheidung gibt. Für einige war dieses Experiment ein Beweis dafür, dass der Mensch keine eigene freie Willensentscheidung treffen kann, sondern abhängig und fremd gesteuert ist von seinen unbewussten Impulsen. Das Paradoxe daran war, dass Libet selbst persönlich überzeugt war, dass der Mensch zur freien Willensentscheidung fähig sei. So versuchte er später, seine eigenen Messergebnisse so zu interpretieren, dass jede Willenshandlung zwar zunächst unbewusst initiiert wird, aber die kurze Zeitspanne von 0,3 Sekunden nachweislich ausreiche, die vorher unbewussten Impulse noch stoppen zu können (8).

Die hier zugrunde liegende Philosophie ist, dass es für jeden modernen Wissenschaftler heute nur ein Entweder/Oder gibt. Entweder das menschliche Gehirn hat die Kontrolle über die Regungen, oder die Regungen bleiben im Unbewussten, und der Mensch bleibt dann diesen unbewussten Mächten gegenüber ausgeliefert. Das hat Freud so gesehen, und so sieht es die gesamte aktuelle Naturwissenschaft. Die Forderung nach einem klaren Begriff für menschliche Freiheit bedeutet aber auch, logisch zu erkennen, dass Freiheit und Kontrolle nicht zusammenpassen. Von Erich Fried stammt der hierzu passende Satz: *„alle sagen, hier herrscht Freiheit – aber Freiheit herrscht nicht."* Die jedoch wesentlich bedeutendere Unlogik in diesem Denken ist, wenn man die Impulse aus den tieferen Schichten der Seele und des Körpers als etwas fremd Gesteuertes betrachtet, so als gehörten diese nicht zu unserem Menschsein an sich. Wer Freiheit ausschließlich als vom Gehirn gesteuerte freie Willenshandlung definiert, ohne dass auch die Seele und der Körper daran beteiligt sind, wird durch das Experiment von Libet eindeutig widerlegt. Statt dessen sollten wir dieses Experiment zum Anlass nehmen, uns bewusst zu machen, dass wir derzeit keinen klaren Begriff davon haben, was wir unter Freiheit verstehen.

Kant hat in seiner Philosophie die Bedeutung der menschlichen Freiheit betont, Freud in seiner Psychoanalyse die Bedeutung der menschlichen Autonomie. Aber weder Kant noch Freud haben genau definiert, ab wann konkret Freiheit und Autonomie erwirkt und erreicht sind. Einer, der eine konkrete Definition von Freiheit vorgeschlagen hat, war Erich Fromm. Er war Psychoanalytiker Freud'scher Schule, hat aber später über seinen Tellerrand hinausgeschaut und sich zusätzlich mit soziologischen und gesellschaftlichen Phänomenen beschäftigt. Fromm definiert Freiheit als „positive Verwirklichung des individuellen menschlichen Selbst".(9) Seine grundlegenden Erkenntnisse aus der Verbindung von psychoanalytischer und soziologischer Perspektive veröffentlichte er bereits 1941 in seinem ersten Buch mit dem gut zu unserem Thema passenden Titel „Die Furcht vor der Freiheit". Hier schreibt Fromm, dass, solange der Mensch Freiheit nur als „Freiheit von", also von äußeren Abhängigkeiten betrachte, dabei aber, psychoanalytisch betrachtet, vermeide oder verdränge, dass Freiheit in seinem Inneren immer mit einem Loslassen müssen der bisherigen Geborgenheit und Sicherheit und mit einem Gefühl der Angst vor Alleinsein und Einsamkeit verbunden sei, er nicht die andere Perspektive der Freiheit erkenne, nämlich die der „Freiheit zu". (10)

Was erwartet Sie nun in den einzelnen Kapiteln dieses Buches? Im Zentrum des ersten Kapitels steht meine These, dass unser gesamtes Denken, Fühlen und Handeln einer uns innewohnenden Grundsoftware unterliegt, nämlich unserem Welt- und Menschenbild. Wenn dem einzelnen Menschen aber sein eigenes Welt- und Menschenbild nicht bewusst ist, hat dieses unbewusste Welt- und Menschenbild Macht über ihn. Und dann ist dies bereits eine Ursache für eine fundamentale Unfreiheit in ihm, aus der er sich nur befreien kann, indem er sich innerlich mit seinem eigenen Welt- und Menschenbild auseinandersetzt und es sich bewusst macht, damit es im Anpassungs- und Wandlungsprozess bleiben kann.

Das zweite Kapitel soll zum Nachdenken darüber anregen, wie wir Menschen grundsätzlich zur Wahrnehmung und Erkenntnis gelangen. Hier soll deutlich werden, dass Wahrnehmung und Erkenntnis ein in sich verschränkter Prozess ist, der mehr Komplexität beinhaltet als allgemein angenommen. Unser Wahrnehmungs- und Erkenntnisprozess findet darüber hinaus ausschließlich in unserem Inneren statt, aber wenn wir da nicht hinschauen, bleibt der Prozess vorwiegend im Unbewussten und hat dann wiederum Macht über uns, anstatt dass wir diesen Prozess in unsere eigene Macht nehmen. In diesem Kapitel werden zudem Denkansätze aufgezeigt, die die Wahrnehmungs- und Erkenntnistheorie der aktuellen Naturwissenschaft sehr plausibel als zu einseitig in Frage stellen.

Das dritte Kapitel beinhaltet eine etwas ausführlichere Übersicht über die historische Entwicklung der westlich-abendländischen Erkenntnisphilosophie. Dieses Kapitel ist sehr umfangreich ausgefallen. Dahinter steht meine Überzeugung, dass wir den hier aufgeführten Vordenkern unserer Kultur eine Menge schuldig sind. Und die größte Schuld besteht darin, dass wir sie überhaupt wieder würdigen und wertschätzen. Dies aber kann nur geschehen, wenn wir uns mit ihnen auseinandersetzen und sie nicht in verstaubte Bücherregale verbannen. In dieser Entwicklungsgeschichte wird aber für diejenigen, die sich die Mühe machen, sie sich anzueignen, dann auch das Narrativ unserer Kulturgeschichte erkennbar. Von Kierkegaard stammt der Gedanke, dass wir unser Leben zwar nur vorwärts leben, unsere Lebensgeschichte aber nur rückwärts verstehen können. Ohne ein zumindest annäherndes Bewusstsein über unser kulturelles Narrativ bleiben wir Sklaven unserer kollektiven Geschichte und sind damit in einem weiteren Aspekt innerlich unfrei.

Im vierten Kapitel folgt eine Gegenüberstellung von aktuell existierenden Erkenntnistheorien. Hier war es für mich wichtig, nicht nur drei trockene philosophische Erkenntnistheorien darzulegen. Dies alleine hielte ich für uns alle, die nicht explizit Philosophie studiert haben, für eine Zumutung. Stattdessen versuche ich in diesem Kapitel auch die Geschichte der Institutionen oder Menschen spürbar werden zu lassen, von denen die aufgezeigten Erkenntnistheorien stammen.

Im fünften Kapitel geht es um unsere Empfindungen. Dieses Thema ist mich ein ganz besonders wichtiges, weil nicht nur in unserer aktuellen Wissenschaft, sondern in unserer gesamten Kultur eine Tendenz besteht, diesen Begriff vollkommen auf ein Abstellgleis abzuschieben. Als erfahrener Leib- und Körperpsychotherapeut kann ich nur hoffen, dass wir diese Tendenz wieder stoppen können, weil wir uns ansonsten unseren eigenen Ast absägen. Ich werde aufzeigen, welche lebenswichtigen Funktionen in unserem Inneren die Empfindungen als notwendige Basis haben, und dass, wenn diese Basis fehlt, auch viele weitere wichtige Funktionen gestört sind. Und mit gestörten Funktionen kann niemand von uns frei sein.

Nachdem es in den Kapiteln zwei bis fünf darum ging, wie wir Menschen zur Wahrnehmung und Erkenntnis über die gesamte Wirklichkeit, also der äußeren und der inneren gelangen, geht es im sechsten Kapitel um die Frage nach dem Ursprung und der Entwicklung des menschlichen Bewusstseins.

In den Kapiteln sieben bis neun steht eine ausführliche Heuristik der drei verschiedenen Welt-Systeme Geist, Körper, Seele, mit denen wir Menschen uns in einer schicksalhaften Dauerverbindung befinden, ganz im Vordergrund. Im Kapitel sieben geht um den Geist, im Kapitel acht um den Körper, und im Kapitel neun um die Seele.

In den Kapiteln zehn und elf will ich einen Beitrag zur Klärung unserer zwei wesentlichsten Mensch-Systeme leisten, nämlich zum Selbst und zum Ich. Hierbei soll deutlich werden, dass sie zunächst einmal nicht identisch sind, und dass auch in diesen beiden Mensch-Systemen vollkommen unterschiedliche Gesetzmäßigkeiten wirksam sind. Im Kapitel zehn geht um das Selbst, im Kapitel elf um das Ich.

Im zwölften Kapitel schließlich geht um die zentrale Frage unseres freien Willens. Ich werde zunächst anhand des bisherigen Narrativs unseres Begriffs *Willen* aufzeigen, welche enorme Bedeutung ein klarer Begriff von Wille hat, damit er in uns Menschen überhaupt aktiviert werden kann. Dann werde ich detailliert darlegen, auf welchen fundamentalen strukturellen Funktionen der freie Wille dringend aufbauen muss, damit er schließlich wirksam werden kann, und dass diese Funktionen sowohl einen frühkindlichen persönlichen Aspekt als auch einen überpersönlichen kulturellen Aspekt beinhalten.

1 Unser Menschenbild – Ein sehr verdrängtes Thema

Wenn wir nicht das Ziel kennen oder den voraussichtlichen Pfad des menschlichen Wachstums, bleibt unsere Menschlichkeit unzusammenhängend, ohne Struktur, ohne Flugbahn, ohne Absicht und schließlich ohne Sinn. Das genau ist die postmoderne Angst und das Dilemma, das weite Teile der westlichen Welt ergriffen hat. (1)
Richard Rohr, amerikanischer Franziskanerpriester

Ob die Menschheit das 21. Jahrhundert überlebt, wird nicht so sehr davon abhängen, ob sie eine allgemeine Theorie der Materie hervorbringt, sondern vielmehr davon, ob sie eine allgemeine Theorie des Menschen entwickelt, die es uns erlaubt, uns besser selber zu bestimmen, als wir dies bislang taten. (2)
Manfred Spitzer, Neurobiologe und Hirnforscher

Das Welt- und Menschenbild als Grundsoftware in uns

Das Bild der Menschen über sich selbst hat sich im Laufe der Menschheitsgeschichte immer wieder verändert. Aber wir sollten diese permanente Veränderung nicht als jeweils völlige Veränderung betrachten, sondern eher als Weiterentwicklung im Sinne einer Umwandlung, die dem Alten etwas wesentlich Neues hinzugefügt hat. Die Impulse für eine Veränderung und Weiterentwicklung des jeweiligen Menschenbildes waren aber stets das Resultat eines dialektischen Prozesses aus einerseits wichtigen Veränderungen und Erkenntnissen in Bezug auf die Außenwelt, und andererseits einer inneren Reflexion dieser Veränderungen im Inneren der Menschen. Eine sehr radikale Veränderung hat sich zum Beispiel vor ca. 400 Jahren in der Zeit der Renaissance ereignet, als entdeckt wurde, dass die Erde sich um die Sonne dreht und nicht umgekehrt.

Es hat aber nichts anderes eine so grundlegende und fundamentale Auswirkung auf alle menschlichen Aspekte wie das zugrunde liegende Menschenbild. Unser bewusstes oder unbewusstes Menschenbild fungiert daher als so etwas wie eine Grund-Software in uns. Der Einfluss dieser Grund-Software auf alle fundamentalen menschlichen Aspekte wie das Denken, Fühlen und Handeln wird bis heute leider vollkommen unterschätzt. Das Menschenbild dominiert unsere gesamte menschliche Existenz, als einzelne Individuen, aber auch im Kollektiv, und dies in allen Bereichen, in der Bildung, in der Heilkunde und Medizin, in den Wissenschaften, in der Wirtschaft, und in der Politik. Die mit Händen zu greifende Angst, die heute viele Menschen angesichts der enormen gesellschaftlichen Veränderungen und Herausforderungen umtreibt, ist ein großes Warnsignal für das Fehlen von ausreichend sinnvollen und tragfähigen inneren Menschenbildern. Das heißt nicht, dass wir gar kein Menschenbild haben. Jeder Mensch hat ein Menschenbild, aber solange dieses Menschenbild unbewusst ist, bleiben wir leider nur die Handlanger unseres unbewussten Menschenbildes. Erst wenn wir uns unseres Menschenbildes bewusst sind, kann dieses sich fortwährend weiterentwickeln und in unserem Handeln in der Welt eine wertvolle Stütze sein.

Wenn dies aber so ist, kann man es nur noch als Unlogik bezeichnen, die Bedeutung des Menschenbildes weder besonders zu beachten, es in der Erziehung und Bildung nicht explizit zu lehren, und eine Auseinandersetzung darüber nicht zu vermitteln. Das gilt insbesondere dann, wenn es um die Ausbildung in Berufen geht, in denen der Umgang mit Menschen besonders im Vordergrund steht, also der Lehrer- und Erzieherausbildung, der Ausbildung von Psychotherapeuten, von Ärzten, Pflegern und allen anderen therapeutischen Berufen. Der Vorwurf und die Kritik in Bezug auf eine Unlogik bezieht sich jedoch in erster Linie auf die heutige Zeit, oder besser den heutigen Zeitgeist. Es deutet vieles darauf hin, dass es dieses Dilemma in früheren Zeiten und Kulturen, und zum Teil auch in heute noch lebenden Kulturen, nicht immer so gegeben hat. Bis zur Renaissance gab es in unserer westlich-abendländischen Kultur ein relativ einheitliches und zugleich fest definiertes Menschenbild, das mehr oder weniger ausschließlich durch die christliche Religion geprägt war. Dieses alte Denken gibt heute jedoch kaum noch jemandem eine befriedigende Erklärung und Orientierung für sein eigenes Menschenbild. Wir befinden uns also offensichtlich in einer kritischen Umbruchphase, in der das alte Bild nicht mehr greift, ein neues aber noch nicht existiert. Freud hat das vor hundert Jahren gespürt, und war sehr darum bemüht, klarzustellen, dass seine Erkenntnisse sich nur auf einen Teil des Menschen beziehen, nämlich auf sein Unbewusstes, nicht aber auf das, was den Menschen im Ganzen ausmacht. Er hat damals schon das gemacht, was heute viele andere auch machen. Man erkennt, dass das alte Menschenbild nicht mehr greift, meint aber, sich bei der Suche nach einem neuen raushalten zu können oder gar zu müssen, und dies anderen, insbesondere den Fachleuten zu überlassen, die dafür zuständig sind, in Freuds Augen waren das die Philosophen. Aber auch von denen wurde nicht mehr geliefert, und so herrscht seit fast schon mehreren Jahrhunderten eine Art anthropologischer Nullzustand.

Jedoch, nach einer so langen Zeit des Verstummens und sich Zurückhaltens auf allen Ebenen, kommt nun eine Gruppierung von modernen Hirnforschern mit lauten Rufen daher, endlich eine Lösung gefunden zu haben, und definiert den Menschen als rein biologisches Wesen, das einzig und allein von seinem durch eine „ziellose und zufallsgetriebene Evolution" gewordenen Gehirn bestimmt wird. Glücklicherweise gibt es dennoch einige, die den Mut haben, diese völlig einseitige Sichtweise in Frage zu stellen. Dem Philosophen Markus Gabriel verdanke ich den Hinweis auf ein hierzu passendes Zitat eines wichtigen Protagonisten der menschlichen Freiheit, von dem in der Einleitung schon die Rede war, nämlich Kierkegaard. In seinem Buch *„Der Begriff Angst"* schreibt dieser bereits im Jahre 1844:

> *„… bedenken wir dabei zugleich, dass keine Zeit so schnell bei der Hand war, Verstandes-Mythen zu schaffen, wie die unsere, die selber Mythen schafft, während sie alle Mythen ausrotten will."* (3)

Noch deutlicher gegenüber seinen neurobiologischen wissenschaftlichen Kollegen wird der Quantenphysiker Arthur Zajonk, der 1992 für seine wissenschaftliche Arbeit mit dem Fullbright Award ausgezeichnet wurde, wenn er schreibt:

„Die Quantenphysik entdeckte schon vor langer Zeit die Gefahren des Götzendienstes. Neurophysiologen müssen das noch lernen. Für viele von ihnen ist das Gehirn zum Götzen geworden, zur Quintessenz des Menschen.“ (4)

Und Markus Gabriel bezeichnet die Sichtweise gewisser Neurobiologen als einen ideologischen „Ismus“, und gibt ihm den Namen „Neurozentrismus“, der, so Gabriel weiter, „von einer übrigens nicht sehr wissenschaftlichen Allmacht-Phantasie irregeleitet ist“. (5) Ich persönlich frage mich, woher bestimmte Neurobiologen überhaupt noch die Berechtigung beziehen, sich Biologen zu nennen, wo sie doch denken und argumentieren wie Elektroingenieure.

Eine ausgesprochen kritische Sichtweise auf das hier zugrunde liegende Denken formuliert der Psychoanalytiker Martin Atmeyer:

„In den Humanwissenschaften zeichnet sich eine auffallende Konvergenz bei der Konzeptualisierung des Selbst ab, weg von der Monadentheorie in Richtung auf Intersubjektivität … Der Perspektivwechsel lässt ausgerechnet jene Disziplinen unberührt, die sich heutzutage gerne Lebenswissenschaften nennen. Die am untauglichen Computermodell des Gehirns festhaltende Künstliche Intelligenz Forschung, die naturalistisch wiedergeborene Humangenetik und die mit ihr verschmolzene an klinischer Anwendung interessierte Biotechnologie halten an einer unbegriffenen Monadentheorie fest – mit schlichten Vorstellungen von Kausalität, Determinismus und Reduktionismus aus der Mottenkiste der Wissenschaftstheorie. Wenn der Mensch erst zum Produkt eines biogenetischen Programms, dann zum Objekt von gentherapeutischer Ingenieurskunst erklärt wird (wobei sich die Veränderungshoffnungen an der manipulativen Verfügung über das bisher unverfügbare organische Substrat festmachen), wird das Subjekt nicht bloß theoretisch-humanwissenschaftlich aufgelöst, es wird als interagierendes und sinnbegabtes, sich selbst und die Welt mit Bedeutung erfüllendes soziales Wesen auch praktisch verfehlt.“ (6)

Aus der Perspektive eines kritischen Sozialwissenschaftlers liest sich das folgendermaßen:

> *„Diese Katastrophe der Moderne basiert im Kern auf einer reduktionistischen Weltsicht, die die Echtheit und intersubjektive Bedeutung aller inneren Ereignis- und Erlebniswelten schlichtweg leugnet: Es gibt angeblich keine unmittelbare Innenwelt-Erkenntnis, die mehr ist als bloße Einbildung auf der Basis der Wirkung endorphiner biochemischer Prozesse. Es gibt angeblich auch keinen gemeinsamen intersubjektiven Kulturraum, der Kommunikationsprozesse und Wertsetzungen erst ermöglicht. Vielmehr soll alle Kultur – mit den Methoden der der empirischen Sozialforschung – auf ihre äußerlichen, gesellschaftlichen Strukturen, Normen und Institutionen reduzierbar sein. In der derzeit etablierten modernen Weltsicht herrscht eine nahezu komplette Negation des Innen vor … So wird einerseits den Menschen die Echtheit und Wahrhaftigkeit ihrer Moralentwicklung – jenseits einer Reduktion dieser Qualitäten auf die Begriffe einer behavioristischen Psychologie – abgesprochen. Genauso wird andererseits die Dimension und Qualität einer inneren Genese der Kulturwerte innerhalb der menschlichen Gemeinschaften verflacht auf ein zu optimierendes Funktionieren sozialer Systeme, dem jedweder wirkliche Sinn abhanden gekommen scheint.*“ (7)

Wir befinden uns also in Bezug auf das Menschenbild immer noch in einer Übergangsphase. Diese beinhaltet, wie jede Übergangszeit, kritische Gefahrenmomente und Chancen zugleich. Als kritische Gefahrenmomente sind jegliche Tendenzen zur Vereinfachung und monokausalen Erklärung anzusehen. Die Chance besteht darin, den Mut zu haben, alternative und möglichst mehrere unterschiedliche Perspektiven einzunehmen. Damit sind wir schon beim Hauptanliegen dieses Buches angelangt. Der Mensch kann nur dann zur grundsätzlich immer noch möglichen Freiheit gelangen, trotz aller gegenteiligen Argumente einiger Naturwissenschaftler, wenn er Gebrauch macht von einem Potenzial, das nur uns Menschen, und keinem einzigen Tier, gegeben ist, nämlich der Einnahme verschiedener Perspektiven im Denken, Fühlen und Wollen, verbunden mit dem Mut zur eigenen Subjektivität. Und aus dem Einnehmen einer solchen subjektiven Perspektive, die sich jedoch aus dem Einnehmen schon vorheriger verschiedener anderer Perspektiven nährt, denke ich persönlich, dass diese lange Phase der Unsicherheit in Bezug auf unser

Menschenbild auch damit zusammen hängen könnte, dass das Menschheitsbewusstsein selber vor einem grundlegenden Wandel steht. Dieser Wandel ist meines Erachtens nach dadurch gekennzeichnet, dass es ganz offensichtlich nicht mehr ausreichend zu sein scheint, wenn der Mensch sich in Bezug auf sein Menschenbild wie bisher ausschließlich auf das vorgegebene kollektive Menschenbild bezieht. Stattdessen sehe ich das Menschenbewusstsein in einem Neuaufbruch hin zur Verantwortung einer eigenen Individualität, die sich nicht mehr nur an den gegebenen kulturellen Orientierungen festhalten kann, sondern gefordert ist, sein eigenes individuelles Menschenbewusstsein als ein tatsächlich eigenes und autonomes Bewusstsein zu entfalten. Damit ist nicht gemeint, dass jeder einfach nur auf seine eigene individuelle Art und Weise glücklich werden soll, was lediglich eine einseitige Fokussierung auf das eigene Ego zur Folge hätte. Mit dieser Möglichkeit einer menschlichen Bewusstseinsentwicklung ist im Gegenteil enorm viel eigene und individuelle Verantwortung verbunden.

Die Gefahr dieser jetzigen Übergangssituation besteht in der Einnahme einer rein egozentrischen Haltung, nach der jeder auf seine eigene Art und Weise glücklich werden soll. Dies ist die Philosophie und Anthropologie des „Positivismus", und seiner noch extremeren Ausformung, des „Konstruktivismus". Diese einseitige Haltung kann nur zum Kampf aller gegen alle führen. Zajonk sieht im Positivismus eine zu extreme Gegenrichtung, um sich aus der „Diktatur des lange währenden Monokausalismus" zu befreien. Diese Richtung führe jedoch zu einem noch negativeren Resultat, nämlich einem erbarmungslosen und „demoralisierenden Nihilismus" (8). Sich in Bezug auf das Menschenbild lieber herauszuhalten, wie Freud das getan hat und wie es inzwischen die gesamte Gesellschaft in allen wesentlichen Feldern tut in der Hoffnung, dass doch endlich eine von außen kommende Instanz die Antwort auf diese Frage liefert, kann keine Lösung sein. Ebenso wenig helfen völlig einseitige und blickverzerrte Perspektiven weiter. Am wichtigsten erscheint mir, dieses Thema überhaupt erst einmal auf die gesellschaftliche Agenda zu bringen. Es bedeutet aber auch, dass jeder einzelne, der sich bisher aus der Verantwortung für dieses Thema meinte heraushalten zu können und jetzt überhaupt erst damit beginnt, sich Gedanken dazu zu machen, Orientierungen braucht. Wenn wir ein neues Möbel-, Kleidungsstück oder Auto kaufen, orientieren wir uns auch erst einmal, und verschaffen uns einen Überblick über das, was es gerade gibt, und setzen uns dann damit auseinander. Dafür müssen wir Zeit opfern und brauchen den Mut zu einer dann folgenden Entscheidung. So sind die in der Folge aufgezeigten Perspektiven auch keine in Stein gemeißelten Wahrheiten, sondern Vorschläge zu einer möglichen Orientierung für ein eigenes persönliches, aber bewusstes Menschenbild, das auch dem Menschen in der jetzigen modernen Zeit nützlich und hilfreich sein könnte.

Zusammenfassung

1. Wer glaubt, das Menschenbild sei entweder eine mehr private Sache, nach der ja sowieso niemand frage, oder wer glaubt, es sei überhaupt nicht seine Sache, sondern Sache von schlauen Philosophen, der irrt sich. Richtig ist, das Menschenbild wird in Zukunft mehr und mehr eine sehr individuelle und persönliche, aber darüber hinaus auch immer wichtiger werdende gesellschaftliche Angelegenheit werden. Wer nicht bereit ist, sich dieser Herausforderung in seinem eigenen persönlichen Denken, Fühlen und Wollen zu stellen, der wird erkennen müssen, dass er in Zukunft, angesichts der vielen Herausforderungen der modernen Zeit, immer schneller an Grenzen stoßen wird. Und er darf sich dann nicht wundern, wenn seine inneren Ängste hinsichtlich der Zukunft immer größer werden.
2. Die derzeit vorherrschenden kollektiven Angebote für ein Menschenbild bieten zum einen die Naturwissenschaft, vor allem die Neurobiologie, zum anderen die Philosophie des „Positivismus". Die theoretischen Vorschläge beider extremer Seiten leiden darunter, dass sie zu schnell zu einem scheinbar kausal-logischen Schluss gelangen, aber auf die vielen weiteren Fragen, die sich aus ihren Schlüssen ergeben, die Antworten schuldig bleiben. Eine Auseinandersetzung mit diesen beiden Ansätzen, ebenso wie mit anderen, ist jedoch unabdingbar, wenn die Suche sinnvoll weiter gehen soll.
3. Das Thema *Menschenbild* gehört heute in den Lehrplan jeder Schule, mit selbstverständlich sinnvoller alters- und reifegemäßer

didaktischer Aufbereitung. In der Ausbildung von Menschen, die beruflich in erster Linie mit anderen Menschen arbeiten wollen, ist es ein dringendes Muss. Das gilt auch für Mediziner und Ärzte. Wer heute in der Computerbranche erfolgreich arbeiten möchte, muss sich grundsätzlich dafür interessieren, was es mit der digitalen Welt auf sich hat, und was das Wesen der digitalen Welt ausmacht. Es reicht lange nicht mehr aus, wenn jemand integrale mathematische Formeln anwenden kann. In jedem anderen Beruf muss ein grundsätzliches inneres Interesse vorhanden sein an dem Objekt, um das es geht, seien es Autos oder Gebäude, die zu konstruieren sind, Möbel, Kleidung, oder was auch immer. Nur in allen therapeutischen Berufen meint man bis heute, es reiche aus, wenn man die jeweils neuesten Methoden und Techniken gut anwenden könne, ohne sich über das Wesen, mit dem man es zu tun hat, weitere Gedanken machen zu müssen. In den deutschen Kultusministerien werden aktuell sehr viele Bemühungen unternommen, das Fach *Werte* in den Schulunterricht mit aufzunehmen. Das ist in jedem Fall ein erster Schritt in eine sinnvolle Richtung. Es stellt sich jedoch die Frage, woher und aus welcher Bezugsquelle wir unsere Werte entnehmen möchten. Ohne das Bildungsangebot, eine Hilfestellung zu geben, wie wir Menschen zu einem sinnstiftenden Menschenbild gelangen, besteht das Risiko, dass Werte wie Toleranz, Solidarität, Fairness, Umweltbewusstsein etc. letztlich doch wieder als lediglich von außen aufgesetzt empfunden bleiben.

4. Wenn wir unser eigenes Menschsein nicht verstehen, oder dies nur auf einer rein rationalen Ebene versuchen zu tun, dann wird es zwangsläufig dazu kommen, dass andere Kräfte über unser Menschsein bestimmen. Wer dagegen über sein Menschsein nachdenkt und nachsinnt, nimmt dies dadurch in seinen eigenen Besitz. Und dieser Besitz ist wertvoller als jeder materielle Besitz, weil einem dieser Besitz, wenn man ihn einmal erworben hat, nicht mehr genommen werden kann. Aber nicht nur, dass er einem nicht mehr genommen werden kann, er vervielfältigt sich darüber hinaus noch auf eine organische Weise ganz von alleine, und zwar einmal zu einem

wirklichen und nachhaltigen Selbstwertgefühl ohne egozentrische Aufgeblasenheit, und darüber hinaus auch zu einer echten und nachhaltigen Resilienz.

Die Verschränkung von Menschenbild, Weltbild und Selbstbild

Es ist also wichtig, sich sein eigenes Menschenbild überhaupt erst einmal bewusst zu machen. Dieser Schritt der Bewusstmachung ist eine wichtige Voraussetzung dafür, dass dieses Bild beginnen kann, sich zu differenzieren, zu modifizieren, und sich somit permanent weiterzuentwickeln. Nun könnte es passieren, gerade wenn man sich bisher mit dem eigenen Menschenbild noch nicht so auseinandergesetzt hat, dass einem beim Versuch, es nun zu tun, zunächst einmal nichts in den Sinn kommt, das einem als sinnvoll oder wesentlich erscheint. Die Folge könnte sein, dass man sofort jegliche weiteren Überlegungen einstellt. Und so bliebe im eigenen Inneren alles so wie bisher. Hier jedoch hilft das dialektische Grundprinzip weiter, indem man an der Stelle, wo man zunächst einmal nicht weiterkommt, einen Perspektivwechsel vornimmt. Ein sinnvoller Perspektivwechsel in Bezug auf die Frage nach dem eigenen Menschenbild wäre, sich der Frage nach dem eigenen Weltbild zuzuwenden. Was habe ich denn für ein Bild von der Welt? Ist die Welt da draußen in meinen Augen ein einziges Schlachtfeld, in dem jeder gegen jeden kämpft und es nur darum geht, seinen bestmöglichen Vorteil in diesem Kampf aller gegen alle zu erreichen? Oder sehe ich die Welt da draußen in erster Linie als eine Bühne, die nur dazu da ist, dass ich von den anderen im bestmöglichen Licht gesehen werde, und auf der ich den anderen zeigen kann, was für ein toller Mensch ich bin?

Und wenn wir nun ein weiteres Mal die Perspektive zum eigenen Menschenbild wechseln, ist es eigentlich so gut wie unmöglich, von keiner einzigen Perspektive aus allmählich doch zu Anregungen und Gedanken im Hinblick auf diese Fragen zu gelangen. Von dieser dritten Perspektive aus können wir uns nun auch die Frage nach unserem Selbstbild stellen. Lassen Sie sich für diese jeweiligen Fragen genügend Zeit. Lassen Sie die Frage ruhig einmal über mehrere Tage in Ihrem Bewusstsein anwesend sein. Schreiben Sie Ihre Gedanken und Antworten dazu auf, und verwahren Sie die Notizen sorgfältig. Lassen Sie die Notizen dann eine Weile liegen, und wenden Sie sich ihnen nach einer gewissen Zeit wieder zu. Vielleicht haben sich Ergänzungen ergeben, oder sogar schon Änderungen.

Hilfreiche Fragen zum Menschenbild

- Was unterscheidet den Menschen von anderen Lebewesen?
- Was könnte der Sinn und Zweck oder die Aufgabe des Menschen auf der Erde und in diesem Kosmos sein?
- Wie sehe ich die Zukunft der Menschheit?

Hilfreiche Fragen zum Weltbild

- Sehe ich in dieser Welt und in diesem Kosmos irgendeinen Sinn oder Zweck oder ist die Entwicklung ausschließlich vom Zufall bestimmt?
- Sehe ich im Kosmos eine gewisse Ordnung oder nur ein undurchsichtiges Chaos?
- Gibt es so etwas wie eine höhere Instanz, die über allem waltet, oder halte ich diesen Gedanken für vollkommen veraltet oder sogar als Beleg für ein minderwertiges schwaches Bewusstsein?
- Hat der Mensch eine reelle Einflussmöglichkeit auf die Welt, oder ist so ein Ansinnen nur eine Wunschvorstellung oder gar ein Größenwahn?

Hilfreiche Fragen zum Selbstbild

- Was sind meine Stärken, und worin bin ich gut?
- Was sind meine Schwächen, und worin bin ich nicht gut?
- Wie schätze ich meine bisherige persönliche Vergangenheit ein?

- Wie sehe ich meine weitere persönliche Zukunft?
- Was sind meine Ziele?

Wenn Sie sich auf diese Fragen einlassen konnten, wenden Sie sich noch einer weiteren Frage zu.

Hilfreiche Frage zum eigenen Erkenntnisprozess

- Wie und auf welche Weise bin ich denn nun zu meinen Antworten und Ergebnissen gekommen?

Schreiben Sie auch die Gedanken und Antworten, die Ihnen auf diese Frage kommen, auf und halten diese stichwortartig fest unter der Überschrift: *Wie und auf welche Weise gelange ich persönlich zu meinen Erkenntnissen?* Und dieser Frage wollen wir uns als nächstes zuwenden.

Und nun lade ich Sie dazu ein, sich noch eine weitere Notiz zu machen, mit deren Hilfe Sie sich daran erinnern, sich mit diesen Fragen noch einmal auseinander zu setzen, nachdem Sie das Buch zu Ende gelesen haben.

2 Wie gelangen wir zur Wahrnehmung und Erkenntnis?

Wahrheit suchen wir beide, du außen im Leben,
ich innen in dem Herzen, und so findet sie jeder gewiss.
Ist das Auge gesund, so begegnet es außen dem Schöpfer;
ist es das Herz, dann gewiss spiegelt es innen die Welt. (1)
Friedrich Schiller

Die Verschränkung von Wahrnehmung im Außen mit Erkenntnis im Innen

Stellt man heute die Frage, wie Wahrnehmung stattfindet, dann sagen die meisten Menschen, das sei doch ganz klar, nämlich durch die fünf Sinne. Demnach sind die fünf Sinne die Erzeuger unserer Wahrnehmung. Fragt man vielleicht einen Hirnforscher, würde er sagen, durch ein komplexes Zusammenspiel zwischen Gehirn und wahrnehmendem Sinnesorgan. Widerfährt jedoch jemandem ein Wahrnehmungsirrtum, so fasst sich jeder, auch der Hirnforscher, an den Kopf und erklärt sich selbst als Verursacher der gestörten Wahrnehmung. Demnach sind die fünf Sinne und das Gehirn die Erzeuger einer richtigen Wahrnehmung, der Erzeuger einer falschen Wahrnehmung aber ist das eigene Ich. Selbst, wenn man, wie die meisten Hirnforscher es heute tun, annimmt, dass das Ich im Gehirn sitzt, stellt sich die Frage, was ist das für eine Logik? Und wer ist denn nun wirklich zuständig für die Wahrnehmung und die Erkenntnis? Ist es die Sinneswahrnehmung oder das Gehirn, oder doch das Ich? Oder sind es vielleicht doch die Sinneswahrnehmung, das Gehirn und das Ich zusammen?

Dass unsere Sinne, und ebenso das Gehirn, wichtige Mitspieler im Prozess der Wahrnehmung sind, steht außer Frage. Aber sie sind eben nicht die einzigen Erzeuger der Wahrnehmung. Denn es gibt einen gewissermaßen unsichtbaren Mitspieler bei der Wahrnehmung, und der heißt Erkenntnis. Wahrnehmung und Erkenntnis existieren stets nur als untrennbares Paar. Sie sind vollkommen miteinander verschränkt. Es gibt keine Wahrnehmung ohne gleichzeitige Erkenntnis, und es gibt umgekehrt keine Erkenntnis ohne gleichzeitige Wahrnehmung. „Wahrnehmung ist, was das Wort durch seine Doppelbedeutung aussagt: Erkenntnis und zugleich Wahrnehmung: Wahrnehmung und Einsicht in eins", schreibt Hugo Kükelhaus bereits 1982 in seinem Buch „Entfaltung der Sinne". (2)

Das wichtige Zusammenspiel dieser beiden parallel laufenden Prozesse, der Wahrnehmung des Außen, und der Erkenntnis im Inneren, wird uns ab hier über das gesamte Buch hin immer wieder begegnen. Die zwingend logische Folgerung aus der Verschränkung von Wahrnehmung und Erkenntnis ist, dass das momentane Erkennen im Wahrnehmungsvorgang nie ein völlig neues Erkennen ist, weil der unsichtbare Mitspieler der Wahrnehmung, die Erkenntnis, schon von Urbeginn der Wahrnehmung an mit im Spiel war. Somit ist jede aktuelle Wahrnehmung immer ein Wieder-Erkennen, allenfalls ein ergänzendes Wieder-Erkennen. Diesen wichtigen Sachverhalt hat bereits Platon der Nachwelt vermittelt. Das bedeutet, dass im Prozess der Erkenntnis stets etwas wiedererkannt wird, das man vorher, die Wissenschaft spricht hier von apriorisch, bereits in seinem Geist aufgenommen hat. Somit ist der aktuelle Vorgang der Wahrnehmung und Erkenntnis lediglich ein weiterer Schritt, das jeweils Wahrgenommene in seinem Sinngehalt, und damit in seiner Begrifflichkeit, etwas tiefer zu erkennen und zu begreifen. Dieser Prozess ist immer ein vollkommen subjektiver und damit objektiv betrachtet relativer Vorgang, da sich ja die Erkenntnis in zukünftigen Schritten noch weiter vertiefen oder auch korrigiert werden kann. Jeder Wahrnehmende und Erkennende, der wirklich bei sich zu Hause ist, kann den hier skizzierten Erkenntnisprozess bei sich selbst bewusst erleben und nachvollziehen.

An diesem Punkt befindet sich nun aber eine vollkommen konträre Schnittstelle zu dem gegenwärtigen Wissenschaftsverständnis, indem nämlich ein schwieriges Dilemma auftaucht. Der in der oben skizzierten Weise Wahrnehmende und Erkennende kann nämlich in seinem eigenen Geist nie genau feststellen, wann denn die ursprüngliche, sozusagen jungfräuliche Begegnung mit dem aktuell Wahrgenommenen stattgefunden hat. Es tauchen lediglich

Ahnungen oder Vermutungen auf, die jedoch niemals wirklich abgesichert werden können. Der Wissenschaftler C. F. Bollnow hat diesen Zusammenhang in seinem 1981 erschienenen Buch *Philosophie der Erkenntnis* sehr stringent erörtert. (3) Er zeigt auf, wie sehr sich die gesamte rein empiristische und mono-rationalistische Wissenschaft in diesem Dilemma, er spricht sogar von einer regelrechten Not, befindet, die darin besteht, dass sie den sogenannten „archimedischen Punkt" oder den „absoluten Nullpunkt" eines Erkenntnisprozesses nicht kennen und definieren kann. Das aber bedeutet mit zwingender Logik, dass der aktuell erkennende Forscher und Wissenschaftler bereits immer ein Vorverständnis und damit ein Vorurteil vom Forschungsgegenstand hat, zugleich aber heute jeder von ihnen meint, dieses Vorurteil im Erkenntnisprozess willentlich ausblenden zu können, was wiederum jeglicher leiblichen Wirklichkeit widerspricht. Bollnow benennt zwei sehr wesentliche Kritikpunkte am aktuellen Selbstverständnis der Wissenschaft. Zum einen die Fokussierung und beinahe Verherrlichung von bereits ins Unüberschaubare wuchernden Einzelstudien, zum anderen, und dem entgegen, einen Geist erbarmenden Mangel an klaren Fragestellungen, einschließlich der plausiblen Darlegung des Ursprungs von jeweiligen wirklich Sinn ergebenden oder auch aufeinander bezogenen Fragestellungen. Er zeigt auf, wie sehr diese Art von Wissenschaft im kollektiven Geist der Menschen mehr Verwirrung, Verunsicherung und Hilflosigkeit stiftet als wirklichen geistigen Erkenntnisfortschritt. Zur Entwirrung, so Bollnow, könne nur beitragen, wenn man beginne, sich auf zwei wesentliche Grundsätze der wissenschaftlichen Vorgehensweise zu verständigen. Der erste Grundsatz wäre ein Konsens darüber, wie menschliche Wahrnehmung und Erkenntnis tatsächlich stattfindet. Der zweite Grundsatz wäre, dass in jedem ernsthaften wissenschaftlichen Erkenntnisvorgang zunächst einmal alles bisherige Wissen um den jeweiligen Erkenntnisgegenstand in ausreichender, aber durchaus kritischer Weise gewürdigt würde.

Ein weiterer Wissenschaftler, der sich immer wieder um ein neues wissenschaftliches Grundparadigma bemüht im Gegensatz zu vielen, die das Problem zwar genauso klar erkennen, es aber dann achselzuckend zur Seite schieben, ist der Psychiater und Neurowissenschaftler Daniel Siegel. Er formuliert seine Kritik an der Wissenschaft etwas diplomatischer und moderater als Bollnow, wenn er sagt, dass die heutige Wissenschaft manchmal vergisst, dass nicht alle gemessenen Daten wirklich wichtig sind, sie aber umgekehrt übersieht, dass es bereits eine riesige Datenmenge gibt, die wirklich wichtig ist, die aber nicht in der gewohnten Weise messbar, aber dennoch auf wissenschaftlich seriöse Weise gefunden wurde. Auch er macht, wie Bollnow, einen konkreten Handlungsvorschlag dahingehend, dass die unterschiedlichen Wissenschaftsbereiche sich einen gemeinsamen übergeordneten Bezugsrahmen schaffen sollten, indem man sich zuallererst auf eine Definition des Begriffs *Geist* oder *geistiges Erkennen* verständigt. (4) Darüber hinaus bemüht Siegel sich, wo immer er kann, auch eine durchaus positive Botschaft an die Adresse der Wissenschaft zu vermitteln, nämlich dass es inzwischen möglich ist, die Wahrnehmung des Geistes, zwar nicht mit den herkömmlichen Messmethoden, so aber dennoch mit wissenschaftlich fundierten Methoden zu erfassen. Das Problem hierbei ist, dass eine Botschaft nur wirklich ankommen und Wirkung erzeugen kann, wenn die Instanz, an die diese Botschaft gerichtet ist, aufnahmebereit ist.

Eine weitere und für mich persönlich besonders eindrückliche Kritik am gängigen Wissenschaftsverständnis hat der Biologe Jakob von Uexküll in der Einleitung seines 1936 erschienenen Erinnerungsbuches mit dem Titel *Nie geschaute Welten* formuliert. Er bezieht sich auf ein, wie er es nennt „anmutiges Kindermärchen“, das von einem Manne berichtet, der eines Tages auf seinen eigenen Schatten aufmerksam wird und ihn für ein lebendiges Wesen hielt. Zunächst meinte der Mann, dass der Schatten so etwas wie sein Diener sei, der ihm auf Schritt und Tritt folgt. Durch die permanente Konzentration auf dieses neue Wesen in seinem Leben, das nun ständig um ihn herum anwesend war, kamen dem Mann im Laufe der Zeit immer mehr Bedenken, ob es nicht vielleicht umgekehrt sei, und der Schatten es eigentlich sei, der ihm die Bewegungen vormache, und er es sei, der seinen eigenen Schatten nachahme. So fing er an, ständig auf seinen Schatten Rücksicht zu nehmen, *„und er sorgte dafür, dass der Schatten nicht etwa auf scharfe Steine oder Glassplitter fiele … Er selbst nahm die unbequemsten Stellungen ein, wenn nur der Schatten gemütlich sitzen konnte. So wurde er schließlich zum getreuen Diener seines Schattens – ja er sank zum Schatten seines Schattens herab.“* Von Uexküll schreibt dann weiter: *„Die Lehre aus dieser Geschichte ist leicht zu ziehen. Leider haben die meisten Naturforscher sie nicht beherzigt und haben mit den von ihnen verkündeten Weltanschauungen den Schatten zum Herrn der Wirklichkeit gemacht“.* (5)

Der „Wir können das nicht verantworten"-Hashtag

Im Sommer 2015 veröffentlichte die Zeitschrift *Die Zeit* einen Schwerpunkt zur aktuellen Situation der Wissenschaftler an deutschen Universitäten. Die Zeitschrift stellte die Beiträge derjenigen, die den Mut hatten, sich öffentlich kritisch zu äußern, unter die Überschrift: *Wir können das nicht verantworten#*, und versah diese zugleich mit einem Hashtag, vermutlich in der Hoffnung, dass sich unter dieser Rubrik immer mehr der kritischen Debatte anschließen würden. Daraus wurde jedoch zunächst einmal nichts. Der Impuls verpuffte. Vielleicht war ja der Zeitpunkt ein äußerst unglücklicher, denn gut einen Monat später begann die über Deutschland hereinbrechende Flüchtlingswelle das Denken der gesamten Republik vollkommen in Beschlag zu nehmen. Aber ein so wichtiges Thema wäre sicherlich einen zweiten Anlauf wert.

Ich zitiere hier zunächst zwei bemerkenswerte Sätze aus dem einleitenden Artikel der Redaktion. (6)

> „*Wissenschaft als Beruf ist in Deutschland zur erschöpfenden Mühsal geworden. Die wenigsten sagen das öffentlich.*" Weiter: „*‚Schwer erträglich', sagt eine befragte Wissenschaftlerin, ‚werde diese Arbeit dadurch, dass die Wissenschaft ihr Wesen verliere, ihre Schönheit, ihre Substanz, ihre Bedeutung für die Gesellschaft, die schließlich das Geld dafür gibt.*'"

Und eine Juraprofessorin sagt, dass die Studenten in Massen zu ihr in die Sprechstunde kämen, um ihre seelische Not auszukippen, anstatt über ihre Seminararbeit zu reden.

Unter der Überschrift „Nur, was sich zählen lässt, hat Wert", schreibt eine Wissenschaftlerin über den Wettbewerbsdruck an den Universitäten und nennt das den „Terror des Sichtbaren". Sie schreibt, sie müsse nicht dauernd im Flugzeug sitzen, um mit ausländischen Kollegen auf Kongressen zu sein. Ihre Forschungen gelängen noch problemlos in der Bibliothek und durch den Austausch von E-Mails. Und dann wörtlich:

> „*Allerdings: Das Ganze ist nicht sichtbar. Insofern findet hier – folgt man der herrschenden Logik – auch keine Forschung statt. Genau dies ist eine*

der problematischen Folgen jenes Drucks, Sichtbares zu produzieren: das Nichtsichtbare gerät in Rechtfertigungsnot. Nun ist aber das, was zumindest nach meinem Verständnis das Entscheidende der Universität war und ist, gerade nicht sichtbar: der Geist. Welchen Rang hat das Geistige eigentlich noch in einem Umfeld, das von unentwegter äußerer Aktivität gekennzeichnet ist."

Sie schließt ihren Beitrag mit dem nachdenklichen Hinweis:

„*Wenn ein Bewerber für einen geistesgeschichtlichen Lehrstuhl, wie geschehen, mit dem Argument abgelehnt wird, er sei ein ‚Gelehrter', läuft was entschieden falsch. Doch wenn der Gelehrte an der Uni den Wissenschaftsmanagern, den Drittmittelfürsten, den Jetset-Professoren zu weichen hat, dann ist das nicht mehr der Ort, an dem ich arbeiten möchte.*"

Ein anderer betroffener Wissenschaftler, der den Begriff Wissenschaft erkennbar noch so ernst nimmt, wie er gedacht ist, schreibt seinen Beitrag unter der Überschrift: „*Wir stellen die falschen Fragen*". Hier drei Kernsätze seines Beitrags: „*Ich mutiere bald zum Manager. Dann denke ich nicht nach, dann lasse ich nur noch nachdenken.*" Und: „*Dabei wäre es zum Beispiel ungeheuer wichtig, über die Risiken dieser Wissensgesellschaft zu diskutieren.*" *Schließlich:* „*Die Welt da draußen verändert sich und verlangt Antworten, während wir unbeirrt Anträge schreiben und Formulare ausfüllen.*"

Am meisten betroffen macht mich der Beitrag, der von einem Dreier-Team von Wissenschaftlern verfasst wurde. Er erklärt in eindrucksvoller Weise die seelische Not vieler Studenten, von der ja auch schon die oben erwähnte Jura-Professorin spricht. Ich zitiere:

„*Seit Jahrtausenden nehmen die Menschen Nahrung durch den Mund auf – sie beißen, kauen, schlucken. Intravenöse Ernährung wurde bislang nur als medizinische Maßnahme eingesetzt. Doch nun hat die Politik diese Methode für sich entdeckt, weil sie viel effizienter ist als Essen … Die wesentliche Erleichterung besteht darin, dass der Lernerfolg immer sogleich durch eine Modulprüfung am Semester-Ende bewertet wird. Das*

Studium wird damit einem kleinteiligen und aufwendigen, aber justiziablen Prüfungswesen untergeordnet. So wird das Fach für jeden studierbar. Aber wird es auch verstanden? Die Studierenden haben schnell begriffen, wie ihre optimale Strategie aussieht. In den Lehrveranstaltungen sollen alle Prüfungsfragen mit der richtigen Antwort bekannt gegeben werden. Diese lernt man auswendig und kann sie nach der Prüfung getrost vergessen; spätere Prüfungen gehören zu anderen Modulen und dürfen dasselbe nicht noch mal abfragen … Das Schlimme ist, dass prüfungsgetriebene Modularisierung auch auf das forschungsorientierte Masterstudium angewendet wird. Die Regeln dazu entstammen der irrwitzigen Vorstellung, dass Inhalte beliebig austauschbar und alle Fächer gleich wären … Es entstehen Mogelpackungen, die nirgendwo anders in der akademischen Welt so zu finden sind … Wir Hochschullehrer haben noch so studiert, dass jede Lehrveranstaltung eine Vertiefung und Vernetzung des Gelernten bedeutete. Erst langsam gewann man eine Vorstellung vom Ganzen. Dies aber war entscheidend für die Diplomprüfung nach zehn Semestern. Hier wurden wir mit Fragen konfrontiert, zu deren Beantwortung das Fachwissen des gesamten Studiums erforderlich war. Bei einer intravenösen Ernährung werden die Nährstoffe als fertige Lösungen direkt in die Blutbahn injiziert. Damit spart man sich Schlucken, Kauen und Verdauen. Doch die nicht gebrauchten Organe werden ihre Funktion einstellen … Beim richtigen Studieren muss man sich durch Verständnisschwierigkeiten beißen, an Fragestellungen kauen, Gelerntes verdauen, um es schließlich als Erkenntnis zu einem Teil seiner selbst zu machen. Im Reform-Bachelor und -Master ist dafür kaum Platz.“

Wenn Sie, liebe Leserin, und lieber Leser, mit Ihrer Lektüre hier angekommen sind, lesen Sie bitte jetzt nicht gleich weiter. Gönnen Sie sich eine längere Zeit zum Innehalten und Nachdenken, damit das Gelesene wirklich auf Sie einwirken kann. Geben Sie sich die notwendige Zeit zum Beißen, Kauen, Schlucken und Verdauen.

Gibt es ein erstes Funkeln einer neuen Morgendämmerung der Wissenschaft?

Im Jahre 1990 veröffentlichte der amerikanische Kernphysiker und Molekularbiologe Jeremy W. Hayward, also nicht zufällig ein Wissenschaftler mit zwei Standbeinen, ein Buch mit dem Titel *Die Erforschung der Innenwelt* (7). In diesem Buch berichtet der Autor darüber, dass er im Jahre 1979, also 11 Jahre vor Erscheinen des Buches, das Glück hatte, an dem ersten interdisziplinären Kongress amerikanischer Wissenschaftler in Boulder im Bundesstaat Colorado teilnehmen zu können. Die Wissenschaftler kamen aus den Bereichen Biologie, Anthropologie, Psychologie, Linguistik, Neurowissenschaft und Mathematik. Der Kongress dauerte insgesamt zwei Wochen. In den darauffolgenden Jahren wurden diese interdisziplinären Zusammenkünfte in regelmäßigen Abständen fortgesetzt, bald auch unter der Mitwirkung des Dalai Lama.

Man kam in Boulder sehr schnell zu einer interdisziplinären Übereinkunft darüber, dass es seit Beginn der Entwicklung der Naturwissenschaften vor ca. 300 Jahren das Postulat gab, dass es zwischen Geist und Materie keinerlei Wechselwirkung geben kann, weil eine solche naturwissenschaftlich nirgendwo nachweisbar ist. Dann kam man in Boulder zu der Übereinkunft, dass die Naturwissenschaft es geschafft hat, der Denk- und Überzeugungskontext der gesamten westlichen Gesellschaft geworden zu sein. Das heißt, wenn es heute die Wissenschaft denkt, müssen wir alle so denken, was ja in früheren Zeiten keineswegs so war. Zugleich begann man aber auch zu erkennen, dass es inzwischen immer mehr Menschen, einschließlich einiger Wissenschaftler selbst gibt, die diesen Alleingültigkeitsanspruch der Wissenschaft beginnen in Frage zu stellen. Hayward schreibt:

> „... *denn dieser Überzeugungskontext kann all die drängenden Probleme der menschlichen Erfahrung, der geistigen und körperlichen Gesundheit ... einfach nicht mehr tragen. Der Kontext bekommt Risse, und die Risse entstehen von innen her durch die Wissenschaft selbst ... Die Revolution in der Wissenschaft besteht in der allmählich aufdämmernden Erkenntnis, dass es keine letzte Wirklichkeit, keine Welt gibt, die ewig absolut und unabhängig von unseren Beobachtungen und Gedanken besteht ... Die*

Natur des menschlichen Bewusstseins kann nicht ausgeschlossen bleiben bei der Suche nach einem neuen Kontext. Die wissenschaftliche Methode wurde bis an ihre Grenze getrieben, und hier sehen wir nun den Betrachter wieder auftauchen, trotz aller Bemühungen, ihn fernzuhalten." (8)

Hayward zitiert dann einen anderen Teilnehmer des Kongresses mit den Worten, „Für das, was ich hier sage, würde man mich zu Hause in meinem Institut einen Ketzer nennen." (9) Hayward, der zudem Buddhismus sowohl studiert hat als auch praktiziert, übt schließlich auch Kritik am Buddhismus, insofern dieser durchaus nicht so monolithisch festgelegt sei, wie er vielen von außen erscheine, sondern es auch hier eine nur schwer überschaubare Vielfalt an Richtungen und Meinungen gebe. Dann aber:

„Da, wo Buddhismus und Wissenschaft auf der Höhe und ganz lebendig sind, sprechen sie vom beständigen evolutionären Wandel des Seins, des Erkennens und des Handelns – keine Rede von Endzielen und letzten Antworten." (10)

Das Ernstnehmen der eigenen Subjektivität beim Betrachten der Wirklichkeit, und die Erkenntnis, dass der Betrachter und das Betrachtete unauflöslich miteinander verschränkt gedacht werden müssen, das wäre, wenn es denn damit weiter ginge, tatsächlich eine wissenschaftliche Revolution. Eine sehr deutliche Position zu dieser Thematik vertritt auch der deutsche Neurobiologe Gerald Hüther, wenn er schreibt:

„Im Mittelalter war es das geozentrische Weltbild, das die damals maßgeblichen Kräfte einfach nicht loslassen konnten. Und heute ist es die mit dem ‚Zeitalter der Aufklärung' aufgekommene Überschätzung des rein rationalen Denkens, also des nackten Verstandes. Sie hat dazu geführt, dass die Mehrzahl der Menschen – und vor allem die seit dieser Zeit maßgeblichen wissenschaftlichen Expertinnen und Experten – der Meinung sind und die Meinung weiter verbreiten, das menschliche Gehirn sei ein ‚Denkorgan', das weitgehend losgelöst und unabhängig vom Körper funktioniert ... Die Trennung zwischen Körper und Gehirn ist

im Grunde nur eine Weiterführung der alten schon seit Jahrhunderten offenbar recht erfolgreich propagierten Trennung von Körper und Geist … Inzwischen geht das Zeitalter der Aufklärung allerdings kleinlauter zu Ende, als es begonnen hatte. Die erst vor wenigen Jahrhunderten aufkeimende und dann lauthals verkündete Hoffnung, der Mensch sei mithilfe seines nackten Verstandes und seines rationalen Denkens in der Lage, Krieg und Elend, Not und Leid, sogar seine Ängste und Krankheiten zu überwinden, hat sich nicht erfüllt … Irgendwie sind wir auf der Suche nach einem besseren Leben in eine Sackgasse geraten … Das Denken allein – oder der Verstand … ist kein geeignetes Instrument, um sich damit in der Welt zurechtzufinden, im Gegenteil. Je komplexer die mithilfe dieser Ratio gestaltete Lebenswelt wird, … desto mehr versagt das rationale Denken, wenn es darum geht, komplexe Zusammenhänge zu erfassen und sinnvolle Entscheidungen zu treffen, die das eigene Überleben sichern und Weiterentwicklungen ermöglichen." (11)

Es keimt eine gewisse Hoffnung auf, wenn man diese neuen Ansätze vernimmt. Andererseits jedoch ist der Mainstream der aktuellen Wissenschaft noch allzu sehr dem „Überschätzen" (Hüther) der rationalen Vernunft verhaftet. Aber vielleicht befinden wir uns ja tatsächlich am Zeitpunkt einer neuen Morgendämmerung der Wissenschaft.

3 Die historische Entwicklung der westlich-abendländischen Erkenntnis-Philosophie

Wenn das Gehörte eintritt in den Hörenden,
wird der Hörende zu einem, auf den gehört wird.
Wenn das Hören gut ist, ist das Reden gut,
und der Hörende ist ein Besitzer von Wohltätigem.
Der Tor aber, der nicht hört,
für den wird nichts getan;
Wissen sieht er als Unwissen an,
Förderliches als Schädliches;
Alles Schändliche tut er,
sodass Klage geführt wird über ihn Tag für Tag. (1)
Alte Ägyptische Weisheit

Es ist heute üblich geworden, das gegenwärtige Wissenschaftsverständnis auf einen philosophischen Urvater zurückzuführen, der bereits vor über 200 Jahren gelebt hat, nämlich Kant. Kant, der sich des oben dargelegten Dilemmas zwischen Objektivität und Vorurteil bewusst war, definierte an dieser Stelle sein berühmtes *Erkenntnis-Apriori*. Er sagt, dass im Bewusstsein eines jeden Menschen bereits kategorische Konzepte vorhanden sind, die vom Verstand im Prozess der sinnlichen Wahrnehmung dem wahrgenommenen Objekt quasi übergestülpt werden, und somit der Wahrnehmungs- und Erkenntnisvorgang letztlich immer von diesen Konzepten dominiert werde. Diese apriorisch vorhandenen Konzepte erklärt er als in jedem Menschen „von der Transzendenz in die Wiege gelegte Natur-Tatsache", die somit nicht weiter kausal erforscht und hinterfragt werden könne. Dieser Teilaspekt der Kant'schen Erkenntnistheorie hat aber gravierende Folgen für ein Verständnis vom Menschen überhaupt. Es bedeutet nämlich nicht mehr und nicht weniger, als dass Kant dem individuellen Menschen keine eigene individuelle und subjektive Erkenntnisfähigkeit zugesteht, sondern der Mensch lediglich über eine allgemeine, von der Transzendenz vorgegebene Urteilskraft verfügt. Die hieraus zwingende Schlussfolgerung ist, dass jegliche Erkenntnis eine von allen Menschen gleiche zu sein hat. Vielleicht ist dieser Aspekt der Kant'schen Erkenntnistheorie die Ursache dafür, dass nun bereits seit mehr als zwei Jahrhunderten der geistige Erkenntnisfortschritt der Menschheit, was nicht dasselbe ist wie der Wissensfortschritt, in Fesseln gelegt zu sein scheint. Der Erkenntnisfortschritt und der Wissensfortschritt klaffen immer mehr auseinander. Jeder spürt das, aber aufgrund von unklaren Begrifflichkeiten wird der Sachverhalt nicht beim richtigen Namen genannt.

Der menschliche Wahrnehmungs- und Erkenntnisprozess ist ein sehr komplexer und vor allem ein aus der Verschränkung mehrerer beteiligter Wesenheiten bestehender Vorgang, der jedoch durch die Anerkennung und die weitere Erforschung der menschlichen Leiblichkeit durchaus immer besser zu verstehen wäre. Aber exakt in der Verleugnung dieser Tatsache liegt die Ursache des Problems. Der Leib des Menschen, um dessen Vorgehensweise man sehr wohl weiß, wird in der gegenwärtigen Wissenschaftstheorie als der Hauptstörfaktor des wissenschaftlichen Erkenntnisprozesses betrachtet, den es dringend zu eliminieren gilt, weil Erkenntnis, wie man meint, seit Kant scheinbar nur objektiv und für alle gleich gültig zu sein hat. Und wenn man über Generationen hinweg von Wissenschaftlern verlangt, man solle beim Erkenntnisvorgang sein eigenes menschliches Subjekt ausschalten und sich quasi wie eine Maschine verhalten, dann bleibt das auf den Geist der Wissenschaftler nicht ohne Auswirkung.

Nur durch die oben beschriebene zunehmende Fragmentierung unseres kollektiven Denkens ist es zu erklären, dass wir Philosophen und Denker in verstaubte Bücherregale verbannen, die bereits vor über zwei Jahrtausenden zum Wahrnehmungs- und Erkenntnisprozess sehr treffende Gedanken hatten und ihn schon damals durchaus in seiner komplexen und verschränkten Weise gesehen und beschrieben haben. Hier wurde das menschliche Denken durchaus als in erster Linie sowohl subjektiver als auch intersubjektiver, aber stets individueller Vorgang gewürdigt und der Mensch ermutigt, sein eigenes Denken individuell zu schulen und zu üben. Eine weitere Folge der gegenwärtigen kollektiven Fragmentierung des Denkens ist, dass eine Vermittlung der sich historisch entwickelten philosophischen Grundelemente unserer westlich-abendländischen Kultur als für die Bildung von jungen Menschen nicht nur nicht notwendig, sondern sogar als erkenntnistheoretisch veraltet und überholt betrachtet wird. Kein lebender Organismus in der gesamten Natur kann sich eine solche Verleugnung seiner genetischen Wurzeln erlauben ohne seine zukünftige Existenz aus Spiel zu setzen. Überwindet man jedoch diese kollektive Überheblichkeit und richtet dennoch einmal wieder den Blick auf die philosophischen Wurzeln unserer Kultur, könnte man auf den Gedanken kommen, dass die eigentlichen Ursachen für das Dilemma in der gegenwärtige Wahrnehmungs- und Erkenntniskultur nicht bei Kant liegen, sondern in einer sich schon im frühen Stadium der philosophischen Entwicklung abzeichnenden dialektischen Spannung zwischen verschiedenen Erkenntnis-Perspektiven. Daher soll hier nun zumindest im Ansatz eine Würdigung der Wurzeln unserer westlich-abendländischen Erkenntnis-Philosophie angeregt werden.

Die sogenannte *griechisch-römische Kulturzeit* begann um etwa 600 Jahre vor Christus. Bis dahin gab es keine Idee davon, dass der individuelle Mensch die Möglichkeit besitzt, eine eigene Erkenntnis über die Welt und die Dinge zu erlangen. Im Besitz der Erkenntnis waren bis dahin die Götter oder göttliche Wesen, die ihre Erkenntnisse durch geschulte Priester, die wiederum über besondere seherische Fähigkeiten verfügen mussten, an die Menschen weitergaben. Innerhalb eines einzigen Jahrhunderts, von ca. 600–500 v. Chr., kam es dann zu einer regelrechten Blütezeit, in der Menschen, die allesamt im geografischen Raum des damaligen Griechenlands lebten, damit begannen, das von Mythen und Göttern geprägte Weltbild zu ersetzen durch ein genaueres Erforschen und Erklären der konkreten sichtbaren Welt. Die bekanntesten damaligen Vorkämpfer der Wissenschaft werden heute als „Vorsokratiker" bezeichnet. Die wichtigsten Namen sind:

- Thales
- Pythagoras
- Heraklit
- Demokrit

Die gewonnenen neuen wissenschaftlichen Erkenntnisse bewirkten, dass es den damaligen Menschen sehr bald gelang, ihr gesellschaftliches Zusammenleben in der ersten demokratischen Gesellschaftsordnung der Menschheitsgeschichte zu organisieren. Die Zeit zwischen den Perserkriegen und dem peloponnesischen Krieg im 5. vorchristlichen Jahrhundert, also etwa hundert Jahre später, gilt als die Blütezeit der *attischen Demokratie.* In dieser Zeit der Hochblüte begann dann aber auch wieder ein Umbruch, der dadurch geprägt war, dass die Menschen mit dem bisher Erreichten nicht mehr zufrieden waren und begannen, nach einer notwendig gewordenen Neuorientierung zu suchen. In dieser Phase entwickelte sich eine Philosophie, die ihren Fokus von der Erforschung der Gesetzmäßigkeiten der äußeren Natur abzog und auf das Innere des Menschen verlagerte. Man begann, nach Theorien und Methoden zu suchen, die das menschliche Individuum nun vor allem geistig und seelisch erklären, und zugleich Geist, Seele und Körper des Menschen stärken können. Dies war die Zeit, in der die Gymnastik entwickelt, die Jugendlichen in Kampfkünsten und Rhetorik geschult wurden und schließlich die olympischen Spiele begründet wurden. Der im Vorjahrhundert begründete Beginn einer Naturwissenschaft wurde nun ergänzt durch eine Fokussierung auf die Erforschung der menschlichen Erkenntnis selbst. Wikipedia schreibt: „Philosophie wurde so zur öffentlichen Angelegenheit, die auf dem Marktplatz („agora") und in interessierten Zirkeln betrieben wurde. Hier entfaltete sich die Freiheit des Denkens in einem friedlichen Wettstreit („agon") durch den Austausch der Ansichten und Argumente" (2). Erkenntnisgewinn sollte für jeden zugänglich sein, er kostete weder Geld noch die Zugehörigkeit zu einer bestimmten Klasse im doppelten Sinne des Wortes. Die ersten Vertreter dieser neuen Art von Philosophie und Wissenschaft werden heute als „Sophisten" bezeichnet. Bedeutende Namen sind:

- Antiphon
- Gorgias
- Kritias
- Protagoras

Von letzterem stammt der folgende tiefgründige Satz: *„Der Mensch ist das Maß aller Dinge, derer die sind, dass sie sind, und derer, die nicht sind, dass sie nicht sind."* In dialektischer Sichtweise könnte man den Satz als entweder egozentrische menschliche Hybris verstehen, oder aber als eine tief empfundene, und zugleich demütige Ahnung über die besondere Stellung des Menschen im Kosmos.

Sokrates

Der Mensch, der diese neue Art des Denkens zur ersten Hochblüte entwickelte, war Sokrates. Er begründete eine besondere Methode, um das aktive bewusste Denken im Menschen anzuregen und zu schulen, indem er nicht lehrte und belehrte, sondern seinen Mitmenschen bei gestellten Fragen sofort mit einer Gegenfrage antwortete. Diese Methode wird heute als *sokratische Methode* oder *sokratisches Gespräch* bezeichnet. Er selber bezeichnete seine Methode als „Mäeutik" („Hebammenkunst"), weil er sich als Hebamme bei der Geburt von Erkenntnissen seiner Mitmenschen empfand. Die Methode geht davon aus, dass Erkenntnis, die durch einseitige Belehrung vom Lehrer zum Schüler bewirkt wird, den Menschen nicht in solchen Tiefen erreicht als Erkenntnis, die durch einen Dialog zwischen Lehrer und Schüler stattfindet. In diesem Dialog empfindet sich der Schüler regelrecht auf Augenhöhe, wie man heute sagen würde, zum Lehrer. Dadurch gibt der Lehrer dem Schüler das Empfinden, das gleiche menschliche Wesen zu sein wie er selber. Dennoch wird im Schüler ein ausreichender Respekt gegenüber dem Lehrer erzeugt. Sokrates wirkte aber nicht nur auf einer rein geistigen, sondern auch seelischen Ebene. Seine tiefe Demut gegenüber der grundsätzlichen menschlichen Erkenntnisfähigkeit ist bis heute in seinem berühmten Satz enthalten: *„ich weiß, dass ich nichts weiß"*. Für ihn selbst bedeutete dieser Satz jedoch in erster Linie, dass eine einmal gewonnene Erkenntnis nie dazu führen sollte, dass man nun schon ein Wissender ist, und meint, den aktiven Denkprozess in Bezug auf eine bestimmte Sache nun beenden zu können. Neben der *dialogischen Methode* gibt es aber noch einen zweiten zentralen Aspekt der Philosophie des Sokrates, der heute ein wenig in Vergessenheit geraten ist. Von allen bisher genannten philosophischen Vorgängern war er der erste, der erkannte, dass geistige Erkenntnis alleine zwar sehr wichtig ist und einen gewissen primären Vorrang haben sollte, dass es aber darüber hinaus anschließend für die gesamte Entwicklung des einzelnen Menschen dringend notwendig ist, die gewonnenen Erkenntnisse in das konkrete Lebenshandeln umzusetzen.

Sokrates war im Athen der damaligen Zeit ein regelrechter Star und für die gesamte damalige Jugend das Vorbild schlechthin. Seine Lebensweise war wie seine Philosophie gekennzeichnet von dialektischen Sprüngen. So war er einerseits permanent auf den Straßen Athens unterwegs und redete und diskutierte öffentlich mit den Menschen, andererseits konnte es passieren, dass er tagelang nicht zu sehen war, bis ihn jemand dabei entdeckte, wie er regelrecht stundenlang, auch über Tage hinweg, an einem einzigen Platz verharrte, der sich zufällig gerade ergab, um über eine Frage intensiv nachzudenken. In solchen Fällen brachten ihm die anderen dann Nahrung und Getränke. Genauso dialektisch wie seine eigene Lebensgestaltung war jedoch auch die Resonanz in seiner damaligen Mitwelt. Es gab neben Verehrern und Bewunderern auch Neider und Hasser, später sogar unter seinen ehemaligen Schülern. Diesen Menschen gelang es durch Macht und Einfluss, dass Sokrates vor Gericht gestellt und wegen zweier damals besonders schwerwiegender Verbrechen angeklagt wurde, nämlich Gottesverleugnung und verderblicher Einfluss auf die Jugend. In einem eindrucksvollen Plädoyer, das später von Platon niedergeschrieben wurde, widerlegte er seine Kritiker im Prozess. Dennoch wurde er mit einer knappen Mehrheit zum Tode durch den Schierlingsbecher verurteilt.

Aber auch in der Folge offenbart sich nun wiederum menschliche Dialektik in eindrucksvoller Weise. Nach dem ersten erfolgten Schuldspruch, an dem bei dem damaligen Gericht sage und schreibe 501 Menschen ihre Stimme abgeben konnten, daher kommt bis heute der Begriff *Gerichtshof*, und sich eine knappe Mehrheit von 281 : 220 ergab, erhielt Sokrates noch einmal eine weitere Möglichkeit, sich zum Urteil zu äußern. In seinem zweiten Plädoyer aber zeigte er sich plötzlich von einer menschlich schwächeren Seite. Während er in seiner ersten Rede noch betonte, er wolle keinerlei Mitleid, und er achte in jedem Falle das aus dem Prozess sich ergebende Urteil aus Respekt vor der installierten gerichtlichen Instanz, begann er sich plötzlich doch zu rechtfertigen, er habe der Jugend nicht geschadet, sondern ihr nur Gutes zugefügt, und er habe daher eigentlich keine Strafe, sondern im Gegenteil eine besondere Ehre verdient, nämlich die kostenlose Speisung im Prytaneion bis ans Lebensende, wie sie den damaligen Olympiasiegern zuteil wurde. Dieses zweite Plädoyer bewirkte, dass sich in der zweiten und endgültigen Abstimmung das Verhältnis seiner Gegner um weitere 80 Stimmen auf 341:140 erhöhte.

Damit jedoch noch nicht genug der menschlichen Dialektik. Da das Todesurteil nicht sofort vollstreckt wurde, boten seine Anhänger und Freunde ihm an, bei einer Flucht behilflich zu sein. Daraufhin fand Sokrates zu alter seelischer Stärke und Integrität zurück und lehnte das Angebot ab. Am Tage der Vollstreckung des Urteils fanden sich seine Familie und seine Freunde und Anhänger bei ihm ein, um sich von ihm zu verabschieden. Dann bat er, dass man seine Frau Xanthippe, die nur noch weinen und lamentieren konnte, aus dem Raum bringt, damit er in diesem wichtigen Moment von ihrem Schmerz nicht zu sehr involviert werde. Anschließend begründete er vor seinen Freunden und Anhängern, warum er das Angebot der Flucht nicht angenommen habe, mit dem Argument, dass der Respekt vor demokratisch beschlossenen Gesetzen für eine Gesellschaft existenziell wichtig sei. Ansonsten verlören die Gesetze ihre Kraft. Sollten sich aber Gesetze als schlecht oder nicht mehr sinnvoll erweisen, dürfe man sie auch dann nicht übertreten, sondern müsse sie erst gemeinschaftlich ändern. Daraufhin, so berichten sowohl Platon als auch der Geschichtsschreiber Xenophon, habe Sokrates in aller Ruhe und Würde den Schierlingsbecher bis auf den Grund ausgetrunken.

Platon

Platon war ein Schüler von Sokrates. Sein großes Verdienst ist es, dass er das Denken seines Lehrers in den berühmten „Dialogen" schriftlich für die Nachwelt festgehalten hat, weil Sokrates selbst keinen einzigen seiner Gedanken schriftlich niedergelegt hat. Aber Platon entwickelte darüber hinaus auch eine weitergehende eigene Philosophie. Platon übernahm aber von seinem Lehrer Sokrates die philosophische Grundüberzeugung, dass die Aneignung von gesichertem Wissen ein nie endender Prozess ist, dass jedoch die meisten Menschen, nachdem sie sich einmal eine Meinung über eine Sache gebildet haben, den weiteren Denkprozess einstellen. Und wie sein Lehrer Sokrates sah er in dem dialogischen Denkprinzip von Frage und Gegenfrage die einzig sinnvolle Methode, den eigenen Erkenntnisprozess im Fluss zu halten. Dementsprechend sind die meisten seiner Werke in Dialogform geschrieben. Durch diese methodische Vorgehensweise tritt der Autor hinter den beiden jeweiligen, den Dialog führenden Protagonisten, zurück, und überlässt die Urteilsbildung dem Leser. Und ähnlich wie Sokrates, der ja keine einzige Zeile seiner Gedanken schriftlich festgehalten hat, wehrte sich Platon dagegen, sein philosophisches

Denken in ein festgelegtes Gesamtkonzept zusammen zu fügen. Dazu jedoch sahen sich seine Schüler und Nachfolger, die ja später als Lehrer in philosophischen Schulen tätig waren, notwendigerweise gezwungen. An dieser Stelle muss daher zwingend mitbedacht werden, dass die Schüler und Nachfolger immer auch ihre eigene Interpretation der Gedanken Platons als ein nun festgelegtes Gesamtkonzept weitergaben, wohingegen Platon selber ja eine solche fixierte Festlegung unbedingt vermeiden wollte.

Das wesentliche Axiom der Philosophie Platons ist die Annahme, dass hinter allen materiellen Erscheinungen eine geistige Ur-Idee steckt, die als eigentlicher Verursacher der Erscheinungen zu betrachten ist, und dass diese Ur-Idee als eine eigene geistige Welt neben der sichtbaren Welt der Phänomene existiert. In seinem berühmten „Höhlengleichnis" versucht er aufzuzeigen, wie der Mensch durch eine allzu starke Fixierung auf die materiellen äußeren Erscheinungen sich immer mehr der Möglichkeit beraubt, die jeweilige Ur-Idee hinter den Erscheinungen erkennen zu können. Ohne Erkenntnis der Ideen, aus denen die Erscheinungen geboren werden, gleiche der Mensch einem Wesen, das in einer Höhle lebt und nie die Sonne gesehen hat, und die Schatten für das wirkliche und echte Leben hält.

Neben dem Philosophie-Modell der Ur-Idee bildet das Seelenkonzept den zweiten Schwerpunkt in Platons Philosophie. Die Seele wird von Platon als immaterielles Grundprinzip des Lebens schlechthin und infolgedessen als unsterblich betrachtet. Die Existenz der Seele ist für ihn nicht abhängig vom Körper, sondern den Körper sieht er als etwas, das die Seele im Verlauf des Lebens in eine kontroverse Dialektik einbindet zwischen Unterstützung und Dienen einerseits, und Widersacher und Hemmnis andererseits. In einigen *Dialogen* wird der Körper entsprechend als „Gefäß" oder „Wohnstatt" der Seele bezeichnet, in anderen jedoch als „Grab" oder „Gefängnis". Für Platon ist die Erkenntnis, die ausschließlich von der Sinneswahrnehmung stammt, ein untaugliches Mittel der Weiterentwicklung. Ein taugliches Mittel kann nur die Erkenntnis der hinter den Dingen existierenden Idee sein, die jedoch nur von der Seele, dies im Verlauf des Lebens allerdings nur in Ansätzen, nach dem Tod und dem Ablegen des Körpers jedoch in voller Gänze erfasst werden könne.

Auch wenn Platon durchaus die Bedeutung und wichtige Funktion des Körpers in einigen Schriften dargelegt hat, galt er schon zu Lebzeiten und dann später in den Augen seines Schülers Aristoteles, erst recht in den Augen seiner philosophischen Gegner, bis zum heutigen Tag als Feind der Sinne und des Körpers. Tatsächlich hat Platon die geistige Idee über alles gestellt. Aber wenn er den Körper als „Grab" oder „Gefängnis" bezeichnet, waren das keine deterministisch festgelegten Aussagen über den Körper, sondern im Kontext des jeweiligen *Dialoges* Metaphern, die mehr symbolischen Charakter haben sollten als eine unumstößliche philosophische Festlegung. Platons Dilemma war jedoch, dass er seine Theorie bezüglich der Dialektik von Geist und Materie einem sehr starren Dualismus untergeordnet hat. Und dieses Dilemma hat er seiner Nachwelt vermacht, die sich bis heute nur schwer von diesem geistigen Erbe loszulösen vermag. Von Platon sind alle wichtigen Bücher und Schriften bis heute erhalten. Man muss nicht jedes Werk von ihm gelesen haben. Aber lesen Sie doch mal ein einziges Werk, um sich selbst ein Bild von seinem Denken zu machen. In der Reclam-Bibliothek kostet ein einziges Werk von ihm weniger als eine Packung Zigaretten. Und es ist eine gut verständliche und bekömmliche Geistesnahrung.

Aristoteles

Aristoteles war ein Schüler Platons, der sich aber bald von seinem Lehrer emanzipierte und distanzierte. Ihn störte an Platons Philosophie die nach seiner Meinung zu einseitige Fixierung auf die Idee einer nicht sichtbaren geistigen Welt hinter den Dingen und Erscheinungen. So begann er, die konkret sinnlich wahrnehmbaren Phänomene und Dinge noch genauer als es schon seine „vorsokratischen" Vorgänger taten, zu erforschen und wissenschaftlich zu ordnen. Dabei übernahm er zwar von seinem Lehrer Platon den Gedanken einer Ur-Idee, gestand dieser aber keine eigene Welt zu, sondern betrachtete die jeweilige Ur-Idee als in der materiellen Welt enthalten und in sie eingegangen. Für die Dauer eines Menschenlebens gesehen, entwickelte er eine enorme Zahl von neuen und parallelen Wissenschaftsfeldern, so zum Beispiel Biologie, Medizin, Dynamik, Form und Stoff, als Vorläufer der späteren Physik, bis hin zur Politikwissenschaft als Wissenschaft der Gestaltung des menschlichen Zusammenlebens. Und sozusagen als Krönung seiner wissenschaftlichen Leistung entwarf er darüber hinaus eine Wissenschaft der Logik und des logischen Denkens an sich sowie eine allgemeine übergreifende Wissenschaftstheorie.

Mit dieser Leistung etablierte sich Aristoteles über Jahrhunderte hinweg als der Ur-Wissenschaftler des westlichen Abendlandes. Aber zugleich etablierte sich auch seine geistige Grundhaltung, der zufolge eine eigene geistige Welt gegenüber der materiellen und sinnlich wahrnehmbaren Welt nicht existiert, sondern es nur eine einzige einheitliche Welt gibt, nämlich die konkret sinnlich wahrnehmbare. In diesem Denken ist auch der Mensch ein in erster Linie materielles körperliches Wesen, in dem durchaus geistige und psychische Ideen, Gedanken und Gefühle existieren, die aber gänzlich in die Materie des menschlichen Körpers eingegangen sind, und die infolgedessen ausschließlich durch die Erforschung seiner körperlich wahrnehmbaren Materie wissenschaftlich erfasst werden können. Die konkreten Theorien in den vielen genannten Wissenschaftsgebieten darzustellen, ist hier nicht der passende Platz. Um aber seine grundlegende Denkart in Ansätzen aufscheinen zu lassen, seien einige seiner wichtigsten Theorien und Begriffe für sein Denken beispielhaft dargestellt.

Der Vier-Sphären-Kosmos, der Gottes- und Seelenbegriff

Für Aristoteles besteht der gesamte Kosmos aus vier sogenannten Sphären, nämlich 1) der physischen Welt, 2) dem Jetzt-Moment im Fluss der Zeit, 3) dem Fixsternhimmel, und 4) Gott. Im Bezug zur dritten Sphäre ist er der erste Wissenschaftler, der den Fixsternhimmel und die Erde als Teil eines einheitlichen Kosmos verstanden hat. Bei der zweiten Sphäre erkennt man das Bemühen, das Phänomen der Zeit ebenfalls zu materialisieren und nur den Jetzt-Zeitpunkt als konkrete und sinnlich wahrnehmbare Zeit zu definieren, in dem die vergangene Zeit für immer und ewig stirbt und vergeht, und somit auch keine erkenntnistheoretische Bedeutung mehr hat.

Und was den von ihm als vierte Sphäre definierten „Gott" betrifft, so ist dieser Gott keineswegs ein religiöses und anbetungswürdiges, und erst recht kein personalisiertes Wesen wie in den Religionen. Sondern in seiner „Metaphysik" definiert er Gott als eine ausschließlich physikalisch zu verstehende, und damit für ihn auch wissenschaftlich beweisbare Kraft, als „Erstbeweger allen Seins", der selber keine Ursache und keinen Ursprung hat, sondern unbeweglich immer und ewig existiert. Auf der zeitlichen Ebene, der zweiten Sphäre, hat diese physikalische Kraft als einzige Kraft im Kosmos keinen Anfang und kein Ende, und ist somit nicht nur der Ursprung, sondern zugleich auch wieder das „entelechische" Ziel der gesamten restlichen Schöpfung. Auch die menschliche „Seele" definiert Aristoteles als das, was den lebenden Organismus lebendig macht, also ähnlich wie Gott als eine Art physische Energie. Die Seele ist, im Gegensatz zu Platon, für ihn jedoch nicht unsterblich, sondern sie hört auf zu existieren, wenn der lebende Organismus stirbt.

Die Theorie der Substanz als Form

Aristoteles übernimmt von Sokrates den Begriff *Substanz* als Bezeichnung für alle konkreten äußerlich wahrnehmbaren Einzeldinge. Die Substanzen sind damit das Gegenteil von Ideen, Gedanken und allen äußerlich nicht sichtbaren Phänomenen. Aber in Erweiterung des von Sokrates benutzten Begriffs *Substanz* definiert er als Bedingung für eine *Substanz*, eine solche zu sein, eine wahrnehmbare *Form* zu haben. Wenn die geistige Idee oder Gefühle in einer Substanz wahrgenommen werden können, ist die Existenz dieser Substanz bewiesen. Denken und Fühlen sind also als *Form* genauso Teil der Substanz wie die konkret sinnlich wahrnehmbare Materie einer Substanz. Letztlich definiert Aristoteles den Begriff der *Form* als wissenschaftlichen Grundbegriff, mit dessen Hilfe er alles Seiende und Existierende vom Nicht-Seienden glaubt unterscheiden zu können. Die schon damals wichtig gewordenen philosophischen Fragen nach den Ursachen von Entstehen und Vergehen beantwortet Aristoteles damit, dass *Substanz* lediglich unterschiedliche *Form* annehmen könne. Aber alles, was keine Form hat, kann nicht als wirklich existent betrachtet werden und hat damit in Bezug auf die Frage nach Entstehen und Vergehen auch keine Relevanz. Dieser Theorie zufolge zeigen sich also geistige und seelische Phänomene von Menschen und Tieren lediglich in einer divergierenden, aber zwingend notwendig wahrnehmbaren *Form* des jeweiligen Körpers.

Der Syllogismus und die Theorie der Logik

Und schließlich gibt Aristoteles in einem weiteren Punkt eine neue Denkrichtung vor, die sich meines Erachtens sehr wesentlich von seinen Lehrern Platon und Sokrates unterscheidet, und zwar in der Bedeutung und Anwendung der dialektischen Methode. Während ich die Dialektik des Begründers der Methode, nämlich Sokrates, so verstehe, dass das aus der Dialektik hervortretende Neue und Dritte nie völlig fixierbar zu einem endgültigen Ergebnis erstarren darf, weil ansonsten keine weitere Entwicklung des Erkenntnisprozesses mehr möglich ist, definiert Aristoteles die Dialektik in seiner Abhandlung „Topik" völlig anders. Zwar ist auch für ihn Dialektik ein Dialog zwischen zwei gegensätzlichen Positionen, für ihn jedoch hat die Dialektik immer ein schließlich fest fixierbares Ziel, nämlich eine deduktiv überprüfbare, und damit endgültig fixierbare Wahrheit. Diese Wahrheit muss den Anspruch erfüllen, dass sie, wörtlich „a) von allen, b) von den meisten, c) den Fachleuten und dabei entweder c1) von allen oder c2) von den meisten, oder c3) den bekanntesten und anerkanntesten für richtig gehalten werde" (3). Damit wird die grundsätzliche Erkenntnisfähigkeit des individuellen Menschen, anders als bei Sokrates und Platon, in einen ab jetzt sehr engen kontextuellen Rahmen gepresst. Und bereits ab hier haben scheinbar extreme Positionen kaum mehr eine Chance, im Erkenntnisprozess eine Rolle zu spielen. Als für ihn logische Konsequenz führt Aristoteles im dialektischen Prozess einen neuen Begriff ein, den „Syllogismus". Der Syllogismus ist eine spezielle Form der Deduktion, bei dem die Beweisführung nicht, wie bisher, nach rein logischen Aspekten durchgeführt wird, sondern ausschließlich an festen Begriffen („Terms"). Und ging es Sokrates in erster Linie noch darum, mit der von ihm entwickelten Methode auch in Zukunft zu allgemein menschlichen Erkenntnissen zu gelangen, hat Aristoteles ein vollkommen anderes geistiges Ziel vor Augen. Ihm geht es eher darum, mithilfe seiner logischen Methode, dem Syllogismus, möglichst viele definitive und ewig haltbare Beweise für alles Existierende zu erlangen. Welch ein Unterschied zum Denken sowohl von Sokrates als auch Platon.

Epikur

Von Epikur weiß man, dass er schon im Alter von 14 Jahren zur Philosophie gefunden hat. Sein wichtigster Lehrer war ein Schüler des Vorsokratikers Demokrit, der dessen naturphilosophische Lehre des „Atomismus“ vertrat. Zu dieser Zeit drohte der emanzipatorische Einfluss des Sokrates ein wenig zu verblassen, sodass es den Philosophen dieser Zeit erneut darum ging, einer Rückkehr beziehungsweise einem Rückfall in altes mythisches und göttergläubiges Denken der Menschen etwas entgegenzusetzen. So sah Epikur einzig in der autonomen Eigenverantwortlichkeit des Menschen ohne die innere Abhängigkeit von Göttern oder einem Gott die Möglichkeit zur menschlichen Weiterentwicklung.

Etwa hundert Jahre nach dem Tod des Sokrates erwarb er sich nach einer längeren Zeit des Reisens im Alter von 35 Jahren in Athen einen Garten, in dem er seine philosophische Schule gründete. Eine erste Besonderheit war, dass er als erster in der damaligen Zeit nicht nur Männer, sondern auch Ehepaare, Frauen und sogar Sklaven in seine Symposien aufnahm. Wenn man bedenkt, dass es im Katholizismus und im Judentum bis in 20. Jahrhundert gedauert hat, dass Frauen als Religionsschülerinnen zugelassen wurden, wird deutlich, wie lange es dauern kann, bis Ideen eines geistigen Pioniers endlich zu einer allgemein gültigen Selbstverständlichkeit werden.

Das philosophische Ziel Epikurs war ausschließlich auf das Erreichen von menschlichem Glück und Zufriedenheit in diesem einen konkreten Leben gerichtet. Ähnlich wie Aristoteles ging er davon aus, dass die Seele beim Tode zur Auflösung kommt. Somit ist in seinen Augen das Erreichen einer zu Lebzeiten bewirkten Seelenruhe das höchste und wichtigste Ziel des Menschen. Seine später oft Missverständnissen ausgesetzte Methode des gezielten Umgangs mit Lust und Sinnesfreuden basierte auf der natürlichen menschlichen Entwicklung vom Kleinkind zum Erwachsenen. Seine Theorie war, dass, wenn man Kleinkinder ihre oft von starken Schwankungen geprägten Lust- und Unlustempfindungen nicht wegnimmt, sondern sie beobachtet und begleitet, aber gewähren lässt, sich auf natürliche Weise eine Sättigung und Befriedigung einstellt, die dann die Seele kräftigt, wohingegen ein zu starkes Intervenieren von außen die natürliche Entwicklung der seelischen Kräfte eher schwächt und behindert. Dadurch würden Jugendliche und Erwachsene auf natürliche Weise in die Lage versetzt, einen ihrem Alter gemäßen ethisch verantwortungsvollen Umgang mit Lust und Sinnesgenuss zu entwickeln. Ziel der Epikureer war also nicht, wie später oft unterstellt, der hemmungslose Sinnesgenuss an sich, sondern das Erreichen eines inneren Seelenfriedens durch die erworbene Fähigkeit, sowohl mit Lust-, als auch mit Schmerzerfahrung und widrigen Lebensumständen gelassen umgehen zu können. Epikur verwendete für seine Schüler keine langen philosophischen Schriften, sondern kurze Merk- und Leitsätze, über die er sie dann regelrecht meditieren ließ.

Kritisch zu sehen ist, dass er seinen Schülern empfahl, nur Freundschaften und Beziehungen untereinander, also philosophisch Gleichgesinnten, zu pflegen und den Umgang mit Andersdenkenden eher zu meiden, und sich darüber hinaus aus der Politik vollkommen herauszuhalten. Eine solche Tendenz zur Abschottung nach Außen war schon immer und ist bis jetzt der beste Samen für eine Anfeindung von außen. Obwohl die Lehre Epikurs in der frühchristlichen Zeit, besonders durch die christlichen Kirchenväter, Ziel von starker Polemik und Anfeindung wurde – sie sei atheistisch, was stimmte, und sie sei zügellos hedonistisch, was nicht stimmte – gab es bis etwa 300 Jahre nach Christus im gesamten Mittelmeerraum zahlreiche Schulen, in denen die Philosophie Epikurs gelehrt und praktiziert wurde. Erst ein noch stärkeres politisches Vorgehen durch Kaiser Konstantin bewirkte das allmähliche Ende dieser philosophischen Bewegung.

Die Stoa

Die Philosophie der Stoa entwickelte sich interessanterweise absolut zeitgleich mit der des Epikur, nämlich ab ca. 300 Jahre vor Christus. Der Name „Stoa“ kommt aus dem Griechischen und bedeutet „Vorhalle“. Anders als Sokrates, der ständig auf allen Straßen Athens unterwegs war, oder Epikur, der in seinem Garten lehrte, begann der Begründer der Stoa, Zenon von Kition, in einer Säulenhalle auf dem Marktplatz von Athen, die auch für die damalige Zeit in ungewöhnlicher Weise schon „bemalt“ war, heute hieße das „Graffiti“, öffentliche philosophische Vorträge zu halten.

Wie bei den Epikureern war der wichtigste philosophische Erkenntnisgegenstand nicht die äußere Wirklichkeit, sondern ein bestmöglicher Weg für das innere Seelenheil des Menschen. Während aber Epikur, wie schon beschrieben, seinen Schülern eine vollkommene Abstinenz jeder politischen Tätigkeit empfahl, gehen die Stoiker für die Erreichung des gleichen Ziels in die genau entgegengesetzte Richtung. Sie empfehlen ausdrücklich, sich am politischen Geschehen zu beteiligen, betonen aber die dringende Notwendigkeit, hierbei nur mit einem bestimmten und geschulten Bewusstsein vorzugehen.

Wikipedia beschreibt die Philosophie der Stoa als eine *„kosmologische, auf Ganzheitlichkeit der Welterfassung gerichtete Betrachtungsweise, aus der sich ein in allen Naturerscheinungen und natürlichen Zusammenhängen waltendes universelles Prinzip ergibt. Für den Stoiker als Individuum gilt es, seinen Platz in dieser Ordnung zu erkennen und auszufüllen, indem er durch die Einübung emotionaler Selbstbeherrschung sein Los zu akzeptieren lernt und mithilfe von Gelassenheit und Seelenruhe nach Weisheit strebt.*“ (4)

Das gesamte Theorie-Gebäude der Stoa beruhte auf drei Säulen, nämlich Physik, Logik und Rhetorik. In der Nachfolge von Zenon gab es stets ein zentrales Schuloberhaupt, das über die Einhaltung der Lehre an den vielen einzelnen entstandenen Schulen wachte. Somit war die Stoa zur damaligen Zeit schon eine sehr durchstrukturierte Lehre. Und das Erstaunliche ist, dass sich trotz des hohen Grades an fester Struktur innerhalb der Stoa später wesentlich mehr Weiterentwicklungen, Wandlungen und neue Differenzierungen entwickelt haben als in den anderen Schulen. Der Grund dafür war die offensichtlich umfassendere Welt- und Zukunftsoffenheit in ihren Grundaxiomen. Die Schüler des Aristoteles nämlich lernten den ohnehin riesigen Theoriestoff des großen Lehrers, und dieser Lehrstoff war so angelegt, dass er dem Lernenden wenig Spielraum für eigene Gedanken und Ideen ließ. Die Schüler des Epikur meditierten im Wesentlichen die Lehrsprüche ihres Meisters, die zwar definitiv eine gute Stütze und Hilfe für den individuellen Seelenweg sein können, aber im Fokus stand weniger die Entwicklung eines eigenen selbstständigen Denkens, sondern zunächst einmal die Fähigkeit eine Methode anzuwenden, die eigenen inneren Triebe besser steuern zu können. Und während Aristoteles versuchte, durch den Gebrauch der Logik die Materie zu ergründen, um sich dadurch als Mensch der physikalischen Welt bemächtigen zu können, gehen die Stoiker, ähnlich wie Platon, davon aus, dass in den Erscheinungen eine allen gemeinsame höhere und übergreifende Logik vorhanden ist. Das Studium der Physik diente nicht der Bemächtigung der äußeren Phänomene, sondern der Ergründung des inneren „Logos“ in der Materie. Und dieses Ergründen war von vornherein nicht auf einen möglichst schnellen und effektiven Erkenntnisprozess ausgerichtet, sondern wurde als geistiger Schulungs- und Entwicklungsprozess verstanden, der bei jedem Menschen seine eigene Zeit beansprucht, genauso wie beispielsweise die Entwicklung von bestimmten körperlichen Fertigkeiten. Der einzelne Mensch kann nur allmählich durch einerseits geschultes und diszipliniertes Denken, andererseits durch ein ethisch gutes Leben zu dieser höheren Logik Zugang finden. Hat der Mensch dieses Ziel jedoch erreicht, erfährt er als Lohn eine Seelenruhe und Weisheit gegenüber allen Erscheinungen im Außen und den persönlichen Erfahrungen im Inneren. Der letzte berühmte Stoiker war Marc Aurel, der in den letzten 19 Jahren seines Lebens, von 161–180 nach Christus, als Philosoph sogar das Amt des römischen Kaisers innehatte. Von ihm sind glücklicherweise wichtige schriftliche Quellen erhalten, die uns den originären Zugang zum Denken dieser philosophischen Richtung gewähren. (5)

Zeit zum Innehalten

An dieser Stelle empfehle ich Ihnen, das Lesen zu unterbrechen, unabhängig davon, wie oft Sie das vorher schon getan haben, um sich nun etwas Zeit zu geben, das durch das Lesen Aufgenommene sich selber bewusst zu machen. Nehmen Sie dazu Papier und einen Stift zur Hand, und machen Sie sich Ihre eigenen Notizen. Scheuen Sie sich nicht, dazu eine bestimmte Textstelle noch einmal genauer nachzulesen. Diese Empfehlung entspricht ja grundsätzlich dem Vorgehen, beim Studium einer Sache das Gelesene besser zu speichern. Nun können wir aber noch einen Schritt weiter gehen. Es ist das Angebot, dass Sie das Papier, auf dem Sie Ihre Notizen machen, von vornherein durch einen senkrechten Strich in zwei Spalten aufteilen. Die linke Spalte nutzen Sie für die Notizen, die Sie gewohnter Weise nach der Lektüre eines Textes machen, also wo sie das für Sie wichtigste noch einmal festhalten. In dieser Spalte stehen später stichwortartige oder auch längere Begriffe, Schlagworte oder Sätze, die sich unmittelbar auf das beziehen, was Sie gelesen haben. Die rechte Spalte dient nun dazu, noch Platz zu haben für ganz eigene Gedanken, die Ihnen zu dem Gelesenen kommen, die aber Ihre Gedanken sind, und nicht die des Autors dieses Buches. Bewahren Sie diese Notizen gut auf, wo und wie auch immer, damit Sie auch diese später jederzeit nachlesen und dieselben dann weiter als wichtige Impulsgeber dienen können.

Zwischen-Resümee

Wenn man bei der historischen Betrachtung hier einmal innehält, kann festgestellt werden, dass in einem Zeitraum von einem guten halben Jahrtausend, also von etwa 300 Jahre vor Christus bis gut 300 Jahre nach Christus, im gesamten damaligen Mittelmeerraum in jeder bedeutenden Stadt mindestens eine der vier großen philosophischen Schulen vertreten war. Ja, dass sogar in den allerwichtigsten Städten alle vier Schulen gleichzeitig ihre Lehren im friedlichen Wettstreit der Jugend angeboten haben. Diese vier Schulen waren die Schule der Platoniker, der Aristoteliker, der Epikureer und der Stoiker. Dabei ist außerdem ein durchaus dialektischer Verlauf der historischen Entwicklung zu erkennen. Es begann mit einer Phase, in der der Fokus ganz auf die Erkenntnis der Außenwelt gerichtet war. Das war die Zeit der Vorsokratiker. Es folgte eine Phase, in der der Fokus auf die Innenwelt gerichtet war, bei Sokrates und Platon. Jede dieser Phasen wiederholte sich noch je einmal, die Außenfokussierung bei Aristoteles, die Innenfokussierung bei den Epikureern und Stoikern. In der oben gezeigten Zeitphase eines guten halben Jahrtausends mit dem zweimaligen dialektischen Wechsel zwischen Außen- und Innenfokussierung wurden ganz offensichtlich die Wurzeln der westlich-abendländischen Erkenntnis-Kultur geschaffen. Und es waren sicherlich keine schwachen Wurzeln.

Eine weitere Dialektik lässt sich erkennen, wenn man die historische Entwicklung weiterverfolgt. Denn es folgt nun eine lange Zeitphase, von ca. 330 J. nach Christus bis kurz nach der sogenannten *kopernikanischen Wende*, also zum Ende des 16. Jahrhundert, in der es keine einzige erkenntnistheoretische Weiterentwicklung gab, wenn man einmal von der Scholastik des Thomas von Aquin absieht, die jedoch aus damals gegebenem Anlass, nämlich der zunehmenden Kritik und Unzufriedenheit der damals gebildeten Menschen in Bezug auf die Weiterentwicklung der Erkenntnisphilosophie, lediglich die wesentlichen Aspekte der Philosophie des Aristoteles mit der christlichen Glaubenslehre versuchte in Einklang zu bringen, sich mit den anderen alten Philosophen aber auch nicht weiter auseinander setzt. Der Begriff vom *finsteren Mittelalter* erfährt hier erkenntnistheoretisch seine volle Berechtigung.

Meine Überzeugung ist, dass menschliche Erkenntnis aus leiblicher Sicht grundsätzlich durch Multi-Perspektivität und Multi-Kausalität gekennzeichnet sein muss. Als Anregung für ein Verstehen dieser langen Zeit einer erkenntnistheoretischen Nacht-Phase seien hier drei mögliche Perspektiven angeboten, um das eigene Denken darüber weiter anzuregen. Eine mögliche Perspektive und Erklärung für dieses entwicklungshistorische Phänomen könnte sein, dass in dieser Zeit eine einzige Institution und soziale Wesenheit versucht hat, das Denken der Menschen einseitig und eindimensional zu bestimmen, nämlich die römisch-katholische Kirche mit dem Papst an der Spitze. Der eigentliche Sinn und das Grundverständnis von Religion ist es aber, dem Menschen Vorstellungen über transzendente Zusammenhänge anzubieten. Wenn aber eine Religion darüber hinaus auch meint, sich mit der weltlichen Macht zu verstricken, dann hat das für das jeweilige gesellschaftliche System systembedingte Folgen einer Stagnation des Denkens der Menschen.

Eine zweite mögliche Perspektive wäre, dass man sich bewusst macht, dass Bewusstsein, das an Materie gekoppelt ist, wie das auch beim Menschen der Fall ist, immer wieder eine Ruhephase benötigt, wie zum Beispiel den Nachtschlaf, um wieder weiter aktiv sein zu können. Während beim individuellen Menschen die Ruhe einer einzigen Nacht genügt, um sich wieder bewusst weiterzuentwickeln, kann das kollektive Bewusstsein der Menschen oder Menschheitskulturen dagegen schon einmal ganze Zeitepochen für einen geistigen Nacht-Schlaf benötigen.

Und eine dritte Perspektive wäre, zu sehen, dass es für die Bewusstseinsentwicklung des Menschen ganz offensichtlich nicht nur eine Richtung gibt, nämlich immer weiter nur vorwärts ins Bessere und Erweiterte, sondern dass es zu Rückschritten und Rückfällen kommen kann, die vielleicht aber auch notwendig sein können, um die Verbindung mit den archaischen Wurzeln nicht zu verlieren.

Zeit zum erneuten Innehalten
Nehmen Sie an dieser Stelle erneut Ihre eigenen Notizen zur Hand, und nehmen Sie nun zwei mögliche Perspektiven ein. Mit der einen Perspektive überprüfen Sie, wieviel Sie von meinem Resümee übernehmen möchten, zumindest vorerst, Mit der anderen Perspektive fragen Sie sich, wo unterscheidet sich Ihr Resümee von dem des Buchautors. Halten Sie Ihre Gedanken in der oben vorgeschlagenen Form der zwei Spalten fest.

Descartes

Der erste Philosoph, der nach dieser sehr langen erkenntnistheoretischen Nacht-Phase wieder neue Impulse einbrachte, war der Mathematiker Descartes, der von 1596 bis 1660 lebte. Er war der erste, der sich nach der langen Zeit einer kritiklosen Unterwerfung gegen die Theorie des Aristoteles wandte, dass der gesamte Kosmos aus einer einzigen *Substanz* besteht, und dass außer Substanzen, die eine *Form* haben, keine weiteren existieren. Descartes plädierte stattdessen dafür, eine begriffliche Unterscheidung herbeizuführen zwischen einer sogenannten *Res extensa*, die alle materiell sichtbaren Erscheinungen umfasst, und einer *Res cogitans*, die alles Geistige und nicht Sichtbare beinhaltet. Außerdem betonte er, dass diese zwei verschiedenen *Substanzen* zwar isoliert existieren, aber sich dennoch gegenseitig beeinflussen. Allerdings spiele in diesem Zusammenspiel der Substanzen die *Res cogitans* die eindeutig dominantere Rolle.

Von Descartes stammt ja der berühmte Satz „ich denke, also bin ich". Diese Verknüpfung von Denken und Sein wird heute mit Recht als zu einseitig kritisiert. Leider führt diese Kritik inzwischen dazu, dass sich kein Mensch mehr ernsthaft mit Descartes auseinandersetzt. Und das Einnehmen einer sehr plakativ daherkommenden konträren Perspektive eines modernen Neurowissenschaftlers „ich fühle, also bin ich", ist zwar, rein wissenschaftlich betrachtet, nicht falsch, aber dialektisch genauso einseitig wie der Satz von Descartes. Dieser hatte zumindest bewirkt, dass das bewusste und aktive Denken des menschlichen Individuums wieder zum Objekt philosophischer Forschung geworden war. Ja, dass möglicherweise der gesamte Kosmos nicht einfach nur eine sinnlich sichtbare Substanz zu sein scheint, sondern vielleicht sogar lediglich das Produkt menschlicher Denkprozesse. Nachdem die lange Nacht des Erkenntnisschlafes zu Ende war, ging es nun plötzlich schneller als in der griechisch-römischen Phase und sozusagen Schlag auf Schlag weiter. Von Descartes ausgehend über Spinoza und Leibnitz entwickelte sich erkenntnistheoretisch der sogenannte *Rationalismus*, vor allem in Deutschland, der davon ausging, dass alle Erkenntnis reine Vernunfterkenntnis und ohne Sinneswahrnehmung möglich ist. In Großbritannien hatte sich jedoch eine dialektische Gegenbewegung entwickelt, vor allem durch die englischen Philosophen Francis Bacon, Thomas Hobbes, John Locke und David Hume. Die von ihnen vertretene Erkenntnisphilosophie, die später *Empirismus* genannt wurde, besagt, „dass alle Erkenntnis auf der kausal verursachten Erfahrung der Welt durch die Sinne und der Reflexion im Verstand erfolgt". Hier dominieren die Sinne den Wahrnehmungs- und Erkenntnisprozess, und die Vernunft versucht lediglich, die wahrgenommenen Sinnesempfindungen zu benennen und zu ordnen. Von John Locke stammt der Satz: *„Nichts ist im Verstand, das vorher nicht in den Sinnen war."*

Kant

In diese Zeit von zwei völlig gegensätzlichen und scheinbar nicht zu vereinbarenden philosophischen Theorien über den menschlichen Erkenntnisprozess, dem *Rationalismus* und dem *Empirismus*, wurde Kant hinein geboren. Er selber hatte Lehrer, die sich geistig dem Rationalismus zuordneten, und war entsprechend vorgeprägt von dieser Richtung. Im Laufe der Zeit überkamen Kant jedoch zunehmende Zweifel in Bezug auf die rein rationalistische Position. Sein daraufhin erster beachtenswerter, aber zur damaligen Zeit – und vielleicht auch heute noch? – ungewöhnlicher Schritt war, dass er sich mit der Gegenposition der Empiristen ernsthaft auseinander gesetzt hat. Ernsthaft will heißen, ohne die Intention, von vornherein nur das fehlerhafte Denken der anderen Seite belegen zu wollen, sondern offen zu bleiben für deren Argumente. Das Ergebnis war seine erste *Kritik* von später insgesamt drei. Der Titel der ersten Kritik lautete *Die Kritik der reinen Vernunft*, wobei sich durch den Titel schon eine Distanzierung gegenüber seiner alten Position andeutete.

Dem Rationalismus gegenüber konnte er logisch begründen, dass ein Denken, welches nicht von einer Sinneswahrnehmung begleitet ist, Gefahr läuft, völlig spekulativ zu werden. Es führe zu einer, wörtlich, „Anmaßung überschwänglicher Einsichten" und zu einer rein „spekulativen Vernunft" (6), die weder belegt noch widerlegt werden könne. Seine Kritik am Empirismus war, dass sinnvolle Denkprozesse nicht ausschließlich auf sinnlich gemachten Erfahrungen beruhen müssen, zum Beispiel bei rein logischen Verknüpfungen und Rückschlüssen, die zwar von der Sinneswahrnehmung angeregt, aber nicht allein durch sie begründet werden könnten. Kants beachtenswerte Leistung bestand also zum einen darin, dass er sich zunächst in einer innerlich offenen Haltung mit einer extremen gegnerischen Denkposition auseinander gesetzt hat. Eine weitere wichtige Leistung bestand darin, dass er aufgrund dieser inneren Auseinandersetzung den Mut fand, eigene und völlig neue Begriffe zu prägen, weil er erkannt hatte, dass klare Begriffe im Denkprozess des Menschen die absolut notwendige Voraussetzung sind für eine Weiterentwicklung des Erkenntnisprozesses.

Inhaltliche Übersicht der *Kritik der reinen Vernunft*

In der Wikipedia gibt es eine gute Übersicht über den Aufbau des gesamten Werkes „Die Kritik der reinen Vernunft" (7). In dem wichtigsten Teil des Buches, das mit der Überschrift *Transzendentale Elementarlehre* versehen ist, entwirft Kant seine wesentlichen Theorien über den Prozess der menschlichen Wahrnehmung und der menschlichen Erkenntnis. Der Wahrnehmungsprozess ist für ihn gekennzeichnet durch drei Aspekte, nämlich *Sinneswahrnehmung, Logik und weitere Analyse.* Kants Leistung besteht darin, dass er den menschlichen Wahrnehmungsprozess bereits sehr differenziert in sehr detaillierte strukturelle Stufenschritte zerlegt, die in dieser Form heute von der Psychologie und Psychotherapie als wesentlich betrachtet werden.

Kants Theorie der menschlichen Wahrnehmung

Zunächst führt Kant zwei wesentliche differenzielle Begriffe ein, nämlich den Begriff der re*inen Anschauung* und der *empirischen Anschauung.*

1. **Die reine Anschauung**
   a) ihre besondere Fähigkeit:
   Kant erkannte und definierte, dass der Verstand eine gänzlich andere Art der Wahrnehmung hat als die Sinne. Die Art der Wahrnehmung des Verstandes bezeichnete er als „reine Anschauung", die „a priori" immer sofort vorhanden ist. Ihre besondere Fähigkeit, die transzendental vorgegeben ist, besteht darin, dass sie in der Lage ist, ein Objekt „an sich" begrifflich sofort zu erfassen.
   b) *Kritik* an der reinen Anschauung:
   die ausschließliche Fixierung auf Begriffe kann jedoch zu einer inneren „Abgehobenheit" von der Sinneswelt führen.

2. **Die empirische Anschauung**
   a) ihre besondere Fähigkeit:
   Sie nimmt das Objekt in einer konkreten und durch Wiederholungen abgesicherten Weise mithilfe der Sinne wahr.
   b) *Kritik* an der empirischen Anschauung:
   die empirische Anschauung bemüht sich nicht, ihre Theorien in den Sinnzusammenhang eines größeren Ganzen („Organon") einzubetten. Sie kann daher nichts zu den Objekten „an sich" aussagen. Die empirische Anschauung kann somit keinen synthetischen Sinn erzeugen, sondern nur einen analytischen. Ein analytischer Sinn besteht lediglich aus einer Aneinanderreihung von bloßen Verhältnissen von Einzelphänomenen, die so aber noch keinen synthetischen Sinn ergeben, und dadurch erschließt sich kein vorhandenes Inneres des Objektes sich für das wahrnehmende Subjekt.

3. **Kants Schlussfolgerung aus 1. und 2.:**
   Ohne die *empirische Anschauung* kann die *reine Anschauung* synthetisch kein Urteil fällen, weil erst durch die *empirische Anschauung* sich die letztendliche und Sinn gebende Bezogenheit zwischen dem wahrnehmenden Subjekt und dem wahrgenommenen Objekt ergibt. Aber umgekehrt kann die rein *empirische Anschauung* ohne die *reine Anschauung* keine Erkenntnis über die Dinge „an sich" bekommen. Kants Theorie der *transzendentalen Ästhetik* könnte man somit auch bezeichnen als eine Theorie über die Dialektik zwischen dem Ganzen und den Teilen.

Die strukturelle Stufenfolge im Prozess der Wahrnehmung

Kant gelingt es dann im Weiteren, auch den logischen Denkprozess, also die Fähigkeit zur Analyse beim Menschen im Prozess der Wahrnehmung nicht nur allgemein, wie ihn Aristoteles gesehen hat, zu betrachten, sondern weiter zu differenzieren in verschiedene strukturelle Schritte. Diesen wesentlichen strukturellen Schritten hat Kant neue, von ihm selbst entwickelte begriffliche Namen gegeben wie *Kategorien, Schemata, Grundsätze*, etc.

Kategorien

Unter dem Begriff *Kategorien* versteht und erklärt Kant, dass sich im wahrnehmenden Subjekt im absolut ersten Moment der Wahrnehmung ein Begriff bildet. Dieser Vorgang ist dem wahrnehmenden Subjekt von der Transzendenz geschenkt und in die Wiege gelegt worden. Es muss dazu vorher kein gesonderter Lernprozess stattgefunden haben. Die Stufe der *Kategorien-Bildung* würde man heute besser als Stufe der *Begriffs-Bildung* bezeichnen.

Schemata

Die im Strukturschritt *Kategorien* oder *Kategorien-Bildung* erzeugten Begriffe bewirken im Verstand einen weiteren Schritt, nämlich die Bildung von *Schemata*. Schemata sind noch nicht das Bild, das später entsteht, sondern sie sind ein

Bindeglied zwischen einem rein abstrakten Begriff und dem sinnlich geprägten Bild. Die derzeitige Psychologie scheint mir diesen Strukturschritt zu sehr zu vernachlässigen und betont zu einseitig den Strukturschritt der Erzeugung eines inneren Bildes. Kant erläutert die Schema-Bildung am Beispiel eines Dreiecks. Wenn ein Mensch noch nie ein Dreieck sinnlich gesehen hat, kann er mit dem Begriff Dreieck nichts anfangen. Zeigt man diesem Menschen ein gezeichnetes Dreieck und sagt ihm, dass man dieses Gebilde Dreieck nennt, bildet sich von nun an ein inneres Schema, das er immer wieder anwenden kann, sobald seine Sinne etwas einem Dreieck Ähnliches wahrnehmen. Das Schema hat damit eine wichtige Bindegliedfunktion zwischen Begriff und Bild. Es existiert im Inneren zwar als etwas, das von nun an nicht mehr sinnlich vorhanden sein muss, aber es ist auch kein reiner Begriff mehr, weil es bereits „an sich selbst jederzeit nur ein Produkt der Einbildungskraft“ ist (Kant, Kritik der reinen Vernunft, S. 239). Im Gegensatz zur reinen Kategorien- oder Begriffs-Bildung bedarf es für den geistigen Schritt der Schema-Bildung jedoch eines vorher stattgefundenen Lernprozesses.

Bildung von Axiomen

Unter einem Axiom versteht man heute eine Grundaussage, die nicht weiter bewiesen werden muss. Wictionary definiert *Axiom* als eine „in sich einsichtige Wahrheit, die aber nicht bewiesen werden muss.“ Das Problem dieser aktuellen Definition ist, dass sie den Begriff *Axiom* nur unter einem Aspekt sieht, nämlich der Nicht-Notwendigkeit eines Beweises. Dadurch, dass nicht klar definiert wird, wann eine Wahrheit auch „in sich einsichtig“ ist, bleibt die derzeit gängige Definition eine für unsere heutige Zeit typische einseitige Verkürzung infolge eines in unserer Kultur zunehmenden grob fahrlässigen Umgangs mit Begriffen. Kant hat den Begriff *Axiom*, der vorher schon in der Philosophie und Mathematik gebraucht wurde, als erster in die strukturelle Schrittfolge einer Erkenntnistheorie eingeführt (8). Dabei definiert Kant den Begriff *Axiom* aber wesentlich differenzierter, als das heute noch getan wird. In dem Abschnitt *Von den Axiomen der Anschauung* führt er aus, dass im Augenblick der Wahrnehmung eines Objektes der Verstand unmittelbar und automatisch versucht, das Objekt in eine „synthetische Einheit des Mannigfaltigen“ (S. 258) einzuordnen, wobei „die Einheit der Zusammensetzung des mannigfaltigen Gleichartigen im Begriffe einer Größe gedacht wird." (S. 258) Das bedeutet, dass Kant den Begriff *Axiom* nicht einfach nur unter dem Aspekt der Nicht-Notwendigkeit eines Beweises sieht, sondern als eine unmittelbare Induktion des Einzelphänomens in ein größeres Ganzes. Und der wesentlichste Grundsatz dabei ist, dass diese Induktion vom jeweiligen Teil hin zu einem diesbezüglichen übergeordneten Ganzen einen Sinn ergeben muss. Damit aber definiert er eindeutig, wann eine Wahrheit in sich einsichtig ist und wann nicht, nämlich, wenn sie einen Sinn in Bezug auf ein größeres Ganzes ergibt.

Mit Verweis auf die im Eingang dieses Kapitels dargelegte Kritik an der jetzigen Wissenschaft muss nun dringend die Frage gestellt werden, ob in der heutigen Wissenschaft, die ja behauptet, sich auf Kant zu beziehen, wirklich noch Axiome im Kant'schen Sinne gebildet werden, oder ob nicht einfach nur noch einzelne, völlig willkürliche und zusammenhanglose Theorien aufgestellt werden, die in keinen größeren Sinnzusammenhang mehr eingebunden werden, was ja auch Bollnow (siehe vorne) kritisiert hat.

Erzeugung eines räumlich geprägten Bildes

Den der Axiom-Bildung nachfolgenden Strukturschritt im Prozess der Wahrnehmung beschreibt Kant im Abschnitt *Die Antizipation der Wahrnehmung*. Die Gedankengänge in diesem Abschnitt lesen sich sehr kompliziert und sind nicht immer leicht nachvollziehbar. Im Wesentlichen aber geht es Kant nun darum zu erklären und zu beschreiben, wie die durch unsere Sinne geprägte innere subjektive Empfindung im Wahrnehmungsprozess das äußere Objekt in eine innere Gesamtschnittmenge einzubetten versucht, die diesmal nicht einem äußeren größeren Ganzen zuzuordnen ist wie bei der Axiom-Bildung. Das äußere größere Ganze bei der Axiom-Bildung bezeichnet Kant als „extensive Größe", das innere größere Ganze als „intensive Größe". Da die sinnlich geprägte innere Empfindung aber primär räumlich denkt, muss die gebildete Gesamtschnittmenge zwischen Außenobjekt und innerer Empfindung einem räumlichen Bild entsprechen. Damit erklärt Kant diesen Strukturschritt im Wahrnehmungs- und Erkenntnisprozess als das, was wir heute in der Psychologie als die Erzeugung eines inneren Bildes bei der Wahrnehmung bezeichnen. Im Strukturschritt der Axiom-Bildung wird zunächst nur ein gedanklicher Bezug zu einem größeren Ganzen im Außen gebildet, wobei dieser

Bezug wie eine Art Verbindungsfaden gesehen werden kann. Bei der inneren Bilderzeugung reicht ein Verbindungsfaden zwischen Außen und Innen allein nicht mehr aus, sondern in der inneren Empfindung ergibt sich erst ein Sinn, wenn ein räumliches Bild vorhanden ist, woran man sich halten kann und welches aber dennoch für das wahrnehmende Subjekt einen inneren Sinn ergeben muss. Der hier erläuterte Zusammenhang scheint im heutigen Denken, und erst recht im Denken der Wissenschaften, vollkommen vergessen zu sein. Denn hier deutet Kant zwei wesentliche Dinge klar und deutlich an, nämlich erstens, dass die äußeren Sinne im Inneren des Menschen Empfindungen auslösen, und zweitens, dass diese inneren menschlichen Empfindungen somit Mitspieler im Prozess von Wahrnehmung und Erkenntnis sind, und nicht nur allein die Sinneswahrnehmung und das Denken.

Kant weist in diesem Zusammenhang interessanterweise aber auch bereits darauf hin, dass es wichtig für den Menschen ist, synthetisch zu erkennen, dass einmal entstandene Einbildungen dazu neigen, sich im Inneren zu verallgemeinern, oder wie er es ausdrückt, zu „vergesellschaften". Damit ist gemeint, dass Einbildungen die Möglichkeit besitzen, sich zu verselbständigen, und sich unabhängig zu machen von einem aktuell vorhandenen Sinnesobjekt. Kant erkennt also, ohne näher darauf einzugehen, dass der Verstandesprozess der Einbildung sich bereits mit dem Gemüt, also dem Fühlen, verbindet, und es auf diese Weise zu verzerrten psychischen „Einbildungen" kommen kann. Diese Erkenntnis wurde erst 100 Jahre später dann von Freud bestätigt und weiter erforscht.

Erzeugung von zeitlich geprägten Analogien

Im folgenden Abschnitt *Die Analogien der Erfahrung* beschreibt und definiert Kant einen weiteren, auf die Bilderzeugung folgenden Strukturschritt im Prozess der Wahrnehmung. Nachdem die räumlich geprägte innere Passung durch die Bilderzeugung vollzogen ist, bedarf die innere Empfindung noch einer Passung in Bezug auf die neben der räumlichen zweite Art, in der sie, die innere Empfindung, ja als sinnlich geprägt denkt, nämlich einer zeitlichen. Kant definiert drei wesentliche Prinzipien, derer sich die Empfindung bei der Bildung von zeitlichen Analogien bedient. Erstens wird das Objekt in Bezug auf „Beharrlichkeit" und Kontinuität überprüft, zweitens wird nach einer zeitlichen Verursachung gesucht, und drittens werden gemeinsame Verbindungen gesucht, innerhalb derer das wahrgenommene Objekt mit anderen eine durch gegenseitige Wechselwirkung geprägte „Gemeinschaft“ bildet.

Kants Theorie der menschlichen Erkenntnis

Im Abschnitt über die *Transzendentale Dialektik* legt Kant dann seine Theorie über den menschlichen Erkenntnisprozess dar, der ja zwar mit dem Wahrnehmungsprozess unabdingbar verschränkt ist, aber für ihn über andere Gesetzmäßigkeiten verfügt als der bloße Wahrnehmungsprozess. Hier übernimmt Kant im Grunde wieder die philosophische Grundtheorie von Platon über die rein geistigen Ideen. Das wesentlichste Argument von Kant in diesem Abschnitt ist, zusammengefasst, dass der menschliche Geist gar nicht anders kann, als immer nach einer gewissen „Absolutheit“ in jedem einzelnen wahrgenommenen Einzelobjekt zu suchen, weil ansonsten ja der schon zur Verfügung stehende „kategoriale Begriff“ völlig ausreichen würde, um das wahrgenommene Objekt ausreichend stabil und sicher zu erkennen.

Mit dieser Perspektive schlägt Kant nicht nur einen integrativen Bogen zu Platon, sondern nimmt zugleich eine kritische Distanz sowohl gegenüber Aristoteles als auch gegenüber den Empiristen ein. Zwar bestätigt Kant ausdrücklich, dass diese Gesetzmäßigkeit des menschlichen Geistes ganz offensichtlich nicht dazu führt, ein aktuell wahrgenommenes Objekt sofort noch besser zu erkennen, sie aber gleichwohl keine überflüssige und eigentlich sinnlose Aktivität beinhaltet, weil es genau diese Gesetzmäßigkeit des Geistes sei, die den Menschen dazu antreibe, nicht bei der gewissermaßen immer gleichen statischen Kategorien- und Begriffsbildung stehen zu bleiben, (wie es im heutigen Zeitgeist leider üblich geworden ist, Anmerkung A. M.), sondern stets zum dynamischen Weiterdenken angetrieben und angeleitet werde. („Kritik der reinen Vernunft“, S. 408)

Das System der transzendenten Ideen

Kant sagt, dass im menschlichen Erkenntnisprozess sozusagen drei verschiedene *transzendentale Grundideen* beteiligt sind und definiert daraus ein *System der Transzendenten Ideen*. Die hierbei beteiligten, aber sich im Widerstreit (Dialektik) befindenden transzendenten Ideen sind:

1. eine geistige Idee über mich selbst als eine sozusagen höhere Einheit als wahrnehmendes Subjekt. Will heißen: Im Wahrnehmungs- und Erkenntnisprozess denke ich mich der Einfachheit halber zunächst nur als eine subjektive Einheit und Gesamtheit, weiß aber gleichzeitig sehr wohl, dass sogar dieses Subjekt zum Beispiel auch schon vorherige Erfahrungen mit dem wahrgenommenen Objekt gemacht hat.
2. eine geistige Idee in Bezug auf eine sozusagen „höhere oder absolute Einheit" hinsichtlich des wahrgenommenen Objektes im Kontext eines größeren Ganzen. Das bedeutet, dass der Geist sich permanent damit beschäftigt, dass ein wahrgenommenes Objekt an das Vorhandensein und die Existenz weiterer Bedingungen geknüpft sein muss, die aber nur gedacht, mit den Sinnen aber aktuell nicht wahrgenommen werden können. In diesem Zusammenhang unternimmt Kant eine Unterscheidung, die heute kaum noch Erwähnung findet, die aber bereits als eine erste wissenschaftliche Theorie über das beinhaltet, was wir heute unter Intersubjektivität verstehen. Er sagt, dass ein wahrnehmendes Subjekt das wahrgenommene Objekt von Beginn an unterscheidet in ein Objekt, das selber denken kann, oder ein Objekt, das nicht selber denken kann. Und, wiederum als Gegenargument gegen die Empiristen, dass zu einer solchen Unterscheidung die Sinneswahrnehmung nicht in der Lage ist, sondern nur das Denken. („Kritik der reinen Vernunft", S. 492)
3. eine geistige Idee über die „absolute Einheit" in Bezug auf die „Bedingungen" und „Phänomene" des Denkens an sich. Mit diesem dritten Aspekt würdigt Kant den Aspekt im Erkenntnisprozess, zu dem nur wir Menschen in der Lage sind. Denn eine gewisse Be-

wusstheit sowohl in Bezug auf eine Kohärenz über sich als wahrnehmendes Subjekt als auch in Bezug auf eine mögliche Komplexität des wahrgenommenen Objektes haben auch die Tiere. Aber nur wir Menschen verfügen über die Fähigkeit, uns über unser eigenes Denken Gedanken zu machen.

Bemerkenswert finde ich, dass Kant hiermit den menschlichen Erkenntnisprozess als einen durch und durch trinären Prozess betrachtet. Er spricht zwar aus einer quasi gewissen Denkgewohnheit stets von einer Dialektik, aber man könnte es genauso gut als eine Trialektik bezeichnen. Welchen Begriff man nun verwendet, ist jedoch nicht das Wesentliche, sondern wesentlich ist der Aspekt, um den es eigentlich geht, nämlich dass im Erkenntnisprozess drei widerstreitende geistige Ideen eine noch umfassendere Dynamik entwickeln können als zwei. Und schon für Kant liegt in dieser Dialektik, oder Trialektik der entscheidende Grund dafür, dass der Mensch damit über die geistigen Bedingungen verfügt, grundsätzlich einen Weg zur Freiheit finden zu können.

Zeit zum Innehalten
Da die geistigen Inhalte im Hinblick auf Kant sehr komplex sind, ist es an dieser Stelle sicher sinnvoll, sich spätestens hier wieder den eigenen Notizen zuzuwenden. In der gleichen Form wie bisher.

Zwischen-Resümee unter drei Perspektiven

Erste Perspektive: Was hat Kant definitiv neu in die Welt gebracht?

- Kant hat, wobei Descartes schon eine gewisse Vorarbeit geleistet hat, das Denken nach langer Zeit wieder als wesentlichen Teil des individuellen Menschen definiert und von der Beherrschung durch kirchlich-religiöse Dogmen emanzipiert.
- Der Erkenntnisprozess wurde nicht mehr nur, wie noch bei Aristoteles, durch die Gesetze der Logik alleine bestimmt, sondern durch

eine sinnvolle Zusammenarbeit zwischen Denken (Logik) und Sinneswahrnehmung, und zusätzlich sogar mit sehr subjektiven und individuellen inneren Gemüts-Empfindungen.

- Der Erkenntnisprozess wurde erstmals um weitere strukturelle Teilschritte (siehe oben) untergliedert, die so vorher von keinem gesehen worden waren und die inzwischen von der Psychologie erkenntnistheoretisch bestätigt werden konnten.
- Kant hat die Zeitwahrnehmung, im Gegensatz zu Aristoteles, nicht nur als kosmologische *Substanz* mit einer *Form* definiert, sondern als Teilaspekt der subjektiven inneren Empfindung, und diese Empfindung noch weiter ausdifferenziert.
- Kant benutzt als erster für die der aus seiner Sicht wichtigsten beteiligten Mitakteure am Wahrnehmungs- und Erkenntnisprozess, nämlich Sinneswahrnehmung, Denken und Empfinden, den Begriff *Welten*. Elf Jahre vor der Veröffentlichung seiner „Kritik der reinen Vernunft" schrieb er seine Doktorarbeit mit dem Titel „Von der Form der Sinnen- und Verstandeswelt und ihren Gründen". Mit der Verwendung des Begriffs „Form" bleibt er damit zunächst ganz in der Tradition des Aristoteles, mit dem Begriff „Welt" verlässt er jedoch die aristotelische Tradition, indem er statt von *Substanz* als erster andeutet, dass es sowohl bei der Sinneswahrnehmung als auch beim Denken regelrecht um ganze Welten gehen könnte, die aber dann auch in gewisser Weise für sich getrennt existieren, beziehungsweise in denen jeweils unterschiedliche Gesetzmäßigkeiten wirksam sind.
- Die Wiederbelebung der ursprünglichen Dialektik. Nachdem Aristoteles die Dialektik aus meiner Sicht vollkommen funktionalisiert, d. h. einem einseitig vorgegebenen Ziel untergeordnet hat, hat Kant die Dialektik wieder als den wesentlichen Aspekt im Erkenntnisprozess hervorgehoben und mühevoll zu begründen versucht. Die Folge: Ab jetzt gab es wieder eine klare Unterscheidung zwischen Außen und Innen, zwischen Subjekt und Objekt, und vor allem zwischen den Teilen und dem Ganzen. Kants grundlegende Perspektive war, dass der Erkenntnisprozess kein analoger eins-plus-eins-gleich-zwei-Vorgang ist, sondern aus einem permanenten Perspektivwechsel zwi-

schen dialektischen Polen, in erster Linie zwischen Außen und Innen, besteht. Diese wesentliche Sichtweise Kants wird heute kollektiv verleugnet und verdrängt. Es ist von ihr so gut wie keine Rede mehr. Kant hat die jeweiligen dialektischen Pole im Erkenntnisprozess klar definiert, indem er von einer *analytischen* und einer *synthetischen* Sichtweise gesprochen hat. Dass seine Dialektik in Vergessenheit geraten ist, liegt nicht an ihm, sondern an uns. Die Esoteriker sprechen immer nur von „Ganzheit". Diese Sichtweise ist nicht falsch, aber unvollständig, weil ihr der dialektische Gegenpol, die „Teilheit", fehlt. Die Materialisten und Pragmatiker sehen nur lose und nicht zusammenhängende Teile, und haben kein Interesse daran, den Sinn des Ganzen zu verstehen. Diese spezielle Dialektik zwischen dem Ganzen und seinen Teilen aber muss zwingend wieder zum Grundaxiom der menschlichen Erkenntnis werden. Die Teile ergeben ohne die Perspektive des Ganzen keinen Sinn. Das Ganze aber bleibt ohne die explizite Würdigung, d. h. Benennung, und Erforschung der Teile nur ein hohler und leerer Begriff.

- Kant selber sah in seiner Erkenntnistheorie die Chance einer Entwicklung der Menschen hin „zur Vernunft, zum Mut zur Kritik, zur geistigen Freiheit und religiösen Toleranz und Emanzipation von moralischen und ständischen Vorurteilen". Diese geistigen Eigenschaften wiederum sah er als Wegweiser der Menschheit zur „Humanität", „Verbrüderung der Menschheit", zu einem „Weltbürgertum" mit Frieden im Außen und individuellem Glück im Inneren der Menschen. Wo aber steht die Menschheit aktuell in Bezug auf diese genannten geistigen Eigenschaften Mut zur Kritik, geistige Freiheit und religiöse Toleranz? Wenn man sich mit Theorien nicht auseinandersetzt, sondern sie lediglich unkritisch übernimmt, kann man sie weder verstehen, noch in Handeln umsetzen und auch nicht wirklich weiterentwickeln.

Zweite Perspektive: Was ist kritisch zu sehen?

- Die Erkenntnistheorie von Kant hat eine einseitig idealtypische Perspektive. Es fehlt die Einbeziehung der grundsätzlichen Störanfälligkeit jedes menschlichen Erkenntnisvorganges. Dieser Störanfälligkeit hat sich erst Freud 100 Jahre später zugewandt.
- Kant hat, trotz aller Dialektik, dem Denken eine doch einseitige Macht zuerkannt. Es fehlt die Blickweise, dass das Denken selber auch abhängig ist vom Fühlen und anderen menschlichen Aspekten. Vielleicht hat Kant die Abhängigkeit zwar gesehen, aber er hat diese nicht explizit benannt und weiter vertieft. So wertvoll seine grundlegend dialektische Sichtweise war, und Kant hat ja in der Dialektik schon damals die Keime der menschlichen Freiheit gesehen, es existiert eben auch eine Dialektik aus gegenseitiger Abhängigkeit und autonomer Eigenständigkeit zwischen den am Erkenntnisprozess beteiligten Mitspielern Sinneswahrnehmung, Denken und inneres Empfinden und Fühlen. Wenn aber diese grundlegende Abhängigkeit voneinander nicht gesehen wird, dann kommt es, wie wir wissen, dynamisch zu Machtkämpfen der Wesenheiten untereinander.

Dritte Perspektive: Was konnte Kant, bedingt durch die damalige Zeit, noch gar nicht erkennen?

- Kant hat eine für die damalige Zeit ohnehin schon enorme Integrationsleistung vollbracht, indem er dem Denken sowohl die Sinneswahrnehmung als auch die von diesen beiden bewirkten inneren Empfindungen als wichtige Mitspieler im Erkenntnisprozess zur Seite gestellt hat. Er hat außerdem damals schon angedeutet, dass das „Gemüht", also das subjektive Fühlen, eine gewisse Rolle spielen könnte, ohne das aber weiter auszuführen. Die Prozesse im „Gemüht" waren damals noch vollkommen unerforscht. Dafür mussten erst noch einmal weitere hundert Jahre vergehen.

- Die Erkenntnis Kants, dass im ersten Augenblick einer Sinneswahrnehmung *Kategorien,* also Begriffe gebildet werden, die dem wahrnehmenden Subjekt schon von der Transzendenz zur Verfügung gestellt wurden, ohne dass diese erst gelernt werden mussten, konnte bis heute noch nicht revidiert werden, nicht einmal von der Hirnforschung. Hier hat Kant jedoch eine zu schnelle Induktion auf die allgemeine Menschheit getätigt. Der Fehlschluss der Verallgemeinerung jeder kategorialer Erkenntnis auf alle Menschen besteht unter anderem darin, dass die Kategorienbildung ja zunächst einmal nur einen ersten Schritt der Erkenntnis darstellt, dem weitere folgen. Diese weiteren Schritte sind dann aber nicht mehr verallgemeinerbar, sondern werden immer mehr zu einer sehr individuellen und persönlichen Angelegenheit. Bei der Bilderstellung beeinflussen sich auf alles zu verallgemeinernde äußere Faktoren und innere, aber nicht mehr zu verallgemeinernde Faktoren gegenseitig und sind vollkommen voneinander abhängig. Diese oben schon angeführte Dialektik einer gegenseitigen Abhängigkeit der am Wahrnehmungs- und Erkenntnisprozess beteiligten Mitspieler ist somit das wesentlichste Argument gegen einen für alle Menschen gleich und identisch ablaufenden und damit völlig objektivierbaren Wahrnehmungs- und Erkenntnisprozess. Darüber hinaus hat Rudolf Steiner in seiner Erkenntnistheorie, hundert Jahre nach Kant, plausibel dargelegt, dass ein erwachsener Mensch, der sich im aktiven Denken eingeübt hat, die von der Transzendenz in die Wiege gelegten Begriffe hinterfragen und zu seinem Eigenen machen kann. Dazu später mehr.

Zeit zum Innehalten

Gleichen Sie nun mein Resümee mit Ihren eigenen Notizen ab, und nehmen Sie wieder die oben vorgeschlagenen zwei Perspektiven ein.

Die Spaltung der Wissenschaften und ihre Folgen

Die Frage ist nun, wie ist es zu erklären, dass sich nach Kant allmählich zwei verschiedene parallele Wissenschaften etablierten, nämlich die Geisteswissenschaft und die Naturwissenschaft, und nicht mehr nur eine Gesamtwissenschaft wie vorher? Die Differenzierung der Wissenschaften in zwei grundlegende Bereiche oder Zweige darf grundsätzlich zwar kein Problem sein. Nun gibt es aber dennoch ein Problem, und zwar ein gewaltiges. Dieses besteht darin, dass die beiden Zweige und Bereiche nicht mehr miteinander kommunizieren, und dies, obgleich sowohl Aristoteles als auch Kant klar definiert haben, dass alle Phänomene im Kosmos miteinander in Beziehung und in gegenseitiger Beeinflussung stehen. Die Naturwissenschaft aber wird heute von den Menschen in der Regel durchaus positiv betrachtet, weil sie konkrete Resultate hervorbringt, die das Leben der Menschen erleichtern. Außerdem sind die Resultate der Naturwissenschaft auch thematisch und inhaltlich selbst für weniger gebildete Menschen leicht nachzuvollziehen. Die Geisteswissenschaft dagegen wird inzwischen nur noch als „brotlose Kunst in einem elfenbeinernen Turm“ betrachtet. In der Wahrnehmung der meisten Menschen hat die Naturwissenschaft eine insgesamt passende Sicht in Bezug auf Wahrnehmung und Erkenntnis. Diese passende Sicht liefert aktuell die Geisteswissenschaft nicht mehr. Sie ist stattdessen damit beschäftigt, entweder über ihren eigenen Sinn und Zweck nachzudenken, oder sich innerhalb ihres Wissenschaftsbereiches gegenseitig in Frage zu stellen mit Begriffen, die kein Außenstehender mehr verstehen kann und die auch nicht mehr wirklich klar definiert werden. Wo bleibt endlich das dringende Aufbegehren der Geisteswissenschaft, im Wahrnehmungs- und Erkenntnisprozess wieder als eigenständige Wesenheit ernst genommen zu werden? Diesen Anspruch kann sie aber nur geltend machen, wenn sie sich wieder auf ihre wesentlichen Grundaxiome besinnt. Und wenn sie diese Grundaxiome als Wissenschaft des Geistes oder des Denkens für sich in Anspruch nimmt, und diese dann aber auch klar gegenüber Verfälschungen verteidigt und sich nicht von den Naturwissenschaften vorschreiben lässt, was Geisteswissenschaft ist. Aber die Dinge laufen derzeit noch immer in eine vollkommen andere Richtung. So gibt es in Deutschland inzwischen einen Lehrstuhl für „Philosophie der Biowissenschaften“. Der Inhaber dieses

Lehrstuhls wurde in einem Herausgeberbuch zur „Zwischenbilanz der Hirnforschung“ (9) zu einem Streitgespräch mit einem Theologen eingeladen, in dessen Verlauf er folgendes sagt:

> „*Wissenschaftler können bestimmte Phänomene schlicht sparsamer erklären, nämlich ohne metaphysische Einkleidung* … (man beachte: das sagt der Inhaber eines Lehrstuhls für Philosophie, A. M.) … *Wissenschaft reiche nicht, um die Wirklichkeit ganz zu erklären, sagen Sie* … (gemeint ist sein Streitgesprächspartner, A. M.) … *Aber welche andere Methode haben wir denn? Introspektion? Kann ich Wissen vermehren, indem ich über mich selbst nachdenke, in mich hineinhorche?* (Man beachte: auch hier geht nur um Wissen, nicht um Wahrnehmung und Erkenntnis A. M.) *Dieses Verfahren* (gemeint ist die Introspektion. A. M.) *ist höchst unzuverlässig. Ich bleibe dabei: Zur kritisch-rationalen Methode der Wissenschaft gibt es keine Alternative*“. (10)

Ich habe oben angedeutet, dass die Probleme und das riesige Dilemma der modernen Wissenschaften vielleicht gar nicht auf Kant zurückzuführen ist, sondern woanders verursacht wurde. Kant hat sich ausschließlich als Geisteswissenschaftler gesehen, nie jedoch als Naturwissenschaftler. Viele moderne Naturwissenschaftler beziehen sich heute auf Kant. Sie werfen das eine oder andere Zitat von Kant in den Raum und meinen damit, ihre scheinbare Wissenschaftlichkeit rechtfertigen zu können. In ihren sonstigen Argumentationen aber zeigen sie, dass sie die exakt vorgegebenen Kant'schen Strukturschritte im Wahrnehmungs- und Erkenntnisprozess in keiner Weise würdigen und durchführen, z. B., was die saubere Axiom-Bildung betrifft oder die Kant'sche Theorie der Interdependenz zwischen Subjekt und Objekt beim Wahrnehmungsprozess oder die Würdigung der inneren Empfindungen, die bei der Bilderstellung unabdingbar eine Rolle spielen, von den inneren Gefühlen ganz zu schweigen. Insofern haben heute die allermeisten Naturwissenschaftler die Berechtigung verloren, sich auf Kant zu beziehen. Nach meinem Verständnis liegt die Ursache für die derzeitigen Dilemmata in der Wissenschaft aber gar nicht bei Kant. Das heutige naturwissenschaftliche Denken steht immer noch in der Tradition des Aristoteles. Er war es, der erstens festgelegt hat, dass es nur eine sichtbare Welt gibt, und sonst keine andere existiert, und genau so denkt die heutige Naturwissenschaft bis heute. Und Aristoteles war es, der, wie oben schon skizziert, den Prozess der Logik in ein festes und starres Konzept gezwängt hat. Und der eine Erkenntnis nur dann als wissenschaftlich akzeptiert hat, wenn sie von einem „Gremium aus Fachleuten“ so definiert worden ist. Das menschliche Subjekt hat dabei keine Rolle zu spielen. So haben Descartes und Kant zwar dazu beigetragen, dass die Vernunft und das Denken wieder den Vorrang haben dürfen vor dem rein religiösen Glauben, aber die wertvollen strukturellen Schritte, die Kant erarbeitet hat, werden bis heute nicht wirklich umgesetzt. Stattdessen hängt man bis heute an dem Weltbild des Aristoteles, der meinte, wenn man die äußere Welt mit einem überschaubaren Zaun eingrenzt, man ihr endlich Herr werden könne. Und dass darüber hinaus eine innere Welt nicht gesondert existiert, sondern nur eine einzige äußere Welt, die wiederum nur mit den Sinnen und einer speziellen Art der Logik, dem Syllogismus wahrgenommen werden könne, ohne die anderen Aspekte des menschlichen Selbst, wie Körper und Fühlen oder Leib und Empfindung, in ausreichender Weise in den Wahrnehmungs- und Erkenntnisprozess mit einzubeziehen.

4 Eine Gegenüberstellung von heute wesentlichen Erkenntnistheorien

Man muss sich der Idee erlebend gegenüber stellen können,
sonst gerät man unter ihre Knechtschaft. (1)
Rudolf Steiner

Die Erkenntnistheorie der aktuellen Naturwissenschaft am Beispiel der Neurobiologie

Was war das für ein Hype vor circa 30 Jahren, als Anfang der 1990er Jahre die Hirnforscher dank neuer Computertechnologien innerhalb von wenigen Jahren eine ungeheure Datenmenge sammelten. Das Besondere an diesem wissenschaftlichen Trend war, dass sogar die allgemeinen Tele- und Printmedien nicht wie sonst üblich nur einmal in einer kleinen Spalte oder Nische über eine Studie von allgemeinem Interesse berichteten. Nein, es kam zu einer Kontinuität und Dichte der Berichterstattung, die sonst nur bei wichtigen politischen Situationen oder sportlichen Großveranstaltungen gewährleistet ist. Einer hatte sogar den Mut, zum Thema Hirnforschung eine eigene Zeitschrift heraus zu geben (2). Möglich wurde dies durch die erweckte Hoffnung, dass durch die computertechnischen Möglichkeiten der Hirnforschung der Mensch, der sich nach dem Befreiungsschlag von uralten kirchlichen Dogmen durch die gewonnenen Erkenntnisse in der Zeit der Renaissance in den darauf folgenden Jahrhunderten immer mehr selber zum Rätsel wurde, plötzlich nicht mehr jahrelang auf einem Meditationskissen sitzen oder auf einer Analytiker-Couch liegen muss, um sich selbst besser zu verstehen, sondern dass die neue Technik ihm diese Arbeit abnimmt und ihm aufzeigt, wer er ist.

Mit einem solchen nie dagewesenen öffentlichen Interesse im Rücken entstanden in kurzer Zeit völlig neue Wissenschaftsbereiche, verbunden mit aus öffentlichen Geldern gut bezahlten Professuren- und Dozentenstellen an den Universitäten. Gab es früher die Fachgebiete Anthropologie oder Philosophie, wie man sie seit Jahrhunderten kannte, wurden innerhalb weniger Jahre völlig neue Fachgebiete gegründet unter Begriffen wie „Neuro-Anthropologie" oder „Neuro-Philosophie". Das Tempo und die Dynamik, mit der sich dieser Prozess vollzogen hat, erinnert mich sehr an die sozialistisch-kommunistische Revolution in der damaligen UdSSR.

In dem oben erwähnten, 2004 erschienenen Herausgeberband, der eine Zwischenbilanz der ersten *Dekade des Gehirns* zum Inhalt haben sollte, beklagen vor allem Vertreter des Fachgebietes Psychologie die Vereinnahmung und Verdrängung aus den durch öffentliche Gelder geförderten Forschungsbereichen durch die Neurowissenschaften. Die Hirnforscher ihrerseits sahen sich, wohl auch durch ihre plötzliche Bedeutung in der öffentlichen Wahrnehmung, herausgefordert, alle bisher nicht enträtselten Fragen des Menschseins entschlüsseln zu wollen oder zu müssen. Solche Fragen waren z. B. die ewig ungeklärte Beziehung zwischen Materie und Geist oder die Frage nach dem Ort und der Entstehung des Bewusstseins oder die Frage der Semantik, also wie der Mensch sich Bedeutungen schafft. Und auch die in diesem Buch zur Diskussion stehende Frage nach der Art und Weise der menschlichen Wahrnehmung und Erkenntnis oder die Frage nach dem Menschsein an sich wurden, nachdem sich Wissenschaftler Jahrhunderte lang daran die Zähne ausgebissen haben, innerhalb weniger Jahre – scheinbar – erklärt.

Der Wissenschaftsbereich, der sich mit der in diesem Buchabschnitt relevanten Frage nach dem Wie und Was der menschlichen Wahrnehmung und Erkenntnis beschäftigt, heißt nun „moderne Kognitionswissenschaft". Die Vertreter dieses Wissenschaftsbereiches betonen, dass sie den inzwischen Jahrtausende alten Dualismus zwischen Geist und Materie endgültig überwunden haben, indem sie die Position vertreten, *„dass auch mentale Phänomene letztlich nur physische Phänomene sind, und wir auf die Vorstellung eines nicht-physischen Ichs verzichten müssen"* (3). Beachten Sie, liebe Leserinnen und Leser, die Art der Verneinung. Und bitte verzichten Sie in Zukunft auf die Vorstellung, Sie hätten ein *„nicht-physisches Ich"*. Warum sagt man nicht einfach: Wir müssen in Zukunft auf die Vorstellung, wir hätten ein psychisches Ich, verzichten? Die Formulierung erweckt den Anschein, als wäre der Gebrauch des Adjektivs

„psychisch" vor dem Ich ein wissenschaftlicher Verstoß allerhöchsten Ranges, vergleichbar damit, als hätte im Mittelalter ein hoher kirchlicher Würdenträger ein sündiges Wort auch nur in den Mund genommen. Dann heißt es weiter:

> *„Es ist ein und dieselbe Realität, die wir einmal psychologisch und einmal physikalisch beschreiben, die wir einmal als mentale Welt und einmal als physische Welt erfassen. Aber es gibt nur einen Bereich von Phänomenen, nämlich den, der mit den Mitteln der Physik und den auf ihr aufbauenden Wissenschaften wie Chemie und Biologie zumindest im Prinzip erforschbar ist und einen durchgängigen Wirkungszusammenhang bildet."* (4)

Also: wir „erfassen" zwei verschiedene Welten, die mentale und physische, aber die Phänomene, die wir wahrnehmen, sind ein einziger Bereich. Weiterhin: Es gibt zwei verschiedene Welten, aber nur einen Bereich von Phänomenen. Wie bitte? Und ein geistiges Phänomen wie ein Gedanke oder ein Gefühl gehört doch dann der einen dieser selbst von den Hirnforschern akzeptierten vorhandenen Welten an, und ein materielles Ding gehört doch dann der anderen auch von den Hirnforschern akzeptierten vorhandenen Welt an. Man meint, den Phänomenen auf rein physikalische Weise beizukommen, lässt ihre Herkunft aus unterschiedlichen Welten ungeklärt und behauptet dann, den bisherigen Dualismus überwunden zu haben mit einem rein begrifflichen Zaubertrick. So weit zunächst die philosophische Grundannahme dieser „modernen" Wissenschaft, aus der heraus nun der Wahrnehmungs- und Erkenntnisprozess des Menschen in etwa wie folgt definiert wird.

Zunächst konnten wichtige Erkenntnisse über die Art und Weise gewonnen werden, wie das Gehirn grundsätzlich arbeitet. Im Gegensatz zum Computer, der über separate vorgegebene Komponenten zur Speicherung von Dateien und Programmen sowie zur Ausübung von Rechenleistungen verfügt, besitzt das menschliche Gehirn eine spezifische „funktionelle Architektur" oder Grundstruktur, die sich im Laufe der Evolution entwickelt hat. Diese funktionelle Architektur bedeutet, dass es gewissermaßen bereits vorgestanzte Verknüpfungswege gibt zwischen den einzelnen Hirnbereichen und Hirnregionen bis hin zu einzelnen Neuronen-Gruppen, die sozusagen darauf warten, aktiviert zu werden. Damit wird die notwendige Programmierung angesichts der Vielzahl der zu aktivierenden Entwicklungsschritte zunächst wesentlich erleichtert. Umgekehrt, und hier sind wir schon wieder herausgefordert, dialektisch zu denken, sehen die Hirnforscher die Schwierigkeit, einmal programmierte Bahnen später wieder zu korrigieren.

Die Hirnforscher unterscheiden im Wesentlichen drei Arten von gespeichertem Wissen des Menschen über die Welt, erstens ein „genetisches Wissen", zweitens ein „prozedurales Wissen", und drittens ein „deklaratives Wissen". Unter dem genetischen Wissen versteht man ein Wissen über die Welt, das quasi kulturunabhängig in jedem Menschen in gleicher Weise vorhanden ist. Dieses Wissen ist das Resultat einer langen, allen Menschen gemeinsamen Entwicklungszeit. Beispiele hierfür wären, dass es Tag und Nacht gibt, dass die Erde den Menschen trägt, Wasser und Luft aber nicht, dass Feuer Verbrennungen hervorrufen kann, dass Weiches weich und Hartes hart ist etc. Dieses Wissen ist in uns Menschen vorhanden. Wir wissen nur, dass wir es wissen, aber nicht, woher wir es wissen, weil wir nicht selbst dabei waren, als das Wissen erworben wurde.

Die zweite Art unseres Wissens über die Welt wird „prozedurales Wissen" genannt. Bei dieser Wissensvermittlung, die unsere frühe Kindheit ab der Geburt bis etwa zum 5. oder 6. Lebensjahr prägt, findet im Gegensatz zum genetischen Wissen ein individueller Lernprozess statt. Der entscheidende Unterschied zum Erwerb des späteren „deklarativen Wissens" ist, dass der Lernprozess noch nicht von einem genügend bewussten Ich begleitet und mitgesteuert wird. Es findet also ein Lernen statt, das rein prozess- und handlungsorientiert ist, daher der Begriff. Auf diese Weise lernt ein Kind alle wichtigen Grundbewegungen wie Gehen, Fahrradfahren, Schwimmen, mit Messer und Gabel essen etc. Aber nicht nur Bewegungen werden auf diese Weise gelernt, sondern auch der Umgang mit Gefühlen und mit bedeutsamen Situationen. Der Säuglingsforscher M. Dornes spricht davon, dass sich ein Kind in dieser Phase prozedural bereits regelrecht eigene Regeln erschafft. Und speziell im Hinblick auf diese beiden letztgenannten Aspekte kann prozedural erworbenes Wissen im späteren Leben zu großen Hindernissen und Problemen führen. Beim Begriff des „prozeduralen Wissens" wird die völlig einseitige Perspektive der betreffenden Wissenschaftler deutlich, wenn man die Fähigkeit, gehen oder mit Besteck essen zu können, lediglich als „Wissen" bezeichnet. Die genannten Fähigkeiten sind kein Wissen, wie 2 + 2 = 4, sondern sind explizite sensomotorische Fähigkeiten, die nicht nur ohne die Beteiligung des Körpers nicht möglich wären, sondern darüber hinaus auch nicht ohne die komplexe Beteiligung sämtlicher anderer Wesensorgane des Menschen, also aus Geist, Körper und Seele. Gehen können und mit Besteck essen können ist kein Wissen, das nur im Gehirn gespeichert ist, wie die betreffenden Wissenschaftler das sehen, sondern es ist ein in der Kindheit erzeugtes Können, bei dem, wie wir später noch sehen werden, der freie Wille des Kindes eine viel größere Rolle gespielt hat, als es die Neurozentristen (Zitat Gabriel) wahrhaben wollen.

Die dritte Art von Wissen über die Welt, das sogenannte „deklarative Wissen" entwickelt ein Mensch erst in einer Entwicklungsphase, in der das episodische Gedächtnis im Großhirn ausreichend vernetzt ist. Ab hier finden Lernprozesse statt, an die man sich später in der Regel erinnern kann. Aber auch diese Lernprozesse werden sowohl von dem genetischen und prozeduralem Wissen, als auch von familiären und kulturellen Wissensmodellen in hohem Maße beeinflusst, mitgeprägt, um nicht zu sagen vorbestimmt. Auf der Basis dieser entwicklungstheoretischen Faktenlage, an der es nichts zu rütteln und zu bezweifeln gibt, definiert der aktuelle Neuro-Wissenschafts-Betrieb seine Erkenntnistheorie des Menschen, die der Neurobiologe Wolf Singer als einer ihrer bedeutendsten Protagonisten folgendermaßen auf den Punkt bringt:

> *„Angesichts dieser evolutionären Begrenzung unserer kognitiven Fähigkeiten und Einsichten bleibt die äußerst wichtige Frage, welcher Wissensquelle wir im Fall von Widersprüchen mehr Vertrauen schenken sollen: unserer Primärwahrnehmung, unserer Intuition, kollektiv-kulturell erworbenen Überzeugungen oder wissenschaftlichen Aussagen."* (5)

Genauso so hat es Aristoteles ja schon vor ca. 2500 Jahren gesehen, dass eine wissenschaftliche Elite den Menschen erkenntnistheoretisch sagt, wo es lang geht. Und Descartes und Kant hätten sich ihre ganzen Bemühungen sparen können. Eine solche Erkenntnistheorie verfängt sich in ihrem eigenen Widerspruch. Denn Wissenschaft und Theoriebildung wird immer noch von Menschen gemacht, glücklicherweise. Aber diejenigen, die so argumentieren, glauben allen Ernstes, dass Menschen, wenn sie Wissenschaft betreiben, ihre sämtlichen genetischen, prozeduralen oder familiär-kollektiven Vorgaben ausschalten können. Das ist aber auch für einen Wissenschaftler nicht möglich, und somit sind diese Entwicklungsprozesse in jedem wissenschaftlichen Erkenntnisprozess wirksam, auch wenn man sich noch so bemüht, diese zu umgehen. Die Wirksamkeit dieser entwicklungsbedingten Vorgaben kann theoretisch niemals ausgeschlossen werden, solange es um Menschen geht, die Wissenschaft betreiben. Es muss also eine Erkenntnistheorie gefunden werden, die diese Tatsachen einbezieht und nicht meint, diese einfach ausblenden zu können.

Ost trifft West

Historisch betrachtet war es der Westen, der sich als erster aufmachte, den Osten zu erkunden und zu erforschen. In der Folge kam der Osten, zunächst ohne große eigene Bemühungen, zu den technischen Errungenschaften des Westens. Mit im Gepäck waren die kulturellen Errungenschaften des Westens wie westliche Musik, Kunst und Literatur. Der umgekehrte Weg des Ostens in den Westen dagegen begann erst relativ spät zu Beginn des 20. Jahrhunderts und scheint sich somit erst in einer Initialphase zu befinden. Wie dynamisch schwierig und komplex dieser initiale Wegverlauf von Ost nach West war, zeigt sich eindrucksvoll an der Biografie desjenigen Protagonisten, der sich historisch als einer der ersten auf diesen Weg begeben hat. Es war der Japaner Daisetz Taitaro Suzuki. Er wurde 1870 als fünftes und jüngstes Kind in eine alte traditionelle Samurai-Familie hineingeboren. Wäre er einige Generationen früher geboren, wäre sein weiterer Lebenslauf vollkommen klar vorbestimmt und das Erreichen eines gewissen Maßes an Ruhm und Ehre ihm sicher gewesen. Durch den gesellschaftlichen Wandel im damaligen Japan waren die Samurai jedoch gerade sämtlicher Privilegien enthoben. Im Alter von 6 Jahren starb der Vater, und der älteste Bruder musste wirtschaftlich für die Familie aufkommen. Als nach wenigen Jahren auch dieser starb, musste Suzuki seine Schulausbildung ohne Abschluss abbrechen und nun selber für seinen Lebensunterhalt sorgen. Im Verlauf von nicht einmal weiteren zwei Jahren starb dann auch seine Mutter. Trotz nicht ausreichend abgeschlossener Schulbildung drängte es Suzuki an die Universität, um Philosophie zu studieren. Er suchte in Anbetracht seiner persönlichen und der zusätzlichen gesellschaftlichen Umbrüche nach einer Orientierung. Glücklicherweise unterstützte ihn einer seiner Brüder finanziell auf diesem Weg. Schließlich beschloss er, in ein zen-buddhistisches Kloster zu gehen. Auch das war damals kein einfaches Unterfangen, weil selbst die zen-buddhistischen Klöster sich zur damaligen Zeit vollkommen vom Rest der Welt abgeschottet hatten und nur bestimmte privilegierte Novizen zuließen. Auch Suzuki wurde zunächst abgewiesen. Als er dann doch von einem alten Abt aufgenommen und das einweisende erste „Koan" erhalten hatte und er einen gewissen Vaterersatz gefunden hatte, starb jedoch auch dieser Abt sehr bald. Hier erfährt nun aber seine Biografie eine völlig neue und entscheidende Weichenstellung. Der nachfolgende neue Abt des Klosters war noch relativ jung und gehörte einer Ordination an, die sich den innerbuddhistischen Austausch mit anderen asiatischen Traditionen auf die Fahne geschrieben hatte. Zudem trat er für eine notwendige Anpassung des Zen-Buddhismus an die Gegebenheiten der Moderne ein. Suzuki erhielt nun Zugang zu einem philosophischen und religiösen Wissen, das noch wenige Jahre zuvor so selbst an der Universität nicht möglich gewesen wäre. Er verdiente sich nun seinen Lebensunterhalt selber, indem er hauptsächlich als Übersetzer seines Abtes bei dessen intensiver Vortragstätigkeit fungierte.

Zu einer weiteren Weichenstellung seiner Biografie wird die Teilnahme am ersten „Weltparlament der Religionen" 1893 in Chicago. Dort begegnete er dem Deutschen Paul Carus, der biografisch ein sehr ähnliches Schicksal hatte, weil er als begabter junger Wissenschaftler 1884 in den extrem konservativen Kreisen der Dresdener Militärakademie, seinem damaligen Tätigkeitsfeld, wegen seiner liberalen Vorstellungen über den Menschen in völlige Ungnade gefallen war und von dort über England in die Vereinigten Staaten emigrieren musste. Auch in dessen Biografie wendete sich das Schicksal. Er heiratete die Tochter eines reichen Industriellen, wohnte in dessen Villa, und hatte nun die Mittel, einen eigenen Verlag zu gründen, der sich in erster Linie auf den inter-philosophischen und inter-religiösen Dialog spezialisierte. Nach dem gegenseitigen Kennenlernen half Suzuki Darius bei einigen wichtigen Übersetzungen buddhistischer Schriften, kehrte jedoch danach bewusst noch einmal nach Japan zurück, um seine eigene zen-buddhistische Praxis unter der Schirmherrschaft seines Abtes zu einem gewissen Abschluss (Erreichen des *Satori* durch Lösen des *Koans*) zu bringen. Die Jahre von 1897 bis 1908 verbrachte Suzuki dann in den USA als persönlicher Assistent von Carius.

Zurück in Japan nahm er eine Amerikanerin zur Frau, erhielt eine Professorenstelle für buddhistische Philosophie und gründete zusammen mit seiner Frau die erste theosophische Gesellschaft in Japan. Die Arbeit innerhalb dieser Gesellschaft verstärkte in ihm das Sendungsbewusstsein, den Buddhismus allgemein und den Zen-Buddhismus im Besonderen immer mehr der westlichen Welt zugänglich machen zu wollen. Nach der Teilnahme an einem weiteren großen interreligiösen Kongress in London 1936 startete Suzuki zu einer mehrjährigen Vortragsreihe durch britische und amerikanische Universitätsstädte, der dann durch den Beginn des Zweiten Weltkrieges ein Ende gesetzt wurde. Unmittelbar nach dem Ende des Zweiten Weltkrieges nahm er seine Vortragstätigkeit wieder auf, diesmal speziell in den USA, wo er von nun an auch dauernd lebte. Seine geistige Tätigkeit und Forscherarbeit ist inzwischen geprägt durch ein hohes Maß an Vernetzung und Verbindung mit buddhistisch-asiatischen Reformern, europäischen und amerikanischen Intellektuellen, aber ebenso mit esoterischen Kreisen der Theosophie, wodurch er gleichzeitig auch mit bedeutenden Künstlern Kontakt und Austausch hatte. 1957 veranstaltete er zusammen mit dem Psychoanalytiker und Sozialpsychologen Erich Fromm den berühmt gewordenen Kongress „Zen-Buddhismus und Psychoanalyse". Der Kongress fand übrigens in Mexiko City statt, einem zur damaligen Zeit ziemlich ungewöhnlichen Tagungsort. Der Grund dafür war, dass Erich Fromm über Jahre als Professor an der Universität Mexico City arbeiten musste, weil er in den Vereinigten Staaten mit seinen sozialen Ideen auf regelrecht paranoide Ängste stieß. Es existiert bis heute noch eine mehrere hundert Seiten umfassende Akte des FBI über ihn. Wichtige Mitstreiter neben Erich Fromm waren damals die ehemaligen Psychoanalytiker Charlotte Selver und Richard De Martino. Der erhoffte Impuls auf die im Westen immer wichtiger werdende Lehre der Psychoanalyse blieb jedoch vollkommen aus. Charlotte Selver und Richard De Martino distanzierten sich gänzlich von der der Psychoanalyse innewohnenden Erlösungsvorstellung und wandten sich ausschließlich der zen-buddhistischen Praxis zu.

Über seine Schüler Charlotte Selver und Alan Watts erhielt Suzuki nun aber Zugang und Einfluss auf die damalige neu entstehende humanistische Bewegung innerhalb der Psychotherapie am kalifornischen Esalem-Institut. Hier arbeiteten damals Persönlichkeiten aus den verschiedensten Therapiefeldern, u. a. Fritz Perls, Abraham Maslow, Alexander Lowen, Rollo May, Carl Rogers, Moshe Feldenkrais oder Ida Rolf. In den Therapiemethoden aller genannten Therapeuten fanden nun zen-buddhistische Inhalte ihren Einzug. Fritz Perls, der sich inzwischen ebenfalls vollkommen von der psychoanalytischen Theorie distanziert hatte, ging sogar 1960 für ca. vier Jahre nach Japan, um Buddhismus zu studieren und in einem Kloster zu praktizieren. Das Resultat war, dass wichtige zen-buddhistische Grundprinzipien, wie z. B. die Bedeutung der Wahrnehmung der Gegenwart, nun Einzug in die von ihm begründete Gestalttherapie fanden. Auch der Psychoanalytiker Carl Gustav Jung fand in seinen letzten Lebensjahren in den Vorträgen und Büchern von Suzuki eine wichtige Quelle seiner geistigen und therapeutischen Inspiration. Ein Buch von Suzuki war sogar die Lektüre in seinem Sterbebett, und er beauftragte seinen anwesenden Sekretär, Suzuki unbedingt noch mitzuteilen, wie wichtig ihm diese Lektüre in seinen letzten Lebensstunden war. Bedeutende westliche Künstler, die ebenfalls durch den persönlichen Kontakt mit Suzuki inspiriert zen-buddhistische Prinzipien in ihre Werke einfließen ließen, waren oder sind die Musiker John Cage und Philipp Glass und der katholische Schriftsteller Thomas Merton. Der Satz „East meets West" wurde in bestimmten intellektuellen und künstlerischen Kreisen, speziell in Kalifornien, in den 1960er und frühen 1970er Jahren zu einem regelrechten Slogan, den aber Suzuki selbst, obwohl er ja enorm davon profitierte, als „zu abgenutzt" kritisierte. Suzuki starb schließlich 1966 in seinem Heimatland Japan in Tokyo im Alter von 95 Jahren.

Etwa 10 Jahre später folgte nun historisch eine zweite Entwicklungswelle des Weges von Ost nach West. Das kalifornische Esalem und die Umgebung von San Franzisco waren ja zur gleichen Zeit das kulturelle Zentrum der damaligen Hippie-Bewegung. Weil das Leben in Kalifornien jedoch allmählich zu teuer wurde, suchten viele sich eine Bleibe in einem Land, das damals noch billigere Lebensverhältnisse anbot als Indien und zusätzlich von einer weltoffenen Toleranz geprägt war, von der es sich heute jedoch leider wieder meilenweit entfernt hat. Gemeint ist Nepal. Dort aber hatten inzwischen viele tibetische Mönche nach ihrer 1959 erzwungenen Flucht aus Tibet Zuflucht gefunden und neue Klöster gegründet. In Tibet selbst hatte sich zuvor eine ähnliche

Entwicklung ergeben wie in den Zen-Klöstern Japans im späten 19. Jahrhundert. Man lebte in einer vollkommen eigenen Welt innerhalb eines strengen hierarchischen Machtapparates. Erst die politische Machtrevolution in Tibet und die damit verbundene Erfahrung von Flucht und Demütigung führten in den nun außerhalb von Tibet in Indien und Nepal neu gegründeten Klostergemeinschaften zu einem Loslassen von den alten hierarchischen Denkmustern und zur Bereitschaft, die buddhistischen Lehren auch westlichen Menschen zugänglich werden zu lassen, eine Vorstellung, die wenige Jahre zuvor in der alten tibetischen Welt so gut wie undenkbar war. Ja, es kam innerhalb kurzer Zeit dazu, dass tibetische Mönche Einladungen von neuen westlichen Schülern und Schülerinnen annahmen und in den Westen reisten, um dort buddhistische Belehrungen zu geben.

Inzwischen gibt es in den meisten westlichen Ländern Zentren, in denen der tibetische Buddhismus gelehrt wird, in einigen Zentren wird inzwischen sogar ein mehrjähriges buddhistisches Studium angeboten, dessen Inhalte dem klassischen traditionellem Studium in den buddhistischen Ursprungsländern sehr nahe angepasst sind. Ein erster wichtiger Höhepunkt dieser historischen Entwicklungslinie war das Angebot an den im indischen Exil lebenden Dalai Lama, im August 1981 an der Harvard Universität vor interessierten westlichen Wissenschaftlern eine mehrtägige „Einführungs-Vorlesung" in die buddhistische Philosophie zu geben, die in fast allen wichtigen Sprachen inzwischen als Buch nachzulesen ist. (6) Hieraus entwickelte sich umgekehrt ein Austausch und Dialog des Dalai Lama mit interessierten westlichen Wissenschaftlern, zu dem man sich in regelmäßigen Abständen trifft. So haben sich nach genau einem Jahrhundert zwei wichtige buddhistische Richtungen, die jedoch die gleiche Grundphilosophie repräsentieren, im Westen etablieren können, der japanische Zen-Buddhismus und der tibetische Buddhismus. Der Vollständigkeit halber sollte erwähnt werden, dass es noch eine dritte buddhistische Richtung gibt, nämlich den Theravada-Buddhismus, der vor allem in den Ländern Sri Lanka und Thailand praktiziert wird. Vorreiter der Vermittlung des Buddhismus für den Westen waren jedoch die beiden oben genannten anderen Richtungen.

Die Wahrnehmungs- und Erkenntnistheorie im Buddhismus

In der erwähnten „Einführungs-Vorlesung“ sagt der Dalai Lama, dass es durchaus berechtigt ist, den Buddhismus nicht nur als Religion zu betrachten. Das sei er zwar auch in dem Sinne, dass sich, wie in den anderen Religionen, jemand „bekennt“, in diesem Fall zu den sogenannten *Drei Juwelen*, das sind *Buddha* (als Begründer der Lehre), *Dharma* (den Lehrinhalten und der damit verbundenen konkreten Praxis) und *Sangha* (der Gemeinschaft derer, die der Lehre folgen). Als Buddhist, so der Dalai Lama, könne man sich aber auch rein philosophisch betrachten, ohne ein religiöses Bekenntnis, sofern man sich der Grundphilosophie des Buddhismus als oberste Denkmaxime verpflichtet fühle. Und schließlich dürfe nicht vergessen werden, dass der Buddhismus neben seiner eigenen Grundphilosophie auch eine eigenständige Wissenschaft der Psychologie entwickelt habe, also eine Wissenschaft, die sich explizit mit den Gesetzmäßigkeiten des Denkens und Fühlens beschäftigt. Der grundlegende Unterschied der buddhistischen Psychologie im Vergleich mit der westlichen sei der, dass im Zentrum der buddhistischen Psychologie die Frage stehe, wie der Mensch seine geistigen und emotionalen Fähigkeiten stets verbessern und weiter entwickeln könne. Wohingegen die westliche Psychologie sich in erster Linie auf die Frage der Verursachung und Behebung von Störungen konzentriere.

Auf die in unserem Kontext im Zentrum stehende Frage nach der Art und Weise der menschlichen Wahrnehmung und Erkenntnis hat die buddhistische Grundphilosophie folgende Antworten. Zunächst erfassen unsere Sinne ein Objekt. Danach wird im Inneren ein noch grobes mentales Bild geformt, dass wir im Westen als klassische Sinneswahrnehmung bezeichnen. Es bildet sich ein Bild, das wir sehen, ein Geräusch, das wir hören, ein Geruch, den wir riechen. In der nächsten Phase werden nun im Inneren konzeptuelle Prozesse in Gang gesetzt. Hierbei werden, gespeist aus den persönlichen Erinnerungen und Gewohnheiten, dem jeweiligen Sinneseindruck begriffliche Konzepte übergestülpt. Entscheidend ist hierbei, dass dieser Prozess der „Konzeptualisierung“, wie der Buddhismus das nennt, in der Regel vollkommen unbewusst stattfindet. In der nächsten und abschließenden Phase des Wahrnehmungsprozesses kommt es dann, wiederum vollkommen unbewusst, zu gefühlsmäßigen Reaktionen in Bezug auf das wahrgenommene Objekt. Diese Gefühlsreaktionen werden im Buddhismus unterteilt in *1. angenehm, 2. unangenehm und 3. neutral.* Jede dieser drei Arten von Gefühlen bewirkt, dass das wahrnehmende Subjekt die notwendige Distanz zum wahrgenommenen Objekt verliert und damit ein unumgänglicher Verstrickungsprozess einsetzt, egal, in welche Richtung die Gefühle tendieren. Dieser zunächst bei jedem Menschen völlig normale Vorgang wird im Buddhismus als *grundlegende Unwissenheit* bezeichnet. Der gewöhnliche Mensch nimmt die Phänomene nie in Echtzeit wahr, sondern immer auf eine mehr oder weniger stark subjektiv verzerrte Weise. Wir Menschen, so der Buddhismus, leben nie in der Wirklichkeit, sondern lediglich in einer Vorstellung davon.

Das wichtigste primäre Ziel in der Philosophie des Buddhismus muss daher sein, dass jedes einzelne Individuum zu einem bewussten Verständnis seines zunächst unbewussten Wahrnehmungsprozesses gelangt, in dem Sinne, dass in erster Linie verstanden wird, wie relativ und abhängig von einer nicht endenden Zahl von Ursachen, und das sowohl im Außen als auch im Inneren, der aktuelle Wahrnehmungsvorgang stattfindet. Diesem übergeordneten Ziel werden zwei sehr heilsame Effekte im Bewusstsein zugeordnet. Der erste Effekt ist, dass das Individuum damit aufhört, äußeren Phänomenen intrinsische Eigenschaften wie Schönheit, Hässlichkeit, Attraktivität oder Widerwärtigkeit zuzuschreiben, weil kein Phänomen über diese Eigenschaften tatsächlich und letztendlich verfügt. Der zweite Effekt, der sich dann ganz von alleine aus dem ersten ergibt, ist, dass die mechanisch und unbewusst ablaufenden Prozesse von zwanghafter Anziehung und Ablehnung, die im Buddhismus als die wesentlichen Ursachen von leidvollen Erfahrungen angesehen werden, von nun an genauso automatisch aufhören, ohne dass sich das Individuum in jedem Einzelfall mit großer geistiger oder seelischer Gewalt dazu zwingen muss.

Um dieses Ziel zu erreichen, wurden im Laufe der historischen Entwicklung speziell im sogenannten *Großen Fahrzeug (Mahajana)* spezifische Methoden und Techniken entwickelt, wobei sich noch einmal zwei sehr verschiedene Linien im Laufe der Entwicklung gebildet haben. Die eine, historisch ältere Linie ist der heutige Tibetische Buddhismus, die andere, historisch spätere Linie der Zen-Buddhismus. Im Tibetischen Buddhismus wird das angestrebte

Ziel sozusagen zweigleisig angestrebt, indem der Praktizierende zum einen in ständig wiederkehrender sogenannter *Analytischer Meditation* die in seinem Geist auftauchenden inneren oder äußeren Phänomene quasi analytisch immer wieder weiter in seine gegenseitig abhängigen Bestandteile zerlegt, bis ein zunehmender innerer Abstand im Bewusstsein entsteht. Parallel dazu wird er angeleitet, sich in seinem individuellen Geist und Bewusstsein das anzutrainieren, was im Buddhismus als *Altruismus und Mitgefühl* bezeichnet wird, wobei auch hier besondere Techniken und Übungen sehr konkret zu praktizieren sind. Im Zen-Buddhismus hat sich dagegen, um die oben genannten Erkenntnisziele zu erreichen, eine andere Vorgehensweise entwickelt, die bis heute unverändert praktiziert wird. Der Praktizierende erhält von seinem Meister ein sogenannten *Koan*, das ist eine Frage, die voller Paradoxien ist, und die vom analytischen rein logischen Verstand nicht beantwortet werden kann. In der Meditation übt man dann zunächst die Konzentration auf einen bestimmten Punkt, seinen Atem, das Hara in der Körpermitte, oder auch einen anderen Punkt. Parallel dazu untersucht er die damit verbundenen Erfahrungen und Phänomene unter der Frage des gegebenen *Koans* zu interpretieren und zu verstehen. Da der rein analytische Verstand nie und nimmer zu einer stimmigen Lösung finden wird, durchlebt der Praktizierende einen immer intensiver werdenden Prozess eines Loslassens und Sterbens seines bisherigen psychischen Selbst, wodurch ihm der Zugang zu seinem Höheren Selbst oder einer wesentlich verfeinerten Bewusstseinsstufe möglich wird. Das Erreichen des Zieles wird im Zen-Buddhismus als *Satori* bezeichnet.

Die Integration von Subjekt und Objekt rückt in greifbare Nähe

Im nächsten Abschnitt versuche ich Ihnen nun eine weitere Erkenntnistheorie zu skizzieren, die ebenfalls für sich in Anspruch nimmt, einen wirklichen begehbaren Weg zur menschlichen Freiheit ebnen zu können. Diese Theorie hat allerdings einen Haken. Dieser Haken ist, dass die Theorie keine einfache Formel liefert, wie der Mensch am besten sofort, plausibel und einfach zur Freiheit gelangt, sondern, ähnlich wie beim Buddhismus, zunächst die theoretischen Grundaspekte dargelegt, und dann aber auch einen strukturellen Stufenweg aufzeigt, der aber erst einmal beschritten werden muss, um allmählich zu einem Empfinden von individueller Freiheit zu gelangen. Der Zugang zu dieser Erkenntnistheorie ist für jeden Menschen, der in den uns allen vertrauten Denkmustern unterwegs ist, beim ersten Kontakt sehr sperrig und erst durch ein relativ hohes Maß an eigenen geistigen Bemühungen allmählich zugänglich. Diese Erkenntnistheorie kann, einfach mal so vor uns hingestellt, zu einer ziemlichen Zumutung für uns werden, der gegenüber wir uns zunächst einmal mit den üblichen Abwehrmechanismen versuchen, in Sicherheit zu bringen. Andererseits ist meine eigene Erfahrung, dass es gar nicht wichtig ist, etwas sofort und auf der Stelle zu verstehen. Im Gegenteil kann etwas einmal Gehörtes oder Gelesenes als Same zunächst ruhig in mir schlummern, um irgendwann ins Erkenntnislicht wieder aufzutauchen. Und eine solche Art und Weise meiner menschlichen Erkenntnis kann wesentlich nachhaltiger in mir ihre Wirkung entfalten als die übliche schnelle und scheinbar sichere Wissensaneignung.

Das Grundprinzip dieser Erkenntnistheorie steht in einem völlig konträren Gegensatz zum gegenwärtigen Wissenschaftsverständnis, welches ja davon ausgeht, alles Lebendige und ebenso die Störung im Lebendigen durch anorganische, also nicht lebendige Ursachen erklären zu können. Diese neue und völlig andere Erkenntnistheorie sieht jedoch in der anorganischen Fixierung der Wissenschaft enorme Grenzen und wendet sich daher explizit einer mehr organischen Betrachtungsweise alles Lebendigen zu. Der Unterschied lässt sich am prägnantesten so erklären, dass die anorganische Betrachtungsweise sich in erster Linie auf Resultate und deren mögliche kausal erklärbare und auch messbare Ursachen konzentriert, während die organische Betrachtungsweise in der prozessorientierten Beobachtung ein wesentlich größeres Potenzial an Erkenntnismöglichkeiten sieht. Es wird darüber hinaus sehr logisch und plausibel erklärt, warum die organische Betrachtungsweise erkenntnistheoretisch der anorganischen überlegen ist.

Die Metamorphose eines gewöhnlichen zu einem ungewöhnlichen Menschen

Führen Sie sich nun den folgenden Lebenslauf zu Gemüte, und nachdem Sie ihn gelesen haben, lassen Sie ihn erst einmal auf sich wirken. Lassen Sie sich vom Wechsel der Jahresangaben über das Alter der Kindheit und dem Übergang zu historischen Jahreszahlen nicht verwirren. Er ist beabsichtigt.

Name: Rudolf Josef Lorenz S.
Geboren: am 25.2.1861
Geburtsort: Kraljevec, ein einsamer Grenzort zwischen dem damaligen und heutigen Ungarn und jetzigen Kroatien.
Vater: Johann S., Grundschulabschluss und 2 Jahre Gymnasium, danach 10 Jahre angestellter Jäger beim örtlichen Grafen; nach eingereichter Kündigung vonseiten des Vaters wegen nicht erteilter Erlaubnis zur Heirat mit seiner Verlobten; Bewerbung und angestellt als Bahnbeamter bei der damaligen österreichischen Südbahn.
Mutter: Franziska S., Hausfrau und Mutter mit einfacher Schulausbildung
Geschwister: eine Schwester, 3 Jahre jünger, wird später Näherin und lebt bis zum Tode der Eltern in deren Haushalt; ein Bruder, 5 Jahre jünger, wird taubstumm geboren und ist sein Leben lang auf Hilfe angewiesen.
Frühe Kindheit: Rudolf S. ist ein Schreikind und muss nächtelang um das Haus getragen werden, damit die Nachbarn nicht gestört werden. Innerhalb der ersten drei Lebensjahre wird der Vater zweimal beruflich an einen anderen Standort versetzt; die Familie muss entsprechend umziehen und wohnt grundsätzlich im Bahnhofsgebäude, dem der Vater nun vorsteht.
Die wirtschaftlichen und sozialen Verhältnisse: laut unserem Protagonisten später gekennzeichnet als „ständiges Ankämpfen gegen die schlechte Bezahlung solcher kleiner Eisenbahnbeamter".

Mit sechs Jahren nur für kurze Zeit Besuch der Dorfschule; der Vater, wie schon gegenüber seinem ersten Arbeitgeber trotz seiner geringen Schulbildung durchaus mit klarer eigenständiger Sichtweise und genügend Selbstbehauptung ausgestattet, überwirft sich mit dem Dorfschullehrer wegen dessen

Geisteshaltung, nimmt seinen Sohn von der Schule und erteilt ihm selbst den notwendigen Unterricht.

Mit sieben Jahren erste hellseherische Erfahrung; er sieht den Tod seiner Tante, die extrem weit entfernt wohnt, teilt das Erlebnis seinen Eltern mit und erhält als Antwort: „dummer Bub, sei still". Zehn Tage später kommt ein Brief mit der Mitteilung vom Tod der Tante. Die Eltern, die sich sonst wirklich gut um ihn kümmern, lassen ihn von diesem Brief nichts wissen; er erfährt erst Jahre später vom Tod der Tante. Von diesem Zeitpunkt aber in ständigem Kontakt mit den „Geistern der Natur", zum Beispiel in den Bäumen und Felsen.

Mit acht Jahren wegen Versetzung des Vaters Umzug nach Neudörfl, 5 km östlich von Wiener-Neustadt. In der damaligen Doppelmonarchie gehörte Wiener-Neustadt zu Österreich, Neudörfl zu Ungarn. Beim Eintritt in die Dorfschule ist der Lehrer entsetzt über die grammatikalischen und orthografischen Defizite des Schülers S. und verordnet ihm eine spezielle Nachhilfe durch einen Hilfslehrer. Dieser Hilfslehrer wird zum ersten Mentor von noch vielen weiteren im Leben des Schülers S.

Elf Jahre alt: Die Aufnahmeprüfung in die „Bürgerschule" in Wiener-Neustadt wird „glänzend" bestanden aufgrund der mitgelieferten Zeichnungen unter Anleitung des besagten Hilfslehrers. Darauf ergreift sein Vater wieder die Initiative und drängt ihn zur Aufnahmeprüfung in die Realschule, die er mit wesentlich mehr Mühe bestand. Inklusive Oberrealschule wird er nun sieben Jahre an dieser Schule verbringen. Die morgendliche Hinfahrt erfolgt mit der Bahn, der nachmittägliche Rückweg zu Fuß, das Ganze verbunden mit einem zweimaligen täglichen Grenzübertritt.

Zwölf Jahre alt: Die ersten zwei Jahre auf der Realschule gestalten sich als sehr schwierig, um den geforderten Schulstoff zu integrieren. Im 2. Realschuljahr erscheint im „Jahresbericht" der Realschule ein Artikel des Direktors mit der Überschrift: „Die Anziehungskraft betrachtet als eine Wirkung der Bewegung". Hierin wird auf die damals auftauchende Idee einer Atomtheorie eingegangen. Der Zwölfjährige ist fasziniert von der Idee, kann aber die erklärte Logik nicht nachvollziehen, weil sie mit komplizierten mathematischen Formeln erklärt wird. Er entschließt sich auf der Stelle, sich die notwendigen mathematischen Bücher zu erwerben und absolviert in den kommenden zwei Jahren ein autodidaktisches Mathematikstudium.

13 Jahre alt: Im Herbst erfolgreiche Versetzung in die 3. Realschulklasse. Inzwischen ist er vom Problemschüler zum, wie es damals hieß, „Vorzugsschüler" avanciert.

15 Jahre alt: In den Sommerferien Erlernen der Buchbinder-Technik bei einem Gehilfen seines Vaters. In den gleichen Sommerferien autodidaktisches Erlernen der Stenografie. Im gleichen Jahr wird der Arzt seines Vaters zum neuen Mentor, diesmal in der klassischen Literatur. Er verleiht ihm in regelmäßigen Abständen literarische Bücher aus seiner großen Bibliothek verbunden mit dem Auftrag, nach dem Lesen mit ihm darüber zu reden. Im Herbst des Jahres ist er so weit, dass er selbst Nachhilfeunterricht an Schüler seiner eigenen Klasse oder der Klasse darunter geben kann. Die Schüler werden ihm von den Lehrern zugewiesen. Von hier ab kann er helfen, die finanzielle Situation in seiner Familie aufzubessern.

16 Jahre alt: In „Reclams Universalbibliothek" erscheint in diesem Jahr eine günstige Neuausgabe von Kants „Kritik der reinen Vernunft". Er fühlt sich angesprochen von dem Begriff „Vernunft" im Titel des Buches. Nach dem Kauf zerlegt er das Buch, heftet die einzelnen Teile in sein Geschichtsbuch, liest während der Bahnfahrt in die Schule und während der Geschichtsstunde. Im Kontakt mit der Natur beginnt er die Kant'schen Theorien in der Praxis auszuprobieren und übt sich immer wieder ein, wie man von einfachen Begriffen aus zur Vorstellung über die Naturerscheinungen gelangt (siehe dazu vorne die Darlegungen in diesem Buch).

18 Jahre alt: Erfolgreiche Matura-Prüfung; seine Aufgabe bei der mündlichen Prüfung ist die Erklärung, wie ein Telefon funktioniert, dessen Technik drei Jahre zuvor von dem Amerikaner Bell in Boston erstmals erfolgreich erprobt worden ist. S. verkauft alle Schulbücher für gutes Geld in einem Antiquariat. Für das Geld kauft er sofort weitere philosophische Bücher, u. a. Fichtes Theorie über die Wissenschaft, ferner Schelling, Hegel und Darwin. Im Herbst beginnt er mit dem Studium an der Technischen Hochschule in Wien. Der Vater unterstützt ihn dadurch, dass er sich bewusst an einen Bahnhof in der Nähe der Hochschule versetzen lässt. Außerdem erkämpft dieser ein Stipendium für seinen Sohn von beachtlicher Höhe. Obwohl dieser sich wegen seines fehlenden Gymnasialabschlusses nicht an der Universität einschreiben hat können, beginnt er sowohl bei Vorlesungen als auch bei Übungen an der Universität zu hospitieren. Hier an der Universität begegnet er Menschen, die später sowohl wichtige Freunde als auch Unterstützer werden. Außerdem beginnt er, sich politisch zu engagieren. Er tritt einem sehr politischen Studentenverein bei, wird später sogar dessen Vorsitzender und besucht regelmäßig Debatten im österreichischen Parlament auf der Besuchertribüne.

1882: Auf Empfehlung eines angesehenen Professors an der Universität, dessen Schwerpunkt die Goetheforschung ist, ergibt sich eine Einladung durch einen Verleger aus Stuttgart, die gesamten naturwissenschaftlichen Schriften Goethes in Gesammelten Bänden zu redigieren und unter seinem Namen zu veröffentlichen. Honorar: 1000 Deutsche Reichsmark pro Band inklusive zehn Freiexemplare. Im Herbst des Jahres Abbruch des Studiums an der Technischen Universität trotz hervorragender Noten in allen bisherigen Prüfungen ohne Gesamtabschluss. Auf Empfehlung des gleichen Professors, der ihm die Herausgeberschaft der Goethe-Bände ermöglichte, erhält er eine Anstellung als Hauslehrer in einer wohlhabenden Familie. Damit ist seine wirtschaftliche Existenz zunächst wieder gesichert. S. hat als Hauslehrer die Aufgabe, die vier Söhne des Unternehmerehepaares zu unterrichten. Einer der Söhne, der zweitälteste, leidet an einer hochgradigen Hydrocephalitis, dem sogenannten Wasserkopfsymptom, einhergehend mit einer Hyperempfindlichkeit gegenüber jeglicher geistigen, seelischen wie körperlichen Herausforderung. S. empfiehlt nach kurzer Zeit den Eltern, das Kind ganz von der Schule zu nehmen und es ausschließlich zu Hause zu unterrichten. Er erstellt einen ganz auf das Kind abgestimmten Lernstrukturplan, der sich sofort bewährt. S. erkennt, auch angeregt durch das Studium der naturwissenschaftlichen Schriften Goethes, dass der menschliche Geist sich nicht entfalten kann, wenn, wie er sagt, die Seele nicht mit dem Körper verbunden ist. Nach zwei Jahren gelingt dem Kind die Aufnahmeprüfung ins Gymnasium. Zu diesem Zeitpunkt ist die Hydrocephalitis bereits stark zurück gegangen. Es wird später problemlos das Abitur bestehen und erfolgreich Medizin studieren. Diese Tätigkeit als Hauslehrer wird insgesamt sechs Jahre dauern.

1886: Veröffentlichung des ersten von ihm selbst geschriebenen Buches. Es ist ein Buch über das Ästhetische Verständnis von Goethe, aber eigentlich mehr ein Buch zur Erkenntnistheorie.

1888: Spontane Übernahme der Chefredaktion der österreichischen „Deutschen Wochenschrift". Enormer zeitlicher Aufwand, Redaktionssitzungen, Verfassen eigener Beiträge, Redigierung etc.
1890: Beginn der Erstellung einer Doktorarbeit über Erkenntnistheorie, insbesondere über die Wissenschaftstheorie von Fichte, in der Hoffnung auf eine Veröffentlichung in Deutschland. Im Herbst Umzug nach Weimar für die nächsten sieben Jahre; freier Mitarbeiter am neu gegründeten „Goethe-Archiv" in Weimar, jedoch mit festem Gehalt.
1891: rein philosophische Arbeit mit der Goethe-Ausgabe; am 23. Oktober erfolgreiches Rigorosum an der Universität Rostock und Erhalt der Doktorwürde.
1892: Vertrag mit dem Cotta-Verlag über die Herausgabe eines Gesamtwerkes sowohl von Schopenhauer als auch von Jean Paul. Neben der weiteren Hauptarbeit an der Goethe-Ausgabe Arbeit am neuen Buch über die Erkenntnistheorie sowie viele Vorträge und Rezensionen in Zeitschriften.
1893: Intensivierung der Aufsätze, Rezensionen und Vorträge; Hauptvortrag zu Goethes Geburtstag in Frankfurt; Erscheinen des Buches „Philosophie der Freiheit".
1894: Kennenlernen der Schwester von Nietzsche, welcher noch lebt, sich aber in völliger geistiger Umnachtung befindet; die Schwester fühlt sich dem Werk des Bruders verpflichtet und sieht in S. den idealen philosophischen Kenner, der ihr bei der Sichtung und geplanten Gesamtherausgabe behilflich sein kann. Obwohl S. von Beginn an der Philosophie Nietzsches kritisch gegenübersteht, beginnt er, sich immer tiefer in diesen Geist hinein zu versetzen. Er erlebt einen eigenen tiefen inneren Prozess in dieser Auseinandersetzung, der schließlich in der schnellen Veröffentlichung eines weiteren Buches mündet mit dem Titel „Friedrich Nietzsche – ein Kämpfer gegen seine Zeit".
1897: Fertigstellung des inzwischen 4. Buches „Goethes Weltanschauung"; Beendigung der Arbeit in Weimar; Vertragliche Bindung, ab Juli des Jahres die Herausgabe der Zeitschrift „Magazin für Literatur" in Berlin als Chefredakteur zu übernehmen. Umsiedlung nach Berlin, Beginn der Redakteurstätigkeit und Mitglied im Vorstand der „Freien Literarischen Gesellschaft" in Berlin.
1898: Schwerpunkt: die Tätigkeit als Chefredakteur der Zeitschrift; pro Woche Besuch von 3–4 Theateraufführungen, im gesamten Jahr 35 eigene Aufsätze,

acht Theaterkritiken, sechs Buchrezensionen. Probleme, weil der Herausgeber seinen finanziellen vertraglichen Verpflichtungen nicht nachkommt.
1899: Um die finanzielle Situation zu verbessern, Aufnahme einer Tätigkeit als Geschichtslehrer an der „Arbeiterbildungsschule“ in Berlin, die von Wilhelm Liebknecht gegründet wurde. Am 31. Oktober Heirat mit Anna Eunicke, mit der er schon in Weimar zusammen gelebt hat.
1900: im Laufe des Jahres Kündigung der Arbeit als Chefredakteur bei der Zeitschrift; aber Fortsetzung des Geschichtsunterrichtes an der Arbeiterbildungsschule; im gleichen Monat erhält er von der Theosophischen Gesellschaft in Berlin das Angebot, einen Vortrag zu halten; aufgrund der positiven Resonanz wird das Angebot erweitert, nun jede Woche einen Vortrag zu halten.
1901: nach vielen Jahren in Weimar und Berlin erstmals frei von täglicher Redaktionsarbeit am Schreibtisch. S. wird zunehmend als Vortragsredner angefragt. In diesem Jahr kommt er auf 300 Vorträge. Fortsetzung der Kurse an der Arbeiterbildungsschule.
1902: ein Jahr mit vielen Reisen aufgrund von Vortragsaufträgen, u. a. nach London, Brüssel, Paris, Düsseldorf, Kassel. Angebot und Bitte der Internationalen Theosophischen Gesellschaft, eine Niederlassung in Deutschland zu gründen und zu leiten.
1903: weiterhin etwa 300 Vorträge; Fortsetzung der Kurse; Herausgabe einer eigenen Zeitschrift.
1904: Fertigstellung des für sein neues Konzept grundlegenden Buches „Theosophie“; 90 Vorträge und Kursstunden allein an der Arbeiterbildungsschule; des Weiteren 140 theosophische Vorträge in vielen deutschen Städten; Trennung von seiner Frau Anna Steiner.
1907: Erste Veröffentlichung und Namensgebung seines eigenen neuen Konzeptes, das von ihm den Namen „Anthroposophie“ erhält. Zum Schreiben von Büchern muss er sich nun zurückziehen an Orte, wo man ihn nicht kennt, zum Beispiel Venedig oder Rom.
1910–1911: Seine Reisen nach Italien nutzt er, um sich wie Goethe ausgiebig mit der Kunst und Kunstgeschichte auseinander zu setzen. Er beginnt, selber Theaterstücke zu schreiben. 1910 wird in München das erste von vier Mysterien-Dramen aufgeführt. Das Zuschauerinteresse kann sich sehen lassen. Aufgrund dieses Erfolgs entsteht der Plan, für zukünftige Aufführungen in

München einen eigenen künstlerischen Bau zu schaffen. Es wird ein Fond geschaffen, um die finanziellen Mittel dafür zu generieren.

1912–1913: Die seit Jahren schwelenden Konflikte mit der administrativen Leitung der Internationalen Theosophischen Gesellschaft unter Annie Besant spitzen sich zu. S. gelingt es, sich nicht an den internen Machtkämpfen zu beteiligen. S. löst und distanziert sich zunehmend aus der Internationalen Gesellschaft, und gründet 1912 eine eigene „Anthroposophische Gesellschaft". Der geplante Bau in München kommt nicht zustande, weil von den Behörden die Baugenehmigung für die ungewöhnliche Architektur verweigert wird. In kurzer Zeit wird der Bau für Dornach in der Schweiz geplant.

1914–1915: im Sommer Ausbruch des 1. Weltkrieges. Im kriegsneutralen Dornach entsteht allmählich eine „anthroposophische Kolonie" aus vor allem künstlerisch tätigen Menschen um den nur im Rohbau befindlichen „Kunst- und Aufführungsbau". Am 24. Dezember 1914 heiratet er seine langjährige Mitarbeiterin Marie Sievers. Durch den Weltkrieg muss die Vortragstätigkeit sehr eingeschränkt werden.

1916–1918: Weiter wenig Vortragstätigkeit; hauptsächlich künstlerische Arbeit am Bau des „Goetheanums" in Dornach.

1919: Im Sommer wird die erste Walldorfschule in Stuttgart eröffnet. In Dornach beginnen Hochschulkurse in Naturwissenschaft und Medizin.

1920–1921: Verstärkte öffentliche Anfeindungen von kirchlichen und deutschnationalen Kreisen gegenüber der Anthroposophie. Es vergeht kaum eine Woche ohne einen ketzerischen Artikel in den Medien.

1922: S. beginnt, die Öffentlichkeitsarbeit zum ersten Mal deutlich zu reduzieren, aber weniger aufgrund der äußeren Anfeindungen, sondern weil er in seiner eigenen Gesellschaft nicht die tatkräftige Unterstützung erhält, die notwendig wäre, um die vielen Tätigkeitsfelder am Leben zu erhalten. Auch an der neugegründeten Walldorfschule kommt es zu Konflikten und Krisensitzungen. Am 31. Dezember 1922 wird das „Goetheanum" in Dornach, und damit die Arbeit von 10 Jahren, Opfer einer Brandstiftung.

1923: In der ersten Jahreshälfte ständige Verhandlungen mit Behörden und Versicherungen zur Brandursache. Der Versuch, die „Anthroposophische Gesellschaft" noch einmal aufzurütteln, scheitert. S. überlegt, seine Zusammenarbeit mit ihr gänzlich aufzukündigen und nur mit einem kleinen Kreis

von Menschen weiterzuarbeiten. Der Brand des „Goetheanums“ hinterlässt enorme Spuren in seiner physischen Gesundheit.
1924: In Dornach wird die „Freie Hochschule für Geisteswissenschaft“ eröffnet. Es werden Kurse in folgenden Fächern angeboten: Heilpädagogik, Erziehungskunst, Landwirtschaft, Eurythmie und Medizin. Ab Januar das ganze Jahr über deutliche Verschlechterung des gesundheitlichen Zustands. Die meisten Mitarbeiter ignorieren dies und fordern seine Tätigkeit und Ratschläge unverändert weiter ein. Ab dem 29. September kann er das Krankenbett nicht mehr verlassen. So gut er kann, versucht er, von dort aus zu schreiben und tätig zu sein.
1925: Am 30. März stirbt S. im Alter von nur 64 Jahren (7)

Bitte hier erst einmal wieder innehalten und das Gelesene wirken lassen, in der Art und Weise, die Ihnen am meisten zusagt.

Goethe – Ein Dichter findet den Weg zu sich selbst

Ich hoffe, Sie haben nach der Lektüre dieses Lebenslaufes ein wenig innegehalten und die Eindrücke auf sich wirken gelassen. Wenn nicht, empfehle ich Ihnen dringend, das nachzuholen. Es ist völlig gleichgültig, was Ihnen dabei in den Sinn kommt. Wichtig ist, dass es geschehen darf. Ich verspreche Ihnen, dass Sie danach das Folgende wesentlich schneller und besser verstehen werden. Diese Vorgehensweise kann als exemplarisches Modellbeispiel betrachtet werden, was vorne bereits als „organische Denkweise“ bezeichnet worden ist.

1893, im Alter von erst 32 Jahren, hat Rudolf Steiner sein philosophisches Hauptwerk geschrieben mit dem Titel: *Die Philosophie der Freiheit*. Es ist sein zweites eigenes Buch. Sein erstes Buch schrieb er bereits mit 25 Jahren. Es hat den etwas sperrigen Titel: *„Die Grundlagen einer Erkenntnistheorie der Goetheschen Weltanschauung“*. Zu seiner neuartigen Erkenntnistheorie wäre Steiner mit Sicherheit nicht gelangt, wenn er sich vorher nicht so ausführlich mit Goethe beschäftigt hätte. Steiner hat ja nie ein Gymnasium besucht, sondern nur eine Realschule. Er hat zwar mit 15 Jahren schon Kant gelesen und später auf Empfehlung des Arztes seines Vaters Lessing und verschiedene andere deutsche Literaten, nicht aber Goethe. Wie im Lebenslauf erwähnt, besuchte er parallel neben seinem Studium an der Technischen Hochschule in Wien auch Vorlesungen und Seminare an der Universität, obwohl er dort nicht offiziell eingeschrieben war. Hier lernte er den Goetheforscher Karl Julius Schroer kennen. Durch dessen Vermittlung erhielt er von Professor Joseph Kirschner in Stuttgart den Auftrag, Goethes naturwissenschaftliche Schriften in gesonderten Bänden herauszugeben. Diesem Auftrag folgte eine zehn Jahre währende intensive Beschäftigung mit Goethe, vor allem mit dessen naturwissenschaftlichem Denkansatz. Und gegen Ende dieser Zeit schreibt er in Briefen, dass er „den Goethe inzwischen richtig leid" ist. Viel Geld und Einkommen hat ihm die Herausgabe auch nicht gebracht. Vielleicht hat ihn hier ja auch mehr sein Schicksal denn seine eigene freie Entscheidung gelenkt.

Machen wir daher also zunächst gemeinsam einen kurzen Sprung zurück zu Goethe. Als Goethe 1786, im Alter von 37 Jahren, allem Anschein nach ganz spontan, aber in jedem Fall völlig heimlich, ohne andere davon in Kenntnis zu setzen, von Karlsbad aus nach Italien aufgebrochen ist, war er bereits ein weltberühmter Mann. Vor allem durch seinen „Werther" war er in allen größeren Ländern Europas wie England, Frankreich, Italien und Russland ein bekannter Schriftsteller. Dies war dann auch der Grund dafür, dass Goethe sich entschied, nicht unter seinem richtigen Namen, sondern unter einem Pseudonym zu reisen, um nicht ständig von allen Seiten angesprochen und belästigt zu werden. Bei allen Hotel- und Pensionsbuchungen oder auch Kutsch- und Schiffsfahrten erwies sich das als richtige Entscheidung. In Italien wussten nur die wenigsten nahen Menschen, wer er wirklich war. Goethe hätte zu diesem Zeitpunkt seinen Ruhm noch einige Jahre versilbern und sich danach ein gutes Leben machen können. Warum er das nicht tat, lag daran, dass er innerlich ein großes Problem hatte. Er war seit seiner Jugend ein hypersensitiver Mensch. Diese Hypersensitivität hat er zwar in kongenialer Weise in seinem *Werther* in Ansätzen verarbeitet, sodass er zumindest eine gewisse Ich-Distanz ihr gegenüber entwickeln konnte. Aber sie machte ihm weiterhin sehr zu schaffen. Und er selbst litt wesentlich mehr unter ihr, als er dies damals seiner Mitwelt gegenüber gezeigt hat. Ganz besonders muss er unter seinen übersensiblen Empfindungen gegenüber dem weiblichen Geschlecht gelitten haben. Goethe spürte jedenfalls, dass ihm etwas Wesentliches in seinem Menschsein fehlte, aber er wusste selber zunächst nicht, was es war.

Als Goethe knapp zwei Jahre später, im Juni 1788, aus Italien zurückkehrte, war er ein vollkommen verwandelter Mensch. Jeder aus seiner Weimarer Umgebung erkannte diese Veränderung auf Anhieb. Innerhalb von nur wenigen Wochen nach seiner Rückkehr aus Italien ging er nun eine feste Beziehung zu einer Frau ein. Wie war diese Verwandlung in der überschaubaren kurzen Zeit möglich? Hier hat er der Nachwelt einen großen Dienst erwiesen, insofern er fast über jeden Tag in Italien ein Tagebuch geschrieben hat. Im Nachhinein lassen sich drei wesentliche Faktoren aufzeigen.

Der erste Faktor: Wenn man die Tagebücher liest, kann man zunächst eine gewisse Dreiteilung seiner Zeit erkennen. Trotz aller Freiheit, die er im Gegensatz zu den Verpflichtungen in Weimar hatte, war sein italienischer Lebensalltag enorm strukturiert. Ein Teil des Tages galt dem lebendigen Austausch mit befreundeten anregenden Menschen, ein weiterer Teil galt der Schulung seiner Sinneswahrnehmung in Verbindung mit Malen und Zeichnen. Später kam an dieser Stelle das schon beinahe locker und leicht von der Hand gehende Fertigstellen von mehreren in Weimar begonnenen, aber dann ins Stocken geratenen literarischen Werken. Und der dritte Teil des Tages bestand aus dem inneren Reflektieren über sein tagesaktuelles Erleben und dem regelmäßigen disziplinierten schriftlichen Festhalten im Tagebuch am Abend. Hier sollte nicht unerwähnt bleiben, dass er diese disziplinierte und hoch anspruchsvolle seelisch-geistige Leistung auch deshalb zustande gebracht hat, weil er beim Schreiben stets einen konkreten Menschen als inneren Ansprechpartner hatte, nämlich Frau von Stein, die in regelmäßigen Abständen die Tagbuchnotizen, im Paket zusammengeschnürt, mit der Post zugeschickt bekam.

Der zweite Faktor: ist darin zu sehen, dass die intensive Schulung seiner Sinneswahrnehmung beim Malen und Zeichnen seine im Grunde schon gute Denkfähigkeit dahin weiterentwickelt hat, dass diese immer eigenständiger und im wahrsten Sinne des Wortes selbst-bewusster wurde und damit unabhängiger vom Denken anderer. In den Tagebüchern lässt sich diese Entwicklung nachträglich gut rekonstruieren. So spielen in den ersten Wochen von Verona über Venedig nach Rom zunächst Palladio, ein einflussreicher Architekt der norditalienischen Renaissance, und der Kunsthistoriker Winkelmann in seiner Wahrnehmung noch eine gewisse Vorbild-Rolle. Im weiteren Verlauf jedoch kann man beinahe von Woche zu Woche miterleben, wie Goethe sich in seinem Wahrnehmungsprozess zunehmend von seinen Vorbildern löst und sich bald ausschließlich auf sein eigenes Denkvermögen und Urteil verlässt, wobei das nicht bedeutete, dass er die Perspektiven der anderen nicht mehr wahrgenommen hat. In diesem Entwicklungsprozess aus Schulung der Sinneswahrnehmung und damit einhergehend einer Schulung des subjektiv eigenständigen logischen Denkens musste er seine übergroße Sensitivität nicht als störendes Symptom unterdrücken und bekämpfen lernen. Er konnte sie einfach beibehalten und sogar als besonders feines Wahrnehmungsinstrument weiter nutzen, weil sie inzwischen durch die Aktivierung der beiden genannten seelisch-geistigen Kräfte, der Sinneswahrnehmung und des Denkens, eine gute Ausbalancierung und innere Integration erfahren hat. Goethe hat sich in diesen zwei Jahren, im Gegensatz zur späteren Weimarer Zeit, nicht mit einer einzigen rein theoretischen und abstrakten Theorie beschäftigt, die ihn selber in seinem aktuellen Erleben nicht unmittelbar anging. Er hat nur über das reflektiert, was er mit seinen Sinnen aktuell und ganz konkret gerade aufnahm, oder er beschäftigte sich mit lebendigen Ideen in Bezug auf die Protagonisten seiner auch in Italien geschrieben literarischen Werke. Dann war er in Kontakt mit seinem eigenen Schöpfertum, aber auch hier nicht mit Dingen, die ihn selber persönlich wenig betrafen.

Der dritte Faktor ist in meinen Augen das Tagebuchschreiben an sich, in dem jedoch nicht nur „intime" innere Gefühle niedergeschrieben sind, die niemand anderen etwas angehen, wie man heutzutage die Funktion eines Tagebuches fast ausschließlich denkt, sondern das gesamte Spektrum des menschlichen Erlebens aus ganz konkreter Sinneswahrnehmung im Außen und die daraus resultierenden Gedanken und Gefühle über das Wahrgenommene im Inneren. Die Art und Weise, wie Goethe sein Tagebuch geschrieben hat, bestand eben nicht nur darin, dass er sich darin ausschließlich mit seinen inneren Gefühlen und Gedanken beschäftigt hat, sondern im Vordergrund stand die Beschreibung einer Wahrnehmung, Begegnung, oder Erfahrung im Außen und die anschließende innere Reflexion darüber. Und wer diese Tagebücher, auch nur auszugsweise, liest, erkennt eine nahezu perfekte Balance zwischen Außen und Innen. Diese Art der bewussten Reflexion des im Alltag Erlebten ist in besonderen Lebensphasen, speziell in sogenannten Übergangsphasen eine Methode, die den Entwicklungs- und Wachstumsprozess enorm stabilisieren kann. Ich möchte an dieser Stelle einige wenige Zitate aus seinem Tagebuch anführen, die aus meiner Sicht wesentliche Aspekte seines Entwicklungsprozesses sehr gut verdeutlichen können.

> *„Die Tage sind sich nicht gleich, und es wundert mich, dass es in dem fremden Leben noch so geht; es ist aber ein Zeichen, dass ich mich noch gut besitze.“*
>
> (Tagebuch der Italienischen Reise, am 1.10.1786)

> *„Ich bin nicht hier, um nach meiner Art zu genießen; befleißigen will ich mich der großen Gegenstände, lernen und mich ausbilden … Ich lebe hier mit einer Klarheit und Ruhe, von der ich lange kein Gefühl hatte. Meine Übung, alle Dinge wie sie sind zu sehen und abzulesen, meine Treue, das Auge licht sein zu lassen, meine völlige Entäußerung von aller Prätention kommen mir einmal wieder recht zustatten und machen mich im stillen höchst glücklich. Alle Tage ein neuer merkwürdiger Gegenstand, täglich frische, große, seltsame Bilder und ein Ganzes, das man sich lange denkt und träumt, nie mit der Einbildungskraft erreicht.“*
>
> (Tagebuch der Italienischen Reise, am 10.11. 1786)

> *„Wenn ich wiederkomme, sollt ihr beurteilen, w i e ich gesehen habe.“*
>
> (In einem Brief an Herder aus Italien, 17. Mai 1787)

> *„Mir geht es sehr wohl, ich finde mich immer mehr in mich zurück und lerne unterscheiden, was mir eigen und was mir fremd ist. Ich bin fleißig und nehme von allen Seiten ein und wachse von innen heraus … Jetzt fangen erst die Bäume, die Felsen, ja Rom selbst an mir lieb zu werden; bisher hab' ich sie immer nur als fremd gefühlt; dagegen freuten mich geringe Gegenstände, die mit jenen Ähnlichkeit hatten, die ich in der Jugend sah.“*
>
> (Tagebuch der Italienischen Reise, am 16.6.1787)

„Ich will nicht mehr ruhen, bis mir nichts mehr Wort und Tradition, sondern lebendiger Begriff ist.“

(Tagebuch der Italienischen Reise, am 27.6.1787,
kurz vor seiner Rückkehr)

Zurück in Weimar bekam Goethe nun aber auch die negativen Folgen seiner Verwandlung zu spüren. Die meisten seiner Mitmenschen konnten ihm in seiner Art zu denken nicht mehr folgen. Diese selbständige Art des Denkens machte Angst und rief innere Abwehrmechanismen auf den Plan. Viele kritisierten ihn fortan als konservativ gewordenen Spießbürger, dem der ganze Sturm-und-Drang-Schwung seiner jungen Jahre vollkommen abhanden gekommen sei und der seinem erwartungsvollen Publikum nun nicht mehr eine Literatur voller Gefühlsromantik präsentierte. Goethe selber aber litt nun nicht mehr wie zuvor an sich selbst. Er wusste genau, was die anderen über ihn dachten, und wusste, dass sie seinem Denken nicht folgen konnten oder es nicht wollten. Das war aber nun nicht mehr sein Problem, sondern er war von sich selbst geheilt, und das ließ ihn weiter noch viele Jahre seinen selbstbestimmten Weg gehen. Er selbst schreibt in einem Brief kurz vor seiner Rückkehr aus Rom:

„Was ich aber sagen kann und was mich am tiefsten freut, ist die Wirkung, die ich schon in meiner Seele fühle; es ist eine innere Solidität, mit der der Geist gleichsam gestempelt wird; ernst ohne Trockenheit und ein gesetztes Wesen mit Freude. Ich denke die gesegneten Folgen auf mein ganzes Leben zu fühlen.“ (8)

Einer, der diesen besonderen Aspekt im Geist Goethes, das Erkennen der Notwendigkeit der Individualität und Autonomie im Denken, gesehen hat, war Albert Schweitzer, der in seinem Festvortrag, den er 1932 zum 100. Todestag von Goethe gehalten hat, unter anderem folgenden Satz formuliert hat:

„Goethe ist der erste, der etwas wie Angst um den Menschen erlebt. In einer Zeit, in der die anderen noch unbefangen sind, dämmert ihm, dass das große Problem, um das es in der kommenden Entwicklung gehen wird, dieses sein wird, wie sich der einzelne gegen die Vielheit zu behaupten

vermöge ... Und nun, hundert Jahre nach seinem Tod, sieht es so aus, dass durch ... die Einwirkung ... einer unheilvollen materiellen Entwicklung auf das Wirtschaftliche, das Soziale und das Geistige allenthalben die materielle und die geistige Selbständigkeit der einzelnen, soweit sie nicht schon vernichtet wurden, in schwerster Weise bedroht sind." (9)

Die Metamorphose der Pflanzen aus der Innenperspektive

Worin besteht nun aber der besondere Einfluss von Goethe auf Steiner? Die heutige Naturwissenschaft hat keinen Blick für die „organische Gestaltwerdung" lebender Organismen. Sie setzt die gegebene Gestalt, vor allem von Pflanzen, als rein durch die Evolution verursacht und fix gegeben voraus. Dabei sind die Evolution und die aktuellen Umwelteinflüsse etwas, das ausschließlich von außen auf alle lebenden Pflanzen einwirkt. Ein permanenter innerer Eigenanteil wird speziell im Bereich der Pflanzen ausgeschlossen. In der heutigen Naturwissenschaft werden Pflanzen also mühevoll in die vielen verschiedenen Einzelpflanzentypen untergliedert, als wären sie zufällige und beziehungslos nebeneinander existierende Einzelphänomene. Man teilt sie sogar in sogenannten Familien ein, aber kann sich nicht vorstellen, dass die Pflanzen der einzelnen Familien auch eine entsprechende innere Beziehung zueinander haben. Auch die Inhaltsstoffe der Pflanzen werden akribisch untersucht und aneinandergereiht, aber ohne einen weiteren Sinnbezug. Schließlich werden alle erkennbaren äußeren Umweltfaktoren, die auf die Pflanzen einwirken, untersucht, aber als einseitig kausale Einwirkung von außen betrachtet. Ein organisches Eigenleben wird der Pflanze somit nicht zugestanden. Pflanzen bestehen aus einer Aneinanderreihung von chemisch-anorganischen Stoffen.

Goethe war der erste, der die Mitwelt darauf hingewiesen hat, dass Pflanzen über ein hochgradig intensives inneres Eigenleben verfügen und dass sie nicht nur passiv auf Außeneinflüsse reagieren, sondern sie in hoch differenzierter Weise organisch mit der Umwelt interagieren und kommunizieren. Und die wertvollste Erkenntnis Goethes war, dass sich Pflanzen permanent in einem zyklischen Wandlungsprozess, einer permanenten Metamorphose, befinden vom Samen zum Stil und Blatt, zur Blüte und Frucht, und dann über einen Verfallsprozess zurückkehren zum zyklischen Neuanfang. Goethe hatte damals nur seine inzwischen sehr geschulte Sinneswahrnehmung zur Verfügung und hat die Metamorphose der Pflanzen daher zunächst nur in ihrer äußeren Form und Gestalt erkannt. Mit den heute zur Verfügung stehenden technischen Analysemöglichkeiten könnte man die Metamorphose auch in ihrem biochemischen Inneren erforschen. Im Bezug darauf, welche enorme Vielfalt es bei der inneren biochemischen Metamorphose der Pflanzen zu entdecken gäbe, besteht aber zweihundert Jahre nach Goethe nicht mehr das geringste Interesse, wenn es lediglich um allgemeine Gesetzmäßigkeiten der Pflanzen geht, die aber ansonsten keinen scheinbare konkreten, vor allem wirtschaftlichen Nutzen, erbringen.

Ich möchte an dieser Stelle diese organische Sichtweise Goethes, und eben später Steiners, die im völligen Gegensatz zur anorganischen Sichtweise der Naturwissenschaften steht, anhand von drei Beispielen erläutern. Dabei möchte ich meine Perspektive nicht wie Goethe auf die äußere Form, sondern auf die Metamorphose im Inneren der Pflanze beziehen. Erstes Beispiel für eine biochemische innere Metamorphose ist die Holunderpflanze. Die Blüten des Holunders kann man zu einem wertvollen Holundersirup verarbeiten. Das Wertvolle und Besondere daran ist, dass sich in der Holunderblüte ein Inhaltsstoff befindet, der dem Inhaltsstoff von Melonen ähnlich oder gleich ist. Mithilfe dieses Inhaltsstoffes sind unsere Körperzellen in der Lage, aufgenommenes Wasser bei größerer Hitze länger zu speichern als ohne diesen Inhaltsstoff. Die Bewohner von heißen Gegenden der Erde wissen das seit Langem und nutzen die Melone zu diesem Zweck. Dieser Inhaltsstoff befindet sich also auch in der Holunderblüte. Wenn der Holunder verblüht ist, ist dieser Inhaltsstoff in der Holunderpflanze nirgends mehr vorhanden. Die Pflanze produziert diesen Stoff nur in der Blütephase und in der Blüte selbst. Wenn die Holunderbeeren dann im Monat August ihre rötlich-schwarze Farbe annehmen, enthalten diese einen relativ hohen Anteil an dem Giftstoff Cyanin. Dieser Giftstoff kann beim Verzehr bei Menschen und Tieren sehr negative Folgen haben. Besonders junge und unerfahrene Jungvögel sind daran schon verendet. In der Wikipedia (10) nimmt diese Tatsache einen besonders großen Raum ein, indem genau beschrieben wird, wie viel Milligramm Cyanin der menschliche Körper verkraftet oder nicht. Und es kommt in der Wissenschaft aktuell zu einer Diskussion darüber, ob der Holunder sogar als giftige Pflanze einzuordnen ist. Einen knappen Monat später, im September, hat die Holunderpflanze ihren gesamten Cyanin-Gehalt bis auf wenige Spurenreste, die dann aber durch Erhitzen noch vollkommen beseitigt werden können, in wertvolles Vitamin C verwandelt, das den aus den Früchten hergestellten Holundersirup als gutes Vorbeugungs- und Heilungsmittel gegen winterliche Erkältungskrankheiten werden lässt. Der Sirup aus den Blüten stillt den Durst, der Sirup aus den Früchten hat eine ganz andere Funktion. Auch das ist Metamorphose der Pflanzen. Ein einfacher Grashalm in der Wiese macht vielleicht nicht diese ausgesprochen vielfältige Metamorphose durch wie Holunder. Und vielleicht ist dies der Grund dafür, warum dieser Pflanze bei unseren Vorfahren eine so große mythische Kraft zugewiesen wurde.

Das zweite Beispiel ist die erwähnte Melone. Wie schon gesagt, enthält die Melone diesen speziellen wasserspeichernden Inhaltsstoff. Aber diesen Stoff produziert die Melone nur, solange sie mit ihrem Wurzelwerk verbunden, also noch nicht geerntet ist, aber das dann unabhängig davon, wie heiß es in der Umgebung ist. Sobald die Melone geerntet ist, muss sie kühl gelagert werden bei einer Temperatur von unter 15 Grad. Nur bei dieser Kühle produziert die Melone diesen Inhaltsstoff weiter. Wenn Sie eine zu warm gewordene Melone verzehren, ist von dem Wasser speichernden Stoff so gut wie nichts mehr vorhanden, stattdessen nur noch eine relativ trockene zuckerhaltige Masse, deren Verarbeitung im Körper mehr Wasser verbraucht als speichert. Die „anorganische" Sichtweise der Naturwissenschaft untersucht, wenn überhaupt, die Inhaltsstoffe der Melone, und definiert die Stoffe dann als fix gegeben. Die „organische" Sichtweise von Goethe oder Steiner hilft, solche Phänomene überhaupt in ihrer organischen Dynamik wahrzunehmen und in einem größeren Sinngehalt zu verstehen.

Das dritte Beispiel ist der Teestrauch. Teesträucher haben in den ganz frischen neuen obersten Trieben und Blättern andere Inhaltsstoffe als in den älteren unteren Blättern. Die Inhaltsstoffe in den ganz frischen Trieben gelten als besonders wertvoll und schmackhaft. Sie sind also nur einer speziellen Entwicklungs- und Wachstumsphase der Teepflanze vorhanden und danach nicht mehr. Diese jungen frischen Triebe befinden sich in einem besonders sensiblen kommunikativen Austausch mit der Umwelt, der in dieser Sensibilität in den älteren Teeblättern nicht mehr stattfindet. Die Kommunikation ist so intensiv, man könnte sagen sensitiv, dass die Teepflückerinnen spezielle Baumwollhandschuhe und Hauben über dem Kopf wie Chirurgen im OP-Saal tragen müssen, damit deren Haut und Haar keinen zu großen Einfluss auf die empfindsamen Blätter ausüben können. Die Weiterverarbeitung der Blätter darf nicht in den sonst üblichen Behältern stattfinden, sondern in reinen Goldbehältern, weil Gold das einzige Metall ist, das nicht oxidiert. Der Tee aus diesen Blättern ist entsprechend ein ganz spezieller und auch teurer. Aber dieses Beispiel sollte wiederum verdeutlichen, dass ein Teestrauch nicht einfach aus einer Ansammlung biochemischer anorganischer Inhaltsstoffe besteht, sondern sich permanent in einem sehr lebendigen und dynamischen organischen Entwicklungs- und Verwandlungsprozess befindet. Goethes Konzept der Metamorphose der Pflanze besteht letztendlich darin, dass den Pflanzen eine geistige Idee darüber innewohnt, wozu sie da sind, was sozusagen ihr Sinn und Zweck des Daseins ist und was im wesentlichen ihre Aufgabe ist. Dieser geistigen Idee, so die Erkenntnis von Goethe, werden die Pflanzen gerecht, indem sie die verschiedenen Formen und Entwicklungsphasen aus sich selbst heraus entwickeln.

Ideen als lebendige Wesenheiten

Wenn Goethe eine geistige Idee hatte, waren das nie nur kurze Gedankenblitze, bestehend aus abstrakten Begriffen. Seine Ideen waren regelrechte lebendige Wesensgestalten. Das grundlegende Wesensmerkmal dieser Gestalten war, dass sie immer so etwas wie eine lebendige äußere Form hatten, die sich dann aber auch gleichzeitig ständig veränderte und weiterentwickelte. Ideen waren für Goethe also mit regelrechten Schauspielvorführungen verbunden. Das ist vergleichbar mit der Art und Weise, wie Mozart seine Melodien im Kopf empfunden hat. Durch diese organische Lebendigkeit hinterlassen Ideen nie nur eine kurze und schnell wieder vergessene Wirkung im Kopf, wie dies bei rein abstrakten Ideen der Fall ist. Solche lebendigen Ideen-Gestalten hinterlassen vor allem in der Seele des Menschen einen nachhaltigen Eindruck. Goethe selbst sagte einmal, er habe Ideen, ohne zu wissen, dass es eine Idee ist, dafür könne er sie aber mit den Augen sehen. An einer anderen Stelle sagt er: *„die Vernunft erfreut sich an der Entwicklung, der Verstand will Wissen besitzen und festhalten."* Für Goethe ist der organische Entwicklungsprozess also wichtiger als das rein sachliche Ergebnis, wie das bei der derzeitigen Naturwissenschaft der Fall ist. Durch das funktionale naturwissenschaftliche Denken beeinflusst, denkt heute noch immer der Großteil der Menschen, dass Goethe einfach nur ein begabtes Genie war, dem von seinen Eltern nun mal eine besondere genetische Konstellation auf den Lebensweg mitgegeben wurde. Wie wäre es, wenn wir nach dem hier Dargelegten einmal dialektisch eine andere Brille aufsetzen und Goethe nicht mehr nur einfach als Genie begrifflich in die vertraute Schublade stecken, sondern versuchen zu verstehen, wie viel eigene Entwicklungsaktivität dieser Mensch investiert hat, um zu seinen Ideen und Wahrnehmungen zu gelangen? Und wie wäre dann für Sie der Gedanke, dass das eben nicht alles reine Geniesache ist, sondern dies auch für jeden anderen Menschen grundsätzlich möglich ist zu entwickeln?

Ein möglicher erster Strukturschritt in eine solche Richtung könnte der folgende sein. Versuchen Sie doch einmal, wenn Sie wieder einmal durch die Natur gehen, Bäume und Pflanzen nicht mehr nur in ihrer eventuell jahreszeitlich veränderten äußeren Form und Gestalt wahrzunehmen, sondern sich dabei bewusst zu machen und dann innerlich vorzustellen, dass in jedem Baum und jeder Pflanze im Inneren eine regelrechte Symphonie von ständig wechselnden Melodien aus hoch differenzierten biochemischen, aber intensiven organischen Prozessen stattfindet. Und diese Melodien verändern sich nicht nur durch die Jahreszeiten, sondern sind morgens anders als mittags oder abends, wie unser feineres menschliches Empfinden für die Tageszeit auch. Und wenn wir uns fragen, warum ausgerechnet das Naturerleben im Winter in uns so ganz besonders berührende Empfindungen und Gefühle wachzurufen imstande ist, ist meine Antwort darauf die, dass es die organischen Innen-Prozesse in den Pflanzen sind. Der Fachausdruck hierfür heißt *Ätherkörper*, aber dazu später mehr Ausführungen. Die organische Dynamik, also das Geschehen im Ätherkörper der Pflanzen im Winter gleicht dem eines leiblich gesunden, aber schlafenden Menschen, der auf den Beobachter selber eine beruhigende und entspannende Wirkung ausübt. In einem anderen Vergleich kann man das Geschehen im Ätherkörper von Pflanzen im Winter mit einer ruhigen und entspannten Musik gleichsetzen, die entsprechend anders auf uns wirkt als anregende und sehr stimulierende Musik. Diese Prozesse in den Pflanzen können wir nicht sehen und nicht hören, aber wir können sie empfinden. Das ist durchaus vergleichbar mit dem, was das junge frische Teeblatt empfindet, wenn Haut und Haare eines menschlichen Körpers ihm zu nahe kommen. Und wenn Sie ab jetzt öfters auf diese Weise durch die Natur gehen, dann wundern Sie sich bitte nicht, wenn in Ihnen bald gänzlich neue und sehr lebendige Ideen über ihr eigenes Leben zu sprießen beginnen.

Die Philosophie der Freiheit will, dass wir uns mit ihr auseinandersetzen

Kehren wir nun wieder zurück zu Steiner. Auch Steiner war, wie Goethe, in seiner Kindheit und Jugend ein hypersensitiv veranlagter Mensch. Er war bereits als 9-jähriger Knabe hellsichtig und sah den Tod seiner entfernt wohnenden Tante, zu der er sonst keinerlei Kontakt hatte. Diese hellseherische Fähigkeit hat er während seines ganzen weiteren Lebens in sich erhalten. In seiner Pubertät ging er, im Gegensatz zu seinen Mitschülern, beinahe täglich in die Natur und war hier, wie er später selber beschreibt, in einem „ständigen inneren Austausch mit den Geistern der Bäume und Pflanzen". Aus einer zeitlichen Distanz sieht er diese Phase seines Lebens später selber als durchaus kritisch. In einem Brief schreibt er, dass er in seiner Wiener Zeit „fast besorgniserregend im mystischen Element geschwommen" sei. Im Alter von 30 Jahren berichtet er in einem anderen Brief, dass sein hoher Zigarettenkonsum während des Lesens von Büchern ihn mehr Geld koste als der Erwerb der Bücher selbst. Eine führende Persönlichkeit der damaligen Wiener Intellektuellenszene berichtet in seinem Erinnerungsbuch, dass es in diesem Kreis immer wieder Gespräche über Steiner gegeben habe mit dem Tenor, dass dieser zwar einerseits ein „reichlich verbummelter", andererseits aber auch ein „hochbegabter" Mann sei.

Auch hier stellt sich die Frage, wie es diesem hochsensitiven und „reichlich verbummelten" Mann gelungen ist, ein Mensch mit einer solchen Tatkraft zu werden, wie sie im Lebenslauf vorher auch nur annäherungsweise skizziert wurde? Diese Transformation von Steiner hat sicher nicht nur eine Ursache. Aber die insgesamt zehn Jahre währende intensive Beschäftigung mit Goethe sollte als eine mögliche Ursache in Betracht gezogen werden. Und bei Goethe konnte er, anfänglich mehr unbewusst, später dann immer bewusster erkennen, wie durch ein intensives Eindringen in die Phänomene der Natur alle sämtlichen eigenen Erkenntnisorgane, also neben der Sinneswahrnehmung das Denken, das Empfinden und Fühlen, und damit die Tiefen seiner Seele eine Entwicklung und Wandlung durchleben können. In seiner Autobiografie beschreibt Steiner seinen Wandlungsprozess mit folgenden Worten.

> *„Mein Beobachtungsvermögen für Dinge, Wesen und Vorgänge der physischen Welt gestaltete sich nach der Richtung der Genauigkeit und Eindringlichkeit um. Das war sowohl im wissenschaftlichen wie im äußeren Leben der Fall. Während es vorher für mich so war, dass große wissenschaftliche Zusammenhänge, die auf geistgemäße Art zu erfassen sind, ohne alle Mühe mein seelisches Eigentum wurden, aber das sinnliche Wahrnehmen und namentlich dessen erinnerungsgemäßes Behalten mir die größten Anstrengungen machte, wurde jetzt alles anders. Eine vorher nicht gekannte Aufmerksamkeit für das Sinnlich-Wahrnehmbare erwachte in mir.“* (11)

Ein anderer Aspekt, der auf einer rein geistigen Ebene schon bei Kant für einen Ideenschub gesorgt hat, indem er sich mit dem Gedankengut seiner damaligen philosophischen Gegner Bacon, Hobbes und Locke intensiv auseinander gesetzt hat, bei Steiner darüber hinaus aber auch auf seelischer Ebene eine große Wirkung entfalten konnte, war seine Begegnung mit Nietzsche. Hier muss man bedenken, dass Steiner von Beginn an die Philosophie Nietzsches als rein kopflastig und nicht mit der Seele in die Phänomene und Dinge eindringend betrachtet hat. Dann wollte es aber sein Schicksal, dass die Schwester Nietzsches unbedingt ihn als Verwalter des Nachlasses haben wollte. Steiners eigenes Bestreben war dies in jedem Falle nicht. Was Steiner nun machte, war, dass er sich, inzwischen vom Denken Goethes bereits beeinflusst, die Mühe machte, sich mit Nietzsche nicht nur intellektuell auseinander zu setzen, sondern mit seiner sensitiven Grundbegabung sich auch auf der seelischen Ebene ganz in Nietzsche hineinzuversetzen, warum dieser Mann so ein Denken hatte. Das Ergebnis dieser Bemühung war, dass er danach ein Buch über Nietzsche geschrieben hat, das auf der einen Seite dessen Gedankengut in klarer und gut verständlicher Weise wiedergeben konnte, aber gleichzeitig auch den Menschen Nietzsche hinter seinen Gedanken spürbar werden lässt. Steiner beschreibt sein Vorgehen und seine „goetheanisch-organische" Betrachtungsweise gegenüber Nietzsche so:

> *„Ich empfand es als theoretische Ehrensache, ihm überall hin zu folgen. Manchmal war mir's, als ob sich mein Gehirn von seinem Boden löste, manchmal fingen die feisten Fasern desselben zu zappeln an; ich glaubte zu spüren, wie sie sich sträubten, die von allen Urvätern ererbten Lagen so plötzlich verlassen zu müssen."*

Und an anderer Stelle:

> *„Nietzsches Nerven bekamen allmählich etwas Elastisch-Widerstrebendes; sie sprangen federartig ab, wenn sie an einen Gegenstand heran kamen. Nietzsche wurde immer mehr ein elektrischer Nervenapparat. Er kam mit einem Ding der Welt zusammen, erzeugte einen elektrischen Funken, wurde aber sogleich abgestoßen und an eine andere Spitze angeworfen. Und so ging es fort. So entstanden die Schriften seiner letzten Jahre. Der unerträgliche Zustand steigerte sich endlich zum Wahnsinn."*

Und seine erkenntnistheoretische Schlussfolgerung lautet:

> *„Man gelangt nicht zur Erkenntnis, wenn man den eigenen Standpunkt absolut durchsetzen will, sondern durch Untertauchen in fremde Geistesströmungen."* (12)

Kommen wir nun zur Darstellung der Erkenntnistheorie von Steiner. Sie beinhaltet eine radikal neue Sichtweise, die sich als vollkommen konträr zu den bisherigen Erkenntnistheorien der westlichen Philosophie erweist. Sie beinhaltet aber zugleich eine Philosophische Anthropologie, also eine Theorie über den Sinn und die Bestimmung des Menschen an sich. Durch diese Verschränkung von Erkenntnistheorie und Philosophischer Anthropologie soll unmissverständlich zum Ausdruck gebracht werden, dass das eine, eine Erkenntnistheorie, ohne das andere, eine Philosophische Anthropologie, nicht zu haben ist, oder allenfalls Stückwerk bleibt. In der Vorrede seines Buches *Philosophie der Freiheit* stellt Steiner zwei, wie er es nennt, „Wurzelfragen" des Menschen. Die erste Frage lautet: Gibt es eine Möglichkeit, die menschliche Wesenheit so anzuschauen, dass diese Anschauung über den Menschen sich als Stütze erweist für alles andere, was durch Erleben oder Wissenschaft an den Menschen herankommt? Diese steht im Gegensatz zu der vorher dargelegten Anschauung der jetzigen Wissenschaft, dass der Mensch durch seine Subjektivität und sein biografisches und evolutionäres Geworden-Sein selbst das größte Problem beim Erkenntnisprozess sei. Die zweite Frage lautet: Darf sich der Mensch überhaupt anmaßen, ein freies Wesen zu sein oder werden zu wollen, oder ist diese Frage bloße Illusion, wie die aktuelle Wissenschaft das sieht, weil der Mensch „die Fäden der Notwendigkeit nicht durchschaut, an denen sein Wollen ebenso hängt wie ein Naturgeschehen?"

Dann erklärt Steiner dem Leser, dass seine Erkenntnistheorie keine Ansammlung von speziellen wissenschaftlichen Ergebnissen beinhalte, die der Leser als fertiges und vorgekautes Wissen in sich aufnehmen könne. Und wer erwarte, durch das Lesen seines Buches an bestimmter Stelle eine fertige Antwort in sein Wissen aufnehmen zu können, der werde enttäuscht werden. Stattdessen sei er sich darin sicher, ein *Feld* oder ein *Gebiet* in der Seele des Menschen gefunden zu haben, das dem Einzelnen dazu verhelfen könne, die äußere sinnlich gegebene Welt so zu verarbeiten, dass die volle Wirklichkeit sich nur in dem balancierten organischen Zusammenspiel zwischen äußerlich Gegebenem und innerlich Mitgestaltetem darstellen könne. Und die zentrale Aufgabe des menschlichen Erkenntnisprozesses sei es, nicht nur einfach vorgekautes Wissen in sich aufzunehmen, sondern in der eigenen Seele dieses *Feld* oder *Gebiet* für Wahrnehmung und Erkenntnis zu schaffen und zu pflegen. Seinen damaligen Ausgangspunkt formulierte Steiner so:

> *„Sämtliche philosophischen Erklärungen des Wahrnehmungs- und Erkenntnisprozesses leiden unter dem Dualismus, Subjekt und Objekt zu trennen. Die Folge ist: man erklärt die Dinge entweder nur aus der Sicht des Subjektes, oder nur aus der Sicht des Objektes."*

In seinem Buch unterscheidet Steiner drei verschiedene Typen von philosophischen Dualisten, 1. den „naiven Realisten", der nur das glaubt, was er sieht; 2. den „metaphysischen Realisten", der glaubt, dass der Mensch grundsätzlich abhängig ist von höheren Mächten oder Kräften; 3. den „materialistischen Dualisten", der den Menschen als in erster Linie abhängig von seinem Gehirn betrachtet. Seinen eigenen neuen Ansatz bezeichnet Steiner als „Monismus", eben im Gegensatz zu jeglichem Dualismus. Das wesentlich Neue dieses Ansatzes ist, dass es als von elementarer Bedeutung angesehen und entsprechend als unabdingbare Voraussetzung eines jegliche Wahrnehmungs- und Erkenntnisprozess zu gelten hat, dass der Mensch beide Wesenheiten, das wahrnehmende Subjekt und das wahrgenommene Objekt im jeweiligen Wahrnehmungsprozess beachtet und würdigt. Und dass es nur so möglich sei, gültige Aussagen sowohl über das wahrnehmende Subjekt als auch über das wahrgenommene Objekt zu machen. Ein so gearteter Wahrnehmungs- und Erkenntnisprozess schaffe dann nicht nur die Objekte, die wahrgenommen werden, sondern ebenso auch die Organe, die wahrnehmen, womit nicht nur die physischen Sinnesorgane gemeint sind – diese zwar auch, wie wir wissen – sondern auch alle anderen seelischen und geistige Organe für Wahrnehmung und Erkenntnis.

Die strukturellen Stufen des Wahrnehmungs- und Erkenntnisprozesses bei Steiner lassen sich in etwa folgendermaßen zusammenfassen.

Es erfolgt eine aktuelle Wahrnehmung:

- Im Denken taucht unmittelbar ein Begriff auf. Dieser Begriff verbindet sich im wahrnehmenden Subjekt mit dem wahrgenommenen

Objekt. Das Objekt und ein dazu gehöriger Begriff sind ab jetzt unlöslich miteinander verschränkt.

- Aus der Verschränkung von wahrgenommenem Objekt und Begriff entsteht eine bildhafte Vorstellung, die auch dann noch erhalten bleibt, wenn das Objekt konkret nicht mehr vorhanden ist. Dem reinen Wahrnehmen und Erkennen wäre in den Augen vieler Menschen bis zu diesem Schritt schon gedient.
- Diese bisherigen Strukturschritte hat ja auch Kant so definiert. Allerdings sah er das wahrgenommene Objekt „als Ding an sich", das nun mal einfach so gegeben ist, und den im Inneren auftauchenden Begriff als von der Transzendenz ebenfalls vorgegeben. Dadurch bleiben bei Kant das wahrnehmende Subjekt und das wahrgenommene Objekt unweigerlich zwei vollkommen verschiedene Wesenheiten. Die dualistische Betrachtungsweise setzt sich also fort und kann nicht aufgehoben werden. Aber genau hier, schon bei der ersten Schnittstelle zwischen äußerem Objekt und innerem Subjekt, nämlich beim Auftauchen des Begriffs, sieht Steiner die Sache vollkommen anders.
- Steiner sagt, dass es dem Menschen möglich sei, den auftauchenden Begriff gegenüber einer Sache oder einem Ding nicht nur einfach in geistiger Passivität als gegeben hinzunehmen. Sondern, dass im Gegenteil die Intensität und die Kraft der aus dem Begriff heraus sich bildenden visuellen Vorstellung abhängig sei von der „inneren Organisation", wie Steiner das nennt, des wahrnehmenden Ichs. Bei einer ich-schwachen inneren Organisation bleibt der Begriff vor allem dann, wenn das Objekt nicht mehr vorhanden ist, wie ein Samenkorn, das nicht aufgeht, ein toter Begriff, der im Inneren des Menschen nichts weiter mehr in Gang setze. Bei solchen Menschen hinterlässt eine Wahrnehmung, die nur schwach aufgenommen und mit einem schnellen Begriff versehen wird, keine wesentlichen Spuren im Ich. In demjenigen Menschen, der sich nicht damit begnügt, die Dinge rein äußerlich zu erkennen, sondern das Bedürfnis verspürt, sich auch mit seiner Seele mit ihnen zu verbinden und in Beziehung zu setzen, kommen aber nun weitere innere Prozesse in Gang. Diese sind gekennzeichnet durch ein permanentes organisch-dynamisches

Wechselspiel zwischen aktivem Denken und aktivem Fühlen. Diesen dialektischen Prozess bezeichnet Steiner als das „Elexier", aus dem die menschliche Individualität heranreift.

- Den durch diese Prozesse verursachten Entwicklungs- und Wachstumsprozess in der Seele des Individuums erklärt Steiner damit, dass das wahrnehmende Ich durch den aktiven Denkprozess erkennt, dass die Dinge da draußen genauso beschaffen sind wie es selbst, und sich damit eine zunehmende Kraft und Sicherheit im Denken entwickelt. Die Folge im Denken des Menschen ist nun, dass er damit beginnt, die auftauchenden Begriffe noch genauer und bewusster selber zu denken, anstatt sie nur zu übernehmen. Der Mensch wird Herr über die Begriffe und bleibt nicht mehr passiv abhängig von ihnen. Durch das Wahrnehmen und Beobachten seines aktiven bewussten Fühlens, was etwas anderes ist als das der buddhistischen Erkenntnistheorie zugrunde liegende unbewusste Gefühl, verbindet sich das wahrnehmende Ich zunehmend auf eine organische Weise sowohl mit seinem eigenen Inneren als auch mit dem jeweils unmittelbaren Außen.

Das elementare Neue an dieser Erkenntnistheorie ist also keine Formel, mit deren Hilfe alle Menschen in gleicher Weise zu einer möglich festen und sicheren Erkenntnis über die Dinge kommen, wie es seit Aristoteles die Idealvorstellung der Wissenschaft ist, sondern eine strukturelle Formel, mit deren Hilfe wir organisch in gleicher Weise zur Welt da draußen als auch zu uns selbst im Inneren vordringen können. Diese strukturelle Formel beinhaltet, dass wir beim Wahrnehmungsprozess unser Denken und Fühlen, also Geist und Seele, ganz bewusst aktivieren. Wenn wir das tun, sagt Steiner, beobachten wir, dass wir in unserem Denken und Fühlen nicht nur objektive Dinge der Außenwelt wahrnehmen, sondern dass wir im Prozess der Außenwahrnehmung zugleich selber zum Erzeuger von parallel laufenden inneren Vorgängen werden. Der so wahrnehmende Mensch beginnt zu erkennen, wie die Dinge in ihm zustande kommen. Er durchschaut die Verhältnisse und Beziehungen zueinander.

„Jetzt ist", so Steiner, „ein fester Punkt gewonnen, von dem aus man mit begründeter Hoffnung nach der Erklärung der übrigen Welterscheinungen suchen kann."

Der auf diese Weise wahrnehmende Mensch entwickelt die im Wahrnehmungsprozess auftauchenden Begriffe zu intuitiv entstehenden lebendigen Vorstellungen, wie das am Beispiel von Goethe schon gezeigt wurde. Solche überlebendigen Vorstellungen haben sensitive Menschen auch, aber sie können sich nicht als deren Schöpfer erkennen, sondern fühlen sich ihnen zu oft einseitig ausgeliefert. Erst durch das immer kraftvoller werdende Denken und das Erkennen des eigenen Schöpfertums des Denkens kommen Denken und Fühlen ins Gleichgewicht und stimulieren sich im gegenseitigen Wachstum. Diese notwendige Dialektik zwischen Denken und Fühlen beschreibt Steiner an einer Stelle so.

„Derjenige Mensch wird die reichere Erfahrung haben, der eine größere Zahl individualisierter Begriffe hat. Ein Mensch, dem jedes Intuitionsvermögen fehlt, ist nicht geeignet, eine Erfahrung zu erwerben. Er verliert die Gegenstände wieder aus seinem Gesichtskreis, weil ihm die Begriffe fehlen, die er zu ihnen in Beziehung setzen soll. Ein Mensch mit gut entwickeltem Denkvermögen, aber mit einem aufgrund grober Sinneswerkzeuge schlecht funktionierendem Wahrnehmen wird ebenso wenig Erfahrungen sammeln können. Er kann sich zwar auf irgendeine Weise Begriffe erwerben, aber seinen Intuitionen fehlt der lebendige Bezug auf bestimmte Dinge. Der gedankenlos Reisende und der in abstrakten Begriffssystemen lebende Gelehrte sind gleich unfähig, sich eine reiche Erfahrung zu erwerben."

Schließlich:

„Denken und Fühlen entsprechen der Doppelnatur unseres Wesens … Das Denken ist das Element, durch das wir das allgemeine Geschehen des Kosmos mitmachen; das Fühlen das, wodurch wir uns in die Enge des eigenen Wesens zurückziehen können. Unser Denken verbindet uns mit der Welt; unser Fühlen führt uns zu uns selbst zurück, macht uns erst zum Individuum." (13)

Auf den Vorwurf, er verkenne in seiner Theorie die Störanfälligkeit und die damit verbundene ständige Möglichkeit der Täuschung im Wahrnehmungs- und Erkenntnisprozess des Menschen, antwortet Steiner, dass er diese Störanfälligkeit sehr wohl sehe, was allein schon die gerade zitierten Sätze über Reisende bewiesen. Und dann argumentiert er, dass die Stör- und Täuschungsanfälligkeit aus seiner Sicht in erster Linie deshalb weiter geschieht, solange das wahrnehmende Ich sich dualistisch als getrennt vom wahrgenommenen Objekt empfinde. So lange, so Steiner, das wahrnehmende Ich etwas wahrnimmt, das ausschließlich von außen auf es zukomme, bleibe es stör- und täuschungsanfällig. Sobald aber das Ich beginne zu erkennen, dass es in erster Linie selbst das handelnde Subjekt sei, und das Steuer in der Hand habe, könne es nicht mehr, oder allmählich immer weniger getäuscht werden.

Mit dieser Erkenntnistheorie widerlegt Steiner als bisher einziger die Erkenntnistheorie von Kant. Das Problem: Mehr als 100 Jahre nach ihrer Veröffentlichung nehmen nur ganz wenige Menschen diese Theorie zur Kenntnis. Sie wird weder verstanden, noch gewürdigt und darüber hinaus einfach nicht beachtet. Vor allem das schon in diesem Buch kritisierte Denken von Kant und Aristoteles, dass eine Erkenntnis für alle die gleiche zu sein hat, weil ja die Begriffsinhalte für alle Menschen die gleichen seien, wird von Steiner grundsätzlich in Frage gestellt, weil diese Denkweise den Dualismus nicht überwinden könne, und Täuschungen weiter Tür und Tor geöffnet bleibe. Sie behindere sowohl die geistige als auch seelische Weiterentwicklung des Menschen, weil durch sie unsere sämtlichen körperlich-seelisch-geistigen Wahrnehmungs- und Erkenntnisorgane nur funktionalisiert, aber nicht zum Wachstum angeregt werden. Die schlimmste Folge davon, so Steiner, sei die alarmierend zunehmende Selbstentfremdung im Inneren des Menschen. Die bis heute angewandte alte und überholte Erkenntnistheorie sowie Anthropologie seien hier wesentlich bedeutendere Ursachen für die Entfremdung als beispielsweise die von Marx zu Recht kritisierte monotone Industriearbeit. Steiners letzter Satz in seinem Buch *Philosophie der Freiheit* lautet:

> *Man muss sich der Idee* (gemeint ist hier der auftauchende Begriff, A. M.) *erlebend gegenüberstellen können, sonst gerät man unter ihre Knechtschaft.* (14)

Resümee

Von den drei in diesem Kapitel skizzierten Erkenntnistheorien erfüllen nur die Erkenntnistheorie des Buddhismus und die Erkenntnistheorie von Rudolf Steiner die Kriterien einer Subjekt-Perspektive. Die Erkenntnistheorie der derzeitigen Naturwissenschaft dagegen schließt die Subjektperspektive bewusst vollkommen aus und beharrt auf der einseitigen Perspektive einer scheinbar vorhandenen Objektivität. Eine kritische Auseinandersetzung mit dieser einseitigen Erkenntnistheorie steckt gerade einmal in ihren Anfängen, wie wir am Ende des 2. Kapitels von Hayward erfahren konnten. Die aufgezeigten Erkenntnistheorien existieren darüber hinaus in isolierten Welt-Nischen, ohne Bezug zueinander. Zum Wohle des Ganzen wäre es dringend geboten, dass man innerhalb der Nischen die Zäune entfernt und damit beginnt, aufeinander zuzugehen und miteinander zu diskutieren. Dort, wo das in die Wege geleitet worden ist, wie zum Beispiel im „Mind-and-Life-Forum" (15), wo sich Naturwissenschaft und Buddhismus austauschen, beginnt sich ganz offensichtlich ein gegenseitiger Respekt zu entwickeln, aus dem heraus die eine Seite die andere befruchtet. Was die Seite der Naturwissenschaft angeht, ist hier eine gewisse Tendenz zu mehr Achtsamkeit zu erkennen, zum Beispiel in Bezug auf die Frage, welche Studien und Forschungen überhaupt sinnvoll sind, welche Fragestellungen wirklich von Interesse für alle sind und nicht nur für bestimmte Einzelinteressen.

Zeit zum Innehalten

Wenn Sie, liebe Leser/Innen, bis hierher durchgehalten haben, erinnern Sie sich bitte daran, dass ich schon am Anfang dieses Abschnittes darauf hingewiesen habe, dass diese Art zu denken für uns alle etwas sehr Ungewohntes hat und wir uns daher genügend Zeit geben sollten, uns mit diesem Denken überhaupt vertraut zu machen. Ein mehrmaliges Lesen könnte dabei zum Beispiel schon einmal weiter helfen, wie bei allem, was wir nicht auf Anhieb verstehen. Und wenn Sie in sich nun mehr Fragen als fertige Antworten vorfinden, dann seien Sie nicht enttäuscht und frustriert. Wenn Sie aber doch so fühlen, dann könnte das Ihrem bisherigen Erkenntniskonzept geschuldet sein, das möglichst schnell fertige und vorgekaute Antworten haben will und welches sich nun plötzlich in Frage gestellt sieht. Lassen Sie die Fragen in sich ruhig und gelassen weiter vorhanden sein. Und erwarten Sie nicht eine sofortige Antwort darauf, sondern betrachten die Fragen als sinnvollen Samen Ihrer weiteren Erkenntnis in sich, der aber, wie jeder Samen, eine Zeit zum Keimen benötigt.

Ich habe in diesem Kapitel neben der Darstellung der drei aufgezeigten Erkenntnistheorien drei Protagonisten etwas ausführlicher zur Darstellung gebracht, die sich ihr Leben lang durch aktives und lebendiges Denken ausgezeichnet haben, und dadurch viel Neues in die Welt gebracht haben, nämlich D. T. Suzuki, J. W. v. Goethe, und R. Steiner. Glücklicherweise ist es so, dass diese Liste noch deutlich erweitert werden könnte. Aber unglücklicherweise muss leider auch festgestellt werden, dass diese lebendige Art des Denkens den meisten Menschen heutzutage absolut nicht vertraut ist, und noch problematischer ist es, dass sie in unserer gegenwärtigen Gesellschaft und Kultur gegenüber der reinen Wissensvermittlung nicht einmal als sinnvoll und notwendig betrachtet wird.

Das Schlusswort in diesem Kapitel bekommt daher ein Protagonist, der die hier gemeinte Art des Denkens sogar als „Kunst“ bezeichnet hat, und sein Leben lang Menschen gesucht und gefunden hat, die diese „Kunst“ beherrscht haben, und eben nicht dem „toten Denken“ verfallen waren, nämlich der Arzt und Neurologe Oliver Sacks. Auf den letzten Seiten seines letzten, und erst posthum veröffentlichen Buches schreibt er:

> *„Es genügt nicht, etwas zu verstehen, es blitzartig zu begreifen. Der Verstand muss in der Lage sein, die neue Wahrheit aufzunehmen und zu behalten. Die erste Herausforderung besteht darin, dass man sich die Auseinandersetzung mit neuen Ideen gestattet, dass man einen geistigen Raum dafür schafft, eine Kategorie mit potenziellen Verknüpfungen – und dass man diese Ideen dann vollständig und dauerhaft ins Bewusstsein hebt, ihnen eine begriffliche Form verleiht und die geistige Auseinandersetzung mit ihnen sucht, auch wenn sie den Begriffen, Überzeugungen oder Kategorien, die man derzeit hat, widersprechen. Dieser Aneignungsprozess, diese Offenheit des Bewusstseins, ist von entscheidender Bedeutung, wenn es um die Frage geht, ob eine Idee oder eine Entdeckung Wurzeln schlagen und Früchte tragen kann oder ob sie in Vergessenheit gerät, verblasst und stirbt, ohne Spuren zu hinterlassen.“* (16)

5 Die unterschätzte Macht der Empfindung

Ich lerne sehen.
Ich weiß nicht, woran es liegt,
es geht alles tiefer in mich ein
und bleibt nicht an der Stelle stehen,
wo es sonst zu Ende war.
Ich habe ein Inneres,
von dem ich nicht wusste.
Alles geht jetzt dorthin.
Ich weiß nicht, was dort geschieht. (1)
Rainer Maria Rilke

Als die Hirnforscher dank verbesserter Computertechnologien das Wann, Wie und Wo der Reaktionen im Gehirn immer genauer lokalisieren konnten, und beispielsweise auch die Areale für alle denkbar möglichen Hirnfunktionen mit guter Deutlichkeit erkennbar wurden, war man doch sehr erstaunt über die Messergebnisse bei reinen Empfindungen. Es konnte kein Areal gefunden werden. Die einzige Reaktion war eine auf das ganze Gehirn verteilte minimale und kaum messbare Gesamterregung, die man schließlich als ein eher störendes „Rauschen" bezeichnete. Den Begriff entnahm man dem Phänomen, wenn früher ein Fernseh- oder Radioempfänger bei schlechtem Empfang anfing, leicht zittrige und unscharfe Bilder oder Töne zu produzieren. Man beachte wiederum die Technisierung eines eigentlich biologischen, und damit organischem Geschehens. Die entsprechenden Messungen veranlassten die Forscher zu dem Schluss, dass Empfindungen ganz offensichtlich für das Gehirn nicht von Bedeutung sind, sondern die saubere Hirntätigkeit eher stören. Beeinflusst durch die eindeutigen Messergebnisse der Naturwissenschaftler hat man in fast allen aktuellen Wissenschaftsbereichen den Begriff *Empfindung* inzwischen völlig aus dem Vokabular gestrichen und ihn durch den Begriff *Qualia* ersetzt.

Der Begriff ist dem Lateinischen *qualis* entnommen, und bedeutet: *irgendwie beschaffen,* was gleichzeitig aber auch mit *nicht näher bestimmbar* übersetzt werden kann. Soweit zunächst der aktuelle wissenschaftliche Befund in Bezug auf den Begriff *Empfindung.*

Was genau ist eine Empfindung?

Der Begriff Empfindung, der in der Zeit der romantischen Dichter und Musiker eine Hochblüte erfuhr, und damals als ein besonders hohes und wertvolles Gefühl betrachtet wurde, wird in der heutigen Zeit tatsächlich so gut wie nicht mehr verwendet. Eines der wenigen Tätigkeitsfelder, in denen der Begriff noch von Bedeutung ist und auch verstanden wird, ist das der Atem- und Leibtherapeuten. Und was ist nun eine Empfindung? Es ist genau genommen eine in erster Linie körperliche Reaktion auf äußere oder innere Reize. Diese Reaktionen können auf eine konkrete Körperstelle beschränkt bleiben, sie können sich aber auch auf den gesamten Körper verteilen. Empfindungen werden ausschließlich über das System des sensiblen peripheren Nervensystems vermittelt. Das ist der Grund, warum die Empfindung im Gehirn kaum nennenswerte Spuren hinterlässt.

Im Folgenden sollen einige konkrete Beispiele für Empfindungen aufgezeigt werden. Ein Beispiel für eine Empfindung ist Frieren. Frieren wird ausgelöst durch einen äußeren Reiz, auf den zunächst ausschließlich der Körper antwortet, also nicht das Denken oder ein inneres Gefühl. Andere Beispiele sind Hunger oder Durst, ein Juckreiz, auch Müdigkeit oder Erschöpfung, wobei bei der Erschöpfung zu unterscheiden ist, ob sie im Körper nach einer anstrengenden körperlichen Tätigkeit oder im Kopf nach einer anstrengenden geistigen Tätigkeit stattfindet. Und das Paradebeispiel für eine reine Empfindung ist der körperliche Schmerz oder eine körperliche Verspannung. Wenn man nun über den Unterschied zwischen einem äußeren und inneren Reiz noch etwas genauer nachdenkt, im Sinne von Steiner, Begriffe nicht einfach nur als gegeben hinzunehmen, dann kommt man darüber auch wieder zu einem tieferen Verständnis dafür, was eine Empfindung wirklich ist. Beim Frieren beispielsweise kommt der Reiz normalerweise von der äußeren Kälte, bei einer Erkältung oder Grippe, also beim Frösteln, kommt der Reiz von Innen, ausgelöst durch eine zu große Diskrepanz zwischen der Innentemperatur des Körpers und der Außentemperatur. Andere äußere Reize sind Drücken auf oder Ziehen an einem Muskel oder Körperteil, zum Beispiel durch eine Massage. Beim Hunger oder Durst kommt der Reiz wiederum von innen, ebenso bei muskulären Verspannungen. Ein weiteres gutes Beispiel für einen inneren Reizauslöser einer Empfindung ist die Gänsehaut-Empfindung. Hier denkt man vielleicht gewöhnlicher Weise, dass der Auslöser doch von etwas im Außen Wahrgenommenen stammt. Man bekommt ja eine Gänsehaut nicht, ohne dass man etwas sehr intensives im Außen wahrnimmt. An diesem Beispiel kann man das Wesen der Empfindung aber besonders gut verstehen. Es stellt sich nämlich die Frage, wieso reagieren wir auf die intensive Wahrnehmung im Außen nicht in erster Linie mit einer konkreten Gefühlswahrnehmung, die ja in den meisten Fällen, zum Beispiel bei schöner Musik, sogar beabsichtigt ist? Hier können wir entdecken, dass das Wesen einer Empfindung stets eine zu große Diskrepanz im Bereich des uns Gewohnten und Vertrauten ist. Man könnte auch von einer gewissen kurzfristigen Überflutung sprechen, die der jeweilige Reiz auf uns ausübt. Der jeweilige Reiz muss also stets eine enorme Kraft haben, die unseren Organismus dazu bringt, zunächst rein körperlich auf den Reiz zu reagieren. Wenn der Reiz unter eine gewisse Diskrepanzstärke gegenüber dem Vertrauten zurück geht, reagieren wir wieder mit der uns vertrauten Weise auf eine Wahrnehmung, nämlich mit gedanklichen Assoziationen und/oder konkreten Gefühlen. Der Hauptauslöser für die Gänsehaut-Empfindung ist also demzufolge nicht in der äußeren Wahrnehmung zu sehen, denn diese könnte ja auch nur ein konkretes inneres Gefühl verursachen. Der Hauptauslöser bei der Gänsehaut-Empfindung ist die zu hohe Stärke der äußeren Reize und die hierauf einsetzende Gesetzmäßigkeit unseres Organismus, auf solche zu starken Diskrepanzen, seien sie von außen oder von innen kommend, zunächst auf der rein körperlichen Ebene zu reagieren.

Notwendige Differenzierung der Begriffe

Die Atemtherapeutin Ilse Middendorf beschreibt in einem ihrer Bücher, dass sie sowohl unter ihren Schülern als auch unter Kollegen immer wieder feststellt, dass Empfindungen und Gefühle miteinander vermischt werden, und sah darin ein nicht unerhebliches Problem für die praktische atem- und leibtherapeutische Arbeit. An gleicher Stelle definiert sie die Empfindung als absolut ursprüngliche und damit auch unverfälschte Reaktion, während für sie das Gefühl bereits eine sekundäre, wertende, und damit, wie sie sagt, nicht mehr unmittelbare Reaktion darstelle. (2) Es erweist sich also nicht nur aus dem bisher Skizzierten als sinnvoll, den Begriff Empfindung noch einmal genauer von solchen Begriffen zu unterscheiden, mit denen er am häufigsten verwechselt und vermischt wird.

Versuchen wir also daher, dem Begriff Empfindung noch etwas weiter auf die Spur zu kommen. Im Mittelhochdeutschen, also in der Zeit um 1200 n. Chr., gab es diesen Begriff noch nicht. Es gab aber einen Begriff für etwas, das der Empfindung verwandt ist, nämlich das spüren. Der Begriff *Spüren* entstammt aus dem Wort *spurren*, was im Mittelhochdeutschen bedeutete, wenn ein Hund, insbesondere ein Jagdhund, einer Wildspur nachschnüffelte, also *nachspurrte*. Er folgte einer Geruchsspur. Daraus wird ersichtlich, dass das Wort *Spüren* noch ausschließlich auf etwas Äußeres bezogen war, das mithilfe der in diesem Falle besonders sensiblen Sinneswahrnehmung des Riechens beim Hund erfolgte. Der heutige Begriff *Spüren* jedoch hat nicht mehr das Geringste mit der Sinneswahrnehmung des besonders feinen Riechens zu tun. Er bezeichnet etwas, das man in seinem Inneren erspüren und erfassen kann, nicht aber im Außen. Um eine solche innere Regung zu erspüren, hilft uns jedoch keine unserer klassischen Sinneswahrnehmungen, auf die heute so viele Menschen meinen, ihre sämtlichen Wahrnehmungen einzig und alleine aufbauen zu können.

Wenn wir darüber hinaus einmal wichtige seelische Begriffe wie *Geduld, Mut, Anmut* etc. auf ihre Wortherkunft überprüfen, dann zeigt sich, dass diese Begriffe, die für uns heute alle etwas mit Gefühlen zu tun haben, vor 800 Jahren von den Menschen nicht als etwas angesehen wurden, das mit Gefühlen zu tun hat, sondern in erster Linie Tugenden waren, die ausschließlich als Folge einer bestimmten Art des Denkens betrachtet wurden. Das Wort *Fühlen* im Zusammenhang mit einem inneren Gefühl kannte man vor ca. 800 Jahren in keiner der heute bekannten Hochsprachen. Im Griechenland zur Zeit des Sokrates, Platon und Aristoteles entdeckte man die Kraft des Denkens, aber schon damals sah man die Bedeutung der Gefühle als eher kritisch und skeptisch, und für das Denken eher hinderlich. Ausgerechnet in der Zeit, als Denker wie Descartes, Bacon oder Kant begannen, die von den Griechen entdeckte Kraft des Denkens wieder neu zu beleben, ist es parallel zu einer Entwicklung gekommen, in der immer mehr Menschen Zugang zu ihrem inneren Empfinden bekommen haben, und dafür auch diesen Begriff benutzt haben. Der Begriff leitet sich aus der Präposition *em* und dem Hauptwort *finden* ab, und bedeutet folglich nicht anderes als *„innerlich finden"*.

Vermutlich hat die Atemtherapeutin Middendorf bei Kant zumindest nicht die Stelle gelesen, an der er seine Definition von Empfindung beschrieb, nämlich im Anhang seiner *Kritik der reinen Vernunft*. Denn sie hätte dessen damaliger Definition zutiefst widersprechen müssen. Kant definiert nämlich den Begriff Empfindung, der zu dieser Zeit seine erste Blütephase erlebte, „als eine Wirkung, die ein äußerer Gegenstand auf die Vorstellungsfähigkeit ausübt". Diese Definition steht im folgerichtigen Einvernehmen mit der im Vorfeld ausführlich dargelegten Wahrnehmungstheorie von Kant. Kant nennt in seiner Begriffsdefinition für Empfindungen explizit die Beispiele Lust und Schmerz, die tatsächlich dem hier zur Diskussion stehenden Verständnis sehr nahekommen, weil sie keine typischen Gefühle bezeichnen, sondern Regungen, die mit körperlichen Prozessen einhergehen. Kant definierte, dass Empfindungen stets eine sowohl räumliche, damit meinte er eigentlich etwas Körperliches, und zeitliche Befristung haben. Mit der Wirkung auf die Vorstellungsfähigkeit aber erkennt Kant nur die sekundäre Reaktion im Gehirn an, der primär im Körper stattfindenden Reaktion gibt er keinerlei Bedeutung. Für Kant war das logisch und folgerichtig, weil in seiner Wahrnehmungs- und Erkenntnistheorie zwar schon das Gefühl eine Rolle spielte, nicht jedoch der Körper. Mit Wirkung auf die Vorstellungskraft meint Kant das Phänomen, auf das weiter unten noch eingegangen werden wird, nämlich dass eine konkrete Sinneswahrnehmung, zum Beispiel das Sehen einer Farbe, eine zusätzliche innere Empfindung im Sinne von „kalt" oder „warm" anregen kann. Um es noch einmal zu wiederholen und zu unterstreichen, für die damalige Zeit war die Erkenntnistheorie von Kant bereits revolutionär, weil sie davon ausging, dass äußere Dinge nicht einfach nur so sind, wie sie sind, sondern in jedem Individuum etwas Innerliches erzeugen und anregen. Etwas, das sich weder Descartes noch Bacon getraut haben zu denken. Aber selbst für Kant muss es dann doch undenkbar gewesen sein, dass ja die primäre Reaktion vor der angeregten Vorstellung ausschließlich aus dem Körper kommt und dass der Körper hierbei eine so entscheidende Rolle spielt, wie wir das heute sehen dürfen.

Aus meiner Perspektive und aus meiner praktischen therapeutischen Erfahrung heraus halte ich zunächst die Unterscheidung zwischen *Empfindung* und *Wahrnehmung* für besonders wichtig. Eine Wahrnehmung bezieht sich also auf alles, was wir bewusst wahrnehmen und wahrzunehmen in der Lage sind. Das kann sich auf das Denken beziehen, ebenso auf Gefühle oder eine konkrete Sinneswahrnehmung oder eben auch auf eine Empfindung. Die Empfindung ist somit etwas, das man mit der Wahrnehmung erfassen kann, aber es ist eben nicht dasselbe wie eine Wahrnehmung, sondern kann lediglich das Objekt einer Wahrnehmung sein. Jegliche wahllose Vermischung dieser beiden Begriffe kann daher nur kontraproduktiv für unsere weitere Erkenntnis sein.

Während Middendorf die Empfindung als etwas definiert, das ausschließlich ganz konkret körperlich gespürt wird, möchte ich eine weitere Differenzierung in unsere Betrachtung einbeziehen, nämlich das Empfinden von Zeit und das Empfinden von Atmosphären. Da wir für die Wahrnehmung von Zeit kein eigenes Hirnareal besitzen, sind wir auch hier auf die gespeicherten Eindrücke in unseren Körperzellen angewiesen. Und wenn wir nach einer besonders intensiven Tätigkeit, Erfahrung oder Begegnung versuchen, nachträglich die verflossene Zeit wahrzunehmen, liegen wir meistens ziemlich daneben. Das hat damit zu tun, dass wir zunächst versuchen, die verflossene Zeit mit den uns gewohnten Wahrnehmungsmustern, und das sind eben in der Regel die im Gehirn stattfindenden, zu erfassen. Die Erklärung für unser zeitliches Danebenliegen liegt darin begründet, dass die vom Gehirn dominierten Wahrnehmungen eine völlig andere Gesetzmäßigkeit haben als die vorwiegend im Körperinneren stattfindenden Reaktionen auf eine Wahrnehmung.

Atmosphären, nicht im Sinne von Wetteratmosphären, sondern von Stimmungen in zwischenmenschlichen Situationen, können wir ebenfalls nicht mit unseren klassischen fünf Sinnen wahrnehmen. Atmosphären, also Dinge und Gefühle, die quasi unausgesprochen in der Luft liegen, nehmen wir ausschließlich mit unseren Körperzellen wahr. Wir spüren sie allerdings nicht unmittelbar im Körper im Sinne der Definition von Middendorf, sondern als eher feine oder unter Umständen sehr diffuse Regung. Für mich gehören das Empfinden von Zeit und das Empfinden von Atmosphären trotzdem zur Kategorie der Empfindungen, weil auch sie nicht vom Gehirn erfasst werden, sondern ausschließlich von unserem Körper, beziehungsweise der Gesamtheit seiner Zellen.

Derjenige, der sich in der aktuellen Wissenschaft ganz besonders mit dem Phänomen der Empfindungen auseinandergesetzt hat, ist der Leibphilosoph Hermann Schmitz. (3) Ihm verdanke ich sehr wichtige Impulse für das, was ich im Vorfeld als mein entwickeltes *leibliches Denken* bezeichnet habe. Aufgrund seiner von der Phänomenologie geprägten Grundphilosophie aber verwendet Schmitz gänzlich andere Begriffe. Dabei geht er so weit, dass für ihn ausschließlich der Begriff *Leib* von Bedeutung sei, wohingegen der Begriff *Körper* für ihn nur „ein weißes Feld" darstelle. Schmitz bezeichnet das, was hier als Empfindung bezeichnet wird, als „leibliche Regung". Wenn ich auch nicht in jedem Punkt seiner Philosophie mit ihm konform bin, so verdanke ich seiner akribischen Phänomenologie der „leiblichen Regungen" eine enorme Erweiterung meiner eigenen körpertherapeutischen Perspektiven. Innerhalb der Leib- und Körpertherapie wird vor allem der Unterschied zwischen *Sinneswahrnehmung* und *Empfindung* besonders geschult. Hier also einige Beispiele für den Unterschied zwischen Sinneswahrnehmung und Empfindung. Wenn wir die Farbe „blau" oder „rot" wahrnehmen, kann es auf der Empfindungsebene zusätzlich dazu kommen, dass wir beispielsweise das Blau als „kühl" oder „kalt" empfinden. Das muss aber nicht sein; es kann genauso sein, dass wir das Blau als „warm" empfinden. Das Gleiche kann bei der Sinneswahrnehmung der Farbe „rot" geschehen. Es geht hier darum, ein Gespür für den Unterschied zwischen der Sinneswahrnehmung des Sehens und der damit einhergehenden Empfindung zu entwickeln. Die Wahrnehmung von Blau oder Rot ist mit dem Begriff „Sinneswahrnehmung" ausreichend gut definiert. Das zusätzliche Empfinden von „kühl", „kalt" oder „warm" bedarf daher dringend eines anderen Begriffes. Wenn wir dagegen unsere Hände in kaltes Wasser legen, und dann kalt wahrnehmen, zeigt sich wiederum, wie wichtig die genaue Differenzierung der Begriffe ist. Hier kommt es nämlich darauf an, worauf wir hinaus wollen. Wenn wir etwas über die Temperatur des Wassers in Erfahrung bringen wollen, reicht es aus, wenn wir uns auf unseren Tastsinn fokussieren. Wenn aber beispielsweise der Kontakt mit dem Wasser gar nicht von uns gesteuert und gewollt war, sondern eher aus Versehen unsere Hände mit kaltem Wasser in Berührung kommen oder wir vielleicht auch zu lange mit dem kalten Wasser im Kontakt sind, dann werden wir eher mit einer Empfindungsreaktion konfrontiert, die uns mitteilt, dass es einer bestimmten Körperstelle oder im ganzen Körper gerade zu kalt ist. Hier dominiert jetzt die Empfindung.

Die nächste notwendige Differenzierung bezieht sich auf das, was durch Middendorf schon angedeutet wurde, nämlich der Unterschied zwischen *Empfindung* und *Gefühl*. Eigentlich verfügen wir Menschen über einen relativ klaren Katalog von Gefühlen. Es ist aber auch eine Tatsache, dass viele Menschen im Rahmen einer Psychotherapie ein Problem damit haben, ihre Gefühle wahrzunehmen. Dies wird aus der Perspektive der meisten klassisch geschulten Psychotherapeuten damit begründet, dass diese Menschen im Verlauf ihrer Entwicklung die Gefühle zu sehr ins Unterbewusste verdrängen mussten. Eine solche Erklärung ist auch für die betroffenen Menschen selbst in der Regel sehr plausibel. Was jedoch kaum beachtet wird, ist, wie wichtig die auf der rein körperlichen Ebene stattfindende Empfindungsfähigkeit als Grundlage für die Wahrnehmung von Gefühlen dient. Die Empfindungsfähigkeit ist aber etwas, das, wenn sie zu sehr abhanden gekommen ist, nur durch leib- und körpertherapeutische Arbeit geschult und entwickelt werden kann, woraufhin dann auch die Gefühle wieder differenzierter wahrgenommen werden können.

Zu einer weiteren Differenzierung veranlassen die Forschungen des Psychoanalytikers C. G. Jung. Jung war ja zunächst ein wichtiger Weggefährte von Freud. Aber während Freud sich bis an sein Lebensende einer naturwissenschaftlichen Perspektive verpflichtet fühlte und stets auf der Suche nach Ursachen für die psychische Störung war, wechselte C. G. Jung, der ja ursprünglich auch eine naturwissenschaftliche Medizinerausbildung durchlaufen hatte, zurück in die geisteswissenschaftliche Perspektive. Hier geht es weniger um Ursachenforschung als darum, bestimmte Phänomene erst einmal miteinander in eine sinnvolle oder zumindest übergeordnete Korrelation zu bringen und daraus zu geistigen Schlussfolgerungen zu kommen, die einen neuen Sinn ergeben. Aus dieser anderen Perspektive entwickelte Jung ein eigenes Modell der menschlichen Seele oder Psyche. Es unterschied sich erheblich von dem topischen Stufenmodell von Freud, demzufolge unsere Psyche aus drei Schichten besteht, dem Es, dem Über-Ich und dem Ich. In dem von Jung entwickelten Modell besteht die menschliche Seele aus den Aspekten Denken, Fühlen, Empfinden und Intuieren, die jeweils miteinander korrespondieren und kooperieren. Die vier Seelenaspekte wurden von Jung in einem Quadrat einander zugeordnet, und nicht wie bei Freud in Schichten übereinander gelagert. Ein wesentlicher Unterschied zwischen dem aus einer geisteswissenschaftlichen Perspektive entstandenen Modell von Jung zu dem aus einer naturwissenschaftlicher Perspektive entwickelten Modell von Freud besteht darin, dass im Modell von Freud das Ich zwar die Aufgabe hätte, die unzähligen Regungen aus dem triebgesteuerten Es zu kontrollieren, ihm aber selbst aus Freuds eigenem Verständnis heraus dabei nur ein sehr mäßiger Erfolg beschieden sein kann. Dahingehend beinhaltet das Seelenmodell von Jung bereits mit den genannten vier wesentlichen Seelenfunktionen deutlich größere Potenziale der Seele, mit den erlebten Eindrücken und gemachten Erfahrungen umzugehen.

C. G. Jung ist bis heute der einzige Psychotherapeut, der den Begriff Empfindung überhaupt verwendet und ihm eine wesentliche Funktion innerhalb unserer menschlichen Seele zuschreibt. Während aber die Atem- und Leibtherapeutin Middendorf die Empfindung klar definiert und dabei C. G. Jung ausdrücklich würdigt, dass auch er den Begriff verwendet, bleibt die Definition von Empfindung auch bei Jung doch etwas vage. Jung beschreibt die Empfindung als etwas, das „die Dinge wahrnimmt, wie sie sind und nicht anders". Sie sei der „Sinn für die Realität par exellance" beziehungsweise das, „was die Franzosen als ‚fonction du reel' bezeichnen". Ob Jung die Empfindung so klar und eindeutig als rein körperliches Geschehen gesehen hat, muss daher erst einmal offenbleiben. Es kann sein, dass er es so gesehen hat. Denn er unterscheidet in seinem Quadrat der seelischen Funktionen das Denken und Fühlen als, wie er es bezeichnet, von der Ratio gesteuert, während er die beiden anderen Funktionen Empfinden und Intuieren als „irrationale Funktionen" bezeichnet, weil sie von der Ratio nicht steuerbar sind. Er hat damit damals schon einen besonders wesentlichen Aspekt der Empfindung erkannt, nämlich den gar nicht oder nur in geringem Maße möglichen Zugriff der Ratio auf die Empfindung.

Jung fokussierte seine Aufmerksamkeit dann in der Arbeit mit seinen Patienten und Klienten darauf, dass jeder Mensch zwar in sich die Veranlagung für alle vier genannten Seelenfunktionen habe, aber jeder eine gewisse Vorliebe für die eine oder andere Funktion mit sich bringe. Daraus entwickelte er schließlich seine psychologische Typenlehre, wonach der eine Mensch tendenziell zum Beispiel eher mit seinem Denken, der andere eher mit seinen Gefühlen an die notwendige seelische Verarbeitung herangeht, dabei aber eben den jeweiligen Gegenpol ebenso einseitig vernachlässigt. Die Menschen, die den Pol der Empfindung übermäßig betonen, werden folgendermaßen beschrieben.

> *„Der Empfindungstypus wird sich eine … Begebenheit bis in alle Einzelheiten merken, die Zusammenhänge jedoch, in die sie eingebaut ist, nicht beachten … der Empfindungstypus wird sich angesichts einer schönen blühenden Frühlingslandschaft die Blumen, die Bäume, die Farben des Himmels usw. in allen Einzelheiten anschauen und merken. Der Intuitive hingegen wird an den Einzelheiten achtlos vorüber gehen, aber den inneren Sinn des Ganzen ohne Mühe sofort wahrnehmen."* (4)

Für mich ergibt sich hieraus eine weitere und zusätzliche Perspektive im Zusammenhang mit der Empfindung. Denn so wie das Denken und Fühlen sinnvoll miteinander kooperieren und sich nicht gegenseitig bekämpfen sollten, aber darüber hinaus auch eine hierarchisch strukturelle Verwandtschaft in unseren oberen Regionen aufweisen, so besteht diese strukturelle Verwandtschaft in den unteren Regionen eben auch zwischen Empfindung und Intuition. Auch wenn C. G. Jung sowohl die Empfindung als auch die Intuition als für die Ratio unzugänglich betrachtet und einordnet, muss das nicht bedeuten, dass wir Menschen keinen Einfluss auf diese beiden Funktionen ausüben können. Das soll in diesem Abschnitt noch genauer verdeutlicht werden. Aber während Jung es damit beließ, die beiden Funktionen zur Typisierung von Persönlichkeiten zu verwenden, bedeutet für mich die strukturelle hierarchische Verwandtschaft der beiden Funktionen als „irrationale" Funktionen, dass sie sich als sozusagen strukturelle Geschwister in unserer Seele, ebenso wie das Denken und Fühlen als „rationale" Funktionen, durch eine angemessene gegenseitige Ausbalancierung nicht behindern müssen, sondern sogar in ihrer

Entwicklung gegenseitig voneinander profitieren können. Aus der anschaulichen phänomenologischen Beschreibung des intuitiven Typus von C. G. Jung geht übrigens auch hervor, dass Intuition nicht das geringste mit dem zu tun hat, was viele heute als „Bauchgefühl" bezeichnen, sondern dass das Wesen der Intuition darin besteht, relativ spontan und schnell ohne großes Nachdenken Sinn zu erfassen. Wo, frage ich mich oft, findet das heute noch wirklich statt? Und wo in unserer Gesellschaft und Kultur wird das nicht nur gewürdigt, sondern auch gefördert? Es gibt inzwischen wissenschaftliche Studien darüber, dass kleine Säuglinge in der Lage sind, Sinn zu erfassen, und sie bei Wahrnehmungen, die keinen Sinn ergeben, in besonderer Weise reagieren. Uns Erwachsenen versucht man seit zweihundert Jahren zu vermitteln, dass Sinn ausschließlich etwas von außen und wissenschaftlich Nachgewiesenes zu sein hat, und unser eigenes subjektives Empfinden von Sinn keine wirkliche Gültigkeit haben kann.

Drei wichtige Funktionssysteme im Körper bei der Aktivierung von Empfindungen

Die folgenden drei Abschnitte beinhalten spezielle Informationen über rein anatomische Zusammenhänge. Sie sind für das Verständnis darüber, was eine Empfindung ist, nicht so wesentlich wie das das sonst hier Skizzierte. Es sind ergänzende Informationen für diejenigen, die sich auch für solche anatomischen Zusammenhänge interessieren. Wenn Sie das Gefühl haben, das sei jetzt für Sie nicht so interessant und wichtig, und Sie daher diese Abschnitte nicht lesen, wird das Ihrem Verständnis dessen, was eine Empfindung ist, keinen Abbruch tun.

Die Formatio Reticularis

Die Formatio Reticularis ist ein spezieller Hirnteil in unserem Stammhirn. Er unterscheidet sich von den umliegenden Stammhirnteilen durch seine auffällige netzartige Struktur, daher der Name von Lateinischen *reticulum* für Netz oder Gitter. In der Schmerztherapie war die Bedeutung der Formatio Reticularis als wichtige Schalt- und Verteilerstelle schon länger bekannt.

Nun hat man in der Aktivität der Formatio Reticularis zwei weitere sehr wesentliche Besonderheiten festgestellt. Die erste Besonderheit ist die, dass die Neuronen in der Formatio Reticularis besonders auffällig übergreifend mit im ganzen Körper und im gesamten Gehirn verteilten und vor allem sehr weit entfernten Neuronen interagieren, wie es bei der neuronalen Aktivität im restlichen Stammhirn nicht der Fall ist. Die zweite und noch wesentlichere Besonderheit ist, dass sich die Neuronen in der Formatio Reticularis immer kontrapunktisch verhalten zu relativ starken neuronalen Impulsen aus dem Körper beziehungsweise innerhalb verschiedener Körperfunktionen, insbesondere im Bereich der inneren Organe. Konkret, eine Aktivitätserhöhung im Bereich verschiedener Körperfunktionen oder auch bei stärkeren Körpersymptomen bewirkt eine Aktivitätshemmung in der Formatio Reticularis und umgekehrt. Dadurch werden neuronale Funktionssymptome innerhalb des Körpers ihrer eigenen Selbstregulierung überlassen, und dem Zugriff und Einfluss von höheren neuronalen Regionen entzogen. Die Funktionssymptome in unserem Körper, vor allem im Bereich der inneren Organe, beeinflussen sich aber dadurch auch gegenseitig im Sinne von Stabilisierung und/oder Destabilisierung. Die Hirnforscher sprechen in diesem Zusammenhang von einer „nichtlinearen Dynamik" im Verlauf einer notwendig gewordenen Umorganisation oder Wechsels im Zusammenhang mit einer Reaktion auf stattgefundene starke neue Reize im Bereich der Funktionssysteme im Körper und insbesondere im Bereich der inneren Organe. Nichtlineare Dynamik bedeutet, dass es nach einer Phase von gewisser Stabilität innerhalb des formatio-reticularen-innerorganischen Systems in Momenten der Umschaltung immer zu einer gewissermaßen chaotischen Reaktion kommt, die nie gleich und somit nicht genau vorhersagbar ist. Die wesentliche neue Erkenntnis ist die, dass es aber in dem besagten System permanent zu Umschaltungen kommt, die mit entsprechenden nicht-linearen oder chaotischen Prozessen einhergehen, ja dass sogar eine besonders chaotische Reaktion für die anschließend notwendige Selbstregulierung besonders wichtig zu sein scheint, weil letztere sonst zu wenig in Gang kommen würde. Anders ausgedrückt, die im Verlauf der Evolution entwickelte Grundintelligenz im Körperorganismus benötigt das Chaos, damit nach einer zu Ende gegangenen stabilen Zustandsphase eine jeweils neue wieder erreicht werden kann. Bei der

Steuerung dieser Umschaltprozesse hat die anatomisch eigentlich sehr kleine und unauffällige Formatio Reticularis eine wesentliche, wenn nicht sogar die wichtigste Funktion.

Das Gamma-Nervensystem

Das Gamma-Nervensystem existiert ausschließlich in der Peripherie unseres Körpers. Die Nervenfasern gehen vom Rückenmark aus zum Muskelsystem, jedoch nicht zu den großen Arbeits- und Bewegungsmuskeln, sondern nur zum tonischen Muskelsystem. Dessen Muskeln haben bei unseren Bewegungen keine primäre Funktion. Ihre Funktion ist es, unseren Skelettapparat zusammen zu halten und das Skelettsystem sowohl bei Bewegungen als auch in Ruhepositionen miteinander zu koordinieren und auszubalancieren. Die tonischen Muskeln sind wesentlich kleiner als die in der Regel aus dem Anatomieatlas bekannten großen Bewegungsmuskeln, in ihrer Summe aber umfassen sie ein Hundertfaches von jenen. Die Übergänge zwischen den tonischen Muskeln, die sich jeweils direkt am Skelett befinden, und den Bewegungsmuskeln sind nicht sehr deutlich, sondern eher fließend.

Das Gamma-Nervensystem wurde erst vor relativ kurzer Zeit entdeckt, interessanterweise von dem Atemtherapeuten V. Glaser. Es hat seinen Namen daher, dass die Neuronen dieses Nervensystems ihre elektrischen Impulse in Gammawellen austauschen. Gammawellen zeichnen sich durch eine besonders hohe Frequenzstärke von 30–70 Hz aus. Die offensichtliche Funktion des Gamma-Nervensystems ist also die neuronale Kommunikation innerhalb des tonischen Muskelsystems. Dieses Muskelsystem ist im Gegensatz zum motorischen Muskelsystem immer aktiv, auch dann, wenn wir uns gerade nicht bewegen, sondern in einer ruhigen Position befinden, und sogar während des Schlafs.

Wenn nun aber zum Beispiel die muskuläre Spannung an einer bestimmten Stelle innersystemisch nicht mehr genügend reguliert werden kann, kommt es im Gamma-Nervensystem zu einer interessanten Reaktion. Dessen Neuronen verbinden sich mithilfe der ohnehin fließenden Übergänge mit den Neuronen im motorischen Muskelsystem. Das Nervensystem des motorischen Muskelsystems verfügt ja im Gegensatz zum peripheren Gamma-Nervensystem über eine Verbindung zum Gehirn. Auf diese Weise ist gewährleistet, dass Verspannungen im tonischen Muskelsystem, die von diesem nicht mehr ausreichend selbstreguliert werden können, an das Gehirn gemeldet werden. Die dem Gamma-Nervensystem innewohnende Intelligenz beruht also zum einen darauf, mithilfe der hohen Gamma-Frequenz Impulse an das gesamte tonische Muskelsystem des Körpers weiterzuleiten, sodass diese Impulse auch an der entferntesten Stelle ankommen, um an jeder Stelle gegebenenfalls auch nur kleine kaum spürbare Spannungsveränderungen einleiten. Zum anderen eben darin, eine innersystemisch nicht mehr steuerbare Verspannung sofort an das sensomotorische Nervensystem weiterzuleiten, sodass die Verspannung nun auch an das Gehirn weitergeleitet werden kann. Hohe Gamma-Frequenzen gibt es natürlich nicht nur im peripheren Gamma-Nervensystem, sondern auch im Gehirn selbst. Hier weisen neuere neurobiologische Forschungen darauf hin, dass Gamma-Frequenzen im Gehirn mithilfe ihrer hierarchischen Frequenzstärke die Funktion einer Synchronisation und Gruppenzuordnung in der Vielfalt der neuronalen Impulse zu haben scheinen. (5) Dieses Synchronisationsprinzip würde natürlich im Bereich der tonischen Muskulatur ebenfalls ein hohes Maß an Sinn ergeben.

Wir wissen, dass wir auf das tonische Muskelsystem, im Gegensatz zum motorischen Muskelsystem, keinen unmittelbar willentlichen, also einen über das Zentralnervensystem gesteuerten Einfluss, ausüben können. Möglich ist jedoch ein mittelbarer Einfluss. Dieser geschieht zum Beispiel durch eine Fremd- oder Selbstmassage der verspannten Muskelstelle. Wir wissen aber, dass diese Art der Einwirkung in der Regel nicht sehr nachhaltig ist. Ein nachgewiesen nachhaltiger Einfluss auf die Regulierung der Muskelspannung der tonischen Muskulatur wird jedoch durch einen rein mentalen Prozess ermöglicht, indem das Ich sich über das Empfindungssystem mit der verspannten Muskelstelle verbindet und in Kommunikation tritt. Je länger und intensiver dieser kommunikative Austausch stattfindet, desto nachhaltiger ist die regulierende Wirkung. Solche mentalen Prozesse werden vor allem in bestimmten Yoga-Methoden angeregt, über das Autogene Training, die Hypnose und durch bestimmte Techniken des Achtsamkeitstrainings.

Das steht nun im scheinbaren Widerspruch mit der Theorie, dass wir ja offensichtlich keinen unmittelbaren Einfluss auf das tonische Muskelsystem haben. Wie ist dann aber doch ein Einfluss möglich? Er ist möglich, weil im

Verlauf dieses rein mentalen Prozesses die Kommunikation mit dem Körper nicht über das Nervensystem stattfindet, sondern durch einen Kommunikationsprozess ausschließlich innerhalb des zellulären Systems. Das Zellsystem mit seinen Billionen Einzelzellen ist ja nicht unmittelbar an das Nervensystem angeschlossen. Es kann also auf neuronale Impulse, die durch eine konkrete Nervenbahn und konkrete elektrische Impulse vermittelt werden, nicht reagieren. Was das Zellsystem jedoch kann, ist auf Atmosphären und atmosphärische Schwingungen zu reagieren. Atmosphären aber werden nicht durch das Nervensystem vermittelt, sondern drahtlos auf Wellenfrequenzen, die denen der modernen drahtlosen Kommunikationsmedien ähneln.

Die Umschaltganglien im vegetativen Nervensystem

Allgemeines Wissen und die bekannte Theorie über das vegetative Nervensystem ist, dass dieses Nervensystem für unsere inneren Organe zuständig ist und aus zwei getrennten Teilen besteht, dem *Sympathikus* und dem *Parasympathikus*, und dass diese antagonistisch miteinander agieren. Wenn der eine Teil aktiviert ist, ist der andere gehemmt. Darüber hinaus verfügt das vegetative Nervensystem jedoch auch über eine Funktion, die nicht nur für einen sturen Antagonismus der beiden Teilsysteme sorgt, sondern darüber hinaus auch für eine wesentlich feiner abgestimmte Synergie zwischen beiden. Es verfügt nämlich über ein besonderes Gangliensystem, das im sensomotorischen Nervensystem nicht vorkommt. Ganglien sind größere Ansammlungen von Nervenzellen. Der parasympathische Teil des vegetativen Nervensystems hat seine Ganglien an den unmittelbaren Verbindungen zu den inneren Organen, der sympathische Teil an den Verbindungen zum Rückenmark. Die Funktion dieser Ganglien besteht darin, dass vor allem die Nervenzellen, die gewöhnlich für die efferente Übertragung zuständig sind, im Falle eines besonderen stressig-chaotischen Zustandes in einem inneren Organ sehr schnell eine sofortige Verstärkung der afferenten Impulse in Gang setzen können, um die Information über diesen Zustand sowohl an die anderen inneren Organe im Zuständigkeitsbereich des vegetativen Nervensystems, als auch über das Rückenmark an das Gehirn weiter zu leiten. Aber die möglichst schnelle Rückmeldung eines stressig-chaotischen Zustandes ist nicht der einzige Sinn und Zweck der besagten Ganglien. Die Ganglien kommen ihrer Umschaltfunktion auch schon dann nach, wenn sich schon nur ein erster Ansatz von Stress anbahnt. Daher kann man hier eben auch von einem permanenten Synergieprozess, neben dem antagonistischen Prozess, sprechen. Im ersten Fall, bei dem der Stresszustand schon vorhanden ist, nehmen wir dank der schnellen Umschaltung beispielsweise eine Anspannung und Verkrampfung im Magen, Darm, Herz, Lunge oder Haut wahr. Im zweiten Fall, bei zunächst nur einer gewissen Anbahnung von Stress, nehmen wir möglicherweise gar nichts Besonderes wahr, oder im Falle eines besonders feinen Empfindungssystems eine lediglich leichte körperliche Reaktion, zum Beispiel in Form einer leichten Anspannung. Aber auch in diesem Fall bewirkt die verstärkte Umschaltung in Richtung Afferenz dann auch ohne unser Zutun eine gewisse Selbstregulierung innerhalb des gesamten vegetativen Systems. Der entscheidende Punkt hierbei ist jedoch, dass diese Selbstregulierungsprozesse dann nicht mehr stattfinden, wenn durch permanentes Übergehen der hier skizzierten körperlichen Rückmeldungen das gesamte Empfindungssystem gestört und entsprechend seiner selbstregulierenden Funktion nicht mehr in ausreichender Weise nachkommen kann.

Das vegetative Nervensystem wird ja auch als autonomes Nervensystem bezeichnet, weil es nicht der unmittelbaren Gehirnregie unterworfen ist. Dass es nicht wirklich autonom ist, beweist die Tatsache, wie sehr wir mit unserem Denken, Fühlen und Handeln vor allem negativen Einfluss auf es ausüben können. Aber so, wie wir mit unserem körperlichen, seelischen und geistigen Stress das System sehr negativ beeinflussen können, können wir es ebenso positiv beeinflussen, und müssen den Stressfolgen, die wir selbst verursacht haben, nicht auch noch hilflos ausgeliefert sein. Diese positive Beeinflussung ist in speziellen Yogasystemen, dem Autogenen Training und in der Hypnose nachgewiesen. Sie findet in der gleichen mentalen Weise statt wie bei der Beeinflussung des tonischen Muskelsystems. Damit eine solche Beeinflussung aber gelingt, benötigen wir für die entsprechende Kommunikation zwischen unserem Ich und all den hier aufgelisteten Körpersystemen, mit denen wir nicht unmittelbar über ein schnell leitendes Nervensystem verbunden sind, ein gut ausgebildetes Empfindungssystem, über das wir den Zugang und die Einflussmöglichkeit auf diese Körperbereiche herstellen können.

Worin liegt der Sinn unserer Empfindungen?

Ich hoffe, einen Aspekt schon deutlich gemacht zu haben, nämlich den, dass es ohne Empfindungsfähigkeit für den Menschen auf Dauer sehr schwierig sein dürfte, seine Gefühle überhaupt wahrzunehmen und ihnen dann auch noch zu vertrauen. Aber die Mitspielerin in unserer Wahrnehmungs- und Erkenntnismannschaft namens Empfindung hat noch andere Fähigkeiten zu bieten. Davon soll nun der folgende Abschnitt handeln. Das Wissen darüber, wozu die Empfindung in Lage ist, hat es schon in den alten Kulturen gegeben. Aber dieses Wissen hilft uns heute nicht mehr wirklich weiter, wenn wir uns nur theoretisch darüber informieren, wozu eine Empfindung angeblich in der Lage sein soll, ohne dass wir das selber ganz konkret im wahrsten Sinne des Wortes am eigenen Leibe erleben. Das Feld, in dem dieses Wissen aktuell konkret am besten und vor allen Dingen ganz praktisch erforscht und von jedem Interessierten am eigenen Leibe erfahrbar gemacht werden kann, sind alle therapeutischen Anwendungsgebiete rund um den Atem.

Eine von vielen Besonderheiten in unserer Atemfunktion liegt darin begründet, dass er Wahrnehmung und Empfindung zugleich sein kann. Wahrnehmung ist er dann, wenn wir uns auf das Strömen des Atems in unserer Nase fokussieren. Wir nehmen mit dem Tastsinn in unserer Nase den Atemstrom wahr. Wichtig ist es, uns klarzumachen, dass bei diesem Prozess aber auch unser Gehirn beteiligt und aktiviert ist. Und die Frage könnte hier schon sein, wie sinnvoll es ist, das Gehirn zu beteiligen, wo sich inzwischen abzeichnet, dass durch das Ausschalten der oberen Region, also des Gehirns, der Empfindungsprozess ja etwas ganz Besonderes im Angebot bereit hält. Selbst erfahrene Buddhisten sagen, dass diese Art der Wahrnehmungsfokussierung und Achtsamkeitsübung zu einer Dominanz des Kopfes führt und den Herzbereich wenig fördert und daher mehr als Einstig in den Achtsamkeitsprozess angesehen wird. Die Empfindungsebene mit all den neuronalen Konsequenzen, die inzwischen beschrieben sind, ist aktiviert, wenn ich den Atem wahrnehme anhand der Reaktionen, die unmittelbar und ausschließlich im Körper hervorgerufen werden, zum Beispiel das An- und Abschwellen der Brust oder des Bauches. Darüber hinaus ist es möglich, Körperreaktionen, also reine Empfindungen, nicht nur an den exponierten Stellen der Brust oder des Bauches während des Atmens zu haben, sondern im ganzen Körper. Das bedarf jedoch schon einer gewissen Übung und Schulung, was eines der Ziele in der Atem- und Leibtherapie ist.

Um vielleicht besser zu verstehen, worum es hier wirklich geht, kann es hilfreich sein, wenn wir uns Folgendes vergegenwärtigen. Wir sind in unserem normalen Lebensalltag grundsätzlich in einem, ich nenne es einmal kopf- oder gehirngesteuerten Modus. Dabei spielt es keine Rolle, womit wir uns gerade beschäftigen, das heißt, wir sind auch dann in diesem Modus, wenn wir nicht besonders gefordert werden oder uns sogar langweilen. Wir sind es selbst dann, wenn wir von der Arbeit eine Pause machen und uns mit etwas Anderem ablenken, etwas essen oder trinken, oder sogar einen netten und angenehmen Austausch haben. Unsere Anspannung nimmt für einige Zeit ab, aber wir bleiben grundsätzlich im Kopf- und Gehirnmodus, und das in der Regel, bis wir uns schlafen legen. Dass wir im Laufe des Tages auf diese Weise ziemlich viel Energie verbrauchen, wird dadurch deutlich, dass wir irgendwann den Schlaf benötigen. Ohne den Energieverbrauch bräuchten wir ihn nicht. Das einzige, was uns im wachen Zustand aus dem Kopf- und Gehirnmodus herausbringen kann, ist ein kürzeres oder längeres Eintauchen in den Empfindungsmodus. Ein solches Eintauchen hat ein ähnlich hohes Potenzial zur Regenerierung wie der Schlaf, wenn nicht in gewisser Weise ein noch größeres.

Die Empfindung verfügt über eine fundamental wichtige Kraft in unserem Organismus. Sie fungiert als radikaler Umschalter und ist gleichzeitig innerhalb kürzester Zeit in der Lage, als Schnittstelle zu unseren sämtlichen Lebensfunktionen zu dienen, indem es all diese Lebensfunktionen für den jeweiligen Moment synchron schaltet, sodass alle miteinander in Verbindung und Kommunikation sind, eine Verbindung, die in dieser Qualität nicht einmal während des Schlafes möglich ist. Die anatomisch erstaunlich kleine Formatio Reticularis in unserem Stammhirn spielt hierbei eine erhebliche Rolle. Der durch eine nachhaltige Empfindung ausgelöste Synchronisierungsprozess aller Lebensfunktionen, also der körperlichen wie auch der seelischen und geistigen, bewirkt, dass alle Lebensfunktionen miteinander interagieren, ohne dass die jeweiligen einzelnen Funktionen sich selber besonders aktivieren müssen und damit wieder Energie verbrauchen würden. Dieses Synchronisierungsphänomen ist inzwischen besonders gut im Bereich der Psychoneuroimmunologie nachgewiesen und erforscht. In solchen Momenten der Synchronisation ist unser gesamtes Selbst in idealer Weise in der augenblicklichen Gegenwart des Lebens und des Seins. Und das Gute daran ist, es bedarf gar keines riesigen Aufwands, um dahin zu gelangen, um es selbst nicht nur theoretisch zu hören oder zu lesen, sondern ganz konkret am eigenen Leibe zu empfinden und zu erleben. Als der Dichter Rainer Maria Rilke einen solchen Moment erfuhr, schrieb er darüber folgende Worte: „*Innen fühlt sich an wie Außen. Außen fühlt sich an wie Innen.*"

Das Empfindungssystem ist das älteste und ureigene Funktionssystem, das lebende Wesen bis hinunter zum Einzeller haben. Wenn wir nun für eine gewisse Zeit nur mit unserer Empfindung verbunden sind, werden, wie wir gesehen haben, alle anderen Funktionen automatisch herunter geschaltet. Wir müssen uns dazu nicht einmal groß anstrengen. Es geschieht von alleine. Die Folge ist, dass den Gedanken und Gefühlen jeglicher Kontext entzogen ist, an dem sie sich gütlich halten könnten. Die Gedanken und Gefühle sind dann zwar noch da, aber für eine gewisse Zeit nicht mehr dominant und wesentlich. Das Ich-Bewusstsein, das in dieser Weise in eine Empfindung abtaucht, wird dadurch gereinigt von alten Resten seiner Gefühlsreaktionen bis hin zu verkrusteten Gefühls- und Gedankenmustern. Das Ich nimmt ein reinigendes Bad in der reinen Empfindung. Die sonst so wichtige Funktion der bewussten Selbststeuerung darf sich beim Eintauchen in eine Empfindung ausruhen und erholen. Und sie darf sich stattdessen einüben in den Gegenpol der bewussten Selbststeuerung, nämlich in die Hingabe. Das vertraut machen mit diesem dialektischen Gegenpol bereichert das Ich und das gesamte Selbst auf einer anderen Ebene. Und wir bekommen eine Ahnung davon, welche Dimensionen in uns noch schlummern und zum Leben erweckt werden könnten. Aber: ohne das Erlangen einer gewissen inneren Sicherheit durch die Praxis einer vorherigen Selbststeuerung erzeugt das Angebot, sich einfach hinzugeben, nur Angst, und das mit Recht. Denn in dem Fall ist die Angst das, was sie sinnvoller Weise immer sein soll, ein wichtiger Schutz. Die Macht der Empfindung sei in den folgenden formelhaften Sätzen in ihrem Bedeutungskontext zusammengefasst:

- *Wenn das Ich sich in den Gedanken verliert, wird es anstrengend.*
- *Wenn das Ich sich in den Gefühlen verliert, wird es verhängnisvoll.*
- *Wenn das Ich sich in den Empfindungen verliert, geht es gestärkt daraus hervor.*

Rudolf Steiner beschreibt in seinem Buch *Philosophie der Freiheit* die Doppelnatur des Menschen so, dass wir uns beim Denken in einem Element befinden, durch das wir das allgemeine Geschehen des Kosmos mitmachen, beim Fühlen in einem Element, welches uns die Gesetze und das Geschehen in unserem eigenen Wesen erfahren lässt. Ich erlaube mir an dieser Stelle, der Steiner'schen Polarität zwischen Denken und Fühlen die Perspektive eines dritten Elementes hinzuzufügen, das unsere grundsätzliche menschliche Trinität wesentlich miteinschließt. In der Empfindung nämlich sind wir verbunden mit einem Element, das eine Zwischenstufe bildet zwischen unserem Körper und unserem Fühlen, wofür die Empfindung ja eine wichtige Vorstufe bildet. Die Gesetze und Kräfte, die in der Empfindung wirken, sind nicht mehr ganz identisch mit denen des gesamten Kosmos wie beim Denken. Sie lassen uns aber auch noch nicht als Individuen erfahren wie beim Fühlen. In der Empfindung existieren die Gesetze und Kräfte, die auch die Pflanzenwelt bestimmen. Es sind die Gesetze und Kräfte, die konkret in unserem Planetensystem wirksam sind. Die Wirkung der Planeten auf unser Empfindungssystem ist daher kein esoterischer Unfug, sondern konkret erfahrbar. Die Gesetze und Kräfte innerhalb unseres Planetensystems bewirken die Auf- und Abbauprozesse in unserem physischen mineralischen Körper und unserem Ätherkörper. Dies geschieht zum Beispiel durch die Aufnahme von Nahrungsmitteln und Stoffen, die durch die organische Verbindung der Erde mit der Erdatmosphäre und den Planetenkräften entstanden sind. Weitere Kräfte, die hier wirken, sind Licht, Wärme- und Klangwellen. Der noch relativ junge Wissenschaftsbereich der „Chronobiologie" erforscht inzwischen die extrem feinen Zellstrukturen, die für die Informationsverarbeitung aus der planetarischen Umgebung zuständig sind, und stellt fest, dass es im Grunde die gleichen Zellstrukturen sind, über die auch die Pflanzen verfügen. Während wir uns mit unserem Ich bewusst mit dem Empfindungssystem verbinden, unterstützen wir auf der einen Seite den Körper in seiner grundsätzlich vorhandenen Fähigkeit, sich mithilfe der eben genannten Kräfte selbst zu regulieren und zu regenerieren. Auf der anderen Seite unterstützen wir unser Fühlen, indem wir ihm durch unser Empfinden die notwendige Basis schaffen.

Zwischen-Resümee

Ich hoffe, es ist mir gelungen, die geradezu lebenswichtige Bedeutung unserer Empfindungen deutlich werden zu lassen. Denn wenn die elementaren Empfindungen, zum Beispiel von …

- Hungerempfinden versus Sättigungsempfinden
- Durstempfinden versus Empfinden eines gesättigten Flüssigkeitsbedarfs
- Unterscheidungsfähigkeit zwischen Durstempfinden oder Hungerempfinden
- Müdigkeitsempfinden versus Empfinden von stabiler Vitalität,

– und dies sind nur einige wesentliche Beispiele – nicht mehr mit ausreichender Sicherheit wahrgenommen werden können, wird der Mensch sehr schnell krank! Aber wenn man heute meint, diese elementar wichtigen Wahrnehmungsprozesse als „Qualia", das heißt „irgendetwas Diffuses", „Nichtssagendes" und „nicht wirklich Wichtiges" abqualifizieren zu müssen, und das nur, weil man Empfindungen im Gehirn nicht messen kann, dann kann ich das nur noch als kulturelles Desaster bezeichnen, in das wir uns inzwischen hineinmanövrieren. So werden wir eine Kultur aus nur noch „gedankenlos Reisenden" oder „in abstrakten Begriffssystemen lebenden Gelehrten", und alle „gleich unfähig, sich eine reiche Erfahrung zu erwerben" (Zitate Steiner), von den körperlichen und seelischen Problemen, die dadurch entstehen, und den damit einhergehenden Kosten für alle ganz zu schweigen.

Der Unterschied zwischen Körperwahrnehmung und Körperempfindung

Die Bedeutung der Körperwahrnehmung für die körperlich-seelisch-geistige Entwicklung ist heute zumindest theoretisch so gut wie in aller Munde. Und das ist gut so. Wir sollten uns an dieser Stelle aber bewusst machen, dass die Körperwahrnehmung ein Prozess ist, der in erster Linie hirngesteuert, also top-down geschieht. Körperwahrnehmung ist in jedem Fall elementar wichtig für die Hirnentwicklung und entsprechend für die Bewusstseinsentwicklung des Menschen. Bei der Körperwahrnehmung nehme ich meinen Körper, oder Teile davon, bewusst wahr. Bei diesem Wahrnehmungsprozess ist das Gehirn sehr aktiv, und diese Aktivität lässt sich heute sehr gut messen. Aber aus dem bisher über die Empfindung Gesagten sollte nun eindeutig hervorgehen, dass die Körperempfindung etwas vollkommen Anderes ist als die Körperwahrnehmung. Und dass die Körperempfindung für uns Menschen eine ganz andere Bedeutung und Funktion hat als die Körperwahrnehmung. Wahrnehmen und Zulassen lässt sich die Körperempfindung nur dadurch, dass ich genau das Gegenteil mache wie bei der Körperwahrnehmung, nämlich, indem ich das Gehirn bewusst ausschalte und mich dem rein körperlichen Empfinden hingebe.

Die Funktion der Empfindung in der frühkindlichen Entwicklung

Die enorme Bedeutung der Erfahrungen von sowohl Getragen- als auch Angenommen-Sein, was übrigens nicht dasselbe ist, im Verlauf der frühen Entwicklung, ist heute Grundwissen in der Psychologie und Psychotherapie. Die entsprechenden Erfahrungen kann ein Kind aber unter keinen Umständen durch eine Kommunikation machen, die ausschließlich auf der sinnlich wahrnehmbaren Ebene stattfindet. Zu diesem relevanten frühen Zeitpunkt verfügt das Gehirn des Kindes nämlich noch nicht über ein ausgereiftes neuronales System, das in der Lage ist, Informationen und Zeichen, die über die Sinnesebene an es herangetragen werden, in ausreichendend differenzierter Weise aufzunehmen. Vor allem die Speicherung ist zu diesem Zeitpunkt also noch nicht, wie es später der Fall sein wird, im Gehirn möglich. Sie ist jedoch in einem anderen Bereich möglich, nämlich in den Körperzellen. Da die einzelnen Körperzellen, wie im Vorfeld schon angesprochen, nicht an das Nervensystem angeschlossen sind wie die Organsysteme, erfolgt die Kommunikation nicht durch materielle Leitungsbahnen, sondern rein über Atmosphären. Auch später als Erwachsene nehmen wir Atmosphären, gute oder schlechte, nicht mit unserem Nervensystem, sondern mit unserem Zellsystem wahr. Wenn kleine Kinder und sogar Säuglinge verstehen, was eine Mutter sagt, dann geschieht das nicht in der Weise, wie sie das später tun, nämlich über die reine Sinneswahrnehmung. Diese Art der Wahrnehmung würde beinhalten, dass das Wahrgenommene auch reproduziert werden kann. Die Wahrnehmung eines kleinen Kindes ist in der ganz frühen Entwicklungsphase eine in erster Linie atmosphärische Wahrnehmung. Dabei sind die Körperzellen mehr auf die atmosphärische Grundhaltung der Mutter ausgerichtet als auf die konkreten Worte. Das ist der Grund, warum die oben als fundamental bezeichneten Grunderfahrungen von Getragen-Sein und Angenommen-Sein nicht in erster Linie über sinnlich wahrnehmbare Kommunikationen und Zeichen, und vor allem nicht über die Sprache, sondern durch Atmosphären vermittelt werden, die aber nur über das Empfindungssystem wahrgenommen und gespeichert werden können. Ob wir also die genannten Grunderfahrungen in uns haben oder nicht, erfahren wir daher auch nicht über unser Gehirn und die Rückmeldungsmöglichkeiten des Gehirns, wie das die aktuelle Neurobiologie einseitig sieht, sondern über unser Empfindungssystem, das uns direkt mit dem Zellsystem verbindet, wo diese Erfahrungen, wenn wir sie denn haben, gespeichert sind.

Die Empfindung als Schnittstelle zur Transzendenz

Kommen wir nun noch zu einem weiteren Angebot, das uns das Empfindungssystem bereithält. Auch diese Erkenntnisse beruhen nicht auf Spekulationen und theoretischen Annahmen, sondern sind das Ergebnis jahrelanger Erfahrungen im Bereich der Atem- und Leibtherapie, beziehungsweise auf diesen aufbauender Therapien. Hierzu kehren wir zurück zu der schon aufgezeigten Funktion der Empfindung als Schnittstelle. Denn neben der Funktion als Schnittstelle zwischen allen Funktionsteilen und Funktionssystemen unseres personalen körperlichen, seelischen und geistigen Selbst fungiert die Empfindung auch als Schnittstelle zur transzendentalen Ebene unseres Seins. Auch dieser Aspekt der Empfindung als Schnittstelle zur Transzendenz ist festes Wissen in den alten Kulturen. Bei den neu entwickelten Methoden zur Bewusstseinserweiterung ist das *Holotrope Atmen* zu nennen. Der Atem als Schnittstelle zur Transzendenz unseres Seins kann hier besonders gut erfahren werden, aber aus dem bisher Gesagten folgerichtig auch als Schnittstelle zu sehr frühkindlichen bis hin zu perinatalen Erfahrungen um die Geburt herum.

Für den hier relevanten Kontext der Empfindung kann sich daraus jedoch das Problem ergeben, dass wir denken, diese Erfahrungen, und erst recht die aus den alten Kulturen tradierten, würden ja hauptsächlich über das Medium des Atems vermittelt, was ja auch stimmt, und wir unseren inneren Fokus dann in erster Linie auf den Atem richten. In einer längeren, sehr gut strukturierten Gesprächsfolge über ihre Atem- und Leibarbeit mit einem Kollegen, die dann als Buch veröffentlicht wurde (6), bringt die Atemtherapeutin Herta Richter dank ihrer enormen Erfahrung begriffliche Ordnung in unser Denken, indem sie immer wieder betont, dass der Atem nur ein Medium ist wie andere Körperfunktionen auch, wenn auch ein besonders wertvolles und subtiles. Dass es aber erst die Funktion der Empfindung ist, die uns über das Medium Atem Zugang in die transzendente Dimension verschafft. Sie veranschaulicht das damit, dass viele Menschen zunächst ganz andere, mehr sinnesgesteuerte Erfahrungen mit dem Atem machen müssen, um sich mit dem Atem überhaupt erst vertraut zu machen. Und dass durch diese Herangehensweise, sozusagen von außen nach innen, das Empfindungsbewusstsein bei den meisten Menschen erst wieder oder überhaupt entwickelt werden muss. Für sie ist der Atem also nur das Hilfsmedium für die transzendente Erfahrung. Der Teil in unserem Bewusstsein, der diese Erfahrung mithilfe des Atems dann macht, ist unser Empfindungsbewusstsein. Wenn das nicht in gewisser Weise schon erwacht ist, kann man auf der kognitiven Ebene mithilfe des Atems zwar schon sehr viel über sich, seinen Körper und über das Leben an sich erfahren, aber der Zugang zur transzendentalen Ebene wird nur über ein waches Empfindungsbewusstsein möglich sein.

Wenn aber in der Atem- und Leibtherapie der Zugang zur transpersonalen Ebene gelingt, findet Herta Richter dazu einige sehr gute und hilfreiche Worte der Beschreibung. So spricht sie an einer Stelle davon, dass es geschehen kann, dass jemand sich von seinem Atem durchströmt empfindet, und zusätzlich ein Empfinden hat, dass der strömende Atem plötzlich nichts Eigenes mehr ist, das man selbst bewirkt, sondern dass es sich anfühlt beispielsweise „wie ein kosmischer Strom" und mehr wie etwas, das einem geschenkt wird. Und man empfindet aufgrund der stattfindenden Synchronisierung von Körper, Seele und Geist sich selbst nicht mehr vordergründig als Körper, sondern als Einheit von allen drei Seins-Funktionen, ohne dass sich eine der drei dabei besonders hervorhebt. Es fallen hier Worte wie „ich bin ja selbst nur ein Instrument, auf dem der Atem spielt“. An einer anderen Stelle des erwähnten Buches heißt es:

> *„In der Atembehandlung … kann es geschehen, dass eine Unschuld auftaucht, eine Reinheit und Schönheit, von der der Mensch meist nichts weiß. Das ist wie ein Emportauchen aus dem Grund des Wesens. Das sind Sternmomente … Hier erlebt sich der Mensch in einer anderen Dimension, in einer Erfahrung von Einheit, die ihn mit allen und Allem verbindet. Er ist aus seiner Ego- und Persönlichkeitsebene weit hinausgetragen worden. Das ist ein mystisches Erlebnis.“*

Dann wird aber auch darauf hingewiesen, dass reine Empfindungserfahrungen, im Gegensatz zu Sinneserfahrungen, Denk- und Gefühlserfahrungen, „nicht in der Tasche mit nach Hause genommen werden können“, wie Herta Richter wörtlich schön formuliert. Wir können noch so lange versuchen, über Nachdenken und Nachsinnen sie wieder herzuholen, es wird nicht gelingen. Würde es gelingen, wären sie nur ein weiterer Teil der Ego-Dimension. Erst durch ihr Nicht-mehr-Fassen-Können erweisen sie sich als wirklich transzendentale Erfahrung. Herta Richter beschreibt dann die Paradoxie, dass gerade dann, wenn wir bereit sind, die Erfahrung auch wieder loszulassen, sie sich umso stärker in unserem Sein verankern kann. Und dass gerade dann etwas in uns erwacht, das diese Erfahrung trotzdem nicht mehr vergessen kann. Auch betont sie in diesem Zusammenhang, dass beim Zugang zur transzendenten Dimension sich im gesamten Menschen auch ein Übergang im Umgang mit der Empfindungsebene stattfindet, nämlich von der Achtsamkeit in die Hingabe. Und dass bei der Achtsamkeit, wie wir sie heute verstehen, immer noch ein gewisses Maß an Kontrolle stattfindet. Erfahrene Atem- und Leibtherapeuten berichten auch davon, dass das Menschen durch häufiges Eintauchen in die Empfindungsebene und ein bewusstes Üben darin dazu führt, dass die sonst vertraute Funktion des gewöhnlichen Sehens sich allmählich zu verwandeln beginnt in das, was schon die Mystiker als „innere Schau“ bezeichnet haben, in der, wie es schon zum Ausdruck gekommen ist, das Außen und das Innen mehr und mehr zu einer festen Einheit verschmelzen, während wir beim Sehen ja noch im Bereich der Wahrnehmung sind, und damit im Bereich der Trennung von Außen und Innen. Das Gleiche geschieht im Bereich der Sinneswahrnehmung des Hörens. Das Hören wird zu einem Lauschen, das sich nun sowohl nach Außen als auch nach Innen gleichzeitig richtet.

Die Wirkung von Traumata auf die Empfindung

Nun wissen wir inzwischen aus der Psycho- und Traumatherapie auch, dass das Wahrnehmungsorgan, mit dem wir unseren eigenen Körper wahrnehmen, also unser Empfindungssystem, als erstes in Mitleidenschaft gezogen wird, wenn der Mensch in kritische und das Selbst überfordernde Lebenssituationen gerät. Die wesentliche Bedeutung und Funktion der Empfindung im Wahrnehmungs- und Erkenntnisprozess ist ja, wie mithilfe der Begriffe Umschaltfunktion und Synchronisierungsfunktion deutlich geworden ist, die Erzeugung einer „Passung" und „Stimmigkeit" zum einen zwischen Außen- und Innenwelt, zum anderen zwischen Vertrautem und Nicht-Vertrautem. Ohne die Mitspielerin Empfindung steht danach aber jede Wahrnehmung auf unsicheren und wackeligen Beinen. Die anderen Akteure Sinneswahrnehmung, Denken und Fühlen geraten schnell in Stress und beginnen Fehler zu machen. Dies zeigt uns, wie sehr Sinneswahrnehmung, Denken und Fühlen auf die Empfindung als Fundament und Basis angewiesen sind.

Fallvignette aus der Praxis

Herr K., ein junger Mann, Mitte zwanzig, kommt zu mir in die Praxis, weil er große Konzentrationsprobleme, sowohl im gesamten Lebensalltag, aber vor allem in der beruflichen Arbeit hat. Er hat sich bewusst für eine Körperpsychotherapie entschieden, weil er der Ansicht war, dass diese ihm, wie er sagt, besser helfen könne als eine Therapie, in der nur geredet wird. Von besonderer Relevanz in seiner Biografie sind sehr dramatische und traumatische Ereignisse rund um seine Geburt. Dazu kommen negative re-traumatisierende Erfahrungen während seiner Schulzeit, die für jemanden ohne solche frühen traumatischen Erfahrungen sicher weniger belastend gewesen wären, für ihn jedoch dadurch, dass es zur Triggerung der frühen Erfahrungen kam, eine weitere Traumatisierung, beziehungsweise Re-traumatisierung bedeuteten.

In einer Stunde berichtet er von einem besonders stressigen Tag in seinem Job als Kurierfahrer für eine Firma. Er hatte auch schon eine Hypothese, warum der Tag so stressig war. Unmittelbar vor seinem Start zur Tagesrunde ereignete sich kurzfristig eine Situation, in der zwei Kollegen gleichzeitig auf ihn einredeten, beziehungsweise ihm noch etwas anschaffen wollten, beide aber etwas jeweils anderes. Das war dann zwar irgendwann wieder vorbei, aber er kennt sich inzwischen schon so weit, dass er wusste, dass ihn eine solche Situation noch nachträglich belasten würde, weil das ja eines seiner speziellen Probleme ist, wenn zwei gleichzeitig von verschiedenen Seiten auf ihn einreden und etwas von ihm wollen.

Nachdem er die Situation aus seiner Sicht dargestellt hatte, lud ich ihn ein, dass wir uns die Erfahrung mithilfe der sogenannten Plattformtechnik, einer speziell von mir entwickelten körperpsychotherapeutischen Technik, noch einmal gemeinsam anschauen. Mithilfe der Plattformtechnik zergliedert der Klient nach seinem eigenen Empfinden die relevanten Situationen und Szenen so, dass sie für ihn eine ausreichend überschaubare zeitliche Einheit bilden. Auf jeder einzelnen Plattform, die so entsteht, wird die jeweilige Situation oder Szene zunächst in inneren Bildern noch einmal erinnert, und anschließend wird das so Nacherlebte mit der dabei entstehenden Körperempfindung verbunden.

Auf der Plattform der für ihn aus seiner Sicht wichtigsten Szene mit den beiden Kollegen reagierte der Körper jedoch nicht, wie er erwartet hatte, mit Stress und Spannung im Kopf, und diese Spannung war es ja, die ihm den ganzen Rest des Tages am meisten zu schaffen gemacht hat, sondern mit Unruhe in den Händen. Als ich ihn aufforderte, seine Hände zu fragen, was die Unruhe mitteilt, kam als Antwort, dass sie in einer gewissen permanenten Angst seien, sich während der Kurierfahrten trotz Navy zu verfahren, was schon immer wieder mal passierte, oder dass er bei einem Kunden etwas vergisst auszuladen und er dann nachher diese Strecke noch einmal fahren muss. Seine Reaktion ob dieser Antwort war ein heftiges Erstaunen. Er hatte mit einer anderen Antwort gerechnet, nämlich, dass der Stress von den beiden gleichzeitig auf ihn einredenden Kollegen ausgelöst worden sei, aber die erhaltene Antwort war dann für ihn zunächst einmal genauso plausibel und stimmig, weil ihm diese anderen Phänomene auch sehr vertraut sind. Was sich hier aber besonders deutlich zeigt, ist, dass sein Empfindungssystem aufgrund von noch nicht integrierten traumatischen Erfahrungen eine Tendenz hat, ziemlich, ich nenne es mal, zersplittert zu reagieren, und mal mit dem einen, mal mit dem anderen inneren noch nicht integrierten Stressor reagiert. Ein ausreichend stabiles Empfindungssystem jedoch reagiert wesentlich klarer und eindeutiger auf aktuelle Stressoren.

Diese Fall-Vignette macht aus meiner Sicht noch einmal besonders deutlich, wie komplex der Prozess von Wahrnehmung und Erkenntnis tatsächlich ist. Wenn dann dieser ohnehin komplexe Prozess ohne die stabile Basis eines ausreichenden Empfindungsvermögens ablaufen muss, wird der gesamte Prozess bruchstückhaft und bleibt von einer permanenten inneren Unsicherheit begleitet. Herr K. hat zu diesem Zeitpunkt durch die Therapie bereits eine relativ gute kognitive Wahrnehmung für grundsätzliche Stress-Situationen entwickelt. Aber hier soll noch etwas ganz wesentlich anderes verdeutlicht werden. Zwar spürt Herr K. schon bewusst immer wieder mal gewisse Versagensängste, aber was ihm zum jetzigen Zeitpunkt der Therapie noch nicht bewusst ist, ist die Tatsache, dass er zwar versucht, aktuelle Stress-Situationen, wie allgemein anzunehmen, zunächst einmal vom Kopf, beziehungsweise vom Denken zu bewerkstelligen. Aber zugleich sind seine bisher noch nicht integrierten frühen lebensgeschichtlichen traumatischen Erfahrungen noch immer in seinem Körper im Zellgedächtnis vollkommen gespeichert. In aktuellen Stress-Situationen reaktiviert sich der alte Stress im Körpergedächtnis, und wirkt als zusätzlicher Stress sowohl auf das Denken als auch auf das handelnde Ich ein. Im konkreten Fall war also der Stress durch die beiden Kollegen zwar ein Auslöser, aber der Stress, den er dann den gesamten Tag über noch empfunden hatte, kam aus einer ganz anderen Richtung, nämlich aus dem Inneren seines eigenen Körpers, genauer gesagt, aus seinem noch nicht integrierten Empfindungssystem, in welchem durch die aktuelle äußere Situation alte nicht integrierte traumatische Erfahrungen im Inneren des Selbst getriggert wurden. Dieser subtile Körperstress beeinflusst die akute Konzentration und Fehlerhaftigkeit in einer nicht zu unterschätzenden Weise. Diese Art von Stress bei Menschen mit noch nicht integrierten traumatischen Erfahrungen hat also nur bedingt etwas zu tun mit der aktuellen Situation, sondern viel mehr mit sehr alten inzwischen nicht mehr akut bewussten Erfahrungen, die durch aktuelle Stress-Situationen getriggert werden. Besonders Menschen mit nicht integrierten traumatischen Erfahrungen bleibt der integrierende Zugang zum Empfindungssystem versperrt. Sie bleiben dem, was dort geschieht, meist hilflos ausgeliefert. Herr K. ist in dieser anfänglichen Phase der Therapie noch nicht in der Lage, den subtilen Stress in seinem Körper in ausreichend deutlicher Weise zu empfinden und vor allem die gänzlich andere Quelle, aus der diese entstammen. Dazu bedarf es noch weiterer wiederholter Erfahrungen mit seinem eigenen Körper in solchen bestimmten Situationen. Eine gelingende Traumatherapie bedarf daher immer auch einer behutsamen und allmählichen Reintegration des Empfindungssystems. Dazu sollten aber die Therapeuten ihr eigenes Empfindungssystem gut integriert haben. Eine Reintegration des Empfindungssystems kann jedoch nie durch den therapeutischen Zugang über die Sprache alleine erfolgen.

6 Spurensuche in der Entwicklungsgeschichte des menschlichen Bewusstseins

So kommen wir also nicht an der Tatsache vorbei, dass die Welt,
die wir kennen, darauf angelegt ist, sich selbst zu sehen.
Um das zu können, muss sie sich natürlich aufspalten
in mindestens einen Zustand, der sieht,
und mindestens einen Zustand, der gesehen wird. (1)
George Spencer Brown

Annäherung an unser Bewusstsein aus drei verschiedenen Perspektiven

Wenn wir uns in diesem Abschnitt der Frage zuwenden, „Wie finde ich heraus, wer ich als einzelner Mensch bin", sollten wir uns zuvor einige Aspekte bewusst machen.

Der erste Aspekt ist, dass wir bei dieser Fragestellung eine andere Perspektive haben als bei der Frage, was den Menschen allgemein ausmacht. Bei dieser Frage, die ja im Zentrum des ersten Buchabschnittes stand, blicken wir als Einzelne auf die anderen. Und bei der Suche nach einem gemeinsamen Nenner all dieser anderen um mich herum kommen wir zunächst nur mit dem Denken weiter. Das Fühlen kann ergänzend hilfreich sein, wer ein jeweils einzelner ist, der mir nahesteht, und der mir vertrauter ist als andere nicht so nahe Stehende. Aber bei der Frage nach dem, was die Menschen um mich herum allgemein ausmacht, hilft mir das Fühlen nicht weiter, sondern im Gegenteil, führt mich das Fühlen eher ins Vorurteil und in die Bewertung. Eine sehr wichtige Unterstützung erhalte ich natürlich auch von meinem Körper durch die Sinneswahrnehmung und die Körperempfindungen, aber diese müssen dann wieder mithilfe des Denkens geistig sinnvoll interpretiert werden. Will ich mich nun der Frage zuwenden, wer ich denn als dieser eine konkrete einzelne Mensch bin, benötige ich eine andere Perspektive. Ich schaue aus einer Ich-Perspektive nicht mehr nach außen, sondern nach innen. Und in meinem eigenen Inneren kann ich Dinge wahrnehmen, die nur ich, jedoch kein Außenstehender wahrnehmen kann. Ich kann mein eigenes Denken wahrnehmen, dazu meine eigenen Gefühle, und ich kann beinahe grenzenlose Erfahrungen mit meinem eigenen Körper machen, wenn ich denn damit beginne, auf diese Wahrnehmungen zu achten.

Der zweite Aspekt, den wir bei der Frage, „Wer bin ich als Einzelner", mitberücksichtigen sollten, ist, dass sich unsere Erfahrungen mit anderen Menschen im Außen und die Erfahrungen mit mir selbst im Inneren miteinander verbinden. Sie kommen sich quasi ständig gegenseitig in die Quere und beeinflussen sich gegenseitig. Und schon sind wir an dieser Stelle wieder an dem gleichen Punkt jenes grundlegenden Dilemmas, auf den wir ja schon im ersten Abschnitt gestoßen sind. Denn es gibt nicht wenige Wissenschaftler und auch Psychotherapeuten, die sagen, dass gerade durch die Prägung der zwischenmenschlichen Erfahrungen ja sowohl die Außen- als auch die Innenperspektive so verzerrt sein kann, dass weder von sinnvoller Objektivität, und erst recht nicht von echter und wirklicher Freiheit beim Menschen die Rede sein könne. Die Gefahr, dass der einzelne Mensch sich bei der Suche, wer er selber ist, nun ständig im Kreise drehen kann, ist sicherlich nicht von der Hand zu weisen. Der aus meiner Sicht daher einzige Ausweg aus diesem dualistischen Dilemma kann nur bestehen in dem Einnehmen einer weiteren Perspektive. Diese Perspektive wäre die Sowohl-als-auch-Perspektive, also das gleichzeitige Einnehmen der Außen- und Innenperspektive. Diese Perspektive schlägt ja auch Steiner in seiner „Philosophie der Freiheit" vor. Man könnte diese Perspektive als die erste integrale Perspektive bezeichnen. Diese Perspektive ermöglicht es dem Menschen, so gut in der jeweils aktuellen Gegenwart zu sein, dass sein Denken, Fühlen und Wollen einen relativ hohen Grad an Unverzerrtheit aufweisen werden. Und dann beinhaltet diese Perspektive die Möglichkeit und das Potenzial, dass der Mensch mehr und mehr eine Ahnung bekommt in Bezug auf sein wirklich unverfälscht Eigenes. Und dieses Eigene versucht man heute wissenschaftlich als „Psyche" zu bezeichnen, man könnte es aber auch als „Seele" bezeichnen.

Der dritte Aspekt, der bei der Frage, wer ich als Einzelner bin, eine Rolle spielt, ist der Aspekt der dynamischen Entwicklung von Bewusstsein. Dieser bezieht sich sowohl auf das individuelle als auch auf das kollektive Bewusstsein des Menschen, wobei beide Arten von Bewusstsein sich wiederum gegenseitig bedingen und beeinflussen. Auch von den kritischen Wissenschaftlern, die eine menschliche Freiheit als gegeben ausschließen, wird keiner infrage stellen, dass es sowohl im individuellen als auch im kollektiven Bewusstsein von Menschen unterschiedliche Reifegrade gibt. Diese unterschiedlichen Reifegrade dürfen aber nicht anorganisch und streng naturwissenschaftlich kausal determiniert im bereits beschriebenen Sinne betrachtet werden. Wenn man sie jedoch aus einer mehr organischen Perspektive betrachtet, bedeutet das, dass der jeweilige Reifegrad die Möglichkeit beinhaltet, sich weiterzuentwickeln. Ob sich diese Weiterentwicklung in einem regelmäßigen und harmonischen Prozess vollzieht oder in Sprüngen oder aus einer Mischung aus beidem, ist hierbei von sekundärer Bedeutung.

Aus diesem dritten Aspekt heraus betrachtet ergibt sich nun jedoch eine Perspektive, die einen möglichen Weg aus dem Dilemma des Dualismus weisen kann. Ich nenne diese Perspektive die Perspektive des *Narrativs* oder der *Narration*, oder auch die Perspektive der historischen Entwicklung. Man könnte sie auch als zweite integrale Perspektive bezeichnen. Und immer dann, wenn ein Bewusstsein diese narrative oder historische Perspektive einnimmt, kann man feststellen, dass diese Perspektive diejenige ist, die als einzige in der Lage ist, größere Sinnzusammenhänge zu erfassen. Zur Sinnfindung taugt die erste integrale Perspektive also noch nicht, so wichtig und wertvoll sie ansonsten schon sein kann für das, was man heute als *Selbstzentrierung* bezeichnet. Aber nur ein gefundener Sinnzusammenhang, von was auch immer, ist dazu in der Lage, hieraus wiederum eine weitere Perspektive zu erzeugen, nämlich die Perspektive einer Richtung und eines sinnvollen Zieles.

Unsere individuelle persönliche Geschichte ist immer eingewoben in einen größeren kulturellen und kollektiven Kontext. Geschichte aber darf nicht als anorganische Aneinanderreihung von Fakten betrachtet, sondern muss wahrgenommen werden als ein lebendiger organischer Prozess, in dem sich alle Aspekte gegenseitig beeinflussen. Da sich aber auch das kollektive Menschenbewusstsein selbst immer weiter entwickelt, können wir heute unsere Geschichte noch einmal besser verstehen, als es zum Beispiel den Menschen vor 2000 Jahren möglich war. Heute sind wir zum Beispiel in der Lage zu verstehen, dass unsere Vorfahren nicht einfach nur ein biologisches Leben in ihrer natürlichen Umgebung gelebt haben, sondern einen ganz bestimmten Platz auch in einem kulturellen und sozialen Umfeld eingenommen haben. Und wir können immer besser erkennen und verstehen, dass es in einem jeden einzelnen Leben unserer Vorfahren so etwas wie eine Grundidee gegeben hat für ein solches Leben in gerade diesem speziellen kulturellen und sozialen Umfeld.

Aus dieser Perspektive jedoch muss der Begriff der Subjektivität nicht nur für den Einzelmenschen gedacht werden, sondern ebenso für ein Menschenkollektiv, sei es eine Familie oder eine ganze Volksgruppe. Das bedeutet, dass es nicht nur beim Einzelnen unserer Vorfahren eine Idee für seinen Platz im kulturellen und sozialen Umfeld gegeben hat, sondern auch für das Familienkollektiv oder den Familiengeist und ebenso das Volkskollektiv oder den Volksgeist. Ein Bewusstsein, das sich weiter entwickeln möchte, muss sich an diesen neuen Erkenntnissen abarbeiten und abmühen. Einfache Schlussfolgerungen mit entsprechenden einfachen Lösungen, wie sie heute in Mode sind, bringen uns nicht weiter. Und wie gesagt, nicht nur unsere individuellen Vorfahren wollen verstanden werden, sondern auch unsere kollektiven. Das Verstehen kann umso eher gelingen, wenn man Handlungen und Worte der Vorfahren nicht mit dem Gehirnverstand versucht, wörtlich zu nehmen, sondern sie als symbolischen Ausdruck für etwas zu betrachten, das nicht in unserem Verstand allein zu finden ist. Und die Dialektik besteht darin, dass wir uns einerseits aus verstrickten ambivalenten Beziehungen unserer Vorfahren lösen müssen, andererseits aber auf einer sozusagen höheren Ebene oder Perspektive unsere schicksalhafte Verbundenheit mit ihnen im Bewusstsein beachten und würdigen. Aus dieser Perspektive betrachtet liegt in dieser schicksalhaften Verbundenheit nicht nur eine mitzuschleppende Last, sondern auch eine organische Kraft verborgen. Und hierbei gilt es auch noch zu bedenken, dass schon alleine die Loslösung aus Verstrickungen keine Sache nur des Verstandes ist, sondern etwas anderes in uns tätig werden muss.

Bei der Frage, wie ich herausfinde, wer ich als einzelner bin, gibt es also von vornherein einige grundlegende Aspekte zu bedenken, die hier noch einmal im Überblick zusammengefasst werden sollen.

1. Bei der Suche nach der Frage, wer ich als einzelner bin, bin ich stets abhängig vom Entwicklungszustand meines individuellen Bewusstseins, aber ebenso auch vom Entwicklungszustand des Menschenkollektivs, in dem ich gerade lebe.
2. Die Antwort auf die Frage, wer ich als einzelner bin, wird daher immer eine nur relative und situationsbedingte sein. Und sie wird immer der Bedingung der jeweiligen sowohl individuell situativen, als auch kollektiv historischen Zeit unterliegen.

Die Theorie der *bikameralen Psyche*

Die Theorie der *bikameralen Psyche* stammt von dem US-amerikanischen Psychologen Julian Jaynes, der von 1920 bis 1997 lebte. Jaynes hat sich intensiv mit der Entwicklung des menschlichen Bewusstseins beschäftigt und kam zu dem Schluss, dass sich das menschliche Bewusstsein in der Art, wie wir es heute sehen, erst in der Zeit von etwa 1300–700 vor Christus entwickelt hat und dass die Menschen vor dieser Zeit kein Bewusstsein über sich selbst im heutigen Sinne hatten. Den Begriff *bikameral* leitet Jaynes von einer bisher nur von ihm aufgestellten Theorie ab, derzufolge bei den Menschen in der früheren Zeit die rechte und linke Hirnkammer noch nicht so miteinander verbunden waren, wie das heute der Fall ist, sondern sie noch getrennt waren. Der Mensch besaß damals, so Jaynes, einen „Zwei-Kammern-Geist". Die Aufgabe der einen Kammer war es, die notwendigen Alltagshandlungen durchzuführen. Die Aufgabe der anderen Kammer bestand darin, die dazu notwendigen Befehle zu geben, also nach unserem heutigen Verständnis, die dazu notwendigen Denkimpulse zu erzeugen. Diese unterschiedlichen Aufgaben und Fähigkeiten der beiden Hirnkammern seien den damaligen Menschen aber noch nicht bewusst gewesen. Der Mensch war sich also weder als handelnder noch als denkender Mensch seiner selbst bewusst. Jaynes begründet und erklärt seine Theorie vor allem an vier Beispielen, zwei historischen und zwei auch aktuell noch beobachtbaren Phänomenen. Die zwei historischen Beispiele sind zum einen die Art und Weise, wie Homer das Denken und Handeln seiner Helden beschreibt, sowie viele im Alten Testament beschriebenen Ereignisse. Als aktuelle Vergleichsphänomene betrachtet er die psychischen Erfahrungen in der Schizophrenie und in der Hypnose. Speziell in den Werken Homers und des Alten Testamentes meint Jaynes zu erkennen, dass die dort geschilderten Helden und Protagonisten speziell in Krisensituationen ihre Handlungen (wie bei Homer) oder ihre Weisheiten (wie im Alten Testament) quasi nur als innere Stimme mitgeteilt bekommen haben und sie selbst sich in keiner Weise als eigener Schöpfer dieser Handlungen oder Gedanken empfinden konnten.

Entsprechend, so Jaynes weiter, hatten diese Menschen auch bestimmte Gefühle noch nicht, die das heutige Menschenbewusstsein wahrzunehmen in der Lage ist. Als Beispiele nennt er das Gefühl der Schuld, dass man nur haben kann, wenn man ein Bewusstsein von sich selbst als Verursacher des Denkens, Fühlens und Handelns hat. Schuldgefühle haben als Basis und Wurzel ihrer Entstehung die Scham. Da Scham jedoch ein Gefühl ist, dass in tieferen Hirnregionen erzeugt wird, konnten die damaligen Menschen Scham schon empfinden, wenn auch vielleicht nicht so bewusst, wie das heute möglich ist. Schuld konnte, wenn überhaupt, wie am Beispiel von Kain, der seinen Bruder Abel ermordet hat, nur durch die Verurteilung durch einen Außenstehenden empfunden werden. Dieser Außenstehende aber konnte nur ein höheres, das heißt göttliches Wesen sein, weil den Mitmenschen diesbezüglich noch keine innere Autorität zuerkannt wurde. Denn wer sich selbst nicht als bewusstes Wesen erkennt, kann ein solches Eigenbewusstsein auch seinen Mitmenschen gegenüber nicht denken und erkennen. Insofern konnte folgerichtig nur Gott selbst dem Kain vermitteln, was er seinem Bruder Abel angetan hat.

Als weiteres Gefühlspaar beschreibt Jaynes die Gefühle Furcht und Angst. Furcht entsteht ebenfalls in den niederen Hirnregionen, und konnte entsprechend von den damaligen Menschen gespürt und wahrgenommen werden, während Angst ein Verarbeitungsgefühl der Furcht ist, wozu die Menschen damals noch nicht in der Lage waren, und das Angstgefühl dem entsprechend noch nicht kannten. Das Gleiche gilt für das Gefühlspaar Wut und Hass. Wut und Ärger sind Primärgefühle, die wiederum in den niederen Hirnregionen erzeugt werden, sodass auch diese Gefühle den damaligen Menschen bekannt waren. Hass wiederum ist ein Verarbeitungsgefühl von Wut und Ärger, und bedarf der Großhirntätigkeit.

Als wiederum weiteres Beispiel nennt Jaynes den körperlichen Schmerz. Als konkrete Körperempfindung konnten die damaligen Menschen Körperschmerzen natürlich genauso empfinden, wie das Tiere können. Aber sie konnten sich keine bewussten Gedanken oder Bewältigungsstrategien erzeugen, wie sie mit einem konkreten Schmerz umgehen sollten. Der Schmerz wurde also rein sensitiv empfunden, aber nicht ich-bewusst wahrgenommen.

Die Theorie der bikameralen Psyche wird in der aktuellen Wissenschaft nicht wirklich ernst genommen, zumindest noch nicht. Ein Grund für dieses Phänomen könnte sein, dass Jaynes sich in der Darlegung und Begründung seiner Theorie zu ausschließlich auf literarische Beispiele bezieht, die ohnehin nicht mehr nachprüfbar sind, wenn sie nicht gar gänzlich als reine Fiktionen betrachtet werden könnten, jedoch zu wenig auf die aktuellen Befunde der Neurobiologie oder der Entwicklungspsychologie. Ob diese Theorie dem Bewusstsein der damaligen Menschen wirklich entsprach oder nicht, werden wir wohl nie mit ausreichender Sicherheit in Erfahrung bringen. Wovon wir jedoch ausgehen können, ist, dass das Bewusstsein der damaligen Menschen genauso ein anderes war, wie es in der Zeit um Christus oder auch im frühen Mittelalter ein anderes als heute gewesen ist. Und dass das Menschenbewusstsein sich in einem permanenten Entwicklungsprozess befindet.

Die Theorie der Bewusstseins-Strukturen von Jean Gebser

Jean Gebser wurde 1905 in Posen als Deutscher geboren. Im Alter von 26 Jahren verließ er Deutschland, lebte zunächst ca. fünf Jahre in Spanien, wo er mit Frederico Garcia Lorca und anderen spanischen Dichtern befreundet war. Von 1937 an lebte er bis zum Ausbruch des Krieges in Paris, wo er im Kontakt und Austausch stand mit dem Freundeskreis von Picasso sowie den Schriftstellern

Malraux und Eluard. Danach ließ er sich in der Schweiz nieder, wo er bis zu seinem Tode im Jahre 1973 lebte.

Gebser hatte eine sehr schwierige Kindheit. Er absolvierte eine Bank-, dann eine Buchhändlerlehre, fand aber nirgends eine berufliche Zufriedenheit. Im Alter von 29 Jahren, zu der Zeit lebte er bereits in Spanien, geriet er in eine tiefe Krise. In diesem Zusammenhang hat er eine Erfahrung gemacht, die man eindeutig als transzendente Erleuchtungserfahrung bezeichnen kann und aus der er mit dem Gedanken erwachte „Freiheit von Raum und Zeit". Ab diesem Zeitpunkt seines Lebens machte er es sich zum Ziel, die gesamte abendländische Kunst und Wissenschaft zu durchforschen, um vergleichbare Beschreibungen von Zuständen des Bewusstseins zu finden. Seine damalige, und in der weiteren Zukunft sich nie mehr wandelnde Überzeugung war, dass ihm nicht nur ein rein persönliches Erlebnis zuteil geworden war, sondern dass etwas grundsätzlich Neues im Bewusstsein des gesamten Abendlandes am Entstehen sei. Das politische Chaos in dieser Zeit war für ihn nur ein Symptom dafür. Wenn man bedenkt, dass Gebser keinen akademischen Hochschulabschluss besaß, er lediglich während seiner Buchhändlerlehre in Berlin einige Semester als „Werkstudent" an der Humboldt-Universität Vorlesungen besuchte, werden die Parallelen zu drei in diesem Buch bereits gewürdigten Protagonisten, nämlich Johann Wolfgang Goethe, Daisetz Taitaro Suzuki und Rudolf Steiner, mehr als augenscheinlich. Nach neun Jahren intensiven Studiums und Forschens, sein Geld verdiente er sich bis dahin vor allem mit Übersetzungen, veröffentlichte er 1943 seine erste Schrift mit dem Titel „Abendländische Wandlung", die er im Untertitel als „Abriss der Ergebnisse moderner Forschung" bezeichnete.

Zunächst unterteilte Gebser die Entwicklung des menschlichen Bewusstseins in drei grundlegende „Bewusstseinsstrukturen", wie er sie selber bezeichnete, nämlich 1) ein *unperspektivisches Bewusstsein*, vor der Zeit der Renaissance 2) ein *perspektivisches Bewusstsein* seit der Zeit der Renaissance, und 3) ein *aperspektivisches Bewusstsein*, das ist die Bewusstseinsform, in die er den Menschen des Abendlandes sich gerade hineinentwickeln sah. In den Jahren von 1947 bis 1952 erarbeitete er sein Hauptwerk „Ursprung und Gegenwart" in zwei Bänden. Aus den ursprünglichen drei Bewusstseinsstrukturen differenzierte er nun fünf, nämlich die *archaische*, die *magische*, die *mythische*, die *mentale* und schließlich die *integrale*.

Hier eine zusammenfassende Übersicht:

Archaische Bewusstseinsstruktur:
In dieser Bewusstseinsstruktur gibt es noch kein Ich-Bewusstsein als wahrnehmendes Subjekt. Alles, was ist, ist eine große grenzenlose Einheit, entweder als eine visuelle Form ohne Grenzen und Konturen oder ein entsprechender Klang. Diese Struktur kann als friedliches Sein empfunden werden, weil sich das empfundene Sein der umgebenden Welt mit dem eigenen Sein im wohligen Einklang befindet. Sie kann aber auch als bedrohlich empfunden werden. In diesem Fall werden Aspekte der umgebenden Welt wie bedrohliche Geister empfunden. Das entspricht dem Zustand einer Psychose.

Magische Bewusstseinsstruktur:
In dieser Bewusstseinsstruktur wird ein erstes schemenhaftes Gegenüber wahrgenommen. Das Ich-Bewusstsein ist klein und die wahrgenommene Welt übermächtig. Ein solches Übermachtsempfinden kann zu einer gewissen Selbstverständlichkeit und Gewohnheit werden. Die Aspekte der übermächtigen Welt, vor allem konkrete und als wichtig empfundene Wesen, z. B. Gott oder Götter, erhalten dann vom kleinen Ich-Bewusstsein Attribute einer zauberhaften Übermacht mit magischen Fähigkeiten zugewiesen. Magisch heißt in diesem Fall, dass die Gesetze der Natur und der Logik mit Zauberkraft außer Kraft gesetzt werden können. Das Ich-Bewusstsein selbst empfindet sich jedoch in einem Dauerzustand von Klein- und Schwachsein.

Mythische Bewusstseinsstruktur:
In dieser Bewusstseinsstruktur ist das Ich-Bewusstsein in der Lage, in sich selbst die Bedeutung von Informationen und Kommunikationen, die mit der Sinneswahrnehmung erfasst werden können, zu verstehen. Die primären Mitteilungsarten sind nun das Wort und die Sprache. Und weil Worte im eigenen Inneren eine länger bleibende Resonanz bewirken können, findet in dieser Bewusstseinsstruktur auch der Beginn der eigenen Körperwahrnehmung statt. Durch die nun zunehmende Ich-Wahrnehmung kommt es allmählich sowohl zum Empfinden von ambivalenten Strebungen im eigenen Inneren als auch zum Empfinden von Konflikten mit wichtigen Wesenheiten in der Außenwelt.

Die mythische Bewusstseinsstruktur ist daher die Struktur der Ambivalenzen, der Konflikte und der Dramen. Jede Erscheinung hat von nun an ihre Gegenform. Zum Tag gibt es die Nacht, zum Himmel die Erde, zum Wasser das Land, zum Mann die Frau. Den Begriff *mythisch* entnimmt Gebser seiner semantischen Forschung über den Ursprung des Wortes *Mythos*. Er zeigt auf, dass das Wort in vielen Kulturen für *Mund*, sogar im Englischen bei *mouth,* und für Sprache verwendet wird. Und da im Laufe der Entwicklung über das Wort und die Sprache Menschen von Konflikten und Dramen dergestalt berichtet haben, dass das etwas ist, das nicht nur bei jedem Menschen, sondern sogar bei den Göttern vorkommt, entstanden die *Menschheitsmythen*, die eine enorme Hilfe wurden, mit den eigenen Ambivalenzen, Konflikten und Dramen besser umgehen zu können.

Mentale Bewusstseinsstruktur:

In dieser Bewusstseinsstruktur gelangt das Ich-Bewusstsein zum vollen Erwachen. Ein für die Aufwachphase des Ichs sehr typisches Empfinden ist das einer neuen und ungewohnten Kraft. Diese Kraft ist zunächst so stark, dass sie nicht im Ich gehalten werden kann, sondern nach Außen als Aggression und Wut gerichtet werden muss. Das Ich hat das Empfinden, sich gegen alles, was sich ihm entgegenstellt, zur Wehr setzen zu müssen. Allmählich jedoch kann das Ich mithilfe seiner als eigen empfundenen Kraft, vorausgesetzt, man lässt ihm diese Kraft und negiert oder verbietet sie ihm nicht, seine eigenen Ambivalenzen ertragen und ausgleichen. Das Bewusstsein entwickelt das Vermögen, mehrere Dinge gleichzeitig stehen lassen zu können, also nicht nur den anderen und sich selbst zugleich, sondern darüber hinaus auch weitere Aspekte sowohl im Anderen, als auch in sich selbst. Ab hier spricht man auch von einem dreidimensionalen Bewusstsein, das in der Lage ist, sowohl den Außenraum als auch den eigenen Körper als räumlich und dreidimensional wahrzunehmen. Die kollektive mentale Bewusstseinsstruktur entwickelte sich nach Gebser erst in der Zeit der Renaissance.

Integrale Bewusstseinstruktur:

In der integralen Bewusstseinsstruktur lösen sich nun die in der vorherigen Bewusstseinsstruktur entstandenen dreidimensionalen räumlichen und zeitlichen Dimensionen wieder auf. Der entscheidende Aspekt jedoch ist hier, dass das wahrnehmende Ich sich in dieser sich auflösenden Umgebung immer noch als ausreichend stabil und vorhanden empfindet, so, wie es Gebser selber wohl in seiner eigenen „Auflösungserfahrung“ gegangen ist. Das Ich ist sogar in der Lage, einen geistigen Prozess wahrzunehmen, indem es seiner eigenen Perspektive die gleiche Gültigkeit zuzuweisen in der Lage ist wie den inzwischen sich nicht mehr ausschließlich nach den bisherigen Gesetzen der Natur und Logik verhaltenden und erweisenden Wesenheiten in der Gegenüberwelt. Daraus definierte Gebser seinen ursprünglichen Begriff *A-Perspektivität* für eine Vielfalt von vorhandenen Perspektiven, die alle ihre Gültigkeit haben. Die Modellerfahrung einer solchen *A-Perspektivität* ist die Quantenphysik, in der das Elektron eines Atoms in einem Moment ein Teilchen, in einem anderen Moment eine Welle sein kann. Kulturelle Ausdrucksformen dieser *A-Perspektivität* erforschte und erkannte Gebser in der *Abstrakten Malerei*, zum Beispiel von Kandinsky oder Klee, oder in der *Atonalen Musik* von Komponisten des 20. Jahrhunderts.

Die wichtigsten Aspekte der *Integralen Bewusstseinsstruktur* oder der des *a-perspektivischen Bewusstseins* aus Sicht von Gebser wären also, zusammengefasst, folgende:

- Das Ich-Bewusstsein ist in der Lage, alle vorher entwickelten Bewusstseinsstrukturen im Blickfeld zu behalten.
- Das Ich-Bewusstsein erhält sich darüber hinaus die Fähigkeit, sich permanent selber zu verorten und damit nicht in einer einseitigen Bewusstseinsstruktur (Perspektive) zu verharren oder gar zu erstarren.

Mit dem Begriff *Bewusstseinsstruktur* wendet sich Gebser bewusst gegen die Tendenz, die Bewusstseinsentwicklung des Menschen in Phasen zu unterteilen, wie Hegel, Comte und Herbert Spencer das taten, indem sie in der menschlichen Bewusstseinsgeschichte eine fortschreitende Höherentwicklung sahen, in deren Verlauf frühere Bewusstseinsformen als fehlerhaft und die neueren als besser angesehen wurden. Das sah Gebser völlig anders, indem er sagte, dass keine neue Struktur besser sei als die vorherige, sie sei nur anders. Und außerdem würden die vorherigen Bewusstseinsstrukturen nicht einfach absterben, sondern sie bilden die notwendige Basis für die neuen Strukturen. Das heißt, wir bleiben magisch und mythisch ansprechbar, selbst wenn wir schon mental geprägt sind.

Gebser beschreibt in vielen Beispielen aus der Kulturgeschichte, wie eine bestimmte Bewusstseinsstruktur in einer bestimmten Kultur zunächst heranreift, dann aber auch in einem Prozess von Defizienz beginnt zu entarten, eine Phase, die von zunehmender Unsicherheit der Menschen geprägt ist, bis, so Gebser, stets einzelne herausragende Menschen einen erneuten Sprung in ihrem Bewusstsein erfahren, der sich dann allmählich auf das Kollektiv ausweitet. Ebenso wehrt sich Gebser gegen den Begriff *Bewusstseinserweiterung*, weil dieser Begriff das Bewusstsein zu sehr in eine materiell dingliche Form zu pressen versuche, was der geistigen Natur des Bewusstseins nicht gerecht werde. Es erweitert sich der Blickwinkel derjenigen, die das entsprechende Bewusstsein haben, aber das Bewusstsein selbst ist ja nicht identisch mit denen, die das Bewusstsein haben, beziehungsweise gerade erleben. Die Entwicklung des Bewusstseins sieht Gebser dynamisch mehr als eine Verdichtung und Intensivierung, die schließlich zu einer Empfindung von Durchsichtigkeit und Transparenz des Bewusstseins führe. Die Methode, die diesen Prozess zu seiner Zeit besonders gut erfahrbar zutage treten lasse, sei die Zen-Meditation.

Die sich nun neu entwickelnde Bewusstseinsstruktur, die Gebser definiert, nämlich die *integrale,* skizzieren T. Steininger und P. Gottwald in einem wissenschaftlichen Gespräch folgendermaßen:

> „*Die besondere Dimension der Bewusstseinserfahrung* (beim integralen Bewusstsein, A. M.) *ist die Durchsichtigkeit des Entwicklungsprozesses als solchem, das man vielleicht als Prozessbewusstsein bezeichnen kann … Dieses Prozessbewusstsein, in dem sich der ganze Prozess der Entfaltung des menschlichen Bewusstseins in seiner Gesamtheit darstellt, sich in seiner Gesamtheit bewusst wird, bedeutet natürlich auch, dass ich als bewusstseinsfähiges Wesen erkenne, dass ich ein Träger dieses Entfaltungsprozesses sein kann. In dem Augenblick, in dem sich der Prozess in uns selbst erkennt, sind wir für diesen Prozess verantwortlich.*“ (2)

Was ist nun das entscheidend Neue, das Gebser mit seinen Forschungen in die Welt gebracht hat? Diejenigen Philosophen, die sich vor ihm, aber auch aktuell mit dem menschlichen Bewusstsein beschäftigt haben, betrachteten das Bewusstsein weiterhin als etwas, das wie alle anderen Phänomene, seien sie materieller oder geistiger Natur, ausschließlich etwas ist, das man von außen wie ein Ding betrachten könne. Die Form einer geistigen *Res Cogitans* (Descartes) ist demnach das logisch fassbare Ergebnis eines entsprechenden Bewusstseinsprozesses. Die Prüfungsaufgaben, die ein Schüler in der Schule bewältigt, sind eine solche konkrete, mit Logik nachvollziehbare Form eines Bewusstseinsprozesses. Was hat der Schüler verstanden und was nicht? Die Buchstaben und Worte dieses Buches sind nur die konkret fassbare Form vieler verschiedener Bewusstseinsprozesse des Autors, also von mir. Die Worte und Buchstaben sind aber nur das Resultat von Bewusstseinsprozessen, und man kann aufgrund des geschriebenen Inhaltes Rückschlüsse auf mein Bewusstsein ziehen. Aber dennoch sind die Worte nicht identisch mit meinem Bewusstsein. Das entscheidend Neue, das Gebser mit seinen Forschungen zumindest in die abendländische Welt gebracht hat, ist die Erkenntnis, dass sich das Bewusstsein an sich in seiner Struktur fundamental unterscheidet von allem, was uns aus der Welt phänomenal entgegentritt. Denn alle Phänomene, auch geistige, haben für uns auch eine Form, die wir in Worte, Zahlen, Farben oder Töne fassen können. Den wesentlichen Unterschied zwischen *Struktur* und *Form* hier zu erklären, würde zu weit von dem hier relevanten Thema, der *Struktur des Bewusstseins,* wegführen. Hierzu nur ein Beispiel. Eine Form, zum Beispiel die eines Hauses, kann man sehen oder mit den Sinnen wahrnehmen. Eine Struktur, das heißt die Konzepte und Ideen des Bauherrn und Architekten, kann man nicht sehen und nicht mit der üblichen Sinneswahrnehmung erkennen, sondern man kann sie nur mit einer anderen Art von Bewusstsein erkennen und schlussfolgern. Und auch das nur, wenn das Bewusstsein dazu in der Lage ist.

Gebser hat die radikale Erkenntnis vermittelt, dass in der Struktur des Bewusstseins an sich vollkommen andere Gesetzmäßigkeiten in Kraft sind, als es bei allem, was eine Form hat, der Fall ist, auch wenn in Formen Bewusstsein enthalten sein kann. Fünf wesentliche Gesetzmäßigkeiten sollen hier in kurzgefasster Form aufgezeigt werden:

- Wenn Bewusstsein sich als gröber oder feiner nach außen darstellt, interpretieren wir nur etwas Formhaftes in das Bewusstsein hinein. Das Bewusstsein selbst hat nur eine geistige Struktur, die geistig gröber oder feiner gestrickt, und das bedeutet strukturiert ist, die aber selbst nicht formhaft, das hieße nämlich wie Materie, betrachtet werden sollte.
- Wenn man Bewusstsein längere Zeit beobachtet, erkennt man, dass Bewusstsein eine Entwicklungstendenz zur Verdichtung hat. Diese Tendenz ist konträr zur Entwicklungstendenz von allem was Form hat, nämlich der Ausweitung und Entfaltung einerseits und des Verfalls andererseits.
- Bewusstsein ist dynamisch zu Sprüngen von so enormen Dimensionen in der Lage, wie sie bei Phänomenen, die eine Form haben, so nicht möglich sind.
- Bewusstsein hat die strukturelle Fähigkeit zur *Diaphenie (Durchscheinung)*. Das heißt, Bewusstsein kann Aspekte eines Objektes erfassen, die nicht in seiner äußeren Form zu erkennen, aber dennoch konkret vorhanden sind. Die Struktur der *Diaphenie* in den Dingen hat Gebser erkennen können mithilfe einer intensiven Beschäftigung mit Rilke sowie den Malern Franz Marc und Cezanne. Hier besteht eine gewisse Strukturverwandtschaft zur Hellsichtigkeit.
- Die Struktur des Bewusstseins kann zwar durch eine Außenbetrachtung erahnt werden, aber wirklich wahrgenommen werden kann sie nur durch die Beobachtung des eigenen individuellen Bewusstseins.

Nachdem nun eine Anregung über die grundsätzliche Innen-Struktur des Bewusstseins gegeben wurde, bleibt noch die Frage, worin sich Bewusstsein von Geist unterscheidet. Eine mögliche Antwort auf diese Frage verschieben wir auf den nun folgenden Abschnitt.

Evolution und Bewusstsein

Es gibt derzeit wohl keinen anderen Menschen auf der Welt, von dem man sagen kann, dass er so gut wie alle bisher wichtigen Bücher, sowohl der Natur- als auch der Geisteswissenschaften, dazu der Kultur- und Religionswissenschaften, gelesen hat. Sein Name ist Ken Wilber. In der Dekade von 1990 bis 2000 hat er sein gesamtes Wissen in eine neue *Integrale Theorie* gefasst, die neben Aufsätzen in Zeitschriften vor allem in fünf wichtigen Büchern dargelegt wird. Wenn es schon viel Zeit und geistige Energie kostet, das zwei-bändige Hauptwerk von Jean Gebser zu lesen, so ist der entsprechend notwendige Aufwand in Bezug auf das Studium der Bücher von Ken Wilber noch einmal ein Vielfaches. Das dürfte auch einer der Gründe dafür sein, dass sich sein Denken bisher nur sehr langsam im Bewusstsein der Menschen ausbreitet. Seit 2005 haben wir im deutschen Sprachraum das Glück, dass Wilbers Theorien in einer gut lesbaren Übersicht in einem Buch nachzulesen sind. Es ist das Buch *Integrale Psychotherapie* von W. M. Weinreich. (3) Im Vorwort seines Buches schreibt dieser, dass er im Rahmen seiner Diplomarbeit angefangen habe, sich mit Wilber auseinander zu setzen. Aber dass dies für ihn zunächst „eine heftige Quälerei" gewesen sei, „weil seine Art zu Denken der meinen ziemlich zuwiderlief." (4) Inzwischen aber, so Weinreich, seien die Grundkonzepte von Wilber für ihn zu einem wichtigen Werkzeug geworden.

Der Begriff *Bewusstsein,* um den die bisherige Psychologie und Psychotherapie immer noch „einen großen Bogen macht", wie Weinreich schreibt, weil er scheinbar zu geistig, und damit zu wenig naturwissenschaftlich verifizierbar ist, wird von Wilber wie bisher von keinem anderen so gründlich geisteswissenschaftlich herausdifferenziert und gleichzeitig phänomenologisch gut beschrieben, dass ein weiterer Bogen um den Begriff demnächst umgekehrt große Mühe machen dürfte, oder regelrecht einer negativen tendenziösen Absicht bedarf. Auch Wilber sieht die Bewusstseinsentwicklung des Menschen, ebenso wie Gebser, nicht als sich einbahnstraßenmäßig zum Höheren entwickeln, sondern er begreift und definiert Bewusstsein aus einer noch einmal erweiterten Perspektive. Während sich Gebser in seinen Forschungen ausschließlich auf das menschliche Bewusstsein fokussiert hat, betrachtet Wilber das Bewusstsein von vornherein aus der Perspektive einer von ihm zunächst entwickelten völlig neuen Theorie der Evolution des Kosmos. Das heißt, die Art und Weise, wie Wilber Bewusstsein definiert, ist nur zu verstehen auf der Basis seiner *Neuen Theorie der Evolution.*

Weinreich fasst Wilbers Evolutionstheorie so zusammen:

> *„Für Wilber beginnt die Existenz des Kosmos damit, dass GEIST sich in einen Involutionsprozeß einfaltet, um sich im Urknall als Materie zu manifestieren und schrittweise über verschiedene Entwicklungsebenen wieder zu entfalten: vom Einfachen zum Komplexen; vom Unbewussten zum Bewussten, zum Überbewussten; von der Materie zum Leben, zur Vernunft, zur Seele, zum GEIST. Damit wird GEIST nicht nur als Ursache, sondern auch als Ziel der Evolution angesehen … Außerdem ist Evolution zwar gerichtet, aber nicht streng linear: sie besteht aus verschiedenen Strömungen, die in ihrer eigenen Geschwindigkeit fließen, sie mäandert, hat Verzweigungen, Sackgassen etc.“* (5)

Als nächstes fügt Wilber seiner Evolutionstheorie einen theoretischen Baustein hinzu, der eine aus meiner Sicht wesentlich nachvollziehbarere Brücke zwischen Geist und Materie bildet, als dies das sehr abstrakte Modell von Bieri zu leisten imstande ist. (6) Dieser Baustein ist bei Wilber das *Holon.* Der große Vorteil des Holon-Begriffes ist, dass er kein abstraktes Modell für höhere Mathematiker ist, sondern als etwas Konkretes und Formhaftes gedacht wird, von dem man sich leicht ein Bild machen kann. Eine wichtige Anregung für die Holon-Theorie dürften für Wilber die Forschungen des britischen Philosophen und Wissenschaftstheoretikers Alfred North Withehead gewesen sein, von dem später in einem anderen Zusammenhang noch die Rede sein wird.

Was ist nun ein Holon? Die hinter dem Holon-Begriff stehende Grundüberzeugung von Wilber ist die, dass alles, aber auch wirklich alles, was im Kosmos existiert, sei es materiell oder geistig, den gleichen kosmischen Grundgesetzen unterworfen ist, also Grundgesetzen, die im gesamten Kosmos Gültigkeit haben. Eine Übersicht über die Holon-Theorie von Wilber entnehme ich wieder bei Weinreich, dem ich an dieser Stelle ausdrücklich danken möchte für die einerseits kompakte, andererseits aber alle wesentlichen Aspekte der

Theorie enthaltende Darstellung in seinem Buch. Es werden sechs wesentliche gemeinsame Grundgesetze aller Holons aufgelistet.

1. **Was ist ein Holon?**
   Ein Holon ist jedes materielle oder geistige Teil oder Etwas, das im Kosmos bekannt ist. Jedes Holon ist eine in sich vollständige Entität. Jedes Holon kann Teil einer übergeordneten Entität, also eines anderen Holons sein, wie zum Beispiel ein Mensch als Teil der Menschheit, aber ebenso auch übergeordneter Teil von vielen untergeordneten Entitäten (Holons). Zum Beispiel Atome in Molekülen in Zellen in Organismen, oder Buchstaben in Worten oder Worte in einem Satz. Jedes einzelne in sich geschlossene Holon zeichnet sich durch vier grundlegende Qualitäten aus: Selbsterhaltung, Selbstanpassung, Selbsttranszendenz und Selbstauflösung.
2. **Wie entwickelt sich ein Holon?**
   Holone entwickeln sich durch *Differenzierung, Selbsttranszendenz,* und *Integration.* Diese drei Qualitäten und Fähigkeiten sind für Wilber der Grundmechanismus aller Evolution. Jedes sich selbst transzendierende Holon behält sämtliche Eigenschaften seiner *Juniorholone* und schließt diese in seine weitere Entwicklung mit ein; es entwickelt jedoch darüber hinaus zusätzliche neue Qualitäten, die über die der *Juniorholone* hinausgehen.
3. **Das Grundgesetz der Hierarchie**
   Holone entwickeln sich hierarchisch zu *Holarchien.* Die zunehmende Komplexität geht einher mit zunehmender Organisation, Autonomie, Freiheit und Bewusstheit. Da aber die komplexeren Holone ohne die Basis der darunter liegenden nicht existieren können, entsteht eine natürliche Hierarchie. Diese Hierarchie kann sich sowohl in der Richtung nach unten, das heißt in die Richtung der kleinsten Bausteine, als auch nach oben, in die Richtung hochkomplexer Organisationen, potenziell unendlich fortsetzen.
4. **Die Doppelnatur jedes Holons aus Materie und Bewusstsein**
   Jedes Holon enthält eine Doppelnatur aus Materie und Bewusstsein. Die Materie bildet die Außenseite; sie besteht aus Form, Körper,

Verhalten beziehungsweise Funktion. Die Erforschung der Außenseite ist Sache der Naturwissenschaften. Die Innenseite besteht aus dem individuellen Bewusstsein des Holons. Nach dieser Theorie haben auch Messer, Gabel, Löffel oder das Lenkrad eines Autos eine minimale Art von Bewusstsein. Diese Gegenstände bestehen aus einer Summierung von chemotechnischen Atomen. Atome sind grundsätzlich in der Lage, Verbindungen zu anderen Atomen aufzunehmen und aufrecht zu erhalten, solange der übergeordnete Sinn erhalten bleibt. Wenn der Löffel oder das Lenkrad zerbrochen sind, besteht der Sinn für die Aufrechterhaltung des atomaren Zusammenhaltes im Konzept der Holon-Theorie nicht mehr.

5. **Die für das Holon existenzielle Notwendigkeit der Aufrechterhaltung der zwei Seiten Innen und Außen**
   Keine der zwei Seiten des Holons, die Innen- oder die Außenseite, dürfen bei der Betrachtung des Holons außer Acht gelassen werden. (Leider ist genau dies aber das derzeitige Grundproblem der aktuellen Wissenschaften.) Die theoretische Ursache für dieses Grundgesetz sieht Wilber darin, dass die beiden Seiten des Holons nicht nur ständig interagieren, sondern existenziell aufeinander angewiesen sind, wie es beispielsweise die äußere Haut und der Rest eines Organismus sind oder die Membran einer Zelle und ihr Inneres. Das bedeutet, wenn sich an einer Seite des Holons etwas ändert, beeinflusst das die andere Seite. Wenn eine Wissenschaft nur eine Seite des Holons erfassen kann, muss sie zwangsläufig übersehen, wenn gerade auf der anderen Seite eine Veränderung eintritt. Die Schlussfolgerungen, die eine Seite des Holon außer Acht lassen, können demnach keine sinnvolle Gültigkeit haben.
6. **Die soziale Struktur des Holons**
   Mehrere autonome Holone der gleichen Art haben grundsätzlich die Tendenz, sich zu einem übergeordneten sozialen Holon zusammen zu schließen. Die Grundlage für einen solchen Zusammenschluss ist eine geistige Verwandtschaft im Bewusstsein, also der Innenseite des Holons. Wer die Innenseite des Holons nicht beachtet, kann nie ein Verständnis für die sich bildenden sozialen

Gruppierungen bekommen. Wenn eine Wissenschaft auf unumstößliche Parameter stößt, die in einer sozialen Gruppe wirksam sind, muss sie zwangsläufig anerkennen, dass diese Parameter reine Bewusstseinsparameter sind. Die Außenseite eines sozialen Holons ist zum Beispiel der nach Außen kommunizierte Name einer Gruppe oder Organisation.

Nachdem er diese wesentlichen Grundgesetze eines Holons, die zugleich, wie wir schon gehört haben, Grundgesetze der kosmischen Evolution sind, definiert hat, konstruiert Wilber ein weiteres übergeordnetes Modell, nach welchem jedes einzelne Holon aufgrund seiner von der Evolution vorgegebenen Außen- und Innenseite in seinem Bewusstsein letztendlich vier verschiedene Bewusstseinsperspektiven in sich selbst ausbildet. Diese vier Bewusstseinsperspektiven eines Holons werden aus der Gesamtperspektive des Kosmos in vier verschiedene Quadranten unterteilt. Der linke obere Quadrant ist das Bewusstseinsfeld und Zuhause des Innenbewusstseins des individuellen Holons, beim Menschen das Ich-Bewusstsein. Der untere linke Quadrant ist das Feld und Zuhause für das Innenbewusstsein des Kollektivs, in das ein Holon eingebettet ist. Der rechte obere Quadrant ist das Feld und Zuhause für die von außen wahrgenommene Außenseite des individuellen Holons, also für seine Form, seinen Körper, sein von außen wahrnehmbares Verhalten, seine Funktion etc., ggf. auch nur sein Name und Begriff. Der untere rechte Quadrant schließlich ist das Feld und das Zuhause für die von außen wahrgenommene Außenseite des Kollektivs, in das ein Holon eingebettet ist.

Wilber betont, dass die heutige Gesellschaft und Kultur dazu neigt, die Summe der individuellen und sozialen Holone zwar zu sehen, diese Summierung aber nur von der Außenperspektive bereit sei zu betrachten und dann eben auch nur die entsprechende Summierung sehe, ohne die dynamische Abhängigkeit sowohl zwischen Außen- und Innenseite als auch zwischen dem Individual- und dem Kollektiv-Holon. Das sieht dann so aus, dass man die Atome als Teil der Zellen, diese wiederum als Teile beispielsweise des Menschen, diesen als Teil einer Gesellschaft, diese als Teil der Biosphäre, und diese als Teil des Kosmos betrachtet. Wenn jedoch, so Wilber, die enorm komplexe Dynamik, die sich aus der immer gegebenen Perspektivität aus vier verschiedenen

Quadranten ergibt, nicht gesehen wird, müsse das zwangsläufig zu schwerwiegenden Denkfehlern bei der wissenschaftlichen Analyse der Holone führen.

Die Theorie des Bewusstseins von Ken Wilber

Auf der Basis seiner *Neuen Evolutionstheorie* und dem Struktur-Modell des *Holons* definiert Wilber *Bewusstsein* folgendermaßen:

- Bewusstsein entsteht im Kosmos immer dann, wenn GEIST auf Materie trifft. Dadurch erklärt sich der Unterschied zwischen Geist und Bewusstsein. Entsprechend einer groben oder verfeinerten Form der Materie ist das entsprechende Bewusstsein grob oder verfeinert.
- Ab einer gewissen Fähigkeit des Bewusstseins ist ein Bewusstsein in der Lage, sich selbst wahrzunehmen. Diese Fähigkeit wird als Selbsttranszendenz bezeichnet. Die letztendlich am höchsten entwickelte Form des Bewusstseins nennt Wilber „Bewusstsein an sich". Ein solches Bewusstsein ist an kein Objekt mehr gebunden. Es enthält also nichts mehr, das man als Wahrnehmung eines Objektes bezeichnen kann, noch enthält es konkrete Gedanken, Bilder, Gefühle etc. Es ist dann trotzdem noch Bewusstsein und nicht GEIST, weil es sich letztendlich immerhin selbst noch als etwas vorkommendes Eigenes wahrnimmt.
- Der gesamte Kosmos verfügt über ein solches „Bewusstsein an sich", also ein Bewusstsein ohne Wahrnehmung, Bilder, Konzepte etc. Die Existenz eines solchen Bewusstseins im Kosmos ist jedoch nicht kompatibel mit der Theorie, dass die Evolution des Kosmos durch reinen Zufall gesteuert sei.
- Auf der Basis der Neuen Evolutions-Theorie entwickelt sich Bewusstsein nicht zu dem, was man bisher als vom „Niederen" zum „Höheren" versteht. Stattdessen sieht Wilber die Entwicklung des Bewusstseins wie die des gesamten Kosmos auf dem Weg vom GEIST zur Materie, und aus einer gewissen Dominanz des Materiellen wieder zurück zu immer mehr GEIST. Der Entwicklungsprozess dahin besteht nicht in

einer sogenannten Höherentwicklung, sondern in einer Verdichtung, und damit einhergehend einer Verfeinerung.

- Im Gegensatz zu Gebser schätzt Wilber auch alle möglichen Formen des Bewusstseins außerhalb des menschlichen Bewusstseins, weil gerade ihre Vielfalt, wenn man sie aus der notwendigen integralen Perspektive betrachtet, eine zunehmende Bestätigung sowohl für seine Neue Evolutions-Theorie, als auch seine integrale Bewusstseins-Theorie herbei führen könne. So listet Wilber die strukturellen Bewusstseinsebenen, die denen von Gebser sehr ähneln, in seinem integralen Gesamt-Modell auf. In diesem werden zunächst die genannten vier Quadranten aufgezeichnet, dann werden von dem Mittelpunkt aller vier Quadranten die fünf strukturellen Entwicklungsebenen in kreisförmig verlaufenden Flächen eingezeichnet. Die fünf strukturellen Entwicklungsflächen sind der Entwicklungsverlauf von Materie zum Leben, zur Vernunft, zur Seele, zum GEIST (siehe oben). Schließlich ziehen durch alle vier Quadranten Entwicklungslinien, die vom Quadranten-Mittelpunkt aus entlang der flächigen Entwicklungs-Ebenen nach außen verlaufen. Auf jeder dieser vier Entwicklungs-Linien listet Wilber ca. 15 verschiedene Bewusstseins-Formen auf, die dem entsprechenden Quadranten entsprechen. Nach seiner Theorie ist diese Liste jedoch nur eine vorläufige, die lediglich den bisherigen Entwicklungsverlauf wiedergibt. Dass die Entwicklung Richtung GEIST weiter voran schreitet, ist für Wilber eine ausgemachte Sache. Aber welche konkreten Bewusstseins-Formen sich dabei entwickeln, können wir heute noch nicht wissen. Auf der anderen Seite ist es für Wilber genauso möglich, dass weitere feinste Bausteine der Materie entdeckt werden, die wir heute noch nicht kennen, sodass die Liste sich nicht nur nach außen hin verlängert, sondern ebenso auch zum Quadranten-Mittelpunkt hin. (7), (8), (9)

Liebe Leserin, lieber Leser, wenn wir all das, was bisher schon formuliert ist, wirklich ernst nehmen wollen, dann dürfen Sie jetzt nicht einfach weiterlesen. Erst recht nicht, wenn Sie mit der Theorie und dem Konzept von Wilber bisher noch nicht vertraut sind. Ich kenne niemanden, mich selbst natürlich eingeschlossen, der dieses Konzept beim ersten Lesen verstanden hat. Sie wären der erste. Schlucken Sie das Aufgenommene bitte nicht einfach herunter, wie es oben schon kritisch dargestellt wurde. Lesen Sie es, wann auch immer, in jedem Fall ein oder weitere Male. Nehmen Sie auch andere Quellen, die Ihnen zur Verfügung stehen, zu Hilfe. Und lassen Sie zu, dass es in Ihnen arbeiten darf. Diesen Prozess unterstützen Sie wieder, wenn Sie alles, was in Ihrem Inneren an Gedanken und Gefühlen dazu auftaucht, bewusst wahrnehmen und sich sofort notieren, sei es etwas Positives oder negativ Kritisches. Dann kann es erst einmal gut weiterarbeiten.

7 Was verstehen wir eigentlich unter Geist?

Va, pensiero, sull' ali dorata
Flieg, Gedanke, auf goldenen Schwingen.
Anfang des Gefangenenchores
in Guiseppe Verdis Oper „Nabucco"

Dass wir Menschen Körper-Seele-Geist-Wesen sind, wird heute durchaus oft gedacht und ausgesprochen. Um die vorhandenen Potenziale unserer drei wichtigsten Wesensbereiche nutzen zu können, brauchen wir jedoch einen klaren Begriff von ihnen. Die Frage ist, ob wir den wirklich haben. In keinem Aspekt unseres Lebens werden wir auf Dauer erfolgreich sein, wenn wir im Hinblick auf den Aspekt, um den es geht, keinen wirklich klaren Begriff haben.

An dieser Stelle schlage ich Ihnen vor, sich zunächst einmal wieder Papier und Stift zur Hand zu nehmen, und sich, bevor Sie weiter lesen, Ihre eigenen Gedanken zu der Frage zu machen: Was verstehe ich unter Geist? Bleiben Sie ganz locker und entspannt. Es geht hier nicht um eine Wissensprüfung. Das, worauf es hier zunächst wesentlich mehr ankommt, ist, dass Ihnen Ihr eigenes Denken und ihre eigene Idee zu diesem Aspekt überhaupt bewusst wird. Denn dass Sie mit Ihrer bisherigen eigenen, bewussten oder unbewussten Idee zum Begriff Geist innerlich in Kontakt kommen, ist, wie inzwischen deutlich geworden sein sollte, wichtiger als das, was Sie nun darüber weiter zu lesen bekommen, weil das Gelesene nur dann weiter führt, wenn es auf etwas im Inneren Vorhandenes trifft, und sich das innerlich Vorhandene und das von außen Aufgenommene miteinander verbinden.

Bitte erst nach Ihren eigenen Notizen weiterlesen.

Der Geist im Buddhismus

Die historisch älteste, und auch bis heute gut überlieferte Definition des Begriffs *Geist* existiert im Buddhismus. Im historisch noch älteren Hinduismus gab es natürlich auch eine klare Idee und Definition von Geist. Da es aber in der frühen hinduistischen Zeit keine schriftlichen, sondern nur mündliche Überlieferungen gab, sind bestimme Begriffe nicht so eindeutig zu belegen. Das bedeutet jedoch nicht, dass es im alten Hinduismus keine begrifflichen Definitionen gegeben hat. Doch nun zurück zum Buddhismus. Dort gibt es gleich zwei parallele Definitionen zum Begriff *Geist*. Der Sinn, warum das so ist, erschließt sich jedoch erst nach längerem gründlichen Nachdenken.

Die erste Definition lautet: *Der Geist ist klar und erkennend.*
Die zweite Definition lautet: *Die Natur des Geistes ist klares Licht, und die Befleckungen sind temporär.*

Die erste Definition bezieht sich auf einen, sich über alle Universen und Welten erstreckenden Geist, der nicht nur ohne Anfang und Ende existiert, sondern im buddhistischen Verständnis die Ursache und zugleich das Endziel aller materiellen Phänomene ist. In diesem Verständnis existieren erleuchtete Buddha-Wesen als rein geistige Wesenheiten in diesem universellen Geist-Feld. Der Begriff *klar* bedeutet, dieser Geist hat keine Form, keine Farbe, ist also nicht materiell. Die zweite Definition bezieht sich auf den Geist im Menschen. Wenn nun per Definition ein Unterschied gemacht wird zwischen dem universellen Ur-Geist und dem Geist im Menschen, dann soll damit deutlich gemacht werden, dass diese beiden Arten von Geist nicht von vornherein identisch sind. Denn im Gegensatz zum universellen Ur-Geist wird im Buddhismus der Geist im Menschen als grundsätzlich *befleckt* betrachtet, solange der Mensch nicht die Erleuchtung erlangt hat. Die Fähigkeiten, die durch den Geist im Menschen, aber auch in anderen Lebewesen geweckt werden können, also das mehr oder weniger bewusste Denken, Fühlen und Handeln, werden im Buddhismus als *Geistesfaktoren* bezeichnet. Hierbei wird unterschieden zwischen positiven und negativen Geistesfaktoren, die jeweils positive oder negative Resultate im Leben des Einzelnen bewirken.

Eine historische Übersicht über das Verständnis von Geist in der abendländischen Philosophie

In unserer westlichen Kulturtradition war es Platon, der als erster eine Definition des Begriffs *Geist* ersonnen hat. Für Platon ist der Geist, den der gewöhnliche Mensch beim Denken und in der Sinneswahrnehmung anwendet, nur ein kleiner Bruchteil einer größeren universellen *Instanz*. Es besteht also ganz offensichtlich eine Verwandtschaft, wenn auch nicht völlige Identität mit der Begriffsvorstellung des Buddhismus. Platons Konzept einer unsterblichen Seele und der damit einhergehenden Seelenwanderung, in diesem Aspekt ein wesentlicher Unterschied zum Buddhismus, bedurfte einer solchen umfassenden Instanz wie einem höheren Geist. Diesen höheren und universellen Geist, so Platon weiter, kann der Mensch jedoch nur durch eine durch längere Übung erworbene *geistige Schau* erkennen. (1)

Im Hinblick auf eine historische Gesamtperspektive des abendländischen Geist-Begriffes erscheint es mir an dieser Stelle wichtig, darauf hinzuweisen, dass Aristoteles, der ja ein Schüler Platons war und sich während seines gesamten Lebens darum bemüht hat, allem und jedem, was existiert, einen festen Begriff zu geben, sich ausgerechnet beim Begriff *Geist* einer klaren Begriffsdefinition enthalten hat, wohingegen er den Begriff *Seele* sehr wohl meinte definieren zu müssen. Aristoteles war ja eigentlich auch nicht in erster Linie Philosoph, wie sein Lehrer Platon, sondern er verstand sich selber mehr als allgemeiner Wissenschaftler. Und als solcher ging es ihm hauptsächlich um das, wozu der Geist im Menschen alles fähig ist, zum Beispiel zur Logik.

In der historischen Folge hat die christliche Religion und Theologie wesentliche Grundüberzeugungen von Platon übernommen, wenn auch nicht dessen gesamte Philosophie. Dass sich dann über viele Jahrhunderte im philosophischen Denken des Abendlandes und damit auch im Hinblick auf das Denken über den Geist-Begriff so gut wie nichts weiter entwickelt hat, wurde in einem vorherigen Kapitel schon deutlich gemacht. Und so gab es denn auch erst im Zusammenhang mit der bereits aufgezeigten philosophischen Wiederbelebung in der Neuzeit erste neue Definitionen zum Begriff *Geist*.

Die erste stammt von Descartes. Sie beruht auf dem schon berühmten *Descart'schen Dualismus*, und lautet folgendermaßen:

„Der Geist ist denkende Substanz, ohne räumliche Ausdehnung. Der Körper ist materielle Substanz, ausgedehnt, aber nicht denkend".

Und um es gleich vorwegzunehmen, beide Aussagen sind heute erwiesenermaßen falsch. Wie noch aufgezeigt werden soll, gibt es nichts Ausgedehnteres im Universum als Geist. Und wie ebenfalls noch ausgeführt werden soll, ist der lebende Körper, bis hin zur einzelnen Zelle, sehr wohl zum Denken in der Lage. So muss zumindest argumentiert werden, wenn wir die Begriffe „ausgedehnt" und „nicht ausgedehnt" so betrachten, wie wir das heute gewohnt sind. Hier muss eventuell jedoch auch berücksichtigt werden, dass Descartes womöglich diese Begriffe anders verstanden hat, als wir das heute tun.

Die zweite Definition ist eigentlich schon keine wirkliche Definition mehr, sondern eher eine bildhafte Idee von *Geist*. Sie stammt von John Locke, einem der ersten Protagonisten der Empiristen, die zur damaligen Zeit eine Gegenposition zu den Rationalisten, zu denen auch Descartes gehörte, aufgebaut haben. Ich zitiere Locke:

„Wir wollen annehmen, der Geist sei, wie wir zu sagen pflegen, weißes Papier, bar aller Schriftzeichen und ohne irgendwelche Ideen; wie wird er nun damit versehen? … Woher hat er all die Materialien der Vernunft und Erkenntnis? Darauf antworte ich mit einem Wort: aus der Erfahrung, in der alle Erkenntnis gegründet ist und aus der er selbst sich letztlich ableitet." (2)

Locke erkennt also nur einen menschlichen, vielleicht noch tierischen Geist an, jedoch keinen universellen Geist. Und er übernimmt eins zu eins die kosmologische Theorie von Aristoteles, wonach die geistige Idee in der jeweiligen Materie immanent enthalten ist, sie ansonsten aber nicht nachweisbar und damit auch nicht als existent betrachtet werden könne.

Während es den Philosophen Kant und Locke in erster Linie um Erkenntnisphilosophie ging, war es der deutsche Philosoph Georg Wilhelm Friedrich Hegel, der nach Descartes eine eigene und neue Philosophie des Geistes entworfen hat, die nach ihm viele Philosophen enorm beeinflusst hat, und bis heute innerhalb der Philosophie noch immer eine wichtige Orientierung darstellt. Hier die wesentlichen Charakteristika und Merkmale seines Geist-Begriffes:

- Der Geist ist keine Substanz und kein Ding. (Hier besteht der wesentliche Unterschied zu Descartes.) Der Geist hat keinen konkreten Ort, sondern ist sowohl räumlich wie zeitlich ohne Grenzen.
- Der Geist hat die Fähigkeit zu produzieren, und auch das vollkommen grenzenlos. In der biologischen Materie bewirkt der Geist Bewusstsein, was zugleich bedeutet, dass Geist und Bewusstsein nicht identisch sind, weil der Erzeuger nicht mit dem Erzeugten identisch sein kann. Im menschlichen Bewusstsein bewirkt der Geist darüber hinaus Kultur und Geschichte.
- Der Geist hat die Fähigkeit, sich selbst zu erfassen; diese Fähigkeit ist ein natürliches Wesensmerkmal des Geistes, und darf daher nicht nur als sekundäre Folgeerscheinung seiner Schöpferfähigkeit betrachtet werden.
- Ein weiteres Wesensmerkmal des Geistes ist, dass er immer auf irgendetwas bezogen ist. Auch diese Bezogenheit kennt keine Grenzen. Aufgrund dieser grenzenlosen Bezogenheit ist der Geist immer auch die Wahrheit schlechthin. Mit diesem Aspekt kann Hegel als derjenige gesehen werden, der als erster die Fähigkeit des Geistes zur Multiperspektivität erkannt hat. Auf dieser Basis entwickelte er seine bis heute berühmte Hegel'sche Dialektik, die die bis dahin geltende Dialektik des Aristoteles (Syllogismus, siehe oben) wesentlich erweiterte.
- Die grenzenlose Bezogenheit des Geistes bedeutet, dass der Geist sowohl im wahrnehmenden Subjekt als auch im wahrgenommenen Objekt vorhanden ist. (Hier besteht ein wesentlicher Unterschied zu Kant, der den Geist nur dem wahrnehmenden Subjekt zuerkannt hat.)

Aus dieser Philosophie des Geistes ist eine lange philosophische Tradition entstanden, die besonders im deutschsprachigen Raum bis heute Bestand hat. Im aktuellen Mainstream der Wissenschaften, und damit auch im öffentlichen Bewusstsein, wird sie von der vorherrschenden naturwissenschaftlichen Denkweise jedoch fast vollkommen an den Rand gedrückt. Die hier vorherrschende Denkweise über den Geist definiert der Neurobiologe Gerhard Roth in seinem 2011 erschienenen Buch *Wie einzigartig ist der Mensch?* folgendermaßen:

> *„Wir sind gewohnt, Geist mit bewusstem Wahrnehmen, Denken Entscheiden, Phantasieren, Erinnern, Planen in Verbindung zu bringen. In diesem Buch geht es aber um einen viel umfassenderen Begriff des Geistes, nämlich um kognitive Fähigkeiten und Intelligenz, also eher um Geist im Sinne des englischen Wortes ‚mind'. Dieser Begriff bezeichnet vor allem die Fähigkeit eines Organismus, Probleme zu lösen, die in seiner natürlichen oder sozialen Umgebung auftreten. Dazu gehören Formen des assoziativen Lernens und der Gedächtnisbildung, Verhaltensflexibilität, innovatives Verhalten sowie Leistungen, die Abstraktion, Begriffsbildung und Einsicht erfordern. All dies kann, muss aber nicht von Bewusstsein begleitet sein … Es gibt keinen Organismus, der seine Welt nur mit den Sinnesorganen wahrnimmt und reflexartig oder instinktmäßig darauf reagiert, sondern alle Organismen besitzen neben ihrem Wahrnehmungsvermögen ein Lernvermögen, ein Gedächtnis und eine multisensorische Reizverarbeitung.“* (3)

Hier ist *Geist* also eindeutig nur das Resultat von zwar biologischen, aber rein materiellen Strukturen, die sich im Laufe der Evolution entwickelt haben, vornehmlich des Nervensystems und des Gehirns. Nach der Definition von Roth gibt es Geist erst, seitdem es lebende Zellen gibt, aber vorher nicht. Roth steht hier mit seiner Definition des Geistes also beispielhaft für die gesamte derzeitige Naturwissenschaft. Das wesentliche Charakteristikum dieses Geist-Begriffes ist die Sichtweise, dass ein Organismus sich stets nur reaktiv, wenn auch auf sehr geschickte und differenzierte Weise, auf eine scheinbar objektiv vorhandene materielle Umwelt anpasst.

Die Mind-Definition von Geist ist nur eine Sichtweise neben anderen

Dennoch gab und gibt es auch in der neueren Zeit immer wieder Wissenschaftler, die ein gänzlich anderes Verständnis von *Geist* hatten oder haben. Der vorne schon zitierte Biologe Jakob von Uexküll zum Beispiel war einer von ihnen. Ein anderer war der englische Mathematiker und Philosoph Alfred North Whitehead. Er war ein entschiedener Kritiker der sogenannten *Sub-*

stanzmetaphysik des Aristoteles, und bemühte sich, darauf hinzuweisen, dass unser Umgang mit Begriffen oft allzu oberflächlich und aus Alltagsgewohnheit, wie er formulierte, geschehe. Von ihm stammt auch eine sehr interessante historische Betrachtungsweise zum Geist-Begriff, auf die ich im Buch von Jeremy W. Hayward gestoßen bin. Ich zitiere die gute sinnvolle Interpretation von Hayward:

> *„Im Mittelalter vollzog sich die endgültige Spaltung zwischen dem rationalen Empirismus des Intellekts und der direkten partizipierenden Erkenntnis der Intuition … Als Newton im siebzehnten Jahrhundert die Bewegungsgesetze entdeckte, die für die Planeten ebenso galten wie für alle unbelebten Dinge auf der Erde, war der Weg geebnet für den Triumph des schlussfolgernden intellektuellen Erkennens über die direkte partizipierende Erkenntnis der Intuition. Wie ein Lauffeuer verbreitete sich innerhalb eines Jahrhunderts der Glaube, dass alles als die nach festen mechanischen Gesetzen ablaufende Bewegung von isolierten, leblosen Materieklumpen im leeren Raum zu erklären sein müsse. Geist war nicht erforderlich für das Funktionieren dieser mechanischen Welt. Geist konnte man allenfalls dem passiven Beobachter und dem Denker zusprechen. Und da Materieklumpen unmöglich Sympathiebeziehungen zueinander haben konnten, wurden die Prinzipien der Magie für ‚übernatürlich' erklärt – nicht zur Natur gehörig. Nun war die Welt also geistlose Materie im geistlosem Raum, und man musste sich überlegen, welchen Ort der Geist überhaupt noch in der Welt hatte und in welcher Beziehung er zu ihr stand.“* (4)

Und sowohl Whitehead als auch Hayward betrachten diesen wissenschaftlichen Entwicklungsprozess als einen Emanzipationsversuch aus der Jahrhunderte langen Dominanz des christlichen Denkens, indem nun der Ort von *Geist* einzig und allein das Innere eines Lebewesens sein könne.

Zu den Kritikern dieses ausschließlich auf das englische Wort *mind* zentrierten Geist-Begriffes zählt auch Ken Wilber. Seine schon dargestellte Sichtweise von *Geist* sei an dieser Stelle noch einmal zusammengefasst:

Geist ist die Urkraft im Universum schlechthin und befindet sich räumlich-physikalisch in einem permanenten Prozess zwischen Evolution (Entfaltung) und Involution (Einfaltung). Materie entsteht im Evolutionsprozess aus Geist, und jede Materie verfällt irgendwann und wird in einem Involutionsprozess des Geistes wieder zu reinem Geist, um danach in einer Evolution erneut Materie zu werden.

Wilber vermeidet in seinen Schriften, obwohl Amerikaner, bewusst die Verwendung des Wortes *mind,* weil dieser Begriff in seinen Augen dem Aspekt der Sinnhaftigkeit des Geist-Begriffes nicht gerecht werde. Stattdessen verwendet er in seinen Schriften für Geist entweder das deutsche Wort *Vernunft,* oder das deutsche großgeschriebene Wort *GEIST.* (5)

Geist als morphogenetisches Feld

Ein weiterer Kritiker der Fixierung des Geist-Begriffes auf *mind* im Gehirn ist der englische Biologe Rupert Sheldrake, der in den 1980er Jahren die Theorie der *morphogenetischen Felder* als Ursache der Formbildung in der gesamten lebenden Natur begründete. Nach dieser Theorie existiert in der Naturwelt eine Art innewohnendes Gedächtnis, mit dessen Hilfe jegliche Natur sowohl zu einer ihr gemäßen äußeren Form als auch zu einem ihr gemäßen Verhalten findet. Ein solches Gedächtnis ist natürlich eine rein geistige Entität, wie die derzeitige Naturwissenschaft das ja auch sieht (siehe oben, Roth). Allerdings existiert für Sheldrake dieses Gedächtnis nicht im Organismus des Naturwesens, wie das die Naturwissenschaft sieht, sondern ist in Form von *morphogenetischen Feldern* im Kosmos als nicht-lokale geistige Energie gespeichert und wird als geistige Matrix von den jeweils unterschiedlichen Naturwesen dort als für sie passend erkannt und abgerufen. Später hat Sheldrake seine Theorie auf alle Phänomene im Kosmos ausgeweitet, also auch auf rein chemische Stoffe und sogar auf soziale Phänomene bei Menschen und Tieren.

Sheldrake kritisiert am reinen *Mind-Verständnis* der Naturwissenschaft, dass trotz der Fähigkeit von Organismen, zu lernen und Anpassungsstrategien im Gedächtnis speichern zu können, viele in der Natur und in der realen

Lebenswirklichkeit vorkommenden sehr schnellen und spontanen Reaktionen und Verhaltensweisen auf unvorhersehbare Situationen unmöglich durch gespeicherten Verhaltensweisen oder Erinnerungen im Gedächtnis zu erklären sind, weil so schnell und spontan die notwendigen Lernerfahrungen gar nicht möglich seien, zum Beispiel bei unvorhersehbaren Situationen beim Vogelflug oder wenn Fischschwärme von Jägern angegriffen werden. In jüngster Zeit widmet Sheldrake seine Forschungen daher auch explizit den Phänomenen der sogenannten „außersinnlichen Wahrnehmungen", die ja von der Naturwissenschaft grundsätzlich als „pseudowissenschaftliche Phänomene" bezeichnet werden. Da er innerhalb der Naturwissenschaft nicht anerkannt ist, muss er die Gelder für seine Forschungen aus Spendengeldern und Spendenstiftungen erbringen. In diesen aktuellen Forschungen gelingt es ihm, mithilfe sauber durchgeführter Studien nachzuweisen, wie Menschen in der Lage sind, wahrzunehmen, wenn sie von hinten angestarrt werden, oder dass Menschen ebenso wie die höheren Säugetiere Hunde und Hauskatzen in der Lage sind, zu unterscheiden, ob beim Telefonklingeln eine vertraute Person anruft oder nicht. All diese Phänomene lassen sich nicht mit den oben von Roth aufgelisteten mentalen und im Gehirn abrufbaren gespeicherten Informationen alleine erklären, sondern nur durch eine Kraft, die sozusagen in einem Energiefeld wirksam ist, und die Sheldrake nun als *mentale Felder* bezeichnet. (6) Sheldrake versteht also *Geist*, im Gegensatz zur gängigen Naturwissenschaft, als etwas Nicht-Lokales, aber aus durchaus konkreten Informationen oder Matrizen bestehenden Energiefeldern, die er selbst als geistige nichtmaterielle Gitter darstellt.

Erfahrungen aus der Körperpsychotherapie

In der Körperpsychotherapie wird mit Menschen, die Probleme haben, ihre eigenen Grenzen wahrzunehmen, oft sehr erfolgreich eine bestimmte Übung eingesetzt. Bei dieser Übung steht der Betreffende im Raum an einem festen Platz. Dann kommt ein anderer von vorne auf ihn zu, und der an seinem Platz Stehende muss durch ein konkretes Signal kundtun, ab welcher Entfernung der auf ihn Zukommende nicht mehr weitergehen soll. Warum ich diese Übung in diesem Kontext erwähne: Sie funktioniert auch, wenn der Zukommende von hinten kommt und der an seinem Platz Stehende diesen definitiv nicht sehen kann. Die Frage ist nun, mithilfe welcher Sinneswahrnehmung wird hier wahrgenommen? Die Naturwissenschaft hat auf diese Frage keine Antwort.

Geist als mentales Hologramm

Eine Sichtweise des *Geistes*, die der von Sheldrake sehr ähnlich und dennoch nicht identisch ist, stammt von dem Amerikaner und in Berlin lebenden Buddhisten Alex Berzin. (7) Berzin entwickelt eine Theorie des Geistes als *mentales Hologramm*. Er veranschaulicht das am Beispiel der visuellen Wahrnehmung. Im gleichen Augenblick, in dem die von außen auf das Auge ankommenden Lichtstrahlen eintreffen, erzeugt der innere Geist eine Projektion in die Außenwelt, mit deren Hilfe sich der Sehende im Raum orientieren kann. Der gleiche Prozess geschieht bei jeder Art von sinnlicher Wahrnehmung. Dieser Projektionsvorgang ähnelt der Erzeugung eines räumlichen Hologramms. Der fundamentale Unterschied zur Geist-Perspektive der Naturwissenschaft und zum leeren Blatt Papier von John Locke ist der, dass der Geist eines Lebewesens sich nicht auf eine Verarbeitung und eventuell geschickte Verknüpfung von Sinnesdaten innerhalb des Organismus beschränkt, sondern er zum passiven Empfang von Eindrücken, aber ebenso zum absolut simultan verlaufenden aktiven Projizieren auf die Außenwelt in der Lage ist. Die Simultanität ist dabei so genau, dass die alten Theorien von Reiz und Reaktion innerhalb des Nervensystems nicht mehr greifen.

Und auch das noch zum Weiterdenken. Mit den Messmethoden der Naturwissenschaft lässt sich nur neuronale Aktivität messen. Von welcher Art und Qualität diese Aktivität ist, kann nicht erfasst werden. Die Qualität der Erzeugung von geistigen Hologrammen, die den Wahrnehmenden in die Lage versetzen, sich sicher und gezielt in der Welt zu orientieren, kann nicht gemessen werden. So etwas kann nur erfahren werden, wenn man, wie es die Buddhisten tun, sehr gründlich den Geist bei seiner Arbeit und Aktivität beobachtet. Bei der Hologramm-Erzeugung verschränken sich das wahrnehmende Subjekt, das wahrgenommene Objekt und das hierdurch aktivierte wesentliche Werkzeug, nämlich der Geist, miteinander. Berzin beschreibt das hierbei entstehende *geistige Hologramm* als permanenten Prozess zwischen

Subjekt, Objekt und Geist, der nichts mehr gemein hat mit einer scheinbar noch so guten neuronalen Verarbeitungsmaschinerie, die als scheinbar reine Reaktion nur im Inneren eines Organismus stattfindet. Berzin betont jedoch auch, dass diese mentale Hologramm-Erzeugung an die Bedingung materieller und biochemischer oder neuronale Stoffe gebunden ist. Aber mithilfe dieser Theorie bekommen wir erstmals eine Vorstellung von Geist als sehr aktiver Kommunikator und Interakteur, und das mit einer ebenso enormen zeitlichen Geschwindigkeit wie interaktiven Dynamik.

Der Gestaltkreis aus zwei Formen von Geist in allen Lebewesen

Jakob von Uexküll war ein deutscher Biologe und lebte von 1864 bis 1944. Er entwickelte eine Theorie, nach der alle biologischen Wesen vom Einzeller bis zum Menschen eine dem Gestaltkreisprinzip ähnelnde Art und Weise der Wahrnehmung ihrer Umwelt besitzen. Nach diesem Prinzip nimmt jedes biologische Lebewesen seine aktuelle Umwelt mit den ihm zur Verfügung stehenden Sinnesorganen wahr und macht sich auf diese Weise ein inneres Bild von dieser Umwelt und den diese Umwelt umfassenden Objekten. Soweit ist das auch die Sichtweise der vorherrschenden Naturwissenschaften. Neu an der Theorie von Uexkülls war, dass die Lebewesen in sich nicht nur ein Bild ihrer Umwelt speichern, sondern vollkommen parallel dazu auch ein Schema – jedoch kein Bild – ihres Umgangs mit dieser Umwelt und ihren Objekten. Nach von Uexkülls Ansicht existieren also zum einen *Rezeptoren* im Organismus. Diese sind nur zuständig für die Wahrnehmung der äußeren Umwelt und das Bild. Dann aber existieren gleichzeitig auch *Effektoren*, die zuständig sind, die eigenen Handlungen zu koordinieren und ebenfalls zu speichern in einem inneren Schema. Die *Rezeptor-Organe* und *Effektor-Organe* wiederum korrespondieren und interagieren in einem permanenten Kreislauf miteinander, das heißt, die *Rezeptor-Organe* wissen über das Geschehen in den *Effektor-Organen* Bescheid und umgekehrt. Die Umwelt des jeweiligen biologischen Wesens zergliedert sich dadurch in eine, wie von Uexküll sagte, *Merkwelt*, die wahrgenommen wird, und eine *Wirkwelt*, die der subjektiv inneren Bedeutung des Lebewesens entspricht, wobei die Zergliederung mithilfe der Gestaltkreisbildung gleichzeitig auch eine Verschränkung beinhaltet. Die Konsequenz davon ist, dass jedes Lebewesen seine Lebensumwelt in Form der verschiedenen Sinneshüllen ständig mit sich herum trägt. Dadurch findet ein Starenvogel, den man mit einem Flugzeug 1000 km von seinem Nest entfernt transportiert, problemlos nach einiger Zeit zu seinem Nest zurück. Und auf die gleiche Art und Weise finden Bienen zu dem kleinen Spalt ihres Bienenstocks zurück und schaffen das aber nicht mehr, wenn man den Bienenstock nur um drei Meter versetzt. Andere Beispiele gibt es von Katzen, die über Hunderte von Kilometern wieder in ihr ursprüngliches Zuhause zurückgefunden haben.

Wie man sich das auf den Menschen bezogen vorstellen kann, erklärt von Uexküll am Beispiel der Glocke, das ich mir hier erlaube, etwas zu modifizieren, ohne den gedachten Sinn aus dem Auge zu verlieren. Jahrhundertelang waren Kirchenglocken auf erhöhten und weithin sichtbaren Türmen befestigt. So konnte ihr Schall sich gut verbreiten. Für von Uexküll gab es jedoch hierfür noch einen anderen Grund. Jeder, der in Stadt und Land unterwegs war, konnte die Glocke auch immer wieder leicht von allen möglichen Richtungen und Ecken sehen. Und immer, wenn jemand den Turm gesehen hat, wusste er, dass sich darin die Glocke befindet und welche Funktion und Bedeutung sie hat, selbst wenn die Glocke gerade stumm war. Das nennt von Uexküll die *Wirkseite* der Glocke. Die *Merkseite* der Glocke wurde stets nur aktiviert, wenn die Glocke konkret ertönte. Von Uexküll dazu:

> *„Es gibt also auch eine Wirkseite der Glocke, die von der Merkseite nicht umfasst wird und die wir niemals zu Gesicht bekommen. Die Wirkseite der Glocke muss als dauernd wirkend vorgestellt werden, da sie uns immer von neuem als Reizquelle dienen kann.“* (8)

Das gleiche Prinzip lässt sich nun übertragen auf die muslimische Glaubenswelt. Hier hat das Minarett die Funktion, die in der christlichen Welt der Kirchturm hat. Wenn ein Christ ein Minarett sieht, egal, aus welcher Entfernung, weiß er, dass das ein Minarett ist, aber eine Bedeutung in seiner *Wirkwelt* hat das Minarett nicht, umgekehrt gilt das für den Muslimen, der einen Kirchturm sieht.

Praxisbeispiel aus dem Leben

Wenn ich vor geraumer Zeit meinen damals schon alt gewordenen Vater bei sich zu Hause für mehrere Tage, weil ich weiter entfernt wohnte, besuchte, bat er mich stets, dass wir zusammen seinen Lieblingsspazierweg, einen kleinen Wanderweg, gehen mögen. Mich erstaunte dann, dass die Themen und Aspekte, über die wir dabei ins Gespräch kamen, sich grundsätzlich von denen unterschieden, die wir in Gesprächen in seinem Haus hatten, zum Beispiel beim gemeinsamen Essen. Wenn ich dann am nächsten Tag die gleiche Strecke alleine und ohne ihn ging, waren meine Gedanken in gänzlich anderen Richtungen unterwegs, und es gab so gut wie keine Erinnerung mehr an das Gespräch mit ihm am Tag zuvor. Am dritten Tag gingen wir den gleichen Weg wieder zusammen. Und ohne dass wir das beabsichtigten, kamen wir zu den gleichen oder sehr ähnlichen Themen zurück wie zwei Tage zuvor. Am vierten Tag bin ich dann die Strecke wieder alleine gegangen, und ohne dass ich über etwas bestimmtes nachdenken wollte, führten mich meine Gedanken in die ähnlichen Richtungen wie zwei Tage zuvor, als ich ebenfalls die Strecke allein gegangen war. Die gleiche äußere Umgebung war also mit ihm zusammen eine andere „Umwelt", als wenn ich sie alleine durchwandert habe. Und die Wanderumgebung war auch für meinen Vater eine andere „Umwelt" als seine vertrauten eigenen vier Wände bei sich zu Hause.

Die Theorie der subjektiven Umweltprägung besagt, dass das Subjekt die Umwelt erschafft und nicht umgekehrt die Umwelt das Subjekt dominiert. Von Uexküll erlitt seinerzeit das gleiche Schicksal, das derzeit der Biologe Rupert Sheldrake hat. Er wurde in der damals vorherrschenden Szene der Naturwissenschaftler nicht ernst genommen und hatte dementsprechend große Mühe, seine wissenschaftliche Tätigkeit zu finanzieren. Glücklicherweise gab es einige Ausnahmen, und so erhielt er immerhin von der Universität Heidelberg sogar einen Ehrendoktortitel zuerkannt. Und ebenso glücklicherweise hat sich von Uexküll durch die ablehnende Haltung seiner Wissenschaftskollegen nicht beirren lassen.

In den 1990er Jahren, also genau eine Generation nach von Uexküll, haben die beiden chilenischen Biologen Humberto Maturana und Francisco J. Varela den Begriff der *Autopoiesis* als zentrales Wirkprinzip aller lebenden Wesen eingeführt. Maturana war einer der wenigen Biologen, die die biologischen

Konzepte von Uexkülls ernst genommen und weiter entwickelt haben. Für Maturana und Varela existiert keine objektiv messbare und darüber hinaus als eine geschlossene Einheit zu definierende Außenwelt, wie das seit Aristoteles in der Wissenschaft gesehen wird. Stattdessen ist die wahrgenommene Außenwelt etwas, das sich alle biologischen Lebewesen selber erschaffen. Die Lebewesen, so Maturana und Varela, sind somit nicht dazu verdammt, lediglich möglichst optimal auf die scheinbar objektive Umwelt zu reagieren und sich anzupassen, sondern sie sind permanent aktive Mit-Gestalter ihrer Lebenswelt. Dem Prozess dieser Mitgestaltung geben sie den Namen „Autopoiesis".

Im ausschließlich geistigen Prozess der permanenten *Autopoiesis* existieren Subjekt und Objekt untrennbar miteinander verschränkt. Demzufolge gibt es keine Organismen ohne Umwelt, aber es gibt auch keine Umwelt ohne Organismen. Der Begriff *Autopoiesis* kommt aus dem Griechischen und setzt sich zusammen aus *autos = selbst und poiesis = Erschaffung, Erzeugung, Handlung.* Nun sollte man jedoch nicht der Versuchung erliegen, zu denken, dass das wahrnehmende Subjekt selbst sich seine Welt lediglich zurechtdenkt. Sondern Maturana und Varela betonen ausdrücklich, dass am *Autopoiesis-Prozess* stets das Subjekt und etwas objektiv im Außen Vorhandenes zugleich beteiligt sein müssen, sonst funktioniert der Prozess nämlich gar nicht. Daher ist der Begriff vielleicht etwas unglücklich gewählt und könnte zu Missverständnissen führen. Wie aber Maturana und Varela *Autopoiesis* wirklich verstehen, machen sie am Beispiel der Sprache deutlich. Für sie ist Sprache auf allen Ebenen der Evolution nicht ein Attribut und eine Leistung des individuellen Organismus, sondern Sprache ist zugehörig zu einer Geschichte von Interaktionen in einer Gruppe von Organismen, die einer gemeinsamen sensorischen Domäne angehören und untereinander und mit ihrer Umwelt gekoppelt sind. Eine Sprache ohne solch ein Umfeld wäre ohne Sinn und Bedeutung. (9) Das bedeutet, dass unsere Sprache nie nur eine rein reaktive Eigenleistung des individuellen Organismus oder des Gehirns beinhaltet, wie die meisten Naturwissenschaftler das heute sehen (siehe Roth). Sondern, wenn ich mit jemandem spreche, dessen Sprache ich absolut nicht verstehe, entnehme ich die Gesten und Worte meiner Kommunikation immer dem jeweils aktuellen intersubjektiven Kontext, der sich gerade ergibt. Und der ist beim nächsten, mit dem ich rede, und dessen Sprache ich auch nicht verstehe, schon nicht mehr der gleiche wie bei dem vorherigen. Habe ich es aber mit einem Gegenüber zu tun, mit dem ich eine gemeinsame Sprache teile, so ist jedes Wort, das ich sowohl höre als auch benutze, nicht eine rein neuronale Leistung des organismischen Individuums, sondern eine Leihgabe unseres gemeinsamen kulturellen Hintergrundes, der sich in Jahrhunderten gebildet hat und den zu würdigen beiden Gesprächspartnern gut zu Gesichte stehen würde, ganz im Gegensatz zu dem, wie heute in den sogenannten „sozialen Netzwerken", aber teilweise auch in den öffentlichen Medien, mit Sprache umgegangen wird. Die *Autopoiesis-Theorie* von Maturana und Varela wird, im Gegensatz zur Theorie von Uexkülls, inzwischen weltweit anerkannt und berücksichtigt. Sie baut jedoch auf dem Gedankengut von Uexkülls auf, der somit möglicherweise ebenfalls allmählich und nachträglich zu seiner verdienten naturwissenschaftlichen Anerkennung findet. Im aktuellen „Mainstream" der Naturwissenschaften sind allerdings auch Maturana und Varela noch nicht angekommen.

Zwischen-Resümee

Das erste, was deutlich geworden sein sollte, ist, dass der Geist weder ein *Subjekt* noch eine *Substanz* im Sinne von Aristoteles ist, der, die oder das etwas erzeugt, also auch kein Neuron oder biochemischer Cocktail im Gehirn. Sondern Geist ist ein permanent vorhandener energetisch aufgeladener Prozess. Und wenn ein individuelles Bewusstsein etwas erkennt, dann ist das nicht ausschließlich eine allmählich stattfindende biochemische Reaktion auf Reize, sondern das Resultat von spiegelgleichen Strukturgesetzen, die sowohl im Erkennenden als auch im Erkannten vorhanden sein müssen. Diese Strukturgesetze sind rein geistiger, das heißt nicht materieller Natur. Die nicht gesehene Dialektik zwischen *Merkwelt* und *Wirkwelt* in unserem subjektiven Inneren ist daher ein Paradebeispiel für das Dilemma in unserer heutigen Welt des reinen Wissens. Die Fixierung auf reines Wissen bewirkt im Inneren nur eine riesige Summe von *Merkwelten.* Wenn diesen *Merkwelten* der Gegenpol der *Wirkwelt* fehlt, ist das so, wie wenn ein in der europäischen Kultur Aufgewachsener auf einer Reise durch den Orient an vielen verschiedenen Minaretten vorbeigeht und dann sagen kann, er hat hunderte von Minaretten gesehen und sie natürlich auch noch fotografiert, um den Daheimgebliebenen zu zeigen, was er alles gesehen hat, ohne darüber nachzudenken, *wie* er gesehen hat, wie Goethe das formuliert hat. Und da diese vielen gesehenen Minarette keine innere Bedeutung beziehungsweise keinen inneren Bezug für ihn haben, bleiben die vielen Minarette eine Überladung von *Merkwelten* ohne den Gegenpol einer für ihn sinnvollen *Wirkwelt*. Die gleiche einseitige Überladung von *Merkwelten* geschieht, wenn unsere gesamte Kultur meint, eine reine Wissensaneignung reiche heute aus, um in der Welt bestehen zu können, ohne dass vor allem den jungen Menschen in Schule und Ausbildung vermittelt wird, wie man lernt, *Merkwelt* und *Wirkwelt* im Inneren zu verbinden. Übrigens kann man nicht nur am Beispiel Goethes lernen, wie man *Merkwelt* und *Wirkwelt,* speziell in fremden Umgebungen miteinander verbindet, sondern die gleiche Modellerfahrung haben die beiden deutschen Künstler Paul Klee und August Macke gut nachvollziehbar beschrieben, als sie vor genau 100 Jahren als Europäer mit der nordafrikanischen Umwelt und Kultur in Kontakt gekommen sind. Mit einem Aufwand von sehr geringen Kosten, aber mit etwas größerem zeitlichen Aufwand an entsprechenden Recherchen und Nachlesen kann heute jedermann sich auch die Beschreibungen des inneren Prozesses dieser beiden Künstler aneignen.

Beispiele für das geistige Autopoiesis-Prinzip unserer Sinneswahrnehmung

Beispiel 1

Im Dezember 1958 und Januar 1959 gelang es einem englischen Arzt, einem 50-jährigen, von Geburt an wegen einer geschädigten Hornhaut blinden Mann eine neue intakte Hornhaut zu implantieren. Der Mann konnte trotz der gelungenen Transplantation nicht sehen und verfügte weiterhin über keinerlei visuelle Wahrnehmung. Erst nachdem er durch intensives Training mithilfe seines Tastsinnes die Gegenstände im wahrsten Sinne des Wortes „erfasst“ hatte, lernte er allmählich, die Lichteindrücke auf seiner neuen intakten Hornhaut zu „verstehen“. Dieser Prozess dauerte Jahre und musste von psychologisch geschulten Menschen begleitet werden.

Beispiel 2

Wenn junge Katzen in einer entscheidenden Phase zwischen der vierten Woche und dem vierten Monat ihres Lebens keine Gelegenheit haben, Formen zu sehen, bleiben sie für ihr ganzes Leben blind, auch wenn ihre Umgebung hell erleuchtet ist. Also selbst Katzen müssen die visuelle Wahrnehmung in der Anfangszeit schulen und trainieren.

Beispiel 3

Der Erfinder der Geometrie, Euklid, hat vor über 2500 Jahren darauf hingewiesen, dass ein gesundes Auge normalerweise bei ausreichendem Licht jede kleine auf den Boden gefallene Nadel sofort erkennen müsse, was aber, wie wir wissen, nicht der Fall sei. Die Erklärung für dieses Phänomen ist, dass unser Auge zu sehr an einen gewissen vertrauten Sehhintergrund gewohnt ist und ein so kleines Objekt erst einmal aus dem vertrauten Sehhintergrund herausgefiltert werden muss. Wenn jemand jeden Tag auf den Boden gefallene Nadeln suchen muss, würde er diese ganz selbstverständlich sofort finden.

Beispiel 4

Sämtliche von der Augenlinse erfasste Formen werden auf die Retina des Auges sowohl höhen- als auch seitenverkehrt projiziert. Trotzdem sehen wir die Formen höhen- und seitenentsprechend, weil unser geistiges Bewusstsein die Dinge gerade rückt. Es stellt sich die Frage, wieso unser Augenorgan diese Umkehrung überhaupt vollzieht, wenn unser Bewusstsein sich damit auch noch diese zusätzliche Mühe machen muss. Eine mögliche Antwort darauf lautet, dass die materiellen Wahrnehmungsorgane ganz offensichtlich wie Spiegel strukturiert sein müssen, damit sie ihre geistige Funktion erfüllen können.

Beispiel 5

Einen ebenfalls auf die visuelle Wahrnehmung bezogenen Autopoiesis-Prozess können wir manchmal sogar am eigenen Leibe bewusst erleben. Denn was wir normalerweise überhaupt nicht im Bewusstsein haben, ist, dass bei seitlicher Bewegung unseres Kopfes sich auch die im visuellen Blickfeld visuell wahrgenommenen Gegenstände auf unserer Retina zunächst mitbewegen. Auch hier ist es eine Leistung unseres Bewusstseins, dass wir davon gar nichts mitbekommen und die Gegenstände ruhig an ihrem Platz bleiben, während wir den Kopf drehen. Nur, wenn wir durch zu viel Alkohol unser Bewusstsein getrübt haben, kann dieser Prozess vom Bewusstsein nicht mehr durchgeführt werden, und die Gegenstände drehen sich in uns mit, und das sogar dann noch, wenn wir den Kopf danach wieder ruhig halten.

Beispiel 6

Ein weiteres gutes Beispiel, bei dem wir unseren inneren Autopoiesis-Prozess beobachten können, ist die folgende Erfahrung, die die meisten von uns sicher kennen. Wir sitzen in einem Zug, der im Bahnhof hält. Auf dem Nachbargleis hält ebenfalls ein Zug. Einer der beiden Züge fährt zuerst los, und wir schauen aus dem Fenster auf den Nachbarzug. Im ersten Moment können wir nicht unterscheiden, ob unser Zug oder der andere sich bewegt. Erst nach einigen Augenblicken sind wir dazu in der Lage.

Beispiel 7

Weitere Beispiele für den Autopoiesis-Prozess sind die Erfahrungen mit Bildern von sogenannten „visuellen Täuschungen".

Der Gegenpol der Autopoiesis – Die Neigung zu erstarrten Denkmustern

Auch hier zunächst einige Beispiele.

Beispiel 1

Wenn man Fliegen in ein Glas sperrt und nach einiger Zeit den Deckel des Glases entfernt, werden die meisten Fliegen das geöffnete Glas nicht verlassen, auch wenn sie es nun könnten. Je länger das Glas geschlossen war, desto weniger Fliegen nehmen die Veränderung wahr.

Beispiel 2

Wenn man ein Aquarium mit Fischen in der Mitte mit einer durchsichtigen Plexiglaswand in zwei Hälften teilt, lernen die Fische bald, dass es dort eine undurchlässige Grenze gibt. Wenn man nach einiger Zeit die Plexiglaswand wieder entfernt, bleiben alle Fische in dem Bereich, in dem sie vorher geschwommen sind, obwohl sie die Freiheit hätten, nun in den anderen Bereich hinein zu schwimmen.

Beispiel 3

In Indien werden seit Jahrtausenden Elefanten, die als Schlepptier vorgesehen sind, in der frühen Kindheit mit einer schweren Eisenkette an mächtige dicke Bäume gekettet. Nach und nach wird die Stärke der Eisenketten reduziert. Wenn die Tiere das Erwachsenenalter erreicht haben, werden sie nur noch mit einem ganz dünnen Seil an einen dünnen Baum gebunden und sind dann nicht in der Lage, sich von diesen leichten Befestigungen zu befreien, obwohl es körperlich für sie ein Leichtes wäre.

Wenn Sie jetzt denken, das lässt sich aber nicht auf den Menschen übertragen, muss ich Ihnen leider sehr deutlich widersprechen. Die Erfahrungen, die Psychotherapeuten heute mit vielen ihrer Klienten machen, sprechen in diesem Punkt eine eindeutige Sprache. Aus dieser Perspektive sind wir zunächst in hohem Maße lediglich Bündel von angelernten und konditionierten Reflexen, mit denen wir tagein und tagaus auf unsere Lebensumstände mit voraussehbaren Gedanken- und Verhaltensmustern reagieren. Der Neurobiologe Gerald Hüther spricht in diesem Zusammenhang von „mentalen Vorstellungen“, die später nur schwer korrigierbar sind, erst recht, wenn sie von wichtigen nahen Menschen oder sogar durch ein ganzes Kollektiv verstärkt worden sind. Dennoch, so Hüther, sei der Mensch auch das einzige Lebewesen, das seine angenommenen Konzepte auch wieder korrigieren könne. (10) Ein eindrucksvolles Beispiel für die Macht von im wahrsten Sinne des Wortes „eingefleischten“ Gewohnheiten stammt aus einer aktuell veröffentlichten Studie über das Verhalten der Menschen im Verlauf der Corona-Pandemie. Die Studie wurde erstellt vom Hamburg Center for Health Economics (HCHE) und hat die Einstellungen von Menschen in insgesamt sieben europäischen Ländern von Großbritannien über Dänemark, Deutschland bis nach Portugal untersucht. So teilen im September 2020 nur noch ca. 45% der Befragten mit, dass sie die Abstandregeln beachten, noch weniger, nämlich nur 39% halten sich an die noch immer geltenden Hygiene-Regeln wie Händewaschen, Vermeiden von Umarmungen, Küssen und Händeschütteln zur Begrüßung. Kurz nach

Ausbruch der Pandemie, im April, gaben noch 70% an, sich an die Regeln zu halten. Dies ist umso beachtenswerter, als 70% der Befragten auch noch im September angaben, weiterhin Angst zu haben, sich mit dem Virus zu infizieren. Leider wird inzwischen selbst in seriösen Medien davon gesprochen, dass wir durch die Pandemie gezwungen werden, unsere „Freiheiten" aufzugeben. Dabei geht es hier doch in erster Linie darum, dass wir gezwungen werden, unsere Gewohnheiten aufgeben, von denen wir uns abhängig gemacht haben. Und etwas, von dem wir abhängig sind, darf man nicht als Freiheit bezeichnen. Auch hier sehen wir, dass wir keinen wirklichen *Begriff* von Freiheit haben.

Geist als vollkommen eigene Welt

Wie bisher deutlich werden konnte, hat die Definition der derzeitigen Naturwissenschaft von *Geist* zwar einen mächtigen Einfluss auf den heutigen allgemeinen Zeitgeist, dennoch gibt es immer wieder Denker, die gute und ernst zu nehmende Argumente haben für eine vollkommen andere Sichtweise. Noch vor all denen, deren alternative Sichtweise hier schon aufgezeigt wurde, hat Rudolf Steiner eine solche Sichtweise in die Welt gebracht. Auf diesem völlig anderen Verständnis von *Geist* baute er ja schon sehr früh, noch bevor er später seine *Geisteswissenschaft* begründete, die bereits ausführlich dargestellte *Erkenntnisphilosophie der Freiheit* auf. Der grundlegende Unterschied in seinem Verständnis von *Geist*, auch im Vergleich zu den anderen alternativ gedachten und hier aufgeführten Interpretationen, ist der, dass er den *Geist* und das *Geistige* nicht nur als eigenen Raum, sondern als gänzlich eigene Welt betrachtet, in der vollkommen andere Gesetzmäßigkeiten herrschen als in anderen Welten. Um sich etwas deutlicher vor Augen führen zu können, was mit anderen Gesetzmäßigkeiten gemeint ist, kann es hilfreich sein, einen Vergleich herbeizuführen mit den uns vertrauten physikalischen Elementen. So existieren andere Gesetzmäßigkeiten im Wasser, in der gasförmigen Luft oder in der festen Materie, zum Beispiel der Erde. Wasser, Luft und Erde sind jedoch zunächst in erster Linie typische Elemente auf unserem Planeten Erde. Für Steiner jedoch sind Geist, Seele und die feste Materie diejenigen drei

Entitäten, die sich als voneinander getrennte Phänomene über den ganzen Kosmos erstrecken. Und daher spricht er allen drei jeweils eigene Welten mit eigenen Gesetzmäßigkeiten zu. Wichtig ist nun, dass diese drei Welten trotz ihrer grundsätzlichen Unterschiede sich innerhalb des gesamten Kosmos in einer ständigen Interaktion miteinander befinden. Durchaus in einer gewissen Ähnlichkeit, wenn auch wieder nicht ganz identisch mit dem Buddhismus sieht Steiner die Gesetzmäßigkeit der geistigen Welt als besonders dynamisch und wirkungsvoll an, und das, wiederum in gewisser Ähnlichkeit mit dem Buddhismus, sowohl in positiver wie negativer Hinsicht.

Als konkretes Beispiel für die Existenz einer rein geistigen Welt, das eigentlich für jeden logisch denkenden Menschen plausibel sein sollte, nennt Steiner die Mathematik. Die Mathematik wird ja vom heutigen Zeitgeist der Naturwissenschaft zugerechnet, was aber falsch ist, weil die Naturwissenschaft sich per Definition nur mit Dingen beschäftigt, die materiell existieren. Zahlen und geometrische Formen existieren jedoch nur im Geistigen als geistige Idee. Die Natur schafft es nicht, einen exakten runden Kreis, geschweige ein exaktes Dreieck zu kreieren, das widerspräche auch vollkommen ihrer Gesetzmäßigkeit von Wachstum und Entwicklung innerhalb der Materie. Aber durch die rein geistige Kraft der Mathematik hat sich die Ingenieurskunst entwickelt, und durch sie ist der Mensch inzwischen tatsächlich auf dem Mond gelandet.

Der Mensch als Geistwesen auf diesem Planeten

Auf der Basis seiner so vollkommen anderen Sichtweise über den *Geist* definiert Steiner auch den Menschen dahingehend, dass für ihn der Mensch nicht in erster Linie ein physisches Wesen ist, das auch einen Geist hat, sondern genau umgekehrt, der Mensch im Grunde genommen und in erster Linie ein *Geistwesen* ist, das sich vorrübergehend einen physischen Körper übergestreift hat. Steiner spricht sogar von verschiedenen *geistigen Körpern*, die der Mensch habe. Warum er im Zusammenhang mit *Geist* jetzt plötzlich auch wieder von *Körper* spricht, war auch für mich lange sehr verwirrend. Ich bringe daher wieder ein Beispiel, um besser zu verstehen, wie das gemeint ist. Stellen Sie sich vor, Sie tauchen mit Ihrem ganzen Körper in das Element Wasser ein, sei es in der Badewanne, unter der Dusche, in einem See oder im Meer. Wenn Sie anschließend das Wasser wieder verlassen, befinden sich an der gesamten Außenfläche Ihres Körpers Wasserperlen, die erst durch die Luft wieder trocknen, oder von Ihnen abgetrocknet werden. Für Steiner sieht das bei der Entstehung jedes einzelnen Menschen dann so aus: Da der Mensch sich zuvor in der geistigen Welt befunden hat und nun anfängt, einen physischen Körper anzunehmen, nimmt er beim Übertritt von der einen in die andere Welt Teile der vorherigen Welt, also der geistigen, wie eine Haut mit. Im Gegensatz zu den Wasserperlen, die nach dem Verlassen des Wassers durch die Einwirkung von Luft und Wärme allmählich verschwinden, bleibt dem Menschen jedoch die *geistige Haut* über sein gesamtes Leben hin erhalten. Diese *geistige Haut* nennt Steiner in Würdigung der alten Inder, die diese Haut schon vor dreitausend Jahren erkannt haben, *Atman*. Mithilfe dieses *Atman*, bleibt der Mensch mit seinem Ursprung, nämlich der geistigen Welt, während seines gesamten Lebens in einer ihm Sicherheit verleihenden Verbindung, so, wie jede Körperzelle über ihre Membran in sicherer Verbindung bleibt mit der höheren Instanz der betreffenden biologischen Wesenheit einerseits, und der geistigen Welt, aus der heraus die Zelle entstanden ist, andererseits.

Der zweite *Geist-Körper*, über den der Mensch verfügt, ist die Denkfähigkeit der Körperzellen. Es ist der Geist, durch den alle biologisch-organischen Substrate in unserem Körper am Leben erhalten werden und wissen, was sie zu tun haben. Diesen zweiten *Geist-Körper* des Menschen nennt Steiner *buddhi*. Den Begriff *buddhi* übernimmt er wiederum aus dem Sanskrit. Dort bedeutet *buddhi* Erkenntnisvermögen, Unterscheidungskraft.

Laut Wikipedia ist der Begriff *„von der gleichen Sprachwurzel (budh – erwachen, verstehen, wissen) abgeleitet wie seine bekanntere männliche Form buddha. Der Begriff bezeichnet eine transpersonale geistige Fähigkeit des Verstandes, höher als der rationale Verstand. Buddhi könnte auch mit ‚intuitiver Intelligenz' oder mit ‚höherer Verstand' übersetzt werden. Buddhi ist ‚das, was weiß', z. B. fähig ist, Lüge von Wahrheit zu unterscheiden."* (11)

Die geistige *buddhi-Kraft* ist also aus geistiger Perspektive dem sehr verwandt, was vorher ausführlich unter *Empfindung* aus der körperlichen Perspektive erörtert wurde. Sie sehen, wie sich allmählich die Puzzlesteine zu einem umfassenderen Bild unseres Menschseins zusammenfügen. Während *buddhi* bei Steiner also derjenige *Geist-Körper* ist, mit dessen Hilfe unsere Körperzellen denken können, gibt er dem Denken, das wir heute im Allgemeinen auch darunter verstehen, also dem bewussten Wahrnehmen, Denken, Fühlen und Handeln im oben zitierten Sinne von *mind* (Roth) noch einmal einen anderen Namen, nämlich *Manas*. Auch diesen Begriff hat er von den alten Indern übernommen. Und im Sanskrit ist *manas* der Hauptbegriff für *Geist*. Für die alten Inder ist *Manas,* jedoch ganz im Gegensatz zum Verständnis der aktuellen Naturwissenschaft, der Geist, der im ganzen Universum existent ist. Darüber hinaus vermuteten sie verschiedene *Manas-Schichten* im Universum, in denen der Geist sich in unterschiedlich grober oder feiner Form manifestiert. Dieses Verständnis von *Geist* ist also durchaus verwandt sowohl mit dem Denken des Buddhismus als auch dem von Platon.

Daraus ergibt sich nun der Sinn und die Erklärung dafür, dass Steiner im Menschen drei unterschiedliche Arten von *Geist* aktiviert sieht, die eine Art als geistige Hülle, die andere als ein Denken unseres Körpers, das aber heute kaum noch jemand präsent ist, wie schon im Kapitel über die *Empfindung* dargelegt, und schließlich das Denken, das heute die meisten Menschen darunter verstehen. Die *Manas-Kraft* ist dabei für Steiner die wichtigste Kraft, weil diese, wie es auch die alten Inder sahen, die ausgedehnteste universelle Kraft und in Steiners Augen diejenige Kraft ist, die die geistige Entwicklung der Menschheit am stärksten beeinflussen kann. Ein in diesem Zusammenhang sehr interessanter Aspekt ist im übrigen noch, dass die alten Inder der *Manas-Kraft* den Beinamen „Ich-Macher“ gegeben haben.

An dieser Stelle empfehle ich Ihnen dringend, wieder einmal mit dem Lesen innezuhalten, und nicht sofort weiterzulesen, auch wenn die innere Gewohnheit Sie dazu drängt. Vielleicht werfen Sie noch einmal einen kurzen Blick auf das Zitat von Oliver Sacks am Schluss des 4. Kapitels. Sie müssen das, was Sie hier gelesen haben, nicht sofort verstehen. Das können, wenn überhaupt, nur wenige Menschen. Ich persönlich würde mich nicht zu ihnen zählen, weil auch ich meine Zeit gebraucht habe, diese Dinge wirklich zu verstehen. Geben Sie dem in diesem Abschnitt Gelesenen die Chance, sich zunächst einmal nur als Same in Ihrem Inneren entfalten zu dürfen, wie es Oliver Sacks formuliert hat. Das reicht völlig aus. Und irgendwann wird es in Ihrem eigenen Inneren eine für Sie sinnvolle Verknüpfung und Querverbindung geben, die dann aber ganz sicher einen Bezug und Sinn zu Ihrem eigenen Leben herstellen wird.

Weiteres Zwischen-Resümee

Ich persönlich habe also meine Zeit gebraucht, bis ich verstanden habe, warum Steiner von drei völlig verschiedenen Arten von Geisteskräften spricht, die im Menschen wirksam sind. Und ich denke darüber hinaus, dass ich es bis heute noch immer nicht wirklich verstanden hätte ohne meine praktischen Erfahrungen in der Körperpsychotherapie. Denn auch hier gab und gibt es Erfahrungen, die sich im Laufe der Jahre durch meinen Erfahrungshintergrund im unmittelbaren Kontakt mit dem einzelnen Menschen und aus einem ganz individuellen und spezifischen Kontext heraus ergeben und sich dabei als sehr sinnvoll und hilfreich erwiesen haben, die ich aber jetzt erst wirklich in ihrem theoretischen Kontext tiefer verstehen lerne. Dazu kommt, dass der heutige rational eingestellte Mensch dazu neigt zu denken, dass diese ganzen Begriffe der alten Inder, die Steiner verwendet, und die kein Mensch wirklich versteht, doch heute niemandem mehr wirklich weiter helfen.

Diese Art zu denken wirkt sich dann in unserer aktuellen Realität folgendermaßen aus. Wenn wir uns heute einem konkreten Problem oder einer konkreten Frage gegenüber sehen, werden wir angeleitet, rein rational an die Sache heranzugehen. Wir werden angehalten, uns einen Zettel zur Hand zu nehmen und auf einer Spalte die Argumente für eine bestimmte Entscheidung, auf der anderen Spalte die Argumente gegen diese Entscheidung aufzulisten. Und wir glauben, dass damit die Klärung auf logische und sinnvolle Art und Weise herbeizuführen sei. Wenn bei dieser Vorgehensweise eine ziemlich eindeutige Übermacht der einen Spalte herauskommt, geben sich die meisten Menschen zufrieden und glauben, die Lösung auf diese Weise gefunden zu haben. Ob dies dann die wirklich sinnvolle Lösung ist, steht noch einmal auf einem anderen Blatt. Was aber, wenn schon bei dieser Methode keine eindeutige Entscheidung herauszufiltern ist und beide Spalten die gleiche Zahl von Argumenten aufweisen? Der Kopf läuft heiß, und das über Tage und Wochen. Diese Vorgehensweise entspräche also dem Umsetzen der *Manas-Kräfte*. Nun behauptet Steiner ja sogar, dass es gerade die *Manas-Kräfte* sind, die dem Menschen die Möglichkeit einer letztendlich grenzenlosen geistigen Entwicklung ermöglichen. Aber wie soll das möglich sein, wenn nun seit Tagen und Wochen die geistigen Kräfte eindeutige Grenz-Symptome aufweisen? Hier zeigt sich nun, dass eben die einseitige Aktivierung der geistigen *Manas-Kräfte* alleine ohne das Einbeziehen der basaleren *Buddhi- und Atman-Kräfte* mit einem organischen Entwicklungsverständnis unvereinbar ist.

Praxis-Beispiel 1

In meiner körperpsychotherapeutischen Praxis begleite ich Menschen in schwierigen Entscheidungssituationen, zum Beispiel in Fragen nach einer beruflichen Veränderung oder jeder anderen Art von bedeutsamer persönlicher Entscheidungsfindung, zunächst einmal darin, die geistigen Buddhi-Kräfte mit einzubeziehen. Dies ist identisch mit dem Einbeziehen des Körpers in den Entscheidungsprozess. Da aber die meisten Menschen, im Gegensatz zu der Auflistung von rein rationalen Argumenten, mit der Übersetzung von Rückmeldungen, die aus dem Körper kommen, so gut wie keine Erfahrung und Sicherheit haben, ist hier zunächst eine professionelle körperpsychotherapeutische Begleitung unabdingbar.

Praxis-Beispiel 2

Dieses Beispiel ist frisch und aktuell. Es entstammt meiner eigenen Erfahrung. Beim Verfassen dieses Kapitels ist es zum ersten Mal seit längerer Zeit zu einer stärkeren inneren Blockade gekommen. Es gab ein Konzept für Inhalte, die in dieses aktuelle Kapitel integriert werden sollten. Bei einem dieser Inhalte entstanden plötzlich stärkere Zweifel, inwieweit er wirklich hier hineinpassen würde. Er erschien mir zu komplex und schwer vermittelbar, und er schien mir den geplanten Rahmen deutlich zu sprengen. Der gewohnte Abstand von einer oder zwei Nächten brachte ebenfalls nicht die erhoffte Klärung. Im Gegenteil, es kamen im Verlauf der Woche weitere Stressfaktoren im persönlichen Umfeld hinzu. Am Wochenende beruhigten sich zumindest diese wieder, aber die innere Blockade in Bezug auf die Inhalte dieses Kapitels blieb unverändert verhärtet bestehen. Im Verlauf einer längeren Wanderung durch die Natur führte ich eine innere Konferenz durch. Das Ergebnis dieser Konferenz war ein in diesem Fall auch für mich besonders konkretes Drehbuch, wie ich schrittweise vorgehen werde, bevor ich mich dem Prozess des Schreibens wieder anvertrauen könne.

Die Schritte waren letztendlich sogar relativ einfach und beanspruchten weniger Zeit, als das sonst schon mal bei meinen eigenen inneren Prozessen der Fall sein kann. Der erste Schritt war die Aktivierung meiner geistigen Atman-Membrane. Bei mir bestand die Technik dieses Mal darin, dass ich etwa zehn Minuten lang eine ganz einfache Achtsamkeitsmeditation im Gehen durchgeführt habe, um meine geistige Membrane wieder zu spüren. Als nächstes war es mir natürlich wichtig, auch wieder mit meinen körperlichen Buddhi-Kräften in Kontakt zu kommen. Dazu stehe ich auf meiner Yoga-Matte, mache aber nicht eine einzige komplizierte Übung, sondern verbinde mich nur auf bestmögliche Weise mit meinem ganzen Körper, das Ganze ohne großen Druck, Leistungsanspruch und Stress, weil ich um die Prinzipien der Empfindungsebene meines Körpers weiß, bis ich das Gefühl habe, die Verbindung ist in ausreichender Weise wieder hergestellt. Anschließend setze ich mich hin, und stabilisiere meine Zentrierung mithilfe einer kleinen Atemübung.

Als ich mich danach an den Schreibtisch gesetzt habe, war die Blockade vollständig gelöst. Es ging über vier Stunden flüssig weiter, verbunden mit einem guten inneren Gefühl. Am nächsten Morgen jedoch gab es dann heftige Proteste meiner Rücken- und Nackenmuskulatur wegen des langen Sitzens ohne Unterbrechung. Die innere geistige Blockade war weg, und es gab genug Inhalte zum Weiterschreiben, aber diesmal blockierte mein Körper die weitere unmittelbare Fortsetzung. Die Verspannungen waren so stark, dass nicht damit zu rechnen war, dass sie in einer halben Stunde verflogen sein würden. Ich legte mich auf meine Yoga-Matte und habe erst einmal gewartet, welche Bewegungen mein Körper in diesem durchaus etwas schwierigen Moment für sinnvoll erachtet. Es waren ganz kleine sanfte Bewegungen zur rechten und linken Seite, mehr nicht. Schließlich nahm ich einen Tennisball, und legte ihn jeweils zweimal für mehrere Minuten unter das Kreuzbein und unter den Atlas am Hinterkopf, um mit seiner Hilfe die am heftigsten betroffenen Triggerpunkte meiner tonischen Muskulatur zu entladen. Nach etwa 45 Minuten konnte ich ohne körperliche Verspannungen an meinen Schreibtisch zurückkehren.

Es wird Zeit, über unser Denken nachzudenken

Im Jahre 1914 erschien der zweite und letzte Band der Münchener Künstlergruppe „Der Blaue Reiter". In diesem Band formulierte der bekannte Maler Wassili Kandinsky in einem Aufsatz eine polemische Kritik am Denken seiner Zeitgenossen, indem er schrieb:

> *„Im praktischen Leben wird man kaum einen Menschen finden, welcher, wenn er nach Berlin fahren will* (er meinte von München aus, A. M.), *den Zug in Regensburg verlässt. Im geistigen Leben ist das Aussteigen in Regensburg eine ziemlich gewöhnliche Sache."* (12)

Genau einhundert Jahre später, 2014, erschien in der renommierten Zeitschrift „Science" ein Bericht über eine Studie, die ein Jahr später von Manfred Spitzer einer größeren Öffentlichkeit in Deutschland zugänglich gemacht wurde. Eine Forschergruppe aus den USA berichtete von einer Studie, bei der es um ein mehrstufiges Experiment im Zusammenhang mit dem Denken ging. (13) Im ersten Teil des Experimentes stellt sich heraus, dass die Probanden, übrigens alle ausnahmslos Studenten mit einem Hochschulreife-Abschluss, enorme Probleme hatten, sich über einen längeren Zeitraum zu konzentrieren, und darüber hinaus die Situation, während der sie sich auf ihr Denken konzentrieren sollten, als unangenehm empfanden. In einem weiteren Teil des Experimentes wurde der Unterschied untersucht zwischen der Konzentration auf ein Denken und der Konzentration auf eine Tätigkeit. Auch hier zeigte sich, dass es den Probanden leichter fiel, sich auf eine Handlung zu konzentrieren als auf eine reine Denktätigkeit. Besonders nachdenklich machen die Ergebnisse des letzten Teils dieses Experimentes, welches in drei Teile zergliedert wurde. Im ersten Teil sollten drei angenehme und drei unangenehme Reize mit Zahlenwerten beurteilt werden, im Sinne von leicht angenehm/unangenehm oder besonders. Bei einem der unangenehmen Reize sollten sich die Probanden einen leichten Stromstoß versetzen, was ihnen vorher auch ausdrücklich angekündigt worden war, und sie dazu eine Erlaubnis zu geben gebeten worden waren. Im zweiten Teil dieses Experimentes wurde den Probanden eine Summe Geld angeboten, und sie sollten bei jedem Reiz angeben, wieviel Geld sie davon bereit seien auszugeben, um den entsprechenden Reiz noch einmal zu erfahren, bei angenehm, oder um ihn nicht mehr erfahren zu müssen, bei unangenehm. Wie die Versuchsleiter erwartet hatten, waren alle bereit, viel Geld dafür auszugeben, den Stromschlag nicht mehr erfahren zu müssen. Im dritten und letzten Teil wurde den Probanden dann angekündigt, sie würden jetzt für 15 Minuten allein gelassen, und sie sollten die Zeit so angenehm wie möglich verbringen, und angenehm hieße, sich für einige Minuten angenehme Gedanken zu machen, und nicht unbedingt jetzt über ihren Alltag nachzudenken. Dann wurde angekündigt, dass alle angebotenen Reize im Experimententeil davor noch einmal auf dem Computermonitor angeboten würden, sie aber die Freiheit hätten, das vollkommen zu ignorieren. Es zeigte sich, dass die überwiegende Mehrheit nicht in der Lage war, die Zeit mit positiven und angenehmen Gedanken zu verbringen, im Gegenteil, sie nicht einmal in der Lage waren, bei den negativen Reizen einfach wegzuschauen, um dann wenigstens die durchaus angenehmen, und mit lediglich passivem Hinschauen verbundenen Reize noch einmal auf sich wirken zu lassen; nein sie empfanden es in dieser Situation geradezu erleichternd, sich in dieser Zeit mit dem einzigen Reiz zu beschäftigen, der auch mit aktivem Handeln verbunden war, nämlich sich selber noch einmal die Stromstöße zu versetzen, von denen sie kurz zuvor noch mitgeteilt hatten, Geld dafür auszugeben, diese nicht mehr erdulden zu müssen. Die Forscher äußern zum Abschluss ihres Berichtes die Vermutung, dass Menschen, die über Meditationserfahrung verfügen würden, sich in diesem Experiment deutlich anders verhalten hätten. Und ihr Schlusssatz lautet wörtlich: „Der untrainierte Geist mag nicht mit sich selbst alleine sein.“ (14)

Inzwischen liegen sehr valide Studien über die Konzentrationsfähigkeit von Studenten vor, die belegen, dass die Dauer der Fähigkeit, die Konzentration auf eine konkrete Fragestellung zu fokussieren vor 30 Jahren noch durchschnittlich 30 Minuten betrug, seit 2010 jedoch nur noch durchschnittlich 5 Minuten. (15) Steiner stellt in seinem Buch „Philosophie der Freiheit“ sinngemäß die Frage: Wie wollen wir Menschen mithilfe unseres Denkens Probleme lösen oder zu sinnvollen Erkenntnissen gelangen, wenn wir keine Ahnung davon haben, wie das Denken eigentlich funktioniert? Ich ergänze dazu zwei Vergleiche: Das ist so, als wollte man eine konkrete handwerkliche Tätigkeit durchführen, aber man weiß nicht wirklich, wie das benutzte Handwerkszeug und das Material, das ich bearbeiten will, zusammen funktionieren. Oder als wenn ein kleines Kind seine Mutter imitiert, in der Küche bestimmte Lebensmittel miteinander vermischt und meint, es backe jetzt einen Kuchen, ohne schon zu verstehen, warum und wie diese Teile zusammen wirken.

Ob Kandinsky die Schriften von Steiner gekannt hat, weiß ich nicht. Ich kann es mir aber durchaus vorstellen. In jedem Fall spürt und sieht man an seinen Bildern und an seinen Texten, dass er sich wirklich mit dem Thema *Denken* auseinander gesetzt hat. Was uns aber zu denken geben sollte, ist, dass es seit 100 Jahren kaum noch jemanden gegeben hat und gibt, der uns menschliche Zeitgenossen darauf hinweist, wie wichtig ein guter „handwerklicher" Umgang mit unserem Denken für alle wichtigen Lebensbereiche ist. Und dass viele unserer gesellschaftlichen und politischen Probleme damit zu tun haben, dass wir genau von diesem „Handwerk" wenig verstehen. Im ersten Kapitel habe ich versucht zu verdeutlichen, welche Konsequenzen es hat, wenn es in unserem Bildungssystem keine Unterstützung dafür gibt, über unser Menschsein an sich nachzudenken. An dieser Stelle wird es noch eine Stufe ernster, wenn wir einmal versuchen, uns darüber klar zu werden, was es bedeutet, dass wir in unserem Bildungssystem die heranwachsenden Menschen mit einer inzwischen immer größer werdenden Fülle von Lerninhalten konfrontieren, die ja nur durch eine gute Denktechnik bewerkstelligt werden kann, ohne dass wir die eigentliche „handwerkliche" Basis unseres Umgangs mit dem Denken vermitteln, sondern diese Basis einfach als ausreichend vorhanden betrachten. Und so, wie in der Schule einfach davon ausgegangen wird, dass jeder quasi von alleine denken kann und man das nicht explizit zu erlernen brauche, geht man auch innerhalb der Psychotherapie fälschlicherweise davon aus, dass die Probleme, derentwegen jemand in die Therapie kommt, ja bestimmte Gefühle sind und nicht das Denken, was aber nicht stimmt, weil nicht selten dysfunktionales Denken die schwierigen Gefühle verursacht. Im Bereich der Psychotherapie werden heute die Klientinnen zwar wesentlich mehr als noch vor 30 Jahren angeleitet, auf dysfunktionale Denkmuster zu achten, aber eine solche Beobachtung und Beachtung kann eigentlich zuverlässig nur dann gelingen, wenn parallel auch eine gewisse Grundschulung im Denken nachgereicht wird, weil das heute in der Schule ja nach wie vor noch kein Thema ist. Und auch dies sei noch hinzugefügt, ohne es jetzt an dieser Stelle zu vertiefen, dass wir bei einer seriösen und ernsthaften Beschäftigung mit dem Denken unweigerlich auch auf den engen Zusammenhang zwischen Denken und Sprechen gestoßen werden und wir verstehen lernen, wie sehr das Denken die Sprache, und umgekehrt die Sprache das Denken beeinflusst. All dies würde uns allen wesentlich weiterhelfen im Umgang mit den Phänomenen in den sogenannten „sozialen Netzwerken".

Strukturelle Stufenschritte auf dem Weg zum lebendigem Denken

Wenn wir unser Denken schulen wollen, ist es hilfreich, sich an der Mathematik zu orientieren. Hier zeigt sich, dass man am Anfang wichtige Grundstrukturen der Mathematik erlernen muss, die später als Hintergrundstrukturen den Vordergrundstrukturen dienlich sind, ohne dass wir sie jedes Mal neu lernen müssen. Die Hintergrundstruktur der Mathematik ist der basale Umgang mit Zahlen im sogenannten Einmaleins des Rechnens. Später lernt man die Differenzial-, und Integralrechnung, die übrigens eine jeweils vollkommen diametral entgegengesetzte geistige Herangehensweise an geometrische Phänomene beinhalten. (16) Beim Integral betrachtet man die Erde aus der Perspektive eines Satelliten. Im Integral findet man eine einzige allgemeingültige und übertragbare Formel für jedwede Änderung einer unendlichen Zahl von Zuständen, und erkennt, dass sie alle demselben geistigen Gesetz unterliegen. Beim Differenzial geht man den umgekehrten Weg, und schaut nicht vom Satelliten aus auf die Erde, sondern man untersucht mit der Röntgen-Diffraktion die DNA. Die Integral-Formel misst nur die kleinstmögliche Veränderung, zum Beispiel einer Geraden, und bietet damit die Berechnungsmöglichkeit jeder weiteren Veränderung. Das Differenzial konzentriert sich nur auf einen kleinen Punkt und beobachtet, welche Veränderungen sich von dort aus ergeben. Beim Denken müssen wir genauso beide Perspektiven üben, die Konzentration auf einen Punkt, aber ebenso den logisch schlussfolgernden Überblick aus einer höheren Perspektive. Mögliche strukturelle Stufenschritte auf dem Weg zum lebendigen Denken wären die folgenden:

Erster Schritt

In diesem ersten Schritt geht es darum, zu beginnen, das eigene Denken zunächst einmal zu beobachten, und sich mit ihm vertraut zu machen. Sie lernen zu erkennen, das Ihr Denken eine ganz persönliche Neigung entwickelt hat, sich auf ganz bestimmte Objekte gerne zu beziehen, und andere mögliche Denkobjekte völlig auszublenden. Welche Objekte sind das? Was haben diese Objekte gemeinsam? Außerdem bekommen Sie in diesem ersten Schritt allmählich ein Gefühl dafür, wann Sie mehr, von wem oder was auch immer in Ihnen, gedacht werden oder wann Sie selber aktiv als eigenständiges Ich denken. Und es findet ein allmählicher Lernprozess statt, der dazu führt, dass Sie in ihren Alltagssituationen bewusster unterscheiden lernen, wann Sie ein Gefühl haben, und wann Sie denken. Viele werden jetzt vielleicht einwenden, dass wir doch beides immer gleichzeitig tun. Aber wenn Sie die differenziale Perspektive einnehmen, werden Sie sehen, dass das genau nicht der Fall ist, sondern in jedem zeitlich wahrnehmbaren Augenblick entweder immer ein Gedanke oder ein Gefühl dominiert, und in der überwiegenden Mehrzahl unseres heute gewohnten Alltagslebens dominiert ohnehin das Denken, und daher ist es umso wichtiger, dass wir damit auch umgehen können.

Für diesen ersten Schritt wenden Sie folgende Übung an: Setzen Sie sich, am besten gegen Ende eines Tages, hin und lassen Sie in Ihrer inneren Vorstellung einen Erinnerungsfilm ablaufen vom Aufwachen am Morgen bis zum jetzigen Zeitpunkt, an dem Sie die Übung machen. Konzentrieren Sie sich bei diesem Erinnerungsfilm aber nur auf eine einzige Perspektive, nämlich, was waren im Verlauf des heutigen Tages meine wesentlichen Gedanken, wohlgemerkt, die wesentlichen. Wichtig ist, dass Sie diese Übung nicht einmal machen, und es dabei belassen. Das ist so, als würden Sie eine handwerkliche Technik einmal gerade so hinbekommen, wie es gedacht ist, und Sie bilden sich nun ein, diese Technik zu beherrschen und vollkommen zu verstehen. Sie müssen diese Übung auch nicht jeden Tag machen, aber über einen längeren Zeitraum immer wieder.

Fallvignette aus der körperpsychotherapeutischen Praxis

Frau M. lernte die Strukturelle Körperpsychotherapie während eines stationären Aufenthaltes in der psychosomatisch-psychotherapeutischen Akutklinik kennen, in der ich damals arbeitete. Sie entschied sich, diese Körperpsychotherapie nach ihrem stationären Aufenthalt ambulant fortzusetzen, parallel zu einer verbal orientierten Psychotherapie, wobei sie die Körperpsychotherapie selber finanzieren musste. Die gesamte Therapie entwickelte sich, verbunden mit entsprechenden Krisen und Rückfällen, schließlich sehr positiv und überaus erfolgreich.

Sie berichtete mir dann später einmal, wie es dazu kam, dass ihre erste Körperpsychotherapiestunde in der Klinik, übrigens in einer Gruppe, zu einem Schlüsselerlebnis für sie wurde. Der Grund, warum es überhaupt zu diesem stationären Klinikaufenthalt kam, war eine Summierung von Symptomen, die heute üblicherweise unter dem Oberbegriff „Depression" und „Burn-out" zusammengefasst werden. Schon nach den ersten Tagen in der Klinik rückten die Symptome mehr in den Hintergrund, und Frau M. begann zu spüren, dass in ihr viele diffuse Gefühle rumorten, zu denen sie jedoch zunächst keinen Zugang bekam. Stattdessen war sie bemüht, sich erst einmal mit dem für sie ungewohnten und fremden Klinikalltag vertraut zu machen. Dazu musste sie wieder das machen, was sie gut kannte und konnte, nämlich zu versuchen, so gut wie möglich zu funktionieren und möglichst alles richtig zu machen. Dieser Grundmodus wurde somit wieder zum zunächst vorherrschenden Prinzip. Der Psychotherapeutin die anamnestischen Fragen möglichst richtig zu beantworten, in den verschiedenen flankierenden Gruppentherapien die verlangten Übungen überhaupt zu verstehen, und bei Wahrnehmungsübungen zu hoffen, dass sie das Richtige wahrnimmt, was schon mal mit dem ein oder anderen zusätzlichen kleinen Schweißausbruch einhergehen konnte. Der Unterschied zum vorherigen Lebensalltag zu Hause war der, dass sie dort nur Symptome erlebte und hier zumindest zu spüren begann, dass es ziemlich heftig in ihrem Inneren rumorte. Der Zugang zu den Gefühlen blieb jedoch zunächst versperrt, was sie zunehmend frustrierte. An dieser Stelle sei erwähnt, dass der hier skizzierte Verlauf überhaupt keine Besonderheit darstellt, sondern geradezu als beispielhaft für den Beginn einer stationären Therapie betrachtet werden kann.

In der vielleicht dritten Klinikwoche fand dann ihre erste Körperpsychotherapiestunde, wie schon erwähnt, in der Gruppe statt. Die allererste Übung war die oben beschriebene Übung des „ersten Schrittes“. Frau M. fühlte sich plötzlich, als hätte sie ein geistiger Blitz getroffen. Zum ersten Mal seit gefühlt ewig langer Zeit, wenn nicht das erste Mal überhaupt, fühlte sie mit aller Deutlichkeit: „das bin ich“, und „es gibt keinen Zweifel, das bin ich wirklich“. Der erste Durchbruch zum inneren Selbst war geschafft. Hinzu kam, dass diese innere Erfahrung unmittelbar bestätigt wurde durch eine Erfahrung im Außen. Schon während des gesamten bisherigen Aufenthaltes war sie regelmäßig in den gleichen Gruppen wie ein bestimmter männlicher Mitpatient. Dieser jedoch war permanent damit beschäftigt, seine innere Abwehr dadurch hoch zu fahren, das er alles, was im Außen passierte, mit irgendwelchen pseudowitzigen bis hin zu abfälligen Bemerkungen kommentieren musste. Frau M. fühlte sich dadurch zusätzlich gestresst, weil sie sich durch sein Verhalten in ihrer eigenen Aufmerksamkeit stets nur gestört fühlte. Das war sicher nicht nur bei ihr der Fall, aber in dieser Anfangszeit einer Therapie traut sich natürlich noch niemand, einem anderen Grenzen zu setzen und sich das Verhalten zu verbitten.

Dieser Mitpatient nahm nun auch wie sie erstmals an der Körperpsychotherapiegruppe teil. Und im gleichen Moment, als sie nach ihrer berührenden inneren Erfahrung allmählich die Augen öffnete, blickte sie genau auf den besagten Mitpatienten, der ihr ausgerechnet gegenüber saß, und nahm wahr, wie dieser erstmals einfach nur dasaß und plötzlich mit einem Schlag keine Mätzchen mehr machte, sondern ganz offensichtlich ebenfalls so wirkte, als sei er bei sich angekommen.

Praxisbeispiel aus der Traumatherapie

Wenn Sie sich einmal im Internet den Verlauf eines modellhaften Vorgehens innerhalb einer Traumatherapie anschauen, und das möglichst bei einem sehr profilierten Trauma-Therapeuten, dann werden sie feststellen, dass der Verlauf im Wesentlichen dadurch gekennzeichnet ist, dass nur ganz winzige Mikrotechniken zur Anwendung kommen, zum Beispiel eine ganz sanfte kleine Bewegung mit dem Körper, dass aber jeder dieser kleinsten Mikroschritte in äußerster Präzision mental erklärt wird, sodass nichts, aber nicht das geringste geschieht, das der Betroffene nicht sofort versteht.

Dieses Praxisbeispiel erwähne ich hier nicht, um Ihnen zu erklären, wie eine gute Traumatherapie funktioniert, sondern damit deutlich wird, wie vorrangig das mentale Verstehen gerade in der frühen Phase einer Selbstentwicklung, wie zum Bespiel beim Kind, oder beim Wiederaufbau des Selbst nach einem Trauma, ist. An diesem Beispiel soll aber auch verdeutlicht werden, dass es wenig sinnvoll ist, zu denken, dass die Anwendung bestimmter therapeutischer Techniken und Methoden in jedem Fall von alleine und quasi automatisch bei allen Menschen, unabhängig von ihrer aktuellen inneren Selbststruktur, ihre Wirkung erzielen, selbst wenn sich diese Techniken und Methoden in vielen Fällen bisher als erfolgreich erwiesen haben.

Zweiter Schritt

In diesem zweiten Schritt beginnen Sie nun mit der Erfahrung einer ersten konkreten Denk-Meditation. Sie sitzen an einem ruhigen und für Sie guten Platz, schließen Ihre Augen, konzentrieren sich auf den Bereich Ihrer Stirn, und beobachten dort alles, was in Ihrer Wahrnehmung auftaucht. Hierbei unterscheiden Sie erstens zwischen Gedanken, die auftauchen, zweitens Gefühlen, die auftauchen, und drittens Körperempfindungen, die auftauchen, zum Beispiel eine körperliche Verspannung, ein Juckreiz, o. ä., Wichtig ist, dass Sie nur beobachten, und dann nur kurz benennen, und zwar jeden Gedanken, der auftaucht, lediglich mit dem inneren Wort „Gedanke", jedes Gefühl, das auftaucht, mit dem inneren Wort „Gefühl", und jede Körperempfindung, die auftaucht, mit dem inneren Wort „Empfindung". Diese Übung sollten Sie auf einen Zeitraum von ca. zehn Minuten ausdehnen. Auch diese Übung sollten sie über einen längeren Zeitraum hinweg mehr oder weniger regelmäßig praktizieren.

Ich gebe Ihnen hier eine weitere Orientierung, auf was Sie im Verlauf dieser Übung achten sollten. Wenn Sie sich mit dieser Übung etwas vertraut gemacht haben, dann beginnen Sie allmählich mehr und mehr darauf zu achten, dass die Gedanken aus einer Denkkraft entstammen, die selber inhaltlich völlig leer ist, aber sich wie eine dynamische Kraft anfühlt, die ständig das Bestreben hat, sich auf irgendein Objekt zu beziehen, selbst wenn wir das Gefühl haben, dieses Objekt in keiner Weise selbst angestrebt zu haben.

Das nächste, auf das Sie achten sollten, ist, wie sehr Sie sich plötzlich in der Rolle eines Zuschauers und Beobachters wiederfinden. Und weil Beobachter und das Beobachtete nicht identisch sein können, wird Ihnen immer mehr bewusst, dass in Ihrem Denkprozess nun zwei Wesenheiten existieren, nämlich ein Ich, das sein Denken beobachtet, und ein Wesen, in dem die Gedanken stattfinden. Und was Sie im Laufe der Zeit noch beobachten können, ist, dass ja, wenn Sie sich nicht einmischen, oder einen Gedanken festhalten, jeder Gedanke, der auftaucht, irgendwann von alleine keine Lust mehr hat da zu sein, und wieder verschwindet, und dass aber zwischen dem Verschwinden des einen Gedankens und dem Auftauchen des nächsten Gedankens eine winzig kleine Lücke entsteht. Und Sie genau im Moment dieser Lücke, wo also für kurze Zeit kein Gedanke da ist, Sie sich als beobachtendes Ich ganz besonders deutlich erkennen und spüren können. Und hier werden Sie etwas erleben können, aber das nur, wenn Sie diese Übung regelmäßig machen, dass nämlich Ihr Ich, das sonst von dem ewigen Rattern der Gedanken nur erschöpft ist, aus dem Beobachterprozess, selbst dann, wenn während der Übung die Gedanken im wahrsten Sinne des Wortes mit Ihnen Karussell gefahren sind, genauso gestärkt daraus hervorgeht, ähnlich dem, wie es im Kapitel 5 durch die bewusste Erfahrung mit Körperempfindungen beschrieben worden ist.

An dieser Stelle muss jedoch noch etwas weiteres hinzugefügt werden. Nämlich, dass diese Übung nicht wenigen von Ihnen schon bekannt sein könnte, und zwar aus den heute vielfach angebotenen Achtsamkeitskursen. Und im Sinnkontext von Achtsamkeitskursen ist das Ziel dieser Übung das gleiche wie das bei den anderen Achtsamkeitsübungen auch, nämlich die eigene Achtsamkeit zu trainieren. Manchmal wird auch vermittelt, dass diese Übung dazu verhilft, die eigenen unruhigen Gedanken zu beruhigen. Das ist übrigens vollkommen zutreffend und funktioniert auch. Diese Denk- und Herangehensweise an die oben beschriebene Übung kann jedoch dazu führen, dass diese Übung lediglich dazu benutzt wird, das Symptom eines unruhigen Geistes zu bekämpfen mit einer durchaus wirkungsvollen Methode. Wenn dies jedoch zum Hauptziel dieser Übung definiert wird, wird diese aber auch lediglich nur das Symptom eines zu unruhigen Geistes vorrübergehend beruhigen. Die Übung wird dann nicht dazu führen, dass man sich seiner Lebensführung bewusster wird, die zu diesem Symptom führt, und man den Rest des Tages hinweg die Gedanken wieder in die gewohnte Hochgeschwindigkeit hochtreibt. Der Dalai Lama weist immer wieder darauf hin, dass die Techniken zur Entwicklung von Achtsamkeit ja aus dem Buddhismus entstammen und sie dort aber stets unter Einbeziehung von ethischen Überlegungen praktiziert werden. Heute jedoch werde „Achtsamkeit" auch von hochrangigen Managern dazu benutzt, dass sie im entspannten Zustand ihre Untergebenen besser ausbeuten können. Von daher ist es auch wichtig, darauf hinzuweisen, dass diese Übung noch nicht dazu führt, dass man schon in ausreichender Weise das „Handwerk" des Denkens so beherrscht, dass es uns Menschen wirklich auch umwandelt und weiter entwickelt, sondern sie lediglich ein wichtiger und sinnvoller Strukturbaustein unter anderen für den Weg zu diesem zuletzt genannten Ziel sein kann.

Dritter Schritt

Im dritten Schritt beginnen Sie damit, immer wieder einmal einen nicht organischen, sondern rein technischen und einfach zu handhabenden Gebrauchsgegenstand aus Ihrem Lebensalltag bewusst mit all Ihren zur Verfügung stehenden Sinnen wahrzunehmen. Das könnte zum Beispiel ein Kugelschreiber sein, ein Bleistift, eine Zahnbürste, Schuhbürste, vielleicht sogar auch nur ein Teelöffel, oder was auch immer. Konzentrieren Sie sich nun mit all Ihren geistigen Kräften für einige Minuten nur auf jedes Detail dieses Gegenstandes. Das werden in der Hauptsache vor allem visuelle oder Tastwahrnehmungen sein, die auf Sie einwirken. Was auch immer es ist, das gerade in Ihrem Wahrnehmungsbewusstsein auftaucht, lassen Sie es auf sich einwirken. Auch diese Übung sollten Sie auf einen Zeitraum von ca. 10 Minuten ausdehnen können und sie über einige Monate hinweg mehr oder weniger regelmäßig durchführen. Eine Steigerung dieser Übung bestünde darin, dass Sie den wahrgenommenen Gegenstand versuchen, auf einem Blatt Papier zeichnerisch wieder zu geben, wobei es hier nicht darauf ankommt, dass diese Zeichnung später museumsreif sein sollte. Wichtige ist, dass Sie selbst ihre eigene Wahrnehmung in dieser Zeichnung gut wiedererkennen können.

Wenn Sie diese Übung eine Zeit lang mit technischen Gegenständen gemacht haben, können Sie dazu übergehen, sich als Wahrnehmungsobjekte organisch lebendige Objekte zu wählen, zum Beispiel Bäume oder andere Pflanzen oder auch nur Teilaspekte von Pflanzen, wie die Rinde eines Baumes oder ein Blatt.

Mit dieser Übung werden Sie nun weniger den Beobachter trainieren und stärken, sondern Sie sensibilisieren Ihr multimodales Wahrnehmungssystem und werden immer empfänglicher für Sinnesreize, die Sie jedoch selber bestimmen. Bei sehr sensitiven Menschen, wie zum Beispiel Goethe es war, führt das dazu, dass sie ihre Sensibilität zwar behalten, aber die sensiblen Empfindungen nicht zu übermächtig werden. Bei Menschen mit einem Mangel an Sensibilität wird diese gefördert und entwickelt. Aber selbst diese bisher beschriebenen Wirkungen dieser Übung sind letztlich nur Nebenprodukte. Die eigentliche Wirkung dieser Übung besteht darin, dass sie allmählich beginnen zu erleben, dass Ihr eigener Geist mehr und mehr damit aufhört, seine gewohnten Objekte zu suchen, damit er sein eigenes Geistsein ausleben kann, sondern anfängt darauf zu warten, von Ihnen als Ich objektbezogene Aufträge zu erhalten, die darüber hinaus einen Sinnbezug für das eigene Selbst haben, und sei es nur der, dass der Geist und das Ich des Menschen immer besser miteinander kooperieren und sich nicht ständig gegenseitig in die Quere kommen.

Vierter Schritt

Der vierte Schritt ist der anspruchsvollste und schwierigste. Sie werden jedoch feststellen, dass dieser Schritt leichter fallen und schneller Früchte tragen wird, wenn Sie die anderen Übungen als Basis in sich gefestigt haben. In diesem Schritt geht es um die geistige Beschäftigung und das Nachdenken über reine Begriffe. Ich kann Ihnen versichern, dass Sie durch das Einüben dieses Schrittes sofort eine wesentliche Veränderung der Art und Weise Ihres Denkens feststellen werden. Es ist von vielen Menschen begleitet erprobt worden, und es funktioniert genauso, wie Ihr Rechnen mit Zahlen funktioniert, wenn Sie es einmal gelernt haben. Und was ich schon angedeutet habe, diese wirklich spürbare und wesentliche Veränderung der Art und Weise Ihres

Denkens erreichen Sie noch nicht mit dem Einüben von Schritt Nummer eins oder zwei. Und mit der definitiven Veränderung des eigenen Denkens geht noch ein weiterer und für unser Menschsein sehr wesentlicher Entwicklungsschritt einher. Ab dem Zeitpunkt, von dem aus Sie wahrnehmen, dass Sie Begriffe nicht mehr einfach so nehmen, wie sie daher kommen, und sie unbewusst runterzuschlucken, sondern Sie stattdessen zu spüren beginnen, dass in Ihrem Inneren in der Begegnung mit jedem Begriff ein gewisser innerer Verdauungs- und Auseinandersetzungsprozess stattfindet, werden Sie parallel dazu ein enormes Sprudeln der Quelle Ihres eigenen inneren Ideenreichtums wahrnehmen. Und diese Ideen werden sich auf alle Aspekte Ihres persönlichen Lebens beziehen. Und Sie werden ab diesem Zeitpunkt damit aufhören, in Ihrem Leben nur zu funktionieren, sondern spüren, wie Sie immer mehr zum Herren und zur Herrin in Ihrem eigenen Selbst werden. Und wie lässt sich das alles erklären? Die theoretische Erklärung dafür ist: Wenn wir daherkommende Begriffe nicht mehr nur einfach als gegeben hinnehmen, wie Kant das uns noch empfohlen hat, und geistig runterschlucken, sondern stattdessen uns innerlich darin üben, uns auf der rein geistigen Ebene mit so etwas scheinbar Banalem und Selbstverständlichem wie Begriffen beginnen auseinanderzusetzen, wir auf der Ebene der Begriffe unseren inneren Geist auf eine relativ hohe strukturelle *Manas-Ebene* hinbewegen, die uns umgekehrt und spiegelverkehrt auf eine entsprechend tiefe innere Ebene führt, auf der die für unser persönliches Leben wirklich relevanten Ideen schlummern. Steiner formuliert das sinngemäß so: Mit dem Begriff seien wir über den Verstand mit einer sehr hohen geistigen Ebene im Außen verbunden, mit der Idee seien wir über die Vernunft mit einer sehr tiefen Ebene in unserem Inneren verbunden.

Die konkrete Übung für den vierten Schritt

Versuchen Sie nun für sich den Begriff „Auto“ zu definieren mit der Frage: „Was ist ein Auto?“ Damit Sie mehr Abstand zu Ihrem Denkprozess bekommen und ihrem eigenen Denken besser zuschauen können, ist es ratsam, wenn Sie sich hierzu ein Blatt Papier und einen Stift zur Hand nehmen und die auftauchenden Gedanken zum Begriff „Auto“ notieren. Lesen Sie jetzt nicht gleich weiter, sondern führen Sie zuerst diese Begriffsübung durch.

Wenn Sie fertig sind, lesen Sie sich Ihre Gedanken und Stichpunkte noch einmal durch. Was jetzt zu beachten ist, ist zum Beispiel, dass es definitiv nicht hilfreich war, wenn Ihnen bei der Begriffsübung sofort visuelle Bilder von Autos aufgetaucht sind, weil diese visuellen Bilder ja das Resultat der Begriffsbildung sein sollen und nicht ihre Ursache. Sollten Sie dennoch nicht genügend Abstand zu auftauchenden visuellen Bildern, und eventuell sogar einer folgenden ganzen Assoziationskette gefunden haben, werden Sie bemerkt haben, dass Ihre innere Begriffsdefinition vollkommen ins Stocken geraten sein dürfte.

Bei der Begriffsdefinition geht es nämlich in erster Linie nur darum, den Sinn und Zweck, und das ist gemeint mit der Idee des Autos geistig zu erfassen und in eigenständige Worte zu kleiden.

Das Ergebnis könnte sein: Das Auto ist ein Fortbewegungsmittel. Im weiteren Denkschritt würde es sich als sinnvoll erweisen, das Auto von anderen Fortbewegungsmitteln zu differenzieren. Dann käme: Das Auto ist ein Fortbewegungsmittel für circa zwei bis acht Personen. Schließlich könnte der Gedanke auftauchen, dass sich ein Auto auch durch seine wichtigsten Funktionsbereiche von anderen Fortbewegungsmitteln unterscheidet. Dann könnte man definieren: Ein Auto ist ein Fortbewegungsmittel für circa zwei bis acht Personen, das auf drei bis vier Rädern fährt und von einem Motor angetrieben wird. Und hierbei sollten keinerlei visuelle Bilder von Autos mehr auftauchen, sondern nur noch geistige Begriffe.

Diese Übung sollten Sie allmählich ausweiten auf immer andere Begriffe. Lassen Sie sich inspirieren, welche Begriffe Ihnen selber einfallen, welche sich als für Sie hilfreich und weiterführend erweisen und welche für Sie weniger hilfreich sind.

An diese Stelle füge ich nun ein längeres Zitat von einem Menschen, der es in diesen Schritten durch konsequentes Üben zu einer gewissen Meisterschaft gebracht hat, und glücklicherweise andere Menschen durch kleine Bücher an diesem inneren Prozess gut nachvollziehbar teilhaben lässt. Es ist eine Frau, und in einem ihrer Bücher schreibt sie hierzu folgendes:

> *„Das reine Denken hat also keine Formen, keine Farben, keine Klänge, keine körperlichen Eindrücke, keine Gerüche, keine Geschmäcke usw. als*

Gegenstand. Es hat nur begriffliche Gedanken und hat die Kraft, sich darin zu halten. Auch eigene Erinnerungen und persönliche Empfindungen müssen ganz verschwunden sein. Das bedeutet …, dass das Denken sich aus den irdischen, hinunterziehenden, in das Horizontale ausbreitenden Kräften befreien muss. Es muss eine aufstrebende Kraft in sich aufnehmen, eine Vertikale. Es bedarf also einer starken Konzentration, um das Denken ‚auf der Höhe' zu halten, dort, wo alles Sinnliche abgefallen ist, wo der eigene Wille nicht nach unten oder in die Weiten weist, sondern hinauf, zur Sternenwelt … Auf, auf, weiter hinauf, lass alles Sinnliche in Vergessenheit geraten, denke nur in Begriffen, von denen alles Farbige, Wärmende usw. abgefallen ist. Der reine Verstand enthüllt sich, muss jedoch mehr als Verstand werden. Und damit berühren wir die zweite Eigenschaft des reinen Denkens: So wie es die reinen Begriffe denkt, denkt es auch sich selbst. Während des Denkens kann es Licht auf sich selbst fallen lassen. Dies ist keine Schau-Logik …, sondern anschauende Urteilskraft im Denken oder schauendes Bewusstsein. Das Denken verläuft sehr, sehr aktiv in reinen Begriffen, und ist sich seiner selbst klar, leuchtend, schauend bewusst.“ (17)

Dieses Zitat sollten Sie nicht nur einmal lesen. Durch häufigeres Lesen wird es eine gute Motivation sein, die Denk-Übungen mit einer gewissen Kontinuität durchzuführen.

Zusammenfassung

- Denken ist nicht identisch mit Wissen ansammeln. Angesammeltes Wissen muss innerlich verdaut werden. Ab da fängt das aktive Denken an, vorher nicht. Und, anders als bei Kant, Begriffe sind eine Herausforderung und nichts zum einfach runterschlucken, um anschließend geist- und seelenlos das Runtergeschluckte wieder auszuspucken. Wenn der Mensch sich in seinem Bewusstsein weiter entwickeln möchte, führt kein Weg daran vorbei, dass er sich von der Welt, ihren Dingen und ihren Wesen einen ganz eigenen Begriff macht. Das darf auch ruhig etwas länger dauern als die knapp zwei Jahre, die Goethe in Italien dafür gebraucht hat.

- Es geht beim Denken nicht nur darum, ein zu unruhiges Denken als Symptom zu bekämpfen; es geht wesentlich mehr darum, das Denken und den Prozess des Denkens verstehen zu lernen. Das aber geht nur, wenn ich damit beginne, mich mit meinem eigenen Denken innerlich auseinander zu setzen. Nur das Denken der anderen zu beobachten, wie die Naturwissenschaft es tut, reicht dazu nicht aus.
- Nur durch die Beobachtung und die allmählich beginnende Steuerung des eigenen Denkens lernen wir wirklich verstehen, was *Geist* ist, nämlich ein permanenter sehr dynamischer Spiegel-Prozess,
- Die Naturwissenschaft hat recht, wenn sie sagt, dass eine gültige Wahrheit immer für alle gültig sein muss, sonst bräuchten wir die Wahrheit nicht. Aber was die Naturwissenschaft nicht sieht, ist, dass jedes geistige Individuum in sich selbst die objektive Wahrheit in einem auch innerem subjektiven Erkenntnisprozess finden muss. Die reine *Mind-Perspektive* des Geistes in der aktuellen Naturwissenschaft ist das Ergebnis davon, wenn *Geist* nur von außen betrachtet und dann über ihn rein spekulative Schlussfolgerungen getätigt werden. Jemand, der Übung darin hat, seinen eigenen individuellen Geist zu beobachten, und sei es schon nur mit der Übung des ersten Schrittes, kann so nicht mehr denken.
- Es wäre an der Zeit, dass wir beginnen, den Unterschied zu erkennen zwischen dem, was hier als *reines Denken*, *aktives Denken* oder *lebendiges Denken* bezeichnet wird, und dem, was wir unter *Meinung* verstehen. Eine *Meinung*, und zwar jede, und von wem auch immer, ist grundsätzlich mit subjektiven Gefühlen „infiziert", und daher kein sauberes reines Denken. Und wir sollten immer noch darüber dankbar sein, dass in unserem Grundgesetz das Recht auf freie Meinungsäußerung festgeschrieben ist, aber wir sollten auch erkennen, das eine geäußerte Meinung eine rein subjektive und persönliche Ansicht und Betrachtung ist, und nicht mehr. Und wir sollten es damit belassen und Abstand halten können, und uns nicht von den vielen Meinungen, mit denen wir täglich überflutet werden, so

beeindrucken lassen, wie das heute in viel zu vielen Fällen geschieht. Die Erfahrungen, die mit dem Einüben des aktiven und lebendigen Denkens in den hier aufgezeigten Strukturschritten gemacht werden, belegen eindeutig, das die Beeindruckung durch Meinungen sofort beginnt, immer weniger eine Rolle zu spielen. Von Nietzsche stammt der Satz: „der denkende Mensch ändert seine Meinung"; und es sollte uns zu denken geben, dass die sicherste Art und Weise, seine Meinung zu betonieren, die Vermeidung des aktiven Denkens ist.

- Die Fähigkeit der Erkenntnis über das eigene Denken ist aus jetziger Sicht die höchste geistige Fähigkeit, die im Universum existiert. Über diese Fähigkeit verfügt nur der Mensch. Hierin liegt die Quelle zu wirklicher menschlicher Freiheit verborgen. Aber diese Quelle muss jeder einzelne Mensch in sich selber freischaufeln. Und an dieser Stelle sollte auch Kant noch einmal gewürdigt werden. Denn er war es, der als erster eine Ahnung hatte, dass der gute Gebrauch des Denkens im Sinne von *Vernunft*, und eben nicht im Sinne der ausschließlichen Fixierung des Denkens auf *mind* wie bei Bacon, Hobbes, Locke und Hume, ein guter Pfad auf dem Weg zur menschlichen Freiheit sein könnte. Nur hat er die Möglichkeiten, die im begrifflichen Denken verborgen sind, damals noch nicht erkannt. Steiner hat dies 100 Jahre später in die Welt gebracht. Und heute, weitere 100 Jahre später, wäre es an der Zeit, dass diese Erkenntnis der gesamten Menschheit zugänglich gemacht würde.

Kritik des rein kausalen Denkens

Die Welt der Kausalität ist das Ergebnis und das Produkt eines rein kausalen Denkens, das seit fast vier Jahrhunderten das Denken zunächst in der westlichen Hemisphäre und inzwischen auf dem gesamten Planeten vollkommen dominiert. Das kausale und funktionale Denken entspringt der rein naturwissenschaftlichen Herangehensweise an die Welt der materiellen Phänomene und Objekte. Es ist ein Denken, das ausschließlich auf den Zusammenhang zwischen Ursache und Wirkung zielt. In der Welt des kausalen und funktionalen Denkens besteht die ganze Welt und der gesamte Kosmos aus Objekten, die man nur von außen beobachten kann. Diese reine „Objekthaftigkeit" bezieht sich dementsprechend selbstverständlich auch auf den Menschen selbst. Und dem „Beobachtungsobjekt Mensch" wird dabei problemlos auch ein Geist, und notfalls sogar eine Seele, zugesprochen. Allerdings, was genau der Geist und was genau die Seele ist und wie die beiden wirken, muss ausschließlich von außen sichtbar und messbar sein, sonst hat es keine Gültigkeit.

Die Kritik am rein kausalen und funktionalen Denken bezieht sich im Wesentlichen auf zwei wichtige Aspekte. Der erste Aspekt ist, dass die Welt der Kausalität und Funktionalität eine Welt ohne Subjekt ist. Ein Symptom in meinem Körper oder in meiner Psyche muss immer eine bestimmte Ursache haben. Die Betonung liegt auf *einer* Ursache. Dass etwas auch mehrere Ursachen haben kann, liegt nicht im Interesse eines kausalen und funktionalen Denkens. Wenn in einer Studie heraus gefunden, wird, dass ein bestimmter Stoff nicht gut ist für den Körper, dann ist dieser Stoff ab sofort tabu für alle. Dabei gibt es nichts im Kosmos, das nur schlecht, oder nur gut ist. Das Subjekt und die vielen einzelnen Subjekte werden durch dieses Denken ihrer inneren Lebendigkeit und damit ihrer existenziellen Sicherheit beraubt. Dadurch wird es im Inneren der Subjekte zunehmend unlebendiger, öder, leerer und sinnloser. Das wiederum bewirkt, dass die im gewöhnlichen Lebensalltag zur Verfügung stehenden Sinnesreize keine lebens- und sinnstiftende Funktion mehr erzielen können. Man wartet dann nur noch auf die nächste Sensation im Außen, oder den nächsten Kick im Inneren. Aber selbst die Wirkung dieser besonders intensiven Reize ist nicht von Nachhaltigkeit geprägt. Sie verlieren schon am nächsten Tag ihre Wirkung, weil es für die Wirkung im Inneren keinen von Uexküll'schen Bedeutungs- oder Wirkkontext mehr gibt. In der Welt der Kausalität haben alle Phänomene und Objekte nur eine *Merkseite* nach dem Prinzip von Ursache und Wirkung im außen. Ohne Subjekt fehlt ihnen die *Wirkseite*, die sich nur aus dem sich aktiv in die Welt einbringenden subjektiven Erleben und den daraus resultierenden Erfahrungen konstituieren kann. Nur ein vorhandenes Subjekt ist überhaupt in der Lage, einschätzen zu können, wie hochgradig destruktiv und jedes innere Leben abtötend sich gewisse geistige

Umwelten auf Mensch und Tier auswirken können, und das sowohl auf der Mikroebene der Gene und Zellen, als auch auf der sozialen Makroebene.

Der zweite Aspekt der Kritik am rein kausalen Denken bezieht sich darauf, dass die Welt der Kausalität nur aus Nutzen und Zweck besteht. Hier gilt es nun aber, vom Standpunkt des Subjektes aus, wiederum eine dialektische Perspektive einzunehmen. Denn Nutzen und Zweck sind in der Welt der Materie unabdingbare Grundvoraussetzungen, damit die Materie sich überhaupt entwickeln kann. Wie wir in einem späteren Kapitel noch sehen werden, weiß jede Körperzelle, dass sie einen ganz konkreten Nutzen und Zweck im Körpersystem zu erfüllen hat. Dennoch weiß sie auch aus ihrer von Uexküll'schen subjektiven *Wirkseite* her, dass sie nur eine befristete Lebenszeit hat, sie aber in ihren Nachkommen-Zellen weiter leben wird, weil sie das Wissen, welchen Nutzen und Zweck sie zu erfüllen haben, an diese weitergeben wird. Im von Uexküll'schen Sinne hat also die einzelne Körperzelle kein Problem damit, dass sie bald sterben wird, weil für sie der ganze Nutzen und Zweck auch einen Sinn ergibt. Wenn es aber kein Subjekt mehr gibt, kann diese dialektische Perspektive nicht mehr eingenommen werden. Jeder psychologisch geschulte Mensch weiß, wohin das im Zusammenhang von Nutzen und Zweck führt, nämlich, dass das Verdrängte und Verleugnete sich auf Umwegen wieder Raum verschaffen wird. Wenn die ganze Welt nur noch ein Nutzen- und Zwecksystem geworden ist, werde ich als Rest-Subjekt entsprechend denken und mich entsprechend verhalten, nämlich ausschließlich nach Nutzen und Zweck. Der Neurobiologe Gerald Hüther ist meines Wissens der einzige Neurobiologe, der für die notwendige dialektische Sichtweise eine wissenschaftliche Begründung liefert. Er sagt:

> *„Darwin wusste noch nicht, was inzwischen Molekularbiologen über das Genom und Neurobiologen über das Gehirn heraus gefunden haben, dass es neben der Spezialisierung noch eine zweite Entwicklungsstrategie gibt, nämlich die kontinuierliche Ansammlung innerer Potenziale."* (18)

Potenziale unterscheiden sich von Spezialisierungskompetenz dadurch, dass sie nicht sofort eine praktische Bedeutung für die aktuelle Lebensbewältigung haben. Potenziale sind daher von außen zunächst nicht sichtbar. Sie sind eher wie ein angelegter Same, der erst dann zur Reifung und Entfaltung kommt, wenn die Zeit dafür gekommen ist. Lebewesen mit Potenzialen sind daher bei starken Veränderungen anpassungsfähiger als die reinen Spezialisten. Noch einmal Hüther:

> „*Die zunehmende Spezialisierung eines Systems auf die Beseitigung ganz bestimmter Störungen schränkt zwangsläufig seine Fähigkeit ein, adäquat auf andere, bisher seltener aufgetretene Veränderungen seiner Außenwelt zu reagieren. Wenn sie eintreten, kommt es zu einer wesentlich tiefergreifenderen Störung der inneren Ordnung des Systems.*“ (19)

Wie können und sollen wir nun aber damit umgehen, ohne in Resignation zu verfallen? Mit rein kausalen Argumenten kommt man weder den Phänomenen der reinen Kausalität noch den Protagonisten, die diese vertreten, bei. Es wird immer genügend Gegenargumente geben, gegen die man scheinbar objektiv gesehen nicht ankommt. Und so kann man auf dieser rein kausalen Ebene sehr viel Energie verschwenden, ohne im Erkenntnisprozess wirklich voranzukommen und aus diesem desaströsen Dilemma heraus zu finden. Was also tun? Ein ganz wesentlicher Schritt, dem Subjekt und den vielen Subjekten wieder Leben einzuhauchen, wäre, dass wir Menschen zu den Wurzeln unserer Denkkultur zurückfinden. Dazu bedarf es der im 6. Kapitel beschriebenen narrativen Perspektive, und dies sowohl in Bezug auf das persönliche biografische Narrativ als auch auf das kollektive. Und wir sollten uns rückblickend genau anschauen, was da zum Beispiel im Denken der Menschen passiert ist und wie es dazu kommen konnte, dass das Denken der antiken Griechen nur noch in verzerrter Perspektive erhalten werden konnte. Und erst recht, was vor 400 Jahren mit dem Denken passiert ist, das es nach Newton diesen Verlauf genommen hat, den Whitehead und Hayward sehr anschaulich beschrieben haben. Whitehead und Hayward haben eine Perspektive eingenommen, die nur ein Subjekt haben kann, das zur Narration fähig ist. Einer von vielen Aspekten, die aus der narrativen Perspektive gewonnen werden können, ist der, dass der Mensch, im Gegensatz zum Tier, die Tendenz hat, das Denken zu Machtzwecken zu missbrauchen. Genau das ist historisch im Verlauf der christlichen Kultur- und

Denkgeschichte in jedem Fall schon mal passiert. Und es passiert heute auf vielen gesellschaftlichen Ebenen noch genauso.

Ein lebendiges Subjekt kann und muss also kausal und funktional denken können. Aber es ist dazu auch stets in der Lage ein Denken zu praktizieren, das man gemeinhin als *synthetisches Denken* bezeichnet. Ein *synthetisches Denken* muss man jedoch einüben, und dieses Einüben wiederum geht nur aus der Perspektive eines Subjekts. Aus dieser Perspektive, das lehrt uns die neue Sichtweise der Biologie, muss jedes Pantoffeltierchen und jede Körperzelle im Menschen zunächst einmal eine gewisse Zeit seine Funktion und damit seinen Nutzen und Zweck einüben. Aber selbst das Pantoffeltierchen spürt in seinem Nutzen und Zweck einen mit den Sinnen nicht wahrnehmbaren Sinn. Was für eine interessante Paradoxie! Das, was wir heute unter einem synthetischen Denken verstehen, beinhaltet zumindest die Synthese der Objekt- und Subjektperspektive. Ich habe es mir im Verlauf meiner körperpsychotherapeutischen Praxis zur inneren Aufgabe gemacht, mich in einem *leiblichen Denken* zu schulen. Im Unterschied zum sognannten *synthetischen Denken* hat das *leibliche Denken* noch eine beachtliche Zahl von weiteren möglichen Perspektiven, die auch die Empfindungen aus dem Körper in das Denken mit einbeziehen, wobei genau das in unserer gegenwärtigen Kultur als vollkommen merkwürdig und fremd betrachtet wird, den Körper in das Denken einzubeziehen. Wie sehr eine entsprechend große Anzahl von Perspektiven das Subjekt beleben und vitalisieren können, sollte in diesem Abschnitt deutlich gemacht werden.

Am Ende dieses Kapitels ist es wieder Zeit, innezuhalten, sich neue Notizen zu machen, und inzwischen zunehmend auch die bisherigen eigenen Notizen immer wieder einmal neu durchzulesen, und gegebenenfalls zu ergänzen.

8 Wenn Sie von Ihrem Körper sprechen, welchen meinen Sie?

Je weniger wir Trugbilder bewundern, desto mehr vermögen wir die Wahrheit aufzunehmen. (1)
Erasmus von Rotterdam, der europäische Urvater und Vordenker einer grundlegenden menschlichen Freiheit

Es ist schon peinlich, den Körper wie eine Röhre betrachten zu müssen, die nur mit Geist angefüllt ist. (2)
Ludwig Wittgenstein

Selbstwahrnehmungsübung 1

Nun lade ich Sie zu einer kleinen Selbstwahrnehmungsübung ein. Die Übung ist wirkungsvoller und nachhaltiger, wenn Sie sich dazu wieder ein Blatt Papier oder Ihre bisherigen Notizen zu diesem Buch und einen Stift bereit legen.

Dann gehen Sie einen Moment in sich und geben folgende Frage an Ihr Inneres ein: Welche Gedanken und welche Schlagworte kommen mir spontan in den Sinn, wenn ich an meinen Körper denke?

Bitte die auftauchenden Gedanken unbedingt notieren und schriftlich festhalten, sonst sind sie möglicherweise schnell wieder im Nicht-mehr-Greifbaren verschwunden.

Selbstwahrnehmungsübung 2

Nun lade ich Sie zu einer weiteren Selbstwahrnehmungsübung ein. Natürlich wieder mit bereitgehaltenem Stift und Papier.

Gehen Sie erneut in sich hinein und geben nun folgende Frage an Ihr Inneres ein: Welche Gefühle stellen sich in mir ein, wenn ich an meinen Körper denke?

Und bitte auch diesmal die auftauchenden Gefühle schriftlich notieren.

Selbsterfahrungsübung

Nun lade ich Sie noch zu einer Selbsterfahrungsübung ein, bei der es um Ihren Körper geht. Lesen Sie hierzu bitte zunächst in Ruhe die Anleitung für diese Übung, bis Sie alle Schritte ausreichend gut verstanden haben. Erst dann beginnen Sie mit der konkreten Umsetzung.

Sitzen Sie zunächst auf einem bequemen Stuhl und beginnen nun, zunächst den rechten Fuß mit beiden Händen derart zu umfassen und zu umformen, als hätten Sie ein formbares Material in den Händen, mit dem Sie nun Ihren eigenen Fuß zu einer Plastik modellieren. Wenn Sie auf diese Weise Ihren rechten Fuß fertig erstellt haben, erweitern Sie Ihre plastische Modellierung um alle weiteren Körperteile: das rechte Bein, den linken Fuß und das linke Bein. Danach empfehle ich Ihnen, die Erstellung der Plastik im Stehen fortzusetzen. Es folgen das Becken und der ganze Rumpf, die Arme und Hände und schließlich der Kopf.

Wenn Ihre Hände ihre Arbeit in dieser Weise verrichtet haben, bleiben Sie noch stehen, schließen Ihre Augen, und spüren noch einmal Ihren ganzen Körper von unten nach oben intensiv nach, und spüren dabei, welche konkreten plastischen Materialempfindungen bei den einzelnen Körperstellen oder im ganzen Körper nun innerlich auftauchen. Lassen Sie diese Materialempfindung oder Materialempfindungen noch etwas in Ihnen nachwirken. Schließlich stellen Sie sich vor, dass sich die auf diese Weise entstandene Körperplastik nun ca. zwei Meter vor Ihnen im Raum befindet. Betrachten Sie Ihre eigene Körperplastik nun von verschiedenen Seiten und Perspektiven, so als täten Sie das mit einer Künstlerplastik im Museum. Danach halten Sie auch diese Erfahrung in Ihren Notizen fest.

Vom Körperbild zum Körperselbst

Die inneren Bilder und Vorstellungen, die ein Mensch in Bezug auf seinen Körper oder einzelne Teile seines Körpers hat, werden in der Körperpsychotherapie als „Körperbilder“ bezeichnet. Diese *Körperbilder* sind nicht selten vollkommen unbewusst, aber nie mehr als halbbewusst. Und sie sind daher in jedem Falle für den betroffenen Menschen ein Problem, dessen er sich selbst meist gar nicht bewusst ist. Ein Problem deshalb, weil jede *Vorstellung* etwas Festgefahrenes und Fixiertes ist, und dadurch unbewusst Macht über das Ich hat und sie dadurch die Beziehung zum Körper entsprechend beeinflusst, ohne dass dem Betreffenden diese Beeinflussung bewusst ist.

Fallbeispiel aus der Körperpsychotherapie

Frau H. wird angeleitet, im Raum umher zu gehen, und dabei zunächst ihre Füße zu spüren. Sie beginnt zu gehen und nach wenigen Augenblicken kommt die Antwort: „Ich nehme mein Übergewicht wahr." Da ich mich in der Netzwerkstruktur des Gehirns auskenne, modifizierte ich die Anleitung, und sagte ihr, sie solle versuchen, nur ihre Fußsohlen wahrzunehmen. Jetzt kommt die Antwort, dass sie ihre Fußsohlen beim Gehen spüren könne.

Der erste Teil dieses Fallbeispiels gibt Ihnen als Leser eine Idee, was mit Körperbildern gemeint ist und wie sehr Körperbilder die Wahrnehmung des eigenen Körpers verzerren können. Mit dem zweiten Teil des Fallbeispiels möchte ich deutlich machen, wie Körperbilder sich ganz konkret in der neuronalen Struktur des Gehirns festsetzen können. Wenn wir uns, wie im aufgezeigten Beispiel, beim Gehen auf die Füße konzentrieren, dann gelangen neuronale Impulse an eine bestimmte Stelle im Gehirn, in der sich die Areale für die einzelnen Körperstellen befinden, und werden dort in einer Art neuronaler Netzwerkstruktur gespeichert. Wenn ein Mensch es so gut wie nie zugelassen hat, dass solche rein körperlichen Wahrnehmungsimpulse, das ist das, was vorher unter Empfindungen erarbeitet wurde, im Bewusstsein gespürt werden dürfen, entsteht im Gehirn an der Stelle, an der diese körperlichen Empfindungen, zum Beispiel der Füße beim Gehen, in einer inneren Datei angelegt werden, eine Datei nur über die unbewussten negativen Gefühle, die der Betreffende beim Gehen in Bezug auf seine Füße hat. Und wenn der Betreffende dann doch einmal, wie in diesem Fallbeispiel gezeigt, bewusst die entsprechende Speicherstelle dieses Körperteils im Gehirn wahrnimmt, dann tauchen eben keine Füße auf, sondern die unbewusst dort abgelagerten negativen Gefühle in Bezug auf die jeweilige Körperstelle. Mit der von mir angeleiteten Umlenkung auf nur die Fußsohlen gelang die reine Körperwahrnehmung, weil zu vermuten war, dass die Fußsohlen für sich alleine nicht so negativ gefühlsmäßig besetzt sein würden wie die gesamten Füße, was denn auch der Fall war.

Weitere Fallbeispiele zum Thema Körperbilder aus der Körperpsychotherapie

Frau N. wird ebenfalls angeleitet, beim Gehen ihre Füße zu spüren. Sie hat plötzlich das Empfinden, als wäre der rechte Fuß „wie gelähmt", während der linke sich ganz normal anfühlte.

Hier war es so, dass die Mutter, als die Klientin noch nicht einmal drei Jahre alt war, mehrere psychotische Schübe erlitt und in der Psychiatrie behandelt werden musste. Dass die Erfahrung der Klientin in ihrem Fuß gespeichert war, wird in der Körperpsychotherapie so verstanden, dass sie im Alter von drei Jahren noch immer in der Symbiose mit der Mutter war. In der symbiotischen Phase nimmt ein Kind seinen eigenen Körper nur an sehr wenigen, neuronal schon vernetzten Stellen wahr, das sind vor allem der Mund, die Hände und die Füße. Für andere Körperstellen existiert in dieser Phase noch keine „Datei" im Großhirn. Dass die Empfindung speziell im rechten, und nicht im linken Fuß erfolgte, hat damit zu tun, dass der rechte Fuß seine Repräsentanz in der linken Gehirnhälfte hat und der linke entsprechend in der rechten Gehirnhälfte. In der linken Großhirnrinde werden auch in der noch sehr symbiotische Phase alle wichtige gefühlsmäßigen Erfahrungen gespeichert, während in der rechten Großhirnrinde alle Erfahrungen hinterlegt werden, die weniger mit Gefühlen als mit eigenen Handlungen, also der Wirkseite zu tun haben. Das Gefühl der Lähmung spiegelt also das Gefühlserleben wider, das die Klientin als 3-jähriges Kind hatte, als es eine in der Psychose erstarrte Mutter erleben musste.

Frau G. wird angeleitet, im Sitzen ihre Unterschenkel so bewusst wie möglich in den zwei möglichen Richtungen, nämlich nach vorne und wieder nach hinten zu bewegen. Nach wenigen Augenblicken teilt sie mit, dass es ihr plötzlich ganz schwindelig wäre. Ich teile ihr mit, dass die Schwindelempfindung ein Signal dafür ist, dass der innere Erregungspegel jetzt extrem hoch sei.

Sie: „Aber warum sollte mein Kontakt mit den Unterschenkeln meinen Erregungspegel ansteigen lassen?"
Ich erkläre ihr nun die Bedeutung der Unterschenkel in der Entwicklungsphase des Lebens, in der ein Kind anfängt, sich vom Krabbeln aufzurichten und auf die eigenen Füße zu stellen.

Sie: „Jetzt fällt mir ein, dass meine Mutter immer stolz berichtet hat, dass sie uns als Kinder in der Zeit, als wir uns vom Krabbeln aufrichten wollten, immer diese Träger angezogen hat, die verhindern sollten, dass wir beim Aufrichten hinfallen und uns hätten wehtun können."

Frau L. wird, als auch sie die oben geschilderten einfachen Bewegungen mit den Unterschenkeln durchführen sollte, plötzlich so wütend, dass sie vor ihrer eigenen Wut erschrickt.

Sie: „Was soll denn diese blöde Bewegung?"
Ich: sage ihr, sie solle die Wut einmal zulassen und die Wut fragen, warum sie da sei.
Sie: „Es taucht die Erinnerung an ein Foto von mir als ganz kleines Mädchen auf, auf dem ich völlig pummelig aussehe und eine Tüte mit Süßigkeiten in der Hand halte. Eine solche Tüte habe ich immer bekommen, damit ich schön ruhig und brav im Zimmer hocken bleibe."
Ich: „Und von wem waren die Süßigkeiten?"
Sie: „Von der Großmutter."
Ich: „Und von wem ging das Bewegungsverbot aus?"
Sie: „Von der Mutter."

Je mehr festgefahrene und nicht im Bewusstsein aufgelöste *Vorstellungen* jemand über seinen Körper hat, umso mehr entfremdet sich die Beziehung zwischen Ich und Körper. Das wiederum kann unterschiedliche Folgen haben. Eine mögliche Folge ist, dass der Körper sich mithilfe von körperlichen Symptomen versucht, Gehör zu verschaffen. Und im Bereich der Psychosomatik hat es sich gezeigt, dass eine psychische Störung zunächst oft mit einer Empfindungs-Reaktion des Körpers auf schwierige Herausforderungen beginnt, und dadurch, dass diese missachtet wird, sich dann die eigentliche Störung als länger währender Dauerzustand manifestiert. Neben der Missachtung gibt es darüber hinaus den Modus, unangenehme Körperempfindungen als etwas zu bewerten, bei dem der Körper einem etwas antut, und dieser Körper dann zum Feind erklärt wird, der zur Räson gebracht werden muss. Hier wird der therapeutische Prozess dann noch etwas schwieriger und langwieriger.

Die oben geschilderten Fallbeispiele aus der Körperpsychotherapie zeigen auf, wie sehr insbesondere seelische Erfahrungen in der frühen Kindheit sich zu unbewussten und starren *Körperbildern* manifestieren können. Und ich bin mir sicher, dass Sie als Leser diese Zusammenhänge leicht und gut nachvollziehen können, selbst wenn Sie vorher darüber noch nie etwas gehört oder gelesen haben. In meiner körperpsychotherapeutischen Praxis arbeite ich heute allerdings so gut wie nicht mehr mit *Körperbildern*, weil heute in den meisten Fällen grundlegende strukturelle Aspekte wesentlich mehr im Vordergrund stehen. Umso mehr muss es jeden Körperpsychotherapeuten, der um die Entstehung und die negative Wirkung von *Körperbildern* weiß, in der Seele weh tun, mit anzusehen, was heute in unserer gesamten Kultur an *Körperbildern* ständig neu geschaffen wird, und man dabei auch noch glaubt, dass hier etwas für die Menschen sehr sinnvolles geschieht. In der „Süddeutschen Zeitung" erschien im August 2015 ein Artikel mit der Überschrift „Fit und fertig". (3) Ich zitiere aus dem Anfang des Artikels:

> *„Dieser Sommer ging los, da war es noch Winter. Draußen lag noch der letzte Schnee, schon wurde landauf, landab gestählt, gestemmt, geächzt für ein fernes Ziel."*

Dann zitiert die Autorin aus dem Prospekt eines Berliner Fitnessstudios für einen Spezial-Kurs mit dem Titel *„Active Boot Camp – und die Strandfigur ist dir sicher"*.

Darin hieß es:

> *„Schockiere deinen Körper mit Belastungen, die er bisher noch nicht kannte. Entwickle innere Kraft und Willen. Unabhängig von deinem jetzigen Skill-Level kannst du 1000 Kalorien in einer Stunde verbrennen."*

Die Volkshochschule Aichach, mit Steuergeldern subventioniert, bot im gleichen Spätwinter einen Kurs an mit dem Titel *„Beach-Body-Workout für Sie und Ihn"*.

Die Autorin der SZ:

„Draußen Matschwetter und Minusgrade, drinnen stickige Heizungsluft und wild pumpende, maximal Kalorien verbrennende Sachbearbeiter, Studenten, Lehrer, Anwälte."

Dann weiter:

„In diesem engen Raster haben viele das Gefühl, gegen ihre vermeintlichen Unzulänglichkeiten angehen zu müssen ... Für ein Viertel der deutschen Frauen sind Hungerkuren fester Bestandteil ihres Lebens. Sie machen gerade eine, haben schon mehrere Anläufe hinter sich, oder sind überhaupt dauerhaft damit beschäftigt, Kalorien zu zähmen und sich das Dessert zu verkneifen. In dieser Logik, und das hat sich geändert, ist eine optimale Bikini-Figur nicht mehr die schönste Version des eigenen Körpers, sondern eine realitätsferne Version eines standardisierten Körpers ... Und so kommt es, dass zwar 75 Prozent aller Jugendlichen normalgewichtig sind – aber sich nur 40 Prozent für ‚genau richtig' halten."

In diesem Artikel erfahre ich auch, dass in den USA jährlich 100 Milliarden Dollar für Diäten, aber nur 60 Milliarden für Bildung ausgegeben werden. Besser kann das Missverhältnis zwischen Aufwand und tatsächlich gemessener Gesundheit in einem Land nicht deutlich werden.

In einem vor einem Jahr ebenfalls in der „Süddeutschen Zeitung" erschienenen Artikel wurden aktuelle Bücher rezensiert, die sich mit dem Fitness-Kult unserer Kultur auseinandersetzen. (4) Der Artikel ist überschrieben mit dem Titel „Selbsthass macht fit". In einem der rezensierten Bücher versucht dessen Autor, das Phänomen des Fitness-Kultes in einem sozioökonomischen Kontext zu sehen. Für ihn sei es kein Zufall, dass das Zeitalter der Fitness mit dem Zeitalter des Neoliberalismus zusammenfällt. Der Begriff „Neoliberalismus" wird dann skizziert als eine Epoche, „die sich am Modell des Marktes ausrichtet, jede Lebenslage als Wettbewerbssituation deutet und Menschen dazu auffordert, ihre Freiheit erfolgreich zu nutzen." (5)

Im gleichen Artikel wird auf einen Aufsatz des amerikanischen Essayisten Marc Greif Bezug genommen, in dem dieser auf den Umstand hinweist, dass das Zeitalter der Fitness nicht mehr, sondern weniger Freiheit hervor gebracht habe. Und sich vor allem die Frauen, nachdem sie sich erfolgreich von dem Korsett und Diktat der Mode befreit hätten, sich nun ganz freiwillig das innere, und damit wesentlich länger haltbare Korsett der körperlichen Fitness zulegten, was statt Freiheit nur noch mehr Unsicherheiten bewirke. Dann wird Mark Greif mit dem Satz zitiert: „Die Ära der Fitness hat uns nicht weniger, sondern mehr Obsessivität und Selbsthass gebracht." Der Autor der Zeitungsrezension beendet den Artikel mit einer eigenen Einschätzung:

> *„Fitness als Ideologie ist aus dieser Perspektive ein Instrument der – wenigsten ideellen – Selbstermächtigung angesichts der ständigen Gefahr, von unbeeinflussbaren Umständen zum Verlierer degradiert zu werden. Mit anderen Worten: Da nichts so sehr eint wie ein gemeinsamer Gegner, ist die Ideologie der Fitness auch so etwas wie die einzige zivile Form, um die Bürger in pluralistischen Massenkollektiven auf einen gemeinsamen Gegner einzuschwören, der dann politisch keine Probleme mehr macht, ihr eigener Körper."*

Der Buchautor und Gesundheitscoach Manuel Eckhart weist darauf hin, wie problematisch es werden kann, wenn Menschen in ihrem Denken die Begriffe *Fitness* und *Gesundheit* nicht klar voneinander trennen, sondern meinen, das eine sei dasselbe wie das andere. In den Fitnessstudios, so Eckart, würde heute so viel falsch gemacht, dass die Gesundheit oft mehr beschädigt als gefördert würde. Zum Beispiel dann, wenn man am Abend nach der Arbeit völlig ausgelaugt dorthin gehe, und nicht bedenken würde, dass ein energetisch ausgelaugter Körper die gesetzten Trainingsreize gar nicht mehr umsetzen könne, sondern beim Training nur noch zusätzlichen Stress empfinde. Für Eckart ist der erste wesentliche Schritt für einen Menschen, der anfangen möchte, sich aktiv um seine Gesundheit zu kümmern, sich zunächst ein Bewusstsein zu verschaffen, wie Gesundheit überhaupt möglich gemacht werden kann, welche wesentlichen Kriterien dabei erfüllt sein müssen und dass dies immer eine sehr individuelle und persönliche Angelegenheit sei.

Vor einigen Jahren wurde in den USA eine Studie durchgeführt über das Maß der Zufriedenheit oder Unzufriedenheit mit dem eigenen Körper bei Frauen. An der Studie durften nur gesunde Frauen teilnehmen, die bisher nicht an einer Essstörung gelitten hatten. Zudem wurde darauf geachtet, dass die Teilnehmerinnen aus einem breit gestreuten Sozial- und Bildungsspektrum kamen. Am vereinbarten Tag der Studie wurde den Teilnehmerinnen mitgeteilt, dass sich der Beginn der Durchführung zeitlich etwas verzögere, was natürlich von den Versuchsleitern beabsichtigt war. Unter dem Vorwand, dass man über keinen Warteraum verfüge, in dem alle Teilnehmerinnen warten könnten, wurden diese in zwei verschiedene Warteräume gebeten. Der eine Warteraum war weniger ein Warteraum, sondern eingerichtet mit Sesseln aus edlem Leder und einer Inneneinrichtung, die jeder Lounge eines sehr gehobenen Hotels Konkurrenz gemacht hätten. Dazu passend lief im Hintergrund groovige Musik. Und das Wichtigste, an den Tischen waren nur aktuelle Modezeitschriften verteilt. Der andere Warteraum war ein einfacher, kühl und sachlich eingerichteter Raum, mit einfachen Stühlen und Tischen. Auf den Tischen lagen nur politische Zeitschriften oder aktuelle Tageszeitungen. Die Wartezeit betrug kaum mehr als eine halbe Stunde. Das Ergebnis übertraf die Vermutungen der Versuchsleiter um Weiten. Unabhängig vom Alter, von der sozialen Situation oder vom Bildungsstand ergab die Messung bei denjenigen, die im ersten Warteraum gesessen waren, eine überdurchschnittlich größere Unzufriedenheit mit dem eigenen Körper gegenüber denjenigen, die im zweiten Warteraum gewartet hatten.

Bleibt man dem dualistischen Denken verhaftet, könnte man sich nun einschießen auf die böse Werbe-Industrie, die mit immer geschickteren Methoden und Tricks, die dazu noch mithilfe von viel Geld wissenschaftlich entwickelt wurden, die Menschen seelisch und geistig verführt. Aber das wird nicht der geeignete Weg sein. Der einzige Weg, der hier weiterführt, ist die Entwicklung einer inneren Wahrnehmung jedes einzelnen Menschen. Ist eine solche Wahrnehmung entwickelt, bleibt der Mensch in seiner Freiheit. Das heißt, er bleibt am Steuer seines Selbst. Dann bestimmen nicht die schönen verführerischen Bilder über ihn, sondern er über die Bilder. Der Entwicklungsweg zu einer solchen inneren Wahrnehmung muss aber bewusst den Körper mit einbeziehen, und dies in einer Weise, die den Körper nicht nur von außen betrachtet, sozusagen „wie eine Röhre, die nur mit Geist gefüllt ist", sondern dazu verhilft, diesen Körper auch von innen zu erspüren. Das heißt, es bedarf der bewussten Entwicklung eines „Körperselbst" anstelle von *Körperbildern.*

Und was ist ein *Körperselbst?* Ein *Körperselbst* ist das Resultat einer ausreichend guten Beziehung und Verbundenheit zwischen dem psychischen Selbst eines Menschen und seinem Körper. Das Konzept des *Körperselbst* beinhaltet dementsprechend, dass die Art und Weise, wie ich mit meinem Körper umgehe, sich immer auch auf meine Seele und meinen Geist auswirkt.

Ich habe den Eindruck, dass heute viele Menschen eine achtsamere Beziehung zu ihren Partnern und Freunden haben, als zu ihrem eigenen Körper. Welcher Partner oder Freund lässt sich ein Verhalten gefallen, wie es oben im Prospekt des Berliner Fitnessstudios beschrieben ist? Aber viele glauben allen Ernstes, dass sie, wenn sie mit ihrem Körper so umgehen, diesem tatsächlich etwas Gutes antun. Außerdem kann ich mir kaum einen Menschen vorstellen, der es sich lange gefallen lässt, wenn ständig andere Menschen ihm vorzuschreiben versuchen, wie er sich dem Partner, den Freunden, oder den eigenen Kindern gegenüber zu verhalten hat. Aber beim Umgang mit dem eigenen Körper lässt man das nicht nur zu, sondern gibt auch noch die gesamte Kompetenz an andere ab. Dabei kann man die Beziehung zum eigenen Körper genauso entwickeln lernen wie die Beziehung zum Partner, zu Freunden, oder zu den eigenen Kindern. Der erste Schritt wäre: darüber überhaupt einmal beginnen nachzudenken. Dazu noch einige Anmerkungen. In einem Buch, das sich mit genau dieser Problematik beschäftigt, heißt es:

> *In einem Seminar für Führungskräfte wird unter freiem Himmel ein 30-minütiger Workshopteil ‚Körperarbeit' durchgeführt. Die Teilnehmenden sollen Dehnübungen machen und ihre Fähigkeit schulen, wahrzunehmen, was in ihrem Körper durch diese Übungen an Veränderungen ausgelöst wird … In der Auswertung zu diesem Workshopteil schreibt ein Teilnehmer: ‚Kam mir vor wie im feel me – touch me Club. War peinlich.' Eine Teilnehmerin schreibt ‚Die Körperarbeit war für mich verdächtig nahe an der Esoterik.' … Warum ist das Befassen mit dem eigenen Körper oft mit Peinlichkeit besetzt oder mit der Vorstellung von Sünde gekoppelt?* (6)

Ich möchte an dieser Stelle darauf hinweisen, dass es sich hierbei nicht nur um ein Problem einiger weniger Menschen handelt, sondern dass wir uns schon sehr weit auf dem Wege dahin befinden, uns ein Kulturproblem allerersten

Ranges zu erschaffen. Und Kulturproblem bedeutet, dass das in eine Richtung geht, die unserer Gesellschaft noch sehr hohe materielle und seelische Kosten verursachen kann. Und Kulturproblem bedeutet vor allem auch, dass es hier um die Bewusstmachung einer Gesamtverantwortung von uns allen geht. Und damit sind wir wieder an dem Punkt, immer wieder darüber nachzudenken, wie sinnvoll es sein könnte, unser derzeitiges Bildungssystem dahingehend zu erweitern, die Menschen auch zum Umgang mit ihrem inneren Denken, Fühlen und Empfinden ihres eigenen Körpers zu befähigen.

Was sind die spezifischen Merkmale eines lebendigen Organismus?

Schon im Altertum hat man sich mit der Frage beschäftigt, was Leben ist und wie es sich vom Unlebendigen unterscheidet. Und stets gab es Wissenschaftler, die allem Lebendigen ein innewohnendes Prinzip zuerkannten, welches im Unlebendigen nicht existiert. Es gab unterschiedliche Namen und Begriffe für dieses innewohnende Prinzip, aber die grundlegende Annahme dabei war, dass es hierbei weniger um materielle Stoffe, sondern um ein geistiges Prinzip ging. So etwas kann die klassische Naturwissenschaft natürlich nicht akzeptieren, und so ist deren aktuelle Definition von *Leben*, was gleichbedeutend ist mit dem Begriff *biologischer Organismus*, die folgende:

1. Leben ist eine spezielle Organisationsform aus nicht lebendigen chemischen Bausteinen wie Wasserstoff, Stickstoff, Kohlenstoff, Sauerstoff, Schwefel, Phosphor, Natrium, Kalium etc.
2. Diese Stoffe verbinden sich zu Strukturen wie Nucleinsäuren, Proteinen, Fettsäuren, Kohlenhydraten, die durch gezielte Wechselwirkung zu bestimmten Funktionen gelangen, zu denen andere Organisationsformen nicht gelangen.
3. Lebewesen besitzen zwei wesentliche Basiseigenschaften, nämlich sowohl die Eigenschaft der Selbstherstellung als auch die der Selbsterhaltung. Selbstherstellung bedeutet, dass der Ordnungszustand eines Systems ausschließlich von den selbstimmanenten selbsterhal-

tenden Basiseigenschaften, und nicht von außen aufgezwungenen Eigenschaften erreicht worden ist.

4. Um seinen Ordnungszustand aufrecht zu erhalten, muss ein Lebewesen über Informationen verfügen, die ihm sowohl über seine Umwelt als auch über seinen eigenen Zustand Auskunft geben.
5. Bis heute weiß man nicht, welche Gesetzmäßigkeiten am Walten waren, als das erste Leben auf der Erde entstanden ist. Man weiß nur, dass es einen Quantensprung gab und alles folgende Leben dieser Gesetzmäßigkeit folgte. (7)

Aber es tut sich etwas, was man als einen sich anbahnenden Paradigmenwechsel innerhalb der Biologie bezeichnen kann. Der Biologe Gerald Hüther schreibt, dass die Biologie des 21. Jahrhunderts einer grundlegenden Neuausrichtung bedarf und dass es dafür gute Argumente gibt. Hier seine aufgelisteten Gründe:

1. Nach wie vor wird die Biologie als eine Naturwissenschaft betrachtet. Die Biologie ist aber die Wissenschaft vom Leben. Und zwischen dem, was in der Natur lebt, und den Phänomenen der überlebenden Natur besteht ein himmelgroßer Unterschied.
2. Wir haben die vielfältigsten Lebensformen bis in ihre kleinsten Komponenten und Bausteine zerlegt… Aber all diese an zunächst abgetöteten und dann in ihre Einzelteile zerlegten Lebewesen gewonnenen Erkenntnisse erweisen sich als unbrauchbar, um zu verstehen, was ein Lebewesen lebendig macht und am Leben erhält.
3. Wir haben Lebewesen als wissenschaftliche Objekte behandelt und untersucht und dabei übersehen, dass jedes Lebewesen kein Objekt ist, sondern ein Subjekt, das solange es lebt, etwas will … Diese Intentionalität alles Lebendigen ist ein Phänomen, das wir mithilfe unseres bisher angesammelten biologischen Wissens nicht erklären können.
4. Unsere mechanistischen Vorstellungen und unsere Unfähigkeit einander gegenseitig bedingende Wechselgefüge zu beschreiben, hat uns dazu verleitet, nach Programmen zu suchen, die die Entwick-

> lung der verschiedenen Lebensformen steuern. Dadurch haben wir uns selbst den Blick verstellt, um zu verstehen, dass das wichtigste Merkmal alles Lebendigen seine Fähigkeit zur Selbstorganisation ist. Bis heute können sich nur wenige Menschen vorstellen, was Autopoiesis ist. (8)

Die schon erwähnten Biologen Maturana und Varela, die maßgebliche Impulse für den anstehenden Paradigmenwechsel in der Biologie gegeben und den Begriff der *Autopoiesis* ja erstmalig begründet haben, argumentieren zunächst, dass die einseitige von außen stattfindende Beobachtung der bei Lebewesen ablaufenden Phänomenen und Prozessen keine ausreichende Erklärung dafür bietet, was im Grunde das Leben vom Nicht-Leben unterscheidet. Auch sie sehen im Strukturprinzip der Selbstregulation einen wesentlichen Faktor. Aber genau hier ist wiederum wichtig zu bedenken, was man genau unter *Selbstregulation* versteht. Denn diesen Begriff verwendet ja auch die herkömmliche Biologie (siehe oben). Diese aber meint, dass *Selbstregulation* in erster Linie ein komplexer und gut organisierter Anpassungsmechanismus an die gegebenen und scheinbar objektiv vorhandenen Umweltbedingungen eines Lebewesens ist, sozusagen ein permanenter Überlebenskampf, bei dem auch nur die „fittesten" (Darwin) überleben. Das heißt, in der Perspektive der herkömmlichen Biologie reagiert das Lebewesen hauptsächlich geschickt auf die Umwelt. Es passt sich an. Auch der Philosoph, Systemwissenschaftler und Zukunftsforscher Ervin Laszlo kritisiert diese einseitig physikalische Betrachtungsweise von biologischen Prozessen im Lebewesen und schreibt:

> *„Die Art von dynamischer Ordnung, … kann nicht durch Interaktionen entstehen, die auf der Kollision einzelner Moleküle beruhen. Einfache, aus Anstoß und Wirkung bestehende Beziehungen zwischen benachbarten Teilen (wie bei einer Billardkugel) müssen durch ein Netz sofortiger Kommunikation ergänzt werden, das alle Teile des lebenden Systems zueinander in Korrelation setzt, auch jene, die weit voneinander entfernt sind. Seltene Moleküle sind zum Beispiel nur selten benachbart, und doch finden sie sich gegenseitig im gesamten Organismus. Es stünde nicht genügend Zeit zur Verfügung, um dies durch einen zufälligen Prozess des*

Schüttelns und Mischens geschehen zu lassen; auch weit voneinander entfernte Moleküle müssen sich auf spezifische Weise gegenseitig lokalisieren und aufeinander reagieren können." (9)

Maturana und Varela, und in ihrem Gefolge die Biologen, die die Biologie aus den Fesseln der rein physikalisch denkenden Naturwissenschaftler befreien wollen, betrachten also die *Selbstregulation* aus der Perspektive einer permanenten *Autopoiesis* jeglicher Lebewesen. Mit diesem Begriff sind Sie als Leser ja schon im Kapitel über den Geist ein wenig vertraut gemacht worden. Der Begriff der Autopoiesis fungiert somit als so etwas wie der Schlüsselbegriff für den Paradigmenwechsel in der Biologie, wie Hüther schon deutlich gemacht hat. Aber auch hier ist es jetzt umso wichtiger, dass wir diesen Begriff *Autopoiesis* nicht einfach als fertiges Gegenargument gegenüber dem physikalisch-naturwissenschaftlichen Denken verwenden und meinen, damit sei dieses Denken auch schon widerlegt. Wir müssen uns diesen Begriff erst allmählich uns selber zu eigen machen, das heißt, wir müssen ihn erst einmal wirklich verstehen, sonst wird sich nichts ändern. Aber dafür braucht es Zeit, und die sollten und müssen wir uns auch geben. Daher an dieser Stelle hierzu einige zusammenfassende anregende Aspekte, wie Maturana und Varela den Begriff *Autopoiesis* verstehen (10), damit der Begriff auch in Ihnen weiter arbeiten kann.

1. Autopoiesis ist zunächst ein „ständiger Akt eines eigenständigen Hervorbringens". Ständig heißt, in jedem Moment der Gegenwart, und ununterbrochen, und nicht erst nur scheinbar abwartend, und dann möglichst schnell auf die Umwelt reagierend. Und auch wenn sich in diesem ständigen Akt des eigenständigen Hervorbringens im Laufe der Zeit gewisse Mechanismen entwickeln, sind diese Mechanismen nicht so fixiert, dass sie nicht auch in einem entsprechenden notwendigen Augenblick sofort verändert und neu angepasst werden können.
2. Ein *Akt eines eigenständigen Hervorbringens* ist nur möglich für ein eigenständiges Subjekt. Und ein eigenständiges Subjekt hat in sich die Voraussetzung einer eigenständigen Erkenntnisfähigkeit. Diese Erkenntnisfähigkeit muss nicht schon, wie bei uns Menschen,

auch die Fähigkeit zur Selbsterkenntnis beinhalten. Es reicht eine einfache Erkenntnisfähigkeit aus. Um ein Beispiel zu nennen, an dem Maturana lange geforscht hat. Das Augenorgan eines jeden Lebewesens ist in der Lage, Lichtstrahlen nicht nur als vorhanden oder nicht vorhanden zu erkennen, sondern auch die exakte physikalische Beschaffenheit der Lichtstrahlen, und das lange bevor wir Menschen das mit unseren wissenschaftlichen Methoden erkennen konnten. Das Ohr ist in der Lage, Schallwellen differenziert zu erkennen usw.

3. Der konkrete Ablauf des *Aktes des ständigen Hervorbringens* geschieht nun in einer bestimmten Weise. Nachdem der entsprechende Umweltaspekt vom wahrnehmenden Lebensorgan, wie unter 2. beschrieben, *erkannt* worden ist, verwandelt das Lebensorgan, beispielsweise ein zukünftiges Auge, die wahrgenommen *In-formationen* in sich in Form der Gestaltung seiner Moleküle aus Nucleinsäuren, Proteinen etc. so um, dass im Ergebnis nie eine identische Kopie des Umweltaspektes, zum Beispiel der Lichtstrahlen entsteht, sondern wiederum ein eigenständiges Etwas, das man als Teilsubjekt betrachten muss, das selbst wieder in der Lage ist zur Erkenntnis und dementsprechend in der Lage, sich eine eigene passende innere Ordnung zuzueignen, beispielsweise ein Augenorgan. Die vollkommene Identität des im Akt des Hervorbringens entstandenen neuen Ganzen mit dem wahrgenommenen Umweltaspekt ist also keine notwendige Voraussetzung, sondern es reicht aus, dass das, was hier erzeugt wird, eine ausreichende „strukturelle Verwandtschaft" aufweist mit dem wahrgenommenen und konfrontierten Umweltaspekt. Die Art und Weise, wie das geschieht, entspricht aber in keiner Weise einem vertrauten rein physikalischen Geschehen, wie beispielsweise, ein ins Wasser geworfener Stein Wellen erzeugt, denn dann bestünde der Lebensorganismus tatsächlich nur aus zwar gut organisierten, aber rein schematischen Reaktionen. Das eigenstände Hervorbringen von etwas Eigenem, das jedoch mit dem Umweltaspekt eine notwendige *strukturelle Verwandtschaft* aufweist, basiert auf einem Prozess, der in der klassischen Physik nicht vorkommt,

dafür aber in der Quantenphysik. Und dieser Prozess wird dort als „Verschränkung" bezeichnet. Unter *Verschränkung* versteht man einen Prozess, bei dem ein physikalisches System aus mehreren Teilen einen „wohldefinierten Ordnungszustand" einnimmt, ohne dass man auch jedem einzelnen Teilsystem diesen Ordnungszustand zuordnen kann. (11) Genau das ist im Atom der Fall, bei dem sich die atomaren Einzelteile Proton, Elektron und Neutron alle nicht im gleichen Ordnungszustand befinden, und trotzdem übergeordnet dem Atom eine von außen erkennbare Ordnung zu geben imstande sind. Das Auge, aber nicht nur das Auge als Organ, sondern jede einzelne lebende Zelle im Auge, wandelt also die wahrgenommenen *In-formationen* zunächst um in etwas, das man wiederum als zur Erkenntnis fähiges Ganzes bezeichnen kann und mit dessen Hilfe die eintreffenden *In-formationen* nicht nur adäquat und stimmig übersetzt werden können, sondern sich der wahrnehmende Lebensorganismus seine eigene Existenz aufbaut, die mit der Umwelt nur strukturell verwandt, aber nicht identisch ist. Ein weiterer wichtiger Aspekt ist, dass in einem Prozess der *Verschränkung* die am Prozess beteiligten Teile sich nie als von den anderen getrennt wahrnehmen, sondern als immanente Einheit empfinden.

4. *Der ständige Akt eines eigenständigen Hervorbringens* namens *Autopoiesis* und die damit einhergehende Erzeugung von eigenständigen und zur eigenen Erkenntnis fähigen Ganzheiten bewirkt, dass diese Ganzheiten, wie beim Atom, eine ihnen innewohnende Kohärenz erzeugen. Daraus beziehen sie das Recht, als Ganzheiten bezeichnet zu werden. Eine auf diese Weise erzeugte Kohärenz bewirkt, dass die jeweils lebendige Ganzheit ab jetzt auch permanent darauf bedacht ist, diese Kohärenz zu erhalten und zu beschützen, und infolgedessen auch im Inneren der Ganzheit alle Maßnahmen aktiviert, die dazu notwendig sind. Auch dieser permanent ablaufende Akt bedarf nun aber einer ebenso permanent ablaufenden Wahrnehmung und Erkenntnis in Bezug auf die inneren Abläufe. Kann die entstandene Kohärenz jedoch aufrecht erhalten werden, dann bewirkt diese allmählich neue übergeordnete Ganzheiten, die

jedoch nach den vollkommen gleichen Gesetzmäßigkeiten fungieren wie die Ganzheiten, aus denen heraus sich die neuen entwickelt haben. Hier nennt Maturana als Beispiel die Fähigkeit von lebenden Organismen, im Laufe der Zeit übergeordnete *Kulturen* entstehen zu lassen, die selbst wieder die Tendenz haben, ihre Kohärenz zu beschützen und aufrecht zu erhalten. Das aber bedeutet, dass jede lebendige Ganzheit in sich selbst eine unendliche Vielfalt an potenziellen neuen Ganzheiten wie einen Samen enthält. In dieser unendlichen Vielfalt von Möglichkeiten aber sind die *Ideen* oder *Baupläne* bereits enthalten und nicht einmal die zur Erkenntnis fähigen Ganzheiten wissen schon im Vorhinein, was genau daraus hervorgehen wird.

5. Etwas Lebendiges, das wie beschrieben zur Erkenntnis in der Lage ist, entwickelt in sich selbst auch etwas, das wir als „eigene Identität" bezeichnen. Und hier folgert Maturana, dass eine solche innere Identität nur dann die weitere Lebendigkeit anregt und sogar vermehrt, wenn sie ausdrücklich nur auf den jeweiligen Gegenwarts- und Umweltmoment bezogen ist. Fängt eine einmal erzeugte innere Identität, die ja nichts Physikalisches, sondern etwas rein Geistiges ist, aber damit an, sich auf das zu fixieren, was sie einmal war, verliert sie sofort die Fähigkeit, adäquat mit der aktuellen Gegenwarts- und Umweltsituation umgehen zu können, und schädigt sich damit selbst. Genau das aber hat der Buddhismus schon vor zweieinhalbtausend Jahren erkannt.
6. Schon allein das bisher hier zum Begriff *Autopoiesis* Skizzierte aber bedeutet, dass der Begriff „Leben" völlig neu definiert werden muss. Diese neue Definition muss bereit sein, die rein physikalische und damit einengende Betrachtungsweise eines *Organismus,* bestehend aus Atomen, Molekülen, Zellen und Organellen und der Bedingung einer rein physikalischen Fortpflanzungsfähigkeit, loszulassen. Diese Erweiterung reicht aber nicht aus, wenn man ab jetzt nur die Erkenntnisse der Quantenphysik auch auf den lebenden Organismus überträgt, was ja heute teilweise schon geschieht. Es bedarf darüber hinaus des Mutes eines Maturana, *Leben* auch in die höhe-

ren, ebenfalls nicht-physischen Bereiche und Sphären zu denken, wie zum Beispiel die Kulturerzeugung, und damit einhergehend, das Einbeziehen notwendiger Teilschritte, wie eine auf Gegenseitigkeit, Respekt und Wertschätzung beruhende Kommunikation und Erzeugung von eigener Sprache und eigenen Werten. Und die diese nicht physikalischen, sondern geistigen und seelischen Eigenschaften nicht nur auf die eigene Kultur, sondern auch auf die Nachbarkulturen überträgt. Damit einhergehend gibt es ein *Leben*, das nicht nur die Bedingung einer rein physischen Fortpflanzung erfüllen muss, sondern auch eine nur geistige Fortpflanzung beinhalten kann, und das diesen Aspekt in der Vergangenheit schon hinreichend bewiesen hat und damit nicht erst in Zukunft beweisen muss.

7. Was also brauchen wir noch, um zu erahnen, woher unser Begriff der reinen „Lebensfreude" kommt. Und dass für die vielen kleinen Teilbereiche unseres Körpers der Sinn des Lebens darin besteht, schlicht und ergreifend einfach nur *lebendig* sein zu dürfen, das aber in einem völlig neu verstandenen Sinn, als es die Biologen bisher gesehen haben. Denken Sie einmal daran, dass in den allermeisten Tierarten eine permanente Angst vorhanden ist, von anderen Tieren oder dem Menschen getötet und verspeist zu werden. Und diese Angst, davon können Sie ausgehen, muss nach dem, was wir inzwischen wissen, auch permanent im Bewusstsein vorhanden sein. Würden sie mit der Angst umgehen wie die meisten Menschen, dann müssten alle betroffenen Tierarten an ihrer Angst früher oder später organisch erkranken und ihre Überlebensquote wäre nicht die, die wir sehen. Was wir aber sehen, ist, dass all diese betroffenen Tierarten, von der Fliege über die Fische bis zur Maus, ganz offensichtlich dazu in der Lage sind, ihre permanent vorhandene Lebensangst *autopoietisch* umzuwandeln in Lebensenergie. Dies aber nicht in einem nur kompensatorischen Sinne, denn das würde nicht lange gut gehen. Sondern ein Teil der *Autopoiesis* bewirkt eine ständige innere Wachsamkeit vor Feinden, die man jedem Tier ansehen kann, ohne dass wir das Gefühl haben, mit dem Tier stimmt was

nicht. Aber das Wichtigste: Trotz der dauernd vorhandenen Angst verlieren alle diese Tierarten nicht ihre ebenso permanent vorhandene Neugierde auf die Umwelt oder ihre permanent vorhandene Bereitschaft, auf Umwelterfahrungen mit ständigen inneren Lernschritten zu reagieren, alles Lebensprozesse, zu denen ein Mensch, der unter Dauerängsten leidet, nicht mehr in der Lage ist.

8. Zusammenfassend lässt sich sagen: *Leben* ist *Autopoiesis.* Und *Autopoiesis* ist die intensivste Form von *Leben*, die man sich vorstellen kann. Die wichtigste Voraussetzung für diese Form von *Leben* ist ein möglichst optimales Gleichgewicht zwischen der Wahrnehmung des Außen und der des Innen. Dieses Gleichgewicht besteht jedoch nicht nur aus physikalisch-chemischen Parametern, wie etwa beim Gesetz der Energieerhaltung, sondern ebenso aus einem Gleichgewicht von sowohl rein physischen und darüber hinaus auch geistigen und seelischen Parametern. Auf die Bedeutung dieses so verstandenen Gleichgewichtes hinzuweisen, ist, wie Sie schon bemerkt haben, eines der zentralsten Anliegen dieses Buches.

Hiermit möchte ich die Anregungen zum Begriff der Autopoiesis abschließen, und Ihnen die weitere innere Auseinandersetzung damit selbst überlassen. Aber ich möchte abschließend gerne noch an einem konkreten Beispiel zeigen, wie Autopoiesis inzwischen schon in der psychotherapeutischen Praxis wirksam angewandt werden kann.

Das Therapiekonzept in der psychosomatischen Akutklinik, in der ich jahrzehntelang tätig war, hat sich im Verlauf von mehreren Jahrzehnten immer wieder verändert. Das gilt auch für alle anderen psychosomatischen Kliniken. Und das ist gut so. In den gesamten 1980er bis hinein in die frühen 1990er Jahre des letzten Jahrhunderts waren auf jeder Station der Klinik ca. 20 Patienten. Von diesen litten etwa zwei Patienten pro Station unter einer sogenannten „ich-strukturellen Störung". Das entspricht in etwa dem, was man auch heute in der Allgemeinbevölkerung unter dem Begriff „Borderline-Störung" versteht. Das ist jedoch nur teilweise korrekt, weil eine *Borderline-Störung* zwar immer auch eine *ich-strukturelle Störung* beinhaltet, es aber auch andere Formen und

Symptome einer *ich-strukturellen Störung* gibt. Ich kann mich noch heute erinnern, dass wir damals in den Teambesprechungen sehr viel Zeit darauf verwenden mussten, wie wir therapeutisch mit diesen jeweils nur zwei Patienten umgehen sollten, während es für die 18 anderen ein gut eingespieltes Therapiekonzept gab, das diesen Menschen zufriedenstellend in ihrer Entwicklung weiter geholfen hat. Dann vollzog sich auf einmal eine Entwicklung, die man nicht einmal mehr als kontinuierlich bezeichnen kann, sondern die über die Klinik hinwegrollte, als hätte jemand einen Schalter umgedreht. In unserer Klinik begann die Wende in etwa 1994, und im Jahr 1995 hatte sich das Verhältnis der Patienten auf den Stationen exakt zu 100 Prozent umgekehrt. Es gab auf jeder Station 18 Patienten mit einer *ich-strukturellen Störung*, und nur zwei von uns als „Luxuspatienten" bezeichnete, die noch mit dem herkömmlichen Therapiekonzept behandelt werden konnten. Für das Klinikteam war das damals eine große Herausforderung. Aber auch im Rahmen der Körperpsychotherapie wurde schnell klar, dass sämtliche bisher entwickelte Methoden innerhalb der Körperpsychotherapie nun an ihre Grenzen stießen. Denn die Menschen, die an einer *ich-strukturellen Störung* leiden, können ihren eigenen Körper kaum wahrnehmen oder empfinden.

Das war der Geburtsmoment der „Strukturellen Körperpsychotherapie", einer von mir ab da kontinuierlich entwickelten neuen Methode innerhalb der Körperpsychotherapie. Die wichtigsten Impulse verdankte ich damals den Leibphilosophien des Franzosen Maurice Merleau-Ponty (12) und des Deutschen Hermann Schmitz (13), auf die ich im Rahmen meiner damaligen Aus- und Weiterbildung zum Integrativen Körper- und Bewegungstherapeuten am Fritz-Perls-Institut gestoßen bin. Aus den genannten Leibphilosophien heraus betrachtet wurde mir klar, dass auch kleine Kinder in ihrer frühen Entwicklung ja nicht schon in den ersten Wochen und Monaten ihren Körper gut spüren können, dafür aber umso mehr ihre Umwelt wahrnehmen. Ich begann also damit, den Fokus der Wahrnehmung zunächst nicht mehr auf den eigenen Körper zu richten, sondern auf sogenannte „relevante Aspekte" der Umwelt. Der relevanteste Aspekt der Umwelt ist die Unterlage, die einen von unten trägt. Ein weiterer „relevanter Aspekt" der Umwelt ist mindestens ein persönlich passender Fixpunkt für die Augen im umgebenden Raum. Nachdem diese zwei „Basis-Strukturen", wie ich sie nun nannte, vom Betreffenden ausreichend autonom integriert werden konnten, war der nächste Schritt immer noch nicht der Fokus auf den eigenen Körper, sondern jetzt wurde dieser auf das eigene Denken gerichtet. Siehe dazu das *Praxisbeispiel aus der Körperpsychotherapie* im Kapitel über den Geist. Und erst danach konnte davon ausgegangen werden, dass sich eine gewisse Basis der *Ich-Struktur* entwickelt hat, sodass nun die Voraussetzungen geschaffen sind, den Fokus allmählich auf den eigenen Körper zu richten. Kein einziger meiner damaligen Kollegen, sowohl Psychologen als auch Ärzte, hat diese Vorgehensweise nachvollziehen oder in ihr einen Sinn erkennen können, weil sie dem damaligen Denken vollkommen fremd war. Man war lediglich verblüfft darüber, wie sehr diese bei den betroffenen Menschen angesprochen hat.

Wie kommt unser Körper zu seiner Lebensenergie?

Gegen Ende des 19. Jahrhunderts haben Wissenschaftler herausgefunden, dass die Menge an Energie, die ein Mensch mit der Nahrung aufnimmt, identisch ist mit der Energiemenge, die in seinem Organismus als Wärme gebildet wird. (14) Daraus schließt man bis heute, dass im Körper des Menschen keine neue Energie gebildet werden kann, die nicht nach dem Energieerhaltungsgesetz aus der zuvor durch die Nahrung herbeigeführten Energie bereit gestellt wird. Die Untersuchungen über das thermodynamische Gleichgewicht wurden jedoch unter der naturwissenschaftlichen Vorannahme durchgeführt, dass alle physikalischen Körper ein in sich geschlossenes Ordnungssystem bilden. Das jedoch ist das Denken, das den Körper wie eine Röhre betrachtet, die irgendwie auch noch mit Geist gefüllt ist. Auch ist damit immer noch die Frage umgangen, was davon denn den Körper lebendig macht und was ihn von einem chemischen Reagenzglas unterscheidet. Diesem Denken widerspricht jedoch schon unsere tägliche Alltagserfahrung, die zeigt, dass wir in der Regel relativ problemlos mit unserem Willen auf den Körper Einfluss nehmen können, indem wir ihn willkürlich fortbewegen.

Daher muss auch die Frage nach der Energiegewinnung und -erhaltung unseres Körpers unter dem Aspekt der *Autopoiesis* neu angegangen werden. Die *Autopoiesis* wurde ja erklärt als *ein ständiger Akt*, während dessen ein

Teil einen anderen zunächst „erkennt“, und daraufhin einen „strukturellen Kopplungsprozess“ in Gang setzt, der im Inneren etwas erzeugt, das dem von außen heran geführten zwar verwandt, aber nicht mit ihm identisch ist. Das Gesetz der *Autopoiesis* bedeutet nun aber, dass auch die bisherige Denkweise über die Ernährung neu überdacht werden muss. Denn die bisherige Denkweise beinhaltet, dass wenn wir die jeweiligen Nährstoffe, von denen die Wissenschaft ausgerechnet hat, dass der Körper sie benötigt, auch mathematisch exakt zu uns nehmen, diese Nährstoffe eins zu eins in unserem Körper zur Verfügung stehen. Das entspricht aber wiederum lediglich der Denkweise, den Körper wie ein Rohr zu betrachten, das mit Geist ausgefüllt ist und in das man etwas hineinstopft. Die Stoffe, die wir unserem Körper zukommen lassen, müssen von diesem, entsprechend dem *Autopoiesis-Prinzip,* aber erst einmal zu etwas umgewandelt werden, welches sein Eigenes und mit dem von außen Eintreffenden lediglich verwandt ist. An diesem Umwandlungsprozess sind wiederum mehrere Organe beteiligt, vor allem sind es die Leber und die Nieren, aber ganz wesentlich der Dünndarm. Aber selbst, wenn die Stoffe sich dann, inzwischen vom Körper selbst erzeugt, in der Blutbahn befinden, bedeutet das immer noch nicht, dass auch alle Körperzellen, die diese Stoffe benötigen, ebenfalls davon profitieren. Auch die Zellen müssen, jetzt mithilfe ihrer Membran, die Stoffe *erkennen,* um diese Stoffe nicht einfach wiederum eins zu eins in sich aufzunehmen, sondern werden durch diese Stoffe in der Blutbahn angeregt, im Zellinneren die entsprechend notwendigen, auch von Zelle zu Zelle verschiedenen, *autopoietischen* Abläufe zu aktivieren. Dass der Körper mit der einfachen Zuführung bestimmter wichtiger Bestandteile wie Vitamine nicht automatisch das anfangen kann, was man erwartet hat, hat sich inzwischen bei der Mehrheit der Bevölkerung schon herumgesprochen. Und so glaubt man, dass man den Körper mit der Zuführung überlistet und die entsprechenden Stoffe mittels Injektion direkt in die Blutbahn einspritzt, was aber bekanntermaßen sehr teuer und kostspielig ist. Das Gesetz der *Autopoiesis* besagt aber, dass auch diese Vorgehensweise dem Rohrdenken über den Körper verhaftet bleibt und der tatsächlichen Realität unseres Organismus nicht entsprechend funktionieren kann.

Das alternative und notwendige neue Denken würde beinhalten, dass man seinen eigenen Körper darin unterstützt, die Umwandlungsprozesse in den entsprechenden Organen, und vor allem letztendlich in den Zellen, vollziehen zu können. Und dazu bedarf es dann auch eines Wissens, was genau die Organe und die Zellen in diesem Umwandlungsprozess unterstützt, und was sie aber auch darin behindern und blockieren kann. Im Idealfall kann es grundsätzlich möglich sein, dass die Stoffe, die mit der Nahrung zugeführt werden, sich dann auch im Zellgeschehen widerspiegeln. Das ist aber dann stets das Resultat nicht nur der zugeführten Stoffe, sondern immer auch des eigenen autopoietischen Umwandlungsprozesses. Außerdem kann man inzwischen nachweisen, und das ist aus Gesagten heraus nur logisch, dass sowohl die hauptumwandelnden Organe im Körper wie Dünndarm, Leber, Nieren, und erst recht die Membranen der Körperzellen chemisch hergestellte Stoffe weniger gut umwandeln können als in der Natur gewachsene Stoffe. Zu dieser gesamten Thematik nun einige Beispiele.

Beispiel 1

Versuchen Sie einmal, ein ganzes Glas Wasser mit einer Temperatur von ungefähr 39 Grad Celsius, also unserer Körpertemperatur zu trinken. Das kann schon einmal regelrechte Übelkeit hervorrufen. Ist das nicht erstaunlich? Und wie kommt das? Der Grund ist, dass hier die Körperzellen so gut wie nicht zur Umwandlung angeregt werden, und dass dies aber in ihnen eine solche Irritation hervorruft, dass sie in einen gewissen Verunsicherungsstress geraten, den wir dann als Übelkeit empfinden. Das Wasser hat ansonsten die gleiche chemische Zusammensetzung wie Wasser mit Zimmertemperatur. Dieses aber muss gewohnheitsmäßig von den Zellen in eine andere Temperatur umgewandelt werden. Ebenso heißes Wasser, oder heißer Tee oder Kaffee. Selbst lauwarmer Tee oder Kaffee aktiviert durch die darin enthaltenen zusätzlichen Stoffe immer noch gewisse Umwandlungsimpulse in den Zellen. Lauwarmes Wasser aber sollte man nur zum Zähneputzen benutzen und anschließend wieder ausspucken. Mit seiner lauwarmen Temperatur reizt es das Zahngewebe am wenigsten. Im Inneren unseres Körpers sieht die Sache dagegen vollkommen anders aus.

Beispiel 2

Gerade von alten Menschen weiß man, dass sie oft ein Problem mit dem Trinken und der Flüssigkeitsaufnahme haben, was bei den Angehörigen oder dem Pflegepersonal in den Heimen für zusätzlichen Stress sorgt. Und selbst, wenn der betreffende alte Mensch sich immer wieder dazu zwingt zu trinken, obwohl er kein Durstempfinden hat, zeigt sich, dass der Körper nur sehr geringe Mengen an Flüssigkeit aufzunehmen in der Lage ist. Die Ursache dieses Phänomens liegt darin begründet, dass die Körperzellen alter Menschen ihre autopoietische Umwandlungsfähigkeit zunehmend verloren haben, das aber interessanterweise mehr in Bezug auf flüssige als auf feste Nahrung, was wiederum mit einem unausgewogenen Ernährungsverhalten in Bezug auf feste und flüssige Nahrung der Betreffenden zu tun hat.

Hier müssen wir nun noch etwas weiter denken. Wenn man beispielsweise sieht, dass eine Pflanze ihre Blätter vollkommen hängen lässt, ist diese zwar kurz vor dem Vertrocknen, aber sie ist eben noch nicht ganz vertrocknet. Wenn man ihr dann wieder rechtzeitig Wasser gibt, erholt sie sich innerhalb kurzer Zeit. Der autopoietische Umwandlungsprozess ist noch voll intakt. Warum ist das bei alten Menschen nicht genau so einfach? Die Antwort lautet, weil ein Mensch ein komplexeres Wesen ist als eine Pflanze. Diese höhere Komplexität bewirkt, dass sich beim Menschen, wie wir inzwischen im Kapitel über den Geist erfahren haben, negative Gewohnheiten in viel stärkerem Maße auswirken als bei einer Pflanze. Wenn ein älterer Mensch also das beschriebene Problem mit dem Trinken hat, ist es meistens leider nur noch sehr schwer möglich, die Körperzellen wieder zu ihrem Autopoiesis-Prozess anzuregen. Hierzu wäre ein sehr hohes Maß an innerer Disziplin über einen längeren Zeitraum notwendig, die aber nur derjenige hat, der sich eine solche Disziplin auch einmal angeeignet hat. Und hieraus wird deutlich, einen wie großen Einfluss im Gegensatz zur Pflanze die Ich-Kräfte eines Menschen auf die zellulären Energie-Kräfte haben. Aus dem gleichen Grund kann ja übrigens auch ein Mensch, der kurz vor dem Verdursten ist, nicht einfach schnell wieder große Mengen Flüssigkeit zu sich nehmen.

Beispiel 3

Wie schon im Kapitel über den Geist, sei auch hier ein Beispiel für den Gegenpol der Autopoiesis, nämlich die Ansammlung von erstarrten Denkmustern, angeführt. Wenn ein Mensch an einer Anorexie (Magersucht) erkrankt ist, haben durch die Denk- und Verhaltensmuster der Ich-Person die Körperzellen ihre ursprünglich intakte Fähigkeit zur Umwandlung der Nahrungsstoffe „verlernt". In einem notwendig gewordenen Klinikaufenthalt müssen die Betroffenen unter Aufsicht und Begleitung essen. Hierbei kann es sowohl aufseiten der Patientinnen als auch der Therapeuten zu Frustrationen kommen, wenn trotz wieder ausreichend aufgenommener Nahrung keine unmittelbare Gewichtszunahme erfolgt. Dabei müsste bedacht, und dann auch entsprechend kommuniziert werden, dass eine Gewichtszunahme erst dann wieder möglich ist, wenn auch die Körperzellen wieder ihren Umwandlungsprozess neu „erlernt" haben. Dieser Lernprozess jedoch ist wiederum abhängig von der Dauer des vorher stattgefundenen negativen Chronifizierungsprozesses, darüber hinaus von der Umlernfähigkeit der Ichperson gegenüber ihrem bisherigen Denken und Verhalten.

Das Gleiche gilt, wenn ein Mensch an einer krankhaften Dickleibigkeit erkrankt. Auch hier ist eine sehr wesentliche Ursache dafür, dass vor allem die Zellen des Dünndarms eine völlig einseitige Konditionierung erlernt haben, bei der Umwandlung von Nährstoffen stets in erster Linie auf die Auffüllung der Fettreserven zu achten, eine sinnvolle Umwandlung der Nährstoffe jedoch verlernt haben. Je weiter so ein negativer Prozess vorangeschritten ist, desto komplexer und multimodaler müssen die Maßnahmen sein, hier eine gewisse Umkehrung und ein Umlernen in die Wege zu leiten. Eine Diät alleine hilft hier nicht mehr.

Beispiel 4

Es ist heute wissenschaftlich erwiesen, dass bei der Einnahme von Medikamenten sogenannte Placebos die gleiche erwünsche Wirkung erzeugen können wie die Medikamente mit konkreten Inhaltsstoffen. Die Naturwissenschaft muss diese Ergebnisse beinahe zähneknirschend zugeben, hat aber bis heute keine Erklärung dafür. All das, was wir gerade über den Autopoiesis-Prozess beschreiben und zusammentragen, könnte jedoch dieses Phänomen erklären. Die Placebo-Erfahrungen zeigen, dass die eigentliche Wirkung auf der In-formation beruht, die „erkannt" werden muss, und dann mit einem eigenen Prozess beantwortet wird. Und die In-formation kann, wenn wir die Autopoiesis ernst nehmen, sowohl eine stoffliche als auch rein geistige sein.

Beispiel 5

In ihren Anfängen hat sich die Erforschung des menschliches Blutkreislaufs fast ausschließlich mit der Funktion des Herzens, vor allem seiner intakten Pumpfunktion, beschäftigt. Heute denkt man das hämodynamische Geschehen genau umgekehrt, nämlich von der Kreislaufperipherie her. Den endgültigen Beweis erbrachte der polnische Herzchirurg Manteuffel-Szoege.(15) Er lähmte das Herz von Versuchshunden mit Curare. 10 bis 15 Minuten nach dem Herzstillstand wurde Luft durch einen Tubus in die Luftröhre und die Lungen geblasen. Zu diesem Zeitpunkt war die Wiederbelebungszeit der inneren Organe noch nicht überschritten. In den Lungen stieg der Sauerstoffgehalt des Blutes zwar nur auf 85 Prozent des Normalwertes. Das reichte jedoch aus, damit die Blutzirkulation wieder einsetzte, obwohl das Herz noch still stand. Die Sauerstoffsättigung des Blutes bewirkte, dass die sich in Sauerstoffnot befindenden inneren Organe das wieder mit Sauerstoff angereicherte Blut angesogen haben. Die noch erhaltene Lebenskraft der Zellen in den Organen kommunizierte mit den neu gewonnenen Lebenskräften in den Blutzellen. Und das ohne Nervenleitungen. Es bedarf auch nicht der mechanistischen Vorstellung eines Pumpen-Denkens. In dem Zusammenhang stellen Sie sich einmal die Frage, wie der im Verhältnis relativ kleine Herzmuskel einer Giraffe das Blut nur durch physikalisches Pumpen in die extrem weit entfernten Gebiete des Körpers transportieren soll.

Ein kurzer Blick auf die Pflanzen verdeutlicht auch dieses Beispiel noch einmal. Wenn eine Pflanze von oben kein Wasser zugeführt bekommt, sie aber unten in der Erde oder in ihrem Topf Wasser hat, ist es für die Pflanze ein Leichtes, sich das Wasser von unten zu nehmen. Das hat aber nichts mit Osmose zu tun, denn Osmose ist ein Prozess, der nur zwischen zwei benachbarten Zellen stattfindet. Die Zellen der Pflanze sind in der Lage, das Wasser durch das Erdreich hindurch und entgegen der Schwerkraft der Erde problemlos zu sich zu „rufen“, wie es die Zellen unserer inneren Organe mit dem sauerstoffangereicherten Blut ebenso können.

Innerhalb von zwei Wochen hat unsere Haut sämtliche Zellen erneuert, und es existiert keine einzige Zelle mehr aus der Zeit von vor zwei Wochen. Innerhalb einer einzigen Sekunde erneuern sich regelmäßig ca. 70 Millionen Zellen, das sind pro Tag ca. 6 Milliarden. Die abgestorbenen Zellen müssen von den verbliebenen Zellen abtransportiert werden. Die Magenwand hat ihre Zellen bereits in knapp zwei Tagen erneuert, die Lunge in acht Tagen, die Leber in 20 Tagen, die Luftröhre in sieben Wochen, das gesamte Skelett innerhalb von drei Monaten. Und innerhalb von zweieinhalb Jahren hat der Körper sämtliche Zellen erneuert. (16) Bei diesem Prozess werden Milliarden von Enzymen permanent an- und wieder abgeschaltet. Hierbei spielen gut „getaktete" Synchronisierungsprozesse eine so erhebliche Rolle, dass sie sich auf den Alterungsprozess des Körpers auswirken. Und, ebenso wichtig, bei diesen permanent stattfindenden Umwandlungsprozessen wird Energie sowohl verbraucht als auch erzeugt. Das Gleichgewicht, das hier vorhanden ist, ist jedoch kein thermodynamisches Gleichgewicht an einer konkreten Stelle. An einzelnen Stellen ist ein thermodynamisches Gleichgewicht nirgendwo feststellbar, das müsste es nach dem Rohrdenken aber sein. Interessanterweise ist ein thermodynamisches Gleichgewicht beim toten Leichnam sofort – wieder – vorhanden und auch messbar. Stattdessen ist das Gleichgewicht beim lebenden Körper etwas, das sich auf einer sozusagen höheren Ebene selbst organisiert. Diese höhere Ebene wäre vielleicht vergleichbar damit, dass der Organismus Erde aus allen energetischen Prozessen, zum Beispiel seiner Umlaufgeschwindigkeit und den auf ihm stattfindenden permanenten Stoffwechselprozessen aller Lebewesen und im Austausch mit dem umgebenden Weltall und den Sonnenkräften eine eigene Erdatmosphäre bildet, wobei der Organismus der Erde hier gedacht werden muss bis an die Grenze der Erdatmosphäre.

Ähnlich kann man sich das in jedem einzelnen lebenden Körper vorstellen. Er bildet aus der Summe seiner energetischen Prozesse im Inneren und im Austausch mit sämtlichen Umweltaspekten eine übergeordnete Energiestruktur, die den Vorteil hat, dass nicht an jeder einzelnen Stelle die Prozesse ausreichend schnell und optimal, wie Laszlo beschreibt, organisiert werden müssen, sondern ein größeres Ganzes die Steuerung sämtlicher vitaler Prozesse der Einzelteile übernimmt. Diese Energiestruktur ist übrigens schon seit Jahrtausenden den Menschen bekannt. Nur die Naturwissenschaft interessiert sich nicht dafür, weil sie mit physikalischen Methoden nicht messbar ist. Und sie ist nicht messbar, weil sie nicht die klassischen physikalischen Eigenschaften hat, aber trotzdem nachweisbar ist durch ihre Wirkung. Eine sehr konkrete

Wirkung ist zum Beispiel die durch geistiges Training erzeugte Möglichkeit eines Yogis, mit nacktem Körper bei Minusgraden im Himalaya-Gebirge zu meditieren, ohne zu erfrieren. Oder die Fähigkeit von Fakiren, sich auf ein Nagelbrett zu legen, ohne Schmerzen zu empfinden. Die Inder nennen diesen übergeordneten Energiekörper *Prana-Körper*, die Chinesen nennen ihn *Chi-Körper*, Rudolf Steiner nannte ihn *Lebens-Körper* oder auch *Äther-Körper*. Wilhelm Reich nannte ihn *Orgon-Körper*, wobei es seine Tragik war, dass er den *Orgon-Körper* unbedingt physikalisch nachweisen wollte, und Deepak Chopra nennt ihn *Quanten-Körper*, andere hier nicht genannte nennen ihn *Vital-Körper*.

Eine weitere Möglichkeit, sich diesen übergeordneten Energie-Körper konkreter vorzustellen, ist die über das Element Wasser. Der Körper einer erwachsenen Frau besteht nämlich zu 55%, der eines erwachsenen Mannes zu 60% aus Wasser. Das Wasser ist das Medium der Lebensprozesse schlechthin. Wasser befindet sich in allen Körperflüssigkeiten wie Blut, Lymphe, Gehirnliquor, sowie in allen Geweben der Organe. Dieses Wasser erneuert sich ebenfalls ständig. Wenn der Energie-Körper sich in einem übermüdeten Zustand befindet, entspricht das dem Wasserzustand eines fast toten Gewässers in einer Pfütze am Straßenrand. Wenn der Energie-Körper sich regeneriert hat, gleicht der Wasserzustand dem eines sprudelnden Gebirgsbaches.

Nachdenken über die Formentstehung im Kosmos und in der Natur

Einen Körper haben bedeutet immer, eine Form haben. Wie aber entstehen Formen im Kosmos und in der Natur? Die einen meinen, sie entstehen durch reinen Zufall. Die anderen glauben, dass ein Schöpfergott die Formen erschafft. Beide Positionen stehen sich seit Jahrhunderten bis heute unversöhnlich gegenüber und beharren auf ihrer jeweils eingenommenen Perspektive. Der Astrophysiker Stephen W. Hawking hat die Diskussion auf die Spitze getrieben mit der Bemerkung, die Physiker hätten inzwischen das Universum schon so gut erforscht, aber nirgendwo einen Gott entdeckt. Dabei verweisen Geister wie Goethe, Steiner, von Uexküll oder Maturana schon längst auf eine mögliche dritte Perspektive. Diese dritte Perspektive ist eigentlich relativ einfach zu verstehen, wenn man sich einmal darüber Gedanken macht, wie zum Beispiel ein Mensch etwas gestalten will, das eine Form hat. Übrigens ist nicht nur der Mensch in der Lage, Formen zu gestalten, man denke nur daran, wie Vögel ihre Nester bauen, an Ameisen oder an Termiten. Aber wir bleiben der Einfachheit halber beim Menschen. Jeder Mensch, der etwas gestalten möchte, sei es, eine Wohnung einrichten oder einen Gebrauchsgegenstand anfertigen, aber natürlich erst recht der Künstler, der etwas schaffen will, muss sich vorher in seinem Kopf ein Konzept erstellen für das, was er gestalten will. Das heißt, er benötigt als allererstes eine innere Idee in Bezug auf sein zu gestaltendes Objekt. In der neueren Biologie geht man inzwischen davon aus, dass in der genetischen Struktur eines jeden kleinsten Lebewesens so etwas wie eine innere Idee über die zu bildende Form existiert. In der derzeitigen wissenschaftlichen Diskussion verwendet man dafür inzwischen den Begriff *Bauplan*.

Wie aber kommen nun die vielen verschiedenen Tiere, oder die unglaubliche Vielfalt in der Pflanzen- und Mineralwelt zu ihren Formen? Und schließlich, wie kommt der Mensch selbst zu der Form, die ihm eigen ist? Und wenn jede von Mensch und Tier geschaffene sinnvolle Form einer vorherigen *Idee* oder eines *Bauplans* bedarf, aus welcher *Idee* und welchem *Bauplan* entstammen all diese vielfältigen Formen im gesamten Kosmos und in der Natur?

Welche Form hat unser Universum?

Dazu ist es sinnvoll, die Perspektive so weit zu öffnen, dass man die Formentstehung unseres Universums mit in die Überlegungen einbezieht. Wendet man sich im Hinblick auf diese Frage an die aktuellen Astrophysiker, so erfährt man, dass man sich bis vor ca. 40 Jahren noch nicht darüber einig war, ob unser Universum durch einen Urknall entstanden ist oder nicht. Inzwischen sei diese Frage jedoch weitgehend geklärt, und man sei sich aufgrund der neuesten Strahlungsmessungen mit hoher Wahrscheinlichkeit sicher, dass es einen Urknall gegeben habe. Damit war jedoch die Frage nach der Form des Universums zunächst weiter offen. Hier diskutierte man zwei Möglichkeiten. Die eine Möglichkeit beinhaltete, dass das Universum sich nach dem Urknall zunächst ausdehnt, aber in seinem *Bauplan* eine Grenze der Ausdehnung enthält. Würde die Ausdehnung an diese Grenze angelangt sein, würde es anschließend in sich zusammenfallen und kollabieren, wie es Sterne am Ende ihrer Existenz auch tun. Die andere Möglichkeit beinhaltete, dass im *Bauplan* des Universums keine Grenze eingeplant sei. In diesem Falle würde sich das Universum unendlich weiter ausdehnen. Beide Möglichkeiten beruhten nicht nur auf reiner Spekulation, sondern basierten auf klaren physikalischen Parametern, vor allem in Bezug auf die Menge von fester Materie im Universum. Im ersten Fall, dem angenommenen „geschlossenen Universum", würde die Menge und Dichte der Materie, und die damit einhergehende Anziehungskraft die durch den Urknall erzeugte Trägheitskraft übersteigen, im anderen Falle würde die Dichte und Anziehungskraft der Materie unterhalb der „kritischen Menge" gegenüber der Trägheitskraft liegen.

Seit dem Jahr 1998 ist jedoch anhand von Lichtmessungen in der Antarktis auch diese Frage geklärt. (17) Und der Befund ist ein erstaunlicher. Denn der *Bauplan* unseres Universums beinhaltet weder die erste, noch die zweite angenommene Möglichkeit, sondern eine völlig andere Version. Die Materien-Dichte befindet sich demnach weder über, noch unter dem sogenannten *kritischen Wert* gegenüber der Trägheitskraft, sondern sie befindet sich, zumindest derzeit, in einem permanenten Gleichgewicht zwischen den entsprechenden Kräften aus Extension und Kontraktion. Und die durch diese Messungen neu angenommene Form des Universums ergibt somit nicht die bisher stets angenommene euklidische Kugelform, wie sie Sterne und Planeten haben, sondern schlicht und ergreifend eine relativ schmale Scheibenform, innerhalb der alle Inhalte und Kräfte sich in einem sogenannten „labilen Gleichgewicht" befinden. Die Form unseres Universums entspräche somit eher der Form von Galaxien, wie zum Beispiel der unserer Milchstraße. Ervin Laszlo schreibt dazu:

> *„Diese Erkenntnis bestätigt Vorausberechnungen, die sich aus der Urknalltheorie ergaben, aber trotzdem ist sie erstaunlich. Denn wenn das Universum heute flach ist, dann muss der Urknall, der alle Materie im Universum schuf, mit einer Feinabstimmung in der atemberaubenden Größenordnung von einem Teil zu 10 hoch 50 stattgefunden haben. Wie*

eine solche Stufe der Präzision zustande kommen konnte, dafür hat die Urknalltheorie keine Erklärung." (18)

Wenn wir uns nun der Ausdifferenzierung der Inhalte dieser Scheibenform zuwenden, erfahren wir von den Astrophysikern, dass man zunächst zwei verschiedene Arten von Materie im Universum angenommen hatte, nämlich reale feste und sichtbare Materie und eine sogenannte „dunkle Materie". Aber dass man heute von drei verschiedenen Arten von Materie ausgeht, nämlich *fester Materie*, deren Menge lediglich ca. 5% des Universums ausmacht, dann *schwach leuchtender dunkler Masse*, die aus zwischenatomaren schwach wechselwirkenden, aber massereichen Teilchen besteht, und die ca. 30% ausmacht. Und schließlich sogenannter *dunkler Materie*, die mit 65% den deutlich größten Teil des Universums ausmacht. Dieser Teil des Universums besteht aus einem sogenannten Quantenvakuum, das heißt, hierin befinden sich Teilchen, die zunächst grundsätzlich nur als Potenzialität existieren, also auch quantenphysikalisch nicht messbar sind, die aber jederzeit eine konkrete aktive Quantenrealität mit den entsprechenden Materie erzeugenden Folgen entstehen lassen können.

Eine Theorie über die *Form* der dunklen Materie

Die streng naturwissenschaftlich denkenden Physiker lassen es bei dieser vorläufigen Benennung, akzeptieren jedoch auch keine weitere Theorie, solange eine solche nicht messbar nachgewiesen werden kann. Eine solche Theorie über die konkrete Beschaffenheit des *Quantenvakuums aus dunkler Materie* erstellt jedoch Laszlo. Er geht von einer inzwischen auch von streng naturwissenschaftlich denkenden Physikern akzeptierten Annahme aus und schreibt:

„Eine Region des Raums kann frei von Materie sein, aber sie ist niemals frei von Energie – von Energie tragenden Feldern, um genauer zu sein. Materiefreier Raum ist mit einer Vielfalt komplexer Felder gefüllt. Dies sind Felder im Quantenvakuum, dem Energiemeer, das sich durch den gesamten kosmischen Raum erstreckt. Die Energien des Vakuums selbst

sind nicht beobachtbar (obwohl sie Auswirkungen haben, die beobachtet werden können), und aus diesem Grund bezeichnet man sie als ‚virtuell'."

Dann heißt es weiter:

„*Wir wissen, dass alle Dinge im Universum, ob es sich nun um Quanten oder Galaxien handelt, im Energiemeer des Quantenvakuums existieren. In Abwesenheit von Materie ist das Quantenvakuum im Grundzustand. Es ist ungestört. Die Gegenwart von Materie stört es. Die Physiker sagen, sie versetzt das Vakuum in einen angeregten Zustand.*'" (19)

Eine sehr anschauliche Beschreibung des Quantenvakuums habe ich bei Bruno Martin gefunden. Dort heißt es:

„*Ein elektrisches Feld, das durch eine Ladungsverteilung im Raum entstanden ist, verschwindet nämlich bei einer Reduktion der Ladung auf null nicht einfach. Über mikroskopische Distanzen entsteht und vergeht ständig, wie aus dem Nichts, weiterhin ein Feld – und diese Pulsationen sind die Quantenfluktuationen: spontane und chaotische, unvorhersagbare Intensitätsveränderungen eines Feldes, das eigentlich nicht mehr da sein sollte … Das scheinbar leere Vakuum enthält tatsächlich ‚Geisterfelder' und ‚Geisterteilchen', die aus dem virtuellen Nichts auftauchen und wieder darin verschwinden …* (20)

Und noch einmal Laszlo:

„*Das Vakuum ist ein komplexes Feld aus virtueller Energie. In ihm werden durch sich überlagernde Wellenfronten Hologramme erzeugt, die Informationen enthalten. Das holographische Feld ist kein elektromagnetisches Feld, denn im Gegensatz zu elektromagnetischen Wellen durchdringen die Wellenfronten sich nicht gegenseitig, sondern erzeugen ein für Hologramme typisches Welleninterferenzmuster. Die Wellen der sich überlagernden Wellenfronten (es sind genauer gesagt, ‚Störungen' in einem bestehenden Feld von Skalar Potenzialen) pflanzen sich in Längsrichtung fort (elektro-*

magnetische Wellen verlaufen quer), und durch die Überlagerung bewahren sie Informationen über die Objekte, durch die sie erzeugt wurden.“ (21)

Wenn hier der Begriff *Informationen* verwendet wird, geht es um ein neues, zugleich aber auch originäres Verständnis von *Information.* Im Allgemeinen reduzieren wir den Begriff *Information* auf einen geistigen Inhalt, der von einer Stelle zu einer anderen Stelle vermittelt wird, und damit hat die *Information* ihre Funktion erfüllt. In der Theorie von Laszlo, die inzwischen übrigens von vielen anderen Denkern geteilt wird, bekommt der Begriff *Information* wieder die Bedeutung, die er dort schon immer hatte, und von wo unsere Kultur ihn übernommen hat, nämlich aus dem Lateinischen. Im Lateinischen gibt es das Hauptwort *„informatio“*, und das bedeutet wörtlich *„Vorstellung“*. Damit ist ein aktiver und mithilfe von geistigen und seelischen Kräften gestalteter Prozess gemeint. Und in unserem Kontext der Formentstehung ist das die Phase der *Ideen-* oder *Bauplanentwicklung.* Darüber hinaus gibt es im Lateinischen auch das Tätigkeitswort *„informare“*. Dieses bedeutet laut „Stowasser“ (22) *„formen“*, *„gestalten“*, *„bilden“*. Der Begriff *Information* meint infolgedessen in der Ursprungssprache, aus der wir ihn entnehmen, also dem Lateinischen, keineswegs einen Inhalt, der weitergeleitet wird, sondern einen geistigen Prozess mit dem klaren Sinnbezug, dass dieser geistige Prozess Wirkungen und Spuren hinterlässt. Das aber bedeutet in unserem Kontext der Frage nach dem Ideengeber und Ersteller des Bauplans von Formen, dass wir an dem Begriff der *Information* nicht vorbeikommen, wo auch immer diese herkommen mag. Einen besseren Begriff für etwas, das Formen schafft, gibt es nicht. Laszlo definiert den Begriff *Information* folgendermaßen:

„Information ist eine feine, quasi augenblickliche, nicht flüchtige und energielose Verbindung zwischen Dingen an verschiedenen Orten im Raum zu verschiedenen Zeitpunkten. In der Naturwissenschaft bezeichnet man solche Phänomene als ‚nichtlokal‘, in der Bewusstseinsforschung als ‚transpersonal‘ … Alle Dinge und Ereignisse, die sich in Raum und Zeit zutragen, hinterlassen Spuren im Vakuum – das heißt, sie in-formieren es –, und das in-formierte Vakuum wirkt seinerseits auf Dinge und Ereignisse ein – es in-formiert sie.“ (23)

Die erstaunliche Präzision der Urknallenergie erklärt Laszlo im Übrigen damit, dass auch unser Universum, ähnlich wie die Galaxien in ein größeres Ganzes, einbettet sein müsse in ein Gefüge vieler Universen und von den umgebenden Universen die entsprechende *Information* für seine Energieentladung erhalten hat. Und um nun auf die ursprüngliche Frage zurückzukommen, auf welcher *Idee* und auf der Basis welchen *Bauplans* entstammt die Form unseres Universums, gibt es nun zumindest eine zum Nachdenken anregende Theorie, die besagt, der *Bauplan* entstammt einer *Information* aus einer übergelagerten Systemstruktur oder, wie Ken Wilber sagen würde, aus einem übergeordneten Holon.

Nachdenken über die Form und das Maß des menschlichen Körpers

Wenn nun schon unser gesamtes derzeitiges Universum eine so präzise abgestimmte Formstruktur enthält, gilt das, und das betont Laszlo ja auch, erst recht für die Teilbereiche des Universums, wie zum Beispiel unser Sonnen- und Planetensystem. Befänden sich die Planeten und unsere Erde auch nur in einem unwesentlich kleineren oder größeren Abstand zur Sonne oder zu den Nachbarplaneten, wären die Lebensbedingungen hier vollkommen andere, wenn man dann noch von Lebensbedingungen sprechen könnte. Das gleiche gilt für die Form der Pflanzen, Tiere und schließlich des Menschen. Daher hier nun noch einige Gedanken und Überlegungen zur Form und Gestalt des menschlichen Körpers, die sich ergeben, wenn man, wie Laszlo es in der Kosmologie getan hat, die bisher gesicherten Fakten nicht einfach auf sich beruhen lässt, sondern weitere Fragen und Überlegungen anstellt, aus denen sich weiterführende Zusammenhänge ergeben können. (24)

Kleine Mini-Übung

Überlegen Sie sich einmal für einige Augenblicke, was es rein energetisch bedeuten würde, wenn unser menschlicher Körper nur eine Größe von beispielsweise ca. 20 Zentimeter hätte …

Unsere bisherige Logik sagt uns, dass der Energieverbrauch natürlich entsprechend viel geringer sein müsste, als er es bei unseren Größenverhältnissen ist. Aber genau das Gegenteil ist der Fall. Und zwar deshalb, weil weniger Körperzellen die notwendigen oben beschriebenen *autopoietischen* Umwandlungsprozesse zu leisten hätten. Das hätte die Konsequenz, dass unser Herz statt ca. 80 Schläge in der Minute, 400 Schläge machen müsste. Unsere Lunge statt 20 Luftfüllungen in der Minute 100 derselben durchführen müsste. Wir würden mit ca. drei Mahlzeiten pro Tag nicht auskommen, sondern müssten viel häufiger am Tag essen, man könnte sagen fast ständig, um den Grundumsatz für die 400 Herzschläge und 100 Lungenfüllungen pro Minute bereit zu stellen. Und trotz des hohen Aufwandes von 400 Herzschlägen und 100 Lungenfüllungen pro Minute hätten wir immer noch verhältnismäßig wenig Eigenwärme und würden durch niedrige Temperaturen möglicherweise gezwungen, den gesamten Winter über im Winterschlaf zu verbringen. Wir wären durch unser geringes Gewicht und unsere geringe Größe zwar weniger abhängig von der Schwerkraft und könnten vielleicht etwas leichter gehen und hüpfen, aber unsere Gesamtbeweglichkeit entspräche trotz alledem nicht der, die wir mit unseren jetzigen Maßverhältnissen haben, weil trotz unseres gedachten kleinen Körpers unser Kopf 20% unseres Gewichtes ausmachen würde, derweil unser Kopf unter den jetzigen Maßverhältnissen gerade mal zwei Prozent unseres Gewichtes ausmacht.

Wenn wir uns nun im Gegensatz dazu einmal vorstellen würden, wir wären riesengroß, etwa zehn Meter, und hätten ein Gewicht von 20 Tonnen, dann hätten wir zugleich riesige Knochen, wobei jeder Sturz und Knochenbruch uns augenblicklich in Lebensgefahr bringen würde. Unser Herz käme mit nur sehr wenigen Schlägen in der Minute aus, wir würden über eine enorme Eigenwärme verfügen, und könnten problemlos kältere Temperaturen kompensieren. Aber da unsere Beweglichkeit erheblich minimiert wäre, würde die hohe Eigenwärme in uns eine gewisse dauerhafte Dumpfheit und nicht nur körperliche, sondern auch geistige Trägheit erzeugen.

Englische Forscher haben errechnet, dass auch die Größe unseres menschlichen Gehirns in feinster Weise abgestimmt ist. Wäre es größer, was sich vielleicht mancher wünschen würde, hätte das die Konsequenz, dass die Signalwege länger und schwerfälliger würden. Durch seinen gegenüber allen

Tieren günstiger, weil tiefer liegenden Körperschwerpunkt erfordert die aufrechte Haltung beim Menschen nur sieben Prozent mehr Anstrengung als beim Liegen, während dieses Verhältnis bei allen Tieren wesentlich größer ist. Daraus sollte ersichtlich gemacht werden, dass die Form und die Maße des menschlichen Körpers sich in Bezug auf die Schwerkraft der Erde, die entsprechende körperliche Beweglichkeit und die Innenwärme in einem kaum besser abstimmbaren Gleichgewicht befinden. Aber nicht nur das: Auch die Wachstumsverhältnisse des menschlichen Körpers von der Geburt bis zum Erwachsenen entsprechen exakt ganzheitlichen Zahlenverhältnissen. Der Kopf des Säuglings wird bis zum Erwachsenenalter noch einmal doppelt so groß, die Arme werden dreimal, der Rumpf viermal, und die Beine fünfmal so groß. (25) Ähnlich ganzheitliche Zahlenverhältnisse bestehen in den Abständen der Planeten zueinander und zur Erde. Ein weiterer interessanter Zusammenhang: Anthropologen haben errechnet, dass die Schrittlänge des Menschen mit einer durchschnittlichen Größe eines erwachsenen Menschen exakt so groß ist, dass der Mensch die Erde am Äquator entlang mit ihren ca. 44 000 km Umfang, wenn er ohne Pause gehen würde, in genau 365 Tagen, also in genau einem Jahr ergehen könnte. Die betreffenden Anthropologen schlussfolgern daraus den Satz: *„die Erde hat Menschenmaß – und der Mensch hat Erdenmaß“.*

Zur Form des Menschen gehören aber nicht nur die Raummaße, sondern auch die Zeitmaße. Der Münchener Neurobiologe Ernst Pöppel hat jahrelange Forschungen über das Zeitverhältnis des Menschen durchgeführt und ist zu dem Ergebnis gekommen, dass das neurobiologische, vom Gehirn erfassbare Gegenwartserleben bei ca. drei Sekunden, exakt 2,9 Sekunden liegt. Das heißt, alles was innerhalb von drei Sekunden vom Gehirn wahrgenommen wird, wird von diesem in ein Augenblickspaket geschnürt und zusammengefasst, alle nächst folgenden Eindrücke kommen in ein neues Augenblickspaket. Die weitere Konsequenz daraus ist, dass alle Alltagsgebärden, wie beispielsweise einem anderen Menschen die Hand geben, sich an einer Körperstelle kratzen, einen Staubfussel von der Jacke reiben bis hin zum Zukleben eines Briefes, genau drei Sekunden dauern. Wenn ein Mensch beim Handgeben die Hand länger als drei Sekunden festhält, oder dem Gegenüber länger als drei Sekunden in die Augen schaut, wird das vom diesem sofort als nicht passend empfunden. Wenn ein Redner bei einem Vortrag eine kleine Atempause einlegt, die drei Sekunden dauert, wird dies bei allen Zuhörern als angenehm und entspannend empfunden, dauert die Redepause länger, tritt sofort eine Irritation beim Zuhörer auf. Pöppel hat darüber hinaus aber auch festgestellt, dass das entsprechende Augenblickserleben bei Tieren eine Sekunde kürzer ist, nämlich ca. 1,9 Sekunden.

Der Nachweis musikalischer Gesetze im menschlichen Körper

Der Grieche Pythagoras (ca. 600 v. Chr.) war der erste, der durch Experimente auf einem einsaitigen Instrument (Monochord) herausgefunden hat, dass es einen eindeutigen Zusammenhang gibt zwischen den in ihrer Tonhöhe unterschiedlichen Tönen und den mathematischen Zahlen. Und das erstaunliche dabei ist, es sind immer nur ganzheitliche Zahlenverhältnisse. Bei einer Halbierung des Monochords entsteht der Ton einer Oktave. Das entsprechende Zahlenverhältnis beträgt 2:1. Bei einer Teilung in ⅔ der Länge entsteht die Tonfolge der Quinte, bei Unterteilung in ¾ der Länge einer Quarte, bei ⅘ der Länge einer Terz, bei $\frac{8}{9}$ der Länge einer Sekunde, bei $\frac{8}{15}$ der Länge einer Septime. Für Pythagoras bedeutete das, dass in der Musik eine einvernehmliche Beziehung existiert zwischen der Seele (durch den Ton) und dem Geist (durch die Zahl). Die Theorie von Pythagoras ist inzwischen naturwissenschaftlich bestätigt. Die in Hertz gemessenen Tonfrequenzen der Töne unserer Tonleiter sind identisch mit den von Pythagoras entdeckten Zahlenverhältnissen. Aristoteles schließlich war nicht nur ein Schüler Platons, sondern auch von Pythagoras. Er formulierte als erster in einer Schrift den Gedanken, dass die Planeten am Himmel Töne erzeugen, und zwar infolge ihres Umlaufs und der sich durch Distanz und Geschwindigkeit ergebenden Proportionen, welche musikalisch seien. Johannes Kepler (1571–1630) gelang schließlich der Nachweis von Musikgesetzen in den Planetenbahnen. Er entdeckte, dass die Planeten die Sonne auf elliptischen Bahnen umkreisen und ihre Geschwindigkeit in Sonnennähe (Perihel) größer ist als in Sonnenferne. (Aphel). Er setzte die Umlaufgeschwindigkeiten der Planeten untereinander in Beziehung und fand die gleichen Zahlenverhältnisse, die Pythagoras an seinem Monochord entdeckt hatte. Francis Warren ergänzte 1940 Keplers Untersuchungen um die Werte der neu entdeckten Planeten Uranus, Neptun und Pluto. Er konnte Keplers Werte bis auf den Messwert des Merkur bestätigen.

Der menschliche Körper ist in seiner vertikalen Position durch verschiedene markante Punkte wie Beinansatz, Bauchnabel, Brustwarzen, Armansatz usw. unterteilt. Weitere markante Punkte ergeben sich durch den Abstand der Gelenke in den Gliedmaßen. Wenn man diese Teillängen des menschlichen Körpers mit seiner Gesamtgröße in Verbindung setzt, ergeben sich ebenfalls die musikalischen Zahlenverhältnisse des Pythagoras. Bei einem Menschen mit einer Körpergröße von 172 cm liegt der Bauchnabel in der Höhe von 103 cm. Beide Maße stehen im Zahlenverhältnis von 5:3, entsprechend der kleinen Terz. Die Körpergröße im Verhältnis zur Höhe der Brustwarze entspricht dem Zahlenverhältnis 4:3, entsprechend einer Quarte. Die Entfernung Bauchnabel zum Scheitel hat eine Entsprechung zur Gesamtgröße von 3:2, einer Quinte. Damit entspricht der Bau und die Form unseres menschlichen Körpers den Zahlenverhältnissen der Umlaufbahnen unserer Planeten.

Zusammenfassung

1. **Das Zusammenspiel zwischen *Bauplan* und *Information*:** Formentstehung sowohl im Kosmos als auch in der lebenden Natur benötigt als erste Bedingung die Existenz eines immanenten *Bauplans*. Als immanent bezeichnet man etwas, das man physisch nicht wahrnehmen, nichtsdestotrotz aber an seiner Wirkung erkennen kann. Der *Bauplan* aller lebenden Wesen ist, wie man heute weiß, in den Genen gespeichert. Die Gene kennen also den Bauplan, den aber weder das Ich des Menschen noch die Aminosäuren, die nur hin und hergeschoben werden, kennen, und den auch kein äußerer Beobachter des Geschehens erkennen könnte. Die Gene sind daher auch in der Lage, eventuell notwendige Veränderungen vorzunehmen. Ein *Bauplan* alleine kann jedoch ohne Umwelt nicht verwirklicht werden. Jedes Lebewesen ist daher stets das Ergebnis eines Zusammenwirkens zwischen einem

immanenten und damit weder für einen Außenstehenden noch für das Lebewesen selbst sichtbaren *Bauplan* und seiner Umwelt.
Information ist nicht nur eine Mitteilung, die von einem Absender an einen Empfänger einmal gesendet wird, sondern wird heute wieder angesehen als in-formativer, formgebender ununterbrochener Dauerprozess. Diesen formgebenden Dauerprozess kann man sich vorstellen wie ein Dauergespräch zwischen dem Lebewesen und seiner Umwelt. Die *Informationen*, die also permanent hin- und herfließen, müssen vom Lebewesen beziehungsweise seinen Teilen *erkannt* und zu etwas eigenem umgewandelt werden. Daher ist eine Umwelt nie einfach objektiv für alle Lebewesen gleich, sondern immer nur so, wie sie vom jeweiligen Lebewesen *erkannt* wird. Das Lebewesen bildet demnach seine Form entsprechend der Art und Weise, wie es seine Umwelt und die in ihr enthaltenen *Informationen* im Wesentlichen *erkennt*.
Beispiel 1: Es ist Forschern gelungen, bei Milchbakterien dasjenige Gen unbrauchbar zu machen, mit dem sie Laktose umwandeln. Nachdem man diese Bakterien anschließend weiter mit reiner Milch ernährt hatte, waren sie in der Lage, das vorher unbrauchbar gemachte Gen wieder zurück zu mutieren (26). Die Umwelt verhilft dem teilweise ausgelöschten *Bauplan* wieder zu neuem Leben.
Beispiel 2: Im Winter 1944/45 erlebte Holland einen Hungerwinter. Mit einer gewissen Erleichterung stellte man fest, dass sich die Mangelernährung bei schwangeren Frauen nicht unmittelbar auf die zur Welt gekommenen Kinder ausgewirkt hatte. Jedoch hatten sämtliche späteren Kinder dieser damals Neugeborenen ein vermindertes Geburtsgewicht. Diese Gesetzmäßigkeit wird heute als „transgeneratives Trauma“ bezeichnet.
Beispiel 3: In einer in den USA zwischen 1991 und 2005 durchgeführten Studie wurden Väter erfasst, die schon vor der Pubertät mit dem Rauchen begonnen haben. Nicht deren Töchter, sondern nur deren Söhne wurden später alle dickleibig, ohne dass diese Dickleibigkeit entscheidend beeinflussbar war.
Die beiden letztgenannten Beispiele aus dem Bereich der Epigene-

tik sollen deutlich machen, dass die in diesen Beispielen wirksame genetische *Information* unmöglich aus rein physischen Parametern bestanden haben kann, sonst hätte sie sich schon auf die aktuell lebenden oder zur Welt kommenden Menschen auswirken müssen. Oder anders gedacht, wo und in welcher Weise ist die *Information* gespeichert, wenn sie erst in einer der nachkommenden Generationen ihre Wirkung zeigt? Heute weiß man, dass traumatische Erfahrungen transgenerativ, also über mehrere Generationen hinweg, weitergegeben werden. Und bemerkenswert ist, dass die Auswirkungen in der einen Generation ganz andere sein können als in der nachfolgenden.

2. **Form und Zufall:** In der Naturwissenschaft gilt nach wie vor das Dogma, dass etwas Geistiges, wie beispielsweise Gedanken und Gefühle, nur aus rein physischen Parametern, wie elektronischen Nervenimpulsen im Gehirn, die wiederum von konkreten Transmitterstoffen verursacht werden, entstehen kann, und umgekehrt physikalische Phänomene nie ihre Ursache in rein geistigen Phänomenen haben können. Damit widersprechen sich alle Naturwissenschaftler, die meinen, dass die Evolution in erster Linie das Ergebnis eines rein zufälligen Geschehens sei, in ihrem eigenen Dogma. Denn der Zufall ist keine physikalisch messbare Größe, sondern eine rein geistige. Daran ändert auch der Versuch, den Zufall mathematisch erforschen zu wollen, nichts, denn auch die Mathematik ist keine Natur-, sondern eine Geisteswissenschaft. Die Naturwissenschaft weiß auch, dass es trotz immer besser werdender Messgeräte weiterhin immer wieder Naturphänomene geben wird, die nie exakt vorherbestimmbar sein werden, wie zum Beispiel das Wetter unter bestimmten Konstellationen. Der hierfür passende Begriff wäre daher *Nicht-Vorhersagbarkeit*, oder aus nachträglicher Perspektive betrachtet, *Nicht-Nachweisbarkeit*. Das wäre demütig. Mit dem Begriff *Zufall* erschafft man sich jedoch lediglich anstelle eines bisherigen Gottes einen „Götzen“ (Zitat Zajonk), dem darüber hinaus eine geradezu allmächtige und dazu noch lebensverachtende Willkür zuerkannt wird.

Auf die Formentstehung alles Lebendigen bezogen, müsste das logischerweise zur Folge haben, dass es nicht nur eine wesentlich größere Formenvielfalt geben müsste, als wir sie vorfinden, sondern vor allem eine viel bizarrere. Es müsste eine unendliche Vielfalt an Formen geben, die eher den Teilen einer zu Bruch gegangenen Porzellanvase ähneln. Stattdessen erkennen wir nirgendwo solche bizarren Formen, sondern Formen, die beim Betrachter letztendlich immer eine gewisse Sinnhaftigkeit, Harmonie und Kohärenzempfindung erkennen lassen.

Beispiel 1: Wenn Sie in der Natur zwei oder mehrere Bäume sehr nahe zusammen stehen sehen, können Sie beobachten, wie die Bäume mithilfe ihrer Autopoiesis zunächst einen übergeordneten Lebens-Körper bilden, der den betroffenen Bäumen an allen entsprechenden Stellen *Informationen* zukommen lässt, wie sie ihre Form gestalten. Nämlich so, dass nun die beteiligten Bäume eine gemeinsame Baumform entstehen lassen, die aussieht wie ein einziger Baum. Nach dem darwinistischen Prinzip müsste jeder einzelne Baum versuchen, mit seinen Ästen die Äste der anderen Bäume zu dezimieren, was man an der Form entsprechend erkennen könnte. Hier ist aber nicht der Götze Zufall am Werke, sondern ein intelligentes Zusammenspiel aus sehr konkret aufgrund ihrer Wirkung wahrnehmbaren, und inzwischen zudem ausreichend gut erklärbaren Parametern wie *Bauplan, Information, Autopoiesis* und *Kohärenzempfinden.*

Beispiel 2: Wenn bei einer Tanzveranstaltung tanzende Paare sich bewegen und man sich das später in einer Filmaufnahme anschauen würde, könnte man weder im Vor-, noch im Nachhinein bestimmen, wohin sich die einzelnen Paare im Raum bewegen werden. Es ist schlicht und einfach weder *vorhersagbar* noch später *nachweisbar*. Weder der Mann, noch die Frau, noch die anderen Paare, und auch nicht die Musik waren der entscheidende Parameter für die entstandene Bewegungsform im Raum, sondern es war das Zusammenspiel aus allen wesentlichen Parametern, Mann, Frau, die Musik, und die anderen Paare auf der Tanzfläche. Nur wenn jemand in der Filmaufnahme nichts *erkennt* außer einem Wirrwarr von

Bewegungen, würde er von Zufall sprechen. Dieser Begriff würde aber dem vielen Lebendigen nicht gerecht, das sich in dieser Zeit auf der Tanzfläche abspielt.

3. **Form als Symbol:** Die Formen der Pflanzen aktivieren etwas in uns, das in uns selbst enthalten ist, ohne dass wir sagen können, was das genau ist. Dasselbe gilt für die Tiere, die nicht nur eine konkrete Körperform besitzen, sondern ihre Lebendigkeit in Form von Lauten und Bewegungen zum Ausdruck bringen. Die menschlichen Formen sind uns natürlicherweise am vertrautesten. Jeder Laut, jede Sprache, kollektiv oder individuell, jede Körperform, jede Bewegung eines Menschen spricht etwas entsprechend in uns Vorhandenes an, sei es positiv oder negativ. Ansonsten würde es uns nicht berühren können. All dies sind Formen, die durch die Parameter *Bauplan, Information, Autopoiesis und Kohärenzempfindung* hinreichend erklärbar sind, und den Götzen Zufall als Verursacher nicht nötig haben. Formen sind daher immer auch *Informationen* in symbolischer Form, bei der die entsprechende *Information* immer ein Ausdruck ist für etwas, das nicht konkret physikalisch und augenscheinlich ersichtlich ist, sondern von einem anderen Subjekt erst einmal *erkannt* und *verstanden,* das heißt, entschlüsselt werden muss. Die Formen der menschlichen Kultur, Häuserformen, Stadtformen, Gebrauchsgegenstände, Malerei, Dichtung, Musik, sind Symbole, die etwas zum Ausdruck bringen für den, der bereit ist, die darin enthaltenen *Informationen* zu erkennen und zu verstehen. Die Symbolik der Formensprache der Musik des Johann Sebastian Bach wurde nach seinem Tod eine Zeitlang nicht mehr erkannt und verstanden, und wäre dadurch beinahe verloren gegangen, wenn nicht der Musiker Felix Mendelssohn Bartholdy sie wiederentdeckt und ihr neues Leben eingehaucht hätte.
4. **Form als Grenze:** Ein Kennzeichen und Merkmal jeder Form ist seine äußere Grenze. Ohne diese Grenze könnte die Form von anderen zur Erkenntnis fähigen Subjekten nicht erkannt werden. Das gilt auch für die gebrochenen Lichtstrahlen, die von den Augen erkannt werden. Wenn die Formen unserer Umwelt keine Grenzen hätten,

würden sie ihre Berechtigung verlieren, als Formen bezeichnet zu werden. In einem Umwelt-Meer ohne Grenzen und Konturen könnten wir so gut wie keine wesentliche Erkenntnis entwickeln, weder im Hinblick auf unsere Umwelt, noch im Hinblick auf uns selbst. Der Aspekt der Grenze in den Formen verhilft uns also sowohl zu Orientierung in der uns umgebenden Umwelt als auch zur Gewinnung unserer eigenen Identität. Das müssen Menschen, die keine Grenzen akzeptieren, oder denen dazu nicht verholfen wurde, erst einmal verstehen lernen.

Die Intelligenz unserer Körperzellen

Die Entdeckung und der Nachweis von lebenden Zellen hat historisch seine Zeit gebraucht. Der Nachweis von Zellen in den Pflanzen gelang erstmals in den Jahren um 1675. Der Nachweis von Zellen im Körper von Tieren und Menschen gelang jedoch erst mithilfe der immer besser werdenden technischen Hilfsmittel im frühen 19. Jahrhundert, also ca. 150 Jahre später. Zu diesem Zeitpunkt entdeckte man auch, dass es Lebewesen gibt, die nur aus einer einzigen Zelle bestehen. In der Mitte des 20. Jahrhunderts gelang es schließlich, auch den Kern der Zelle genauer zu erforschen, und man entdeckte, dass in einer bestimmten Art der spiralen förmigen Anordnung von Chromosomen, der sogenannten *DNA-Doppelhelix* die Erbinformationen gespeichert und durch die Zellteilung an die Nachkommen Zellen weitergegeben werden. Ab diesem Zeitpunkt glaubte man, dass das Leben der Körperzellen wie ein vorprogrammiertes Uhrwerk abläuft und das Schicksal des menschlichen Individuums durch seine Erbinformation in hohem Maße vorprogrammiert sei. Das zentrale Dogma lautete: Gene bestimmen unser Leben.

Vor nicht einmal 20 Jahren wurde dieses Dogma jedoch ins Wanken gebracht durch einen Wissenschaftsbereich, der sich *Epigenetik* nennt. Der Begriff setzt sich zusammen aus dem Wort *Genetik*, dessen Bedeutung ja durch das Vorherige klar geworden ist, und der aus dem Griechischen stammenden Vorsilbe *epi = auf, über, herum*. Die Geburtsstunde der *Epigenetik* war im Jahre

2004, als die beiden amerikanischen Forscher Pray und Silverman entdeckten, dass die DNA in den Genen weder bei der Zeugung noch bei der Geburt schon vollständig festgelegt ist, sondern im Entwicklungsverlauf von Umwelteinflüssen ständig neu moduliert wird. Die *epigenetische* Forschung kann inzwischen zunehmend bestätigen, dass alle bisher aufgezeigten Gesetze der *Autopoiesis* auch für die Gene in unseren Zellen gelten. Das heißt, auch unsere Gene sind nicht „selbstemergent", wie man das in der Wissenschaft bezeichnet. Sie können sich nicht autonom selbst an- oder ausschalten. Sondern sie sind, wie unser gesamter Organismus, nur das Resultat eines permanenten Austauschs zwischen unseren Zellen und unserer Umwelt.

Beispiel

Inzwischen ist der Prozess der Bildung von Antikörper-Genen beim Befall von Masern-Viren gut erforscht. In einem ersten Schritt verfeinern Zellen ihre Antikörper-Gene so lange, bis sie ein perfektes Gegenstück zum eingedrungenen Virus bilden. Das ist genau das, was im Prozess der Autopoiesis beschrieben ist, nämlich die Erzeugung eines nicht identischen, aber ähnlichen Modells. In einem weiteren Schritt wird anschließend das von den Zellen selbst produzierte Antikörper-Gen hundertfach kopiert, aber jede neue Version des Antikörper-Gens weist eine geringfügige Mutation auf. Dieser Mutationsprozess erfolgt in mehreren Runden, bis das Antikörper-Gen immer besser mit dem Virus umgehen kann. Es findet somit permanent ein der aktuellen und individuellen Situation angepasster Prozess statt. Dieser Prozess ist also kein rein genetisch vorprogrammierter schematischer Vorgang, sondern stets individuell und situativ angepasst. Die Zellen speichern dann eine „genetische Erinnerung" an den jeweiligen speziellen Antikörper, auch wenn dieser selbst physisch nicht mehr in den Zellen vorhanden ist, weil das Virus überwunden werden konnte. Diese Erinnerung kann später jederzeit abgerufen werden. Und sie wird nicht nur an die Nachkommen-Zellen im eigenen Organismus weiter gegeben, sondern auch genetisch vererbt an die eigenen Kinder und Kindeskinder. Inzwischen laufen Forschungen darüber, dass der Gen-Transfer nicht nur an die eigenen Nachkommen weitergegeben werden, sondern auch Arten übergreifend abgerufen werden kann. (27)

Es gibt heute im Internet überall leicht zugängliche Abbildungen der menschlichen Zelle. Ihre wesentlichen Bestandteile sind die folgenden:

- der Zellkern mit der spiralen förmig angeordneten DNS
- die Zellmembran oder Haut der Zelle
- Mitochondrien, die zuständig sind für den allgemeinen Energiestoffwechsel der Zelle
- zwei Arten von Endoplasmatischem Retikulum, die spezifische Stoffwechselfunktionen im Bereich der Zelle haben, vor allem den Transport von Stoffen innerhalb der Zelle
- der Golgi-Apparat, der eine Art Sonderfunktion speziell für die Verteilung von Proteinen hat

Die Bedeutung der zellulären Kommunikation

Jede Zelle besteht aus vier verschiedenen Typen von Molekülketten:

1. Polysaccharide (Zucker),
2. Lipide (Fette),
3. Nukleinsäuren (in DNS und RNS),
4. Proteine.

Zucker und Fette dienen der Ernährung, Nukleinsäuren in der DNA und RNA dienen der Fortpflanzung der Zelle. Die Funktionen der drei erstgenannten Molekülketten ergaben also sofort einen nachvollziehbaren Sinn. Über den verhältnismäßig hohen Anteil an Proteinen in der Zelle war man lange Zeit eher irritiert, da die Proteine für keine der zwei Funktionen (Ernährung und Fortpflanzung) von großer Bedeutung sind. Man wusste also nicht, was ihre wirkliche Funktion sein könnte. Inzwischen ist diese Frage geklärt. Proteine bewirken die Kommunikation der Zelle. Und das in einer dreifachen Weise, nämlich zum einen die Kommunikation der einzelnen Teile innerhalb der Zelle, dann die Kommunikation mit allen anderen Zellen, und zum anderen die Kommunikation der Zelle mit der gesamten Umwelt unseres körperlichen

Organismus. Da die ursprüngliche physisch-materielle Produktion der Proteine aber nach der jeweiligen Zellteilung durch die DNA veranlasst wird, war man lange der Meinung, dass die DNS auch die Steuerung über die Zelle hat, sie also das Gehirn der Zelle sei. Zellen ohne Zellkern und Gene (durch Enukleation) überleben bis zu zwei Monate und kommunizieren wie jede andere Zelle. Ohne Zellkern allerdings können sie sich nicht mehr teilen. Das bedeutet, der Zellkern entspricht den „Keimdrüsen" der Zelle, aber die Hauptfunktion der Kommunikation hat die Zellmembrane. Sie kann daher als das „Gehirn" der Zelle bezeichnet werden.

Fachwissen, das überlesen werden kann

Jedes Protein besteht aus einem Strang miteinander verbundener Aminosäuren-Moleküle; es gibt 20 verschiedene Aminosäuren; die Kombinationsmöglichkeit dieser 20 Aminosäuren untereinander ergibt über 100 000 verschiedene Proteine. Jedes Protein hat eine eigene Gestalt und Form, dadurch haben auch die verschiedenen Proteinmolekülketten verschiedene Formen und Gestalten. Die Kommunikation der Zellen wird technisch bewirkt durch eine unterschiedliche elektromagnetische Anziehung der einzelnen Aminosäuren; die meisten von ihnen haben eine negative oder positive Ladung und funktionieren somit wie Magnete. Die Konstellation der elektromagnetischen Ladung der Proteinmolekülketten wird von der Zelle permanent selbst strukturiert, je nachdem, wo und auf welche Weise gerade kommuniziert werden soll. Diese ständige Neustrukturierung der Proteinmolekülketten durch die Zelle selbst wird als „Konformation" bezeichnet. Die *Konformation* der Zellen geschieht in erster Linie durch die Zelle selbst, indem sie den Proteinmolekülketten je nach Bedarf bestimmte positiv oder negativ geladene Ionen hinzufügt oder entfernt. Die *Konformation* kann aber auch durch Signale der Umwelt erfolgen. Und Umwelt heißt für die Zellen zweierlei, die Umwelt der anderen Zellen mit anderen Funktionen innerhalb des Körpers, und die Umwelt außerhalb des Körpers. Zellen sind in der Lage, ihre Kommunikation zu unterbinden; dann lebt die Zelle zwar noch, aber der *Konformationsprozess* in den Proteinmolekülketten erstarrt. Es entsteht ein zellulärer Zustand, der von den Zellbiologen als „missgefaltete Proteine" (engl. „unfolded protein response") bezeichnet wird. Selbst innerhalb der DNA befinden sich Protein-Ketten.

Sie umhüllen den DNA-Strang wie einen Ärmel. Und solange der Ärmel den DNS-Strang bedeckt, kann die DNA von der Zelle nicht „abgelesen“ werden. Erst wenn die Proteine des Ärmels eine Durchlässigkeit zulassen, können die in der DNA gespeicherten *Informationen* abgelesen und anschließend von der RNA kopiert werden. „Die Aktivität der Gene wird also durch die An- oder Abwesenheit des schützenden Proteins ‚gesteuert', das wiederum unter dem Einfluss von Umweltsignalen steht“, schreibt Bruce Lipton. (28) In der DNA sind die Baupläne gespeichert, wie die vielfältigen Arten von Proteinketten hergestellt werden, aber ob und wann sie hergestellt werden, entscheidet sich in der Zellmembrane.

In der Zellmembrane finden die entscheidenden Prozesse statt, die eine Zelle veranlassen, mit der Umwelt zu kommunizieren oder es nicht zu tun; die Zellmembrane ist somit das wichtigste Kommunikationsorgan der Zelle für ihre permanente Kommunikation mit der Umwelt.

Alle lebenden Zellen haben eine strukturgleiche Membrane aus drei Lagen oder Schichten. Eine Membrane haben ist also ein Merkmal aller intelligenten Lebensformen. Selbst primitivste Organismen haben eine Zell-Membrane, also ein „Sinnesorgan“. Die Aktivität der Zellmembrane basiert auf dem Zusammenspiel von polaren Molekülen und unpolaren Molekülen. Polare Moleküle sind in der Lage, positive oder negative elektrische Ladungen zu erzeugen, unpolare Moleküle erzeugen keine elektrische Spannung zwischen den Atomen. Polare Moleküle kommen im Wasser, unpolare Moleküle in Ölen vor. Die molekulare Grundstruktur der Zellmembrane ist die eines flüssigen Kristalls. Flüssige Kristalle werden in der modernen Technik als *Halbleiter* verwendet, das bedeutet, die Membrane hat die Eigenschaften eines *Halbleiters*. Die Wirkung von flüssigen Kristallen oder *Halbleitern* besteht darin, dass die Membrane nicht ganz geschlossen ist, sondern über Tore und Kanäle verfügt, durch die zu gegebener Zeit die Membrane durchlässig wird.

Die Proteinmolekülketten in der Zellmembrane werden „IMP“ (Integrale Membranproteine) genannt. Es existieren zwei Arten von IMP: 1) „Rezeptor-IMPs“ und 2) „Effektor-IMPs“. Die *Rezeptor-IMPs* sind spezialisiert auf den Empfang von Signalen; es gibt a) physische, d. h. biochemische Signale, aber auch b) elektromagnetische Signale, wie Licht, Klang, Radiowellen, etc. Die *Effektor-IMPs* haben die Funktion der Signalübertragung. Es existieren drei verschiedene Arten von *Effektor-IMPs*: 1. Kanalproteine – sie erzeugen den sogenannten „Drehtür-Effekt" an den Membran-Toren; sie verbrauchen sehr viel Energie, erzeugen aber auch zugleich Energie; 2. Zytoskeletalproteine – sie regulieren die Form und Gestalt der Zelle, sowie ihre Bewegungen; 3. Enzyme – sie verbinden oder trennen die Moleküle. Grundsätzlich gilt, ein Membranprotein aktiviert sich nur, wenn es Umweltsignale gibt; ohne Umweltsignale kann ein Membranprotein nicht existieren. Der Nachweis der Rezeptor- und Effektor-IMPs ist damit eine eindrucksvolle Bestätigung des von Uexküll'schen Gestaltkreises aus Rezeptoren und Effektoren.

Die zellulären Mechanismen der Energieversorgung und Stressverarbeitung

Regelrecht zeitgleich mit der Erforschung der Mechanismen der Zellmembrane in den vergangenen zwei Jahrzehnten gelangte man auch zu erweiterten Erkenntnissen im Hinblick auf einen anderen wichtigen Bestandteil der Zelle, nämlich die Mitochondrien. Die Mitochondrien sind für den Energiestoffwechsel der Zelle zuständig. Körperzellen, die einen besonders hohen Energieverbrauch haben, wie Nervenzellen, Sinneszellen, Eizellen oder Herzmuskelzellen verfügen dementsprechend auch über eine besonders hohe Anzahl an Mitochondrien. Das Besondere an diesem Zellbaustein ist, dass er über eine eigene DNA verfügt, die jedoch nicht völlig identisch ist mit der DNA im Zellkern. Das lässt natürlich die Frage auftauchen, warum gibt es in der Zelle eine zweite DNA, darüber hinaus eine, die nicht einmal völlig identisch ist mit der DNA des Zellkerns? Erwiesen ist, dass die DNA in den Mitochondrien einen sehr wesentlichen Anteil an der Apoptose, dem vorprogrammierten Zelltod, hat, wenn nicht gar die Hauptsteuerung. Die Mitochondrien haben damit den größten bisher nachgewiesenen Einfluss auf den Alterungsprozess des Menschen. Ziemlich wahrscheinlich ist dementsprechend auch ihre Bedeutung in Bezug auf die Krebserkrankung, bei der der Apoptose-Prozess nicht mehr im Sinne des Gesamtorganismus verläuft. Diesbezüglich wird gerade intensiv geforscht. Inzwischen steht auch fest, dass die Mitochondrien nicht nur die zelluläre Energie bereitstellen, sondern sie auch der Zellbestandteil sind, der die intensivste

Kommunikation innerhalb der Zelle, und das insbesondere mit dem Zellkern, betreibt, und das ebenso wie die Zellmembrane mithilfe von Proteinmolekülen. Während also die Membrane für die Außenkommunikation zuständig ist, steuern die Mitochondrien die Kommunikation innerhalb der Zelle. Von ihnen werden außerdem alle Reparaturprozesse innerhalb der Zelle veranlasst.

Ein sehr beachtenswerter Aspekt der Mitochondrien ist nun der folgende: bei der Zeugung und Befruchtung der Eizelle durch den Samen werden die Gene von Mutter und Vater unterschiedlich abgelesen. Es gibt kein festgelegtes Programm, wonach die genetische Ablesung, im Fachausdruck „genetisches Imprinting", vonstatten geht, sondern dies ist abhängig von Kräften, die weder vorhersehbar noch später nachweisbar, die aber genau in dieser konkreten Situation wirksam sind. Es gibt jedoch eine einzige Ausnahme. Und die betrifft die Mitochondrien. Alle Gene, aus denen später Mitochondrien entstehen, werden immer von der Mutter vererbt.

Eine weitere Besonderheit der Mitochondrien ist die, dass ihre DNA nicht wie beim Zellkern in einen schützenden Proteinmantel eingehüllt ist, sondern nur von einigen schützenden Histonen umgeben ist. Der Vorteil davon ist, dass die Mitochondrien noch schneller ihrer Funktion der intrazellulären Kommunikation nachkommen können. Der Nachteil ist, dass die DNA der Mitochondrien wesentlich häufiger als die DNA im Zellkern geschädigt werden kann. Darüber hinaus sind die Mitochondrien zwar die wichtigste Reparaturinstanz innerhalb der Zelle, aber sie können sich scheinbar nicht selbst reparieren. Eine mutierte und geschädigte DNA der Mitochondrien ist somit leider auch die nachgewiesene Ursache für eine Reihe von Erkrankungen, die inzwischen auch als *Mitochondriopathien* bezeichnet werden. Es ist außerdem eindeutig nachgewiesen, dass diese Erkrankungen sowohl durch Vererbung als auch durch Umwelteinflüsse gleichermaßen verursacht werden. Unter Umwelteinflüssen versteht man zwar auch Faktoren wie Gifte und Strahlungen in der Umwelt, aber in der Regel sind hierbei intrapsychische und psychosoziale Faktoren als sogenannte *Umweltfaktoren* anzusehen. Bei den folgenden Erkrankungen kann man eine Mutation und Schädigung der DNA der Mitochondrien zweifelsfrei nachweisen:

- Morbus Alzheimer
- Morbus Parkinson
- Diabetes Mellitus
- Herz-Kreislauf-Erkrankungen
- Krebs
- Adipositas

Die Gemeinsamkeit aller *Mitochondriopathien* ist das Symptom einer grundlegenden Energieschwäche. Da eine ursächliche Therapie dieser Erkrankungen nicht möglich ist, kommt einem gut gesteuerten multimodalen Umgang damit eine umso größere Bedeutung zu. Das Wesentlichste dieses multimodal anzugehenden Umgangs ist der Aspekt des *Curare*. Das Wort *Cura* stammt wieder aus dem Lateinischen und bedeutet dort nicht Heilung, sondern *Fürsorge, Sorgfalt, Bemühung, Aufmerksamkeit.* Das daraus abgeleitete Tätigkeitswort heißt *curare,* und das wird wörtlich übersetzt mit *sich kümmern um, sich etwas angelegen sein lassen, Sorgfalt verwenden auf.* (29) Es dürfte offensichtlich geworden sein, dass die hier zur Disposition stehenden Begriffe allesamt etwas mit Mütterlichkeit zu tun haben. Damit dies nun nicht dahingehend missverstanden wird, dass Betroffene nun in ein dysfunktionales Opferdenken gegenüber ihrer Mutter oder gegenüber der Gesellschaft verfallen, muss dringend ergänzt werden, dass der Aspekt des *Curare* und damit einer *fürsorglichen Mütterlichkeit sich selbst gegenüber* bei jedem betroffenen Erwachsenen nur dann Früchte trägt, wenn er vom eigenen Ich geleistet und gesteuert wird.

Im Zusammenhang mit der Erforschung der Funktionen und Mechanismen der Mitochondrien in unseren Zellen werden inzwischen zunehmend auch noch kleinere Bestandteile, wie kleinste Enzyme, erforscht, die speziell im biologischen Leben der Mitochondrien eine besondere Rolle spielen. Eine besondere Bedeutung für eine stabile Funktion der Mitochondrien kann inzwischen bei folgenden enzymatischen Stoffen nachgewiesen werden:

- **BDNF:** BDNF („Brain-Derived Neurotipic Factor“) ist ein spezifisches Protein, das eine Schlüsselfunkton innehat, zunächst bei der Bildung neuer Nervenzellen im Gehirn, sofern das noch möglich ist, dann beim Schutz von vorhandenen Nervenzellen, und schließlich bei der verbesserten Anregung neuer Synapsen. Wenn dieses Protein den Mitochondrien in ausreichender Weise zur Verfügung steht, dann herrscht ein Zustand vor, der überwiegend durch Wachstum, Weiterentwicklung und gute Regeneration gekennzeichnet ist. Dieses Protein kann nicht auf physisch-stofflicher Ebene dem Körper zugeführt werden. Alle Versuche, es dennoch zu tun, greifen nicht. Stattdessen muss der Körper dazu angeregt werden, das Protein autopoietisch selber herzustellen. Das geschieht nachweislich durch erstens freiwillige und gut dosierte Bewegung ohne Leistungsdruck, zweitens freiwillige geistige Anregung für Dinge, an denen man ein wirkliches persönliches Interesse hat, (kein stupides Kreuzworträtsellösen), und drittens vor allem im Alter die Suche nach stets neuen sinnvollen Herausforderungen. (30)

- **Glutathion:** Glutathion (GSH) ist ein sogenanntes *Tripeptid* aus drei Aminosäuren. Es gehört zu den wichtigsten als *Antioxidans* wirkenden Stoffen im Körper. (31) Es hat also eine wichtige Funktion bei der Entgiftung des Körpers und steuert über die Mitochondrien das gesamte Abbausystem des Körpers im Hinblick auf abgestorbene Zellen als auch auf jegliche nicht mehr benötigte und damit belastende Stoffe. Wenn dieses *Tripeptid* den Mitochondrien in ausreichender Weise zur Verfügung steht, dann herrscht ein Zustand vor, der durch eine erhöhte Resilienz und Stressresistenz, darüber hinaus weniger Ängstlichkeit und mehr Lebensmut gegenüber herausfordernden Belastungen gekennzeichnet ist. Auch dieser Stoff kann nicht zufriedenstellend und nachhaltig über die Nahrung zugeführt werden, sondern ist wiederum mehr das Resultat einer seelischen und geistigen Haltung, die weniger geprägt ist von überbetontem Leistungs-Denken, als von *Fürsorglichkeit* und *Curare* dem eigenen Körper gegenüber.
- **Melatonin:** Melatonin wird zwar allgemein als Hormon bezeichnet, es ist jedoch kein klassisches Hormon, weil es nicht von der Epiphyse zentral gesteuert wird. Melatonin wird vor allem in der Zirbeldrüse produziert, in minimalen Teilen auch von der Netzhaut der Augen und vom Darm. In der Fachwissenschaft wird Melatonin daher lediglich als *Metabolit* bezeichnet, als ein Anreger und Verstärker des

Tryptophan-Serotonin-Stoffwechsels. Die Melatonin-Produktion wird durch Tageslicht gehemmt und durch Dunkelheit verstärkt. Der wichtigste Profiteur des Melatonins sind die Mitochondrien unserer Zellen. Defizite an Melatonin gelten inzwischen als nachgewiesene Ursachen für Winter-Depressionen, chronische Schlaf- und Gedächtnisprobleme, sowie Verstärker von Schmerzempfindlichkeit bei chronischen Schmerzen, speziell bei der Fibromyalgie. Ebenso wie Glutathion hat Melatonin eine antioxidane Wirkung. Aktuell wird intensiv am Einsatz von Melatonin in der Krebstherapie geforscht. In einer Metaanalyse von bis dahin veröffentlichten Studien konnte 2005 festgestellt werden, dass vor allem die Sterberate bei Krebs auf 66% durch die Behandlung mit Melatonin gesenkt werden konnte. Dabei wurde ausdrücklich darauf hingewiesen, dass die Behandlung keine schwerwiegenden unerwünschten Nebenwirkungen zur Folge hatte, sie zudem enorm kostengünstig sei und erstaunlicherweise zwar unterschiedlich dosiert, dann aber bei allen Krebsarten gleich wirksam sei. Eine spätere Studienreihe, die 2013 veröffentlicht wurde, konnte eine Anti-Krebs-Wirkung speziell in Verbindung mit einer Chemo- und Strahlentherapie nachweisen. (32) Weitere neuere Studien geben erste Hinweise darauf, dass Melatonin womöglich der einzige Stoff ist, der in den Mitochondrien eine regulierende Wirkung auf die Apoptose hat. Die Fähigkeit der Zirbeldrüse, durch Verminderung von Lichtwellen Melatonin zu erzeugen, resultiert aus ihrer anatomischen Spezialität. Sie ist eine von zwei einzigen Körperstellen, die fast ausschließlich aus magnetisch wirkenden Kristallen besteht. In den Magnetkristallen befinden sich kleine Tubuli (Röhrchen), in denen sich reines Wasser befindet. Dadurch besitzt die Zirbeldrüse eine ähnlich hohe Halbleiter-Fähigkeit wie die Zellmembranen (siehe oben). Die Reinheit des Wassers an dieser Stelle spielt jedoch eine große Rolle, denn bei verunreinigtem Wasser ist die Halbleiter-Fähigkeit erheblich reduziert. Die zweite Stelle in unserem Körper, die über diese Kristallstruktur verfügt, ist der Myokard im Herzbereich. Abgesehen von der unter hohem Aufwand und im ständigen Einzelfall herauszufindenden Dosierung von künstlich erzeugtem Melatonin in der Krebstherapie unterliegt die Produktion und Verfügbarkeit dieses Stoffes, ähnlich wie bei den beiden vorherigen Stoffen, weniger einem äußeren Zuführen als wiederum mehr einer inneren Einstellung von *Fürsorglichkeit* und *Curare* gegenüber unserem eigenen Körper.

- **Glukokortikoide:** als Glukokortikoide wird eine hormonähnliche Gruppierung von Steroiden bezeichnet, die in der Lage ist, in unserem Körper Fette und Eiweiße in Zucker umzuwandeln. Sie sind dem bekannten Steroid Cortison sehr verwandt, jedoch nicht völlig identisch mit ihm. Nun hat ja Cortison wegen seiner hohen Nebenwirkungsrate keinen besonders guten Ruf. Dieser schlechte Ruf muss aber nicht zwangsläufig pauschal dem Cortison zugesprochen werden, sondern die hohe Nebenwirkungsrate ist möglicherweise lediglich auf eine zu ungenau und schlecht dosierte Verabreichungsform zurückzuführen. (33) Die Glukokortikoide spielen eine besonders wichtige Rolle in der Stressverarbeitung im Zellsystem unseres Körpers, ganz besonders in unseren Nervenzellen. Von Gruppierung dieses Stoffes spricht man deshalb, weil die enzymatische Zusammenstellung einer sehr hohen Variabilität unterliegt, was die These einer oft ungenauen Dosierung von einseitigem Cortison bestätigt. Glukokortikoide gelangen über Rezeptoren der Nervenzellen in den Zellkern, bewirken dort eine nachhaltige Genexpression, die die Leistungsfähigkeit und den Arbeitsprozess der Nervenzellen erheblich energetisch unterstützt. Im Bereich der Synapsen aktivieren sie eine verstärkte „permissive Funktion", das heißt, es wird noch genauer kontrolliert, welche Signale zum einen von außen hinein gelassen, zum anderen nach außen weitergegeben werden. Der Neurobiologe Gerald Hüther hat 1996 ein eigenes Stressverarbeitungskonzept formuliert. Hierin kritisiert er die einseitig negative Bewertung von Stress, und fordert stattdessen auf zu einer differenzierten neuen Betrachtung. Dem zugrunde liegt die Beobachtung, dass kein neuer Lernvorgang in den Netzwerken unseres Gehirns ohne Stress möglich ist. Hüther sagt, es muss uns unter die Haut gehen, ansonsten ändert sich nichts. Damit ist dringend eine Unterscheidung gefordert zwischen tatsächlich als negativ zu bewertendem Stress, der charakterisiert ist, zum einen durch eine zu lange Dauer, zum anderen durch die ausschließliche Erfahrung von Hilflosigkeit. Wohingegen der Stress, der die notwendigen Veränderungen in unserem Denken und Verhalten bewirkt, eher den Charakter der Herausforderung hat. (34) Hüther konnte feststellen, dass die Nervenzelle eine enorm genaue Dosierung und Variabilisierung der Glukokortikoide benötigt, um die individuelle, und bei jedem Individuum anders verlaufende Stressreaktion zu bewerkstelligen. Und dass hierbei die innere Bewertung der Stresssituation durch das Individuum eine entscheidende Rolle dabei spielt, ob es zu einer zu hohen Dosis von Glukokortikoiden, und damit einhergehend zu sehr degenerativen Prozessen in der Nervenzelle, oder einer optimalen Dosis und Variablen kommt, und damit genau umgekehrt die oben schon erwähnten regenerativen und die Arbeitsleistung der Nervenzelle verstärkenden Wirkungen aktiviert werden.

Zusammenfassung

- Die Zellen unseres menschlichen Körpers sind alles andere als mechanisch funktionierende und passiv von den Genen gesteuerte Lebensbausteine. Die hier skizzierte intensive und komplexe Kommunikation der Zellen auf allen wichtigen Ebenen, innerhalb des Zellkerns, innerhalb der Zelle, aller Zellen untereinander und dann noch zwischen jeder einzelnen Zelle und der gesamten Umwelt des Menschen zeigt, dass Zellen eigenständig denken können. Sie verfügen über eine eigene Intelligenz, das heißt Erkenntnisfähigkeit (Kognition). Diese Erkenntnisfähigkeit unseres Körpers auf der Zell-Ebene basiert jedoch auf einer vollkommen anderen Gesetzmäßigkeit als die Erkenntnisfähigkeit (Kognition) des rationalen Denkens. Die Gesetzmäßigkeit der Zell-Ebene basiert auf der Autopoiesis. Sie wurde von Maturana und Varela wissenschaftlich erforscht und in meiner über 30-jährigen körperpsychotherapeutischen Praxis mehr als bestätigt. Die Gesetzmäßigkeit des rationalen Denkens basiert auf der

Logik. Aber zwischen diesen beiden Gesetzmäßigkeiten besteht ein sehr großer Unterschied, es ist ein Unterschied zwischen im wahrsten Sinne des Wortes Welten. Diese körperbezogene Erkenntnisfähigkeit wird bis heute in keiner der wichtigen Psychotherapie-Methoden beachtet, und erst recht nicht im derzeitigen gesellschaftlichen Diskurs.

- Die Zellmembrane hat dabei eine besonders wichtige Funktion. Sie und nicht, wie man lange dachte, der Zellkern wird heute als das Gehirn der Zelle angesehen.
- Eine der Zellmembrane ähnlich wichtige Bedeutung im Hinblick auf die Kommunikation innerhalb der Zelle haben die Mitochondrien. Diese haben darüber hinaus die Funktion der Energieerzeugung in den Zellen, sowie eine wichtige Steuerungsfunktion in Bezug auf die Apoptose der Zellen. Im Hinblick auf die genannten Funktionen der Mitochondrien sind inzwischen sehr bedeutsame enzymatische Einzelstoffe entdeckt worden, die sich entsprechend positiv oder negativ auf die Arbeitsfunktion der Mitochondrien auswirken. Dabei kann festgehalten werden, dass, je kleiner und detaillierter diese Stoffe sind, umso weniger können sie auf einfache Weise über die Nahrung zugeführt werden. Stattdessen können sie nur auf *autopoietische* Weise vom Körper selbst erzeugt werden, wobei diese Erzeugung sehr wesentlich von einem entsprechenden Denken des Individuums abhängig ist. Dieses Denken ist das Gegenteil des heute in unserer Kultur überbetonten Leistungs-Denkens, nämlich das Denken einer *Fürsorglichkeit* gegenüber unserem Körper. Dazu müssen wir uns klar machen, dass eine körperliche oder eine rein geistige Fitness uns zwar leistungsfähiger machen können, dass aber die Leistungsfähigkeit unseres körperlich-seelisch-geistigen Organismus ohne ausreichende *Fürsorglichkeit* nicht herstellbar ist, wie in dem Vorherigen deutlich gemacht werden konnte. Eine notwendige *Fürsorglichkeit* gegenüber Kindern und alten gebrechlichen Menschen hat inzwischen glücklicherweise in unserer Kultur zunehmend an Bedeutung gewonnen. Die *Fürsorglichkeit* jedoch, derer auch der im Leistungsleben stehende Erwachsene bedarf und die zunächst in erster Linie eine Frage der inneren Haltung sich selbst und seinem Körper gegenüber ist, führt in

unserer die Leistung überbetonenden Kultur ein im wahrsten Sinne des Wortes stiefmütterliches Dasein.

- In der von mir entwickelten *Strukturellen Körperpsychotherapie (SKP)* werden diese neuen Erkenntnisse über die enormen Fähigkeiten der Zellen zur Kommunikation und autopoietischen Energieerzeugung seit Jahren erfolgreich in den körperpsychotherapeutischen Prozess integriert. Die hierbei als *zelluläre Kommunikation* bezeichnete Therapietechnik spielt eine besonders große Rolle bei Störungen und Problemen auf der immunologischen Ebene, aber auch bei den schon erwähnten ich-strukturellen Störungen. Besonders erfolgreich geschieht dies bei Vorbereitungen auf eine bevorstehende Operation, aber ebenso auch bei besonders problematischen Nebenwirkungen bei der Einnahme notwendiger Medikamente.

Eine etwas andere Perspektive auf unser menschliches Gehirn

Das menschliche Gehirn lässt sich strukturell unterteilen in drei verschiedene Hirnsysteme, die natürlich alle drei miteinander verbunden sind. Man kann sich unser Gehirn daher auch vorstellen wie ein dreigeschossiges Gebäude. Der amerikanische Neurowissenschaftler Paul D. MacLean war der erste, der in den 1950er Jahren das Gehirn als dreistufiges Modell präsentierte, das dann unter dem Namen das „dreieinige Gehirn“ bekannt wurde. Ihm ging es darum, mit diesem Drei-Systeme-Gehirn deutlich zu machen, dass wir über drei unterschiedlich weit entwickelte Neurocomputer verfügen, die ihre jeweils eigene Intelligenz und Art zu verarbeiten besitzen. Dieses Modell eines dreieinigen Gehirns ist natürlich für Studenten der Medizin und der Neurowissenschaft zu vereinfacht, aber meine Erfahrung in der körper- und schmerzpsychotherapeutischen Praxis zeigt, dass es sich für den Laien hervorragend eignet, das Gehirn und seine wichtigsten Funktionen auf einfache und verständliche Weise zu erklären.

Das unterste Geschoss unseres Gehirns ist das Stammhirn. Dieses Hirnsystem haben wir gemeinsam mit allen Tieren, die eine Wirbelsäule haben, also

Fische, Vögel, Reptilien. Das mittlere Geschoss wird oft als „limbisches Gehirn" bezeichnet, vom lateinischen *limbus = Saum, Gürtel*, weil es wie ein Saum um sein Zentrum, den Thalamus, angelegt ist. Dieses Hirnsystem haben wir mit allen Säugetieren gemeinsam. Wichtige Teile dieses *limbischen Systems* sind:

- **Thalamus:** Seine Funktion ist die eines neuronalen Verteilerzentrums für Sinneswahrnehmungen und Körperbewegungen an die entsprechenden Stellen im Großhirn.
- **Hypothalamus:** Seine Funktion ist die eines neuronalen Verteilerzentrums für vegetative Funktionen der inneren Organe, hormonelle Mitsteuerung und für emotionale Befindlichkeiten und Zustände.
- **Amygdala:** Sie ist das Zentrum zur Wahrnehmung von Bedrohungen für das gesamte Selbstsystem.
- **Hippocampus:** Er ist das Zentrum für die Wahrnehmung des jeweiligen räumlichen und zeitlichen Kontext; darauf bezog sich die Standardfrage bei psychiatrischen Untersuchungen: „Wissen Sie, wo Sie sich gerade befinden, und wissen Sie, was heute für ein Tag ist?" Er ist darüber hinaus das Zentrum zur Speicherung von Lernerfahrungen mit der Umwelt.
- **Gyrus Cinguli:** Er ist der anatomisch größte limbische Hirnteil, das Zentrum zur Wahrnehmung aller Gefühle außer Angst, das heißt sowohl positiver wie negativer Gefühle; und er hat eine wichtige Funktion, den jeweiligen Sinn für das Selbst zu erfassen.

Das oberste Hirngeschoss ist die Großhirnrinde, wissenschaftlich *Neocortex* genannt. Sie ist in der Mitte durch eine Furche in eine rechte und linke Hälfte geteilt. Im hinteren Bereich der Großhirnrinde befinden sich im Wesentlichen die Speicherzentren für die visuelle Wahrnehmung und die wichtigsten anderen Arten von Sinneswahrnehmungen mit ihren jeweiligen gegenseitigen Verknüpfungszentren. In der Mitte der Großhirnrinde, anatomisch in etwa dort, wo sie ein etwas breiteres Kopfhörerband über den Kopf gelegt hätten, befinden sich die Zentren für bewusste Körperbewegungen und Rückmeldungen aus den motorischen Teilen des Körpers. Der vordere Teil der Großhirnrinde ist aufgrund seiner vorgeburtlichen Entwicklung unterteilt in einen Schläfenlappen und einen Frontallappen. Im Schläfenlappen befinden sich diejenigen neuronalen Zentren, die bei unserer ich-bewussten Lebenserinnerung, also unserem Narrativ, eine wichtige Rolle spielen, während sich im Frontallappen die Steuerungszentren für alle ich-bewussten Denk- und Handlungsvorgänge befinden. Früher glaubte man, dass diese Zentren die jeweils ausschließliche Funktion für die genannten Funktionsbereiche haben. Inzwischen hat man entdeckt, dass das Großhirn zwar über die genannten Zentren verfügt, aber die jeweiligen Funktionen nur durch ein sehr intensives Zusammenspiel von entsprechenden Netzwerken zustande kommen, die sich über das gesamte Großhirn erstrecken müssen. Und je kraftvoller und stabiler diese Netzwerke sind, desto stabiler werden die entsprechenden Zentren in ihrer Funktion unterstützt.

Aber zunächst möchte ich die bisherige rein anatomische Aneinanderreihung von Hirnteilen für unseren Kontext des „dreieinigen Gehirns" noch etwas plausibler machen. Es dürfte einleuchten, dass ein Gehirn, welches neben dem Stammhirn auch ein limbisches System enthält, wesentlich mehr neuronale Kapazität und Leistung ermöglicht. Umso mehr gilt das natürlich für ein Gehirn, das auch über das dritte Hirnsystem, ein Großhirn, verfügt. So sind sämtliche Säugetiere, unabhängig von ihrer Größe und Lebensumwelt in der Lage, eine komplexere Fürsorge für ihr eigenes Leben wie auch das ihrer Jungen zu ermöglichen, als das bei den Stammhirntieren der Fall ist. Diese komplexere Fürsorge setzt eine komplexere und differenziertere Wahrnehmung und Einschätzung der jeweiligen Lebenssituation voraus. Diese umfassendere Komplexität der höheren Hirnsysteme jedoch hat auch einen großen Nachteil; sie geht einher mit einer wesentlich größeren Stressanfälligkeit. Hierzu ein paar Beispiele:

Beispiel 1

Wenn Sie im Frühling einmal Zeuge werden, wie eine Katze versucht, an die frisch geschlüpften Jungen eines Amselnestes zu gelangen, dann werden sie erleben, dass eine beschützende Amselmutter schon einmal beinahe eine ganze Stunde ohne Unterbrechung sich lauthals zur Wehr setzt, bis die Katze klein beigibt und wieder davon zieht.

Beispiel 2
Wenn es jedoch einmal zu einer Situation kommt, dass eine Maus sich auf eine befestigte Terrasse verläuft und dort von einer Katze entdeckt wird, der Maus daher so gut wie keine Fluchtmöglichkeit bleibt, wird diese zumindest verzweifelt versuchen, schnell umherlaufend doch noch ein Schlupfloch zu finden. Diese schnellen Umherlaufbewegungen der Maus werden innerhalb von etwa zehn Minuten immer langsamer, bis sie sich schließlich kaum noch bewegen kann und versteinert am Boden liegen bleibt. Wenn sie Glück hat, hat dann die Katze eventuell auch kein Interesse mehr an ihr. Der Grund für diese Bewegungserstarrung ist, dass der ganze Körper der Maus überflutet ist mit Stresshormonen, was bei einem Amselgehirn so gut wie nicht möglich ist.

Beispiel 3
Dieses Beispiel war sogar in einer Fernsehdokumentation zu sehen. Zu Forschungszwecken hat man in der kanadischen Polarregion einen Eisbären mit einem Hubschrauber umkreist und in Irritation und Schrecken versetzt. Eisbären haben ja so gut wie keine natürlichen Feinde. Daher war diese Situation für ihn eine vollkommen unbekannte Situation. Er fühlte sich bedroht und fing an, auf seiner Eisscholle wie wild im Kreis umherzulaufen. Nach nicht einmal zehn Minuten fiel er ohnmächtig zu Boden und wäre beinahe daran gestorben. Die Forscher nahmen ihm Blut ab und fanden ihre Annahme bestätigt, dass der Eisbär das Opfer einer massiven Überflutung von Stresshormonen geworden war. Und sie fanden heraus, dass er mehrere Tage brauchte, bis allein die Blutwerte wieder einigermaßen stabil geworden waren.

In den Beispielen sind natürlich extreme Stresssituationen dargestellt. Es ging dabei darum, deutlich zu machen, dass komplexere Gehirne den Nachteil einer größeren Stressanfälligkeit gegenüber weniger komplexen Gehirnen haben. Dieser grundsätzlich größeren Stressanfälligkeit gegenüber haben jedoch die Gehirne mit einem limbischen System und einem Großhirn auch entsprechende Mechanismen entwickelt, Stress zu regulieren. Hierbei spielen die beiden zentralen Hirnteile Thalamus und Hypothalamus eine besondere Rolle. Einer der Mechanismen besteht darin, das Gehirn vor zu viel neuronaler Überhitzung dadurch zu schützen, dass diese beiden Hirnteile den Stress vom Gehirn weg nach unten in den Körper umverteilen. Hierbei gibt es bei jedem Körper bestimmte Schwachstellen, die dann als regelrechte „Stressentsorgungsstellen" von den beiden genannten limbischen Hirnzentren Thalamus und Hypothalamus benutzt werden. Das kann die Rückenmuskulatur sein, es können aber auch die inneren Organe sein. Diese Stressregulierung ist jedoch keine sehr sinnvolle. Nach meinen therapeutischen Erfahrungen wird sie immer dann vom jeweiligen Gehirn angewandt, wenn die strukturelle Vernetzung innerhalb des Gehirns in die oberen Hirnbereiche im Verlauf der biografischen Entwicklung nicht ausreichend gut gelungen ist.

Wichtige Strukturprinzipien unseres Gehirns

- **Netzwerkbildung:** Heute weiß zwar jeder Laie, dass eine gute Aktivierung des Gehirns genauso wichtig ist wie die Aktivierung der Körpermuskulatur. Aber in diesem Zusammenhang denkt man nur daran, das Großhirn irgendwie zu aktivieren, also gewissermaßen per Knopfdruck, den die Wissenschaft vorgibt. Hierbei ist jedoch zu bedenken, dass Aktivierung nicht das Gleiche ist wie Vernetzung. In den heute im Internet zugänglichen Artikeln über das Gehirn liegt der wesentliche Schwerpunkt immer auf der jeweiligen Funktion des entsprechenden Hirnteiles, und dementsprechend seine möglichst optimale Aktivierung. Der Aspekt der Vernetzung wird zwar auch mit einem kurzen Satz erwähnt, aber welche Bedingungen notwendig sind, dass es nicht nur zu einer Aktivierung, sondern auch einer Vernetzung kommt, darüber scheint es keine wirkliche Klarheit zu geben; und so bleibt es oft dabei, dass auf die ebenfalls notwendige Vernetzung mit nur einem Satz ohne weitere Erklärung über ihre Entstehungsbedingungen hingewiesen wird.
  Eine fundamental wichtige Vernetzung ist die Vernetzung des limbischen Gehirns mit dem Großhirn, also des zweiten Gebäudegeschosses mit dem dritten. Der Hintergrund dafür ist die Tatsache, dass wir als Menschen bei der Geburt mit einem fertig vernetzten und ab sofort funktionsbereitem limbischen Gehirn auf die Welt kommen,

das Großhirn aber zu diesem Zeitpunkt aus einer Ansammlung von Nervenzellen (Neuronen) besteht, die zu diesem Zeitpunkt noch in keiner Weise miteinander verbunden sind und damit noch nicht ihre vorgeplante Funktionsfähigkeit erreicht haben. Das genetisch vorgegebene Zeitfenster für die Erstellung der Verbindungsnetzwerke zwischen dem limbischen Hirnsystem und dem Großhirn sind die ersten vier bis sechs Lebensjahre, dann noch in verminderter Form bis zum zehnten Lebensjahr. Eine besonders wichtige Rolle bei der limbisch-kortikalen Vernetzung spielt der Hippocampus. (35)
Die zu bildenden Netzwerke im Großhirn entwickeln sich durch sogenannten Repräsentanzen. Durch die *Repräsentanzen* entstehen Strukturen im Gehirn, die tatsächlich aussehen wie eine Landkarte mit unterschiedlich großen Ortschaften, die wiederum durch breite Straßen miteinander verbunden sind. Die Größe und gute Verbindung zu einer Ortschaft ist ganz wesentlich eine Frage der inneren Bedeutung und des emotionalen Interesses von Erfahrungen. Wenn etwas von Bedeutung ist, werden nämlich nicht nur die zuständige Repräsentanz-Stelle aktiviert, zum Beispiel das Seh- oder Hörzentrum oder das Zentrum für Körperbewegungen, sondern immer auch zugleich mehrere wichtige Bereiche im frontalen Teil des Großhirnes. Und diese komplexe Aktivierung, die dann zur Bildung von wichtigen Netzwerken führt, ist wiederum abhängig davon, dass auch in den darunter liegenden limbischen Hirnbereichen, und sogar im Stammhirn, alles gut zusammenarbeitet. Ist diese auf das gesamte Gehirn bezogene Zusammenarbeit gestört oder nur schwach ausgebildet, dann kommt es eben oft nur zu einer einfachen Aktivierung der jeweiligen Großhirnstelle, ohne dass es darüber hinaus zu einer Ausprägung von stabilen Netzwerken kommt.
Wenn die innere Bedeutung und das emotionale Interesse geweckt sind, kommen zwei weitere wichtige Strukturkomponenten ins Spiel. Eine davon ist die, dass das Gehirn alle Situationen gestaltmäßig auf ihren Anfang und ihr Ende hin erfasst, und sich damit eine gewisse Vorhersehbarkeit autopoietisch selbst erzeugt, ohne dass dies durch das bewusste Ich geschieht, denn dazu würde zu viel

Zeit vergehen müssen. Diese Fähigkeit zur Vorausschaubarkeit kann jeder Mensch besonders bei allen Ballspielen gut nachvollziehen, ganz besonders bei schnellen Ballspielen wie das Tischtennis. Die neuronale Struktur, die hier wirksam ist, hat den Namen „Propriozeption". Alle schnellen und unbewusst reflexartigen Reaktionen unseres Körpers stammen daher. Durch Training und durch eine entsprechend positive Einflussnahme des Ichs können diese Reaktionen natürlich noch einmal verbessert und verfeinert werden.

Die Entsprechung zur Vorhersehbarkeit ist die anschließende Bewertung einer zuvor als auf uns zukommend erfassten Situation, ob diese gut oder schlecht bewältigt werden konnte. Auch diese Bewertung läuft zunächst vollkommen unbewusst und spontan ab, was eine später durch das Ich bewusst durchgeführte Bewertung nicht ausschließt. Bei entsprechend ausreichend positivem Verlauf wird hierbei das uns allen bekannte Dopamin ausgeschüttet. Hier liegt eine inzwischen als besonders wichtig erkannte Ursache für spätere psychische Störungen und Erkrankungen. Diese entstehen nämlich nicht durch ein äußeres Ereignis per se, sondern der entscheidende Faktor ist die innere Bewertung des Ereignisses. Das gleiche äußere Ereignis kann bei dem einen zu einer Bewertung führen, die alle wichtigen Netzwerke weiter benutzt und kräftigt, bei dem anderen aber erst gar nicht zustande kommen lässt.

Insbesondere instabile Netzwerke zwischen den beiden oberen Hirnsystemen, dem limbischen Gehirn und dem Großhirn, führen später dazu, dass der betroffene Mensch wesentlich weniger stressresistent und belastungsfähig gegenüber den Belastungen des Lebens ist. Instabile Netzwerke zwischen dem limbischen und dem Großhirn bewirken außerdem, dass die Vernetzung innerhalb des Großhirns – eine wesentliche Voraussetzung für die Funktionsfähigkeit sämtlicher Großhirnbereiche, insbesondere der vorderen – ebenfalls vermindert ist. Neben dem Aspekt der fundamentalen leiblichen Verankerung des Menschen mit seiner jeweiligen Lebenswelt ist die sogenannte Nachentwicklung des dringend notwendigen limbisch-kortikalen

Netzwerks eine wesentliche Säule der von mir entwickelten *Strukturellen Körperpsychotherapie.*

- **Synergie:** Der Begriff „Synergie" dürfte den meisten aus dem Arbeitsbereich geläufig sein. Unter *Synergie* versteht man das Zusammenwirken mehrerer an einem Arbeitsprozess oder Projekt Beteiligter, wobei hierbei nicht die gewöhnliche Zusammenarbeit eines gut eingespielten Teams gemeint ist, sondern ein Zusammenwirken auch von ganz anderen Teams, die sich nicht einmal kennen müssen. Das entscheidende ist, dass alle Beteiligten wissen, worum es bei dem betreffenden Projekt geht, und daraufhin alle ihren jeweiligen Anteil beisteuern. Damit solche Synergieprozesse fruchtbar sein können, kommt es hier mehr als bei der Teamarbeit darauf an, dass eine übergeordnete Instanz hierfür ein klares Konzept erstellt und für seine Umsetzung Sorge trägt. Die Forschungen über das Gehirn haben nun gezeigt, dass auch das Gehirn *Synergie* kann, und im Idealfall besser als manche Manager in der Wirtschaft. Die *Synergetik* ist ein Spezialgebiet innerhalb der Hirnforschung. Einer der Pioniere auf diesem Gebiet ist Hermann Haken. (36) Er definiert *Synergetik* als Prozess der Wechselwirkung zwischen den Teilen eines größeren Ganzen und dem Ganzen selbst. Im Prozess der *Synergetik* bilden sich „Ordnungsparameter" aufgrund von Ähnlichkeiten. Der Begriff *Ordner* wird in der Hirnforschung synonym verwendet für das, was oben unter dem Begriff *Repräsentanzen* gemeint ist. Bei der Entwicklung von *Ordnern* oder *Repräsentanzen* strukturiert das Gehirn von sich aus, also genetisch vorprogrammiert und ohne das Eingreifen des Ich-Bewusstseins, Hierarchien. Dadurch werden einige *Ordner* zu „Kontrollordnern" über die anderen. Ab da kommt es zu einem dialektischen Dauerprozess zwischen „Versklavung" der *Ordner* durch die *Kontrollordner* und „Konsensualisierung" zwischen den Hierarchien, (beide Begriffe von Haken). Hieraus ergeben sich drei grundlegende Zustände: erstens ein Zustand der *Versklavung* im positiven Sinne, wenn ein *Kontrollordner* einem aus der Ordnung fallenden *Ordner* wieder zur Ordnung zurück verhilft, zweitens, ebenfalls positiv, ein Zustand der *Konsensualisierung*, der dem gesamten System zur Weiterentwicklung verhilft, und drittens, negativ, ein Zustand der einseitigen *Versklavung* von oben nach unten, bei dem Rückmeldungen von unten nicht mehr wahrgenommen werden. Zwischen diesen drei Zuständen oszilliert jedes menschliche Gehirn permanent hin und her. Und die Stabilität des Systems ist nicht abhängig davon, dass immer ein gedachter Idealzustand herrscht, sondern davon, dass es permanent zu Übergängen zwischen den genannten Zuständen kommen kann. Diese Übergänge sind immer charakterisiert durch einen vorübergehenden Zustand von Unsicherheit und sogar Chaos, was für das Gehirn gleichbedeutend ist mit einem gewissen Maß an Stress. Die Belastbarkeit des Gesamtsystems Gehirn entwickelt sich demnach mehr durch die Unabdingbarkeit von permanenten Zustands-Übergängen als durch die starre Fixierung auf einen Zustand.

- **Synästhesie:** Der Begriff „Synästhesie" bedeutet die gleichzeitige Empfindung und Wahrnehmung von zwei oder mehreren Sinnesempfindungen. Es gibt immer wieder noch komplizierte und sehr rationalistisch anmutende Diskussionen darüber, ob die *Synästhesie* eine psychische Störung beinhaltet oder nicht. Und vor allem meint man, es gebe keine stichhaltige Erklärung für dieses Phänomen. (37) Für viele kreative Menschen, insbesondere Künstler, sind *Synästhesien* eine Normalität, ohne die sie das Empfinden hätten, es fehlt ihnen etwas Wesentliches. Inzwischen gibt es gut erforschte Parameter, die das Phänomen vielleicht noch nicht vollständig erklären, aber in jedem Fall verständlicher machen. Ein Parameter sind die uns allen bekannten Hirnfrequenzen im EEG. Hier werden vier verschieden Frequenzen voneinander unterschieden:
  - **Deltawellen:** Sie liegen im Frequenzbereich von ca. 0,5 bis 4 Hertz; sie dominieren das Schlafgeschehen eines erwachsenen Menschen.
  - **Thetawellen:** Sie liegen im Frequenzbereich von ca. 4 bis 7 Hertz; sie sind aktiviert, wenn wir nachts träumen, oder wenn wir uns kreative Vorstellungen machen.
  - **Alphawellen:** Sie liegen im Frequenzbereich von 8 bis 13 Hertz; sie sind aktiviert, wenn wir uns im Wachzustand auf etwas konzentrieren und nicht völlig am Wegdriften sind.

- **Betawellen:** Sie liegen im Frequenzbereich von 14 bis 30 Hertz; sie sind aktiviert, wenn die konzentrierte Herausforderung etwas größer ist als gewohnt.
- **Gammawellen:** Sie liegen im Frequenzbereich über 30 Hertz; sie sind aktiviert, wenn es zu einem Mix aus kreativem Schaffen und einer Herausforderung kommt, die uns in besonderer Weise auch emotional in den Bann zieht.

Ein inzwischen gut erforschter Parameter ist der, dass sich der Frequenzbereich von Kindern von der Geburt bis zum zweiten Lebensjahr ausschließlich im Bereich der Deltawellen befindet, also dem Zustand eines schlafenden Erwachsenen. Vom zweiten bis sechsten Lebensjahr befinden sich die Gehirnwellen des Kindes im Thetabereich, also dem Zustand des Träumens und kreativen Schaffens eines Erwachsenen. Erst im Verlauf der Pubertät beginnt das Gehirn damit, alle Frequenzbereiche allmählich zu aktivieren.

Ein weiterer Parameter stammt ebenfalls aus der Säuglingsforschung. Hier war es der Säuglingsforscher Daniel Stern, der bei Säuglingen den Sinnesmodus der sogenannten Amodalität entdeckt hat. Was ist darunter zu verstehen? Entgegen der Theorie von Piaget, wonach beim Menschen die Entwicklung bestimmter sensorischer Schemata in einer konkreten Reihenfolge verläuft, z. B. Tastsinn vor Gehörsinn vor Sehsinn mit erst anschließend sich entwickelnder Wechselwirkung der Sinnesmodi, konnten die Säuglingsforscher um Stern nachweisen, dass Säuglinge über eine angeborene Fähigkeit verfügen, einen Informationsaustausch zwischen sämtlichen Sinnesmodi vorzunehmen. So wurden bei Experimenten Säuglinge divergenten Wahrnehmungen ausgesetzt. Visuell sichtbare Lippenbewegungen der Mutter sagen „da", akustisch kommt von einer anderen Quelle aus dem Hintergrund ein „ba". Die Säuglinge erkennen und reagieren auf das visuelle „da". Das bedeutet, dass die sich später entwickelnde grundsätzliche Dominanz der visuellen Wahrnehmung im Menschen beim Säugling schon genetisch angelegt ist. Stern sagt dazu, „wir hören, was wir sehen, und nicht, was gesagt wird." (38) Die Frage, die sich aber nun daraus ergibt, ist, wie ein Säugling das „da" vom „ba" diskriminieren kann, obwohl zu diesem Zeitpunkt die neuronalen *Netzwerke* und *Ordner* für die Sinneswahrnehmungen von Sehen und Hören definitiv noch nicht entwickelt sind? Stern beantwortet diese Frage mit der Fähigkeit des Säuglings, zunächst auf allen Sinnesebenen gleichzeitig wahrnehmen und hierbei aber bereits das Wesentliche vom Unwesentlichen unterscheiden zu können. Er hat für diese Art der Sinneswahrnehmung den Begriff „amodal“ gewählt.

Diese *amodale* Wahrnehmung aber ist nichts anderes als eine *Synästhesie*. Das zeigt, dass unser Gehirn später bei der uns gewohnten Sinneswahrnehmung auf der *Netzwerkstruktur* der *Synästhesie* oder *amodalen* Wahrnehmung aufbaut. Und je länger und stabiler dieser Modus sich im Gehirn des Kindes entwickeln und entfalten konnte, desto stabiler sind später die jeweiligen *Sinnesordner* und die neuronalen *Netzwerke* bei der späteren differenzierten Sinneswahrnehmung. Das „wir hören, was wir sehen, und nicht, was gesagt wird“ (Zitat Stern) des Säuglings wird dann zu einer guten Wahrnehmung des Zuhörens, während es beim ADHS-Syndrom weiter Bestand hat. Die *Synästhesie* ist also nicht per se als eine psychische Störung aufzufassen, sondern nur dann, wenn die Fähigkeit zur Aufmerksamkeit darunter leidet. In diesem Punkt haben wir wieder ein typisches Beispiel dafür, welche nicht auflösbaren Dauerprobleme wir uns schaffen, wenn wir nur die Außen- und Objektperspektive anwenden, während die Mitanwendung der Innen- und Subjektperspektive jedoch sofort zur nachhaltigen Erkenntnis des Phänomens führt.

Der Säuglingsforscher Stern kommt aufgrund seiner Forschungen zu dem gleichen Ergebnis wie Haken in seiner Theorie der *Synergetik*, indem er feststellt, dass für die Entwicklung eines stabilen und gesunden Selbstempfindens eines heranwachsenden Kindes dieses „amodale Hin und Her“ (Zitat Stern) im Gehirn des Kindes die wichtigste Voraussetzung ist, die er in allen vergleichenden Untersuchungen feststellen konnte. Allerdings betont er auch, dass, damit dieses permanente „amodale Hin und Her“ im Kind für dieses nicht zu einem permanenten Dauerstress wird, es eines ebenso permanent anwesenden und darüber hinaus stabilen „Begleiters“ bedarf, für den das Kind genauso einen *Ordner* anlegt wie für die ständig daherkommenden Sinnesreize. Ein Gehirn, das sich auf der Grundlage dieser Gesetzmäßigkeiten entwickeln konnte, ist später in der Lage, die notwendigen Filter zu entwickeln, um Vordergrund und Hintergrund von Erfahrungen oder auch das Wesentliche vom Unwesentlichen zu unterscheiden.

Beim aufmerksamen Betrachten einer Landschaft, die aus verschiedenen Ebenen besteht, zum Beispiel einer Wiese, einem dahinter liegenden Wald, dahinter einer Berg- oder Hügelkette und über dem Ganzen der Himmel, oder dem aufmerksamen Zuhören einer Musik mit verschiedenen Klangclustern der Instrumente und Stimmen oder dem Betrachten eines Kunstwerkes mit den verschiedenen Farben und Formen, bei all diesen Wahrnehmungsprozessen findet ein permanentes Wechselspiel zwischen verschiedenen Hirnfrequenzen in kürzesten Abständen statt. Und gerade die Fähigkeit zu solchen permanenten Wechseln bewirkt eine umso intensivere Wahrnehmung, während eine verminderte Wechselfähigkeit die Wahrnehmung zunehmend verflachen lässt.

Ein anderes geradezu vorbildliches Beispiel für eine gelingende Wechselfähigkeit der Hirnfrequenzen ist der Schlaf. In der ersten Schlafphase, beim Eintritt in den Schlaf, sorgt die *Formatio Reticularis* im Stammhirn, die wir im Kapitel über die *Empfindung* schon kennengelernt haben, dafür, dass die Aktivität im Großhirn zunächst heruntergefahren wird, und das Großhirn zur Ruhe kommt. Dann erfolgt die Hauptschlafphase, der Tiefschlaf, über mehrere Sequenzen von ungefähr eineinhalb Stunden Dauer. Hier befindet sich das Gehirn vollkommen synchronisiert im Deltawellen-Bereich. Gegen Morgen erfolgt dann die sogenannte „REM-Schlafphase". Hier muss die *Formatio Reticularis* im Stammhirn wieder tüchtig arbeiten. In dieser Phase des Schlafes kommt es nämlich zu reflexartig entstehenden Tendenzen im Rückenmark, die motorische Aktivität allmählich wieder hoch zu fahren und zu aktivieren. Die Aufgabe der *Formatio Reticularis* ist es nun umgekehrt, die von unten, also vom Rückenmark kommenden Nervenimpulse, noch eine Weile zu unterdrücken, damit der Schlaf nicht zu abrupt abgebrochen wird. Da dieser Unterdrückungsprozess aber nicht vollständig möglich ist, gelangen neuronale Impulse vom Rückenmark doch nach oben in die höheren Hirnbereiche. Dadurch ist ein Verweilen im Deltabereich nicht mehr weiter möglich, und das Gehirn schaltet um in den Thetawellenbereich. Das führt zu vollkommen neuen Überlegungen im Hinblick auf das Träumen, das ja in dieser *REM-Schlafphase* besonders aktiviert ist. Es könnte nämlich sein, dass das Träumen möglicherweise durch die vom Rückenmark auftauchenden Impulse überhaupt erst ermöglicht wird. Da aber das Träumen für das seelische Wohlergehen unabdingbar wichtig ist, könnte das unsere Ehrfurcht vor der *synergetischen* Fähigkeit unseres gesamten neuronalen Systems erst recht beflügeln.

Und warum habe ich oben von einem geradezu vorbildlichen Beispiel des Schlafes gesprochen? Weil uns auch der Schlaf zeigt, wie wichtig die Wechselfähigkeit der Hirnfrequenzen ist. Wir wissen, wie wichtig die *REM-Schlafphase* für einen erholsamen Schlaf ist, und wir wissen auch, dass ein Nicht-eintauchen-Können in die *REM-Schlafphase* durch eine fehlende oder schlechte Wechselfähigkeit im Bereich der Hirnfrequenzen begründet ist. Und schließlich wissen wir, dass der Gebrauch von Schlafmitteln nicht nur zur Substanzabhängigkeit führt, sondern diese Wechselfähigkeit sogar noch weiter untergräbt. Umgekehrt sollte es nicht besonders schwer fallen, sich daraufhin bewusst zu machen, dass eine Tagesgestaltung, die die Wechselfähigkeit der Hirnfrequenzen in der Weise anregt, wie ich das an den erwähnten Beispielen einer tiefer gehenden und differenzierten Wahrnehmung aufgezeigt habe, die Wechselfähigkeit im Schlaf entsprechend positiv mit anregt. Dazu kann es schon ausreichen, spätestens alle eineinhalb Stunden einmal kurz inne zu halten, einen Wechsel der Körperposition zu ermöglichen, und die Aufmerksamkeit auf etwas zu lenken, das einen im Inneren wirklich tief anspricht, zum Beispiel nach draußen zu schauen, und sich der aktuellen Tages- und/oder Jahreszeit kurz bewusst zu werden. Der Hippocampus mit seiner Funktion der Erstellung des räumlichen und zeitlichen Kontextes gibt eine aktualisierte Auffrischung, ein ganz aktuelles Update, an die Großhirnareale weiter und verhilft damit der ständigen Anpassung und Stärkung der wichtigen limbisch-corticalen *Netzwerkstruktur.* Ein kurzer Augenblick dafür hat definitiv eine große Wirkung auf die Wechselfähigkeit der Hirnfrequenzen, wohingegen der in solchen Situationen oft zwanghaft erfolgte Blick zum Smartphone die *Ordner* und entsprechenden *Netzwerkstrukturen* nur zu einer festgefahrenen Einseitigkeit führt, die dann notgedrungen zu einem Mangel an Wechselfähigkeit beim Schlaf führen müssen. Durch den zwanghaften Blick zum Smartphone wird die Wechselfähigkeit dezimiert statt angeregt, ebenso die Fähigkeit, Vordergrund und Hintergrund voneinander trennen und das Wesentliche vom Unwesentlichen unterscheiden zu können. Die innere Unruhe nimmt zu, und die Fähigkeit des Nervensystems, diese selbst besser regulieren zu können, nimmt weiter ab.

Zusammenfassung

- Die Entwicklung unseres Gehirns von der Zeugung über die Geburt bis zum Erwachsenen nimmt bei allen Menschen durch den genetischen *Bauplan* den gleichen vorprogrammierten Verlauf. Ob es aber zum Umsetzen aller im *Bauplan* vorgesehenen Strukturen kommt, hängt ab von den psychischen und sozialen Umweltbedingungen, in denen der Mensch heran wächst.
- Mit der Hilfe des Gehirns und seinen spezifischen strukturellen Gesetzmäßigkeiten wie *Netzwerkbildung, Synergetik und Synästhesie* gelangt der Mensch überhaupt erst zu seinem „auftauchenden Selbstempfinden" in der Kindheit (Stern), und später zu einem stabilen Ich-Bewusstsein als Erwachsener. Das Gehirn ist aber nicht der ausschließliche Verursacher dieser Ich- und Selbstentwicklung, sondern ein wichtiges hilfreiches Organ für diesen Prozess.
- Ein überwiegend großer Teil der rein naturwissenschaftlich orientierten Hirnforscher geht davon aus, dass das Gehirn von sich aus die geistigen und seelischen Fähigkeiten eines Menschen erzeugt. Demnach sind dann natürlich alle psychischen Störungen des Menschen Störungen des Gehirns. Meine persönlichen Erfahrungen in der Körperpsychotherapie mit Menschen lehren mich jedoch, dass Störungen in den Hirnprozessen erheblich umfassender einer Therapie unterzogen werden können, wenn die Seele, der Geist und das Ich-Bewusstsein des betroffenen Menschen mithilfe von guter Begleitung (Stern) darin unterstützt werden, auf das Gehirn genauso Einfluss zu nehmen, wie es sich in der Kindheit durch ein gutes Zusammenspiel zwischen dem gut begleiteten auftauchenden Selbstempfinden (und dem ständigen *amodalen Hin und Her*) einerseits, und den Reizen der Umwelt andererseits permanent ereignet hat. Das Gehirn ist kein „selbstemergentes" Organ, auch wenn seine Strukturentwicklung, genauso wie die des restlichen Körpers, im Wesentlichen genetisch vorprogrammiert ist. Das einzige, was wirklich als „selbstemergent" bezeichnet werden kann, ist ein einmal entstandener Lebensprozess, bei dem mit Erkenntnisfähigkeit und Bewusst-

sein ausgestattete lebendig gewordene Materie und eine vorhandene Umwelt damit beginnen, in einen unablässigen Austauschprozess zu gelangen.

- Unsere Nerven- und Gehirnzellen sind erstaunlicherweise die unlebendigsten Zellen in unserem Organismus. Sie verfügen über so gut wie keine Zellteilungs- und Vermehrungsfähigkeit im Vergleich zu allen anderen Körperzellen. Und wenn heute oft die Rede ist von der Vergrößerung des Hippocampus oder des temporalen oder frontalen Gehirns, so ist die Ursache davon eben nicht eine Vermehrung der Zellen, sondern eine Verbesserung der entsprechenden Netzwerke. In allen Nerven- und Gehirnzellen dominieren die stoffwechselbedingten Abbauvorgänge gegenüber den entsprechenden Aufbau- beziehungsweise Wiederaufbauvorgängen. Das ist, wie wir gesehen haben, in allen anderen Zellen unseres Körpers anders. Unsere Gehirnzellen sind aber der größte Energieverbraucher unseres gesamten Organismus. Obwohl sich im Gehirn nur zwei Prozent der Körpermasse befinden, verbraucht das Gehirn 20% unserer Energie, und damit 20-mal mehr als die ruhende Skelettmuskulatur. Während die anderen Körperzellen mithilfe ihrer Mitochondrien ihre Energie selbst erzeugen können, sind unsere Gehirnzellen, obwohl auch sie Mitochondrien haben, dazu nicht im gleichen Maß in der Lage. Diese Fähigkeit zur Energieerzeugung übernehmen im Gehirn die Gliazellen, für die das ihre einzige Funktion ist. Dies sind auch die Gründe dafür, warum Nerven- und Gehirnzellen bei Verletzungen oder Ernährungsstörungen im Gegensatz zu den anderen Körperzellen, nicht mehr regenerieren können. Umso wichtiger sind dafür die spezifischen strukturellen Fähigkeiten des Gehirns, die *Netzwerkbildung*, die *Synergetik* und die *Synästhesie*.
- In der Strukturellen Körperpsychotherapie (SKP) wird der Bedeutung der Entwicklung neuronaler Netzwerke, speziell zwischen dem limbischen Gehirn und dem Großhirn, aber auch innerhalb des Großhirns zwischen dem hinteren, dem mittleren und dem vorderen Teil, in besonderer Weise Rechnung getragen. Analog zur *zellulären Kommunikation* für den Bereich der zellulären Ebene wurde eine

Technik entwickelt, die *limbische Kommunikation* heißt. Mithilfe dieser speziellen Technik können die entsprechenden neuronalen Netzwerke für die betroffenen Menschen eindrucksvoll verstärkt, und wenn notwendig, sogar gänzlich neu strukturiert werden.

9 Die vielen Dimensionen der menschlichen Seele

Ich dachte und sprach viel von der Seele, ich wusste viele gelehrte Worte über sie, ich habe sie beurteilt und einen Gegenstand der Wissenschaft aus ihr gemacht. Ich bedachte nicht, dass meine Seele nicht der Gegenstand meines Urteilens und meines Wissens sein kann; vielmehr ist mein Urteilen und Wissen Gegenstand meiner Seele. (1)
Carl Gustav Jung

Seelisches Erleben hat die Eigenart, nur von anderem seelischen Erleben erfasst werden zu können. Es ist immer „Erleben aus erster Hand“ und kann auch mit den raffiniertesten elektronischen Informationsträgern nicht simuliert werden. (2)
Daniel Hell

Ich lade Sie ein, sich wieder Papier und Stift zur Hand zu nehmen, und sich einige Augenblicke lang der Frage zuzuwenden: Was fällt mir persönlich zum Wort „Seele“ ein? Schreiben Sie nur auf, was Ihnen jetzt spontan in den Sinn kommt, egal, was es ist. Es reichen einfache Schlagworte aus. Es dürfen natürlich auch Sätze sein. Wichtig ist, dass Sie sich diesmal nicht dazu zwingen, den Begriff zu definieren, sondern nur das erspüren, was in Ihrem Inneren dazu auftaucht.

Für den Fall, dass Sie mit dem Begriff nichts oder nichts mehr anfangen können, was Sie dann aber auch aufschreiben sollten, ist für Sie an dieser Stelle diese kleine Selbsterfahrungsübung zu Ende.

Sollten Sie spüren, dass Sie doch einen gewissen persönlichen Bezug zu dem Begriff „Seele“ haben, lade ich Sie ein, noch einen Schritt weiterzugehen, und sich zu fragen: wenn ich mir grundsätzlich vorstellen kann, dass es so etwas wie eine Seele gibt, welche Vorstellungen von Seele kommen mir in den Sinn? Und schreiben Sie das dann in aller Ruhe auf Ihren Zettel.

Der Seelenbegriff – Ein aktueller Befund

Wikipedia

Der Ausdruck Seele hat vielfältige Bedeutungen, je nach den unterschiedlichen mythischen, religiösen, philosophischen oder psychologischen Traditionen und Lehren, in denen er vorkommt. Im heutigen Sprachgebrauch ist oft die Gesamtheit aller Gefühlsregungen und geistigen Vorgänge beim Menschen gemeint. In diesem Sinne ist ‚Seele' weitgehend gleichbedeutend mit ‚Psyche', dem griechischen Wort für Seele. ‚Seele' kann aber auch ein Prinzip bezeichnen, von dem angenommen wird, dass es diesen Regungen und Vorgängen zugrunde liegt, sie ordnet und auch körperliche Vorgänge herbeiführt oder beeinflusst. (3)

Neurobiologie

In diesem Buch haben wir mit „Seele" die Gesamtheit der Vorgänge bezeichnet, die sich in unserem bewussten, vorbewusst-intuitiven und unbewussten Fühlen, Denken und Wollen ausdrücken. Hierfür gibt es im Deutschen kein besseres Wort, auch wenn „Geist" und „Psyche" wesentliche Teile davon abdecken. Die religiösen Vorstellungen von „Seele", etwa Unsterblichkeit oder göttliche Abkunft, haben wir bewusst nicht berührt. Die in diesem Sinne definierte Seele ist nach aller verfügbaren wissenschaftlichen Erkenntnis untrennbar an Hirnfunktionen gebunden. (4)

Fachgebiet – Grenzgebiete der Wissenschaft

„Seele" … ist einer der zentralsten und unschärfsten Begriffe des menschlichen Denkens. Dies hängt damit zusammen, dass mit dem Begriff „Seele" völlig verschiedene Eigenschaften des Lebens, insbesondere des Menschen, nämlich Begehren, Empfinden, Fühlen, Denken, Wollen und Weisheit, Intuition und Kreativität, zusammengefasst werden. Aus diesem Grunde sind bis jetzt alle Versuche gescheitert, Seele als eine selbständige Einheit zu beschreiben. Im

20. Jahrhundert hat sich für den Begriff „Seele“ im wissenschaftlichen Raum durch den Sprachgebrauch der Psychologie das Fremdwort „Psyche“ eingebürgert, um jeden Transzendenzbezug zu unterbinden und eine rein funktionale Beschreibung zu betonen. Damit hat die Seele allerdings die „Seele“ verloren. (5)

ZEITmagazin

… und tatsächlich hat die Seele gerade Konjunktur. Das Wort taucht überall in den Regalen der Buchläden auf, es gibt ein neues Interesse an Innerlichkeit, an einer Art Rückzug – gerade, weil die Welt zurzeit ein seelenloser Ort zu sein scheint … Wir können schon vorab verraten: Es gelang uns Autoren leider nicht, den Sitz der Seele letztgültig zu recherchieren. Wir wissen auch immer noch nicht, ob es sich bei der Seele um ein stoffliches Ding handelt oder eher um eine Art Gas oder um Licht oder um Musik. Auch bei der Sache mit der Unsterblichkeit wagen wir nicht, uns festzulegen. Aber wir haben einige Erkenntnisse darüber erlangt, was die Seele sein könnte. Dafür haben wir mit ungewöhnlichen Experten gesprochen …

Van der Eijk ist Niederländer. Gerade ist in Ingolstadt die Ausstellung „Die Seele ist ein Oktopus“ zu sehen, organisiert von seiner Forschergruppe, vorher lief sie in Berlin. Ein guter Titel, es gab nämlich eine Denkschule in der Philosophie, die der Stoiker, die sich die Seele als Oktopus vorstellte … Als Philip van der Eijk 2010 nach Deutschland kam, war er erstaunt, wie geläufig der Begriff „Seele“ im Deutschen ist: Im Niederländischen verwende man das Wort „ziel“ vor allem im religiösen Sinne, ähnlich wie „soul“ im Englischen. In Deutschland lässt es sich ganz unreligiös über die Seele reden. Man lässt sie baumeln, gönnt ihr ein Wellness-Wochenende.

Unter dem Artikel steht dann als Fußnote: Hinter der Geschichte: Als ZEITmagazin-Chefredakteur Christoph Amend bei einem Abendessen im Spätsommer mit dem Kurator Johannes Fricke Waldthausen ins Gespräch kam, erzählte er ihm von seinem neuen Galerieprojekt in München, das er Good Room nennt. Fricke ist Spezialist für Digitale Kunst. Wir seien so sehr von Technologien umgeben, sagte Fricke, dass das Unbewusste immer wichtiger werde. Irgendwann sagte der Kurator dann eher beiläufig: „Ihr solltet mal etwas über die Seele machen“. (6)

Ein nachdenklicher Psychotherapeut mit dem Spezialgebiet Depression:

Folgt auf den Höhenflug der Seele in der Romantik ihr Absturz im digitalen Zeitalter? ... Was aber heißt das für die Psychiatrie und Psychologie als Wissenschaft der Seele? ... Solche und ähnliche Fragen stehen am Anfang dieses Buches. Sie sind umso aktueller, als die vorherrschende Konzeption vom Menschen in der Hauptströmung der Psychiatrie seelenlos ist. Das Seelische wird entweder materialisiert oder als unwichtiges Nebenprodukt energetischer Vorgänge gedacht. Aus der Seelenwissenschaft (Psychologie) und Seelenheilkunde (Psychiatrie) sind weitgehend angewandte Neurowissenschaften geworden. Zwar gibt es Lippenbekenntnisse, die das Seelische hochhalten, aber in den grundlegenden Lehrbüchern und in der wissenschaftlichen Untersuchungspraxis findet die Seele kaum mehr Platz ...

Wie kann sich eine moderne Seelenheilkunde, die immer besser um die neuronalen Voraussetzungen des menschlichen Lebens weiß, mit dem leidvollen Erleben von Hilfe suchenden Menschen auseinandersetzen, ohne diese Not zu einer bloßen materiellen Angelegenheit oder gar zynisch zu einem letztlich unwichtigen Nebeneffekt eines Hirnvorganges beziehungsweise zu einem Hirngespinst zu machen? ...

Könnte es also sein, dass der hartnäckige Widerstand gegen das Seelische gar nicht mit Biologie und Naturwissenschaft zu tun hat, sondern von ganz anderer Seite kommt? Wäre es möglich, dass dem seelischen Erleben Konkurrenz erwächst durch eine Wissenschaft, die der Seelenkunde zum Verwechseln ähnlich, aber mit ihr unverträglich ist? Wahrscheinlich ist es kein Zufall, dass die neuen technischen Begriffe, welche die Seele aus Psychologie und Psychiatrie verdrängt haben, aus der Kognitionswissenschaft stammen. Kognition ist ein unscharfer Begriff, meint aber das Erkennbare (kognitiv – lat. die Erkenntnis betreffend). Er betont weniger die empirische Erfahrung als die Ratio, die Vernunft.

Seelisches Erleben hat die Eigenart, nur von anderem seelischen Erleben erfasst werden zu können. Es ist immer ‚Erleben aus erster Hand' und kann mit raffiniertesten elektronischen Informationsträgern nicht simuliert werden." (7)

Die Geschichte des Seelenbegriffs – Ein zunehmendes Totdenken und Totreden

Wenn ich mich in die Geschichte des Seelenbegriffs vertiefe, fällt mir eine Merkwürdigkeit auf, auf die ich ohne die Denkschulung, der ich mich, wie oben im Kapitel über den Geist beschrieben, seit Jahren widme, nicht gestoßen wäre. Und ich stelle mir verwundert die Frage, warum fällt das, von Ausnahmen abgesehen, sonst kaum jemandem auf? Aber zunächst der Reihe nach. Die Menschen früherer Kulturen, hierzu zählen die heute noch existierenden und als indigene Kulturen bezeichneten, hatten und haben bis heute einen sehr klaren Begriff von Seele, ohne dass dieser von den einzelnen Individuen der jeweiligen Kultur in Frage gestellt wird. Bei so gut wie allen indigenen Kulturen in der früheren Zeit, aber ebenso auch bei den noch existierenden in der Jetztzeit, herrscht die Vorstellung, dass die große Vielfalt von mentalen und körperlichen Zuständen beim Menschen nur durch eine entsprechende Vielfalt an seelischen Kräften und Mächten bewirkt werden können. Das entscheidende jedoch ist bei diesen Kulturen, dass diese Vielfalt an seelischen Kräften und Mächten sich nicht im Inneren des Menschen, sondern im Außen befindet, und von dort auf ihn einwirkt. Das bedeutet auch, dass der einzelne Mensch für sich zunächst keine Verfügungsgewalt über die seelischen Kräfte und Mächte hat. Diese haben nur speziell ausgebildete Heiler, die gelernt haben, mit diesen Kräften zu kommunizieren, und diese versuchen zu beschwichtigen.

In Kulturen, die sich über die rein magische Bewusstseinsstruktur (siehe oben, Gebser), hinaus in die mythische Bewusstseinsstruktur entwickelt haben, zeigen sich zwei wesentliche Veränderungen:

1. Die seelischen Kräfte werden im Inneren des Menschen gesehen, nicht mehr im Außen.
2. Es gibt nicht mehr für jeden seelischen Zustand eine eigene Kraft und Macht, sondern einige seelische Grundkräfte.

Dieses Seelenmodell war besonders in den wichtigen frühen Hochkulturen lebendig, so im alten China, im alten Ägypten, in Abweichung in der alten jüdisch-hebräische Kultur und schließlich auch im alten vorplatonischen Griechenland. So existierte in China die Vorstellung von zwei Seelen im Menschen, zunächst einer Art „*Grundseele*", die überhaupt das Leben ermöglichte. Diese hieß „*Han*" und wurde verstanden als eine Art „*Hauchseele*", die dem Menschen zu Beginn seines Lebens eingeflößt wurde. Die zweite Seele war zuständig, die vielfältigen Körperfunktionen zu bewerkstelligen, es war also eine Art „*Körperseele*". Diese hieß in China „*p' o*".

In Ägypten hingegen gab es die Vorstellung von drei verschiedenen Seelen. Auch hier gab es die eine Art Grundseele, zuständig für die allgemeine Lebenskraft. Sie hieß in Ägypten „*Ka*". Die zweite Seele war nach der Vorstellung der alten Ägypter bereits eine individuelle persönliche Seele, die die individuellen Besonderheiten der Menschen prägte. Sie hieß „*Ba*". Und die dritte Seele war die Seele, die übrig blieb, wenn der Mensch gestorben war. Diese Seele begleitete den gestorbenen Menschen ins Jenseits. Da die alten Ägypter nicht an eine konkrete Wiedergeburt der Seele glaubten, betrachteten sie das Jenseits als eine Art seelische Lagerstätte, in der die Seele verweilen musste und wo ihr durchaus noch Ungemach drohen konnte. Zugleich glaubte man, dass die Seele der Toten vom Jenseits aus auf die Lebenden durchaus einen Einfluss haben konnten. Die Totenseele hatte in Ägypten den Namen „*Ach*".

Im alten Griechenland gab es die Vorstellung dreier verschiedener Seelen. Ebenso wie in den schon genannten mythischen Kulturen China und Ägypten gab es eine Art Grundseele, oder Hauchseele, die für das vitale biologische Leben zuständig war. Sie hieß „*Psyche*", was vom griechischen Wort „*psychein*" stammt, das übersetzt „*hauchen*" bedeutet. Die zweite Seele hieß „*Thymos*". Sie war zuständig für die konkreten Gefühle und Emotionen des Menschen, und hatte ihren Sitz in der Brust. Die dritte Seele hatte den Namen „*Nous*". Sie hatte ihren Sitz im Kopf und war zuständig für das Denken.

Die Besonderheit der indische Kultur war von Beginn an die Vorstellung, dass der gesamte Kosmos aus einer einheitlichen Seele besteht und nicht ausschließlich, wie bei den indigenen Kulturen, aus Tausenden und Millionen von Seelen. Und dass jede individuelle Einzelseele eines Menschen aus dieser kosmischen Einheitsseele hervorgegangen ist, sie im irdischen Samsara daraufhin einige oder auch viele Leben bewältigen muss, um letztendlich gereinigt die Fähigkeit zu erlangen, sich wieder mit der kosmischen Seele zu vereinigen.

Es gab also zwei gemeinsame Nenner der Seelenvorstellung sowohl der magischen als auch der mythischen Kulturen:

1. Die Seele hatte eine klare Funktion, nämlich das Leben überhaupt zu ermöglichen und es aufrecht zu erhalten bis hin zu differenzierten Funktionen im Körper oder im Denken.
2. Die Seele hatte einen festgelegten Ort, bei den archaisch-magischen Kulturen im Außen, bei den mythischen Kulturen im Inneren des Menschen.

Der enorme Fortschritt, der mit der Entwicklung des Denkens und der Philosophie einherging, und der im ersten Buchabschnitt beschrieben und gewürdigt worden ist, erweist sich im Zusammenhang mit dem Verständnis von Seele nun jedoch genau umgekehrt nicht nur als Hemmschuh, sondern als regelrechter Irrweg der Erkenntnis von Seele. Denn genau zu dem Zeitpunkt, als man im alten Griechenland anfing, das Denken zu kultivieren, also schon zur Zeit der Vorsokratiker, meinte man alsbald, sich nicht nur Gedanken machen zu müssen über die sichtbaren Phänomene in der äußeren Natur, sondern auch über die menschliche Seele. Es gab also schon bei den Vorsokratikern überlieferte Vorstellungen über die Seele. Als nächster hat Platon eine eigene Definition von Seele entwickelt, danach sein Schüler Aristoteles eine vollkommen andere. Und auch die anderen beiden griechischen philosophischen Schulen, die Epikureer und die Stoiker haben ihre jeweils eigenen und von den anderen wiederum vollkommen unterschiedenen Seelenbegriffe entwickelt. Im frühen Christentum existierten von verschiedenen klugen Kirchenvätern bis hin zu Augustinus zunächst durchaus verschiedene und sehr unterschiedliche Vorstellungen über die Seele.

Wenn Sie heute in Büchern oder Artikeln einer historischen Darstellung des Seelenbegriffes begegnen, kann das schon mal sehr knapp gehalten sein, und Sie lesen lediglich, was die berühmtesten Protagonisten Platon und Aristoteles oder vielleicht noch Augustinus darunter verstanden haben. Es kann aber auch sein, dass Sie auf einen Autor stoßen, der es mit der akademischen Gründlichkeit noch sehr ernst meint. In diesem Fall wird die Liste der Denker, die von Platon bis heute etwas über die Seele gesagt haben, sehr lang. Eine solche akademische

Gründlichkeit hat zum Beispiel der Autor des Artikels „Seele“ in der Wikipedia an den Tag gelegt. Der Artikel hat das Prädikat „besonders lesenswert“ zuerkannt bekommen. Es ist der mit Abstand umfassendste Artikel, den ich in der Wikipedia jemals gesehen habe. Er umfasst alleine 70 Seiten Text, und dazu weitere 20 Seiten Literatur- und Quellenangaben. Der Autor versucht wirklich jede Quelle, in der etwas über die Seele überliefert ist, zu würdigen. Und, was ich besonders beachtenswert empfinde, er versucht gleich zu Beginn schon eine Art Resümee zu formulieren, das den folgenden Wortlaut hat:

> *„In der modernen Philosophie wird ein breites Spektrum von stark divergierenden Ansätzen diskutiert. Es reicht von Positionen, die von der Existenz einer eigenständigen, körperunabhängigen Substanz ausgehen, bis zum eliminativen Materialismus, dem zufolge alle Aussagen über Mentales unangemessen sind, da ihnen nichts in der Realität entspreche; vielmehr seien alle scheinbar ‚mentalen‘ Zustände und Vorgänge restlos auf Biologisches reduzierbar. Zwischen diesen radikalen Positionen stehen unterschiedliche Modelle, die zwar Mentalem nicht die Realität absprechen, aber den Begriff der Seele nur bedingt in einem mehr oder weniger schwachen Sinn zulassen.“* (8)

Und nun komme ich auf die Merkwürdigkeit zurück, die ich oben angedeutet habe. Wenn man genau hinschaut, fällt auf, dass zunächst alles, was über die Seelenvorstellung der alten Kulturen beschrieben ist, eine Verbindung von Vorstellung und gelebter Lebenswirklichkeit, oder anders ausgedrückt, von stets ins konkrete Leben umgesetzter Vorstellung war. Aber alles, was nach der Zeit der Vorsokratiker über Platon, Aristoteles bis heute über die Seele gedacht worden ist, ist reine Theorie, reine mentale philosophische Konstruktionen und Spekulationen einzelner Denker, deren einziger gemeinsamer Nenner darin besteht, dass man versucht, über die Seele rein wissenschaftlich rational nachzudenken wie über jedes andere Wahrnehmungsobjekt. Damit wird die Seele zu einem Objekt, dem man hofft, mit wissenschaftlich-rationaler Logik beizukommen. Auffällig ist darüber hinaus, dass viele heutigen Autoren, die der Seele durchaus noch einen gewissen Sinn zuerkennen, bei der Darstellung der Historie des Seelenbegriffs die alten Traditionen ganz weglassen und erst überhaupt bei Platon, wenn nicht gar bei Aristoteles beginnen, so als wären es die Seelenvorstellungen der alten Traditionen nun wirklich nicht mehr wert, in eine ernsthafte Erwägung einbezogen zu werden.

Ich jedenfalls komme mir beim Lesen dieser manchmal schier endlosen Aneinanderreihung von Meinungen über die Seele vor, als befände ich mich in einem Labyrinth, aus dem es keinen Ausgang gibt, und statt Neugierde, wie es nun beim nächsten weitergeht, kommt nur noch Stress auf ob dieser sinnentleerten Aneinanderreihung, bei der keiner sich auf den anderen bezieht, und jeder vollkommen isoliert für sich alleine in der Luft hängt. Was sich gerade noch irgendwie klug anhörte, löst sich beim nächsten schon wieder vollkommen in Luft auf, und man findet keinen einzigen roten Faden. Im Labyrinth wäre dies der Ariadnefaden, der diese Vielfalt an Gedanken über die Seele in einen Sinnbezug bringt. Diesen Sinnbezug kann ich in den Seelenvorstellungen der alten Traditionen wenigstens noch erkennen. Und da kommt mir mein Schweizer Therapeutenkollege wie gerufen, als ich bei ihm den rettenden Satz lese:

> *„Seelisches Erleben hat die Eigenart, nur von anderem seelischen Erleben erfasst werden zu können. Es ist ein ‚Erleben aus erster Hand' und kann auch mit den raffiniertesten elektronischen Informationsträgern nicht simuliert werden."*

Und hier zeigt sich, wie sinnvoll es war, wenn Steiner von vollkommen verschiedenen Welten des Geistes, des Körperlichen und des Seelischen gesprochen hat. In der Welt der Seele wird eine vollkommen andere Sprache gesprochen als in der Welt des Geistes. Die Sprache der Seele kann aber nur verstanden werden von jemandem, der selber seelisches Erleben in sich wahrnehmen kann. Ansonsten kann er mit dieser Sprache nichts anfangen. Mit der Sprache des Denkens alleine kann man die Sprache der Seele nicht verstehen. Mit der Sprache des Denkens dreht man sich in Bezug auf die Seele nur im Kreise herum. Und wenn man aus dieser Perspektive zu dem Schluss kommt, dass der Begriff „Seele" eigentlich keinen Sinn mehr ergibt, darf es niemanden verwundern. Aus dieser Perspektive alleine brauchen wir modernen Menschen den Begriff der Seele wirklich nicht mehr. Wo aber ordnen wir die vielen Phänomene unseres Lebens ein, die, wenn man sauber begrifflich denkt und wahrnimmt, weder zur Welt des Geistes, noch zur Welt des Körpers zugehörig sein können?

Moderne Pioniere und Forscher der Seelenwelt

In der zweiten Hälfte des 19. Jahrhunderts, die ja schon geprägt war durch einen zunehmenden Materialismus im Denken, hervorgerufen durch die Vielzahl der naturwissenschaftlichen Entdeckungen, gab es auch noch einmal eine im Vergleich zu der Zeit davor erstaunlich große Zahl von Philosophen, die versucht haben, die menschliche Psyche, so hieß das damals schon, genauso zu ergründen, wie es den Naturwissenschaftlern mit den Naturphänomenen gelang. Aber die Resultate waren ebenfalls nur reine Theorien, ohne jeglichen Bezug zur konkreten Lebenswirklichkeit auch nur eines einzigen Menschen.

Sigmund Freud

Der erste, der schließlich eine Theorie der menschlichen Psyche definierte, die auf ganz konkreten Erfahrungen von und mit Menschen resultierte, war Sigmund Freud. Freud war aber durch und durch Naturwissenschaftler. Und als er seine *Theorie der Psychoanalyse* veröffentlichte, war es ihm enorm wichtig zu betonen, dass seine Wissenschaft nicht beanspruche, eine vollständige Theorie über das menschliche Seelenleben darzustellen, sondern lediglich einen Teil davon, nämlich das, was er als das *Unbewusste* bezeichnete. Und als materialistisch denkender Naturwissenschaftler sah er das menschliche Seelenleben als reine Funktion des von ihm definierten „psychischen Apparates", als ein begriffliches Konstrukt für alle Körperprozesse, die die Psyche beeinflussen, vornehmlich natürlich das Gehirn und das Nervensystem. Freud ließ jedoch zwischen den Zeilen erkennen, dass auch aus seiner Sicht der Begriff *Seele* noch nicht ganz ausgedient haben könnte. Aber dieses Gebiet zu erforschen sah er als Aufgabe der Philosophen an, an die er denn auch den dringenden Appell richtete, sich dieser Anforderung nun endlich auch zu stellen, dabei aber bitte seinen Forschungsergebnissen über das *Unbewusste* unbedingt Rechnung zu tragen.

Carl Gustav Jung

Jung war einer der ersten Schüler und wichtigsten Mitarbeiter von Freud. Später distanzierte er sich zunehmend von der Freud'schen Theorie und kam zu ganz anderen Schlussfolgerungen und Überzeugungen. Auch seine Theorie gründete auf einer jahrzehntelangen Erfahrung in der psychotherapeutischen Arbeit mit Menschen. Jung erkannte in der übermäßigen und zugespitzten Rationalität vieler Menschen, denen man das von außen nicht sofort ansah, ihren „seelenlos gewordenen Körper" und dementsprechend ihre „körperlos gewordene Seele". (9) Die Seele, so Jung, die sich nicht mehr mit dem Körper verbinden kann, zieht sich zurück ins Unbewusste. Das Unbewusste ist für Jung, im Gegensatz zu Freud, kein bodenloser „Es-Raum", der eigentlich nie ganz und vollständig ergründet werden kann, aber zugleich irgendwie doch domestiziert werden müsste wie bei Freud, sondern ein Raum, der durch die seelische Entwicklung und die seelischen Erfahrungen des Einzelnen wie auch die der seelischen Kollektive aus früherer Zeit geprägt ist. Das Unbewusste von Jung bestand also im Gegensatz zum Unbewussten von Freud nicht allein aus tierisch-animalischen Triebregungen, sondern eher aus kollektiven seelischen Erfahrungen der menschlichen Vorzeit. Dieser unbewusste Raum ist charakterisiert durch das, was Jung als *Archetypen* unserer sowohl individuellen als auch kollektiven Vergangenheit bezeichnete. *Archetypen* sind somit seelische Bestandteile aus vor-mentalen Zeiten im Sinne von Gebser. Sie äußern sich, zeigen sich, und deuten sich an in Form von Bildern und Symbolen, die nicht dem assoziativen Denken entspringen, sondern aus Träumen, Phantasien und dem Prozess des Vorstellens, Seelenaktivitäten, die Jung unter dem Begriff *Intuieren* zusammenfasst. Der in unserem Kontext wichtigste Aspekt bei Jung ist der, dass er das *Unbewusste* nicht als etwas betrachtet, das dringend gebändigt werden muss, um nicht zu viel Schaden im Individuum und Kollektiv zu erzeugen, sondern dass er die seelischen Kräfte im *Unbewussten* als etwas wie Fundamente der menschlichen Seele betrachtete, die für die Existenz dessen, was er als *Seele* verstand, dringend notwendig sind, so, wie beispielsweise Pflanzen, die dem Menschen als Nahrungsstoffe dienen, nicht ohne „schmutzige" Erde gedeihen können. Jung sah sehr wohl die Gefahr, dass, wenn der Mensch nicht bereit ist, sich mit seinem *Unbewussten* auseinanderzusetzen, dieses *Un-*

bewusste sowohl individuell als auch kollektiv großen Schaden anrichten und sehr destruktive Kräfte freimachen kann, aber er sah, anders als Freud, auch die Potenziale, die im *Unbewussten* der menschlichen Seele vorhanden sind. Alle diese unbewussten Kräfte zu integrieren, war für Jung daher auch nicht das unbedingte Ziel, sondern schon die grundsätzliche demütige Akzeptanz ihres Vorhandenseins und die damit einhergehende Bereitschaft, sie da sein zu lassen, wenn sie sich zeigen, und sie dann nicht zu ignorieren oder zu bekämpfen. Der Gewinn einer Vorgehensweise unter dieser Grundperspektive war für Jung der Zugewinn von dem, was er als *Individuation* bezeichnete. Und er sah den Seelenweg des Menschen historisch als einen Weg aus einer ursprünglichen Übermacht von Ausgeliefertsein, Hilflosigkeit und Ohnmacht zu immer mehr individueller und kollektiver Bewusstheit, und einem damit einhergehenden sich Herauspellen von seelischer Individuationskraft.

Durch die seelische Forschungsarbeit von Jung hat das *Unbewusste* also klarere Konturen und Strukturen erhalten als noch bei Freud. Aber dieser Entdeckerschritt bei Jung führte ihn im weiteren Verlauf zu einem noch wesentlicheren erkenntnistheoretischen Quantensprung. Es war die Erkenntnis, dass in unserem *Unbewussten* ja unsere menschlichen Vorfahren und Ahnen weiterleben. Da aber unsere Vorfahren und Ahnen aktuell definitiv nicht mehr in unserer Welt existieren, bedeutet das aber, dass unsere menschliche Seele zwei Welten in sich beherbergen muss, nämlich die sinnlich wahrnehmbare Welt des „Diesseits", und aber auch eine Welt des sogenannten Jenseits. Somit ist Jung nach Steiner und danach noch Dürckheim, ein neuzeitlicher Forscher, der die menschliche Seele als „Zwei-Welten-Seele" betrachtet hat. Als wichtigen methodischen Strukturschritt sah Jung, dass, damit der individuelle Mensch einen integrationsfördernden Zugang zu diesen unbewussten Seelenkräften herstellen kann, dieser sein sogenanntes „Welt-Ich", das dadurch konditioniert ist, ausschließlich mit der Diesseits-Welt klar zu kommen, einen gewissen Tod sterben muss, damit ein anderes Ich, bei Jung das „Helden-Ich", den Weg in die andere Seelenwelt bewältigen kann.

Karlfried Graf Dürckheim

Karlfried Graf Dürckheim hatte in seinen jungen Jahren das damals noch seltene Fach *Psychologie* studiert und es dann einige Jahre am Bauhaus in Dessau unterrichtet. Von 1938 bis 1945 verbrachte er sieben Jahre als Diplomat in Japan. Dort praktizierte er intensiv die Zen-Meditation und ließ sich bewusst sehr persönlich auf die Teilnahme am japanischen Kulturleben, unter anderem den Zen-Traditionen des Teetrinkens und des Ikebana, ein. Nach seiner Rückkehr in den Westen nach Deutschland gelangte er zu der Erkenntnis, dass das Streben der Menschen im Osten nach Auflösung der durch die diesseitige Lebenswelt aktivierten mentalen Dualität durch ein Versenken in eine „vormental nicht-duale Bewusstseinswirklichkeit" auf dem Hintergrund eines östlichen kulturellen Bewusstseins nach wie vor sehr sinnvoll und nachvollziehbar sei. Gerade dadurch, dass er sich, anders als andere Europäer in Japan, selbst ganz intensiv auf die Erfahrungswelt dieses kulturellen Hintergrundes eingelassen hatte, konnte er also die Sinnhaftigkeit in den kulturellen Unterschieden bewusst wahrnehmen und anerkennend würdigen. Aber durch das Verstehen und die Wertschätzung der japanischen Kultur kam er dann auch, nachdem er in den Westen zurückgekehrt war, zu der Überzeugung, dass das hier im Westen schon wesentlich stärker entwickelte Ich-Bewusstsein, das jedoch inzwischen bereits ein sehr stark mental-rational geprägtes geworden ist, auch einen entwicklungsperspektivischen Sinn haben müsse. Und dass es für den westlichen Menschen mit seinem schon sehr weit entwickelten Ich-Bewusstsein nicht mehr darum gehen könne, den gleichen Weg der Asiaten in eine vormentale Bewusstseinsebene zu gehen, sondern einen genau umgekehrten Weg, bei dem es darum gehe, durch einen achtsamen und bewussten Gebrauch und Umgang mit der diesseitigen Lebenswirklichkeit das Ich-Bewusstsein und die menschliche Seele in eine höhere Stufe zu transzendieren. Auf dieser höheren Stufe, so Dürckheim, könne der Mensch, ohne dass er sein mental-rationales Ich abtöten müsse, zu einer anderen Wirklichkeitsempfindung gelangen, die mehr beinhaltet als die dreidimensionale Außenwelt alleine. Dürckheim vollzieht hier übrigens den gleichen Erkenntnisschritt, den auch Steiner nach seiner Distanzierung vom Weg der östlich geprägten Theosophie getan hat.

Natürlich braucht der Mensch, um über diesen angedachten Weg zu einer höheren „Seins-Stufe" zu gelangen, Hinführung, Begleitung, und vor allem eine gewisse disziplinierte Übung, die Dürckheim ja in Japan besonders intensiv erprobt hatte. Die in der Zen-Praxis großen Raum einnehmende Bedeutung des achtsamen Umgangs mit dem konkreten Lebensalltag und seinen scheinbar vielen banalen Handlungen hat Dürckheim also sicher zunächst einmal auf diesen möglichen Weg aufmerksam gemacht. Mit zunehmender Dauer reifte dadurch die Erkenntnis, welch eine Fülle von Seins-Erfahrung, die immanent eine höhere Wirklichkeit mit einschließt, auf diesem Weg möglich ist. Die erkenntnistheoretische Leistung, die in seinem Fall sowohl auf eigener Selbsterfahrung als auch zunehmend auf Erfahrungen in der Psychotherapie mit Menschen entstanden ist, sich also aus einer Mischung von theoretischer Vorgabe und anschließender konsequenter Umsetzung in eine konkrete Lebens- und Alltagspraxis von Menschen entwickelte, war schließlich eine zweifache:

1. Dass die Erfahrungsmöglichkeit dieser höheren Seins-Erfahrung keine übermenschliche Leistung ist, die nur wenigen begnadeten Menschen möglich sein kann, sondern dass dieser Bewusstseinszustand in jedem Menschen als Keim vorhanden ist. Dies hat Dürckheim dann als die „seelische Doppelnatur des Menschen" bezeichnet oder als „immanente Transzendenz" im Wesen jedes Menschen.
2. Dass der Entwicklungsprozess zu dieser höheren Seins-Erfahrung, nicht wie im Zen-Buddhismus, auf in erster Linie geistige Weise beschritten wird, sondern als ein eindeutig seelischer Prozess zu verstehen ist, bei welchem dem Ich des Menschen beziehungsweise dem Ich-Bewusstsein eine wesentliche Rolle zukommt. Seelisch deshalb, weil anders als im Zen-Buddhismus der Entwicklungsweg auch zu einer Entwicklung des Personseins führt, eines Personseins jedoch, das mit einem Bein voll in der konkreten materiellen und diesseitigen Lebenswirklichkeit steht, mit dem anderen Bein aber in einer tief und authentisch spürbaren Verbundenheit mit einer höheren Wirklichkeit.

Nach dieser erkenntnistheoretischen Entdeckung eines „Wesenskerns“ im Menschen, den Dürckheim bewusst mit dem endeckten und spaltbaren Atomkern in der Quantenphysik verglich, war für ihn auch klar, dass es Sinn macht, der Seele, im Gegensatz zum Geist, einen irgendwie gearteten Raum zuzuweisen, wie es die alten Traditionen sahen. Dass aber dieser Raum zwar irgendwie vorhanden, aber gleichzeitig nicht eindeutig festlegbar ist und damit eine dem Atom ähnliche Struktur aufweist. Das wiederum führte dazu, dass es für Dürckheim nicht zwingend notwendig war, alle Teilaspekte der Einzelseele zu erforschen, um ihrer bewusst zu werden, sondern dass eine schnellstmögliche Hinführung zum Wesenskern dazu führt, dass dieser in seiner Doppelwirklichkeit erkannt und aufgebrochen wird, und damit der Mensch seinen Seelenauftrag verwirklicht.

Wenn ich nun schon öfter darauf hingewiesen habe, wie schwierig es ist, wenn ein Denkansatz oder eine praktische Methode sich als fast völlig isoliert und ohne erkennbare Anbindung an andere Ansätze und Methoden erweist, soll nun noch erwähnt und gewürdigt werden, dass Dürckheim und seine Lebensgefährtin und Frau Maria Hippius in ihrer als „Initiatische Therapie“ bezeichneten Psychotherapie-Methode explizit sich sowohl auf das Konzept des Individuationsprozesses bei Jung als auch auf das Konzept der Bewusstseinsstrukturen von Gebser bezogen haben.

Milton Hyland Erickson

Milton Hyland Erickson entstammte einer sehr kinderreichen Familie, er war das zweite von neun Kindern seiner Eltern. Sein Vater war das Kind norwegischer Einwanderer. Erickson litt in seiner Kindheit an Legasthenie. Sein Spitzname war „Dictionary“, weil seine Mitschüler entdeckten, dass jedes Mal, wenn er einen Begriff im Lexikon nachschauen wollte, er stets das ganze Lexikon von vorne zu lesen begann. Er galt lange Zeit als entwicklungsverzögert. Zum Erstaunen seiner Mitschüler gelang es ihm jedoch, seine Legasthenie immer besser zu überwinden, ohne dass er eine unterstützende Therapie erfahren konnte. Es stellte sich heraus, dass er sich selbst therapierte, indem er konsequent übte, schwierige Buchstaben in seinem Inneren zu visualisieren, das heißt, ganz konkret als visuelles Bild zu vergegenwärtigen.

Im Alter von 18 Jahren erkrankte Erickson an Kinderlähmung und fiel in ein Koma. Es sah so aus, als würde er die Erkrankung nicht überleben. Als er nach drei Tagen aus dem Koma erwachte, war er vollkommen gelähmt. Da sich der Rollstuhl damals noch in einer Entwicklungsphase befand, verbrachte Erickson das kommende Jahr gelähmt in einem Schaukelstuhl. Während dieser Zeit, in der er sich äußerlich nicht fortbewegen konnte, begann er umso intensiver, nur innerlich zu arbeiten. Seine innere Beschäftigung hatte dabei zwei Schwerpunkte. Der erste Schwerpunkt war die intensive Wahrnehmung der Menschen in seinem Umfeld. Hierbei entdeckte er den Unterschied zwischen der Art und Weise, wie seine Mitmenschen sich verbal ausdrückten und kommunizierten, aber zugleich stets nonverbale Verhaltensweisen, Gesten oder Bewegungen an den Tag legten, die den gesprochenen Worten widersprachen. Diese intensiven Beobachtungen wurden später Teil seiner Belehrungen und Fortbildungen für seine Schüler. Zwei seiner Schüler waren Richard Bendler und John Grinder, die aus den Beobachtungen der nonverbalen Kommunikation die Therapie-Methode des *„Neurolinguistischen Programmierens" (NLP)* begründeten. Der zweite Schwerpunkt seiner inneren Beschäftigung galt der baldigen Wiedererlangung seiner Bewegungsfähigkeit. Kontinuierlich erarbeite Erickson Imaginationen, in denen seine Muskeln ihre Funktionstüchtigkeit zunehmend wieder erlangten. Nach knapp einem Jahr konnte er auf Krücken gehen und an der Universität von Wisconsin studieren. Entgegen dem ärztlichen Rat begab er sich bald darauf auf einen 1200 km langen Kanu-Trip auf dem Mississippi, der zu einer beachtlichen Wiedererstarkung seiner gesamten körperlichen Verfassung führte. Weitere zwei Jahre später konnte er ohne Krücken gehen und hinkte nur noch auf dem rechten Bein.

Mit 27 Jahren schloss er sein Studium mit einem Master in Psychologie und einem Doktor in Medizin ab und arbeitete im Verlauf der nächsten zwanzig Jahre in verschiedenen Positionen bis hin zum leitenden Arzt in Kliniken. Bereits in dieser Zeit war sein Arbeitsschwerpunkt die Hypnose und die Erforschung weiterer modifizierter Einsatzmöglichkeiten.

Im Alter von 46 Jahren erlitt er durch einen Fahrradsturz eine größere Verletzung. Obwohl er um seine Allergieanfälligkeit wusste, ließ er sich gegen

Tetanus impfen. Die Folge war ein allergischer Schock, den er nur knapp überlebte. Seine nun verstärkten Allergien gegen Pollen, Hausstaub und verschiedene Lebensmittel zwangen ihn, vom Nordosten der USA (Massachusetts) in das mildere Klima von Phoenix (Arizona) umzuziehen, und dort eine private Psychotherapiepraxis zu eröffnen. Sechs Jahre später, im Alter von 52 Jahren, erkrankte er am Post-Polio-Syndrom. Er musste seine Praxis schließen, zog zurück an die Nordostküste in den Staat Maryland und fokussierte seine berufliche Tätigkeit auf das Schreiben von Büchern und Artikeln sowie auf Vorträge und Seminare über seine inzwischen immer berühmter werdende Hypnotherapie. Vier Jahre später gründete er zusammen mit einer groß gewordenen Zahl von Mitstreitern, unter anderem Gregory Bateson, Margret Mead, Paul Watzlawick und Virginia Satir die *Amerikanische Gesellschaft für Klinische Hypnose.* 1976, im Alter von 75 Jahren erkrankte er ein drittes Mal an Kinderlähmung mit Muskelschwund und multiplen Schmerzzuständen. Danach war er – wieder – auf den Rollstuhl angewiesen und im Gesicht halbseitig gelähmt.

Die Hypnose, die, von Freud ursprünglich selber eingesetzt, später von ihm aber als einseitige Manipulation an der Psyche des Menschen vollkommen abgelehnt worden war, wurde durch die Forschungen und die Arbeit von Erickson wieder rehabilitiert und wird inzwischen bei bestimmten seelischen Störungen und unter Berücksichtigung sehr konkret benannter Kontraindikationen wieder erfolgreich in der aktuellen Psychotherapie eingesetzt. Noch betonter als es C. G. Jung schon sah, erkannte Erickson im Gegensatz zu Freud das Unbewusste als unerschöpfliche Ressource zur kreativen Selbstheilung. Unter den wichtigsten neuzeitlichen Forschern der Seele war er derjenige, der vor allem die Neigung der menschlichen Seele zur Selbstbeschneidung durch alte und hemmende Denkmuster ins Bewusstsein rückte.

Angesichts der beeindruckenden und nach außen deutlich sichtbaren Heilungsresultate soll ein besonderer Aspekt zum Abschluss nicht unerwähnt bleiben, der nach außen nicht so sichtbar ist, aber auf den Erickson später immer wieder hingewiesen hat. Er wurde nicht müde zu betonen, dass der Urgrund seiner späteren Entwicklung die intensive und eindrückliche Erfahrung der Bewusstseinszustände des Komas und der damit einhergehenden Übergänge von Bewusstseinserfahrungen zwischen Koma und Wachzustand gewesen sind.

Stanislav Grof

Stanislav Grof studierte in den 1950er Jahren an der Karlsuniversität in Prag Medizin und Medizinphilosophie, und wurde dann Psychiater. Die damals noch sehr gängigen Therapiemethoden innerhalb der Psychiatrie wie Elektroschocktherapie, Insulinkoma-Behandlung bis hin zu Psychochirurgie betrachtete er zunehmend als Maßnahmen, die das Leid der betroffenen Patienten eher verschlimmerten denn als Chance einer Heilung. Zu dieser Zeit erforschte Professor Georg Roubíček innerhalb der medizinischen Fakultät in Prag die Wirkung von LSD bei psychisch kranken Menschen. LSD wurde im Jahre 1938 in den Laboratorien der Sandoz-Werke in der Schweiz durch eine eher zufällig entstandene chemische Synthetisierung entdeckt. Man erhoffte sich von der Substanz eine spannungslösende Wirkung im Rahmen der Geburtshilfe bei Frauen und eventuell bei der Migräne-Erkrankung. Die darauffolgenden wissenschaftlichen Routine-Experimente bei Tieren erbrachten jedoch keine Bestätigung für eine solche spannungslösende Wirkung. Die weiteren Untersuchungen wurden eingestellt. Es sei an dieser Stelle daher darauf hingewiesen, dass LSD ganz offensichtlich im Gehirn von Tieren keine nennenswerte Wirkung erzeugt, im Gehirn des Menschen, wie sich noch herausstellen sollte, aber sehr wohl, was darauf hindeutet, dass LSD vor allem in der Großhirnregion des Menschen seine Wirkung erzeugt. Fünf Jahre später, (1943), nahm der Schweizer Chemiker Albert Hofmann die Experimente mit LSD wieder auf. Beim Versuch einer Synthetisierung berauschte er sich versehentlich selbst durch den Austritt ganz geringer Kondensationsspuren, und erlebte dadurch dramatische rauschartige psychische Veränderungen. Neugierig geworden unterzog er sich einige Tage später einem Selbstversuch, bei dem noch intensivere und dramatischere Reaktionen auftraten. Der Chemiker Hofmann setzte sich daraufhin in Kontakt mit Professor Stoll, dem damaligen Leiter der psychiatrischen Universitätsklinik in Zürich. Dieser begann sofort mit ersten wissenschaftlichen Experimenten bei freiwilligen Versuchspersonen und mit psychisch kranken Patienten. 1947 wurden die ersten Ergebnisse veröffentlicht. Die Veröffentlichung löste weltweit eine Welle weiterer Experimente aus. Grof schreibt dazu in seinem ersten Buch: „Nachfolgende Untersuchungen bestätigten Stolls Feststellungen, dass LSD die wirksamste psychoaktive Droge war, die jemals bekannt geworden war. In unglaublich kleinen Dosierungen, schon von 10 bis 20 Mikrogramm an (1 Mikrogramm oder Gamma = ein millionstel Gramm), konnte es sehr tiefgehende, unterschiedliche psychische Veränderungen hervorrufen, die mehrere Stunden anhielten. LSD war mithin ungefähr fünftausendmal wirksamer als das bereits bekannte Meskalin und einhundertfünfzigmal wirksamer als das später entdeckte Psilocylin." (10)

Grof selbst lernte die Erfahrungen und Experimente mit LSD bei Professor Roubíček 1955 kennen. Die Erfahrungen beeindruckten ihn so sehr, dass er ab da seine psychiatrische Tätigkeit ganz auf die weitere Erforschung der Wirkung von LSD auf die Psyche von kranken Menschen fokussierte. Über den konkreten Prozess schreibt Grof:

> *„Das Einsetzen der LSD-Reaktion folgt nach einer Latenzperiode, deren Dauer zwischen zehn Minuten und drei Stunden schwanken kann, und zwar abhängig von der betreffenden Person, der Verabreichungsform, der Dosis, des Grades des psychischen Widerstandes und anderer Variablen. Eine solche Latenzperiode gibt es nicht, wenn LSD direkt in die Rückenmarksflüssigkeit injiziert wird. In diesem Fall tritt eine sofortige Wirkung ein. Eine unkomplizierte LSD-Sitzung kann zwischen vier und zwölf Stunden dauern, die wichtigsten Faktoren, die ihre Dauer bestimmen, sind die Persönlichkeit der Versuchsperson, die Natur und Dynamik des unbewussten Materials, das während der Sitzung aktiviert wird, und die verabreichte Dosis. Verlängerte Reaktionen, die bei der Arbeit mit LSD gelegentlich vorkommen, können Tage oder Wochen anhalten … Die LSD-Phänomene erstrecken sich über einen außerordentlich weiten Bereich und auf fast alle geistigen und psychischen Funktionen.“* (11)

Grof fand schließlich auch heraus, dass, wenn die Menschen in den Stunden der LSD-Wirkung intensiv von eigens geschultem Personal betreut und begleitet wurden, eine tatsächliche Integration der intensiven psychischen Erfahrungen sichtbar und spürbar wurde und mittel- und langfristig die Heilungschancen als erheblich besser einzuschätzen waren als mit den bisherigen Methoden. 1965, nach zehn Jahren intensiver Forschungen auf dem Gebiet der LSD-Therapie in Prag, erhielt Grof eine Einladung zu einer Vortragsreise in die USA.

Die positive Resonanz in Amerika bestärkte ihn nach seiner Rückkehr nach Prag noch einmal zusätzlich, seinen eingeschlagenen Weg weiter zu verfolgen. Vor allem glaubte er, endlich eine wirklich gute Alternative zu den bisherigen und zunehmend in die Kritik geratenen alten Methoden in der Psychiatrie gefunden zu haben. Als er ein Jahr später eine erneute Einladung in die USA erhielt, beschloss er, einen Ausreiseantrag aus der Tschechoslowakei zu stellen, dem schließlich stattgegeben wurde. Bei der Ankunft in den USA bestand sein zugelassenes Gepäck von 20 kg zu mehr als die Hälfte aus seinen schriftlich dokumentierten Forschungsunterlagen. Seine ursprüngliche Euphorie wandelte sich jedoch schnell in eine Ernüchterung. Denn genau in dieser Zeit eskalierte in den USA der zunehmende individuelle unkontrollierte Missbrauch der Droge mit den entsprechenden massiven psychischen, medizinischen und sozialen Folgeerscheinungen. Seine weiteren Forschungen wurden öffentlich nun nicht mehr unterstützt. Zwar gab es noch einige engagierte Unterstützer der Methode, die den weiteren Einsatz in einzelnen Kliniken ermöglichten, aber die Hoffnung auf eine grundlegende Wende innerhalb der psychiatrischen Arbeit war dahin.

Nach einer sehr schwierigen fünfjährigen Phase, verbunden mit medizinisch-therapeutischen und wissenschaftlichen Widerständen, nahm das Schicksal von Grof 1973 eine entscheidende Wende. Er erhielt einen Lehrauftrag am Esalen Institut in Big Sur in Kalifornien, von dem bereits im Zusammenhang mit dem Buddhisten D. T. Suzuki die Rede war. Dieses Institut war 1962 von Michael Murphy und Dick Price gegründet worden. Diese beiden Männer hatten sich als Kommilitonen an der Universität kennengelernt und angefreundet, sich dann jedoch aus den Augen verloren. Murphy war für mehrere Jahre in den Ashram von Sri Aurobindo in Indien gegangen, Price geriet in eine psychotische Krise, wurde aber durch diese hindurch ohne psychiatrischen Aufenthalt und nur durch die menschliche und spirituelle Begleitung des Buddhisten Alan Watts gut begleitet. Als die beiden Männer sich 1961 in Kalifornien wieder begegneten, begannen sie damit, Pläne für ein „Forum“ zu entwerfen, das Wege des Denkens über die Beschränkungen des etablierten Wissenschaftsbereiches hinaus aufzeigen sollte. Es sollte ein „Labor“ werden für Experimente aus dem gesamten Spektrum der Philosophien, religiösen Disziplinen und psychologischen Methoden. Esalen ist seit seiner Gründung bis heute in der ganzen Welt bekannt für seine Verbindung von östlichen und westlichen Philosophien und seinen stetigen Zustrom von Philosophen, Psychologen, Künstlern und religiösen Denkern. Mitbegründer waren seinerzeit Aldous Huxley, George Bateson und Alan Watts. Weltbekannte hochrangige Persönlichkeiten lehrten hier und leiteten Workshops und Seminare, unter anderem der Theologe Paul Tillich oder die Psychotherapeuten Carl Rogers und Virginia Satir, Fritz Perls und Abraham Maslow. Beeinflusst von den Erfahrungen sehr innovativer Körpertherapeuten, die hier ebenfalls mit neuen Methoden experimentieren konnten, entwickelte Grof in Esalem zusammen mit seiner zweiten Frau Christina eine alternative Vorgehensweise, um zu ähnlichen Erfahrungen wie bei der LSD-Therapie zu gelangen. Die Methode heißt „Holotropes Atmen" und wird inzwischen in der ganzen Welt praktiziert und weitervermittelt. Beim *Holotropen Atmen* ist es möglich, nur durch einen Prozess intensiveren Atmens in ein großes Spektrum psychischer Erfahrungen zu gelangen, die dem der LSD-Therapie sehr ähneln.

Hier eine Auflistung der beeindruckenden Fülle von seelischen Erfahrungsmöglichkeiten, die Grof in seinem ersten Buch beschreibt:

- Räumliche Bewusstseinserweiterung
- Zeitliche Bewusstseinserweiterung
- Embryonale und fötale Erfahrungen
- Ahnen-Erfahrungen
- Kollektive und ethnische Erfahrungen
- Präkognition, Hellsehen und Hellhören
- Identifikation mit Tieren
- Identifikation mit Pflanzen
- Bewusstsein anorganischer Materie
- Planetarisches Bewusstsein
- Organ-, Gewebe- und Zellenbewusstsein
- Erfahrungen der Begegnung mit übermenschlichen geistigen Wesenheiten
- Aktivierung der Chakren und Erweckung der Schlangenkraft (Kundalini)

Mit seinen gleich zwei eigenständig entwickelten Methoden, der *LSD-Therapie* und dem *Holotropen Atmen,* hat Grof den konkret erfahrbaren Raum der menschlichen Seele enorm erweitert. Die Anwendbarkeit dieser Methoden im Kontext der Therapie psychischer Störungen bedarf jedoch dringend weiterer Evaluierung. So sehr ihn das philosophisch offene Umfeld von Esalen bei der Entwicklung des *Holotropen Atmens* als zunächst Ersatz für die *LSD-Therapie* unterstützt hat, so sehr hat es den Charakter des *Holotropen Atmens* gegenüber der *LSD-Therapie* verändert. Die Menschen, die sich in Esalen und später in anderswo stattfindenden Seminaren und Workshops dem *Holotropen Atmen* unterzogen haben, waren doch sehr verschieden gegenüber denjenigen, bei denen Grof sowohl in Prag als auch in den ersten Jahren in den USA die *LSD-Therapie* angewendet hat. Das *Holotrope Atmen* wurde so mehr und mehr zu einer reinen Bewusstseinserfahrungs-Methode. Die *LSD-Therapie* jedoch war in der ursprünglichen Vision von Grof in erster Linie streng wissenschaftlich-medizinisch ausgerichtet mit dem Ziel, die festgefahrenen und auf einem seiner Meinung nach überholten „cartesianischen" Weltbild aufbauenden Methoden der herkömmlichen Psychiatrie zu reformieren und zu modernisieren. Diese ursprüngliche Vision ist durch den Entwicklungsverlauf des *Holotropen Atmens,* bedingt durch ein gegenüber der *LSD-Therapie* vollkommen anderes Klientel, immer mehr aus dem Blickfeld geraten.

Grof selbst hat in einer wissenschaftlichen Anhörung in Paris im Jahre 2010 gesagt, dass er das *Holotrope Atmen* nicht als Therapie-Methode definiere, sondern lediglich als Methode zur Bewusstseinserweiterung für Menschen, die daran ein Interesse haben. In der aktuellen Wikipedia-Seite über Grof (12) steht, dass er rückblickend die *LSD-Therapie* immer noch als wirkungsvoller betrachtet als das *Holotrope Atmen.* Das ist insofern sehr nachvollziehbar, als dass Grof ja wie kein anderer mit enormer wissenschaftlicher Akribie die *LSD-Therapie* erforscht hat, aber in diesem Bemühen dann durch die Zeitumstände sehr massiv behindert worden ist. Ein weiterer Grund für seine positivere Haltung gegenüber der *LSD-Therapie* könnte sein, dass in ihrem Verlauf der Bewusstseins-Reisende, anders als beim *Holotropen Atmen,* absolut nicht mehr manipulativ in den Prozess eingreifen kann, und somit nur das aus dem Unbewussten zum Vorschein kommt, was aus Sicht der Seele jeweils wirklich relevant ist.

Der Unterschied zwischen Träumen und Traum für das Verständnis der Seele

Seit sich die Menschen in die mythische Bewusstseinsstruktur hinein entwickelt haben, dürfte es das Phänomen geben, sich mithilfe des Wachbewusstseins Gedanken über das nächtliche Traumerleben zu machen. Die Reaktion des Wachbewusstseins auf das Traumerleben ist bis heute gleich geblieben. Es ist eine Mischung aus einer einmal stärkeren, einmal schwächeren emotionalen Betroffenheit und dem ebenfalls einmal stärkeren, einmal schwächeren Impuls, das Traumerleben irgendwie gedanklich verstehen zu wollen. Im alten Ägypten existierten schon sehr früh größere Sammlungen von auf Papyrus gedruckten Anleitungen, die bei der Deutung der Traumsymbole helfen sollten. Im Alten Testament nimmt die Geschichte von Josef, einem der Söhne des Israeliten Jakob, einen besonderen Raum ein. Josef deutete einen Traum des Pharao richtig und erlangte so einen Aufstieg vom Sklaven des Obersten der Leibwache des Pharao zum wichtigsten Hofbeamten des Landes. Und als in Europa der Buchdruck erfunden war, gehörten kleine Broschüren über die wichtigsten Traumsymbole neben der Bibel zu den Standardwerken jedes Buchverlages, und das, obwohl die christlichen Kirchen diese Heftchen als Hexen- und Teufelswerk streng verurteilten.

Seit Sigmund Freud ist nun die Traumdeutung zu einer seriösen Wissenschaft aufgestiegen. In den Jahrhunderten davor waren die Traumdeuterinnen fast ausschließlich Frauen, die wenig in die festen sozialen Strukturen der Menschen eingebunden waren, sondern meist als sogenanntes „fahrendes Volk" auf Jahrmärkten und Festen in Erscheinung traten. Je mehr man diese Menschen jedoch als „Hexen" oder soziale Außenseiter betrachtete, desto größer war die Wahrscheinlichkeit, dass sie tatsächlich in ihrem Bewusstsein einen eher fließenden Zugang zur magischen Ebene und dementsprechend durchaus ein gutes Gespür für das Traumgeschehen der Menschen hatten. Inwieweit sie das dann auch ehrlich kommuniziert oder ihrem Klientel des sicheren Honorars wegen nicht doch lieber nach dem Mund geredet haben, ist eine andere Frage. Seit Freud jedenfalls ist die Bedeutung der Träume wissenschaftlich klar definiert. Träume spiegeln ausschließlich verdrängte Triebkräfte, Affekte und Emotionen wider, die alle jeweils ihre körperlichen Entsprechungen haben.

Freud schreibt in seiner *Traumdeutung* dem Traum drei wichtige Grundfunktionen zu:

1. Der Traum ist für das Unbewusste eine Form der symbolischen Wunscherfüllung verdrängter Triebkräfte.
2. Der Traum ist der „Hüter des Schlafes". In dieser Funktion sorgt er dafür, dass es im Schlaf tatsächlich zu einer Erholungsphase kommt. (Diese Sichtweise wird heute von allen psychologischen Schulen geteilt, auch wenn es ansonsten bezüglich der Deutung der Trauminhalte riesige Differenzen innerhalb der Schulen gibt. Dem Traum wird somit eine wichtige Regulierungsfunktion innerhalb der Psyche zuerkannt.)
3. Der Traum ist der Königsweg („via regia") zum Unbewussten. (Das klingt ja doch erstaunlich wertschätzend. Nur frage ich mich, warum, wenn Freud das Unbewusste doch eigentlich als eine im Grunde nicht zu bändigende und gefährlich brodelnde Landschaft betrachtet, er dem Weg zu dieser Landschaft einen solch edlen Namen gibt. Da haben offensichtlich zwei Seelen in einer Brust gesprochen, die sich nicht ganz einig darin waren, was das Traumerleben nun wirklich ist. Auch wenn die jetzigen Psychoanalytiker inzwischen wesentlich zurückhaltender in ihren Traumdeutungen geworden sind als ihre Vorgänger vor fünfzig Jahren, das Verständnis darüber, was ein Traum ist, entspricht nach wie vor der Freud'schen Theorie über das Unbewusste.)

Wenn wir uns also sowohl die historische Sichtweise bezüglich des Träumens als auch die Sichtweise unserer heutigen Gesellschaft etwas genauer betrachten, dann wird deutlich, wie gespalten und zerrissen das Denken über das Träumen offensichtlich schon immer war und noch immer ist. Auf der einen Seite war und ist man geneigt, dem Traumgeschehen keine wirkliche Bedeutung zu geben und es als „Träume sind Schäume" abzuqualifizieren, auf der anderen Seite können wir uns unserer emotionalen Betroffenheit oft nicht wirklich entziehen, selbst wenn wir das gerne täten. Dann wiederum ist die Traumdeutung aus der Sicht der Kirchen jahrhundertelang Teufels- und Hexenwerk und plötzlich eine seriöse und geschätzte psychologische Wissenschaft. Ein deutlicheres Beispiel für ein Dilemma gibt es kaum. Aber dieses Dilemma liegt in der Natur der Sache. Die Sache, um die es hier geht ist der *Traum*. Der *Traum* ist aber nicht dasselbe wie das *Traumerleben* in der Nacht. Der Schweizer Psychotherapeut Carlo Zumstein, ein Schüler und langjähriger Mitarbeiter des amerikanischen Ethnologen und Schamanismusforschers Michael Harner, erforscht seit Jahren einen gänzlich anderen Zugang zum Traumerleben seiner Klienten und beschreibt diesen in seinem Buch. (13)

> *„Gehen wir zum Wissen der Traumzeit-Schamanen zurück. Die schamanische Traumreise ist das Kernritual jeder Form des Schamanismus. In allen schamanischen Traditionen reisen die Schamanen und Schamaninnen in die verborgene Welt jenseits der Alltagswirklichkeit, um der universellen Lebenskraft zu begegnen. Diese Reise zu den Geistern basiert auf dem Zusammenwirken von Wachsein und Träumen – aus heutiger Sicht gesprochen. Die Schamaninnen und Schamanen haben die Erfahrung gemacht, dass sie in den Traumzustand zurückkehren und gleichzeitig einer bewussten Absicht folgen können ... Auch bei uns ist es noch so, dass wir beim Träumen in die Urverbundenheit mit der Welt zurückkehren. Ich und Welt sind noch eins, alles ist unmittelbar, hier und jetzt, weder Vergangenheit noch Zukunft haben sich abgespaltet. Es gibt noch keine Schwere, ich kann fliegen und überall gleichzeitig sein. Ich bin mich und alles andere, ich kann mich beliebig verwandeln und vervielfachen. Auch die Trennung zwischen Leben und Tod ist aufgehoben, ich kann sterben und doch weiterleben und Tote leben wieder ... träumend sind wir wieder eins mit jener schöpferischen Kraft, die alles hervorgebracht hat, eins mit der Natur, allen Lebewesen, den Gestirnen ... Weil wir dies so erleben, verbinden wir mit Träumen einen Rückfall in eine archaische oder gar primitive Daseinsweise. Die Schamanen und Schamaninnen haben diese Urverbundenheit genutzt, um sich mit den Lebenskräften zu verbinden, mit ihrer Hilfe ihr Überleben zu sichern, sich zu heilen und Einblick in die Weisheit des Lebens und des Universums zu erlangen.“* (14)

Das angesprochene Dilemma im Hinblick auf unser Traumerleben in der Nacht ist das gleiche Dilemma, in dem wir stecken, wenn wir die Seele aus einer nicht-seelischen Perspektive erklären und verstehen wollen. Aus diesem Dilemma kommen wir nur heraus, wenn wir uns bewusst machen, dass unser Bewusstseinszustand beim nächtlichen Träumen ein vollkommen anderer ist als unser Bewusstseinszustand im Wachzustand und dass aber ein Geschehen, welches in einem bestimmten Bewusstseinszustand stattfindet, nicht erklärt und erfasst werden kann durch einen jeweils vollkommen anderen Bewusstseinszustand. So, wie der Mensch seit mehr als zwei Jahrtausenden versucht, die Seele zu erklären, indem er sie zu einer Sache macht, zu einem Objekt, das man lediglich versucht von außen zu betrachten und zu erkennen, so versucht er das Traumerleben zu erklären und zu verstehen, indem er es ebenfalls zu einer Sache macht. Man macht das *Traumerleben* zum *Traum*, dem man allein durch äußere Betrachtung beizukommen versucht. Die Kernaussage im zitierten Text von Zumstein ist, dass beim Träumen, wohlgemerkt beim Träumen und nicht bei der analysierenden Betrachtung des Traumes von außen im Nachhinein, ein Zusammenwirken von Wachsein und Träumen, also von zwei vollkommen verschiedenen Bewusstseinszuständen, stattfindet.

An dieser Stelle könnte es hilfreich sein, sich einmal das Phänomen bewusst zu machen, wie schwierig es schon sein kann, wenn auch nur zwei oder drei Menschen versuchen, sich über einen Aspekt der äußeren Welt zu verständigen. Manchmal kommt es zu einer Verständigung, manchmal ist diese nicht wirklich möglich, weil jeder die gleiche äußere Sache mit seiner Brille sieht. Aber ist es nicht merkwürdig, dass, wenn jemand über einen Traum berichtet, diejenigen, die wirklich zuhören, sich innerlich wesentlich mehr angesprochen und berührt fühlen, als wenn jemand über ein Erleben in der Außenwelt berichtet, an dem wir ebenfalls selbst nicht teilgenommen haben? Und ist es nicht merkwürdig, dass wir Menschen als Wesen, die alle Erfahrungen mit Traumerleben haben, viel mehr Gemeinsamkeiten mit den anderen empfinden als in der Wahrnehmung der doch so scheinbar eindeutigen äußeren Wirklichkeit? Und ist es nicht auch merkwürdig, dass wir beim Zuhören eines Traumerlebnisses meist mehr eigene Betroffenheit spüren, als wenn uns jemand etwas mit Worten über seine inneren Gefühle in Bezug auf eine konkrete äußere Lebenssituation mitteilt, wo wir durchaus schon auch einmal eher verständnislos oder mit negativen inneren Empfindungen reagieren?

Die eine Sichtweise des Traumerlebens ist die von Freud und all denjenigen, die seine Vorstellung über das Unbewusste des Menschen teilen. Sie haben den Traum zur „Abfallgrube", wie Zumstein schreibt, von ausschließlich als negativ zu bewertendem „Trieb-Material" gemacht. Man achte wieder auf den physikalischen Materialbegriff für etwas rein Seelisches. Gebser hat versucht, uns zu verdeutlichen, dass eine Bewertung von Bewusstseinsebenen oder Bewusstseinsstrukturen, wie er sie nannte, in niedere und höhere, im Sinne von besseren und schlechteren, wie wir alle reflexartig gewohnt sind zu denken, keinen Sinn ergibt. Für den Psychotherapeuten Zumstein ist der Bewusstseinszustand während unserer Träume so, wie es die schamanischen Traditionen sehen, eine Rückverbindung mit der Quelle, aus der nicht nur der Mensch stammt, sondern alles stammt, was im Universum existiert. Lassen wir noch einmal Zumstein sprechen.

> *„Schlafen ist wohl jener ursprüngliche Zustand der Verbundenheit, des Dazugehörens, Aufgehobenseins, in dem die Bäume und die Steine noch immer leben. Jede Nacht, wenn ich schlafe, kehre ich in diese Urverbundenheit zurück, ich tauche ein in die ursprünglichen Rhythmen der Kraft, ich tauche ein ins Meer der Kraft, dort im unbewussten Schlaf treffe ich sie noch als reine Kraft. Einziges Zeugnis der Begegnung mit dieser Kraft ist die Erholung, die Stärkung, die Vermehrung der Kraft, die mir der Schlaf gebracht hat. Irgendwann erwachte das Bewusstsein zu Träumen. Träume von einer eigenen Identität. Die Traumzeit begann. Aber eigentlich ist es keine Zeit: Träumen ist das von Raum und Zeit ungebundene Sein; zwar schon mit einer eigenen Identität, sind wir noch immer verbunden mit allem. Ein Paradox öffnet sich: Wir sind ein eigenständiges Wesen in einer Welt, gleichzeitig sind wir diese Welt selbst, wir bringen sie hervor und leben gleichzeitig als Wesen in ihr. Die Erlebnisse dieses träumenden Ichs sind noch wenig persönlich, sie sind nicht geschichtlich geordnet, sind nicht wahr, sie sind nicht Widerspiegelungen meiner Geschichte, sie sind vielmehr Erlebnisse von allgemein menschlicher Natur, existenzielle Erlebnisse, sie können allen zustoßen."* (15)

Aufgrund seiner eigenen Erfahrungen und seines bewussten Umgangs mit seinem eigenen Traumerleben und durch die entsprechenden Erfahrungen seiner Klienten kommt Zumstein zu dem Schluss, dass wir durch den Absolutheitsanspruch, den wir heutigen Menschen dem Wachbewusstsein als unserm einzig sinnvollen Bewusstsein geben, wir uns in unserem Erkenntnisprozess selbst im Wege stehen. Seine Erfahrung ist, dass, wenn man der Bewusstseinsstufe des Traumerlebens die gleiche Sinnhaftigkeit und Gültigkeit in unserem Menschsein einräumt und daraus sich ergebend auch den jeweiligen Übergängen in das Traumbewusstsein hinein und aus dem Traumbewusstsein heraus, wir Menschen die Wachwirklichkeit ganz anders betrachten lernen könnten, als die meisten das heute tun, nämlich mit einer größeren Gelassenheit und einer sogar gekräftigten Ich-Distanz, und wir mit ihrer Hilfe zu sehr überraschenden Erkenntnissen bezüglich der Wachwirklichkeit gelangen könnten. Ich möchte an dieser Stelle noch ergänzend hinzufügen, dass wir auf diese Weise auch zu einem sinnvolleren Verständnis unserer menschlichen Seele gelangen können.

Strukturelle Gesetzmäßigkeiten der Seele

Wenn wir an dieser Stelle innehalten, lassen sich die wesentlichen Strukturaspekte, die die bisher genannten neueren Seelenforscher über die menschliche Seele herausgearbeitet haben, folgendermaßen zusammenfassen:

- **Multidimensionales Bewusstsein:** Unser gewohntes Wachbewusstsein ist nicht das einzige Bewusstsein, über das wir Menschen verfügen. Dies sieht auch die aktuelle Naturwissenschaft so. Die von ihr angenommenen und einfach noch von Freud übernommenen anderen menschlichen Bewusstseinsstufen wie *Vorbewusstes* und *Unbewusstes* sind jedoch innerhalb der Naturwissenschaft rein abstrakte Begriffe, die nicht mit Leben gefüllt werden, wie das aber in der Psychologie von C. G. Jung und anderen ermöglicht wurde. Die Überbetonung des Wachbewusstseins innerhalb der Naturwissenschaft als des einzig wichtigen Bewusstseins und damit einhergehend die Abwertung der sämtlichen anderen sehr wohl erfahrbaren Be-

wusstseinszustände, führt zu einer Verarmung und Verkümmerung der Seele und ihres Begriffs. Es gibt neben dem Wachbewusstsein sehr konkret erfahrbare und nicht nur spekulierte Bewusstseinsformen oder Bewusstseinsstrukturen, beispielsweise beim Träumen (C. G. Jung, Schamanismus, Zumstein), in der Hypnose oder geleiteten Trance (Erickson) oder in der Meditation (Dürckheim) oder beim Holotropen Atmen (Grof), die direkt und unmittelbar erfahren werden können. Der wesentlichste Aspekt all dieser genannten anderen Bewusstseinszustände ist der, dass in ihnen vollkommen andere Gesetzmäßigkeiten herrschen als im Wachbewusstsein. Diese anderen, vom Wachbewusstsein unterschiedenen Bewusstseinszustände lassen sich am ehesten unter dem Begriff „Holotrope Bewusstseinszustände" zusammenfassen. Den Plural verwende ich deshalb, weil der Singular den Eindruck erweckt, als handle es sich hierbei um einen Zustand. Dazu unterscheiden sie sich jedoch zu sehr voneinander, und je mehr verschiedene einzelne *Holotrope Bewusstseinszustände* erfahren und erlebt werden können, desto vielfältiger kann die Seele davon profitieren. Als *Holotrope Bewusstseinsprozesse* bezeichne ich alle Bewusstseinsprozesse, die nicht dem Wachbewusstsein zugeordnet werden.
Der Tibetische Buddhismus definiert neben den erwähnten *Holotropen Bewusstseinszuständen,* also Träumen, Trance, Meditation, und Bewusstseinsprozesse durch vertiefte Atmung, auch den Sterbeprozess und den Prozess des Werdens, die Phase, in der ein Bewusstsein sich zwischen Tod und Wiedergeburt auf eine neue Inkarnation einstellt, als eigene spezifische Bewusstseinsprozesse. Sämtliche Bewusstseinsprozesse vom Wachbewusstsein bis zu den genannten anderen werden dort als *Bardos* bezeichnet.
Die Seele erweist sich also letztlich als Bewusstsein in mannigfaltiger Form und Struktur, aber stets mit einem gewissermaßen individuellen Kern. Die Seelen der Steine und Pflanzen befinden sich noch im Schlafzustand, die Seelen von Tier und Mensch sind erwacht, und der Mensch verfügt über sehr differenzierte Bewusstseinsformen, wobei seine Seele zugleich die Bewusstseinsstrukturen aller evolutionären Vorstufen in sich vereinigt.

- **Verbundenheit mit allem:** Ein weiteres ganz wesentliches Kriterium der *Holotropen Bewusstseinszustände* ist die ganz konkret erfahrbare Verbundenheit mit dem ganzen Kosmos, wobei vor allen Dingen riesengroße Räume problemlos überwunden werden können. Einem Teil der Menschen, den Schamanen, ist es gelungen, das Erleben speziell im *Traumbewusstsein* mithilfe strukturiert angewandter seelischer Techniken navigieren und steuern zu können. Auch in der Hypnose und geleiteten Trance werden konkrete Techniken zum Navigieren und Steuern des Prozesses angewandt. Die Seele hat also immer einen individuellen Teil, aber ist zugleich verbunden mit Seelenkräften, die man nicht mehr als individuell, sondern als kollektiv bis hin zu kosmisch bezeichnen kann. Somit erhielte die uralte indische Betrachtung der Unterscheidung zwischen *Individualseele* und *Weltseele* eine Bestätigung.
- **Wesenskern:** In allen *Holotropen Bewusstseinszuständen* empfinden wir uns trotz aller Verbundenheit mit dem Ganzen um uns herum als eigenständige Wesen. Das heißt, selbst in Bewusstseinszuständen, die wir heute als archaisch oder gar als primitiv bezeichnen würden, ist es möglich, ein Ich-Empfinden oder Ich-Bewusstsein zu haben. Diesen Aspekt betont vor allem Dürckheim, wenn er von einem *Wesenskern* der Seele spricht. Die Seele hat also demnach die Struktur eines Kerns und zugleich die einer in alle kosmischen Welten ausdehnbare Formenvielfalt, die aber stets mit dem Kern verbunden bleibt. Hierin besteht ein wesentlicher Unterschied zum Geist. Dieser hat weder Form noch Kern, auch wenn er ähnlich ausgedehnt ist wie die Seele.
- **Kraft:** Ein weiteres wesentliches Kriterium dieser *Holotropen Bewusstseinszustände* ist es, dass wir die Erfahrung machen können, mit enormen Kräften in Kontakt zu kommen.
- **Schöpfertum:** Wir empfinden uns aber in den *Holotropen Bewusstseinszuständen* nicht nur als eigenständiges Wesen, sondern, obwohl wir uns hier in erster Linie als jemand erleben, dem etwas zustößt oder widerfährt, sind also in erster Linie mit enorm vielen Eindrücken konfrontiert und spüren in diesen Bewusstseinszuständen, vielleicht mit Ausnahme von Alpträumen, dennoch eine gewisse Schöp-

ferkraft des eigenen Handeln-Könnens in uns. Die Bedeutung der eigenen Schöpferkraft der Seele, und damit einhergehend die Bedeutung einer permanenten Möglichkeit der seelischen Transformation, wird heute vollkommen unterschätzt. In der aktuellen Wissenschaft wird der Aspekt des Wissens und des intelligenten Wachbewusstseins einseitig überbetont. Damit wird die Seele in ein Schema des reinen Funktionierens gepresst. Beste Beispiele für die Schöpferkraft der menschlichen Seele sind alle Formen der Kunst, der Musik und der Dichtung. Aber letztlich entspringt alles, was der Mensch aus Liebe schafft, der eigenen seelischen Schöpferkraft.

- **Sich etwas bewusst vorstellen:** Ein wesentliches Strukturmerkmal der seelischen Schöpferkraft ist die Fähigkeit, sich etwas vorstellen zu können, auch wenn diese Fähigkeit zu Zwecken des Wunschdenkens missbraucht werden kann. Der deutsche Philosoph Leibnitz war der erste Wissenschaftler, der die Fähigkeit zum *Vorstellen* als wesentliches Merkmal einer Seele definiert hat. Der Wissenschaftler Piaget war der erste, der das *Vorstellen* von der *Erinnerung* klar unterschieden hat. Während die Erinnerung sehr verblasst wie ein altes Foto auf die Vergangenheit bezogen ist und darüber hinaus stets bereits vom Bewusstsein zurecht manipuliert sein kann, ist das *Vorstellen* ein auf die Zukunft bezogener Autopoiesis-Prozess, bei dem der Geist zwar zu Hilfe genommen wird, der aber von der Seele geleistet werden muss. Und wenn jemand ein Problem mit dem *Vorstellen* hat, ist das kein geistiges, sondern ein seelisches Problem. Und ähnlich wie beim Unterschied zwischen *Träumen* und *Traum* sei hier ausdrücklich auf den Unterschied zwischen *Vorstellen* und *Vorstellung* hingewiesen. Eine *Vorstellung* ist etwas, dass unbewusst in uns existiert und damit Macht über unser Denken, Fühlen und Handeln hat. Das ist das, was ja Hüther, wie bereits dargelegt, unter „mentalen Vorstellungen" versteht, die nur schwer korrigierbar sind. Beim *Vorstellen* jedoch erzeugt das Ich die aktuelle Vorstellung selbst und hat damit Macht über das in diesem Falle seelische Geschehen. Wenn Sie möchten, können Sie statt *Vorstellen* auch den Begriff *Imaginieren* verwenden. Wichtig ist, dass der Unterschied zum Begriff *Vorstellung* bewusst werden darf. Schon in der Bibel steht: *Du sollst dir kein Bildnis machen*. Und nicht ohne Grund steht dieses Gesetz bei den *Zehn Geboten* in der Rangfolge ganz weit oben. Aber heute verstehen leider immer weniger Menschen den tieferen Sinn dieses Gebotes.

- **Unterstützung der Seele durch den Geist:** Um ihre eigene Schöpferkraft entfalten zu können, benötigt die Seele die Unterstützung durch den permanent im Kosmos vorhandenen Geist. Hierbei sind alle im vorherigen Kapitel aufgezeigten Aspekte wie sauberes und klares Denken ebenso zu beachten wie die negativen Gefahrenmomente durch Denken in fixierten Bahnen. Ein besonders zu beachtender kritischer Punkt ist die aktuell allgemein zu beobachtende Zunahme des von Emotionen und Gefühlen infizierten Denkens und Meinens. Das Denken ist hierbei mit dem seelischen Schatten verstrickt.
- **Unterstützung der Seele durch den Körper:** Die oben zitierte und von der Naturwissenschaft gebetsmühlenhaft vorgetragene Behauptung, dass die Existenz einer Seele unabdingbar an Hirnfunktionen gebunden ist, bekommt allmählich einen eher peinlichen Beigeschmack, weil kein gebildeter Mensch das je bestreitet. Wie wichtig aber der Körper für die Existenz der Seele ist, wollte schon Kant nicht wirklich einleuchten, wie vorne im Kapitel über die Empfindung dargelegt. Leider verlieren auch die meisten Neurobiologen darüber kein Wort, sondern sehen nur das Gehirn als wichtig an. Die Frage ist dann, wieso braucht die Seele dann überhaupt einen Körper, wenn er so gut wie keine Rolle spielt? Eine konflikthafte oder gar keine Beziehung zum Körper schadet der Seele ebenso wie eine gute Beziehung ihr von großem Nutzen ist. Die Sichtweise, dem Gehirn eine größere Bedeutung zu geben als dem Körper, hat also eine lange kulturelle Tradition, und sie entspricht dem im Kapitel über den Geist kritisch hinterfragten rein kausalen und funktionalen Denken. Aber wie wir im Abschnitt über das Gehirn gesehen haben, entspricht nicht einmal das Gehirn dem Anspruch des rein funktionalen Denkens, weil es auch nur als Netzwerk arbeitet, und nicht auf Knopfdruck nur an bestimmten Stellen. Die einseitige kausal-funktionale Denkweise gegenüber dem Körper ist darauf ausgerichtet, den Körper letztlich

nur als Energie-Lieferant für Leistung auszubeuten, wie wir das auch mit unserer Erde machen. Die alternative Sichtweise ist die, sich als wahrnehmendes Subjekt in eine Beziehung zum Körper zu begeben, in der der Körper sich mitteilen und Zeichen geben darf. Die Dechiffrierung der Zeichen muss sich jedes einzelne wahrnehmende Subjekt in einem Lernprozess selber erarbeiten.

- **Kohärenz:** Eine weitere Bedingung ist eine ausreichend stabile Verbindung zwischen dem Kern der Seele und ihrer Formenvielfalt. Die Seele empfindet, dass sie eine innere Kohärenz hat.
- **Absicht:** Alle Forscher von *Holotropen Bewusstseinszuständen* deuten an, dass jede Seele, unabhängig davon, in welchem Bewusstseinszustand sie sich gerade befindet, stets eine Intention in sich trägt, also eine Absicht, irgendetwas, was auch immer das ist, zu erreichen. Der Träger dieser Absicht wäre, analog zum Zellkern der Körperzelle, der Kern der Seele.
- **Wandlung:** Als wichtigste Bedingung zur Aktivierung der Schöpferkraft wird von den neuzeitlichen Seelenforschern das Bewusstmachen und Loslassen von alten, aber inzwischen hinderlichen Mustern im Denken, Fühlen und Handeln angesehen.

Dynamische Gesetzmäßigkeiten der Seele

Was die Menschen im mythischen Zeitalter, als noch nicht so kompliziert gedacht worden ist, schon immer bei sich selbst und nicht nur bei anderen in aller Deutlichkeit gesehen und erkannt haben, war die Tatsache, dass innerhalb der Seele viele verschiedene Kräfte wirksam sein können, und zwar Kräfte, denen gegenüber das, was wir heute lapidar als „Psyche" bezeichnen, nur die oberflächlichen Wellen eines letztlich doch riesigen Ozeans sind. Dass diese Kräfte zum einen so vielfältig, zum anderen aber auch so sehr voneinander verschieden sind, muss unabdingbar eine entsprechende enorme Dynamik verursachen. Nach allem, was wir heute über diese Dynamik wissen, ist diese aber absolut notwendig für die lebendige Entwicklung der Seele. Und jeder Denkansatz und jeder Versuch, sich dieser Dynamik entziehen zu wollen oder diese Dynamik bändigen zu müssen, wie Freud das gesehen hat, führt zur seelischen Stagnation bis hin zum seelischen Tod. Im Folgenden sollen einige wesentliche dynamische Aspekte der Seele kurz aufgelistet oder ein wenig skizziert werden.

Hemmnisse der seelischen Schöpferkraft und des seelischen Wachstums

- Nur an sich selbst denken
- Überbetonung der Kontrolle gegenüber sich selbst oder den anderen
- Bei Widrigkeiten immer zuerst die Schuld im Außen sehen
- Überbetonung des Kämpfens
- Überbetonung der sogenannten Selbstoptimierung
- Blindes Nacheifern eines oder mehrerer anderer
- Auf etwas von außen Kommendes warten und hoffen (16)

Wege, die definitiv ins seelische Leid führen

- **Ignorieren der äußeren oder inneren Realität:** Wer sich so verhält, schaut weg vom Problem, anstatt sich ihm zu stellen, wie ein Kind, das die Hände vor das Gesicht hält, wenn es Angst vor etwas hat. Der innere magische Gedanke dabei ist: „Wenn ich etwas nicht ändern kann, brauche ich ihm keine Beachtung zu schenken". Dies führt zu selbstinduzierter Hilflosigkeit und Ohnmacht, die leider die Eigenheit besitzen, immer größer zu werden. Wer sich so verhält, vermindert zugleich, ebenfalls selbst induziert, seine eigene Konzentrationsfähigkeit, wird vergesslich, zögert Entscheidungen hinaus, ergeht sich in Wunschdenken und falschen Hoffnungen, ist oft verwirrt, und schafft es nicht, andere zu konfrontieren. Eine weitere Wirkung besteht darin, dass die anderen ihn als unzuverlässig erleben, und sich nie an ihn wenden, wenn sie ihrerseits eine Hilfe brauchen.
- **Verstrickung mit anderen:** Hier ist die Hauptursache ein zu schwacher Kern der Seele, also ein zu schwaches Ich. Wenn die Seele sich verstrickt hat, kann sie sich nicht mehr entfalten und wachsen. Der

einzige Lösungsweg aus der Verstrickung heraus ist die mutige Begegnung und Konfrontation mit dem eigenen Inneren und die Wiederbegegnung mit dem Kern der Seele, also dem eigenen Ich. Was hier aber nicht weiterhilft, ist die einseitige Jagd nach nur der grenzenlosen Formenvielfalt der Seele oder, anders ausgedrückt, die einseitige Suche nach möglichst vielen seelischen Abenteuern. Dadurch werden die Verstrickungen nur verstärkt.

- **Verführung durch andere:** Die Verführung ist eine Sonderform der Verstrickung. Bei der Verführung macht die Seele sich freiwillig zum „Objekt" des Interesses eines anderen. Die Freiwilligkeit beruht darauf, dass beide Partner der Verführung ihre seelischen Schattenseiten auf den anderen projizieren und dadurch jeweils einen Nutzen haben. Das besonders Problematische an der Verführung ist, dass sie, im Gegensatz zur Verstrickung, fast nie als Problem wahrgenommen wird. Der Neurobiologe Gerald Hüther weist darauf hin, dass Verführbarkeit besonders stark mit einem Mangel an Lebenssinn korreliert. (17) Und dass gerade Seelen, die ihren Lebenssinn noch nicht gefunden oder ihn verloren haben, besonders prädestiniert sind, zum „Objekt" für andere zu werden, sei es zwischenmenschlich, politisch oder als dankbarer Konsument von Wirtschaftsinteressen. Wer sich verführen lässt, hat jegliche Selbstwürde verloren, etwas, das jemand, der sich verstrickt hat, zumindest in Ansätzen, immer noch in sich spürt. Sogar, wer viel Unterdrückung erfahren hat, zum Beispiel in der Kindheit, hat seine Selbstwürde nie gänzlich verloren und kann früher oder später damit beginnen, sich zu wehren. Die verlorene oder gar nie gefundene Selbstwürde wieder herzustellen, so Hüther, sei später jedoch eine besonders schwierige innere Arbeit, weil sie nicht unmittelbar als etwas die Seele Belastendes wahrgenommen würde, sondern sich eher im ständigen Scheitern zeige, und dementsprechend die Motivation für die innere Arbeit schwer herstellbar ist. Statt zu leiden, feierten Verführte und Verführer noch ihre gegenseitige Verführung. Eine ganze heranwachsende Generation von Kindern, die materiell verwöhnt, aber emotional retardiert wurde, kann so zur Keimzelle für dieses seelische Phänomen werden. Als größte und raffinierteste Verführung sieht Hüther die digitalen Medien. Sie seien die größte Menschheitsverführung, die es je gegeben habe. Sie gaukeln dem Menschen vor, alle erdenklichen Dinge für ihn zu tun, dabei machten sie ihn auf so subtile Weise zum Objekt, dass der Einzelne es nicht einmal mehr wahrnehmen könne.

- **Ein fehlgeleitetes Verständnis und ein falscher Umgang mit Angst:** In früheren Generationen waren es meistens Männer, die dazu erzogen worden sind, sich ein Tabu aufzuerlegen, Angst haben zu dürfen. In unserer heutigen Kultur hat dieses Tabu inzwischen Gültigkeit für beinahe alle Menschen bekommen. Dass dieses Tabu in besonderer Weise aus der Grundphilosophie der modernen Leistungsgesellschaft genährt wird, dürfte dabei nicht allzu verwunderlich sein. Umso erstaunlicher ist es, dass dieses Tabu inzwischen jedoch auch in sogenannten „spirituellen Kreisen" beinahe noch rigider zu beobachten ist, wo doch hier oft der Anspruch vertreten wird, eine eher kritische und alternative Sichtweise gegenüber der Leistungsgesellschaft einzunehmen. In den sogenannten „spirituellen Kreisen" gilt Angst explizit als Zeichen für „mangelndes Vertrauen", und wer will sich das dort schon gerne nachsagen lassen. Menschen jedoch, die zu einer gesunden Innenwahrnehmung angeleitet und begleitet werden, erfahren sehr schnell, dass Angst ein elementarer, unabdingbar notwendiger, und somit gesunder psychischer Schutzmechanismus ist. Ein gesundes und nicht aus einer Angststörung resultierendes Angstgefühl teilt uns nämlich mit, dass in unserem Selbstmanagement entweder gegenüber dem Außen oder dem Innen oder gegenüber beiden Bereichen, derzeit etwas nicht sinnvoll genug abläuft. Ein gesundes Angstgefühl hat somit einen Aufforderungscharakter, irgendwo noch einmal etwas genauer hinzuschauen. Das Problem nur: Angst, die unterdrückt wird, verstärkt sich leider oft stärker als andere verdrängte Gefühle, auch wenn wir sie zunächst nicht mehr bewusst wahrnehmen. Als ins Unbewusste verdrängtes Gefühl kann sie ab jetzt jedoch besonders leicht getriggert werden. Da aber der Mechanismus der Verdrängung ohne eingeübten Umgang mit der Angst weiterhin stärker ist, entwickeln sich nun sekundäre psychische Mechanismen, weiter dysfunktional mit der Angst umzugehen. Der am gängigsten und am schnellsten zum „Erfolg" führende Mechanismus ist die Technik der „Sündenbock"-Suche. Die Unfähigkeit, das eigene Selbst besser zu managen, was die Angst ja in erster Linie zum Ausdruck bringen möchte, wird projiziert auf einen oder mehrere Sündenböcke im Außen, auf die man sich dann umso verbissener einschießt.

Hier noch eine weitere Auflistung ohne vertiefende Erklärungen:

- Fixierung auf eine Opferrolle
- Sich verlieren im Schmerz
- Sich vergleichen mit anderen
- Sich einlassen auf unheilvolle Beziehungen
- Zu viel angestaute Wut und Aggression
- Zu viel Unterwürfigkeit und Aufopferung
- Zu viel Egozentrik

12 Grundübungen für ein Training der seelischen Gesundheit

Hinweis: Diese Übungen gelten nicht für Menschen, die akut an einer seelischen Erkrankung oder bedeutsamen Störung leiden, oder sich in einer schweren seelischen Krise befinden. Hier ist eine Psychotherapie dringend indiziert.

Im Gegensatz zu den körperlichen Fitness-Übungen, bei denen man gleich mehrere Übungen gleichzeitig trainieren kann, trainiert man die seelischen Fitness-Übungen der Reihe nach. Die Reihenfolge bestimmen Sie selber. Fangen Sie mit der Übung an, die Sie für sich am wichtigsten, am sinnvollsten, oder, wenn Sie wollen, auch erst einmal am leichtesten ist. Und üben Sie die ausgewählte Übung dann aber mindestens einen Monat lang bewusst. So hätten Sie einen möglichen Strukturplan für ein Lebensjahr.

- **Selbstzentrierung einüben und regelmäßig praktizieren:** Übungen und Techniken dazu gibt es heute in großer Fülle; jeder sollte mit dem beginnen, das ihm am meisten zusagt und entspricht.

- **Hingabe an den konkreten aktuellen Augenblick einüben:** Mit einfachen Situationen beginnen, dann auf mehr herausfordernde Situationen, zum Beispiel, bei denen man mit mehreren Menschen gleichzeitig zusammen ist, ausweiten.
- **Emotionalen Überschwang, sowohl negativen als auch positiven, regulieren:** Emotionaler Überschwang, auch von positiven Gefühlen, der in der derzeitigen Kultur oft als lebenswichtig hoch gehalten wird, löst inneren Stress aus, schwächt sowohl das Nervensystem als auch das Immunsystem und hat nichts zu tun mit dem Erleben stimmiger Freude.
- **Geduld üben:** Ungeduld hat ihre Ursache in einer noch zu ungebändigten inneren Aggression, der man sich nicht bewusst ist. Das Umgehen damit ist noch keinem einzigen Menschen in den Schoß gefallen, sondern muss von jedem einzelnen geübt und trainiert werden.
- **Selbstdisziplin entwickeln:** Der Begriff *Disziplin* kommt aus dem Lateinischen und setzt sich zusammen aus den Worten *„dis"* = *„auseinander"* und *„cipere"* = *„nehmen"*. Der Begriff *Disziplin* bezeichnet also die Fähigkeit, eine materielle Sache oder einen geistigen Begriff zuerst auseinander zu zerlegen, und anschließend wieder zusammen zu fügen, um die Sache oder den Begriff anschließend besser zu verstehen. Das muss jeder Mensch erst einmal einüben. Und es ist zunächst ein geistiges Training. Interessant ist, dass sich dieses geistige Training sehr bald in eine seelische Fähigkeit verwandelt, die einem, wenn man sie einmal erworben hat, nicht mehr genommen werden kann. Es sei an dieser Stelle die Frage erlaubt, wie es um unseren kulturellen Zeitgeist steht, wenn er den Argumenten derjenigen, die *Disziplin* einseitig als etwas betrachten, das ausschließlich mit „preußischem Befehl und Gehorsam" identisch ist und den Menschen nur in seiner scheinbaren „Freiheit" unterdrücken will, keine sinnvolle Antwort und Argumentation mehr entgegenzusetzen hat.
- **Innere Aufgeschlossenheit** gegenüber anderen Wesen und gegenüber Lebenssituationen bewusst einüben. Was will mir die Situation oder der oder die andere gerade sagen?

- **Zugeständnisse bei Interessenskonflikten** einüben, das führt zu Gelassenheit und Toleranz gegenüber den Fehlern der anderen, und schließlich zur Verzeihung und Vergebung.
- **Eingestehen eigner Fehler,** zunächst sich selbst gegenüber, und dann auch gegenüber den anderen einzugestehen; und anschließend sich selbst verzeihen zu lernen.
- **Vertrauen entwickeln:** Die seelische Fähigkeit, Vertrauen zu entwickeln, ist ein Paradebeispiel für die permanente Notwendigkeit, sowohl die äußere als auch die innere Perspektive einzunehmen. Vertrauen in die äußere Welt ist unabdingbar an Vertrauen in die innere Welt geknüpft. Wenn die Umwelt wahrnimmt, dass ein heranwachsender Mensch wenig Vertrauen besitzt, muss es eine absolute Selbstverständlichkeit sein, dass dieser Mensch hier dringend über einen längeren Zeitraum Unterstützung braucht und diese dann von den verantwortlichen Begleitern sinnvoll initiiert wird. Und dass dieser seelische Aspekt zunächst Vorrang haben darf vor der reinen Wissens- und Funktionsvermittlung in Bezug auf die äußere Welt. Spürt ein inzwischen erwachsener Mensch, dass er mit dieser seelischen Fähigkeit Probleme hat, ist allein schon die Wahrnehmung dafür ein guter erster Schritt. Auch in diesem Punkt zeigt sich die wichtige Unterscheidung zwischen der Welt des Geistes und der Welt der Seele. Vertrauen ist ein rein seelischer Aspekt und hat nicht das Geringste zu tun mit den vorhandenen geistigen Fähigkeiten.
- **Weisheit ansammeln** (statt Wissen): Weisheit entsteht dadurch, dass ich mich in ausreichendem Maß und in für mich passenden Abständen mit meinen Erfahrungen innerlich auseinander setze und die passenden Rückschlüsse und Lehren aus ihnen ziehe, sich also meine *Merkwelt* und *Wirkwelt* miteinander im Gleichgewicht befinden. Weisheit entsteht also nicht dadurch, dass ich nur Wissen ansammle. Weisheit lässt sich viel leichter entwickeln, als es heute viele Menschen denken. Das liegt daran, dass ihnen niemand zeigt, wie einfach das geht, weil alle nur denken, wie scheinbar wichtig das Wissen ist.
- **Regelmäßig und in einem guten Maß Freude empfinden:** Der Anlass der Freude kann ein äußerer oder ein innerer sein; wenn Sie registrie-

ren, dass Sie sich schon länger nicht mehr gefreut haben, sorgen Sie dafür, dass Sie einen Anlass erzeugen. Auch das kann man einüben.
- Die Fähigkeit einüben, wahrzunehmen, wann konkret und aktuell eine seelische Herausforderung und Prüfung angesagt ist.

Alle hier aufgelisteten Fähigkeiten sind Fähigkeiten der Seele und keine Fähigkeiten des Geistes. Die Fähigkeiten des Geistes wurden in einem vorherigen Kapitel ausführlich beschrieben. Der gedankenlose synonyme Gebrauch der Begriffe *Geist* und *Seele* ist leider ein weiterer negativer Multiplikator für das Verhungern und Verkümmern alles Seelischen in unserer Welt. Ich hoffe, es ist mir gelungen, in Ihnen als Leser wieder ein besseres Verständnis und Gefühl für die notwendige Unterscheidung der beiden so wichtigen Wesensorgane in unserem Menschsein anzuregen.

Werte-Pflege als Weg zur Heilung und Befreiung der Individual- und der Weltseele

- **Regelmäßige Bewusstmachung und Überprüfung des persönlichen Weltbildes** (siehe Kapitel 1).
- **Regelmäßige Bewusstmachung und Überprüfung des persönlichen Menschenbildes** (siehe Kapitel 1).
- **Akzeptanz der Realität einüben.**
- **Ziele und Sinn im Leben herausfinden:** Die Ziele dürfen jedoch nicht auf das Ego bezogen sein, sondern auf einen in der Zukunft liegenden Aspekt; andernfalls empfindet die Seele schnell wieder Sinnlosigkeit.
- **die Kraft der Liebe und des Mitgefühls** nicht in die private Nische des Einzelnen oder in die Verantwortung der Religionen abschieben, sondern als grundsätzliche humane Kompetenz überhaupt definieren und würdigen; und dann ebenfalls erlernen und einüben.

Die Werte, die hier aufgelistet sind, sind Werte, die ausschließlich der Seelenpflege dienen. Andere Werte, die sich auf die Pflege der Umwelt oder auf die Pflege des sozialen Miteinanders beziehen, stehen hier nicht zur Disposition. Stattdessen soll dies eine Anregung dafür sein, dass wir uns bei dem Thema

Werte zunächst grundsächlich Gedanken machen sollten, was Werte überhaupt sind und was sie bedeuten. Werte sind dazu da, etwas, das uns wertvoll erscheint, uns zunächst überhaupt bewusst zu machen. Und sich dann klarzumachen, dass Lebensaspekte, die uns wertvoll und wichtig sind, an Wert verlieren, wenn wir sie nicht pflegen. Von daher ist es höchste Zeit, dass sich unser Bildungssystem, das sich seit Jahrhunderten ausschließlich daran orientiert, den Menschen für den Umgang mit der äußeren Materie zu befähigen, zu reformieren. Die Konzeption dieses Bildungssystems ist für den Menschen des 21. Jahrhunderts schon lange nicht mehr zeitgemäß, solange nicht auch die Fähigkeit des Umgangs mit unserem menschlichen Inneren in unser Bildungssystem mit einbezogen wird.

Praxisbeispiel aus der Psychotherapie

In der psychosomatischen Akut-Klinik, in der ich über viele Jahre als Körperpsychotherapeut tätig war, betrug die durchschnittliche Verweildauer derjenigen, die sich einer tiefergreifenden Psychotherapie unterzogen haben, ungefähr drei Monate. Dass sich in diesem Zeitraum stets tiefere Bindungen, sowohl zu den Therapeuten als auch zu den Mitpatienten, entwickeln, war bewusst vom Klinikkonzept her so gedacht und gewollt, weil bei oberflächlichen und flachen Bindungen notwendige seelische Veränderungsprozesse nachgewiesenermaßen weniger möglich sind. Etwa drei bis vier Wochen vor der geplanten Entlassung kam es dadurch bei fast allen zu einer Stressreaktion, die den allermeisten, im Gegensatz zu anderen Gefühlsreaktionen, die sich auf konkrete Personen oder Situationen zurückführen ließen, vollkommen unverständlich war, und die diese Stressreaktion, trotz der inzwischen verbesserten Selbstwahrnehmung, nicht entsprechend einordnen konnten.

Die in diesen Situationen gängige, und sachlich vollkommen richtige Antwort und Interpretation aller psychotherapeutischen Kollegen war, dass diese Reaktion mit dem nun bevorstehenden Abschied und der baldigen Entlassung zu tun habe. Die Patienten erfuhren also eine Wissensvermittlung im Hinblick auf ihre Stressreaktion, die die meisten bisher so noch nicht bewusst erlebt hatten. Vonseiten der Psychotherapeuten wurde meistens noch hinzugefügt, dass diese Reaktion eine ganz normale Reaktion im Zusammenhang mit Abschied und Trennung sei, dass diese also dementsprechend bei jedem mehr oder weniger unvermeidlich vorkomme und dass man durch diese Reaktion einfach durch müsse wie durch einen grippalen Infekt, und die dann auch irgendwann wieder vorbei sei.

Bei manchen Patienten reichte die Erklärung des für sie zunächst unverständlichen Stressprozesses aus, und die gute Beziehung zum Therapeuten half denn auch, diesen Prozess wie einen grippalen Infekt zu durchleben. Bei anderen aber, die in ihren sämtlichen Übergangssituationen ihres bisherigen Lebens vollkommen auf sich alleine gestellt waren und die nie in einer solchen Übergangssituation eine Begleitung erfahren haben, reichte die reine und durchaus gut gemeinte Wissensvermittlung über die Ursache der Stressreaktion nicht aus. Es kam zu solch heftigen inneren Reaktionen, teilweise verbunden mit einem Wiederaufflammen sämtlicher früherer und schon überwunden geglaubter Symptome, dass nicht wenige anfingen, den bisherigen, auch selbst empfundenen Therapiefortschritt wieder vollkommen infrage zu stellen. Wenn ich im Rahmen einer Körperpsychotherapie auf eine so heftige Stressreaktion stieß, war es für mich eine Selbstverständlichkeit, nicht nur die Ursache dieser Reaktion zu erklären, sondern zusätzlich die Betroffenen mit konkreten begleiteten Strukturschritten in Ihrem Prozess zu unterstützen, was denn auch, oft selbst zur Überraschung für die Betroffenen, stets von Erfolg gekrönt war. Im Laufe der Zeit sprach sich das in der ganzen Klinik herum. Und so wurde ich, obwohl in erster Linie Körperpsychotherapeut, allmählich innerhalb der Klinik als Fachmann für solche besonders stressigen Verläufe zur zusätzlichen Unterstützung eingesetzt.

Ich bringe dieses Praxis-Beispiel deshalb hier ein, weil ich damit zunächst erneut deutlich machen möchte, dass diese unumgängliche Reaktion auf einen bevorstehenden Abschied ein ausschließlich seelischer Prozess ist und nicht das geringste damit zu tun hat, wie geistig fit ein Mensch in einer solchen Situation ist, und dass wir hier wiederum ein Paradebeispiel dafür haben, wie verhängnisvoll die gedankenlose Gleichschaltung der Begriffe „Geist“ und „Seele“ für unsere gesamte Kultur werden kann. Durch die nun erfolgte Zunahme von Erfahrungen durch die Begleitungen vieler Menschen in dieser speziellen Situation wurde mir klar, dass die in diesen Situationen meist klug und auch richtig von den Lippen der geschulten Psychotherapeuten kommenden Begriffe und Worte „Abschied“ und „Trennung“ doch leider zu sehr aus der Distanz daherkommen und dass das, worum es hier wirklich geht, von vielen Betroffenen mithilfe dieser Begriffe nicht wirklich verstanden werden kann. Die Begriffe „Abschied“ und „Trennung“ entstammen aus der psychoanalytischen Perspektive. Und die psychoanalytische Perspektive ist mit den Begriffen „Abschied“ und „Trennung“ vollkommen richtig erfasst. Und jeder Betroffene erkennt, dass das so logisch ist. Es stellt sich jedoch die Frage, ob das rein logische und rationale Verstehen ausreicht, um einen solchen Prozess auch gut zu überstehen. Eine andere wichtige Überlegung ist, dass bei einer „Trennung“ und beim „Abschied“ die Gefühlsreaktion doch eigentlich erst am Entlassungstag und eventuell in der Zeit danach zu Hause eintreten müsste. Wieso aber beginnt die Stressreaktion dann schon drei bis vier Wochen vor der Entlassung? Wir befinden uns hier an der gleichen Schnittstelle, wie zwischen „Träumen“ und „Traum“, oder zwischen „Vorstellen“ und „Vorstellung“. Aus meiner Sicht bedarf es hier einer ergänzenden Perspektive zur rein analytischen, nämlich der Perspektive eines organischen Lebensprozesses. Aus einer solchen Perspektive ergibt sich ein vollkommen anderer Begriff für die oben beschriebene Situation. Und dieser Begriff heißt nicht „Trennung“, sondern „Übergang“.

Und wenn man Menschen seelisch in Übergängen begleitet, dann stellt man fest, dass Übergänge grundsätzlich Krisen sind, und das auf allen Ebenen des Seins, also seelisch, geistig und körperlich. Krisen deshalb, weil das Alte und Vertraute sich beginnt aufzulösen, ob man das will oder nicht, und weil das Neue und Andere noch nicht sofort ganz da ist. Und das erklärt, warum die Stressreaktion bereits Wochen vor der eigentlichen Entlassung auftritt. Aber Krisen haben immer zwei dialektische Aspekte. Sie können bestehende Probleme noch mehr verstärken und zementieren oder sie können eine Chance sein zur in diesem Fall immer seelischen Weiterentwicklung. Meinen betreffenden Patienten und Klienten erkläre ich, dass Übergangssituationen wie „Ereigniskarten“ beim Monopoly-Spiel sind. Sie werden vom Leben und vom Kosmos stets nur in dosierter Form verabreicht. Die Möglichkeiten, in einer solchen Situation enorme Entwicklungsschritte zu machen, sind daher aber auch stets größer als in anderen Situationen. Wer dann aber über gut begleitete Vorerfahrungen mit Übergangssituationen verfügt, wird die Chance zur seelischen Weiterentwicklung ergreifen. Klassische Übergangssituationen sind zum Beispiel der Übergang in den Kindergarten, dann der Übergang in die Grundschule, der Übergang in die weiterführende Schule, und vor allem der letzte Schulabschluss. Andere Beispiele sind berufliche Veränderungen oder Umzüge, und schließlich der Übergang aus der beruflichen Tätigkeit in eine andere Lebenssituation im Alter. Wer spätestens hier keine begleiteten Erfahrungen mit Übergängen gemacht hat, dem werden sehr krisenhafte bis sehr kritische Erfahrungen kaum erspart bleiben.

Ich persönlich habe, speziell in den Begleiter-Erfahrungen mit Übergängen, mehr über tiefgreifende organische Lebenszusammenhänge erfahren als in allen anderen Therapie-Prozessen. Und die Menschen, die ich in Übergängen begleitet habe, haben mir rückgemeldet, dass keine andere therapeutische Erfahrung eine so tiefgreifende Wirkung bezogen auf die innere „Wirkwelt" hatte wie die begleitete Erfahrung mit einem Übergang.

Das Mandala als Symbol für die transzendentale Dimension der Seele

Was ist ein Mandala? Die meisten Menschen kennen, wenn überhaupt, das Mandala als kreisrundes, aber durch sehr regelmäßige Flächen zergliedertes geometrisches Schaubild. Einige Kulturinteressierte kennen auch die vielfältigen Mandalas, die in der Tradition des *Tibetischen Buddhismus* auf Rollbilden („Thanghas") mit zum Teil höchsten künstlerischen Ansprüchen dargestellt sind.

Das Wort *„Mandala"* stammt aus dem Sanskrit und hat dort interessanterweise eine doppelte Bedeutung, nämlich zum einen die Bedeutung *„Kreis"*, und zum anderen die Bedeutung *„Zentrum"*. Ein besseres Symbol für die Seele gibt es nicht. Denn das Kennzeichen der Seele ist es, wie wir festgestellt haben, sowohl einen Kern und ein Zentrum als auch eine kreisende Formenvielfalt zu besitzen. Das ursprüngliche Mandala ist eine Kombination aus einer kreisrunden Form am äußeren Rand mit rechteckigen Formen im Inneren des Kreises. Das Mandala wurde schon vor mehreren Jahrtausenden in Indien zunächst im Hinduismus, danach auch im Buddhismus, als Hilfsmittel für eher fortgeschrittene Meditationstechniken verwendet. Das wichtigste Merkmal eines Mandalas ist die Grundorientierung vom äußeren Rand zum Mittelpunkt hin. Sinn und Zweck des Mandalas war und ist es im *Tibetischen Buddhismus* noch heute, dass der Betrachter jede der vielen enthaltenen Formen auf sein Bewusstsein einwirken lässt. Dabei beginnt man stets mit den Formen am äußeren Rand, und dringt allmählich zum Zentrum des Mandalas vor. Jede einzelne dieser geometrischen Formen ist aber nicht, wie das heute schon einmal bei modernen Nachbildungen der Fall sein kann, eine rein ästhetische Spielerei als Arabeske, sondern sie sind durchdrungen von tiefgreifender und bis ins Detail durchdachter Symbolik. Diese Symbolik kann sich ebenso auf das gesamte Universum beziehen oder aber auch auf rein innere Aspekte des Menschen. In der diesbezüglichen, sehr anspruchsvollen Meditation muss jede einzelne Form so lange visualisiert werden, bis sie tief im Bewusstsein gespeichert ist. Wenn dann die nächstfolgende Form meditierend in Angriff genommen wird, muss die vorhergehende, für die man sich so eine große Mühe gemacht hat, sie zu speichern, wieder ganz losgelassen und „vergessen“ werden. Sie wird von der neuen Form im Bewusstsein vollkommen „überschrieben“. Auf diese Weise meditiert sich der Betrachter bis ins Zentrum des Mandala vor.

Die ideale Wirkung jedoch erzielt das Mandala dann, wenn es zunächst vom Meditierenden selbst konkret gezeichnet und erstellt, und anschließend wie gerade geschildert betrachtend meditiert wird. Die besondere Wirkung wird dadurch erzielt, dass man bei der Erstellung des Mandalas von innen nach außen vorgeht, und bei der Meditation von außen nach innen. Auf diese Weise vollzieht das Bewusstsein zwei Bewegungsrichtungen, eine Bewegung hin zur Mitte, die andere Bewegung weg von der Mitte zum Rand. Die Bewegung weg von der Mitte zum Rand symbolisiert die Entwicklung von der Geburt des Menschen hinein in die Vielfalt der unterschiedlichen Weltaspekte, die Bewegung vom Rand zur Mitte symbolisiert die umgekehrte Entwicklung vom Zeitpunkt des Todes und der damit einhergehenden vollzogenen, aber noch nicht ausreichend verarbeiteten Ansammlung unzähliger Eindrücke der Lebenswelt, wieder hinein in eine allmählich entstehende, und schließlich konkret festgelegte Wahl einer neuen Bewusstseinsidentität.

Das Mandala symbolisiert somit also auch ein organisches kosmisches Prinzip, das aber nicht nur für den Menschen steht, sondern für alle wahrnehmbaren materiellen Formen vom Gestein zum Kristall, von der Gestalt der

Pflanzen bis zum Menschen und schließlich bis hin zu den Formen der Galaxien. In allen wahrnehmbaren materiellen Formen findet demnach derselbe Entstehungs- und Umwandlungsprozess zu etwas Neuem statt. Und das auf der Basis des Strukturgesetzes vom Kern zum multidimensionalen Rand und vom multidimensionalen Rand zurück zur Mitte und zum Kern. Die konkrete Anwendung des Mandalas im spirituellen Entwicklungsprozess wurde sowohl im Hinduismus als auch im Buddhismus stets nur von sehr fortgeschrittenen Praktizierenden angewandt. Sie war und ist bis heute an eine Initiation und weitere Begleitung durch einen erfahrenen Meister verpflichtend gebunden. Denn durch die Mandala-Meditation scheinen wesentlich intensivere Prozesse im Bewusstsein angeregt zu werden als bei einfacheren Meditationstechniken. Und im Gegensatz zu vielen anderen Meditationstechniken, die inzwischen auch im Westen bekannt sind, ist die Mandala-Meditation auch im Osten eine bisher eher sogenannte geheime Meditationstechnik für sehr Fortgeschrittene geblieben.

An dieser Stelle müssen wir uns nun aber noch einmal dem Seelenpionier Carl Gustav Jung zuwenden. Was heute wenig bekannt ist, ist, dass C. G. Jung sich während seiner Studentenzeit neben dem Medizinstudium intensiv mit dem Spiritismus beschäftigt und regelmäßig an Seancen und Trance-Sitzungen seiner Cousine teilgenommen hat. Die spätere Auseinandersetzung mit Freud in Bezug auf dessen rein auf das Sexuelle fixierte Theorie des Unbewussten und die daraus resultierende Trennung von ihm scheinen bei Freud selber keine größeren inneren Spuren hinterlassen zu haben. Dagegen waren die dadurch ausgelösten inneren Prozesse bei C. G. Jung umso intensiver. Zudem fielen sie zeitlich genau in den Abschnitt seiner Lebensmitte, die ja bekanntlich ohnehin prädestiniert ist für innere Krisen. Zu einem wichtigen Bestandteil der Krisenverarbeitung wurden für C. G. Jung mehrere und länger dauernde Reisen, zunächst zu den Pueblo-Indianern nach Nordamerika und ein Jahr später zu Eingeborenenstämmen nach Nord- und Ostafrika. C. G. Jung hat ja später auch den Begriff der *Synchronizität* in die westliche Psychotherapie eingeführt. Damit ist das scheinbar zufällige Zusammentreffen von zwei Ereignissen gemeint, das nicht auf äußere kausale Ursachen zurückzuführen ist. Eine solche *Synchronizität* war für C. G. Jung zum Beispiel die Tatsache, dass er genau zum Zeitpunkt nach seiner Rückkehr aus Afrika den Sinologen

Richard Wilhelm kennen lernte, der ihm seine Fachkennnisse über die uralte „taoistische Alchemie" weiter vermittelte.

Ein weiterer Bestandteil seiner Krisenverarbeitung bestand darin, dass er sich während dieser Zeit wieder intensiv mit seinen eigenen Träumen beschäftigte. Hierbei entdeckte er, dass seine Träume, ebenso wie die seiner Klienten, viele Motive aus der *taoistischen Alchemie* beinhalteten. Durch die Freundschaft mit dem Sinologen Wilhelm angeregt, unternahm C. G. Jung schließlich 1936 eine weitere Fernreise, diesmal nach Indien. Hier lernte er die spirituelle Technik der Mandala-Meditation kennen, jedoch ohne sich zunächst weiter damit zu beschäftigen. Bald stellte sich heraus, dass einige seiner Klienten von sich aus damit begannen, Mandalas zu zeichnen und ihm davon zu berichten. Die Erfahrungen dieser Klienten berührten ihn so stark, dass er schließlich selber mit dem Zeichnen von Mandalas begann. Jahre später wird er schreiben, dass seine Beschäftigung mit dem Mandala der wichtigste Faktor war, der ihm über die Krise seiner Lebensmitte hinweg geholfen hat. In der Jung'schen Psychoanalyse wird bis heute das Mandala-Zeichnen angewandt, jedoch ausdrücklich so, dass die Therapeuten zunächst von sich aus das Mandala nicht erwähnen, sondern warten, bis die Klienten von sich aus, durch entsprechende Träume angeregt, mit dem Zeichnen von Mandalas beginnen. Interessant ist, dass auch Stanislav Grof die Teilnehmer beim *Holotropen Atmen* unmittelbar nach den Atemsitzungen vorgezeichnete Mandalas auszeichnen lässt. Auf diese Weise soll die teilweise verwirrende Vielfalt der Erfahrungen in einen strukturgebenden Rahmen eingebettet werden.

Die bis heute im Westen existierende umfassendste theoretische Auseinandersetzung mit dem Mandala-Prinzip stammt von dem amerikanischen Künstler-Ehepaar Jose und Miriam Argüelles. (18) Hier heißt es:

> *„Das Mandala, das dem menschlichen Bewusstsein umfassend zugrunde liegt, ist kontinuierlich in seinen Baugefügen, Ritualen und Kunstformen in Erscheinung getreten. Von seinen zahlreichen Ausdrucksformen her können wir drei grundlegende Eigenschaften ableiten: ein Mittelpunkt – Symmetrie – Kardinalpunkte. Der erste Grundbestandteil ist unveränderlich; die beiden anderen können dem Wesen des besonderen Mandala gemäß variieren. Symmetrie kann ebenso zweiseitig wie dynamisch, starr*

und genau festgelegt oder auch vollkommen fließend sein. Die Kardinalpunkte können zahlenmäßig genau bestimmt sein, wobei die Zahl von der Gegebenheit des Mandala abhängt; oder es sind unzählige, die wie beim Kreis nicht in Erscheinung treten.“ (19)

Für die Argüelles sind der Mittelpunkt und die Polaritäten in der Struktur des Mandala

„die Schlüssel, mit denen sich die Sprache des Mandala erschließen lässt. Das Mandala kann die Fesseln der inneren Konflikte des Menschen aufbrechen, indem es ihn nämlich zu einem Standpunkt hinführt, von dem aus die verschiedenen Gegensätze harmonisch, als Wechselbeziehung, erscheinen. Alles Verstehen und Wissen, alle Grundsätze, die auf die Ur-Dualität irdischen Bewusstseins beruhen, beugen sich vor dem Geheimnis des Zentrums, des Punktes, aus dem alles hervorgeht und zu dem alles zurück kehrt. Die Wechselwirkung von Geburt und Tod, Anziehung und Abstoßung von Formen und Kräften, Vergangenheit und Zukunft werden von dem augenblicklichen und gleichzeitig doch ewigen Ursprungspunkt, der rätselhaften Gegenwart, zusammengehalten.“

Und weiter:

„Lenkt ein Organismus seine Energie auf sich, kann er sich selbst heilen, wachsen und über sich selbst hinaus entfalten. Heilung und Wachstum sind nur Reaktionen auf jene Krisenpunkte, auf die jeder Organismus einmal stößt. Diese Krisen sind ein ‚normaler‘ Bestandteil innerhalb des Lebensprozesses, die die Gelenkstellen innerhalb der Evolution anzeigen so wie die Bambusringe die Länge des Stabes. Es hängt jedoch von der Reaktion des Einzelnen auf solche Krisenpunkte ab, ob die weitere Entwicklung hin zum Licht oder zur Finsternis verlaufen wird, auf eine neue gesteigerte Erlebnisfähigkeit zu oder einen Zustand von Stillstand und Verfall … Das Mandala als konstruiertes Gebilde versetzt das Individuum in die Lage, seine Erfahrungen besser anzunehmen, denn es liefert ihm einen allgemeinen Plan, ein Schema, aus dem heraus sie im Verhältnis

zu ihren Gegenpolen und Widersprüchen abgelesen werden können. So wird die Komplexität jeder Situation vollständig erfasst, eine Einheit der Gegensätze ist erreicht und eine weitere Wachstumsstufe begonnen worden.“ (20)

Seitdem diese Sätze formuliert worden sind, ist inzwischen schon wieder viel Zeit vergangen. In dieser Zeit ist es sehr still geworden um das Mandala. Dafür ist die Menschheit viel zu sehr mit äußeren Dingen beschäftigt. Die Idee des Mandala und sein Wirkprinzip jedoch sind weiter immanent im Universum vorhanden und wirksam, wenngleich augenscheinlich oder zumindest scheinbar derzeit wenig im Inneren der Menschen. Dafür bleiben Idee und Wirkprinzip des Mandala in den Galaxien, den Steinen und Pflanzen weiter präsent. Ich persönlich bin der tiefen Überzeugung, dass das Mandala und der bewusste und respektvolle Umgang damit für die weitere Entwicklung jedes Einzelnen und des Menschheitskollektivs im Allgemeinen in der Zukunft noch eine große Bedeutung erlangen werden.

Wie wäre es, wenn Sie, wie schon gewohnt, an dieser Stelle nicht gleich weiter lesen, sondern sich wieder Ihre eigenen Notizen und Gedanken machen, die dann später jeder Zeit ergänzt werden können?

10 Das Selbst ist nicht das Ich – aber was dann?

Unsere Unwissenheit ist es, die uns meinen lässt, dass unser Selbst,
als Selbst, etwas Wirkliches sei,
dass es seinen vollen Sinn in sich habe. (1)
Rabindranath Tagore

Der Begriff *Selbst* ist heute eines der am meisten verwendeten Allerweltsworte geworden. Doch es stellt sich die Frage, sind wir uns eigentlich bewusst, was wir unter diesem Begriff verstehen? Der Begriff *Selbst* wird heute in sämtlichen Bereichen verwendet, die wir uns vorstellen können, in der Psychologie, der Pädagogik, der Soziologie, der Philosophie, der Theologie, ja sogar im Bereich der Automobiltechnik. Demnach hat auch ein selbstfahrendes Auto ein Selbst. In der Wikipedia (2) gibt es innerhalb der Seite, die sich mit dem Begriff *Selbst* beschäftigt, einen Hinweis auf eine andere Seite, in der sämtliche derzeit vorkommenden Begriffe in deutscher Sprache innerhalb der Wikipedia, in denen das Wort *Selbst* in Zusammenhang mit einem Begriff aus einem anderen Wissenschaftsbereich als Präfix vorkommt, aufgelistet sind. Das ist im Zeitalter des Computers heute schnell erstellt. Früher hätte ein Doktorand Wochen oder Monate dafür in Bibliotheken suchen müssen. Die Liste umfasst auf zwei Seiten mehrere hundert Begriffe. Hier zeigt sich wieder besonders eindrücklich, wie sehr wir aktuell unser gesamtes Leben bis hinein in den Umgang mit Begriffen funktionalisieren. Funktionalisierung bedeutet, dass etwas Lebendiges nur als Funktion für einen bestimmten Nutzen gedacht, oder besser formuliert, missbraucht wird, und dadurch jedoch seine inspirierende Lebendigkeit verliert. Aber wie in diesem Buch inzwischen deutlich werden sollte, gehören auch *Begriffe* zu den Phänomenen, denen Leben innewohnt, im Gegensatz zu Gegenständen, die tatsächlich ausschließlich zum Nutzen für etwas existieren. Somit wird der Begriff *Selbst* in unserer Kultur zwar inflationär benutzt und gebraucht, aber es gibt keine allgemeingültige Definition darüber, was darunter eigentlich zu verstehen ist. Aus einer tiefenpsychologischen Perspektive kann man sagen, dass das erste Problem und das zweite einander bedingen. Denn je weniger etwas klar definiert ist, desto anfälliger ist es für willkürlichen Gebrauch beziehungsweise Missbrauch.

Der älteste Ursprung des Selbst-Begriffes

Die erwiesenermaßen älteste Verwendung des Begriffes *Selbst* stammt aus der uralten indischen Philosophie. Sowohl im alten wie auch im modernen Indien existieren eine Vielzahl von philosophischen Schulen. Diese Vielfalt an Schulen lässt sich jedoch zurückführen auf ursprünglich zwei wesentliche philosophische Schulen. Die älteste von diesen beiden ist die *Samkhya-Schule,* die andere, etwas später entstandene, die *Vedanta-Schule. Samkhya* heißt übersetzt *Aufzählung,* also Aufzählung dessen, was existiert; *Vedanta* heißt *Wissen.*

In der *Samkhya-Philosophie* besteht die Welt aus zwei verschiedenen Entitäten, nämlich zum einen *Purusha (Bewusstsein),* zum anderen *Prakrti (Materie).* Diese Grundphilosophie wird heute mit Recht als dualistisch und damit als philosophisch problematisch bezeichnet. In der ursprünglichen *Advaita-Vedanta-Philosophie* (wörtlich: *Vedanta der Nichtzweiheit)* besteht die Welt aus einer non-dualen Ureinheit, die den Namen *Brahman* hat und reiner Geist ist. In einem beeindruckenden Artikel legt Roderich Wahsner dar, dass die beiden philosophischen Schulen trotz ihres unterschiedlichen philosophischen Ansatzes in der religiösen und spirituellen Lebenspraxis zum gleichen Ergebnis und Ziel führen. (3) Wenn wir nur in der „Rezeptor-Perspektive" (von Uexküll) bleiben, ohne das Wahrgenommene auch an uns selbst innerlich auszuprobieren auf seine mögliche Wirksamkeit „Effektor-Perspektive" (von Uexküll), sagt uns das rationale Denken, dass nur eine der Philosophien richtig sein kann. Die Inder aber denken so nicht, sie handeln einfach entsprechend einer der angebotenen Philosophien, die sich für sie passend anfühlt. Und das Erstaunliche, worauf Wahsner hinweist: Trotz ihrer sehr unterschiedlichen Grundphilosophien nähern sie sich inzwischen in ihrer praktischen Umsetzung so weit an, dass sie zu sehr ähnlichen *Wirkungen* in der Psyche des Menschen kommen. Eine solche Ähnlichkeit in der *Wirkung* auf den Menschen ist aber nur dadurch möglich geworden, dass die genannten Systeme und Schulen bereit waren, sich innerlich weiterzuentwickeln und offen für den Dialog mit anderen Systemen und Schulen waren.

In der *Samkhya-Philosophie* besteht der Mensch zum einen Teil aus *Purusha* („grenzenloses Bewusstsein"), welches allem Sein zugrunde liegt. Das Problem oder die Herausforderung für den diesseitigen Menschen besteht jedoch darin, dass er das *Purusha* im Alltagsempfinden nicht spüren und wahrnehmen kann.

> *„Dieses individuelle Purusha ist ein Partikel des kosmischen oder All-Bewusstseins, und unterscheidet sich von diesem genauso wenig wie das Wasser eines Regentropfens vom Wasser des Ozeans, in den er fällt."* (4)

Der andere Teil des Menschen besteht aus *Prakrti,* also aus Materie, die sich aber in drei verschiedene *Ganas (Eigenschaften)* unterteilen lässt.

1. *Sattva:* das Leichte und zur Erkenntnis Fähige;
2. *Rajas:* das Bewegende, Stimulierende und zur Umwandlung Befähigende;
3. *Tamas:* das Feste, Schwere und Dunkle, das Festigkeit und Halt Verleihende.

Soweit die drei verschiedenen materiellen Eigenschaften, mit denen der Mensch behaftet ist. Darüber hinaus sind dem Menschen vier verschiedene „geistige innere Instrumente" *(Antakaranas)* mitgegeben. Diese sind:

1. *Buddhi:* ein höherer Geist, der zur Unterscheidung fähig ist;
2. *Manas:* ein niederer Geist, der lediglich die Sinneswahrnehmungen und Alltagshandlungen koordinieren muss;
3. *Ahankara:* die im Menschen angelegte Fähigkeit, sich als eigenständiges *Ich* zu empfinden;
4. *Chitta:* das gesamte Reservoir des früher erworbenen und gelernten, in der Aktualität aber ins Unbewusste abgetauchte Wissens.

Nach der *Samkhya-Philosophie* ist die *Buddhi*-Kraft das einzige der inneren Instrumente, welches zur Wahrnehmung von *Purusha* in der Lage ist. Damit sich dies aber für die *Buddhi*-Kraft ermöglicht, bedarf es zuvor einer zunehmenden Verfeinerung und Beherrschung der drei *Gunas.* Hierzu hat die *Samkhya-Schule* das *Yoga-System* entwickelt, dessen Grundprinzip darin besteht, dass bestimmte Disziplinen und Übungen, das können sowohl geistige als auch körperliche sein, vor allem regelmäßig in den Lebensalltag einbezogen werden. *Yoga* bedeutet *ins Joch nehmen.* Auf diese Weise kommt der Mensch allmählich immer wieder einmal für einen kurzen Augenblick in Kontakt mit *Purusha,* der Kraft des *All-Bewusstseins,* von dem wir alle ein Teil sind.

Aus Sicht der *Vedanta-Philosophie* ist der Mensch wesensgleich mit *Brahman. Brahma-n* (mit n) beschreibt die Qualität eines Seins als „höchste Wirklichkeit", „höchste göttliche Kraft" oder das „Absolute", während *Brahma* (ohne n) einen Gott als Schöpfergott bezeichnet. Der individualisierte Teil des *Brahman* im Menschen, also der Regentropfen, wird in der *Vedanta-Philosophie* als *Atman* bezeichnet. In der Sanskritsprache bedeutet *Atman* sowohl *Seele,* als auch *Mensch.* Die Sinnerfüllung eines menschlichen Lebens besteht für die *Vedanta-Philosophie* genauso wie in der *Samkhya-Philosophie* nun darin, den *Atman* in sich als das eigentliche und *höhere Selbst* zu entdecken und zu verwirklichen. Und genauso wie die *Samkhya-Schule* betrachtet die *Vedanta-Schule* das Ins-Joch-Nehmen und Zähmen der zu sehr materialisierten Stoffe und Kräfte im Menschen als den einzig zielführenden Weg auf dem Wege der Erkenntnis und Erfahrung des inneren *Atman.* Dann weist Roderich Wahsner in seinem Artikel darauf hin, dass die erste westliche Sprache, in die alten indischen im Sanskrit verfassten Texte, vollständig übersetzt worden sind, die englische war, weil Indien damals eine Kolonie von England war. Und dass die ersten Übersetzer ins Englische mit Unterstützung der des Originals Kundigen damals darin übereinkamen, die oben grob mit „höchste Wirklichkeit", „höchste göttliche Kraft" oder das „Absolute" übersetzten Begriffe von *Brahman* und *Atman* im Englischen mit dem Wort „SELF" oder „Conciousness" zu übersetzen. Und so machten sich die Begriffe *Brahman* und *Atman* in der Verpackung des Begriffs *SELBST* auf den Weg in den Westen, bleiben aber bis heute für die meisten Menschen nicht ausgepackt. Statt dessen halten wir die Verpackung inzwischen für den verpackten Inhalt.

Nun ist es ja so, dass Menschen, die sich in zwei verschiedenen Kulturen gut auskennen, in besonderer Weise dazu befähigt sind, dem Kulturfremden die Inhalte der anderen Kultur zu vermitteln. Das haben wir zum Beispiel bei Graf Dürckheim als Vermittler zwischen der japanischen und der westlichen Kultur konkret gesehen. Ein Vermittler, der aus Indien stammte, sich aber auch mit der westlichen Kultur gut auskannte, war der Literaturnobelpreisträger Rabindranath Tagore. Er, der hauptsächlich Gedichte geschrieben hat, beschreibt in einem philosophischen Buch mit dem Titel „Sadhana" explizit die uralte indische Philosophie in einer für den westlichen Menschen verständlichen Weise. (5) Die Auffassung der Inder zum menschlichen *Selbst* beschreibt er für uns Westler mit folgenden Sätzen:

An einem Pol meines Wesens bin ich eins mit Stöcken und Steinen. Dort habe ich die Herrschaft des Weltgesetzes anzuerkennen. Dort liegt das Fundament meines Wesens, tief, tief unten. Seine Stärke liegt darin, dass es von der umfassenden Welt fest umschlossen wird und in voller Gemeinschaft mit allen Dingen steht.

Aber am anderen Pol meines Wesens bin ich von allen abgesondert. Dort habe ich die Linie der Gleichheit durchbrochen und stehe allein als ein Individuum. Ich bin schlechthin einzig, ich bin ich, ich bin unvergleichbar. Das ganze Gewicht des Weltalls kann diese meine Individualität nicht zerdrücken. Ich halte sie aufrecht trotz der ungeheuren Schwerkraft aller Dinge. Sie ist klein dem Anschein nach, aber groß in Wirklichkeit …

Würde diese Individualität zerstört, so würde, wenn auch kein Material verloren, kein Atom vernichtet wäre, die schöpferische Freude, die darin kristallisiert war, dahin sein. Wir sind absolut bankrott, wenn wir dieser Besonderheit, dieser Individualität beraubt sind, die das einzige ist, was wir unser eigen nennen können, und deren Verlust zugleich ein Verlust für die ganze Welt ist. Und daher können wir uns nur durch sie das All zu eigen machen in einem tieferen Sinne, als wenn wir unsere Besonderheit unbewusst in seinem Schoße ruhten. Das Allumfassende sucht immer seine Vollendung im schlechthin einzigen …

Dass diese Besonderheit des Selbst von dem Menschen als sein kostbarer Besitz geschätzt wird, beweisen die Leiden, die er um ihretwillen auf sich nimmt, und die Sünden, die er um ihretwillen begeht … Die Aufrechterhaltung dieser Besonderheit bedeutet für uns beständiges Kämpfen und Leiden. Und tatsächlich ist dieses Leiden der Maßstab für ihren Wert. Die eine Seite dieses Wertes heißt Opfer; sie drückt aus, wieviel sie uns gekostet hat. Die andere Seite heißt Gewinn; sie drückt aus, wieviel damit erreicht ist. (6)

Dann weist Tagore auf einen sehr wesentlichen Aspekt hin, in dem er schreibt:

Wir können unser Selbst in zwei verschiedenen Erscheinungsformen betrachten. Wir sehen das Selbst, das sich ausbreitet, und das Selbst, das über sich hinausgeht und dabei seinen eigentlichen Sinn erfüllt. Wenn es sich ausbreitet, versucht es, an Umfang zu gewinnen; es will alles für sich behalten, und der Besitz, den es angehäuft hat, muss ihm als Piedestal dienen. Doch wenn es sein wahres Wesen offenbart, so gibt es alles hin, was es hat, und kommt dadurch zur Vollendung, wie die Blume, die aus der Knospe erblüht ist, dem Kelch ihrer Schönheit ihre ganze Süße entströmen lässt. (7)

Tagore, der ja, wie schon gesagt, ein guter Kenner der westlichen Kultur war, sieht die Ursache für die Tendenz der Menschen, ihr Selbst mehr durch die äußere Ausbreitung als durch das über sich Hinausgehen und die Hingabe zu betrachten, in einem fundamentalen, aber fehlgeleiteten Grundgedanken der westlich-abendländischen Kultur. Er schreibt:

Die Kultur der Griechen wurde zwischen Stadtmauern großgezogen. Ja, alle modernen Kulturen haben eine Wiege von Stein und Mörtel. Solche Mauern hinterlassen tiefe Spuren im Geist des Menschen. Sie prägen uns von vornherein den Grundsatz ein: divide et impera (teile und herrsche), *sodass wir uns gewöhnen, alle unsere Eroberungen dadurch zu sichern, dass wir sie befestigen und voneinander abgrenzen. Wir ziehen trennende Schranken zwischen Nation und Nation, Wissenschaft und Wissenschaft, Mensch und Natur.* (8)

Ein Selbst aber in diesem anderen Sinne und aus dieser anderen Perspektive muss sich nicht großartig ausdehnen. Nicht einmal eine Pflanze erhält ihren Wert durch ihre äußere Größe. Den Wert durch äußere Größe erhält sie allenfalls durch das Denken, sie möglichst optimal auszubeuten. Der wirkliche Wert einer Pflanze aber besteht zunächst einmal in ihrer zellulären Kohärenz, weil das ihre Grundvoraussetzung ist zum Leben, dann in der Vielfalt und Wandlungsfähigkeit ihrer Inhaltsstoffe, und schließlich in der freiwilligen Hingabe ihrer selbst an das Ganze der Natur. Schon das Wort *Hingabe* hat ja heute keine gute Lobby mehr. Daher hier auch nur noch eine kurze ergänzende Bemerkung darüber, wie das Wort *Hingabe* auf den Menschen bezogen gemeint sein könnte. Es ist schon ein riesiger Gewinn für das Ganze, wenn jemand seinen Beruf mit voller *Hingabe* ausübt, oder seinen derzeitigen Platz in der Familie und Gesellschaft einnimmt. Eine faire und gerechte Entlohnung sollte dabei eine Selbstverständlichkeit sein. Und das, um was es bei dieser Betrachtungsweise zunächst geht, ist, den Unterschied zwischen der einen Denkweise und der anderen überhaupt oder wieder neu wahrzunehmen.

Die Sichtweise des Selbst als in erster Linie eine Zuschreibung

Nun vertiefen wir uns noch etwas weiter in das Narrativ des *Selbst*-Begriffes. Den Begriff *Selbst* als Substantiv gab es eigentlich in unserer westlich-abendländischen Kultur nicht. Er ist ein künstlich aus der Taufe gehobener Begriff, den die englischen Übersetzer der alten indischen Schriften zum ersten Mal historisch verwendet haben. Das war in etwa in der Mitte des 19. Jahrhunderts. Das Sanskritwort *Atman* heißt ja, wie schon dargelegt, am ehesten *Mensch* oder *Seele*. Auch der Begriff *Menschenseele* würde die Bedeutung des Wortes *Atman* in keiner Weise verfälschen. Warum die englischen Übersetzer diese näherliegenden Begriffe für *Atman* nicht verwendet haben, sondern statt dessen den Begriff *Self (Selbst)*, wäre sicher einer gründlicheren Nachforschung wert.

In unserer westlich-abendländischen Kulturtradition gab es bis zu diesem Zeitpunkt in der Mitte des 19. Jahrhunderts das Wort *selbst* nur als verstärkendes Nominativ. Es stammt aus dem lateinischen *ipso, ipsa, ipsum* für *er selbst, sie selbst, das selbst.* Das Wort wurde im Lateinischen immer dann verwendet, wenn von jemand die Rede war und man ihn oder sie oder das noch einmal explizit hervorheben wollte, beispielsweise in dem Satz: *der Hausherr selbst kam zur Türe.* Durch dieses *ipso, ipsa, ipsum* bekam die Person oder die Sache also eine von der Außenwelt zugesprochene besondere Bedeutung. Wenn umgekehrt eine Person von sich als *ipso* oder *ipsa* sprach, dann wollte sie damit ihre eigene Bedeutung gegenüber der Mitwelt betonen.

Im Jahre 1890 veröffentlichte der amerikanische Psychologe und Philosoph William James ein zweibändiges Werk mit dem Titel: *Die Prinzipien der Psychologie.* Es gilt seitdem als Standardwerk in der gesamten amerikanischen Psychologie, vor allem für Studenten an den Universitäten. In diesem Werk gelingt es James, alle bis dahin existierenden psychologischen Theorien in der Wissenschaft kritisch zu ordnen. Hierin erstellt James auch eine erste Theorie über den Unterschied zwischen *Ich* und *Selbst.* Das *Ich* ist für James etwas, das als „eigener Bewusstseinsstrom" (9) im Menschen existiert. Das *Selbst* übersetzt James interessanterweise nicht mit dem englischen Wort *self,* sondern mit *me.* Damit übernimmt er, ob bewusst oder nicht, exakt die aus dem Lateinischen stammende alte kulturelle Bedeutung von *ipso, ipsa, ipsum.* Das heißt, für James ist der Begriff *Selbst* zunächst immer nur eine Zuschreibung, entweder eine von außen erhaltene, oder eine, die jemand sich selbst gegeben hat. Das *Selbst* ist also kein „Bewusstseinsstrom", sondern eine rein mental reflektierte Zuschreibung. Allerdings beinhaltet das *Selbst,* im Gegensatz zum *Ich,* für James auch die Summe des pulsierenden Lebens im Menschen, und auch die Quelle spontaner Interessen. Und dann ergänzt James einen Aspekt des *Selbst,* nämlich als Quelle eigener Bemühung (also genau wie Tagore das sieht), und als Quelle einer bestimmten Art von Aufmerksamkeit, aus der der Machtanspruch des Willens entspringt.

Somit ist James der erste, der den Begriff *Selbst* in die Psychologie des Westens eingeführt hat. Die hierbei noch offene Frage ist, warum verwendete James den *Selbst*-Begriff als großgeschriebenes Substantiv? Und warum verwendet er nicht den dem *me* entsprechenden Begriff „das Mein"? Hier kann es hilfreich sein, zu wissen, dass James auch Religionswissenschaftler war und es war bekannt, dass er parapsychologischen Phänomenen, im Gegensatz zu vielen seiner Wissenschaftskollegen, sehr offen gegenüberstand. Darüber hinaus war er Mitglied in der Theosophischen Gesellschaft und dadurch in jedem Fall ein Kenner der alten indischen philosophischen Texte und ihrer inzwischen verbreiteten Übersetzungen ins Englische. Wollte James zwar für seinen *Selbst*-Begriff die alte traditionelle Bedeutung der westlichen Kultur, nämlich der Zuschreibung von außen, beibehalten, aber gleichzeitig auch die Bedeutung der alten indischen philosophischen Texte verwenden? So jedenfalls ist aus dem ursprünglichen lateinischen reinen Nominativ *ipso, ipsa, ipsum* inzwischen innerhalb der westlichen Psychologie das Substantiv *Selbst* geworden. Und für mich erklärt sich daraus auch die schon erwähnte Tatsache, dass der Begriff *Selbst* in der amerikanischen Psychologie eine wesentlich dominantere Rolle spielt als der Begriff *Ich,* der wiederum in der europäischen Psychologie eine bessere Lobby hat. Der Unterschied jedoch zwischen *Ich* und *Selbst* hat so, wie ihn James damals exploriert und definiert hat, bis heute in der gesamten westlichen Psychologie seine Anerkennung und Gültigkeit. Und die entsprechende Bedeutung dieses *Selbst*-Begriffes ist zusammengefasst folgende:

- Das Selbst kann vieles umfassen, äußere sowie innere Merkmale.
- Es wird als Ganzes nicht leiblich (als Bewusstseinsstrom) gespürt, sondern nur mental erkannt.
- Es beinhaltet stets eine Zuschreibung, die ich von außen erhalte oder die ich mir selbst gebe.

Nach James war es historisch der Psychoanalytiker Carl Gustav Jung, der dem *Selbst*-Begriff eine zentrale Bedeutung innerhalb seiner psychoanalytischen Theorie gegeben hat. Ich zitiere die wesentlichen Sätze Jungs zum Selbst:

> *Das Selbst ist eine dem bewussten Ich übergeordnete Größe. Es umfasst nicht nur die bewusste, sondern auch die unbewusste Psyche und ist daher sozusagen eine Persönlichkeit, die wir auch sind … Es besteht keine Hoffnung, dass wir je auch nur eine annähernde Bewusstheit des Selbst erreichen, denn soviel wir auch bewusst machen mögen, immer wird noch eine unbestimmte und unbestimmbare Menge von Unbewusstem vorhanden sein, welches mit zur Totalität des Selbst gehört.*

Dann, in Übereinstimmung mit der indischen Philosophie:

> *Das Selbst ist auch das Ziel des Lebens, denn es ist der völligste Ausdruck der Schicksalskombination, die man Individuum nennt.* (10)

Wir wissen aus einem vorherigen Kapitel, dass Carl Gustav Jung sich intensiv mit den Schriften der alten indischen Philosophie auseinander gesetzt hat. Speziell in dem letzten Zitat ist der Einfluss der indischen Philosophie deutlich zu erkennen.

Der Begründer der Gestalttherapie Fritz Perls hat dem *Selbst*-Begriff ebenfalls eine zentrale Bedeutung innerhalb seiner Therapiemethode gegeben. Perls übernimmt dabei in seinem *Selbst*-Begriff übrigens wesentliche Aspekte von James. Aber auch von ihm wissen wir aus einem früheren Kapitel, dass er vier Jahre in Japan die Zen-Meditation praktiziert hat.

Zusammenfassend lässt sich also feststellen, dass historisch alle ersten Wegbereiter des *Selbst*-Begriffes in der westlichen Psychologie vom Gedankengut des Ostens beeinflusst waren.

Das *Selbst* als Begriff für das Empfinden einer seelischen Kohärenz in der frühen Kindheit

Die Geschichte der Psychoanalyse ist ja geprägt durch die frühe Abspaltung der beiden ersten wichtigen Dissidenten Carl Gustav Jung und Alfred Adler, die sehr bald ihre eigenen, sich von Freud distanzierende und bis heute bestehenden Schulen begründet haben. Aber auch innerhalb der psychoanalytischen Schule, die sich weiterhin auf Freud bezieht, gab es eine bemerkenswerte historische Entwicklung, die es in dieser Form in der Schule von Jung und Adler so nicht gegeben hat. Als Begründer dieser Entwicklung ist der Ungar Sandor Ferenczi anzusehen. Er hatte eine gegenüber Freud vollkommen unterschiedliche Theorie über die Entstehung von Neurosen, und ebenso eine sehr andere Theorie im Hinblick auf die konkrete Behandlungstechnik. Der wesentliche Unterschied in der Theorie über die Entstehung von Neurosen bestand darin, dass Ferenczi der erste Psychoanalytiker überhaupt war, der psychische Störungen auch als Resultat von Fehlverhalten der frühen Bezugspersonen definierte, während man die theoretische Konstruktion des sogenannten „psychischen Apparates" von Freud als reine „Ein-Personen-Psychologie" bezeichnen kann. Darüber hinaus war Ferenczi der erste Psychoanalytiker, der dafür eintrat, dass der Analytiker nicht nur passiv dasitzt, und gelegentlich eine Deutung gibt, sondern dass er in bestimmten Fällen und Situationen ein aktives, aber nicht nur verbales, was schon alleine revolutionär war, sondern unter Umständen auch körperliches Eingreifen als notwendig erachtete, wobei dieses Eingreifen eindeutig auf ethisch-humanen und ausschließlich auf die Bedürfnisse des Klienten bezogenen Standards zu beruhen hatte.

Auf dem 12. Internationalen Kongress der Psychoanalytischen Vereinigung im September 1932 in Wiesbaden trug Ferenczi seine Konzeption in einem intellektuell brillanten und bis heute beachteten Vortrag mit dem Titel „Die Sprachverwirrung zwischen dem Erwachsenen und dem Kind" vor. (11) Darin beschreibt er schon 1932 das Problem im Umgang mit Sprache und Begriffen, das ja auch ein so wesentlicher Aspekt dieses Buches ist. Als Beispiel nennt Ferenczi, dass die erwachsene Bezugsperson eines Kindes unter dem Begriff „Liebe" etwas anderes meinen kann als das Kind, die erwachsene Bezugsperson aber infolge dessen ihre in diesem Fall vollkommen unbewusste Haltung zum Begriff „Liebe" auf das Kind projiziert und meint, diese Art Liebe sei auch diejenige, die das Kind braucht. Ferenczi war Freud gegenüber so loyal, dass er das Vortragsmanuskript vorher zur Begutachtung an Freud geschickt hat. Freud jedoch lehnte, wie mit ihm bis auf wenige Ausnahmen sämtliche psychoanalytische Mitstreiter, dieses Konzept vollkommen ab. Freud ging schließlich so weit, dass er Ferenczi einen „paranoiden Persönlichkeitsverfall" andiagnostizierte. Ferenczi starb wenige Monate nach diesem Vortrag mit erst 60 Jahren an einem relativ plötzlichen Tod aufgrund einer perniziösen Anämie.

Die Geschichte ging nun folgendermaßen weiter. Die bekannten Psychoanalytiker Melanie Klein und Michael Balint waren Analysanden von Ferenczi in Budapest. Beide gingen später zu unterschiedlichen Zeiten und unabhängig voneinander nach England. Melanie Klein spezialisierte sich auf die Psychoanalyse von Kindern und vertrat eine auf Ferenczi basierende Haltung, dass Kinder nicht nur die verbale Sprache der Erwachsenen zu ihrer Entwicklung benötigen, sondern auch gemeinsame Interaktionen im Spiel. Sie entwickelte einen theoretischen Ansatz, „dass die Art und Weise, wie ein Mensch die Welt wahrnimmt und mit welchen Erwartungen er an sie herantritt, durch seine Beziehungen zu wichtigen frühen Bezugspersonen (‚Objekten') geprägt wird" (12). Damit wurde sie zur Begründerin einer Richtung innerhalb der Freud'schen Psychoanalyse, die sich später als sogenannte „Objektbeziehungs-Theorie" etablierte. Auch Balint fühlte sich diesem theoretischen Ansatz verpflichtet. Er fokussierte in England seine Forschungen in erster Linie auf die unbewussten Phantasien, die behandelnde Ärzte im Kontakt mit ihren Patienten haben, und erkannte, dass diese von den Patienten sehr wohl wahrgenommen werden. Er begründete die bis heute bestehende Institution der Balint-Gruppe, in der Ärzte lernen, ihre unbewussten Phantasien gegenüber ihren Patienten bewusster wahrzunehmen. Durch Vermittlung seines Lehranalytikers stieß später der Kinderarzt Donald Winnicott zu der Gruppe der Kinderanalytiker um Melanie Klein. Winnicott wurde später derjenige, der nicht nur die Theorie, sondern auch die therapeutische Praxis der Objektbeziehungs-Theorie in Büchern und Vorträgen am ausführlichsten der Mit- und Nachwelt vermittelt hat. (13) Die wesentlichen Aspekte lassen sich wie folgt zusammenfassen:

- Schon ein Säugling besitzt so etwas wie ein Gespür für eine Kohärenz als eigenständiges Wesen, und das zu einem Zeitpunkt, zu dem es noch kein *Ich* gibt.
- Dieses Gespür für eine Kohärenz als eigenständiges Wesen hat der Säugling allerdings nur, wenn er unmittelbar mit einer erwachsenen Bezugsperson in Kontakt ist, die ihm diese Einzigartigkeit auch mit einer rein atmosphärischen Haltung im Denken und Handeln bestätigt. Ist keine erwachsene Bezugsperson akut vorhanden, kann der Säugling dieses Gespür für eine Kohärenz als eigenes Selbst vorerst noch nicht in sich konservieren.
- Missversteht die erwachsene Bezugsperson das Verhalten und die Kommunikation des Säuglings, führt dies dazu, dass der Säugling das Kohärenz-Empfinden für sich als eigenständiges Wesen verliert, weil Teile oder Aspekte seines Selbst vom Erwachsenen nicht anerkannt werden. Als berühmtes und besonders häufig vorkommendes Beispiel nennt Winnicott ein bestimmtes aggressives Verhalten des Säuglings,

dessen Ursache zunächst nichts mit der Bezugsperson, oder einer eventuellen Frustration zu tun hat, weil ein Säugling in einem frühen Stadium nicht einmal Frustration empfinden kann, sondern in einem rein auf die Motilität bezogenen aggressiven Prozess des noch nicht organisierten Muskelsystems und zusätzlich einem Gebräu aus nicht integrierten körperlich-seelisch-geistigen Impulsen zu sehen ist. Durch jahrelange Beobachtungen der Mutter-Kind-Interaktion konnten Winnicott und seine Mitarbeiter feststellen, dass Mütter, die solche unter Umständen heftigen aggressiven Regungen des Säuglings nicht annehmen und erwidern konnten, diese Regungen unbewusst ignorierten und dem Säugling als Ersatz eine besonders lange und besonders viel an Fütterung zukommen ließen, bis dieser aufgrund der Fütterung beruhigt war. In der Folge jedoch zeigten später solche Kinder Symptome, an denen man eindeutig erkennen konnte, dass es ein Problem gab, sich selbst als ausreichend anerkanntes Selbst zu betrachten.

- Als zwei sehr häufig auftauchende Symptome einer solchen frühen Schädigung des Selbst-Empfindens des Kindes konnten Winnicott und seine Mitarbeiter folgende feststellen:
  1. eine sogenannte „antisoziale Tendenz“, die einherging mit einer nicht ausreichenden Fähigkeit des sich später entwickelnden *Ichs,* die jeweils gegebene Realität zu akzeptieren; eine spezifische Wirkung der „antisozialen Tendenz“ ist eine sich bildende Neigung zu entweder fremddestruktivem bis hin zu kriminellem oder, in abgemilderter Form, zu autodestruktivem oder fremdmanipulativem Verhalten.
  2. die Entwicklung eines sogenannten „falschen Selbst“, das dadurch gekennzeichnet ist, dass der betreffende Mensch große Probleme damit hat, einen Zugang zu seinem eigenen Inneren herzustellen, sich statt dessen ausschließlich an den Interessen der Mitwelt orientiert. Für Winnicott ist das „falsche Selbst“ das Resultat eines nicht oder nicht ausreichend gelungenen Prozesses der Bildung von Objektrepräsentanzen, die so im eigenen Inneren zu Selbstrepräsentanzen werden. Beim „falschen Selbst“ entwickelt sich eine innere Brüchigkeit des Empfindens der Kohärenz eines eigenständigen Wesens, weil

ständig das Empfinden da ist, da fehlt etwas Wesentliches. Und dieses Wesentliche bezieht sich inzwischen nicht auf etwas, das im Außen fehlt, sondern auf etwas, das sich im Inneren hätte etablieren sollen.

- An dieser Stelle noch einmal der Hinweis auf das obige Zitat von Tagore. Den Kindern, die bei diesen Mutter-Kind-Interaktionen beobachtet wurden, wurde nichts körperlich Zerstörerisches zugefügt. Es ging, wie Tagore sagt, „kein Material verloren, es wurde kein Atom vernichtet". Aber das Kind wurde in diesem sehr frühen und empfindlichen Stadium, in dem das personale Selbst noch keine ausreichend stabile Membran bilden konnte, seiner Individualität beraubt.
- Im Hinblick auf eine später zu erfolgende Therapie einer solchen grundlegenden Schädigung des Selbst fordert Winnicott, dass es für die betreffenden Therapeuten dringend notwendig sei, von der üblichen Technik der Deutung und des gewähren Lassens Abstand zu nehmen, statt dessen ein Mindestmaß an lenkenden, steuernden und strukturierenden Umgangs erforderlich sei.
- Winnicott weist in seinen Schriften auch darauf hin, dass Schädigungen des Selbst eine ganz konkrete Wirkung auf die Entwicklung des Denkens haben, aber nicht im Sinne der üblichen rein rationalen Intelligenz, sondern im Hinblick auf eine als sinnvoll und stimmig empfundene geistigen Wahrnehmung und Bewertung der inneren und äußeren Realität. Auch das Denken als wesentliche geistige Funktion, so Winnicott, werde so zum funktionalen Selbstzweck, der sich vom *Selbst* abgekoppelt habe, und sich ständig weiter zur Dysfunktionalität verselbstständige. (14) Ein solches Denken bleibt ausschließlich angepasst an die scheinbaren Bedürfnisse der Umwelt, und auch die für die seelische Entwicklung so notwendige Erzeugung eigenständiger Ideen versagt man sich, aus Angst davor, dass sie nicht von der Umwelt akzeptiert werden könnten.
- Schließlich weist Winnicott auch auf den für die Selbstentwicklung so dringend notwendigen Aspekt hin, der aber in der Theorie von Freud nicht die geringste Rolle spielt, nämlich ein Empfinden von Selbstwirksamkeit zu haben, und auch das schon in einer Phase, in der es noch gar kein *Ich* gibt. „Ein gutes Objekt nützt dem Säugling

nichts, wenn es nicht von ihm erschaffen wurde", schreibt Stork in seiner Einführung zu Winnicotts Buch. (15) Und haben wir hier nicht auf der seelischen Ebene eine ähnliche Gesetzmäßigkeit wie im Autopoiesis-Prozess auf der biologischen Ebene?

- Auffallend ist, dass der Begriff *Selbst* von allen genannten Protagonisten der Objektbeziehungs-Theorie kaum oder gar nicht verwendet, dafür jedoch umso klarer gemeint und gedacht worden ist. In England gab es zur damaligen Zeit viele Spannungen mit den Psychoanalytikern, die die „reine Lehre" Freuds der Abwehrfunktionen des *Ichs* gegenüber den Trieben als einzig wahre Grundstruktur des Menschen betrachteten. Melanie Klein, Donald W. Winnicott und die anderen Genannten haben in ihren Schriften jedoch stets ihre Akzeptanz der ursprünglichen Triebtheorien von Freud betont. Sie durften zwar nicht an den Treffen der sogenannten „A-Gruppe", das waren die reinen Freudianer, teilnehmen, sondern sich als „B-Gruppe" gesondert treffen, aber durch ihre immer wieder betonte und auch wirklich gemeinte Anerkennung der Freud'schen Theorie verhinderten sie damals wahrscheinlich ihre Ex-Kommunikation und eine weitere Spaltung innerhalb der Psychoanalyse.
- Der in der Objektbeziehungstheorie aus bestimmten Gründen zunächst so gut wie nicht konkret in der Außen-Kommunikation verwendete, dafür aber eindeutig als neues Strukturelement innerhalb der Psychoanalyse gedachte Begriff *Selbst* ist somit auch hier, anders als das *Ich*, zunächst einmal eindeutig das Resultat einer Zuschreibung, und zwar sowohl einer Fremd- als auch einer Selbstzuschreibung.

In der 1996 erstmals durchgeführten und 2006 einer erneuten Ausdifferenzierung unterzogenen Revision des alten Strukturmodells von Freud in eine neue moderne Fassung mit den Begriffen *das Ich, das Selbst, die Objektbeziehungen* wurde die hier skizzierte Objektbeziehungs-Theorie in das moderne psychoanalytische Denken erfolgreich integriert. Dieser Prozess wäre in der Mitte des vorigen Jahrhunderts noch nicht im Ansatz denkbar gewesen. Dass er nun gelungen ist, war nur möglich, weil man aufeinander zugegangen ist, einander zugehört und eine gemeinsame Lösung gefunden hat.

Die notwendige Ausdifferenzierung des Selbst in der späteren Kindheit

Wie wir inzwischen herausgearbeitet haben, hat schon ein neugeborenes Kind ein *Selbst*, wenn auch mit einer nur dünnen und noch sehr empfindlichen Membran, aber es hat noch kein *Ich*. Dass dieses noch sehr empfindsame *Selbst* deutlich differenzierter und robuster werden muss, um sich im Leben und in der Welt zu behaupten, liegt auf der Hand. Dass dies auch tatsächlich so stattfinden kann und welche Bedingungen dazu notwendig sind, darüber gibt es inzwischen wissenschaftlich gut gestützte und valide Erkenntnisse.

Julius Kuhl war Leiter des Fachbereichs „Differenzielle Psychologie und Persönlichkeitsforschung" an der Universität Osnabrück. Schwerpunkte seiner Grundlagen- und Anwendungsforschungen waren die Bereiche *Selbststeuerung, Motivation, Begabungsförderung bei Kindern.* (16) Für Kuhl wurde schnell klar, dass sein Forschungsbereich so komplex ist, dass es dringend einer interdisziplinären Vorgehensweise aus Philosophie, Psychologie und Biologie bedarf, um Fortschritte zu erzielen, und dass die modern gewordene rein „neurozentrierte" (Gabriel) Perspektive allein nicht ausreichen kann. Ein Ergebnis seiner Forschungen ist auch, dass er eine klare und gut verständliche Unterscheidung zwischen *Ich* und *Selbst* herausgearbeitet hat. Hier zunächst seine wesentlichen Unterscheidungskriterien zwischen *Selbst* und *Ich.* (17)

- Das *Selbst* entwickelt sich aus der Summe aller Erfahrungen, die sich im Menschen zu einem Erfahrungsnetzwerk verbinden.
- Das *Selbst* arbeitet und agiert immer aus dem Vollen „einer inneren Freiheit" (Kuhl) heraus, während das sich langsam entwickelnde *Ich* die Funktion der kontrollierenden Steuerung, der Strukturierung und Disziplinierung hat.
- Das *Selbst* arbeitet und agiert durch Aktivierung der rechten Hirnhälfte und mit dem Arbeitsprinzip der Parallel-Verschaltung, das *Ich* agiert durch Aktivierung der linken Hirnhälfte und sequenziell, also in Schritten.

- Kreativität und Intuition kommen immer aus dem *Selbst,* in Situationen, in denen Kreativität und Intuition erforderlich sind, ist das *Ich* mit seiner Arbeitsweise überfordert.

Für die Entwicklung eines ausreichend stabilen *Selbst* beim heranwachsenden Kind hat Kuhl sieben „Funktionsmerkmale" des *Selbst* heraus gearbeitet, die durch seine jahrelange Forschungsarbeit inzwischen valide und gut messbar sind und damit Eltern und Pädagogen, aber auch Psychotherapeuten, eine wertvolle Orientierung geben können. (18)

1. Die Fähigkeit zur Parallel-Verschaltung: Kuhl bringt gute Beispiele, wie diese Fähigkeit beim Kind exploriert und gemessen werden kann. Als Beispiel für ein Grundverständnis dieser Fähigkeit nutzt er das Märchen vom Rotkäppchen. Das Kind, das nur die Mütze der Großmutter sieht, aber nicht auch die für die Großmutter viel zu großen Augen, Ohren und den viel zu großen Mund, dessen Parallel-Verarbeitung ist ziemlich unterdrückt. Kuhl bringt die zentrale Erkenntnis mit folgendem Satz auf den Punkt: „Rotkäppchen wäre nicht gefressen worden, wenn sein *Selbst* lauter gewesen wäre."
2. Eine ausreichend gute Verbundenheit mit dem Körper und die Fähigkeit zur Wahrnehmung von Empfindungen: Hierbei spielen die „somatischen Marker", die der amerikanische Neurobiologe Damasio entdeckt hat, und das sogenannte Körperschema, das, wie wir im Körper-Kapitel erfahren haben, im mittleren Großhirnbereich lokalisiert ist, eine ganz besonders wichtige Rolle. In seinen Forschungen kann Kuhl darüber hinaus nachweisen, wie wichtig für die Entwicklung eines stabilen *Selbst* die Fähigkeit ist, Körpersignale, die wir ja in unserem Kontext als *Empfindungen* bezeichnen, wahrnehmen und beachten zu können. Kuhl bezeichnet Körpersignale oder *Empfindungen* als die am perfektesten funktionierenden Signaturen des *Selbst.* Mithilfe von Signaturen werden Bücher in einer großen Bibliothek auf Anhieb gefunden. Wer es gelernt hat, auf Körpersignale zu achten, so Kuhl, gelangt wie in einer Bibliothek unmittelbar und ohne Umwege zu einer im *Selbst* gespeicherten

Lebenssituation, die durch die aktuelle Situation getriggert wird und die jedoch dadurch die Chance zu einer nachträglich besseren Integration ermöglicht, als dies in der ursprünglich erlebten Situation möglich war. Umgekehrt bedeutet dies aber auch, dass ein Mensch, der sich viel, aber dabei auch bewusst bewegt und seine Bewegungen nicht nur funktionalisiert, um schnell von A nach B zu kommen oder den Körper so effektiv wie möglich fit zu machen, sich ein umso größeres Selbstrepertoir im *Körperschema* und im Bereich der *somatischen Marker* aneignet, was wiederum dazu führt, dass er sich eine immer größere und in dieser Form durch keine andere *Selbst*-Betätigung zu erreichende Vertrautheit mit seinem gesamten *Selbst* bewirkt. Und die in dieser Form bewirkte Vertrautheit mit dem eigenen *Selbst*, so konnte Kuhl feststellen, führt schon beim heranwachsenden Kind zu einer *Selbst*-Sicherheit, die durch keine andere Form der *Selbst*-Betätigung in dieser Weise bewirkt werden kann.

3. Wachsamkeit (Vigilanz): Kuhl arbeitet den Unterschied heraus zwischen Wachsamkeit und Achtsamkeit. Achtsamkeit ist eine Fähigkeit des *Ich*. Und ein gut in Achtsamkeit trainiertes *Ich* kann tatsächlich lernen, mehrere Wahrnehmungen und Aspekte der Innen- oder Außenwelt in den Fokus zu nehmen. Und dazu muss man sich disziplinieren und einüben. Für das *Selbst*, so Kuhl, ist das kein erstrebenswertes Ziel. Für dieses ist lediglich relevant, was ihm gut tut oder was ihm schaden könnte. Aber dafür entwickelt es eine besondere Wachsamkeit, wozu jedoch ein gestörtes und geschädigtes *Selbst* wiederum nicht in der Lage ist.
4. Fähigkeit zur Integration: Ein sich im Laufe der Kindheit stabil entwickelndes *Selbst* entwickelt allmählich und zunehmend die Fähigkeit, einen Menschen mit seinen sowohl positiven als auch negativen Eigenschaften als *Objektrepräsentanz* in seinem Inneren zu speichern. Diese *Selbst*-Leistung ist nur durch eine intakte und gut funktionierende Parallel-Verarbeitung in der rechten Hirnhälfte möglich, nicht jedoch durch den Versuch einer konzentrierten Fokussierung durch das *Ich* über die linke Hirnhälfte. Diese Fähigkeit

zur Integration von sowohl positiven wie negativen Erfahrungen mit einem Menschen setzt voraus, dass auch die negativen Erfahrungen mit dem Zulassen-Können einer gefühlsmäßigen Betroffenheit einhergegangen sein müssen, die negativen Erfahrungen also nicht hauptsächlich verdrängt worden sind.

5. Fähigkeit zur emotionalen Unmittelbarkeit: Ein *Selbst* will sich emotional und persönlich angesprochen fühlen, andernfalls schützt es sich vor der Situation und zieht sich zurück. Ohne Gefühle ist kein Zugang zum *Selbst* möglich. Und die verschiedenen Gefühle können zwar nur vom *Selbst* erlebt werden, müssen aber zunächst von der Bezugsperson gespiegelt, erwidert und begleitet werden. Umgekehrt müssen Versuche der Bezugsperson, dem Kind entweder Mut zuzusprechen oder es zu trösten, auch von der Bezugsperson spürbar aus dem *Selbst* kommen. Mut zusprechen oder trösten nur aus dem *Ich* heraus hilft zwar, so Kuhl, im ersten Moment auch, aber führt nicht dazu, dass diese Fähigkeit später beim Kind als innere Selbstrepräsentanz gespeichert wird.
6. Fähigkeit zur inneren Sicherheit: Diese Fähigkeit setzt ausreichend positive Beziehungserfahrungen voraus. Ist die Fähigkeit stabil vorhanden, geht die innere Sicherheit auch bei leidvollen Erfahrungen nicht mehr verloren. Im Gegenteil kann man beobachten, dass ein entsprechendes Kind bei leidvollen Erfahrungen sofort bemüht ist, aus diesen Erfahrungen schnellstmöglich lernen zu wollen. Für Psychotherapeuten fügt Kuhl ergänzend hinzu, sei es wichtig, dass man einen Menschen nicht mit zu viele Aspekten seines *Selbst* in Kontakt bringen darf, bevor eine ausreichend vorhandene innere Sicherheit exploriert werden konnte.
7. Die Fähigkeit zur Verantwortung: Dies ist das Funktionsmerkmal des *Selbst,* das mit dem größten Maß an Reife einhergeht. Kuhl zeigt auf, mit welchen einfachen Methoden man diese Fähigkeit schon bei einem heranwachsenden Kind messen kann. Ein Kind mit einem schlecht integrierten *Selbst* versucht grundsätzlich, einer Verantwortung aus dem Weg zu gehen. Das gilt in gleicher Weise später für einen Erwachsenen. Stattdessen übernimmt in diesen Fällen das *Ich*

die Kontrolle über die schwierige und herausfordernde Situation. Das *Ich* jedoch hat nur die sequenzielle Verarbeitung zur Verfügung. Und der im Zusammenhang mit der Verantwortung passende *Begriff* der sequenziellen Verarbeitung heißt beim *Ich* „Schuld". Der *Begriff* „Schuld" entstammt dem eindimensionalen Denken, der *Begriff* „Verantwortung" einem mehrdimensionalen Denken. Das eindimensionale Denken entspricht dem, was im Kapitel über den Geist als rein kausales und funktionales Denken beschrieben wurde. Die Forschungsergebnisse Kuhls in diesem Punkt bestätigen übrigens die schon vor einem halben Jahrhundert aufgestellten Thesen Winnicotts zur Entwicklung des Schuldgefühls beim kleinen Kind.

Die transzendentale Dimension des Selbst versucht im Westen Fuß zu fassen

Seit dem Beginn der griechischen Kultur wurde die Seele des Menschen innerhalb der Wissenschaften nur noch als etwas gedacht, das im konkret lebenden Menschen vorhanden ist. Es gab, wie im Kapitel 9 dargelegt, nur die drei Seelenteile *Psyche, Thymos* und *Nous.* Die religiösen Vorstellungen des Judentums, Christentums und des Islam über die Existenz einer unsterblichen Seele wurden von der Wissenschaft nicht mehr akzeptiert und werden hier seit zweieinhalbtausend Jahren als ein rein mythisches Denken in den Bereich des „Persönlich-Privaten" verbannt. Nun müssen wir, um den Überblick nicht zu verlieren, noch einmal bedenken, dass es im Hinblick auf den Geist und das Denken bereits bei Kant und Hegel die Vorstellung einer Transzendenz gegeben hat. Im Hinblick auf einen transzendenten Aspekt der menschlichen Seele war jedoch Steiner im Westen der erste Wissenschaftler, der ihren transzendenten Anteil hervorgehoben hat. Er unterteilte die Seele des Menschen in drei verschiedene Formen, die er aber mehr als Formen einer evolutionären Entwicklung betrachtete. Die erste Form des, wie er es nannte „Seelenlebens", nennt er *Empfindungsseele.* Diese Form der Seele haben auch die Tiere. In diesem Seelenzustand empfindet das lebende Wesen nur seine Triebe und Bedürfnisse. Die zweite Form der Seele nennt er *Verstandesseele.* Dies ist die Form des derzeitigen Menschen, der mithilfe seines Verstandes und der Vernunft versucht, Herr zu werden über die reinen Triebe und Bedürfnisse. Die dritte Form nennt er *Bewusstseinsseele.* Diese Form ist die noch zu entwickelnde zukünftige Form der Seele, die in der Lage ist, die gewöhnlichen Sympathien und Antipathien zu transzendieren in etwas, bei dem eine „höhere Wahrheit" (Steiner) zum Ausdruck kommen darf.

Von den fünf im Kapitel über die Seele vorgestellten modernen Pionieren der Seelenwelt haben drei auf den transzendentalen Aspekt der Seele in aller Deutlichkeit hingewiesen:

- Carl Gustav Jung: Sein Konzept der *Archetypen* bedeutet, dass im Menschen seelische Kräfte wirksam sind, die nicht ausschließlich auf biografische Erfahrungen zurückzuführen sind.
- Karlfried Graf Dürckheim: Für ihn besitzt die Seele eine „Doppelnatur", bei der ein Teil im Diesseits lebt und auf dieses sinnvollerweise ausgerichtet sein muss, der andere Teil, ohne dass es einem bewusst sein muss, stets permanent mit dem universellen Ursprung verbunden bleibt, aus dem heraus man und immer wieder entspringt. Dieses Konzept ist durchaus deckungsgleich mit der Art und Weise, wie Tagore das menschliche Selbst beschreibt.
- Stanislav Grof: Auf der Basis seiner Erfahrungen sowohl mit psychedelischen Substanzen als auch mit dem holotropen Atmen sind für ihn alle menschlichen Probleme Symptome von Bewusstseins- und Wahrnehmungseintrübungen. Durch wieder ermöglichte Erfahrungen von kosmischem Einssein und der eigenen Göttlichkeit kann dieses fehlgeleitete Bewusstsein zurückfinden zu seinem höheren Ursprung.

Zwei andere Psychotherapeuten des 20. Jahrhunderts, die den Ursprung der Seele nicht nur biografisch, sondern als überpersönlich angesehen haben, waren Roberto Asagioli, der Begründer der Psychotherapie-Methode *Psychosynthese,* und Viktor Emil Frankl, der Begründer der *Logotherapie.*

In den letzten Jahren vor seinem relativ frühen Tod wurde der Begründer der sogenannten *Humanistischen Psychotherapie* Abraham Maslow mit einer ungewöhnlichen Häufung von psychischen Erfahrungen seiner Klienten konfrontiert, die geprägt waren durch Phänomene wie Hellsichtigkeit, mystische Gipfelerlebnisse usw. Die von ihm begründete *Humanistische Psychotherapie* basierte auf der Dialektik zwischen dem Vorhandensein von fundamentalen menschlichen Grundbedürfnissen und der Selbstverwirklichung eines Menschen, indem er diese Grundbedürfnisse in sich selbst zur ausreichenden Entwicklung gelangen lässt. Diese Grundbedürfnisse sind wegen ihrer hierarchisch unterschiedlichen Bedeutung in einer „Bedürfnispyramide" festgelegt. Das besonders beeindruckende für Maslow, der sich selbst bis dahin als bekennenden Agnostiker und Atheisten bezeichnet hatte und der sich mit psychischen Störungen wirklich gut auskannte, war, dass diese Phänomene explizit bei Menschen auftraten, die erwiesenermaßen sowohl in ihrem eigenen Körper als auch in ihrem sozialen Leben besonders gut verankert waren. Dadurch war er gezwungen, die berichteten Phänomene nicht mehr mit der auch bei ihm gewohnten Diagnose einer psychischen Störung zu begründen. Durch diese Erfahrungen veranlasst, ergänzte er seine ursprüngliche Bedürfnispyramide um ein wesentliches menschliches Grundbedürfnis, nämlich das Bedürfnis nach Selbsttranszendenz. Zusammen mit Stanislav Grof und anderen Kollegen gründete er daraufhin eine Initiative, die in seinen Augen die Basis für die Entwicklung einer, wie er sie nannte, „vierten Psychotherapie" nach der Psychoanalyse, der Verhaltenstherapie, und der Humanistischen Psychotherapie werden sollte. 1968 erschien die erste Ausgabe der von dieser Initiative herausgegebenen Zeitschrift „Journal of Transpersonal Psychotherapy". Man hatte über verschiedene Begriffe diskutiert, aber der letztlich gewählte Begriff „transpersonal" soll von Grof vorgeschlagen worden sein, hieß es später. Verwendet wurde dieser Begriff übrigens zum ersten Mal von dem Jung-Schüler Erich Neumann, und Grof hat ihn wohl von ihm übernommen. Das ursprünglich wichtigste Ziel dieser Initiative war es, dass psychische Phänomene wie veränderte Bewusstseinszustände, Trance-Erfahrungen, übersinnliche Erfahrungen, Nahtod-Erfahrungen und Kundalini-Erfahrungen nicht mehr als psychisch ausschließlich pathologische Phänomene angesehen werden sollten.

Ein entsprechender Zusatz in der amerikanischen DSM-Nomenklatur wurde inzwischen auch erreicht.

Es gibt aktuell weltweit eine große Anzahl von Therapie-Methoden, die die transzendentale Dimension des menschlichen Selbst sogar beinahe ausschließlich zum Fokus des therapeutischen Prozesses machen. Auch in Europa gründeten sich inzwischen zahlreiche Vereinigungen, durch die das Gedankengut einer „Transpersonalen Psychologie und Psychotherapie" im Bereich der Psychologie und Psychotherapie zunächst in eine größere Verbreitung gebracht werden soll. Aber weder im Bereich der Psychologie als Wissenschaft, noch im Bereich der Psychotherapie als fundierte und erfolgversprechende Therapiepraxis konnte bisher ein in sich geschlossenes Modell entwickelt werden. Es bleibt also bisher bei einer Idee, die es noch zu verwirklichen gäbe. Im deutschsprachigen Raum ist der Grof-Schüler Sylvester Walch einer denjenigen, die sich die praktische Umsetzung der Idee eines höheren Selbst in den aktuellen Lebensalltag zur zentralen Aufgabe gemacht haben. (19)

Die Ebenen des *Selbst* in der *Strukturellen Körperpsychotherapie*

In der Praxis der *Strukturellen Körperpsychotherapie (SKP)* hat sich eine Differenzierung des menschlichen *Selbst* in folgende Ebenen als sinnvoll und in der therapeutischen Praxis als erfolgreich anwendbar erwiesen:

- Das innere *Selbst:* Zum *inneren Selbst* gehören alle Aspekte des *Selbst,* die im Inneren des Menschen wahrgenommen werden. Dazu gehören alle Gedanken, sowie alle Gefühle, die wir haben. Ebenso gehören dazu alle körperlichen *Empfindungen*, die von bestimmten Regionen des 50 Billionen Zellen umfassenden Körpers gemeldet werden. Und dazu gehören auch wichtige Aspekte, die in der Interaktion zwischen dem limbischen und dem kortikalen Gehirn (siehe vorne) erfahrbar sind.
- Das äußere *Selbst:* Zum *äußeren Selbst* gehören alle für das *Selbst* relevanten Aspekte und Beziehungen in der äußeren Welt. Das sind in erster Linie die nahen Menschen wie Partner, Kinder, Verwand-

te und Freunde. Zum *äußeren Selbst* gehören auch der Beruf, die beruflichen Kollegen und der Chef. Von Relevanz für das *Selbst* im Außen sind ferner das Haus oder die Wohnung, sinnvollerweise auch die Nachbarn sowie die Mitglieder in sozialen Vereinigungen, in denen ich mich engagiere. Weitere Aspekte des *äußeren Selbst* sind schließlich das Bankkonto, die Versicherungs- und Mietverträge, die Möbel, das Auto usw. Nicht zum *äußeren Selbst* gehört der Sack Reis, der gerade in einem Reisfeld in China umfällt, oder der Bankräuber, der gestern in Kolumbien eine Bank überfallen hat, auch wenn mir letzteres manche Medien als relevant vermitteln wollen.
Beispiel 1: Menschen mit einem brüchigen *Selbst* haben aus der Gesetzmäßigkeit ihres brüchigen *Selbst* heraus die Tendenz, Aspekte des relevanten *äußeren Selbst* von nicht relevanten zu wenig unterscheiden zu können, und ziehen dann „alles wie mit einem Saugrüssel an", wie eine Klientin das formuliert hat. Der Taxifahrer, den ich für eine Fahrt von A nach B engagiere, ist für diesen Zeitraum Teil meines relevanten *äußeren Selbst,* danach nicht mehr. Wenn ich das unterscheiden kann, verhalte ich mich als Erwachsener für diesen kurzen Zeitraum so entsprechend, dass die gemeinsame Interaktion ausreichend gelingen kann. Und dann wird sie auch ausreichend gelingen, selbst wenn der andere sich nicht gerade optimal verhält. Sie wird deshalb gelingen, weil das steuernde *Ich* auf die Kurzzeitigkeit der Situation eingestellt ist und so dessen Verhalten von vorne herein nicht die Bedeutung gibt, die es bei einem nahen Menschen für mich hätte. Menschen mit einem brüchigen *Selbst* fehlt diese Unterscheidungsfähigkeit, und dadurch kann ein unfreundlicher Taxifahrer die gleiche intensive Krise auslösen wie das Verhalten eines nahen Menschen.
Beispiel 2: Der Neurobiologe Spitzer nennt es die verloren gegangene „Fähigkeit zur Privatheit", die durch den modernen Medienkonsum verursacht wird. (20) Internet-Foren, die es ermöglichen, dass aus der Anonymität reine Meinungen als scheinbar objektive Informationen weitergegeben werden, die dann gerade wegen der Anonymität des entstandenen Interaktionsraumes nicht überprüft und zurecht gerückt werden können, bewirken, dass die Konsumenten dieser Foren

ihr eigenes Gefühl für die Privatheit verlieren, was gleichbedeutend ist mit dem Verlust der Kohärenz des eigenen *Selbst.* Die eigene Privatheit, so Spitzer, wird vielen dann völlig egal, mit der Konsequenz, dass einem die Privatheit der anderen dann ebenfalls egal ist.

- Das transzendentale *Selbst:* Zum transzendentalen *Selbst* gehören alle Aspekte in unserem *Selbst,* deren Ursachen nicht auf Erfahrungen beruhen, die wir in unserem derzeitigen biografischen Leben seit der Zeugung gemacht haben. Dies sind zum Beispiel, schlussfolgernd aus den Forschungen der Epigenetik, geistige *In-formationen,* die wir von unseren Ahnen und Vorfahren in unserem Zellsystem gespeichert haben. Dazu zählen unsere Charaktereigenschaften, die wir schon unmittelbar nach der Geburt zeigen, und die daher ebenfalls ihre Ursache nicht in Erfahrungen innerhalb dieser Biografie haben. Und dazu zählen auch unsere ganz persönlichen Begabungen und Talente, die sich in der Kindheit schon andeuten können und die sich ebenfalls als nicht von den Eltern ererbt erweisen. Diese *transzendenten* Aspekte unseres *Selbst* sind in einem „Feld" gespeichert, dem Laszlo ja den Namen *Quantenvakuum* gibt und dem ich aus dem Grunde einer besseren Allgemeinverständlichkeit den Namen *Transzendenz* gebe. Als *Transzendenz* bezeichnen wir etwas, das existiert, jedoch aktuell nicht sinnlich wahrgenommen werden kann. Wir empfinden die *Transzendenz* als etwas wie einen geistigen Schimmer, das zusätzlich durch etwas konkret Materielles und mit den Sinnen Wahrnehmbares hindurch schimmert. Zum *transzendentalen Selbst* gehört die von Tagore formulierte „Verbundenheit mit Stöcken und Steinen" (siehe oben) ebenso wie viele von Grof erforschte Phänomene beim holotropen Atmen sowie all das, was von der *transpersonalen Psychologie* als Teile des *transpersonalen Selbst* verstanden wird.
- Das *Ich:* Das *Ich* ist das Bewusstsein, ein *Ich* zu sein, jedoch nicht das Bewusstsein, ein *Ich* zu haben. Daher nenne ich es auch das *Ich-Bewusstsein.* Das *Ich* ist der Bewusstseinsstrom, von dem William James gesprochen hat. Der Unterschied zum *Selbst* ist, dass man nie sein gesamtes *Selbst* spüren und wahrnehmen kann, sondern immer nur Aspekte von ihm. Die spezifische Gesetzmäßigkeit des *Ichs* oder des

Ich-Bewusstseins ist die, dass es tatsächlich manchmal gar nicht existiert, und dann auch nicht wahrnehmbar ist, manchmal nur ganz schwach und in anderen Situationen klar und deutlich aktiviert und dementsprechend dann auch wahrnehmbar ist. Das *Ich* hat die Rolle und Funktion der Steuerung des *Selbst.* Das *Selbst* kann man sich auch denken wie ein Land, das regiert werden, oder wie eine Firma, die geleitet werden möchte. Aus dieser Perspektive betrachtet ist das *Ich* ein Teil des *Selbst,* so wie ein Firmenchef Teil der Firma, oder ein Präsident Teil seines Landes ist. Ein besonders zentraler Aspekt der *Ich*-Entwicklung ist es, dass das *Ich* lernt, dass die Gedanken, Gefühle und Körper-*Empfindungen* und es selbst als *Ich* nicht identisch sein können, weil dasjenige, das wahrnimmt, und das, was wahrgenommen wird, nicht identisch sein können.

Sowohl das *Selbst* als auch das *Ich* haben einen jeweils biografischen Teil, den ich als *personalen Teil* bezeichne, und einen *transzendentalen Teil,* den man entsprechend auch als *überpersönlichen Teil* bezeichnen könnte. Der biografische oder *personale Teil* des *Selbst* entsteht durch die Summe aller Erfahrungen im Verlaufe der jetzigen konkreten Biografie. Der *transzendentale Teil* des *Selbst* hat seine Ursache und Quelle in einer im Kosmos existierenden geistigen Grundidee, dass sich permanent individuelle Wesenheiten bilden. Aus diesem *transzendentalen* Ursprung heraus entwickelt sich schon in der embryonalen Entwicklung die Unterteilung in die zwei Hirnhemisphären, von denen die rechte Hemisphäre später vorgesehen ist für die Entwicklung des *Selbst.*

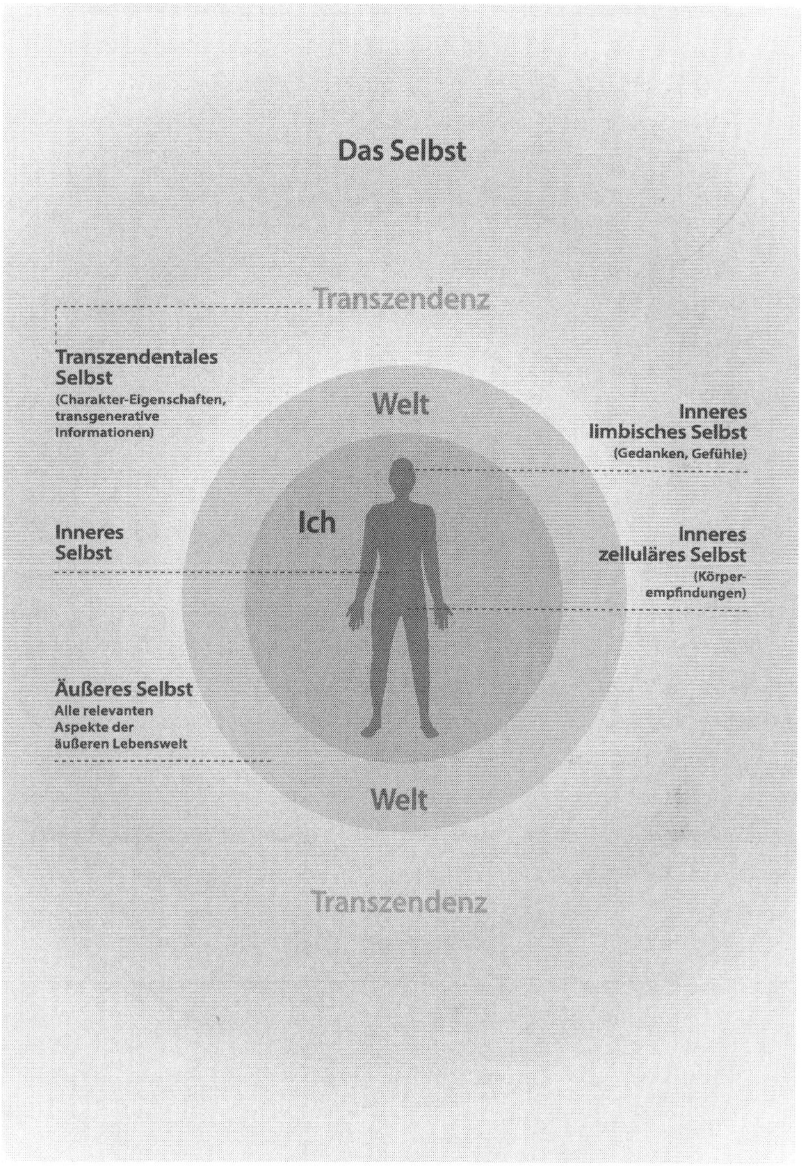

Das menschliche Selbst aus der Sicht der Strukturellen Körperpsychotherapie (SKP)

11 Unser Ich – Vom Nicht-sein-Dürfen über den dummen August im Zirkus zur Königsrolle im Selbst

Die meisten Menschen würden leichter dahin zu bringen sein, sich für ein Stück Lava im Monde, als für ein Ich zu halten. (1)
Johann Gottlieb Fichte

Das Ich spielt dabei die lächerliche Rolle des dummen August im Zirkus, der den Zuschauern durch seine Gesten die Überzeugung beibringen will, dass sich alle Veränderungen in der Manege nur infolge seines Kommandos vollziehen. Aber nur die Jüngsten unter den Zuschauern schenken ihm Glauben. (2)
Sigmund Freud

In diesem Kapitel geht es um das Ich. Und wie in den vorherigen Kapiteln sehe ich es als besonders vordringlich an, dass wir uns auch über dieses scheinbar offensichtliche und alltägliche Wort überhaupt erst einmal einen eigenen Begriff machen. Einen eigenen Begriff machen heißt, ein Wort aus verschiedenen Perspektiven zu beleuchten, um dann dadurch zu einem gänzlich eigenen Begriff zu kommen. Damit ist nicht gemeint, dass ein Begriff etwas völlig willkürliches ist, sondern dass das einzelne Individuum den Sinn eines Wortes durch eigenes *aktives und lebendiges Denken* individuell erkennt und versteht. Weil nur dann das Wort und der Begriff lebendig bleiben können, und nicht als tote Hülse das weitere zukünftige *lebendige und aktive Denken* im Einzelnen wie in der Gesellschaft zum Ersticken bringen.

Was also verstehen wir unter dem Begriff *Ich?* Im Brockhaus-Lexikon gibt es für diesen Begriff schon einmal keinen Eintrag. Das will schon was heißen, wo dort doch alles, was als wahrgenommenes Phänomen schon einmal in unserer Welt existiert hat oder noch existiert, und sei es nur der Begriff „Ich-AG", dort aufgelistet ist. Dafür werden wir in der Wikipedia fündig. (3) Dort steht in der einleitenden Übersicht, dass „das Selbst, das Selbstbewusstsein als Träger des Denkens oder Handelns und das Selbstbild als Ich bezeichnet" werden und dass wissenschaftlich (in welcher Wissenschaft konkret, wird nicht gesagt) Ego und Ich oft synchron verwendet werden, gelegentlich aber mit Ich und Ego unterschiedliche Aspekte des Selbst benannt würden. Ich fasse zusammen: *Selbst – Selbstbewusstsein – Selbstbild – Ego – Ich,* alles in einem Topf. Darin spiegelt sich genau wider, wie sehr in unserer Kultur eine zunehmende Willkür im begrifflichen Denken, welches eigentlich eine Bequemlichkeit des Denkens ist, Einzug gehalten hat.

Das langsame und mühsame Erwachen des menschlichen *Ich*

Das Wort *ego* ist eines der Wörter, das die Römer (Lateiner) von den Griechen völlig identisch übernommen haben. Das einzige Wort, das sowohl die Griechen als auch die Römer für das Wort *ich* hatten, lautete also *ego.* Aber, und dieser Aspekt ist nun für die begriffliche Klärung von ganz besonderer Bedeutung, sowohl die Griechen als auch die Römer verwendeten das Wort *ego* nur als Pronomen in ihrer Alltagssprache, um mit diesem Pronomen lediglich einen Unterschied zu den anderen erkennbar zu machen. Anders ausgedrückt, die Griechen und Römer haben das Wort *ego* nur vorangestellt im Zusammenhang mit beispielsweise dem Satz „ich sehe dies oder jenes", oder „ich denke dies oder jenes" etc., um damit zum Ausdruck zu bringen, dass er es ist, der das sieht oder denkt, und nicht ein anderer. Der Unterschied scheint manchem vielleicht banal vorzukommen. Aber warum ist das in unserem Kontext so besonders wichtig? Weil es im Denken der Griechen und Römer vor mehr als zweitausend Jahren noch kein *Empfinden* gab, wirklich ein *Ich* zu *sein.* Das Wort *ego* war lediglich ein „in der wörtlichen Rede gebräuchliches Personalpronomen", wie Wikipedia schreibt, das heißt, es gab ein „ich sehe" oder „ich denke", aber es gab noch kein „ich bin". Andererseits erweist sich zumindest die begriffliche Einschätzung des Begriffs *Ego* in unserer Kultur damit als sehr sinnvoll, insofern wir den Begriff *Ego* in erster Linie dafür verwenden, wenn jemand sein *Ich* mehr als Aushängeschild vor sich herzutragen meint, als es in seinem Inneren zu leben.

Der Begriff *Ich* in der Bedeutung von *Ich-bin* war in der Menschheitsgeschichte ursprünglich nur Gott vorbehalten. Das erste in unserer westlich abendländischen Kultur gesprochene *Ich-bin* hat Gott dem Moses mitgeteilt, als er ihm als brennender Dornbusch in der Wüste erschienen ist. Für mich beginnt mit Moses unsere westlich abendländische Kultur-Geschichte, noch nicht als Philosophie, die beginnt mit den Griechen, wie bereits dargestellt, aber als Mythos. Dabei spielt es für mich keine Rolle, ob es einen historischen Moses wirklich gegeben hat oder nicht. Entscheidend ist die geistige *Idee*, die hier ihren Anfang genommen hat und die bis heute noch nicht erfolgreich umgesetzt ist. Diese geistige *Idee* ist in der Bibel beschrieben. Dafür sollte man das aber individuell und persönlich lesen und nicht aus dritter oder vierter Hand vorschreiben lassen, wie diese Texte zu verstehen sind. Man muss dazu auch nicht einmal die ganze Bibel lesen, es reichen bestimmte wesentliche Stellen. Auch Rudolf Steiner, der in der zweiten Hälfte seines Lebens mehr durch mit stenografierte Vorträge als durch geschriebene Bücher seine geistigen Impulse an die Menschen weiterzugeben versucht hat, betont darin immer wieder, wie wichtig es für den Menschen ist, und in Zukunft noch viel wichtiger werden wird, dass er überlieferte Berichte nicht einfach eins zu eins als fixe Mitteilungen übernimmt, sondern diese „mit den Ideen und Empfindungen durchdringt, die uns eigen sind“. (4) Aber dazu muss der Einzelne sich die Originalquellen persönlich zu eigen machen und sich innerlich mit ihnen auseinandersetzen. Ob dafür in unserem heutigen Bildungs-System Platz genug ist, ist eine ganz andere Frage. Eine sehr hilfreiche Vorgehensweise für ein besseres Verständnis von Begriffen besteht darin, dem Narrativ des jeweiligen Begriffes auf die Spur zu kommen. Wir verstehen also nicht nur uns selber besser, wenn wir uns aus der Perspektive des Narratives betrachten (wie im 6. Kapitel dargelegt), sondern auch unsere Begriffe, die ja etwas geistig Lebendiges sind wie wir Menschen, auch wenn Begriffe kein biologisches Substrat haben und sie aber leider durch unsere geistlose reine Benutzung zu toten Hülsen werden können. Noch einmal zurück zu Moses. Es hätte ihn eigentlich gar nicht geben dürfen. Seine Mutter hat ihn im Schilfwasser des Nils in einem Körbchen ausgesetzt, und es war nicht sicher, ob er überleben oder von jemandem gerettet werden würde. Darin werden schon einmal viele Parallelen zum *Ich* angedeutet.

Eine sehr hilfreiche Interpretation im Hinblick auf die Entwicklungsgeschichte des menschlichen *Ich* stammt von Jean Gebser. (5) Aus seiner Perspektive war es dann Homer, von dem man sich bis heute ebenfalls nicht sicher ist, ob es ihn überhaupt gab, der aber mit seinen beiden Epen *Ilias* und *Odyssee* den literarischen Grundstein für die *Mythische Bewusstseinsstruktur* des abendländischen Menschen gelegt hat. In diesen beiden Werken wird der Bewusstseinsweg des Menschen so dargestellt, dass er zunächst, im ersten Band, *Ilias,* seinen Lebenskampf im Außen bestehen muss, wobei die großen Helden beider sich bekämpfender Seiten, der Griechen und der Trojaner, obwohl sie große und ruhmreiche Heldentaten vollbrachten, allesamt einen tragischen Tod sterben müssen. Im zweiten Band, *Odyssee,* geht es dann mehr um einen inneren Weg und eine Auseinandersetzung mit inneren Strebungen, die in scheinbar rein äußerlichen Abenteuern zu bewältigen sind. In der Perspektive Jean Gebsers ist Odysseus der erste Mensch, der sich gezwungen sieht, sich als ein *Ich-bin* zu erkennen zu geben. Um sich seiner Frau Penelope gegenüber bei seiner Rückkehr nach zwanzig Jahren glaubhaft erkennen zu geben, muss er seinem Inneren soweit begegnet sein, dass er erstens seinen inneren Zorn gebändigt hat, zweitens die Abstammung von beiden Eltern, insbesondere die von seinem Vater, explizit hat anerkennen und beim Namen nennen können, und er musste drittens schließlich in der Lage gewesen sein, seine erlebte Geschichte so zu erzählen, dass man darin einen gewachsenen inneren Ich-Abstand, und die erzählte Geschichte als authentisch, und damit als wahrhaftig, erkennen konnte. (6) Wohlgemerkt, hier geht es immer noch um einen Mythos, eine Erzählung. Und das entscheidende ist, zu verstehen, dass auch hier zunächst lediglich eine geistige *Idee* erzeugt worden ist, bis zu deren Umsetzung es noch lange dauern wird. Denn dass ein damaliger Mensch bereits zu solchen psychischen Leistungen wirklich in der Lage war, dürfen wir, nach allem, was wir heute wissen, mit Recht bezweifeln.

Die Idee des menschlichen *Ich* als wesensgleich mit Gott

Nach Homer und seinem Helden Odysseus dauerte es dann schon noch einmal weitere 2000 Jahre, also von ca. 800 vor Christus bis ca. 1200 nach Christus, bis sich wieder ein Mensch so klar und deutlich über das menschliche *Ich* geäußert hat, dass es auch der Nachwelt überliefert bleiben konnte. Es handelt sich um Meister Eckhart, der zwar von vielen als Mystiker bezeichnet wird, was aber in der theologischen Forschung als nicht ausreichend begründet angesehen wird. Denn Meister Eckart hat sich nie in seine Klosterzelle zurückgezogen und nur kontempliert, sondern er stand voll im öffentlichen Leben, und das als Universitätsprofessor, Prediger und Schriftsteller. Dass er von je her „Meister Eckart" genannt wird, hat nicht, wie viele denken, damit zu tun, dass er sich selbst als „spiritueller Meister" ausgegeben und dementsprechend eine Schülergemeinschaft um sich versammelt hat, sondern sein Name rührte daher, dass er damals den seltenen Titel eines „Magisters" tragen durfte, was bedeutete, dass er eine offizielle Professur sowohl für das Fach Philosophie als auch Theologie an der Universität Paris innehatte. Um als Nicht-Franzose an der Universität in Paris lehren zu dürfen, musste man damals eine spezielle Magisterprüfung ablegen. Eckart war Mönch und trat schon als Jugendlicher in den Dominikaner Orden ein. Wikipedia schreibt über Eckart:

> *„Mit seinen Predigten erzielte er nicht nur bei seinen Zeitgenossen eine starke Wirkung, sondern beeindruckte auch die Nachwelt. Außerdem leistete er einen wichtigen Beitrag zur Gestaltung der deutschen philosophischen Fachsprache. Sein Hauptanliegen war die Verbreitung von Grundsätzen für eine konsequent spirituelle Lebenspraxis im Alltag. Aufsehen erregten seine unkonventionellen, teils provozierend formulierten Aussagen und sein schroffer Widerspruch zu damals verbreiteten Überzeugungen."* (7)

Eckart wurde gegen Ende seines Lebens in Köln bei der Inquisition wegen Häresie angeklagt. Die Ankläger waren zwei Mönche aus dem eigenen Orden, die sich zuvor selber mit schwerwiegenden Verstößen gegen die Ordensregeln strafbar gemacht hatten. Und obwohl die beiden in ihrem eigenen Orden keinen Rückhalt hatten, kam es zur Anklage. In dem sich über einen längeren Zeitraum hinziehenden Prozess wurden Gutachten von verschiedensten hohen Persönlichkeiten der damaligen Zeit eingeholt, die allesamt Eckart von der Häresie freisprachen. Dazu schreibt wiederum Wikipedia:

> „*Wie in einem solchen Verfahren üblich, wurden nicht ganze Schriften des Angeklagten oder sein Gesamtwerk beurteilt, sondern nur einzelne Sätze gemäß ihrem Wortlaut … ohne Berücksichtigung des Sinns der Texte, daraus sie entnommen waren. Eckarts Werke lagen der Kommission nicht vor.*“ (8)

Das Verfahren wurde von Köln aus an den Papst weiter delegiert, der damals im Exil in Avignon residierte. Dort starb Eckart, bevor es zu einem endgültigen päpstlichen Urteil kam, an einem Herzversagen.

Nun will ich Sie aber nicht weiter auf die Folter spannen und eine wesentliche Passage zitieren, in der Eckart sein Denken über das menschliche *Ich* formuliert. In einer berühmten „Predigt“ sagt er:

> „*Darum bitte ich Gott, dass er mich ‚Gottes‘ quitt mache; denn mein wesentliches Sein ist oberhalb von Gott, sofern wir Gott als Ursprung der Kreaturen fassen … wäre aber ich nicht, so wäre auch ‚Gott‘ nicht: dass Gott ‚Gott‘ ist, dafür bin ich die Ursache; wäre ich nicht, so wäre Gott nicht ‚Gott‘ … mir ward in diesem Durchbrechen zuteil, dass ich und Gott eins sind.*“ (9)

Markus Gabriel, dem ich den Hinweis auf diese wesentliche Äußerung über das menschliche *Ich* verdanke, schreibt dazu:

> „*Als Grund dafür, dass er den kirchlichen Autoritäten seiner Zeit nicht besonders angenehm war, kann man nun gerade sein Konzept des Ich anführen, in dem man später den Eröffnungszug der Aufklärung gesehen hat.*“ (10)

Eckart war ein großer Verfechter der Ideenlehre Platons. Für ihn waren Ideen „Urbilder" in uns Menschen, die genauso „ungeschaffen", dafür aber schon immer und ewig existent sind wie Gott selbst. In Bezug auf seine *Idee* vom menschlichen *Ich* sagt er an einer anderen Stelle, der Mensch solle bei Gott „nicht stehen bleiben" – was für ein passendes Bild – sondern „durchbrechen" zur inneren Gottheit selbst. Und auch an dieser Stelle noch einmal der Hinweis darauf, dass *Ideen* zunächst einmal nur *Ideen* von und über etwas sind. *Ideen* müssen zunächst erkannt und benannt werden, aber ihre Umsetzung ist dann die eigentliche Herausforderung. Und das solange, bis die *Idee* zur vollen Wirklichkeit gereift ist. Neben der *Idee* eines mit Gott wesensgleichen *Ichs* hat Eckart die *Idee* einer konkreten spirituellen Alltagspraxis auch für den Laien, und nicht nur für Mönche, für den Westen überhaupt erstmalig formuliert. Jedoch auch diese *Idee* wartet seit 700 Jahren auf ihre Umsetzung. Selbst wenn aktuell Einzelne mit dieser Praxis begonnen haben, sind wir von einem diesbezüglichen kulturellen Selbstverständnis noch weit entfernt.

Die Theorie eines *Ichs,* das uns mit den anderen eint und zugleich von ihnen trennt

Ein halbes Jahrtausend nach Meister Eckart war es erneut ein deutscher Philosoph, der sich in seinem philosophischen Denken mit dem *Ich* beschäftigt hat. Es war Johann Gottlieb Fichte, der unter den Philosophen auch als der „Großmeister der Ich-Philosophie" bezeichnet wird. Für Fichte sind die drei Säulen unseres *Ich* die folgenden:

1. Das Ich ist das, was im Wesentlichen in uns erkennt, versteht und weiß, und sonst nichts anderes, also nicht unser Gehirn, oder auch nicht unsere Sinnesorgane. Gehirn und Sinnesorgane sind nur Hilfsorgane zur Erkenntnis für das *Ich.*
2. Da auch die anderen Menschen ein Ich haben, ist unser Ich die größte Gemeinsamkeit mit den anderen, die ansonsten vollkommen von uns unterschieden sind.

3. Alle Dinge, die kein Ich haben, wie beispielsweise nicht lebendige Gegenstände, können und müssen vom Ich als Nicht-Ich erfasst und erkannt werden, weil es ansonsten selber nicht mehr Ich sein kann.

Damit hat Fichte fundamentale Aspekte des *Ich* formuliert, die heute auch innerhalb der neueren Psychotherapie eine wichtige Rolle spielen, in positiver Hinsicht bezogen auf die immer wichtiger werdende Struktur der Intersubjektivität, in negativer Hinsicht bezogen auf die ständig lauernde Gefahr der Verschmelzung des *Ich* mit seinen wahrgenommenen Objekten, außen wie innen, und damit einhergehend mit seinem tatsächlichen plötzlichen Verschwinden. Aber auch diese Aspekte konnten, wie wir gleich sehen werden, bisher noch immer nicht in unserer gegenwärtigen Kultur Fuß fassen. Was Meister Eckhart am eigenen Leibe zu spüren bekommen hat, nämlich enorme widerständige Kräfte innerhalb der Gesellschaft gegenüber einem solchen Denken über das *Ich,* hat Fichte zwar auch, wenngleich nicht mehr in dem Maße wie Meister Eckart erfahren. Es gab in ihm selbst eine gewisse Paradoxie, insofern er sich einerseits darüber gewiss war, dass seine Ich-Philosophie eigentlich auch für den philosophischen Laien leicht zu verstehen wäre, andererseits er sich aber darüber wunderte, dass sie auch damals dennoch kaum verstanden wurde. Dass er sich neben der Philosophie damals schon mit der aufkommenden Psychologie beschäftigte, erleichterte ihm dann die Erkenntnis, dass es in jedem Menschen Kräfte gibt, die nicht in der Vernunft allein begründet sein können, sondern andere Ursachen haben müssen. Diese Erkenntnis veranlasste ihn unter anderem zu dem Satz, dass es leichter sei, den Menschen dahin zu bringen, sich für ein Stück Lava im Mond zu halten als für ein *Ich.*

Das *Ich* als reine Simulation unseres Gehirns

Es ist offenkundig, dass die Philosophie, die sich auf die klassischen Empiristen Bacon, Hobbes, Locke und Hume bezieht, die Vorstellung eines *Ich* konsequent verwirft, weil ein solches nirgendwo sinnlich wahrzunehmen sei. Die Spaltung des philosophischen Denkens, welches Kant eigentlich überwinden wollte, konnte leider bis heute nicht aufgehoben werden. Und auffällig ist eben auch, dass diese Spaltung eine geografisch kulturelle geblieben ist, insofern, als die rein empirische Anschauung sich vor allem im anglo-amerikanischen Kulturraum fest betoniert hat. Um diesen Gegensatz noch einmal etwas zu verdeutlichen: Sowohl Meister Eckart als auch Fichte betonen die Bedeutung der *Idee* in der Philosophie, und für beide ist das *Ich* zunächst eine *Idee,* an der man sich orientieren könnte. Für alle *Empiristen* jedoch schreibt David Hume stellvertretend:

> *„alle unsere ideas, d. h. schwach ausgeprägte perceptions sind Simulationen von impressions, d. h. lebhafteren, stärker ausgeprägten perceptions."* (11)

Ich verstehe Folgendes: Aus ursprünglich „stärker ausgeprägten impressions" (Eindrücken) bilden das Gehirn und das Nervensystem dann „schwach ausgeprägte perceptions" (Wahrnehmungen), die nichts anderes als eine schwache Simulation der Wirklichkeit sind, ungefähr so, wie ein schmutziger Spiegel auch nur eine schwach ausgebildete Simulation widergeben kann.

Zwischen diesen philosophischen Vorstellungen, der eines Meister Eckart oder eines Fichte, und derjenigen der *Empiristen,* liegen also immer noch Welten. Und wenn im Anschluss ein dementsprechendes Denken über das *Ich* vorgestellt wird, sollte klar sein, aus welcher philosophischen Grundrichtung sich dieses Denken speist. Eine solche Bewusstheit ist aber nur möglich, wenn man sich mit dem Narrativ unserer Philosophiegeschichte auseinander setzt, wie wir das im 3. Kapitel versucht haben. Dass diese eklatante Kluft in der derzeitigen Wissenschaft der Philosophie noch immer nicht überwunden ist, sie umgekehrt eher größer wird, darüber verliert heute kaum einer einen Gedanken. Und solange diese fundamentale Kluft im philosophischen Denken nicht einmal zum Thema wird, wird sich an dieser Situation nichts ändern. Markus Gabriel erwähnt übrigens, dass erst jetzt an den philosophischen Fakultäten der amerikanischen Universitäten eine ganz allmähliche Hinwendung zur Philosophie Fichtes stattfindet. Und es fällt auf, dass bei allen wichtigen Autoren im amerikanischen Kulturraum, insbesondere im Bereich der Psychologie und Psychotherapie, das Wort *Ich* keine wesentliche Rolle spielt, sondern in diesem Zusammenhang immer nur von einem *Selbst* gesprochen wird, was aber nicht dasselbe ist.

Anhänger einer rein empiristischen philosophischen Betrachtungsweise gibt es jedoch nicht nur im anglo-amerikanischen Kulturraum. Ein bekannter Vertreter dieser Philosophie ist der Bewusstseinsphilosoph Thomas Metzinger. Für ihn ist das *Ich* lediglich „eine Simulation, die das Gehirn erzeugt". Das ist jedoch kein wirklich neues fortschrittliches Denken, denn das hat, wie wir gerade gelesen haben, David Hume schon vor zweihundert Jahren gesagt. Aber hier wird nicht einmal transparent gemacht, was einen zu einem bestimmten Denken angeregt hat. Es gibt keine Geschichte dazu, und entsprechend auch kein Narrativ, sondern es schwirrt alles irgendwie in der Luft herum. Ich zitiere Metzinger:

> „*Es sieht so aus, als ob wir biologische Ego-Maschinen ohne unsterbliche Seelen sind. Unser Gehirn erzeugt jedoch ein phänomenales Selbstmodell, das sich mit einer Motivationsstruktur und all seinen emotionalen Komponenten im Lauf der Evolution herausgebildet hat und uns eine gegenüber anderen Lebewesen überlegene Intelligenz verleiht. Der blinde Vorgang, der unsere Körper, unsere Gehirne und unser bewusstes Selbstmodell erzeugt hat, war nicht zielgerichtet, sondern durch Variation und Selektion angetrieben ... Seit den ersten Höhlenmalereien haben wir begonnen, die Inhalte unseres Geistes nach außen zu verlagern, damit sie auf unsere Artgenossen zurück wirken konnten. Diesen Prozess nennen wir heute Ideengeschichte. Aber einiges sieht danach aus, als ob sich keinerlei Absicht hinter diesem Vorgang versteckt – es handelt sich letztlich um das Resultat blinder, aufwärts gerichteter Selbstorganisationsprozesse, die zu immer neuen Komplexitätsstufen führten.*" (12)

In Metzingers Augen ist das Vermögen von Organismen, Selbstmodelle hervorzubringen, sogar „eine Waffe, ... die aus dem kognitiven Rüstungswettlauf der Evolution hervorgegangen ist." (13) Und das *Ich* existiert eigentlich nicht wirklich, sondern nur als „Ego-Tunnel", den das Gehirn zwischen sich und die Welt als Schutz-Waffe (oder auch Schuss-Waffe?) im Rüstungswettlauf der Evolution schiebt. Markus Gabriel verweist auf den Widerspruch, der einem wissenschaftlich ausgebildeten Philosophen eigentlich nicht passieren dürfte, wenn Metzinger die Entwicklung des Ichs einerseits als „einen blinden Vorgang", andererseits zugleich als „Waffe im Überlebenskampf" bezeichnet. In der Welt des Körpers besitzt jede lebende Zelle, wie wir vorne erfahren konnten, eine variabel durchlässige Membrane. In der Welt der Seele ist eine variabel durchlässige seelische Membrane die dringende Voraussetzung dafür, dass wir uns überhaupt als Individuum empfinden können, aber zugleich offen bleiben für den lebensnotwendigen Kontakt mit der Mitwelt. In der Welt des Geistes ist es, wie vorne skizziert, im Bauplan vorgesehen, dass sich Individuen als Teil des Ganzes bilden. Und auch hier ist jedes Individuum nur durch eine variabel durchlässige Membrane vom geistigen Ganzen getrennt. Das Bild eines Tunnels macht nur Sinn, wenn jemand aus seiner jeweiligen Membrane eine dicke Mauer werden lässt, durch die er dann nur mithilfe eines Tunnels hindurch gelangt.

Das *Ich* im Buddhismus und in der neueren Psychoanalyse

Im Buddhismus werden die Praktizierenden angehalten, regelmäßig und kontinuierlich mithilfe einer schon von jeher als „analytische Meditation" bezeichneten Vorgehensweise das eigene Denken, Fühlen und Handeln dahingehend zu überprüfen, inwieweit die jeweiligen Prozesse von einer starren und festgefahrenen Vorstellung eines *Ich* geleitet werden. Ziel ist es, sich ganz allgemein von starren Vorstellungen im eigenen Inneren zu lösen, und das sowohl im Hinblick auf wahrgenommene Objekte im Außen als auch im Hinblick auf ein starres *Ich* im Inneren. Die schädliche Wirkung von starren und toten Vorstellungen kennt der Buddhismus schon seit mehr als zweitausend Jahren. Im Buddhismus wird also nicht davon ausgegangen, dass es das *Ich* gar nicht gibt, sondern es geht darum, die eigenen starren Vorstellungen von einem inneren *Ich* zu durchschauen, und sich davon zu befreien. In diesem Punkt gibt es leider immer wieder auch Missverständnisse und Fehlinterpretationen. Seien Sie also achtsam, wenn Sie etwas Entsprechendes lesen oder hören.

In den 1990er Jahren wurde innerhalb der Psychoanalyse Freud'scher Schule endlich das schon lange in die Kritik geratene ursprüngliche Struktur-Modell von Freud einer Revision unterzogen. Das alte Struktur-Modell erfasste den sogenannten „psychischen Apparat“ (man beachte noch einmal die naturwissenschaftlich technisierte Betrachtungsweise des Menschen) in drei Stufen: 1. dem mehr als Bedrohung denn auch als mögliche Ressource (wie dies C. G. Jung gesehen hat) empfundenen Es, 2. dem Über-Ich, das in Freuds Augen die einzige Instanz war, die wie eine Überwachung-Instanz in einer Diktatur mühselig die bedrohlichen Regungen des Es versuchen muss, in Schach zu halten mit dem Ergebnis, dass die von vorne herein dysfunktional konzipierte Rolle dieses Über-Ich fortan als Hauptursache für die Entstehung von Neurosen angesehen wurde, und 3. das *Ich,* dem dann aber eigentlich, wie in der Einleitung dieses Kapitels zitiert, nur noch die Rolle des dummen August in der Zirkus-Manege zugestanden wurde. Das revidierte Struktur-Modell jedoch kann sich sehen lassen. Von einem bedrohlichen Es ist keine Rede mehr. Entsprechend bedarf es daraufhin auch keiner Über-Ich-Überwachungsinstanz mehr. Das revidierte Modell basiert weiterhin auf drei wesentlichen Strukturen: 1. das *Ich* (Achtung: inzwischen vom dritten Platz auf den ersten vorgerückt!), 2. das Selbst (welches eben nicht dasselbe ist wie das *Ich),* und 3. die Objektbeziehungen. Und das alles hört sich nun doch viel lebendiger und dynamischer an.

Kurz nach der Revision des psychoanalytischen Struktur-Modells erschien das Buch von Jeremy W. Hayward, von dem im zweiten Kapitel schon die Rede war. Dem Buddhisten, Kernphysiker und Molekularbiologen Hayward gelingt es, in Bezug auf das neue Struktur-Modell der Psychoanalyse eine Perspektive einzunehmen, die ich sehr beeindruckend finde. Er schreibt zunächst, dass die buddhistische Psychologie und die neuere Psychoanalyse das *Ich* inzwischen sehr ähnlich definieren, nämlich als das Ergebnis eines Prozesses von Synthese und Anpassung zwischen innerem Leben und äußerer Realität, wobei dieser Prozess ein Gefühl persönlicher Kontinuität und Gleichheit in der gefühlten Erfahrung erzeugt verbunden mit einem Gefühl des Daseins und des Fortbestehens der Existenz. Hayward schreibt dann weiter:

> *„Die Theorie der Objektbeziehungen erklärt diese Erfahrungen persönlicher Kontinuität und ‚Ichheit‘ als Ergebnis der allmählichen Differenzierung innerer Bilder von einem ‚Ich‘ als unterschieden von verinnerlichten Bildern von Objekten und der schließlichen Konsolidierung dieser Bilder in einem zusammengesetzten Schema oder einer Selbstrepräsentation …*

In beiden Psychologien wird also das Gefühl des ‚Ichseins' … als etwas aufgefasst, was der Persönlichkeit nicht angeboren ist … sondern sich aus unserer Erfahrung von Objekten und den Arten von Interaktionen, die wir mit ihnen haben, entwickelt. Mit anderen Worten, das ‚Ich' wird buchstäblich aus unserer Erfahrung mit der Objektwelt heraus konstruiert. Dieses ‚Ich', mit dem wir uns identifizieren, und das sich für uns so präsent und real anfühlt, ist in Wirklichkeit ein verinnerlichtes Bild, eine zusammengesetzte Darstellung und Repräsentation, konstruiert durch ein auswählendes und imaginatives ‚Erinnern' vergangener Begegnungen mit signifikanten Objekten in unserer Welt. Tatsächlich wird das Ich in beiden Psychologien als Repräsentation angesehen, die in der Gegenwart von einem Augenblick zum anderen von neuem konstruiert wird." (14)

Was Hayward hier in Worte formuliert, ist nichts weniger als der Beginn eines Prozesses, bei dem zwei vollkommen unterschiedliche Betrachtungsweisen, die Welt und den Menschen zu sehen, nämlich die des Buddhismus und die der neueren Psychoanalyse, beginnen, sich in ihrem Denken zunehmend anzunähern und ähnlich zu machen. Das entspricht dem, womit Hayward schon im zweiten Kapitel zitiert wird, „dass nämlich da, wo Buddhismus und Wissenschaft lebendig und auf der Höhe sind" und nicht in eigenen alten Vorstellungen gefangen bleiben, sich unsere menschliche Zukunft weiter entwickeln kann. Und so ist es möglich geworden, dass nicht nur der Buddhismus und die Psychoanalyse, sondern auch die schon einmal gespaltenen Richtungen innerhalb der Psychoanalyse, nämlich die Freudianische und Jungianische Richtung, sich in ihrer grundsätzlichen Betrachtungsweise der menschlichen Psyche wieder zunehmend annähern zu einer gemeinsamen Grundperspektive, die man inzwischen als *Tiefenpsychologie* bezeichnet.

Hier geschieht also das genaue Gegenteil von dem, was innerhalb der derzeitigen Erkenntnis-Philosophie seit Kant geschieht, und wo sich zwischen den seit Jahrhunderten bestehenden Gräben eher immer größere Welten auftun. Nun werden zwar auch in der soeben beschriebenen Perspektive des Buddhismus und der neueren Psychoanalyse Begriffe gebraucht wie „nicht angeboren", und „selbst konstruiert", und manch einer könnte fragen, wo denn da der Unterschied zur Perspektive der Neurozentriker (Zitat Gabriel) oder Empiristen liegt. Der Unterschied liegt in dem, als was man das anerkennt, was da von einem selbst konstruiert wird, ob das nämlich eine innere *Repräsentation* ist, oder lediglich eine Simulation. Und genau zwischen diesen beiden Begriffen liegen wieder Welten.

Sowohl der Buddhismus als auch sämtliche tiefenpsychologischen Schulen auf der Erde haben vielleicht kein gemeinsames, aber ein sehr ähnliches Denken darüber, wie sich sogenannte *Objektrepräsentanzen* im Inneren eines Menschen entwickeln, und welche enormen seelischen Leistungen damit verbunden sind. Und ganz speziell in allen tiefenpsychologischen Schulen gibt es inzwischen ein einheitliches Verständnis darüber, dass, wenn es einem Menschen nicht gelingt, solche *Objektrepräsentanzen* und deren darauf aufbauender Synthese in einem Bewusstsein von *Ich* in sich selbst zu entwickeln, dies für die psychische Gesundheit im weiteren Lebensverlauf sehr negative Konsequenzen hat. Wenn solche *Objektrepräsentanzen* jedoch ausreichend integriert werden konnten, lässt sich das seit geraumer Zeit dadurch messen, dass speziell im Frontalhirn dieser Menschen neuronale Netzwerke aktiviert werden können. Die Aktivierung dieser neuronalen Netzwerke im Frontalhirn bedeutet aber nicht, dass das Frontalhirn diese *Objektrepräsentanzen* erzeugt. Die Erzeugung und Konstruktion dieser *Objektbeziehungen* ist eine seelische Leistung des betreffenden ganzen Menschen, wobei ihm das Gehirn hilfreich zur Seite steht wie uns die Beine beim Gehen behilflich sind und der Magen beim Verdauen. Aber umgekehrt können die Beine, der Magen, aber eben auch das Frontalhirn, ihren Dienst versagen, wenn der ganze Mensch bestimmten seelischen Herausforderungen gegenüber nicht gewachsen ist.

Die Entwicklung solcher *Objektrepräsentanzen* ist natürlich vor allem im Verlauf der kindlichen Entwicklung von größter Bedeutung. Und man weiß heute, dass ein Kind umso stabilere *Objektrepräsentanzen* in sich entwickeln kann, je mehr genügende sogenannte *Objekterfahrungen* es mit Menschen machen konnte, vor allem natürlich mit seinen Eltern, die jeweils selber über genügend solcher *Repräsentanzen* verfügen. Später wird es so sein, dass zum Beispiel beim Erschaffen kultureller oder gesellschaftlicher Leistungen, sei es im malerischen, musikalischen oder schauspielerischen Ausdruck, jemandem diese umso überzeugender gelingen, je mehr man es mit Lehrern zu tun hatte, die selbst über eine persönliche Ausstrahlung verfügt haben, und ihrerseits selbst gute Lehrer hatten. Das gleiche gilt natürlich auch für andere Berufe, in denen eine gewisse Eigenkreativität erforderlich ist.

Und was bedeutet dagegen der Begriff „Simulation“? Simulation ist ursprünglich ein rein technischer Begriff und wurde erst danach auch ein Begriff im Bereich der menschlichen Psyche. Mithilfe von technischen Mitteln werden konkrete Objekte, wie beispielsweise Flugzeuge oder Autos, künstlich so nachgebildet, dass man entsprechend maßstabsgerecht an ihnen weiterarbeiten kann. Und durch die Computertechnik sind Simulationen inzwischen noch einfacher geworden. Im Bereich der Psyche spricht man zum Beispiel von Simulation, wenn sich jemand der Umwelt gegenüber *verstellt*, und ihr etwas vormacht, was nicht wirklich da ist. Dass es solche psychischen Phänomene gibt, wissen wir alle, und sie haben ihre Ursache eben genau im Fehlen von ausreichenden Objektrepräsentanzen. Aber das, was alle tiefenpsychologischen Schulen als enorm wichtige seelische Leistung betrachten, nämlich die innere Erzeugung von stabilen *Objektrepräsentanzen*, als reine Simulation zu bezeichnen, kann nur jemand, der nie eine innere Perspektive eingenommen, sondern die Welt stets nur von außen betrachtet.

Wenn das psychische Geschehen in der Kindheit und das spätere Lernen von speziellen Fähigkeiten, mit deren Hilfe innerhalb der Gesellschaft nicht nur dumpfe Tätigkeiten ausgeführt, sondern nachhaltige Wirkungen auf die anderen lebenden Wesen, wie zum Beispiel wiederum auf die eigenen Kinder, auszubildende Schüler, oder einfach auch nur die gesellschaftliche Gesamtheit und Kultur, erzielt werden sollen, dann reichen Prozesse, die reine Simulation sind, nicht aus. Es darf kein Zweifel darüber bestehen, dass moderne Technik von großem Nutzen sein kann, wo sie zu einer Erleichterung von Prozessen beiträgt. Aber erst, wenn der Unterschied zwischen *Repräsentanzen* und Simulation wirklich von allen verstanden worden ist, können wir auch Übereinstimmung darüber erzielen, wie wichtig in allen Entwicklungsprozessen Menschen mit stabilen inneren *Repräsentanzen* weiterhin sein werden und dass kein KI-Roboter einen solchen Menschen ersetzen kann. Das gilt insbesondere natürlich auch für den Fall, dass die Erzeugung der *Objektrepräsentanzen* nicht so gelungen ist und der betroffene Mensch sich später in einer Psychotherapie Hilfe holt. Wenn man in Begriffen von reiner Simulation denkt, müsste es ausreichen, wenn der Therapeut nur ein Roboter ist, und mit entsprechender künstlicher Intelligenz ausgerüstet die passenden Antworten auf die Fragen des Hilfesuchenden gibt oder ihm ein paar Übungen mit auf den Weg gibt. Die stabilen *Objektrepräsentanzen*, die dem Betroffenen bisher fehlen, können jedoch auch auf diese Weise nicht nachentwickelt werden. Dazu bedarf es eben Wesen, die selber über diese *Objektrepräsentanzen* verfügen.

Nicht wenige meiner Klienten in der körperpsychotherapeutischen Praxis sagen mir, dass sie letztlich auch so denken wie die Empiristen, nämlich „ich glaube nur an das, was ich sehe.“ Wenn ich ihnen dann erkläre, dass diese Denkweise, wenn sie konsequent weiter gedacht wird, dazu führt, dass wir demnächst nur noch von Robotern umgeben sein werden, erschrecken sie, und sagen, dass sie so weit noch gar nicht gedacht haben. Und genau das ist ja das schon besprochene zentrale Problem unserer Zeit, dass nämlich von den meisten zu wenig weiter gedacht wird, sondern auf dem Weg nach Berlin der Zug schon in Regensburg verlassen wird (Zitat Kandinsky). Es kann daher nicht oft genug betont werden, wie wichtig es wäre, dass wir uns zuerst einmal überhaupt darüber bewusst werden, welche grundlegenden philosophischen Denkrichtungen sich seit über zweihundert Jahren vollkommen starr gegenüber stehen. (15) Für die eine philosophische Richtung (die Empiristen) gibt es da draußen eine in sich geschlossene, faktische und scheinbar objektiv vorhandene Welt, die nur mit den Sinnen und dem Verstand und darüber hinaus mit rein naturwissenschaftlichen Methoden erfasst werden kann. Für die andere philosophische Denkrichtung (Kant) ist die Welt da draußen nicht unabhängig von einem wahrnehmenden Subjekt vorhanden. Und in Folge dieser letzteren Denkrichtung sieht der eine die Welt so, der andere so, auch wenn es dabei gewisse Schnittmengen gibt, worüber sich die Subjekte einigen können. Es wäre nun endlich an der Zeit, sich dieser beiden vollkommen entgegengesetzten erkenntnistheoretischen Denkrichtungen überhaupt erst einmal bewusst zu werden. Abschließend sei noch einmal kurz zusammengefasst, was die zwei entgegengesetzten Denkrichtungen im Wesentlichen voneinander unterscheidet. Bei der empiristischen Denkweise gibt es nur eine Außenperspektive, mit deren Hilfe eine scheinbar objektiv vorhandene Welt ausschließlich wahrgenommen werden kann. Die entgegengesetzte Denkweise ist dadurch gekennzeichnet, dass es neben der Außen- auch eine Innenperspektive gibt, bei der man dem eigenen Bewusstsein zuschaut, *wie* es wahrnimmt, und bei der im

Idealfall sich die Außen- und die Innenperspektive in einem prozessorientierten optimalen Gleichgewicht befinden.

Der doppelte Ursprung unseres Ichs – in der Transzendenz und im eigenen Leib

Für die der empiristischen entgegengesetzte Denkrichtung möchte ich nun noch einige Perspektiven aufzeigen, um das Nachdenken diesbezüglich noch weiter anzuregen. Diese Denkrichtung nur auf Kant zu beziehen, ist auch nicht ganz korrekt. Aber er war es, der in Bezug auf diese als erster wesentliche Grundzüge konkret benannt und darüber hinaus auch der Gegenrichtung faire Angebote gemacht hat, zu einer Synthese zu kommen, was jedoch von der Gegenseite bis jetzt ignoriert wurde, und dort keiner auf diese Argumente einzugehen bereit ist. Dass diese Denkrichtung jedoch nicht erst bei Kant beginnt, wird deutlich, wenn man, wie Jean Gebser es getan hat, sich das Narrativ der menschlichen Bewusstseinsgeschichte etwas genauer anschaut. An dieser Stelle können uns die Inhalte, die im Zentrum des 6. Kapitels gestanden sind, natürlich weiterhelfen. Und Sie sollten sich als Leser nicht scheuen, hier noch einmal etwas nachzulesen. Mir selbst würde es in jedem Fall so gehen, dass ich beim ersten Lesen nicht sofort alles so verstanden hätte, wie es beim zweiten oder dritten Lesen möglich wäre.

Bei der Betrachtung des Narrativs der menschlichen Bewusstseinsgeschichte zeigt sich nämlich, dass das menschliche Bewusstsein vor zweieinhalbtausend Jahren kollektiv ein vollkommen anderes gewesen sein muss als heute. Dies fällt heute vielen Menschen schwer, sich vorzustellen. Aber so, wie wir nachts im Schlaf und dann noch einmal beim Träumen oder an einem müden Samstagvormittag ein vollkommen anderes Bewusstsein haben als im angeregten Wachzustand oder auf einem gemeinsamen Fest mit Musik, Tanz und gutem Essen, so kann man sich das denken, dass auch geschichtlich das kollektive Bewusstsein aller Menschen einem ständigen Wandlungsprozess unterworfen ist. Auch wenn uns rationalistisch denkenden Zeitgenossen schwerfällt, das nachzuempfinden, aber die Menschen vor ca. dreitausend Jahren hatten, wenngleich sie ihren Lebensalltag gut bewältigen konnten, einen Bewusstseinszustand, der nicht wesentlich über unser Traumbewusstsein hinaus gereicht hat. Erst vor ca. zweieinhalbtausend Jahren, also um die Zeit der griechischen Philosophen, begann so etwas wie ein allmähliches Erwachen in eine andere Bewusstseinsstufe.

Und vor Kant war es ja schon Meister Eckart, dem ein bewusstseinsmäßiger Durchbruch gelang, der sich in etwa so darstellen lässt. Meister Eckart hatte durch seine Übung der Innenschau plötzlich die Erkenntnis, dass sich das, was er im Außen zunächst genauso wie seine Zeitgenossen wahrnehmen konnte, immer ähnlicher mit dem anfühlte, was er in seinem Inneren wahrnahm, wobei ihm hier aber seine Zeitgenossen dann nicht mehr folgen konnten, weil sie nicht über diese Übung der Innenschau verfügten. Und so war es nur eine Frage der Zeit, bis Eckart zu der Erkenntnis einer vollkommenen Ähnlichkeit zwischen seinem eigenen Inneren und dem Ganzen im Außen, also letztlich mit Gott, kam.

Diese Erkenntnis hat Rudolf Steiner ca. 600 Jahre später radikal weitergedacht, wobei ihm die Überlegungen Fichtes eine gute Anregung gegeben haben, was er auch authentisch mitteilt. Für Steiner ist im Bauplan des Kosmos schon vorgesehen, dass sich das große Ganze allmählich bewusstseinsmäßig in einzelne Teile zu zerlegen haben wird. Und das Symbol oder auch das vorgesehene Schema oder letztlich auch die Voraussetzung für diese bewusstseinsmäßige Zerlegung in Teile ist in Steiners Augen die Entwicklung zum Ich-Bewusstsein. Die Bewusstseinsentwicklung des Menschen hin zu einem sehr bewussten *Ich* ist also im kosmischen Bauplan schon von vornherein vorgesehen, aber es braucht eben seine Zeit, bis diese Bewusstseinsentwicklung im Menschen umgesetzt sein wird. Steiner hat dieser Bewusstseinsstufe noch keinen Namen gegeben, das hat erst Jean Gebser mit dem Begriffs-Vorschlag des *integralen Bewusstseins* getan. Was aber Steiner schon sehr deutlich betont hat, ist, dass der Mensch mit seinem jetzigen *mentalen Bewusstsein* (diesen Begriff hat Steiner schon verwendet), nicht in der Lage sein wird, zu der im Bauplan vorgesehenen *Ich-bin-Bewusstheit,* oder zu einem vollen *Ich-Bewusstsein,* zu gelangen, weil dies nämlich nicht nur durch ein denkendes Gehirn allein erzeugt werden kann, sondern eine „Durchgeistigung“ und „Durchseelung“, und damit „Ähnlichmachung“ (siehe auch den *Autopoiese-Prozess* vorne) des ganzen Menschen bis in die letzten Poren seines Körpers notwendig macht.

Eine solche *Durchseelung* und *Durchgeistigung* des ganzen Menschen ist das, was im eigentlichen Sinne unter der Entwicklung eines *leiblichen Denkens* oder unter der Entwicklung des Menschen zu einem *Leib* zu verstehen ist. Und das Wort *Leib* führt uns noch einmal zurück in die Zeit von Meister Eckart. In der Zeit, als dieser sehr intensiv mit seiner Praxis der Innenschau begann und zu den dargelegten Erkenntnissen kam, begann der damalige mittelhochdeutsche Mensch erstmals damit, ein gewisses erstes Empfinden für ein eigenes *Ich* zu entwickeln und das Wort *ich* nicht mehr ausschließlich als Personalpronomen zu verwenden. Er benutzte zwar das Wort *ich* weiterhin wie bisher als Personalpronomen, aber immer dann, wenn er sein eigenes *Ich-Empfinden* deutlicher zum Ausdruck bringen wollte, sagte er nicht ich, sondern er benutzte dann den Ausdruck „*min Lip*". In der mittelhochdeutschen Sprache entwickelte sich damals also zum ersten Mal innerhalb des gesamten europäischen Kulturraums ein Begriff, mit dem man der Umwelt mitteilen wollte, dass man etwas ganz Bestimmtes wirklich ganz persönlich meint, sozusagen aus Leib und Seele heraus. Hieraus ist der Begriff *Leib* entstanden. In den lateinischen Sprachen Frankreichs, Spaniens und Englands blieb jedoch der lateinische Begriff *corpus* für die äußere Form und Hülle des Körpers erhalten. Im Englischen hat sich dann eine weitere Entwicklung vollzogen. Hier benutzt man das ursprüngliche *corpus* nur noch für den toten Leichnam, und sagt *corps*. Für den lebenden menschlichen Körper benutzt man das Wort *body*. Wenn man nun aber bedenkt, dass in der englischen Sprache die Autokarosserie mit dem Wort *bodywork* bezeichnet, derselbe Begriff darüber hinaus sowohl für das Fitnesstraining als auch für therapeutisch orientierte „Körperarbeit" verwendet wird, dann stellt sich die Frage, aus welcher Perspektive man hier den lebendigen menschlichen Körper betrachtet.

Verfolgen wir nun jedoch auch das Narrativ des Leib-Begriffes noch etwas weiter. Es war dann die Kirche, die den tieferen Sinn dieses Begriffes sofort erfasst hat, weil hier die meisten ein Studium absolviert hatten und den Begriff dann aber in erster Linie nur noch für die Person Jesu Christi und allenfalls noch für die Gemeinschaft der an Christus Glaubenden zuerkannte, während der damalige Mensch einer dem Begriff zugedachten Bewusstseinsweise aus Sicht der Kirche nicht genügend gerecht werden konnte. Dafür mag es damals durchaus gute und überzeugende Argumente gegeben haben. Leider ist dadurch aber der Begriff *Leib* zu sehr ein Begriff des religiösen Glaubens und für viele heutige Menschen ein absolut antiquierter Begriff geworden, mit dem man, außer den bekannten religiösen Konnexionen, nicht mehr viel anfangen kann beziehungsweise der gerade deshalb bei vielen auf eine innere Ablehnung stößt. Zur gleichen Zeit, als im Kulturraum der mittelhochdeutschen Sprache der Leib-Begriff zum Leben erwachte, verfasste im weit entfernten Persien ein Dichter ein Gedicht, das exakt die gleiche Idee eines Leibes beinhaltete. Wenn zeitgleich an verschiedenen Stellen der Erde die gleichen Gedanken gedacht werden, ohne dass diejenigen, die diese Gedanken denken, sich kennen oder voneinander wissen, führt Sheldrake das, wie wir oben gelesen haben, auf das *morphogenetische Feld* zurück. Für Laszlo ist es eine *In-formation* aus dem *Quantenvakuum*. Der persische Dichter hieß *Saadi;* er lebte von 1190 bis 1283. Sein Gedicht sieht nicht nur eine bestimmte Gruppe von religiösen Menschen als einen *Leib*, sondern damals schon die gesamte Menschheit auf der Erde. Das Gedicht steht übrigens auf einer Steintafel am Eingang der „Halle der Nationen“ im UN-Gebäude in New York. Es lautet:

Die Kinder Adams sind aus einem Stoff gemacht,
wie eines Leibes Glieder von Gott dem Herrn erdacht.
Sobald ein Leid geschieht nur einem dieser Glieder,
dann klingt sein Schmerz sogleich in allen wider.
Ein Mensch, den nicht die Not der Menschenkinder rührt,
verdient nicht, dass er noch des Menschen Namen führt.

Wie also der Begriff *Leib* wirklich gedacht ist, sollte hier schon einmal zumindest kurz angedeutet werden, nämlich als ein Empfinden, bei dem ein einzelner Mensch oder eine soziale Gruppierung von Menschen sich sowohl im geistigen Denken als auch im seelischen Fühlen, und darüber hinaus mit dem gesamten Körper, also nicht nur vom denkenden Gehirn aus, ganz bewusst wahrnimmt und dabei aber auch gleichzeitig eine gute Verbundenheit mit der Welt im Außen, den anderen Menschen oder den anderen sozialen Gruppierungen empfindet.

Nach Rudolf Steiner war es historisch Carl Gustav Jung, der die Entwicklung des menschlichen *Ich* ins Zentrum seiner Forschungen rückte und ihr in seiner psychoanalytischen Theorie einen Platz einräumte, den Sigmund Freud dem *Ich* nicht im Ansatz zuzutrauen bereit war. In den Schriften von Jung gibt es keinen Hinweis darauf, dass er mit dem Gedankengut Steiners vertraut war. Insofern kann hier ebenfalls von einem *morphogenetischen Feld* im Sinne von Sheldrake gesprochen werden. Als wichtigstes Ziel seiner Psychoanalyse definierte Jung die *Individuation,* das heißt *Selbstwerdung* mithilfe des *Ichs.* Das, was Freud als „Es" bezeichnete, waren für ihn genuin menschliche *Archetypen,* das heißt *Urbilder* und *Ur-Ideen* im menschlichen Bewusstsein. Auch hier hat Jung das vorformuliert, was Gebser Jahrzehnte später weiter ausführen wird. In einem Punkt waren sich Jung und Freud jedoch definitiv einig, nämlich, dass die psychischen Kräfte, die von Freud als „Es", von Jung als „Archetypen" bezeichnet werden, ein enorm destruktives Potenzial enthalten können, wenn sie vom Bewusstsein nicht integriert werden. Während Freud aber hier nur einem „Über-Ich", das wiederum von der jeweiligen gesellschaftlichen Moral „anerzogen" werden muss, eine gewisse Bändigung dieser Kräfte zutraute und es für Freud eine Frage war, ob das Individuum in der Lage ist, diese Moral-Vorstellungen für sich zu übernehmen oder nicht, sah Jung im *Ich* die einzige Instanz, die in der Lage sein kann, die *archetypischen* Kräfte nicht nur zu bändigen, sondern sogar zu transformieren. Zugleich erkannte Jung jedoch auch, dass das *Ich* des derzeitigen *rational-mentalen* Menschen diesen Entwicklungsschritt nicht zu gehen imstande ist, wenn es nicht zuvor einen Häutungsprozess vollzogen hat, in dessen Verlauf es bereit ist, das alte *Ich* los- und sterben zu lassen.

Der initiatische Psychotherapeut Andreas Pfäfflin beschreibt diesen Prozess so:

> *Die Entwicklung der Persönlichkeit ist ein Weg, den man sich nicht aussuchen kann, weil man ihn irgendwie interessant, schön oder schick findet. Es ist der Individuationsweg, der sich zunächst in Form einer Krise, als Sterbeprozess und Tod der ‚alten seelischen Konstellation' aufbricht. Ein solcher Aufbruch, eine solche seelische Krisis lässt dem Einzelnen vor allem die im Verhältnis zu seinem Bewusstsein überwältigende Dimension des Unbewussten spürbar werden. Es ist der Weg, der sich dem Einzelnen zumutet und der aufgenommen werden will/muss … Ohne eigenes Leiden*

und ohne seelischen Druck macht sich keiner auf den Weg. Den Weg, der der Individuationsprozess ist, gibt es nicht ohne seelisches Sterben.“ (16)

Ohne dass Carl Gustav Jung sich explizit einer buddhistischen Meditationspraxis unterzogen hat, trifft er sich hier beinahe identisch mit der Sichtweise des Buddhismus, in diesem Fall ganz besonders der Sichtweise des Zen-Buddhismus, mit dem entscheidenden Unterschied, dass er den hierbei stattfindenden Prozess als einen in erster Linie seelischen definiert, während dieser dort vordergründig als ein im Geist stattfindender gesehen wird.

Neben Carl Gustav Jung sind wir auch Karlfried Graf Dürckheim im gleichen Kontext dieses Buches schon begegnet, nämlich als modernem Pionier der Erforschung der Seelenwelt. Auf dem Schicksals- und Lebensweg von Graf Dürckheim lag ein fast zehn Jahre währender Weg nach innen mithilfe der Praxis der buddhistischen Zen-Meditation. Die für ihn wesentlichste Erfahrung im Verlauf seiner Meditationspraxis war die, dass Meditation in erster Linie das *Ich* verwandelt (dessen er gewahr wurde als Erfahrung im Inneren), und dass Umwandlungsprozesse durch Meditation bei kulturellen Prägungen immer auch an gewisse Grenzen stoßen (dies erkannte er als Beobachtung im Außen). Seine eigenen Meditationserfahrungen bestätigten ihm außerdem, dass die Ich-Philosophie von Fichte mit der philosophischen Annahme der Fähigkeit des *Ich*, zu einer geistigen Absolutheit aufzusteigen, einer tatsächlichen inneren Wirklichkeit entspricht. Graf Dürckheim definierte daraufhin ein *Ich* mit zwei Polen. Den einen Pol des *Ich* nannte er *„Welt-Ich“*, den anderen Pol *„überweltliches oder überzeitliches Ich“*. Ein Mensch, der sich ausschließlich auf sein *Welt-Ich* fixiert, verfehlt dadurch die für alle Menschen unabhängig von ihrer Kultur gleichermaßen notwendige Umwandlung und Weiterentwicklung des *Ichs*. Umgekehrt dürfe der Mensch sich dem *Welt-Ich* gegenüber auch nicht verweigern, wie es manche tun. Das *Welt-Ich* müsse stets das Basislager für den Aufstieg zum *überzeitlichen Ich* bleiben. Die eigentliche *Ich-Wirklichkeit* erstreckt sich für Graf Dürckheim damit definitiv über die *Ich-Wirklichkeit* des rein mentalen Bewusstseins hinaus. Durch eine gute Übung und Praxis der Innenschau jedoch kann sich das *Ich* des rein mentalen rationalen Bewusstseins „emporheben“. Durch die zunehmende Erfahrung einer höheren *Ich-Wirklichkeit* werden sich das *Welt-Ich* und das *Höhere Ich* zunehmend ähnlicher. Das ist gemeint mit Umwandlung des *Welt-Ichs.* Das *Welt-Ich* muss nicht abgetötet, sondern umgewandelt werden. Und für denjenigen Menschen, dem dies zunehmend gelingt, verwendet Graf Dürckheim den Begriff „des in seiner Mitte stehenden Menschen", der für ihn das Modellbeispiel einer gelingenden *Ich-Werdung* darstellt. Darüber hinaus ist Graf Dürckheim der erste Seelenforscher und Psychotherapeut, der explizit betont, dass für den von ihm skizzierten Prozess der *Ich-Werdung* unabdingbar der gesamte Körper bis hinein in die letzten Zellen einbezogen werden muss, wobei er zwischen dem biologischen Körperorganismus, dessen Aufgabe es ist zu funktionieren, und dem durchgeistigten und beseelten *Leib,* dessen Aufgabe es ist, durchlässig zu werden, unterscheidet. Jede seelische Individuation muss mit leiblichen Prozessen einhergehen; nur dann ist sie im höchsten Masse individuell und unverwechselbar; ansonsten besteht die Gefahr einer *Ich-Entwicklung,* die im rein Mental-Rationalen und Intellektuellen stecken bleibt. Schlussendlich war Graf Dürckheim der erste, der die Idee des Meister Eckart von einer konsequenten spirituellen Alltagspraxis auch für Laien mit Leben gefüllt hat.

Die derzeitige Situation des Menschenbewusstseins zwingt zur Ich-Werdung

Die einseitige Erforschung der Außenwelt in viele kleinste Teilheiten überfordert zunehmend das kollektive *Ich* der Menschen. Die alten Geborgenheiten, sowohl im wissenschaftlichen Verständnis als auch im religiösen Glauben, in den staatlichen Institutionen, in den sozialen Beziehungen von Familie und festen Berufen, lösen sich zunehmend auf. Die Folge ist: Ebenso wie die vielen unüberschaubar werdenden Einzelteile der Außenwelt gerät auch das einzelne Individuum in eine zunehmende Isolierung. Und innerhalb seines isolierten Einzeldaseins zerfallen die inneren *Ich-Anteile* geistig und seelisch in eine kaum noch überschaubare Vielzahl von Rollen als Partner, als Berufstätiger, als Elternteil, als Teil einer sozialen Gruppe mit ihren Verpflichtungen und vielen weiteren überfordernden Rollen mehr. Rudolf Steiner hat die negativen Konsequenzen mit seiner Fähigkeit zur Hellsicht vorausgesehen, Carl Gustav Jung und Karlfried Graf Dürckheim haben diese mit ihrer philosophisch-anthropologisch und psychologisch geschulten Erkenntnisfähigkeit unmittelbar erfasst. Es war das im 20. Jahrhundert auftauchende und so vorher nie dagewesene Phänomen, sich daherkommenden Massenideologien, wie zum Beispiel der Nationalsozialisten oder auch der Kommunisten, anzuschließen. Auch wenn allzu große Massenideologien inzwischen einen gewissen abschreckenden Charakter bekommen haben, bleibt die Tendenz vieler Menschen, sich lieber einer scheinbar sicheren Masse anzuschließen als sich zu individuieren, erhalten. Denn es zeigen sich auch weiterhin sehr brisante Formen und Ausgestaltungen von politischen, idealistisch-weltanschaulichen oder religiösen Gruppierungen bis hin zu sogenannten „Fan-Gemeinschaften", in denen das Wir-Gefühl wichtiger ist als der geistige Inhalt, der dem Wir-Gefühl nur funktional zu dienen hat und nicht hinterfragt werden darf. (17) Die Flucht in eine mythisch verbrämte Wir-Gruppierung kann ebenso wenig die Lösung sein wie ein immer stärker aufpoliertes Ego. Die einzige Lösung ist der Weg zur *Ich-Werdung*. Dass dies nicht nur eine Aufgabe für einzelne wenige Individuen ist, sondern sich das gesamte Menschheitskollektiv an der Schwelle zu einer neuen Bewusstseinsstufe befindet, haben bisher Rudolf Steiner, Carl Gustav Jung und Karlfried Graf Dürckheim am deutlichsten zum Ausdruck gebracht. Und alle drei Protagonisten der *Ich-Werdung* haben, jeder auf seine Weise, konkrete und bereits erfolgreich erprobte Handlungs- und Übungsschritte für diesen Weg beschrieben. Den Taufnamen für diese neue Bewusstseinsstufe des Menschen jedoch hat Jean Gebser gefunden. Er hat ihm den Namen *Integrales Bewusstsein* gegeben.

Ein besonderer Aspekt dieser Bewusstseinsstruktur ist, dass sie nicht durch eine kontinuierliche Anhäufung und Addition von Bewusstseinsformen entsteht, sondern zu gegebener Zeit, und nach einer ausreichenden Übung der Innenperspektive, quasi durch einen regelrechten Bewusstseinssprung oder einen Durchbruch in eine andere Dimension geschieht. Und wie es in der biologischen Evolution Mutationssprünge gibt, die im Vorhinein weder vorhersehbar waren, noch im Nachhinein kausal erklärbar sind, vollzieht sich auch die Evolution des Bewusstseins. Ein weiteres Kennzeichen der *integralen Bewusstseinsstruktur* ist die Aufhebung der sowohl zeitlichen wie räumlichen Fixierung des bisherigen *mentalen Bewusstseins* in eine neue Perspektivität, die Gebser *A-Perspektivität* nennt. Und der noch viel wesentlichere Aspekt der *integralen Bewusstseinsstruktur* ist die Fähigkeit, in seinem eigenen *Ich* magische, mythische und mentale Bewusstseinsformen zulassen zu können, ohne in ihnen festhängen zu bleiben oder gar zu erstarren. Das *Ich* in der *integralen Bewusstseinsstruktur* des Menschen ist ein *Ich,* das sich so intensiv und bewusst mit vielem verbunden fühlt, dass es sich selbst immer weniger wichtig nehmen muss, dafür umso mehr nach außen ausstrahlt. Die *integrale Bewusstseinsstruktur* ist somit weder die Summe, noch die Synthese der bisherigen Bewusstseinsstrukturen, sondern sie ist etwas vollkommen Neues. Die Voraussetzung für ihre Entwicklung wird sein, dass in Zukunft jeder einzelne Mensch den Weg der *Ich-Werdung* zu gehen bereit ist.

Diese *Ich-Werdung* eines Menschen kann nicht durch ein rein rational-mentales Denken verwirklicht werden, so wichtig ein sauberes und klares Denken für uns Menschen ist. Bei diesem *Ich-Werdungs-Prozess* muss der Mensch sich mit jeder Zelle seines Körpers verbinden, wodurch Bewusstseinsaspekte zum Vorschein kommen können, die einem bei der rein rational-mentalen Denkweise nie begegnen würden, und die sehr schmerzhaft und herausfordernd sein können (siehe oben, Pfäfflin). Ohne eine solche explizite Hinwendung zum eigenen Körper, nicht im Sinne einer gut funktionierenden Fitness-Maschine, sondern eines achtsam empfundenen *Leibes,* wird auch die notwendige Empathie eines *Ichs* nur eine rein rational-mentale bleiben, aber keine, die beim anderen eine echte Wirkung hinterlässt. Bei der nur rational-mentalen Empathie ohne Verankerung im *Leib* bewirkt wahrgenommenes Leiden nur das Aufblühen des eigenen Schattens in Form von Helfer-Aktionismus. Das so gemeinte *Leib-Ich* bewährt sich und wächst durch die unmittelbaren und vollkommen individuell erfahrenen Herausforderungen und Krisen. Es ist das *Wirk*-Ergebnis nicht nur aus rational-mentalem Denken, sondern aus Bewusstseinserfahrungen, in denen sich das Denken, Fühlen und Wollen eines Menschen in einem möglichst optimalen Gleichgewicht befinden.

Die sieben Ich-Funktionen in der Praxis der Strukturellen Körperpsychotherapie (SKP)

Komplementär zu den von Julius Kuhl explorierten und im vorherigen Kapitel ausführlich dargestellten sieben Funktionen des Selbst wird in der Strukturellen Körperpsychotherapie (SKP) sehr erfolgreich mit sieben wesentlichen

Ich-Funktionen gearbeitet, die die Ich-Entwicklung in besonderer Weise fördern. Diese sind:

1. Wahrnehmung: stabile Selbst- und Fremdwahrnehmung
2. Steuerung des Selbst: Einnehmen der Chef- und Königsrolle
3. Permanente Kommunikation: mit den limbischen und zellulären Repräsentanzen des Selbst
4. Moderation des Selbst: Konfliktmanagement im Selbst
5. De-Identifikation: Wahrnehmung von Über-Identifikation und ihre Zurücknahme
6. Ich-Disziplin: permanente Motivation zur Rolle und Funktion, ein Ich zu sein
7. Fähigkeit zur Multiperspektivität: über die aktuelle Gegenwart hinausdenken, Antizipation, Zukunft denken, mehrperspektivisch denken

12 Der freie Wille – Eine Synergie aus Geist, Körper, Seele, Selbst und Ich

Die Freiheit des Samenkorns besteht in der Erfüllung seines Dharma,
seiner Bestimmung, ein Baum zu werden.
Die Nichterfüllung ist es, die sein Kerker ist. (1)
Rabindranath Tagore

Wissen ohne Praxis entspricht dem Verdursten
am Ufer eines Sees. Praxis ohne korrekte Sichtweise
ist wie das Umherirren eines Blinden in der Wüste.
Buddhistische Weisheit

Der Wille – Lange ein Waisenkind in der abendländischen Kultur

Plötzlich war es in der Welt, das deutsche Wort „Wille", und keiner wusste, wo es herkam, und niemand wollte sich zur Eltern- oder Patenschaft bekennen. Das Herkunftslexikon der deutschen Sprache sagt, dass das Wort „Wille" im 8. Jahrhundert zum ersten Mal aufgetaucht sei. Danach aber blieb es noch weitere tausend Jahre ein Waisenkind in der abendländischen Kultur, ein Schicksal, das nicht einmal das Wort *Leib* hatte. Denn dieses hatte bis heute immer wieder Paten und Anwälte, die sich um es gekümmert haben. Der *Wille* aber existierte einfach, sehr lange jedoch wollte niemand wissen, woraus er entsteht oder ob es so etwas wie ihn überhaupt geben darf. Warum das so war, darüber kann uns vielleicht das Narrativ des Wortes *Wille* Auskunft geben.

Im Ursprung der abendländischen Wissenschaft, also bei den Griechen, gab es ein Wort für *Wille.* Das Wort hieß *tha.* Das Verb dazu für *wollen* hieß *thelein, oder thelo* für *ich will.* Aristoteles prägte den Begriff *Entelechie,* und sah mit diesem Begriff in allem Lebendigen ein Wirkprinzip am Werke, welches zum Beispiel aus dem Samen den späteren Baum werden lässt. Mit diesem Begriff befand er sich, wie wir nachher sehen werden, in guter Übereinstimmung mit der viel älteren indischen Philosophie, obwohl er diese erwiesenermaßen nicht kannte. Nun muss man wissen, dass sich zwar die griechische Philosophie in der Zeit der Römer im ganzen Mittelmeerraum verbreiten konnte, aber im westlichen Mittelmeerraum wurde nur noch lateinisch gesprochen. Auch wenn die griechischen Schriften überall ganz sicher in der griechischen Originalsprache gelesen wurden, die Mutter- und Heimatsprache im Westen war jedoch das Latein. Aber im Lateinischen war das Wort *Wille* plötzlich aufgespalten in zwei Arten von *Willen.* Das eine Wollen war das reine Begehren, welches ausschließlich für die niederen Instinkte galt. Das entsprechende lateinische Wort heißt *cupido.* Das andere Wollen war ein Wollen aus dem verstandesmäßigen Denken heraus. Dafür gab es im Lateinischen das Wort *voluntas.* Das fatale an beiden Begriffen für den *Willen* war, dass sie plötzlich als ausreichende Voraussetzung dafür galten, dass ein Willensimpuls automatisch in Handlung umgesetzt wird. Den *Willen* und das *Wollen* jedoch als Prozess zu betrachten, war aus dem Denken und der Sprache verschwunden. Und hier finden wir nun ein gutes Beispiel dafür, wie sehr die Sprache das Denken beeinflusst und umgekehrt.

Im vierten Jahrhundert nach Christus begann beispielsweise die zunehmende Entfremdung innerhalb der christlichen Kirche zwischen dem Westen, der lateinisch sprach, und dem Osten, der vorwiegend griechisch sprach und dachte. Heute sagen nicht wenige Fachleute, dass die trennende Sprache ein sehr wesentlicher Grund für die aufkommenden Probleme gewesen sei. Es kam, wie wir heute wissen, zur Spaltung, die bis heute nicht überwunden ist. Zu dem Zeitpunkt, als es zu den ersten Spannungen zwischen der West- und Ostkirche kam, war das römische Weltreich gerade dabei zu zerfallen. Die vielen Regionen im Westen, in die das Reich zerfiel, sprachen von nun an ihre eigene Sprache. Das Lateinische wurde nur noch von der westlich-römischen Kirche und ihrem unmittelbaren Umfeld gesprochen. Und das existierende Wort für *Wollen* in Bezug auf die niederen Instinkte, *cupido*, wurde von der Kirche ins Sündige verbannt, das andere Wort, *voluntas*, welches nun der eigentliche

Begriff für den freien Willen war, wurde nur noch Menschen zugesprochen, die die entsprechende Macht hatten. Es bietet sich also ein geradezu perfektes Beispiel für den seelisch-geistigen Prozess einer Abspaltung ins Unbewusste, wodurch einerseits das Nicht-Abgespaltene (das Machtstreben) immer stärker aktiviert werden muss, damit es seine Abwehrfunktion erfüllen kann, andererseits das Abgespaltene (die Sexualität) unbewusst aber auch immer mehr an Kraft und Dynamik erhält, obwohl man diese Kraft eigentlich meinte kontrollieren zu müssen. Machen wir uns an dieser Stelle einmal kurz bewusst, dass es keine andere Institution auf der Erde geschafft hat, sich über einen so langen Zeitraum durch ein *divide et impera* an der Macht zu halten wie die römische Kirche. Aber, wer auch immer diesen Satz des *divide et impera* geprägt hat, er beinhaltet eine raffinierte Täuschung dessen, was wirklich gemeint ist. Denn *divide* heißt *teilen.* Aber Teilen bedeutet, dass ein größeres Ganzes so gerecht wie möglich geteilt wird, zum Beispiel unter den Erben, dass aber dabei die Gesamtheit materiell und ideell erhalten bleibt. Aber in der Machtpolitik geht es nicht um gerechte Verteilung, sondern um Trennung und Abspaltung der Teile, und zwar so, dass sie nicht mehr miteinander kommunizieren können. Und so lässt es sich gut und problemlos herrschen. Der passende Satz hierfür wäre also eher *separare et impera* (auseinander dividieren und herrschen).

Es lässt sich infolgedessen sagen, dass das der lateinischen Sprache entstammende dualistische Denken über den Begriff *Wollen* im Sinne von einerseits *cupido* für reines Begehren, und andererseits *voluntas* als Wille zur Macht bis heute das Denken, Fühlen und Handeln der gesamten abendländischen Kultur bestimmt. Der freie Wille war zu einem geistigen Ding geworden, das man entweder gar nicht haben durfte, weil es Sünde war, oder welches man lediglich aufgrund von Recht und Gesetz besitzt oder auch nicht. Und eine Rückbesinnung auf das, was Aristoteles noch unter *Willen* verstanden hat, ist erst wieder gegen Ende des 19. Jahrhunderts auszumachen. Was mit niederen Instinkten schon zu Aristoteles Zeiten gemeint war, sollte aber nicht als lediglich moralische Bewertung verstanden werden, sondern es geht darum, dass niedere Instinkte immer nur auf eine kurze Gegenwart bezogen sind, ein höheres Wollen im Sinn der Entelechie jedoch auf eine Erfüllung, die weit in der Zukunft liegen kann und in der das Wollen in ein größeres Ganzes eingebettet ist. Und wenn der Soziologe Armin Nassehi fordert, unsere Probleme seien nur durch einen Paradigmenwechsel im Denken zu bewerkstelligen, das die Zukunft mit einbezieht, dann zeigt sich genau in diesem Punkt, dass wir inzwischen schon seit etwa zweitausend Jahren keinen Begriff für den *Willen* oder das *Wollen* haben, der zum einen eine Zukunft und zum anderen ein größeres Ganzes einbezieht. Für Nelson Mandela und seine Mitstreiter war es sicherlich nicht unbedeutend, dass sie, um das Denken von Zukunft aufrecht halten zu können, die griechischen Philosophen gelesen haben und nicht moderne Philosophen. Der Literaturnobelpreisträger Rabindranath Tagore hat diesen Hintergrund in unserer abendländischen Kultur sehr gut gesehen, und dies meinte er mit dem im vorigen Kapitel zitierten Satz, dass der Westen mit seinem Divide-et-impera-Denken permanent „trennende Schranken zwischen Nation und Nation, Wissenschaft und Wissenschaft, Mensch und Natur" (Tagore) errichtet. Tagore war deshalb in der Lage, diesen Hintergrund zu erfassen, weil er selbst aus einem anderen Denk-Hintergrund stammte, den ich nun im folgenden Abschnitt etwas genauer skizzieren möchte.

Der Wille als Stufe auf dem Weg zur Transzendenz in der indischen Philosophie

Die religiöse Praxis des Hinduismus im Indien des Altertums bestand zunächst ausschließlich aus religiösen Gesängen und Opferritualen, die von priesterlichen Brahmanen täglich durchgeführt wurden. In den Gesängen und Hymnen wurden den Menschen, die damals in der Regel des Lesens und Schreibens nicht mächtig waren, die wichtigsten religiösen Inhalte vermittelt. In der Zeit zwischen ca. 700 bis 200 vor Christus kam es zu ersten schriftlichen Niederlegungen des Wissens (Veda) in den *Upanishaden. Upanishad* bedeutet wörtlich „das-sich-in-der-Nähe-Niedersetzen", gemeint ist „sich zu Füßen eines Lehrers (Guru) setzen" (2). In dieser Zeit entwickelte sich in Indien aus dem alten Brahmanen-Priestersystem das bis heute bekannte Guru-System, wobei ein „Wissender" eine Anzahl Schüler um sich versammelte. Die Praxis bestand nun nicht mehr aus Gesängen und Opferritualen, sondern aus mündlichen und schriftlichen Belehrungen sowie Meditationen. Diejenigen, die sich einem solchen Guru anschlossen, waren Menschen, die sich als suchendes individuelles

Selbst empfanden, und die in ihrem Bewusstsein weiter gehen wollten als die meisten Mitmenschen in ihrer Umgebung. Wikipedia schreibt:

> *Eine Upanishad im eigentlichen Sinn des Wortes hat keine sakralen oder rituellen Dinge mehr zum Thema. Demgemäß ist die tatsächliche Zugehörigkeit dieser Texte zu einer der vier vedischen Sammlungen ohne Bedeutung für den Inhalt. Sie offenbart sich nicht dem Vedakenner oder Opferexperten, sondern dem denkenden und suchenden Menschen. Das rituelle Opfer aus der Zeit der Veden wird zu einem inneren Prozess gewandelt und in Form intensiver Betrachtungen oder Meditationen verinnerlicht. Die Opfernden führten nicht mehr oder nicht nur das äußere Opfer aus, sondern sie opferten sich gleichsam in einem inneren Prozess, um so zur Erkenntnis und Wahrheit des Göttlichen zu gelangen.* (3)

Was wir hieraus ersehen können, ist, dass zur gleichen Zeit als im alten Griechenland der Mensch damit begann, sich als Individuum zu denken, dieser Prozess auch in Indien einsetzte. Damit bestätigen sich die Theorien von Jean Gebser über die Bewusstseinsentwicklung und Bewusstseinsstrukturen der Menschheit in eindrucksvoller Weise. Von den Fachleuten werden die *Upanishaden* in fünf verschiedene Gruppen unterteilt, aber diese Unterteilung ist eine rein äußerlich formale, sie interessiert uns in unserem Kontext nicht. Von hier wesentlicherer Bedeutung ist die Unterteilung in vier geistig-seelische Grundstrukturen, die zur Anwendung kommen müssen, damit ein individueller Mensch die höchste Wirklichkeit in sich erkennen möchte. Dies vier Grundstrukturen sind:

1. Denken
2. Fühlen
3. Wollen und Handeln
4. Zugang zum reinen Sein (*Sat Chit Ananda)*

Die wörtliche Übersetzung von *Sat Chit Ananda* bedeutet, dass der Mensch seine ganz gewöhnliche Existenz in der Welt, in die er auch die anderen Menschen eingebettet sieht, als Existenz *(sat)* mit einem inneren Bewusstsein versteht *(chit)*, das aus Wonne und reinem Glück *(ananda)* besteht. Wie wir im Westen das verstehen können, erläutert uns Rabindranath Tagore in dem schon erwähnten Buch *Sadhana*. Er beschreibt, dass die Inder nicht nur äußere Gesetze in ihrem Denken wahrnahmen, sondern grundsätzlich davon ausgingen, dass es so etwas wie höhere und rein geistige Gesetze gibt, die im Kosmos wirksam sind, die aber eben nicht für jeden auf Anhieb ersichtlich sind, wenn er sich noch nicht mit der Möglichkeit der Existenz einer höheren Wirklichkeit begonnen hat auseinander zu setzen. Eines dieser höheren Gesetze, die im Hinduismus *Dharma* genannt werden, ist, dass zum Beispiel *Freude* nicht um ihrer selbst willen in kurzfristigen momentanen Bedürfnisbefriedigungen betrachtet werden dürfe, sondern in der Erfüllung einer als sinnvoll erkannten Tätigkeit, deren Sinn aber in einer zukünftigen Zielsetzung gegeben ist, und der unter Umständen auch nicht sofort erkannt werden könne, sich aber in einer grundsätzlich als sinnvoll erkannten Zukunft zeigen werde. Und dieses höhere Gesetz, so Tagore, gelte ebenso für die *Freiheit* der Seele. Aufgrund dieses höheren Gesetzes kann eine Seele ihre *Freiheit* nicht finden, wenn sie die F*reiheit* nur um ihrer selbst willen betrachtet. Dieser Falle aber kann sie nur entgehen, wenn sie die notwendigen Tätigkeiten im Außen bewusst und mit einer entsprechenden inneren Haltung durchführt, die die Zukunft mit einbezieht. Tagore schreibt:

> *Die Seele des Menschen befreit sich beständig aus ihrer Umhüllung, indem sie handelt; wäre es anders, so würde sie kein Werk freiwillig verrichten. Je mehr der Mensch handelt, und das, was als Möglichkeit in ihm schlummert, zur Wirklichkeit macht, je näher kommt er seinem Ziel. In dieser Verwirklichung findet der Mensch immer mehr und mehr seinen wahren Ausdruck und erkennt sein eigentliches Wesen unter immer neuen Gestalten in seiner mannigfachen Wirksamkeit im Staate und in der Gesellschaft. Diese Erkenntnis führt ihn zur Freiheit … Um sich aus der Hülle des Unbestimmten zu befreien, suchen die Gedanken und Vorstellungen in uns beständig Gelegenheit, äußere Gestalt anzunehmen. So schafft sich auch unsere Seele, um aus dem Nebel der Unklarheit ins Freie zu gelangen, beständig neue Tätigkeitsgebiete und neue Formen des Wirkens, selbst solche, die nicht den Zwecken ihres irdischen Lebens dienen. Und warum?*

Weil sie nach Freiheit strebt. Sie will sich erkennen, sich verwirklichen ... Wenn wir die Verwirklichung des Unendlichen abseits von der Welt des Handelns suchen, so werden wir nicht das geringste erreichen. (4)

So kommt es, schreibt Tagore weiter, dass heute viele Menschen das in diesem Sinne verstandene Gesetz für etwas erachten, das ihnen die Freiheit nimmt, und die gleichen Menschen den Rausch mit der in diesem Sinne verstandenen Freude verwechseln. Schließlich beschreibt er mit wenigen Sätzen, was geschieht, wenn der Mensch sich auf der einen Seite nur um das Außen kümmert oder auf der anderen Seite nur um sein Inneres.

Wir sehen, wie im Abendlande der Mensch hauptsächlich darauf bedacht ist, sich nach außen hin auszudehnen. Das freie Feld der Macht ist sein Gebiet. Er hat nur Sinn für die Welt der räumlichen Ausdehnung und mag mit der Welt des inneren Bewusstseins, der Welt, wo seine Vollendung liegt, nichts zu tun haben, ja er glaubt nicht einmal daran ... In unserem Lande kommt die Gefahr von der entgegengesetzten Seite. Unser Sinn ist einseitig auf die innere Welt gerichtet. Wir wenden uns mit Geringschätzung ab von dem Felde der Macht und Ausdehnung. Wir wollen Brahma durch inneres Anschauen nur in seiner Vollendung erkennen, wir wollen ihn nicht im Leben und Treiben der Welt in seiner Entwicklung sehen. Darum finden wir bei unseren Gottsuchern so oft den Rausch des Geistes und den daraus folgenden Verfall. Ihr Glaube erkennt keine Schranken des Gesetzes an; ihre Phantasie schweift ins Unbegrenzte, ihr Verhalten entzieht sich jeder vernünftigen Erklärung. Ihr Geist zermürbt sich in dem Versuch, Brahma getrennt von seiner Schöpfung zu sehen, und ihr Herz, das ihn in seinen Ergüssen ganz zu umfassen sucht, verliert sich in trunkener Begeisterung. Sie haben jegliches Maß verloren für die Einbuße an Kraft und Charakter, die die Menschen erleiden, wenn sie die Bedingungen des Gesetzes und die Ansprüche, die die äußere Welt an ihre Tatkraft stellt, missachtet ... Ohne Unterwerfung unter das Gesetz ist es unmöglich, zur Freiheit zu gelangen, denn Brahma ist sowohl gebunden durch seine Wahrheit wie frei in seiner Freude. (5)

Zusammenfassend lässt sich sagen, dass bereits in dem alten Wissen der indischen Philosophie das Denken erst einmal gelernt und geübt, und seine spezifischen Gesetzmäßigkeiten erkannt werden müssen. Durch diesen Schritt gelangt man zur Fähigkeit, Abstand zu seinem Fühlen zu bekommen und dieses regulieren zu können. Aber mit nur diesen beiden Schritten alleine würden wir uns in einem ständigen Kreis drehen, weil immer neue Gefühle das Denken stets aufs Neue herausfordern würden. Erst mit dem Schritt des Wollens und Handelns kommen wir in die Möglichkeit, sowohl unser Denken als auch unser Fühlen in eine höhere Stufe zu transzendieren. Und mit diesem Schritt gelangen wir in die Erfahrung und Bewusstwerdung einer höheren Wirklichkeit in unserem Sein (*sat chid ananda*).

Der Wille als irrationales zum Dasein drängendes Prinzip im Kosmos

Arthur Schopenhauer war der erste europäische Philosoph, der versucht hat, indisches und asiatisches Denken in eine europäische Philosophie zu integrieren. Er entstammte einer wohlhabenden Kaufmannsfamilie, die zunächst in Danzig, später in Hamburg lebte. Da es nur noch eine Schwester gab, hatte sein Vater für ihn den in der Familie traditionellen Kaufmannsberuf vorgesehen. Der jugendliche Sohn wollte aber lieber das Gymnasium besuchen, was sein Vater als überflüssig betrachtete. Daraufhin bot ihm der Vater an, anstelle des Gymnasiums mit ihm zusammen eine Bildungsreise durch Europa zu machen, worauf sich der Sohn einließ. Nach der gemeinsamen Reise durch verschiedene europäische Länder begann er wie vereinbart seine Ausbildung zum Kaufmann. Während seines zweiten Ausbildungsjahres stürzte der Vater, der an Depressionen litt, vom Dach des Hauses, wobei alle von einem Suizid ausgingen. Die kunst- und literaturbeflissene Mutter verkaufte das Unternehmen und zog mit der Schwester nach Weimar, um dort in unmittelbarer Nähe zu den literarischen Größen der damaligen Zeit leben zu können. Die Schwester Adele wurde später Schriftstellerin. Dem Sohn, der zu dieser Zeit noch nicht volljährig war, erlaubte die Mutter, sich noch einmal neu entscheiden zu dürfen, ob er die begonnene Kaufmannslehre fortsetzen, oder doch lieber seiner Neigung zu einem geistigen Beruf nachgehen wolle. Schopenhauer entschied sich für seine ursprüngliche Neigung. Durch Unterstützung eines einflussreichen Freundes der Familie konnte er auf dem Gymnasium in Gotha sein Abitur nachmachen. Nach Erreichen der Volljährigkeit bekam er seinen Anteil am väterliche Erbe ausgezahlt und war von nun an frei von finanziellen Sorgen.

Er studierte Philosophie und erhielt nach vier Jahren in Jena den Doktortitel. Der Titel seiner Doktorarbeit lautete: *Über die vierfache Wurzel des Satzes vom zureichenden Grunde.* (6) Schopenhauer bezieht sich hierin auf die Erkenntnistheorie von Kant, die er zunächst vollkommen würdigt, dann jedoch mit neuen Aspekten weiterdenkt. Die Würdigung bezieht sich auf die auch aus Sicht Schopenhauers wichtige Dialektik Kants zwischen dem „Ding an sich" im Außen und der Erkenntnis über das „Ding an sich" im Inneren. Schopenhauer erweitert die zwei Kant'schen Theoreme zwischen dem „Ding an sich" und seiner Erkenntnis zu zwei weiteren „Sätzen vom Grunde", was in der Philosophie bedeutet, dass alles, was existiert, in einer Relationsbeziehung zu etwas anderem steht. So begründet er die von ihm gefundene Theorie der *vierfachen Wurzel vom zureichenden Grunde.* Die erste Wurzel nennt er den *Satz vom zureichenden Grunde des Werdens.* Hiermit sind alle wahrnehmbaren Phänomene im Außen gemeint. In all diesen Phänomenen ist das Gesetz von Ursache und Wirkung gültig. Die zweite Wurzel nennt er den *Satz vom zureichenden Grunde des Erkennens.* Hier werden alle von Kant formulierten Strukturschritte der inneren Erkenntnis noch einmal bestätigt, zum Bespiel Begriffsbildung, Erzeugung einer bildhaften Vorstellung usw. Die dritte Wurzel nennt er den *Satz vom zureichenden Grunde des Seins.* Dieser Aspekt beinhaltet die Weiterführung Schopenhauers. Er unterscheidet hier also zwischen Werden und Sein. Seine philosophische Begründung ist die, dass Zeit und Raum eigentlich nicht, wie bei Kant noch, getrennt, sondern als sich in permanenter Verbundenheit befindend zu betrachten seien. Sobald Materie entsteht durch Werden, so Schopenhauer, nimmt sie nicht nur eine „Lage im Raum" ein, sondern es beginnt ab dann unmittelbar auch der Eintritt einer „Folge in der Zeit", wodurch erst das eigentliche Sein entsteht. Die vierte Wurzel nennt er den *Satz vom zureichenden Grunde des Handelns.* In diesem Abschnitt entwirft Schopenhauer als erster Philosoph des Abendlandes eine Philosophie des Willens. Die philosophische Begründung ist für ihn die, dass das Gesetz von Ursache und Wirkung nicht nur in den äußeren Phänomenen wirksam sei, sondern auch in jedem „Sein", das aus innerem Leben besteht. Das bedeutet, alles, was lebendig existiert, muss als tiefste Ursache einen Willen haben zu existieren.

In den Monaten vor der Fertigstellung seiner Doktorarbeit lebte Schopenhauer nicht wie für Studenten üblich in einem angemieteten Privatzimmer, sondern in einem Gasthaus in Rudolstadt, wo er auch regelmäßig mit den täglichen Mahlzeiten beköstigt wurde. Er hatte schon damals das Gefühl, jemand besonderer zu sein, einmal, weil er sich als philosophischer Erbfolger von Kant betrachtete, aber auch, weil ihm durch sein Schicksal schon in jungen Jahren so viel Geld beschert war. Durch die Vermittlung seiner Mutter lernte er in Weimar den 40 Jahre älteren Goethe kennen. Goethe zeigte sich sehr offen und interessiert an seiner Doktorarbeit und der darin enthaltenen Ausdifferenzierung innerer Vorgänge. Er selbst war gerade dabei, seine Theorie über die „Farbenlehre" zu formulieren und weihte Schopenhauer in diese Gedanken ein. Daraufhin verfasste Schopenhauer eine eigene Theorie zur Farbenlehre, die auch zum Druck kam. Goethe begann nun, sich zunehmend von Schopenhauer zu distanzieren, Schopenhauer jedoch hegte für Goethe bis zum Ende seines Lebens eine hohe Wertschätzung. Er setzte sogar einen Satz von Goethe als Leitspruch unter den Titel seines ersten Buches. Ich interpretiere dies so, dass Goethe für Schopenhauer in den stattgefundenen Begegnungen ganz offensichtlich eines der wenigen für ihn greifbaren Vorbilder seines Ichs geworden ist. Der inzwischen 25-Jährige überwarf sich in Weimar dann mit seiner Mutter und zog als „Privatgelehrter" nach Dresden, wo er in den folgenden Jahren seine Philosophie in seinem ersten Buch niederschrieb. Und sogar mit dem Verleger seines Buches Friedrich Arnold Brockhaus, der sehr wohlwollend und wertschätzend mit ihm umging, schaffte es Schopenhauer innerhalb kurzer Zeit, sich vollkommen zu überwerfen. Schopenhauer kontrollierte selber penibel jeden Setzfehler in seiner Schrift, wie er es von seinem Vater kannte, verbot aber seinem Verleger jegliche Änderung am Manuskript. Dadurch verzögerte sich die geplante Veröffentlichung um fast ein Jahr. Mitten in der Zeit dieser Auseinandersetzung mit seinem Verleger zog Schopenhauer es vor, für ein Jahr durch Italien zu reisen, von dort aber weiterhin scharf und aggressiv formulierte Briefe an den Verleger zu schicken. In Italien erhielt er die Nachricht, dass die Danziger Firma, in die er einen Großteil seines Vermögens investiert hatte, insolvent geworden war, was ihn zur sofortigen Umkehr zwang. Auch durch diese Angelegenheit vertiefte sich das Zerwürfnis mit seiner Mutter noch einmal. Seine finanzielle Situation war nun mit einem Male schwieriger geworden. Dazu kam ein weiterer Vorfall. In einem angemieteten Zimmer in Dresden, in dem er an seinem Buch gearbeitet hatte, fühlte er sich durch das laute Gespräch zweier Frauen im Nebenzimmer so sehr belästigt, dass er nicht hinausging, um die Frauen höflich zu bitten, etwas leiser zu sein, sondern es kam hierbei zu einem, vielleicht nennen wir es einmal heftigen Wutanfall. Eine dieser beiden Frauen, eine Näherin von Beruf, verklagte Schopenhauer bald darauf vor Gericht mit einem ärztlichen Attest, in welchem ihr ein nicht mehr heilbares, durch eine seelische Erschütterung verursachtes Zittern im Arm, das die weitere Ausübung des Näherinnen-Berufes unmöglich mache, bescheinigt worden war. Das Gericht verurteilte Schopenhauer zu einer Vierteljahresrente von 15 Talern bis zum Lebensende der Frau.

1819 erschien der erste Band seines Buches *Die Welt als Wille und Vorstellung*. Im ersten Teil des Buches vertritt Schopenhauer die These, dass wir, etwas verkürzt ausgedrückt, in unserer Wahrnehmung und Erkenntnis der Welt vor dem Dilemma stehen, entweder auf unsere bei der ursprünglichen Wahrnehmung erzeugten inneren Bilder und Vorstellungen fixiert bleiben, und uns dies nicht einmal bewusst wird, oder wir die Möglichkeit haben, uns dies bewusst zu machen, dann aber zwingend zur Erkenntnis gelangen werden, dass eigentlich die gesamte Welt im Außen nichts anderes ist als das Produkt unserer eigenen Vorstellung. Im zweiten Teil vertritt er die These, dass alles, was im Kosmos existiert, verursacht ist durch einen „blinden und vernunftlosen Weltwillen". Hier wäre schon einmal anzumerken, dass sich beide Thesen philosophisch widersprechen, wenn einmal die Welt nur das Resultat unserer eigenen Vorstellung, dann aber das Resultat eines blinden Weltwillens ist. In drastischer Weise beschreibt Schopenhauer das Bild einer Welt, das pessimistischer nicht sein kann. Die gesamte Welt ist etwas, was eigentlich nicht sein sollte, ein „Jammertal voller Leiden". Alles Glück ist lediglich Illusion, und der rastlos strebende Wille kann durch nichts befriedigt werden. Das Tier hat überhaupt keine Möglichkeit, dem Jammer zu entkommen, lediglich der Mensch hat durch seine Vernunft die Möglichkeit, diesen durch und durch negativen Weltwillen durch bewusste Kontemplation, Askese und durch Kunstgenuss zu „negieren“, und ihm dadurch zumindest teilweise zu entgehen. Die beiden letzten Sätze seines Buches enden jeweils mit dem alles entscheidenden Wort: „Nichts“. Die Absurdität seiner Philosophie treibt er schließlich auf die Spitze mit dem Satz, dass der Mensch zwar tun könne, was er wolle, jedoch nicht wollen könne, was er wolle. Auch hierin widerspricht er sich selbst. Denn, um als Mensch, wie er meint, dem sinnlosen Weltwillen durch Askese oder Kunstgenuss entgehen zu können, muss dieser doch dafür einen Willen erzeugt haben, den er selbst gewollt hat.

Die missverstandene östliche Philosophie und die Folgen

Auffällig ist, dass in der gesamten bisherigen Sekundärliteratur über Schopenhauer der Einfluss der östlichen Philosophie, sowohl des Hinduismus als auch des Buddhismus, zwar Erwähnung findet, aber in seiner Bedeutung auf das Denken Schopenhauers nicht wirklich reflektiert wird. In einem bemerkenswerten Artikel holt der Schweizer Buddhist und Buddhismus-Forscher Urs App das nach. (7) Mithilfe einer fundierten wissenschaftlichen Analyse geht er dem Einfluss der beiden wichtigen östlichen Philosophien des Hinduismus und Buddhismus auf das philosophische Denken Schopenhauers auf den Grund. Das Resultat ist ein erstaunliches. Es waren im Ganzen nur drei verschiedene Quellen, die Schopenhauer jedoch akribisch durchgearbeitet und mit vielen Bemerkungen und Notizen versehen hat. Die ersten beiden Quellen waren eine lateinische Übersetzung von auszugsweise 50 Versen der Upanishaden sowie die von Julius Klapproth herausgegebene Zeitschrift „Asiatisches Magazin“. Auf diese beiden Quellen machte ihn der Volkskundler und Historiker Friedrich Majer in seiner Weimarer Zeit aufmerksam. Die dritte Quelle war die französische Zeitschrift „Journal Asiatique“ aus Paris, auf die es Hinweise in der entsprechenden deutschen Zeitschrift gab. Einige Jahre später kam noch ein weiterer Zeitschriftenartikel hinzu. An dieser Stelle ist es wichtig zu wissen, dass es zu dieser Zeit, also um ca. 1815, noch keine vollständige und autorisierte Übersetzung, weder der Upanishaden, noch irgendwelcher buddhistischen Originalschriften in eine europäische Sprache gab. Die Übersetzung der Upanishaden ins Englische war gerade in Arbeit und erschien unmittelbar nach Schopenhauers Tod. Die Texte in den drei Quellen waren daher stets nur kleine Auszüge, und diese hatten in der Regel europäische Missionare aus Asien mitgebracht und entweder selbst übersetzt oder übersetzen lassen. Urs App hat sich nun der Mühe unterzogen, die damaligen, von Schopenhauer benutzten Texte, die alle noch im Schopenhauer-Archiv in Frankfurt aufbewahrt sind, einmal genau unter die Lupe zu nehmen. In seinem Artikel stellt er die von Schopenhauer benutzten Texte, die entweder in Lateinisch, Französisch oder Englisch verfasst sind, auf der gleichen Seite neben die inzwischen zur Verfügung stehenden autorisierten Original-Übersetzungen. Und hier kann jeder Leser erkennen, wie sehr die damaligen ersten in Europa kursierenden Texte von den Übersetzern vollkommen anders übersetzt worden waren, als es dem Sinn der asiatischen Originaltexte entsprechen würde. Es waren Interpretationen der hinduistischen und buddhistischen Texte aus christlicher Sicht, indem zum Beispiel Textauszüge über das „Nirwana“ oder das „Konzept der Leerheit“ mit einseitig negativen Interpretationen willkürlich umgedeutet wurden, ohne sie wirklich durchdrungen und verstanden zu haben. In Schopenhauers philosophischen Notizbüchern, die er seit seiner Jugend führte und die ebenfalls noch in Frankfurt aufbewahrt sind, konnte App nachverfolgen, wie sehr Schopenhauer sich jedoch durch die genannten Texte in seinem eigenen Denken immer mehr bestätigt und bestärkt gefühlt hat, zumal es sich um solch berühmte Quellen handelte. Das Problem nur, es waren damals völlig falsch und missverstandene Übersetzungen des originären hinduistischen und buddhistischen Verständnisses.

Verfolgen wir Schopenhauers Leben noch etwas weiter bis zu seinem Tod. Da sich seine finanzielle Situation, wie oben geschildert, kurzfristig verschlechtert hatte, sah er sich gezwungen, sich um eine Dozentur an der Berliner Universität zu bewerben, die er auch erhielt. In Berlin lehrte zur gleichen Zeit auch Hegel. Diesen als Person und seine Philosophie verachtete Schopenhauer aufs Außerste. Er setzte seine Vorlesungen daher zum gleichen Zeitpunkt wie Hegel an, sein Hörsaal jedoch blieb weitestgehend leer, während der von Hegel voll war. Während seiner Berliner Zeit hatte er auch die einzige längere Beziehung zu einer Frau. Sie war eine damals 19-jährige Opernsängerin, die einen unehelichen Sohn aus einer anderen Beziehung hatte. Da er aber ihrem Gesundheitszustand und ihren möglichen Absichten misstraute, kam es, obwohl die Beziehung über mehrere Jahre Bestand hatte, nicht zu einer Heirat. Nachdem das Danziger Unternehmen ihm einige Jahre später seine Schuldforderungen begleichen konnte, verließ er auf der Stelle Berlin und setzte seine unterbrochene Italienreise fort. Bei seiner Rückkehr nach Berlin einige Monate später war dort eine Cholera-Epidemie ausgebrochen. Er beschloss, Berlin für immer zu verlassen, und bot seiner Partnerin an, mit ihm zu kommen, jedoch ohne ihren außerehelichen inzwischen 9-jährigen Sohn. Unter diesen Bedingungen lehnte sie das Angebot ab, und so kam es auch hier zur endgültigen Trennung. Zwar wurde Berlin trotz des erneuten Italienaufenthaltes zu dem Ort, an dem er in seinem bisherigen Erwachsenenleben die längste Zeit wohnte, nämlich 11 Jahre, aber auch hier hielt er es in keiner Wohnung länger aus, sodass er in seiner Berliner Zeit auf insgesamt sechs Wohnadressen kam. In den letzten Tagen seiner Berliner Zeit, als dort durch die Cholera-Epidemie das Leid der Menschen im Übermaß spürbar war, schrieb Schopenhauer ein eigenes als „Cholerabuch" betiteltes Tagebuch. An einer Stelle zeigt sich, wie sehr die aktuelle Epidemie und das damit einhergehende nicht mehr zu übersehende Leid der Menschen in ihm das Trauma seiner Jugend reaktiviert. Er schreibt:

> *In meinem 17ten Jahre ohne alle gelehrte Schulbildung, wurde ich vom Jammer des Lebens so ergriffen, wie Buddha in seiner Jugend, als er Krankheit, Alter, Schmerz und Tod erblickte. Die Wahrheit, welche laut und deutlich aus der Welt sprach, überwand bald die auch mir eingeprägten jüdischen Dogmen, und mein Resultat war, dass diese Welt kein Werk eines allgütigen Wesens seyn könnte, wohl aber das eines Teufels, der Geschöpfe ins Daseyn gerufen, um am Anblick ihrer Qual sich zu weiden: darauf deuten die Data, und der Glaube, dass es so sei, gewann die Oberhand.* (8)

Nach einem Jahr Aufenthalt in Mannheim ließ er sich 1833 mit 45 Jahren endgültig in Frankfurt am Main nieder, wo er in den nächsten zehn Jahren in Untermiete wohnte und den zweiten Band seines Hauptwerkes schrieb. Erst im Alter von 55 Jahren kaufte sich Schopenhauer in Frankfurt eine eigene Wohnung, in der er bis zu seinem Tode im Jahre 1860 noch 17 weitere Jahre wohnte, das jedoch, wie Frankfurter Chronisten ihn beschrieben haben, als „Einzelgänger“ und „verkannter Niemand“. Sein Alltag war perfekt durchorganisiert. Den Vormittag, den er am Schreibtisch verbrachte, beendete er mit Flötenspielen. Das Mittagessen nahm er im Gasthaus zu sich, stets am gleichen Tisch sitzend. Nach dem Mittagessen erfolgte ein zweistündiger Spaziergang mit seinem Hund am Ufer des Mains entlang. Mit dem Kauf seines Hundes erwies er übrigens ein weiteres Mal dem von mir vermuteten Vorbild Goethe die Ehre. Goethe hatte es sich in seinen Gesprächen und Unterredungen nämlich angewöhnt, immer dann, wenn es um eine von ihm angenommene Grundursache eines Phänomens ging, von „des Pudels Kern“ zu sprechen, und das auch in den Begegnungen mit Schopenhauer. Dieser kaufte sich, in Frankfurt angekommen, einen Pudel, eine damals extrem seltene und teure Hunderasse, und gab ihm den Namen „Atman“. Und wenn der Pudel gestorben war, was etwa alle zehn Jahre geschah, kaufte er sich wieder einen neuen Pudel und gab ihm denselben Namen. Seine Begründung gegenüber den fragenden Mitmenschen war, dass im nächsten Pudel die Seele des alten ja weiter leben würde.

Die psychischen Phänomene, die Schopenhauer zeigte, werden in der psychoanalytischen Theorie mit dem Begriff „schizoide Persönlichkeitsstruktur“ bezeichnet. Menschen mit dieser seelischen Struktur sind geprägt durch ein extremes Misstrauen gegenüber jedem und allem in der äußeren Welt und dementsprechend einem hohen Mangel an dem, was man unter „Urvertrauen“ versteht. Das wohl intuitiv spürend, hat Goethe ihm bei einer der Begegnungen den Satz ins Stammbuch geschrieben: „Willst du dich des Lebens freuen, so musst der Welt du Wert verleihen.“ Aber dies ist Schopenhauer bis zum Ende seines Lebens leider nie gelungen. Aus der Perspektive eines spezifischen Kontextes dieses Buches, dass Freiheit nur durch eine ausreichend ausgeglichene Beziehung zur Innen- und zur Außenwelt erreicht werden kann, kommt somit Schopenhauer als menschliches Vorbild und Modellbeispiel ganz sicher nicht in Frage. Es gibt sogar Anzeichen, dass Schopenhauer selbst gegen Ende seines Lebens von Zweifeln gegenüber seiner eigenen Philosophie befallen worden ist. So soll er kurz vor seinem Tod einem Besucher gegenüber geäußert haben, dass er sich fühle wie ein einfacher Kulissenschieber beim Theater, der, als die Aufführung der „Komödie von Schopenhauers Ruhm“ gerade beginnen sollte, beim Versuch die Bühnenbeleuchtung einzuschalten, versehentlich den

Schalter zum Vorhangöffnen betätigt habe, und das ganze Publikum einen Lachanfall über den verlegenen Bühnenangestellten bekomme. (9)

Es ergeben sich aus meiner Sicht hier sehr wesentliche Fragen. Eine Frage ist beispielsweise die, wie es zu erklären ist, dass zu Schopenhauers Lebzeiten sich kaum ein Mensch für seine Philosophie interessierte. Weder fand er interessierte Studenten in Berlin, noch gab es Leser, die seine Bücher kaufen wollten. Die einzige Ausnahme waren zwei von Schopenhauer selbst als „Aposteln und Evangelisten" bezeichnete Philosophen, die in ihren Schriften seine Philosophie verteidigten und für sie warben. Aber wie konnte es möglich werden, dass kaum zehn Jahre nach seinem Tod seine Bücher einen reißenden Absatz fanden, der Verleger, der gerade dabei war, seine Bücher einzustampfen, plötzlich kaum mehr mit dem Drucken nachkam und es innerhalb kürzester Zeit zu Übersetzungen ins Englische und Französische und bald in zahllose andere Sprachen kam? Die Erklärung, die Urs App in seinem Artikel formuliert, ist die, dass dieses Interesse überhaupt erst aufkam mit dem Erscheinen des berühmt gewordenen kleinen Buches „Aphorismen zur Lebensweisheit". Ab jetzt, so App, und in der Folge immer konsequenter wurde Schopenhauers Philosophie kaum mehr als gesamtes Werk und mit dem hierin enthaltenen Hintergrund der von ihm ja gedachten Erweiterung der Kant'schen Philosophie veröffentlicht. Von der völlig missverstandenen Interpretation der hinduistischen und buddhistischen Texte von seiten Schopenhauers ganz zu schweigen. Sondern das philosophische Werk wurde „zerhackt" (Urs App) in einzelne Stücke, aus denen der vom Autor zugedachte ursprüngliche Kontext in keiner Weise ersichtlich werden konnte. App schreibt weiter, wie auffällig es darüber hinaus ist, dass dieses Phänomen in Bezug auf Schopenhauer bis in unsere aktuelle Zeit hinein noch immer die gleiche Gültigkeit hat wie vor 150 Jahren. App, der viel auf Reisen ist, fällt auf, dass es sowohl in Europa als auch in Indien und China kaum einen Buchladen gibt, in dem es nicht ein angebliches Buch von Schopenhauer zu kaufen gibt, das als kleines und leicht lesbares Bändchen erscheint, und lediglich mit aus dem Zusammenhang gerissenen Fragmenten von Schopenhauer angereichert ist, aber dafür so einladende Titel hat wie „Ich und Buddha", „Ich und der Orient", „Orient versus Occident", „Der Schleier von Maja", etc. (10) Die weitere Frage, die in die gleiche Richtung geht, ist die, wie es möglich werden konnte, dass eine so hohe Zahl von wissenschaftlich ausgebildeten und gelehrten Männern, ja es waren immer nur Männer, sich von dem verführerischen Charme der Schopenhauer'schen Philosophie hat einnehmen lassen? Bekennende Anhänger seiner Philosophie waren oder sind noch unter anderem Friedrich Nietzsche, Richard Wagner, Wilhelm Busch, Leo Tolstoi, Henri Bergson, Thomas Mann, Albert Einstein, Kurt Tucholsky, Samuel Beckett, Thomas Bernhard, Stanislaw Lem, Michel Houellebecq und nicht zuletzt auch Sigmund Freud, bei dessen „Es-Konzept" Schopenhauers Denken eindeutig Pate gestanden hat.

Ich möchte an dieser Stelle eine weitere mögliche Perspektive aufzeigen, die wir einnehmen könnten. Für mich zeigt sich an diesem Beispiel die enorme Bedeutung dessen, was wir als „Zeitgeist" bezeichnen. Ich verstehe unter Zeitgeist die Summe der Welt- und Menschenbilder, die in einer jeweiligen Zeit vorherrschen, das aber leider völlig unbewusst. Die negativen Auswirkungen eines nur unbewussten Welt- und Menschenbildes habe ich im ersten Kapitel ausführlich beschrieben. Darüber hinaus habe ich im sechsten Kapitel versucht aufzuzeigen, dass das Menschenbewusstsein der Individuen nicht unabhängig vom kollektiven Bewusstsein gesehen werden darf. Der Zeitgeist, der zu Lebzeiten Schopenhauers vorherrschte, war geprägt durch Ideen eines vor allem geistigen Aufbruchs bis hin zur Idee der Revolution von 1848. Keine 30 Jahre später war der Zeitgeist ein vollkommen anderer. Diese Zeit war vor allem dadurch geprägt, dass eine naturwissenschaftliche Neuentdeckung die nächste jagte. Das Erstaunliche dabei ist, dass trotz oder gerade wegen dieser enormen wissenschaftlichen Errungenschaften in der Seele der Menschen plötzlich der Pessimismus die Vorherrschaft übernahm, der schließlich im Desaster des ersten Weltkrieges endete. Meine weitere Überlegung dazu ist, dass ja genau in dieser Zeit auch die im zweiten Kapitel beschriebene Spaltung der Wissenschaften, konkret das nicht mehr Kommunizieren zwischen Natur- und Geisteswissenschaft, sich extrem beschleunigt hat. Und Spaltung und „Zerhacken" (Urs App) in Einzelteile, wie nicht nur am Beispiel von Schopenhauers Werk deutlich wurde, sondern auch am Beispiel des Willens-Begriffs in der lateinischen Sprache, und ab dann in der westlich-abendländischen Kultur, scheint für das Menschenbewusstsein sowohl zu Zeiten der Römer als auch des späten 19. Jahrhunderts und unverändert auch heute noch leichter zu bewältigen zu sein, während die immer mehr zunehmende Komplexität der Weltwirklichkeit im Ganzen zu betrachten den Großteil des Menschenbewusstseins ganz offensichtlich überfordert.

Der Wille braucht mindestens zwei Standbeine, sonst fällt er schnell um

So zwiespältig die Philosophie von Schopenhauer ist, eine positive Wirkung hat sie erreicht, nämlich dass der Begriff *Wille* zum ersten Mal in der westlich-abendländischen Kultur zurück auf die Agenda kam, und das nicht nur in der philosophischen Wissenschaft, sondern mit einem Schlag unmittelbar auch in der öffentlichen Gesellschaft. Von nun an hatte das „Waisenkind Wille" seine Existenzberechtigung, und ab dem Zeitpunkt kamen sehr bald weitere Paten, die sich um es kümmerten, hinzu. Einer, der sich als nächster explizit und nicht nur mit einer Randnotiz zum Thema „Wille" äußerte, war Steiner. In seiner 30 Jahre nach Schopenhauers Tod erschienenen „Philosophie der Freiheit" ist der Begriff *Wille* neben dem Begriff *Freiheit* der zweite Schwerpunkt. Und Steiner gelingt es hier, obwohl er sich zu diesem Zeitpunkt noch nicht so ausführlich wie später mit der Theosophie und der alten indischen Philosophie beschäftigt hatte, den Begriff des Willens aus seiner zweitausend Jahre währenden dualistischen Betrachtungsweise zu befreien, und ihm die transzendentale Dimension, die dieser bei den Indern schon immer und in Europa auch bei Aristoteles hatte, zurückzugeben. Steiner sagt, dass im Kosmos so etwas wie ein „höherer Wille" existiert, mit dem der Mensch sich mithilfe eines „aktiven Denkens", welches im 7. Kapitel ja ausführlich dargestellt wurde, verbinden könne. Und in diesem durch ein gutes Denken erzeugten Höherschwingen des Willens in die Verbundenheit mit dem „höheren Willen" sieht Steiner einen wesentlichen Baustein für den freien Willen des Menschen. Ein weiterer wichtiger Aspekt ist, dass Steiner, ebenso wie diejenigen, die sich nach ihm mit dem Willen beschäftigt haben, darauf hingewiesen hat, dass der Wille mehr ein Prozess ist, der sich nicht in dem scheinbar kurzen Moment des Willensimpulses erschöpft, sondern dass es neben dem ersten Impuls, den er als „Motiv" bezeichnet, unabdingbar etwas weiteres geben muss, damit der Wille sich erfüllen kann. Steiner bezeichnet dieses Weitere als „Triebfeder".

Das Motiv entstammt der Welt des Geistes und der Ideen. Die Triebfeder muss sich, so Steiner, in der „Selbstorganisation" des Menschen zunächst entwickeln. Aus welchen Aspekten der Selbstorganisation die Triebfeder genau besteht, das differenziert Steiner noch nicht aus. Aber die ab jetzt schon einmal als notwendig erkannten zwei Standbeine des *Willens,* nämlich *Motiv* und *Triebfeder,* müssen sich darüber hinaus in permanenter Interaktion befinden können. Dadurch wirken die *Motive* sich nicht nur auf die *Triebfeder* aus, sondern in Rückkopplung umgekehrt die *Triebfeder* auf die *Motive.* Die aktiv vollzogene Handlung bewirkt nicht nur, dass das Ziel erreicht wird, sondern das erreichte Ziel wirkt sich stets wieder auf weitere Motive und Handlungen aus. Schließlich betont Steiner die notwendige völlige Unabhängigkeit eines Individuums von jeglichen sowohl äußeren wie inneren Abhängigkeiten, wenn er schreibt:

> *Eine Handlung wird als eine freie empfunden, soweit deren Grund aus dem ideellen Teil meines individuellen Wesens hervorgeht; jeder andere Teil einer Handlung, gleichgültig, ob er aus dem Zwange der Natur oder aus der Nötigung einer sittlichen Norm* (wie noch bei Kant, A. M.) *vollzogen wird, wird als unfrei empfunden. Frei ist der Mensch, insofern er in jedem Augenblick seines Lebens sich selbst zu folgen in der Lage ist.* (11)

In etwa zur gleichen Zeit wie Steiner beschäftigte sich auch der amerikanische Universal-Psychologe William James mit dem Thema *Wille.* Auch für ihn galt, dass ein einfacher Willensimpuls nicht ausreicht, um zu einem Ziel zu kommen. Seine Überlegungen führten ihn zu einer ersten Ausdifferenzierung dessen, was Steiner als *Triebfeder* bezeichnete. James definierte zwei wesentliche *Triebfeder-Aspekte,* erstens das Muskelsystem in unserem Körper, und zweitens die Notwendigkeit einer bildhaften Vorstellung von Handlung und Ziel. Dieser zweite Aspekt spielt bis heute im modernen Coaching eine wesentliche Rolle. Im nächsten Abschnitt wird jedoch deutlich werden, dass es Strukturaspekte des Willens gibt, die wesentlich fundamentaler sind als nur die Vorstellung, und dass, wenn diese Strukturen fehlen, das Aktivieren der Vorstellung gar nicht erst in der erforderlichen Weise gelingen wird. Einen transzendentalen Anteil des Willens, wie ihn Steiner und die Inder sehen, formuliert James jedoch nicht.

Nach James gab es dann allerdings für lange Zeit nur noch einen weiteren wichtigen Paten und Anwalt des Willens-Begriffs. Es war der Italienische Arzt und Psychoanalytiker Roberto Assagioli. Er absolvierte seine Assistentenzeit bei dem berühmten Psychiater Bleuler in Burghölzli in der Schweiz und ließ sich von C. G. Jung, der zu dieser Zeit dort ebenfalls noch tätig war, zum Psychoanalytiker ausbilden. Zurück in Italien begann er seine eigene Methode der „Psychosynthese" zu entwickeln. In dieser Therapie-Methode steht die Schulung des menschlichen Willens absolut im Zentrum vor jedem anderen Aspekt. Ausgangspunkt war auch für ihn die Kritik am einseitigen Triebmodell von Freud. Und wie Steiner sieht er in der auf reine Triebregungen verkürzten Perspektive des Willens eine Verkümmerung der Menschlichkeit. Angelehnt an die Psychoanalytische Theorie von Jung entwickelte er schließlich ein Schulungskonzept des menschlichen Willens. (12) In diesem Konzept ist der überpersönliche und transzendentale Aspekt des Willens nun jedoch beinahe schon überbetont, sodass derzeit die Psychosynthese in erster Linie auch als eine hauptsächlich „transpersonale Psychotherapie" betrachtet wird. Die Gemeinsamkeit mit der Willens-Theorie von Steiner ist der wiedergewonnene transzendentale Aspekt des Willens. Die Gemeinsamkeit mit James, auf den Assagioli sich explizit immer wieder bezieht, ist eine nochmals erheblich erweiterte Ausdifferenzierung der energetischen *Triebkräfte* des *Willens*, die dem Menschen zum Umsetzen seines ersten Willensimpulses zur Verfügung stehen. Allerdings sind diese Triebkraft-Strukturen solche, die sich erst später im Leben des Menschen entwickeln können. Und im Vergleich zu Steiner entdeckt er noch wesentlich ausdifferenziertere Gesetzmäßigkeiten der ständigen Interaktion zwischen den motivierenden und den ausführenden Kräften.

Die drei primären Strukturbausteine unseres Willens entwickeln sich schon in der frühen Kindheit

Von dem Säuglingsforscher Daniel Stern war im Körper-Kapitel, im Abschnitt über das Gehirn, bereits kurz die Rede. Sein Verdienst ist es, das von Melanie Klein und Donald Winnicott entdeckte Selbsterleben eines schon sehr kleinen Kindes noch einmal in weitere verschiedene Entwicklungsstufen differenziert zu haben. In der zweiten spezifischen Entwicklungsstufe, die Stern als Phase des „Empfinden eines Kern-Selbst“ bezeichnet, entdeckte er auch, dass schon kleine Säuglinge im Alter von wenige Monaten in der Lage sind, sich als Urheber ihrer eigenen Bewegungen, und damit ihrer Handlungen, wahrzunehmen. Damit eine solche Selbstwahrnehmung jedoch zustande kommt, bedarf es dreier, ich nenne sie aufgrund meiner Vorliebe für ein strukturelles Denken „Substrukturen“, Stern bezeichnet sie als „Invarianten“. Diese drei Invarianten oder Substrukturen der eigenen „Urheberschaft“ sind:

1. Der motorische Handlungsplan als Voraussetzung für die Erzeugung eines Wollens: Stern sagt, dass es aufgrund seiner Beobachtungen als sicher gelten kann, dass die motorischen Handlungspläne für Körperbewegungen bereits bei der Geburt in unseren Genen gespeichert sind. Schon kleinste Kinder, die nach einem Objekt greifen, können ihre Handöffnung bereits nach der Größe des Objektes ausrichten, und gegebenenfalls neu anpassen. Natürlich sind gerade bei Säuglingen am Anfang noch viele Bewegungen reflexhaft und damit vollkommen unbewusst. Aber in dem Maße, wie sich auch ein Säugling allmählich seiner Bewegungen zunehmend bewusst wird, wird diese Bewusstheit, so Stern, zur Basis seines Willens. Stern sagt auch, dass, solange der Anteil des „reflexbedingten Selbst-Handelns“ sich nicht bedeutend verringert, die Willensempfindung nur eine „Beinahe-Invariante“ bleibt. Ab dem Zeitpunkt jedoch, an dem der Säugling bewusst auf seine motorischen Handlungspläne zugreifen kann, empfindet er ein eigenes Wollen.
2. Ein propriozeptives Feedback während der Bewegung: Zum gleichen Zeitpunkt, an dem ein Säugling in der Lage ist, seine Körperbewegungen mit einer gewissen Bewusstheit wahrzunehmen, ist auch das propriozeptive Feedback aktiviert. Unter Propriozeption versteht man die Wahrnehmung von Lage- und Positionsveränderungen im Körper. Warum definiert nun Stern das propriozeptive Feedback als gesonderte „Invariante“ der Urheberschaft? Die Antwort ist: Weil der Impuls zur Bewegungshandlung ganz offensichtlich in einer anderen Gehirn-Datei gespeichert wird als die damit

einhergehende körperliche Propriozeption. Beim Impuls zur Bewegungshandlung spielt das Objekt, auf das man sich zubewegt, eine dominante Rolle, und für Objekte, auf die man sich zubewegt, gibt es eine gesonderte Speicherregion im Gehirn. Die Speicherstelle für wahrgenommene Objekte befindet sich in der hinteren Großhirnregion. Die Speicherstelle für Propriozeptionen befindet sich in der Mitte des Großhirns, in der Region, wo später das Körperschema entsteht. Darüber hinaus stellt Stern fest, dass in den Propriozeptionen bereits mehrere Kombinationsmöglichkeiten vorhanden sind, wodurch sich das entstehende Netzwerk im Großhirn zusätzlich erweitert und stabilisiert. Zur ersten Kombination zählt Stern eine eigengewollte Bewegung, z. B. den Daumen zum Mund führen; hier findet eine Willensempfindung und ein propriozeptives Feedback statt. Wenn die Mutter das Baby an den Handgelenken fasst und mit ihm Händeklatschen oder backe-backe-Kuchen spielt, findet nur eine Propriozeption, aber keine eigene Willensempfindung statt. Und wenn die Mutter dem Baby den Schnuller in den Mund steckt, finden weder Willensempfindung noch Propriozeption statt. Diese Unterscheidungen scheinen auf den ersten Blick kaum der Rede wert zu sein, aber eben nur auf den ersten Blick.
In der Körperpsychotherapie zeigt sich, dass in dieser Entwicklungsphase wesentlich fundamentalere Weichen gestellt werden, als es allgemein den Anschein hat. Wenn zum Beispiel Mütter nur eine geringe oder gar keine Begabung zur echten Interaktion haben, verhalten sie sich dem Kind gegenüber hauptsächlich „funktional". Funktional heißt, sie geben dem Kind einen Schnuller, oder sogar ihre Brust, oder die Flasche, aber in einer Weise, dass das Kind die Mutter dabei kaum oder gar nicht spüren kann. In diesem Fall kann man sich leicht vorstellen, dass das eigene Willensempfinden des Kindes kaum angeregt wird, stattdessen empfindet das Kind lediglich, dass etwas von außen mit ihm gemacht wird. (13) Und es kommt somit ebenso wenig zu kraftvollen Propriozeptionserfahrungen, weil es sich selbst in diesen Episoden zu wenig als kohärent empfindet. Bereits in dieser Entwicklungsphase werden daher die

Weichen dafür gestellt, ob der heranwachsende Mensch später seinen Körper gut und stabil wahrnehmen kann oder ob jemand in besonders krassen Fällen später seinen Körper nicht einmal beim Hinsetzen auf einen Stuhl zu spüren in der Lage ist.

3. Vorhersagbarkeit der Konsequenz: Diese Invariante entwickelt sich etwas später. Sie setzt nämlich voraus, dass der Säugling bereits ein gewisses stabiles Empfinden einer Selbst-Kohärenz aufrecht erhalten kann. Stern evaluiert nun weitere Subvarianten und Teilaspekte, die diese Invariante entwickeln und stabilisieren. Ein wichtiger Teilaspekt hierbei ist, dass der Säugling immer häufiger die Erfahrung von stets gleichen oder ähnlichen Orten macht. Orte haben jedoch etwas Komplexeres als ein Objekt allein. Als weiteren Teilaspekt nennt Stern eine Zunahme von Erfahrungen mit einer zeitlichen Kohärenz, sei es in Bezug auf eigene Bewegungen oder die Bewegungen von Bezugspersonen, wobei es auch hier zu einer gewissen Summierung und Häufung von Erfahrungen kommen muss, damit diese Invariante heranreifen kann. Ein dritter Teilaspekt ist die zunehmende Erfahrung mit stets gleichen Formen von Objekten oder Bezugspersonen, die ebenfalls die Bedingung von Häufigkeit erfüllen muss. Diesen Aspekt der notwendigen Häufigkeit können rein funktional denkende Mütter nicht wahrnehmen, und können entsprechende Signale und Bedürfnisse des Kindes auch nicht verstehen. Und schließlich kommt es durch bewusst wahrgenommene Bewegungen ja zur Entwicklung des Körperschemas. Hierbei werden bedeutende und häufig durchgeführte Körperbewegungen als eine Gesamtbewegungseinheit gespeichert und können später je nach Notwendigkeit auf leichte und einfache Weise modifiziert werden. Stern sagt, dass die Invarianz der „Vorhersagbarkeit der Konsequenz“ die Selbst-Struktur der Urheberschaft noch einmal erheblich spezifiziert. Im Abschnitt über das Gehirn habe ich dargelegt, dass bei der Strukturierung des Gehirns im Lauf der frühkindlichen Entwicklung die Bildung von Netzwerken von herausragender Bedeutung ist. Durch die hier differenziert dargestellten Teilaspekte von Erfahrungsmöglichkeiten wird die Netzwerkbildung schon in ganz

früher Zeit zunächst angebahnt, und schließlich verstärkt und stabilisiert. Zugleich sollte deutlich geworden sein, dass diese Invarianten der Selbst-Struktur, ebenso wie übrigens alle anderen von Stern erforschten, wie Pyramidenstufen aufeinander aufbauen müssen, damit sie sich stabil entwickeln können. Auch wie sehr ihre stabile Entwicklung von der Qualität und Beschaffenheit der erfahrenen zwischenmenschlichen Begleitung abhängig ist, dürfte ersichtlich geworden sein. Aber ebenso ersichtlich geworden sein sollten auch die negativen Konsequenzen beim Fehlen solcher notwendigen Erfahrungen. Die negativen Konsequenzen, die sich aus dieser Entwicklungsphase ergeben, beziehen sich in ganz besonderer Weise auf die Willens-Struktur und die Körperselbst-Struktur. Die invariante Selbststruktur der „Vorhersagbarkeit der Konsequenz" bedeutet im Übrigen auch, dass hier schon in der ganz frühen Kindheit im Menschen eine Basis dafür gelegt wird, später als größeres Kind und erwachsener Mensch die Zukunft in das Denken miteinzubeziehen, oder eben auch nicht.

Zusammenfassung

- In jedem Menschen existieren schon unmittelbar nach der Geburt genetisch vorprogrammierte Handlungspläne für Körperbewegungen. Diese bilden bereits in den ersten Lebenswochen die Basis dafür, dass ein Säugling einen eigenen Willen empfinden kann.
- Die Empfindung, etwas zu wollen, ist eine besonders wichtige Struktur in der Entwicklung des Selbst eines heranwachsenden Kindes. Ist diese Struktur gestört oder zu instabil entwickelt, hat das erhebliche Konsequenzen für die spätere Stabilität der Psyche des betreffenden Menschen.
- Der Nachweis der schon bei der Geburt im Keim vorhandenen Struktur eines eigenen Willens durch den Säuglingsforscher Stern bestätigt im Nachhinein alle, aber auch wirklich alle, die sich mit dem menschlichen Willen beschäftigt haben, mit Ausnahme der eindi-

mensionalen Spekulationen einiger Neurobiologen in Bezug auf das Libet-Experiment. Diese Bestätigung der Annahme einer schon im Keim vorhandenen Fähigkeit, etwas wollen zu können, betrifft die alte indische Philosophie ebenso wie die Theorie der Entelechie von Aristoteles, bis hin zu den Therapiekonzepten von Assagioli. Ja, es bestätigt sogar die ursprünglich richtige Theorie von Schopenhauer, dass alles Lebendige im Kosmos von Natur aus mit einem Willen ausgestattet ist.

Die vier sekundären Strukturbausteine des Willens machen uns Menschen zu einem lebendigen Kulturwesen

Der Beginn dieses Abschnittes macht es notwendig, dass wir uns zunächst einen fundamentalen Grundkonflikt in unserem Menschsein bewusst machen. Dieser fundamentale Konflikt besteht darin, dass wir Menschen, wenn wir etwas nur erleben, sich dies in einer vollkommen anderen inneren Bewusstseinswelt vollzieht, als wenn wir reden, oder über etwas Erlebtes sprechen. Nun zu denken, beim Erleben sind wir in der Welt der Seele, aber beim Sprechen und Reden in der Welt des Geistes, wäre hingegen zu schematisch und eindimensional, und es würde zudem dem Gesetz der permanenten Interaktion der Welt-Systeme widersprechen. Und dennoch ist es eine Tatsache, dass im inneren Raum des reinen Erlebens die Gesetzmäßigkeiten der seelischen Welt überwiegen, während dies beim Sprechen und Reden für die Gesetzmäßigkeiten der geistigen Welt gilt. Nun werden Sie sich vielleicht fragen, was hat denn das Thema Sprache und Sprechen mit dem hier im Fokus stehenden Thema des Willens zu tun? Auf diese berechtigte Frage gibt es die folgende Antwort. Die Erkenntnisse, die inzwischen über die Phase des Spracherwerbs bei kleinen Kindern gewonnen werden konnten, und diese Erkenntnisse sind tatsächlich noch nicht sehr alt, zeigen eindeutig, dass in dieser Phase das kleine Menschenwesen einen Lebensraum betritt, in dem vollkommen andere Gesetzmäßigkeiten gelten als in dem Lebensraum, in dem es Monate lang davor gelebt hat. Dieser bisherige Lebensraum davor lässt sich kennzeichnen als ein Lebensraum, in dem das Kind hauptsächlich auf eine Bezugsperson fixiert ist und mithilfe einer hoffentlich guten inneren Anwesenheit dieser Bezugsperson ausschließlich Erfahrungen macht mit einer unmittelbaren Gegenwart. Bei den gewonnenen Erkenntnissen über die Phase des Spracherwerbs zeigt sich nun jedoch in eindrucksvoller Weise, dass die Gesetzmäßigkeiten, die in diesem neuen Lebensraum gelten, in den das Kleinkind mit der Phase des Spracherwerbs eintritt, nicht nur für die Sprache und das Sprechen gelten, sondern die Sprache nur ein besonders lebenswichtiges Beispiel darstellt für das, was wir unter dem Begriff „Kultur-Handeln" verstehen können. Was ist nun damit wieder gemeint? Damit ist gemeint, dass alle Handlungen, die ein Kind in der bisherigen Lebensphase durchgeführt hat, der ausschließlichen Befriedigung seiner gegenwärtigen Impulse gedient haben. Und war die Handlung erfolgreich, dann war für das Kind die Welt in Ordnung. Ab der Lebensphase jedoch, in die das Kind mit dem Spracherwerb eintritt, wird das Kind von nun an permanent Handlungen lernen müssen, die nicht der ausschließlichen Befriedigung akuter Gegenwartsbedürfnisse gelten, obwohl diese Befriedigung weiterhin dringend möglich bleiben muss. Auch hier müssen wir also aufpassen, nicht in ein schematisches Entweder-oder-Denken zu geraten. Dennoch werden die Handlungen des Kindes ab diesem Zeitpunkt zunehmend solche sein, die die kulturelle Welt, in die es hineinwächst, von ihm abverlangt. In dieser Phase werden also die Weichen dafür gestellt, ob der Mensch später in der Lage sein wird, eine ausreichende Motivation in sich zu erzeugen für das Lernen in der Schule, danach für die Motivation, sich einen Beruf zu wählen, der seinen Neigungen entspricht, und auch die dazu erforderlichen Lernleistungen ins Handeln umzusetzen. Und er schließlich in der Lage sein wird, später an seinem Arbeitsplatz und dessen gesamtem Umfeld oder in seiner wie auch immer gearteten Lebenswelt eines Erwachsenen die notwendigen Handlungen mit der inzwischen ausführlich beschriebenen Balance zwischen außen und innen zu bewerkstelligen. Daher empfehle ich Ihnen, wenn Sie gleich eine Übersicht über wesentliche Teilaspekte der Entwicklungsphase des Spracherwerbs lesen werden, im Hinterkopf ein Denken mitlaufen zu lassen, dass das, was hier über das Sprechenlernen gesagt wird, in gleicher Weise für alle „Kultur-Handlungen" Gültigkeit hat. Diese im folgenden aufgezeigten

Aspekte sind so fundamental, dass ich zu der Überzeugung gelangt bin, dass erst, wenn wir diesen Unterschied im inneren Erleben überhaupt verstehen, wir zu der notwendigen Bewusstheit im Hinblick auf die zwei sehr unterschiedlichen Bewusstseinswelten eines Menschen gelangen können, von der ich bereits gesprochen habe.

Die beste Übersicht über die derzeitigen Erkenntnisse bezüglich der Phase des Spracherwerbs des Kindes hat wiederum der Säuglingsforscher Stern elaboriert. Einzelne Erkenntnisse stammen in diesem Punkt ursprünglich von anderen Wissenschaftlern, aber er war es, der diese in sein Gesamtkonzept der Entwicklung eines frühen Selbst im Kinde stimmig integriert hat. Von den von ihm in vier Subphasen unterteilten Entwicklung der Selbstentwicklung eines Kleinkindes bezeichnet er die vierte und letzte Phase als Phase der „Empfindung eines verbalen Selbst". Hier zunächst zwei grundsätzliche Aussagen über die Erfahrung des Kindes mit der Welt der Sprache.

> *Die Sprache bewirkt also eine Spaltung im Selbsterleben. Überdies verlagert sie die Bezogenheit von der persönlichen, unmittelbaren Ebene dieser Bereiche* (gemeint sind die Bereiche des bisherigen Selbsterlebens, A. M.) *auf die ihr inhärente, unpersönliche, abstrakte Ebene … Dennoch stehen die Wörter und Strukturen der Sprache nicht in einem Eins-zu-eins-Verhältnis. Wörter haben eine Existenz, ein Eigenleben, das es der Sprache ermöglicht, die gelebte Erfahrung zu transzendieren und neue Erfahrungen* (gemeint sind Erfahrungen, die nur aus der Sprache heraus entstehen, und mit dem unmittelbaren Sinneserfahrungen nichts mehr zu tun haben, A. M.) *zu erzeugen.* (14)

Stern untergliedert die Entwicklungsphase des Spracherwerbs noch einmal in zwei weitere Subphasen. Weil aus meiner Sicht diese Aspekte in unserem Kontext von Willen und Handeln eine so wichtige Bedeutung haben, sollen auch diese hier möglichst ausführlich skizziert werden.

1. Die erste Subphase des Spracherwerbs kennzeichnet Stern als Phase des gegenseitigen Aushandeln von gemeinsamen Wir-Bedeutungen. Um dies zu verstehen, zitiere ich im folgenden Stern wörtlich:

Wygotsky … (ein Sprachwissenschaftler, A. M.) *behauptete, das Problem, den Spracherwerb zu verstehen, laufe auf die überaus vereinfacht formulierte Frage hinaus, wie gemeinsam ausgehandelte Bedeutungen (Wir-Bedeutungen) in den Geist des Kindes hineingelangen … Das Problem des Spracherwerbs ist zu einem interpersonalen Problem geworden … ‚Die Beziehung des Gedankens zum Wort ist keine Sache, sondern ein Prozess, (…) eine Bewegung vom Gedanken zum Wort und umgekehrt – vom Wort zum Gedanken' (Wygotsky …). Bedeutung resultiert aus Verhandlungen zwischen Personen, die vereinbaren, was sie anerkennen wollen…*
Diese Sichtweise lässt dem Auftauchen von Bedeutungen, in deren Besitz ausschließlich die Dyade oder das Individuum ist, viel Raum. ‚Liebes Mädchen' und ‚ungezogenes Mädchen', ‚braver' und ‚ungezogener Bub' … und eine Vielzahl anderer wertender oder einen inneren Zustand bezeichnender Wörter werden lange (oft für das ganze Leben) die Bedeutungen tragen, die in den frühen Jahren, in denen Weltkenntnis und Sprache sich verbinden, einzig zwischen einem bestimmten Elternteil und einem bestimmten Kind ausgehandelt wurden. Erst wenn das Kind in eine interpersonale Dialektik mit anderen sozialisierenden Vermittlern, etwa mit Gleichaltrigen, eintritt, können diese Bedeutungen sich weiter verändern. In diesem Stadium treten neue, gemeinsam ausgehandelte Wir-Bedeutungen zutage …

Beim Erlernen der Sprache verhalten wir uns nach außen hin so, als ob die Bedeutung entweder im Selbst läge oder irgendwo draußen, wo sie jedermann gehörte und für alle die gleiche wäre. Dadurch werden die verdeckten, spezifischen Wir-Bedeutungen unzugänglicher. Es wird sehr schwer, sie zu isolieren und wiederaufzufinden … Eine der wichtigsten Folgen dieses dialogischen Verständnisses der Sprache ist die, dass das Sprechenlernen selbst sich neu, nämlich als Herausbildung gemeinsamer Erfahrungen, Wiederherstellung der ‚persönlichen Ordnung', Schaffung einer neuen Art des ‚Zusammenseins' von Kind und Erwachsenem darstellt …
Die Sprache schafft also eine neue Möglichkeit des Verbundenseins mit

(an- oder abwesenden) anderen, indem sie es erlaubt, die persönliche Weltkenntnis mit ihnen zu teilen, und im Bereich der verbalen Bezogenheit
zueinander zu finden. Die alten und durchgängigen Lebensthemen der Bindung, Autonomie, ... Nähe usw. können nun auf der bislang nicht verfügbaren Ebene der Bezogenheit durch eine Verständigung über das persönliche Wissen erneut verhandelt werden. (15)

2. Die zweite Subphase des Spracherwerbs kennzeichnet Stern als Phase der Narration. Stern sagt, dass beim Verfertigen einer Geschichte nicht dasselbe innere Erleben stattfindet wie bei irgendeiner beliebigen anderen Art des Denkens und des Sprechens. Das Verfassen einer Geschichte, so Stern, erfordere eine andere Denkweise, als dies bei einer Problemlösung oder einer reinen Beschreibung der Fall ist. Beim Verfassen einer Geschichte ist man verbunden mit Personen, die als Urheber von Handlungen erlebt werden, die mit ihren Handlungen bestimmte Absichten und Ziele verfolgen und die sich wiederum mit einer kausalen Sequenz mit Anfang, Mitte und Ende entfalten. Und am besten „ließe sich der Bereich der verbalen Bezogenheit wohl sogar in ein kategoriales Selbstempfinden, das objektiviert und etikettiert, (damit ist das Aushandeln von Wir-Bedeutungen gemeint, A.M.) sowie ein erzählendes Selbstempfinden untergliedern, das in seine Geschichte Elemente aus den anderen Selbstempfindungen (Urheberschaft, Intentionen, Ursachen, zwecke usw.) einflicht." (16) Die Bewusstseinswelt, in der sich ein Kind, und damit auch ein erwachsener Mensch im Prozess der Narration befindet, ist also weder identisch mit der Bewusstseinswelt des unmittelbaren Erlebens, noch mit der Bewusstseinswelt des rationalen Denkens, zum Beispiel im Verlauf einer Problemlösung.

Die Welt der Sprache unterliegt also anderen Gesetzmäßigkeiten als die Welt des einfach nur Seins. Aber dessen sind sich viele Menschen nicht bewusst. Die Welt der Sprache ist ein „zweischneidiges Schwert", sagt Stern in seinem Buch. Aus den erfolgten Erkenntnissen über die Phase des Spracherwerbs des

Kindes schlussfolgert er, dass beim Spracherwerb die ursprünglich schon entwickelten Ebenen der Selbstentwicklung, wie Urheberschaft und intersubjektive Bezogenheit, (wobei ich auf die letztere in unserem Kontext nicht näher eingegangen bin), durch den Eintritt in den Raum der Sprache grundsätzlich nicht verloren gehen können. Ein Problem wird vielmehr dann entstehen, wenn diese ursprünglichen und primären Selbststrukturen sich nicht ausreichend stabil entwickeln konnten. Insofern, so Stern, bedeute der Erwerb der Sprache für das Kind keinen reinen Segen. Stern wörtlich:

> *Was nun verloren geht (oder latent wird) ist gewaltig; was hinzugewonnen wird, ist ebenso gewaltig. Das Kind findet Eingang in eine größere Kulturgemeinschaft, aber mit dem Risiko, die Kraft und Ganzheit des ursprünglichen Erlebens einzubüßen.* (17)

Stern selbst formuliert zwei spezifische „Risiken", die durch den Eintritt in den Raum der Sprache entstehen können, aber nicht zwingend entstehen müssen.

1. Das Risiko der Manipulierbarkeit der Sprache. Hiermit ist das gemeint, was wir inzwischen unter dem Begriff „Double-bind" verstehen. Es ist eine sprachliche Botschaft, in der der Sprechende etwas anderes meint als er sagt. Und in der Regel ist ein erwachsener Mensch in der Lage, die nonverbal gemeinte Botschaft zu verstehen, und die offizielle „protokollarische" (Stern) Botschaft in den Hintergrund treten zu lassen. Schwieriger wird die Sache, wenn der Sprechende später dementiert, dass er etwas vom anderen Verstandenes gar nicht gemeint hat. Stern beruft sich hier auf einen anderen Sprachwissenschaftler und schließt sich dessen Meinung an, wenn er sagt, dass, wenn jemand eine Double-bind-Botschaft aussendet, es keinen Sinn macht, ihm das Gegenteil zu beweisen, und man sich so nur verstrickt. Denn hier verfolge jemand eine Absicht, und diese solle man ihm lassen, weil es für ihn einen inneren Grund gibt, diese Absicht zu haben. Diese Dementierbarkeit von Sprache, so Stern, könne zwar Konflikte erzeugen, aber sie sei ein wesentlicher Aspekt der Urheberschaft und der Selbstwürde des jeweiligen

so sprechenden Menschen. Und die Verantwortung eines Beweises des Gegenteils liege nicht bei uns, sondern die Verantwortung für seine Sprache liege in diesem Fall beim Sprecher. Und wenn dieses dazu führt, dass der Betreffende schließlich selber glaubt, was er sagt, dann liege auch das in seiner Verantwortung, und nicht in unserer. Unsere Verantwortung liegt ausschließlich darin, unsere eigene sichere Bewusstheit aufrecht zu erhalten und uns gegebenenfalls innerlich ausreichend zu distanzieren. Für ein Kind sind solche Schritte natürlich eine Überforderung, aber für den Erwachsenen stehen ihm hierzu seine Ich-Kräfte zu Verfügung.

2. Das Risiko, dass durch die Sprache das Wunschdenken im Menschen erzeugt werden kann. Mit dem Erwerb der Sprache kann ein Kind zunehmend sein Denken symbolisieren, das heißt, das Kind kann, wenn es sein eigenes Erleben in der ursprünglichen Unmittelbarkeit nicht mehr ertragen möchte, dieses Erleben in den anderen Erlebensraum werfen, also projizieren, und es von dort aus mit einer erträglicheren Variante benennen. Das Kind verfügt also nun über ein Instrumentarium, mit dem es die Realität verzerren und transzendieren kann. Es kann Erwartungen entwickeln, die früheren Erfahrungen widersprechen, und es kann Wünsche entwickeln, die sich den aktuellen Fakten widersetzen. Personen, Gegenstände oder Situationen können durch symbolisch verknüpfte Attribute verknüpft werden, z. B. „die böse Mutter", „der böse Vater", „das blöde morgendliche angezogen werden", „die übel riechende Suppe" etc. Hierdurch werden Erfahrungen mit Personen, Gegenständen und Situationen unbewusst durch Worte in feste Schablonen etikettiert, wodurch die gesamte Summe der Erfahrungen mit diesen Menschen, Gegenständen und Situationen einseitig verfälscht wird. Diese Realitätsverzerrungen können so der Beginn von neurotischen Konstruktionen werden.
3. Das Risiko, dass Sprache zu einer erheblichen Entfremdung gegenüber dem eigenen Selbstempfinden führen kann. Dieser Aspekt stammt nicht von Stern, diesen füge ich hinzu. Er ist deshalb für mich persönlich von so großer Bedeutung, weil hiermit zum Aus-

druck gebracht werden soll, dass das Risiko einer zunehmenden Selbstentfremdung nicht nur den Keim für neurotische Konstruktionen bereit hält, wie Stern darlegt, sondern diese im wesentlich schlimmeren Fall zu einer erheblichen „strukturellen Schädigung" im Selbst führen kann. Die Wirkungen solcher strukturellen Schädigungen sind für den betroffenen Menschen wesentlich folgenschwerer als die von neurotischen Konstruktionen. Eine solche strukturelle Schädigung im Selbst führt dazu, dass der Mensch in einem so erheblichen Maße von seinem inneren Ursprungserleben abgeschnitten ist, dass er den Zugang dazu nicht mehr finden kann und er sich sein Leben einseitig im Raum der Sprache, Kategorisierung und Etikettierung einrichten muss. In diesem Fall jedoch hat er sich zugleich von der Möglichkeit abgeschnitten, andere Menschen als Wesen mit eigenen Selbstempfindungen und eigener Fähigkeit zur Urheberschaft mit ausreichender Ich-Distanz wahrnehmen zu können. Das aber schafft nicht nur allgemeine zwischenmenschliche Probleme, sondern kann gravierende Folgen für Menschen haben, denen gegenüber der betreffende Mensch eine erzieherische oder anderweitig wichtige zwischenmenschliche Beziehung hat, zum Beispiel als Partner, als Elternteil, oder im Berufsleben. An einem Pol seiner sozialen Existenz ist ein solcher Mensch dann Verursacher von weiteren strukturellen Schädigungen, am anderen Pol Leidtragender derselben.

4. Das Risiko, dass Sprache dazu führen kann, zu glauben, dass alle das Gleiche denken. Auch diesen Aspekt füge ich hinzu. Das kaum mehr mögliche Eintauchen in das ursprüngliche frühe und unmittelbare Selbstempfinden und die damit einhergehende Selbstentfremdung können dazu führen, dass sich kein Vertrauen in ein eigenständiges Denken entwickeln kann, welches aber wiederum die Voraussetzung dafür ist, die innere Selbstsicherheit zu erlangen, dass nur sinnvoll ausgehandelte Wir-Bedeutungen in wichtigen Beziehungen wirklich lebenswichtig sind, und schließlich durch ein eigenständiges Denken solche gut ausgehandelten Wir-Bedeutungen von bloßen Meinungen unterschieden werden können. Erhebliche

strukturelle Probleme mit einer stabilen Selbstempfindung können auf diese Weise dazu führen, dass ein Mensch jedes an sein Ohr oder Auge dringende Wort für bare Münze hält, weil ein solches Wort dann ja nur die Wahrheit für alle zu sein hat, und der Betroffene diesen Worten keine eigene Wahrheit oder Wirklichkeit mehr entgegen setzen kann.

Beispiel 1

Wenn Frau S. mir in der Therapiestunde etwas berichten möchte, sie schon im zweiten Satz durch ein entsprechendes triggerndes Wort den Faden verliert und sich dann in einer nicht mehr endenden Assoziationskette verliert, unterbreche ich sie sofort, wofür sie mir auch dankbar ist, weil sie selbst die Bezogenheit zu ihrer ursprünglichen Absicht verloren hat, ich ihr aber helfe, zu dieser zurückzufinden. Dies ist nicht nur eine Hilfe für die aktuelle Situation, sondern ich helfe ihr damit auch, die entstandene Kluft zu ihrem Selbstempfinden durch das ständige Verirren in Assoziationen, in die sie selbst mit ihrer eigenen Urheberschaft gar nicht hinein wollte, nur noch weiter zu vertiefen. Dazu benötige ich jedoch eine klare Wahrnehmung für ihre ursprüngliche Urheberschaft. Wenn ich jedoch lediglich der therapeutischen Überzeugung bin, es reicht, wenn ich ihr zuhöre, wird es zu dieser strukturellen Unterstützung nicht kommen. Dieses Beispiel formuliere ich auch deshalb, weil ich der Überzeugung bin, dass es durchaus auch für Situationen außerhalb einer Therapie gelten sollte, beispielsweise in einer grundsätzlich guten Beziehung im Lebensalltag.

Beispiel 2

Wenn Herr B. mich schon bei der Begrüßung mit mehreren Sätzen oder schnell aufeinander folgenden Worten regelrecht so bombardiert, dass ich diese nicht einmal alle aufnehmen kann, weiß ich, dass hier jemand eine Mauer aus Worten zwischen sich und mir aufbauen muss, weil er auf andere Weise den zwischenmenschlichen Kontakt nicht regulieren kann. Hier ist die Bewertung der Situation jedoch eine gänzlich andere als im ersten Beispiel. Wenn ich ihn hiermit konfrontieren würde, würde er nicht das Geringste an seinem Verhalten ändern können, weil er nur irritiert wäre und nicht in der Lage, diese Konfrontation zu verstehen. In der Therapie, in der ich ja grundsätzlich ein Mandat zur Anregung von Weiterentwicklung habe, würde ich stattdessen versuchen, ihn zu einem Handeln einzuladen, in dem er nicht mehr sprechen könnte, sondern sich mehr auf eine von ihm nun selbst injizierte und mit eigener Urheberschaft basierte Handlung zu konzentrieren, wobei er gleichzeitig in ein stabileres Kontaktempfinden auch mit mir gelangen kann. Dieses Beispiel ist jedoch nur umsetzbar für den Fall eines Mandates zur Anregung von Weiterentwicklung. Im normalen Lebensalltag ist in diesen Situationen der Mensch aufgefordert, dieses verbale Verhalten zwar bewusst wahrzunehmen, aber sich danach um eine stabile Ich-Distanz zu bemühen und Abstand zu halten. Gelingt die Einnahme einer solchen Ich-Distanz, ist dies mit ziemlicher Sicherheit der beste Weg, dass der betreffende Mensch irgendwann selbst zum Spüren kommt.

Das höchste Potenzial der menschlichen Freiheit liegt in der Bereitschaft zur ständigen Wandlung

Der Preis für die Unbewusstheit in Bezug auf den oben formulierten fundamentalen Grundkonflikt im Menschen, nämlich den unterschiedlichen Gesetzmäßigkeiten in der Welt des ursprünglichen und unmittelbaren Erlebens im Hier und Jetzt einerseits und der Welt der Sprache und sämtlicher Kultur-Handlungen andererseits, welcher ja nicht nur für eine bestimmte Kindheitsphase, sondern über das gesamte Leben hinweg Gültigkeit hat, ist enorm hoch. Durch eine chronisch andauernde Unbewusstheit wird aus dem Konflikt ein Dilemma, das heißt, aus ursprünglich verschiedenen Optionen wird dann nur noch eine Wahl zwischen Regen und Traufe oder, wenn es noch unbewusster wird, zwischen Pest und Cholera. Die nun durch vollkommene Unbewusstheit verursachte Unmöglichkeit, sich auf die Anforderungen der Gesellschaft und Kultur einlassen zu können, hat dann die gleichen Folgen für die Selbstentwicklung und zugleich für die gesellschaftliche und kulturelle Entwicklung wie ein einseitiges rein rationales Denken, welches sich der Gesellschaft und Kultur zwar angepasst hat, jedoch den Bezug zur eigenen menschlichen Ursprünglichkeit nicht mehr herstellen kann. Die hierbei ins

Unbewusste eingesperrte Ursprünglichkeit wird sich dann früher oder später ein Ventil suchen müssen, wobei jedoch das, was dann herauskatapultiert wird, sich kaum mehr vom Ich steuern lassen dürfte.

Wie lässt sich dieses Grundproblem nun lösen? Hierzu ist es hilfreich, den Blick dorthin zu richten, wo dieser Konflikt zu einer guten Lösung gekommen ist, und zunächst einmal weniger dorthin, wo das nicht der Fall ist. Dort, wo dieser Konflikt zu einer guten Lösung gekommen ist, lassen sich bei näherer Betrachtung die vier sekundären Strukturbausteine des menschlichen Willens sehr gut als verwirklicht beobachten. Ich liste diese vier Strukturbausteine nun hintereinander auf:

1. Aisthesis
2. Mimesis
3. Idea
4. Poiesis

Vielleicht sind Sie jetzt etwas irritiert und fragen sich, was sind das denn für Wörter und Begriffe? Aber ich will es Ihnen gerne erläutern. Es sind zunächst einmal keine Begriffe, die man naturwissenschaftlich zählen, messen und wiegen kann. Sondern es sind eben „Kultur-Bausteine", das heißt Bausteine, mit deren Hilfe man eine Kultur aufbauen und weiterentwickeln kann. Sie sind also in diesem Sinne dasselbe wie eine gute Musik, ein inspirierendes Gemälde oder Gedicht, ein guter Roman oder Film. Und „Kultur-Bausteine" helfen einer Kultur nur dann weiter, wenn sie unmittelbar leiblich, individuell-persönlich, und mit allen System-Anteilen, also mit Geist, Körper und Seele, erfahren werden, nicht aber, wenn man nur ein Wissen über sie hat. Und der Begriff „strukturelle Kultur-Bausteine" bedeutet, dass sie an ganz besonders wichtigen Stellen errichtet werden sollten. Und wo kommen diese kaum geläufigen Begriffe her? Sie stammen aus der Wiege unserer westlich-abendländischen Philosophie, aus dem Griechischen. Damals vor zweieinhalb tausend Jahren wurde aber über diese Begriffe nicht lediglich philosophiert, nein, sie wurden damals schon pädagogisch vermittelt und richtig gelebt. Das Problem ist jedoch, heute werden sie nicht nur mehr selten gelebt, sondern es versteht kaum noch einer, was eigentlich damit gemeint ist. Was aber diese strukturellen Kultur-Bausteine zu etwas so Besonderem macht, ist die Tatsache, dass sie mehr als die gewöhnlichen Kultur-Bausteine Musik, Gemälde, Gedichte, Romane etc. ein noch größeres Potenzial für innere Wandlungen in sich bergen.

1. Was ist Aisthesis? Aus diesem griechischen Wort stammt unser vertrauter Begriff „Ästhetik". Im Griechischen bedeutet *Aisthesis* „Wahrnehmung mit den Sinnen", und das möglichst unter Einsatz vieler Sinne. Und es bedeutet eben nicht „Wahrnehmung mit dem rationalen Denken". Da wir aktuell dabei sind, unser gesamtes Leben fast nur noch funktional und zweckdienlich zu gestalten und dadurch der mit Abstand größte Teil unserer Wahrnehmungen lediglich aus einem rein kognitiv zu verarbeitendem Informations- und Wissensaustausch besteht, darf es nicht verwundern, dass der Strukturbaustein *Aisthesis* ein nur noch sehr verkümmertes Dasein fristet. Es zeigt sich aber, dass tatsächlich nur eine wirklich bewusste Sinneswahrnehmung dasjenige Wandlungspotenzial enthält, welches die rein über die Ratio stattfindenden und als Kognition bezeichneten Wahrnehmungen gerade nicht enthalten.
   - Das wesentliche Umwandlungspotenzial der *Aisthesis* besteht darin, dass eine bewusste Sinneswahrnehmung sich sehr intensiv mit anderen zuvor erfahrenen Sinneswahrnehmungen verknüpft, eine Gesetzmäßigkeit, über die die rein kognitive Wahrnehmung nicht verfügt. Durch diesen Verknüpfungsprozess werden nun vermehrt Erinnerungen wachgerufen. Oft bleiben diese Erinnerungen im Unbewussten, aber bei guter Übung der *Aisthesis* werden diese zunehmend bewusster.
   - Das Wachwerden von Erinnerungen wiederum schafft noch eine weitere positive Wirkung. Die erinnerten Erfahrungen werden durch diesen Prozess jedes Mal neu sortiert und eingeordnet. Dies geschieht innerlich selbst dann, wenn die Erinnerungen im Unbewussten bleiben.
   - Ein weiteres Umwandlungspotenzial besitzt die *Aisthesis* schließlich darin, dass durch den Neuordnungsprozess von Erinnerungen, unabhängig davon, ob die Erinnerung bewusst wird oder

im Unbewussten bleibt, sich auch das assoziative Denken ordnet, indem es aus der Weitschweifigkeit herausgeführt wird, und zunehmend klarer das Wesentliche vom Unwesentlichen unterscheiden lernt.

- Diejenigen, die sich gut in der *Aisthesis* auskennen, wissen, was hier gemeint ist. Im anderen Fall ist es sinnvoll, mit einer gewissen Ein-Übung zu beginnen. Die in meinen Augen beste Übungsmöglichkeit besteht für den Anfang darin, sich etwa eine halbe bis eine Stunde Zeit für einen Spaziergang durch die Natur zu geben. Stellen Sie den Spaziergang nicht unter das Motto „ich gehe raus, um etwas frische Luft zu schnuppern". Wenn Sie sich dieses Motto geben, wird auch nichts anderes geschehen. Und gehen Sie alleine. Und alleine gehen heißt, ohne eingeschaltetes Smartphone. Gehen Sie unter dem Motto „ich übe mich in der Sinneswahrnehmung". Eine andere Möglichkeit besteht darin, ganz bewusst eine Musik zu hören, auf die Sie neugierig sind, und die sie etwas genauer kennen lernen wollen. Dies sollte jedoch keine Musik sein, mit deren Hilfe Sie sich in eine bewusste Stimmung beamen möchten. Auch das Lesen eines literarischen Buches, kein reines Sachbuch, kann seine entsprechende Wirkung entfalten. Das entscheidende Kriterium ist die innere Haltung und das Motto, unter das Sie das Ganze stellen. Nehmen Sie die *Aisthesis* in die eigene Verantwortung, und finden Sie selber heraus, was dabei für Sie der beste Weg ist.

2. Was ist Mimesis? Mit diesem Begriff hat unsere abendländische Kultur ein ganz besonderes Problem. Das ist schon dadurch ersichtlich, dass es in keiner westlichen Hochsprache ein Wort gibt, welches dem griechischen Wort *Mimesis* wirklich entspricht. Als der Begründer der Hypnose Franz Anton Mesmer sich genötigt fand, den Prozess zwischen dem Hypnotiseur und dem Hypnotisierten in ein passendes Wort zu kleiden, wählte er dazu das französische Wort „Rapport", was dort auch gelegentlich, aber nicht in erster

Linie, mit „sich einbringen" verstanden wird. Und als Sigmund Freud einen Begriff finden wollte für den für ihn so wichtigen Prozess einer gelungenen Übertragung vonseiten der Patienten zum Analytiker, lieh er sich einfach den Begriff bei Mesmer, den er ansonsten überhaupt nicht schätzte, und so hielt der Begriff „Rapport" auch Einzug in die psychoanalytische Fachsprache.

Der erste, der zumindest die eine Hälfte des *Mimesis*-Begriffes erfasst hat, war der Entwicklungspsychologe Piaget. Er entdeckte, wie wichtig ein bestimmter Prozess in der frühkindlichen Entwicklung ist, den er als „Nachahmung" bezeichnet hat, und dass diese Entwicklungsstufe insbesondere in der Zeit zwischen dem zweiten und siebten Lebensjahr von großer Bedeutung ist. So wertvoll die Entdeckung dieses Entwicklungsschrittes war, Piaget hat den Prozess der Nachahmung leider nur als in erster Linie kognitiven Prozess gesehen, was nahelegt, als handle es sich um einen Nachahmungs-Prozess im Eins-zu-eins-Verhältnis, was er jedoch nicht ist.

Schließlich hat sich in den 1990er Jahren des vergangenen Jahrhunderts der Psychoanalytiker Fonagy mit seinen Mitarbeitern dieses spezifischen frühkindlichen Entwicklungsprozesses noch einmal intensiver angenommen und hat diesem Prozess den Begriff „Mentalisierung" gegeben. Als den entscheidenden Entwicklungsschritt des Kindes sieht Fonagy den Prozess, in dem das Kind erkennt, das andere Menschen ebenso ein Ich haben wie es selbst, im Sinne von Fichte (siehe vorne).

Daraus definiert Wikipedia (18) aktuell das hier Gemeinte unter dem Stichwort „Rapport (Psychologie)" wie folgt:

Fundamentale Bedeutung hat der Rapport in der frühen Eltern-Kind-Beziehung, wo er die Voraussetzung für die sichere Bindung bildet. In diesem speziellen Kontext der Entwicklungspsychologie spricht man oft nicht von ‚Rapport', sondern von Kontingenz, weil das Kind durch ‚guten Kontakt' Kausalbeziehungen zwischen dem eigenen Verhalten und der Reaktion der Interaktionspartner lernt.

Wir schlussfolgern daraus, dass man den Begriff „Rapport“ inzwischen doch nicht mehr so angemessen findet für das Geschehen, um das es hier geht. Statt dessen haben wir nun den Begriff „Kontingenz“ im Angebot. Diesen Begriff verwendet die Philosophie jedoch für eine Tatsache, deren Ursache zwar vage existieren muss, die man jedoch nicht genau definieren kann. So dreht man sich weiter im Kreise auf der Suche, diesen frühkindlichen Prozess vielleicht doch noch zu verstehen. Und wenn wir genau hinhören, dann geht es offensichtlich auch für ein Kleinkind ausschließlich um „Kausalität“ und darum, sein Verhalten rein kognitiv zu steuern. Das belegen die Perspektiven, die sowohl Piaget als auch Fonagy in Bezug auf diesen frühkindlichen Prozess einnehmen. Mir aber ist es an dieser Stelle besonders wichtig, darauf hinzuweisen, dass es derzeit in unserer gesamten Kultur schon beinahe unvorstellbar geworden ist, dass es Prozesse geben könnte, in denen die rein rationale Kognition einmal schlicht und einfach im Hintergrund bleiben kann, ohne dass der Mensch dabei großen Schaden nehmen muss. Solche hier gemeinten Prozesse sind in erster Linie körperlich gesteuert oder, besser gesagt, leiblich. Diejenigen, die neben der rein rationalen Kognition den leiblichen Aspekt nicht nur frühkindlicher Entwicklungsprozesse, darüber wusste man damals noch nicht so viel, erkannten, sondern der Leiblichkeit die gleiche leibliche Bedeutung auch beim erwachsenen Menschen zuerkannten, waren die Griechen aus der Zeit von vor zweieinhalbtausend Jahren. Der griechische Begriff *Mimesis* trifft mit seiner Doppelbedeutung das Geschehen, um das es hier geht, voll und ganz. Denn *Mimesis* heißt sowohl „nachahmen“ als auch „sich selbst ähnlich machen“. Damit wird der Begriff *Mimesis* aus der eindimensionalen Betrachtung der Nachahmung als Wiedergabe-Prozess im Eins-zu-eins-Verhältnis heraus gelöst, und erst durch die Doppelbedeutung des Begriffs erkennen wir sein Umwandlungspotenzial.

Hierzu einige Beispiele. Wenn ein Kleinkind plötzlich in der Lage ist, mit Löffel und Gabel seine Nahrung zu sich zu nehmen, waren eher vollkommen unbewusst ablaufende Nachahmungsprozesse dafür verantwortlich, und ich wage zu bezweifeln, ob hierbei kognitive Prozesse schon eine so wichtige Rolle gespielt haben. Von kognitiver Bedeutung in solchen Situationen ist für das Kleinkind allenfalls, dass die Nahrung in seinem Mund landet und dass es sich in dieser Situation der Beziehung zu seinen Eltern sicher sein kann, aber weniger, wie es scheinbar lernt, mit Löffel und Gabel zu essen. Der Prozess der Nachahmung findet also viel unbewusster und weniger kognitiv statt, als die meisten rational denkenden Menschen das sehen. Was aber bisher in keiner aktuellen frühkindlichen Entwicklungstheorie gesehen wird, ist der parallel zur Nachahmung stattfindende Prozess des *sich selbst ähnlich Machens.* Und dieser Prozess ist zum einen ein körperlicher aufgrund der zu koordinierenden rein körperlichen Bewegungen, zum anderen ein seelischer aufgrund der seelischen Verbundenheit mit einem wichtigen Objekt. Es ist darüber hinaus auch ein geistiger Prozess, aber nicht so ausschließlich, wie das heute gesehen wird. Und wenn die seelische Verbundenheit gestört ist, hilft kein geistiger Prozess, die Bewegungen und Verhaltensweisen des sich selbst ähnlich Machens zu koordinieren.

Wenn später zum Beispiel ein kleiner Junge mit einem Spielzeug-Traktor spielt, bewegt er diesen mit den Händen und ahmt zugleich die Geräusche des Traktors nach. Jungen, die nicht auf dem Land aufwachsen, haben heute in diesem Alter noch nicht einmal einen realen Traktor gesehen. Sie ahmen hier also weniger nach, als dass sie in der Lage sind, sich innerlich dem Traktor ähnlich zu machen. Wenn derselbe Junge später einen größeren Traktor hat, setzt er sich auf diesen Spiel-Traktor und beginnt sich vorzustellen, wie er ihn selber steuert. Sie haben zu dem Zeitpunkt in der Regel nicht einen einzigen realen Traktorfahrer beim Fahren genau beobachtet.

Das gleiche gilt für das Mädchen, das mit seiner Puppe spielt. Es kopiert dabei nicht nachahmend seine Mutter, weil die Mutter ja gar nicht mit der Puppe spielt, sondern es gestaltet intuitive Spielsituationen mit der Puppe, bei denen wiederum das *sich selbst ähnlich Machen* wichtiger ist als die bloße Nachahmung. Die gleiche Gesetzmäßigkeit gilt, wenn vier- bis fünfjährige Jungen und Mädchen gemeinsam bei genügend Schnee einen ganzen Nachmittag zusammen eine Burg aus Schnee bauen. Es braucht nicht den Erwachsenen, der ihnen das vormacht; es braucht auch nicht die Voraussetzung, dass jedes Kind schon einmal eine reale Burg gesehen hat. Und die Vorstellung, den Kindern die Abbildung einer Burg zum Nachmachen danebenzustellen, kommt sogar dem größten Rationalisten absurd vor. Und ist es nicht erstaunlich, dass es den Kindern, die einen ganzen Nachmittag mit dem Prozess des *sich selbst ähnlich Machens* mit einer Burg aufgewendet haben, nicht das Geringste ausmacht, wenn die Burg schon nach zwei Tagen wieder weggeschmolzen ist? Wenn wir alle einmal versuchen, dies aus der leiblichen Perspektive des *sich selbst ähnlich Machens* zu betrachten, werden wir den Prozess, um den es hier in der Kindheit geht, auf Anhieb leichter verstehen. Was hier am allerwenigsten stattfindet, ist ein reiner nutzen- und zweckgebundener Prozess. Das Handeln ist weder Selbstzweck, zum Beispiel, weil die Kinder etwas gegen Langeweile tun müssen, noch geht es darum, jetzt schon etwas zu schaffen, was unmittelbar von Nutzen ist, sondern darum, etwas zu lernen, was später einmal für sie von Bedeutung sein wird, ohne dass ihnen kognitiv voll bewusst ist, was sie dabei lernen.

- Nur durch die Perspektive des *sich selbst ähnlich Machens* wird erkennbar, dass es in der Entwicklung von Kindern einen Prozess gibt, der nicht lediglich aus einer Eins-zu-eins-Nachahmung besteht, sondern dass es sich hierbei, genauso wie bei der *Aisthesis,* um einen Umwandlungsprozess handelt, der wesentlich mehr Entwicklungspotenziale beinhaltet als der bloße Nachahmungsprozess.
- Dieser Umwandlungsprozess der *Mimesis* kann als das seelische Pendant des Umwandlungsprozesses und des *sich selbst ähnlich Machens* der *Autopoiesis* auf der Ebene der Körperzellen betrachtet werden.
- Den alten Griechen war darüber hinaus offenbar sehr bewusst, dass die *Mimesis* nicht nur während der Kindheit von Bedeutung ist, sondern in gleicher Weise auch für den Erwachsenen. Dies ist für die meisten Menschen unserer Kultur weit weg von jeglichem Verständnis. Dass dies so ist, hat jedoch aus meiner Sicht nicht damit zu tun, dass wir als Kinder zu wenig Erfahrungen mit der *Mimesis* machen konnten, sondern es hat damit zu tun, dass in unserer Kultur ein Denken vorherrscht, dass dieser Prozess nur für Kinder, nicht aber für Erwachsene wichtig ist. Und es hat schließlich auch damit zu tun, dass wir den Prozess zu funktional als reine und vor allem nützliche Nachahmung betrachten, den man ja als Erwachsener nicht mehr, oder nur noch selten nötig hat. Wir haben dabei jedoch nicht im Bewusstsein, welche wichtige Bedeutung Umwandlungs-Prozesse in der aktuellen Wahrnehmung auch für den erwachsenen Menschen haben, und das vor allem in herausfordernden Krisensituationen.

- Als Leib- und Körperpsychotherapeut empfehle ich für uns Erwachsene einmal folgende Vorgehensweise: Versuchen Sie einmal, sich für eine gewisse Zeit vorzunehmen, fremde Menschen, denen Sie begegnen, nur in ihren Bewegungen wahrzunehmen. Schalten Sie bei der Wahrnehmung den Akustik-Ton aus, und erfassen Sie für einen kurzen Moment die Art und Weise, wie sich der betreffende Mensch bewegt. Ich vermute, dass jetzt nicht wenige denken, so etwas macht man doch nicht, das ist doch übergriffig. Hier meine Antwort darauf. Ja, es wäre übergriffig, und würde vom Beobachteten auch als solches empfunden, wenn der Blick einen ego-bezogenen Zweck verfolgt. Das ist aber hier nicht der Fall, solange es nicht darum geht, den anderen zu diagnostizieren oder zu bewerten. Nein, diese Art von Wahrnehmung eines anderen Menschen bewirkt früher oder später, dass Sie in Kontakt kommen mit den tiefen Willensintentionen dieses Menschen, und zwar nicht bezogen auf sein ganzes Leben, sondern auf die aktuelle Situation, in der Sie diesen Menschen gerade wahrnehmen. Und sollte der andere tatsächlich mitbekommen, dass Sie auf ihn achten, wird er sich nicht übergriffig beobachtet fühlen, sondern er wird spüren, dass ihn ein anderes Ich in seinem tiefsten Inneren gerade erfasst.
- Das ist nur ein erster Vorschlag, mehr nicht. Aber das viel Wesentlichere ist, dass wir uns bewusst werden, wie sehr wir in unserer Kultur unser gesamtes Leben einer vollkommen einseitigen rein rationalen Denkweise (Kognition) unterworfen haben. Das gilt auch für unseren Körper und Leib, der nur noch zu funktionieren hat und dessen unschätzbare Ressourcen für unsere gesamtmenschliche Entwicklung wir nicht einmal im Ansatz erkennen. Und noch etwas, zur Würdigung unserer Leiblichkeit werden wir nicht zurückfinden, wenn wir bei der derzeitig vorherrschenden Weigerung bleiben, auch der Innen-Perspektive einen Erkenntniswert anzuerkennen.

3. Was ist Idea? Die deutsche Übersetzung des griechischen Wortes *idea* ist „Vorstellung". Dieser Begriff ist der einzige unserer vier Strukturbausteine, der tatsächlich von allen nachfolgenden abendländischen

Sprachen relativ identisch übernommen worden ist. Im Lateinischen mit „idea“, also wortgleich mit dem Griechischen, im Englischen „idea“, im Französischen mit „idee“, ein Wort, das später auch ins Hochdeutsche übernommen wurde. Die tatsächlich einzige Unterscheidung macht das deutsche Wort „Vorstellung“. Dieser Begriff betont den aktiven Anteil des Menschen beim *Vorstellen*, während wir unter Idee in erster Linie etwas verstehen, das uns passiv zufliegt. Dieser dritte sekundäre Strukturbaustein unseres Willens ist aber ganz offensichtlich derjenige, der den meisten doch irgendwie vertraut ist. Denn es gibt so gut wie keinen Menschen, der sich im wahrsten Sinne des Wortes nicht unter Vorstellung etwas vorstellen kann. Wie entstehen nun Vorstellungen in uns Menschen? Wir wissen, dass Kleinkinder in er zweiten Hälfte ihres zweiten Lebensjahres damit beginnen, wichtige Objekte ihrer Lebenswelt, in erster Linie die wichtigsten Bezugspersonen, aber auch schon wichtige Gegenstände, in ihrem Inneren abzubilden und zu speichern. Dadurch können diese Objekte auch dann vergegenwärtigt werden, wenn sie nicht unmittelbar anwesend sind. Wichtig ist in diesem Zusammenhang, dass es bereits in dieser Entwicklungsphase zu Störungen dieses inneren Vorstellungsprozesses kommen kann. Eine hier entstandene strukturelle Störung kann im Rahmen der *Strukturellen Körperpsychotherapie* mithilfe einer spezifischen Methode, der „visuellen Verankerung“ jedoch erfolgreich bearbeitet werden.

- Eine wesentliche Gesetzmäßigkeit der *Idea* ist die, dass ab dem zweiten Lebensjahr der Entwicklungsprozess der *Vorstellung* vollkommen parallel und verschränkt mit dem Entwicklungsprozess der *Mimesis* verläuft. Erst wenn dieser Verschränkungsprozess aus *sich selbst ähnlich Machen* und *Bilderzeugung* sich ausreichend stabilisiert hat, geschieht es, dass ein inzwischen schon etwas älteres Kind in einem Prozess der *Mimesis* plötzlich Ideen hat, die nicht mehr ausschließlich mit der ganz aktuellen Situation zu tun haben. Ein solches Geschenk des Heranfliegens einer Idee aber ist nun das Resultat aus den angesprochenen möglichen Umwandlungsprozessen innerhalb sämtlicher bisher integrierter

Willensbausteine, der *Aisthesis*, der *Mimesis* und der neu hinzugekommenen *Idea (Vorstellung)*, und nicht, wie viele heute meinen, das Resultat einer reinen Kognition, beziehungsweise was heute darunter verstanden wird.

- Daraus ergibt sich, dass nur solche Kinder und später erwachsene Menschen solche Ideen geschenkt bekommen, die die genannten Willensbausteine auch anwenden und umsetzen. Im Kapitel über die Seele konnte deutlich gemacht werden, dass einmal im Leben erzeugte *Vorstellungen* später ihre Lebendigkeit verlieren, und zu erstarrten und fixen *Vorstellungen* werden können. Nun wissen wir, wieso es dazu kommen kann, nämlich durch das spätere Nichtaktivieren der zwei vorausgehenden Strukturbausteine der *Aisthesis* und *Mimesis*. Und mit *Vorstellungen* kann man mithilfe seiner Kognitionen hundertfach herumjonglieren, sie werden dadurch nicht lebendiger.
- Hier sollte nun auch noch einmal besser verstanden worden sein, was im vierten Kapitel im Abschnitt über „Ideen als lebendige Wesenheiten“ beschrieben worden ist. Und auch, was eben der enorme Unterschied zwischen erstarrten *Vorstellungen* und lebendigen *Ideen* ist, wie Mozart und Goethe, und alle anderen kreativen Menschen, sie erlebt haben beziehungsweise immer noch erleben.
- Verschiedene Erinnerungsbilder von wahrgenommenen Landschaften erzeugen per Umwandlung im Inneren eine dreidimensionale Landschaft, in der zusätzlich auch noch Platz ist für lebende Wesen, die in dieser Landschaft ihr Leben verbringen. Und eine solche innerlich erzeugte dreidimensionale Landschaft bekommt dann in unserem Inneren von sich aus einen solchen lebendigen Wert, dass wir uns nicht über das rein rationale Denken quasi gewaltsam und künstlich bewusst machen müssen, ob unsere Umwelt nun vielleicht doch genauso wichtig sein könnte wie unsere gewohnten Nutzen- und Zweckziele. Und wir sollten uns bewusst machen, dass ein rein rational erzeugtes Denken in Bezug auf die Umwelt eben nicht über die Gesetzmäßigkeit ver-

fügt, dass dieses Denken in uns stabil erhalten bleibt, sondern bei nächstbester Gelegenheit tiefer liegenden festgefahrenen *Vorstellungen* und Verhaltensmustern zu weichen hat.

- Klänge einer bewusst gehörten Musik erzeugen per Umwandlung einen inneren Raum aus Höhen und Tiefen, Engungen und Weitungen und vieles andere mehr in unserem Inneren. Ein solcher durch bewusstes Hören geschaffener innerer Raum geht uns erstaunlicherweise nicht so schnell verloren wie rein rationale Gedanken und Kognitionen, die jedoch derzeit in unserer Kultur als das Höchste erachtet werden, das es in unserem menschlichen Leben gibt.

4. Was bedeutet das Wort *Poiesis*? Das griechische Wort *poiesis* hat in der deutschen Sprache die Bedeutung *Handlung*. An dieser Stelle sollten wir uns aber bewusst machen, dass der Begriff *Handlung* zwei Wortbedeutungen enthält, nämlich eine konkrete Handlung in konkret nachvollziehbaren Schritten einerseits, und eine symbolisch in den konkreten Handlungsschritten zum Ausdruck gebrachte Geschichte oder Story andererseits. Die lateinischen Sprachen haben diese beiden Aspekte leider getrennt. Hier sind die konkret nachvollziehbaren Handlungsschritte etwas anderes als die Geschichte, die zum Ausdruck gebracht werden soll. Nur in der deutschen Sprache sind beide Aspekte im Wort *Handlung* vereinigt. Unabhängig aus welchem Sprachhintergrund er kommt, ein Künstler hat stets beide Aspekte auf dem Schirm, die Geschichte oder Idee, die er zum Ausdruck bringen will, aber auch die notwendigen Schritte, die zur Umsetzung der Geschichte oder Idee notwendig sein werden. In der hier dargelegten Doppelbedeutung des Begriffs *Poiesis = Handlung* liegt wiederum das enorme Wandlungspotenzial dieses Begriffs. Dieses Wandlungspotenzial kann jedoch, ebenso wie bei den drei anderen Begriffen *Aisthesis, Mimesis und Idea* nur zur Entfaltung kommen, wenn der Mensch sich auch diesen Strukturbaustein bewusst aneignet.

- Die in diesem Sinne tatsächlich erste *Poiesis* im Leben eines kleinen Kindes ist möglicherweise sein erstes gelungenes Essen mit einem Besteck. Voraussetzung dafür, dies als gelungene *Poiesis* zu bezeichnen, ist, dass das Kind beim Hinsetzen an den Tisch zum Essen in ausreichender Weise im Bewusstsein hat, dass es jetzt um die Handlung „Essen" geht. Die weitere Voraussetzung ist, dass es sich durch einen bereits ausreichend vollzogenen *Mimesis*-Prozess die notwendigen Bewegungen angeeignet hat. Und die dritte Voraussetzung muss ebenfalls gegeben sein, dass es inzwischen eine klare *Idee* und *Vorstellung* über den Ablauf der Mahlzeit gibt. Die gelungene Integration und Verschränkung von *Mimesis* und *Vorstellung* sind deshalb so wichtig, weil sich dadurch Störungen, die sich beim kleinen Kind ja noch in prädestinierter Weise ereignen können, nicht mehr so negativ auf die Gesamthandlung „Essen" auswirken müssen. Durch diese Präzisierung soll zugleich deutlich werden, dass in dieser Entwicklungsphase noch nicht alle Kinder in der Lage sind, diese Strukturschritte in sich zu integrieren. Die betreffenden Kinder, denen dieser Strukturschritt noch nicht gelingt, sind in dieser Phase noch allzu sehr auf ihr Umfeld fokussiert, weil sie noch nicht die ausreichende Bindungssicherheit in ihrem Selbst erlangt haben.
- Ein *Poiesis*-Schritt, der einen wichtigen Quantensprung in der frühkindlichen Entwicklung darstellt, ist die erste gelungene eigenständige Erzählung einer Erfahrung. Für Stern ist die Phase der Narration, wie wir gelesen haben, die zweite Subphase der Sprachentwicklung des Kindes. Im Kontext der Entwicklung einer lebendig bleibenden *Poiesis*-Struktur ist es daher wichtig, dass wir uns noch einmal in Erinnerung rufen, dass beim Verfassen einer Geschichte über ein Erlebnis der innere Prozess beim Kind nicht der gleiche ist wie in der unmittelbaren Situation des Erlebnisses. Und dass darüber hinaus eine komplexere Form des Denkens erforderlich ist.
- Ein weiteres Beispiel für eine gelungen *Poiesis* im Leben eines Kleinkindes wäre das Aufsagen eines Gedichtes auf dem Kinder-

geburtstag, welches natürlich vorher begleitet einstudiert werden sollte. Dann das Erlernen eines Musikinstrumentes und eine erste Aufführung, alleine oder in der Gruppe. Oder das Erlernen einer Sportart und das erste Punktspiel, beziehungsweise der erste Wettkampf mit schon ernsthaften Folgen. In allen genannten Beispielen ist das Zusammenspiel unserer hier im Fokus stehenden vier Strukturbausteine von fundamentaler Bedeutung, und ein eventuelles Misslingen des letzten Schrittes, der *Poiesis*, hat seine Ursachen in dem fehlenden Zusammenspiel der drei anderen Bausteine. Wenn das nicht beachtet wird, wird es für den Rest des Lebens zu Störungen und Blockaden mit entsprechenden *Poiesis*-Situationen kommen. Ein psychotherapeutisches Heraus-Begleiten aus einer solchen Störung kann jedoch nur gelingen, wenn die *Poiesis*-Störung nicht funktional isoliert, sondern im Kontext aller vier Struktur-Bausteine betrachtet wird.

- Im Kontext des Strukturbausteins der *Poiesis* sollte klar geworden sein, dass der erwachsene Mensch nicht denken sollte, dass diese Strukturbausteine nur für die kindliche Entwicklung von Bedeutung sind, für ihn als Erwachsener selbst jedoch nicht mehr. Die Verkümmerung auch nur eines dieser Strukturbausteine lässt unmittelbar das Leben von uns Menschen ärmer werden, vielleicht nicht materiell, dafür aber seelisch, geistig und körperlich umso mehr.

Zusammenfassung

- Alle vier sekundären Strukturbausteine unseres Willens bergen jeweils in sich ein enormes Umwandlungspotenzial für die menschliche Gesamtentwicklung. Die Voraussetzung dafür ist, dass es zur ausreichenden strukturellen Aktivierung aller vier Bausteine kommt. Dadurch, dass diese vier Strukturbausteine auch untereinander synergetisch verknüpft sind, potenziert sich das Umwandlungspotenzial aller Bausteine zusammen noch einmal um ein Vielfaches. Die

Wegstrecke zwischen *Aisthesis und Poiesis* ist dabei weder eine Einbahnstraße noch Zweispurstrecke aus einem ständigem hin und zurück. Sie ist eine besondere Form einer Spirale, deren Ende zugleich der Beginn einer neuen ist. Und die Eckpfeiler dieser Spirale sind die genannten vier Bausteine.

- Seit der Zeit der Aufklärung befindet sich das Menschenbewusstsein in einer vergleichbaren Situation, in der sich ein Kleinkind befindet, das in die Welt der Sprache hineinfinden will. Dieser Übertritt in die Welt der Sprache ist, wie wir von Stern gehört haben, ein enormer Gewinn, aber zugleich auch ein zweischneidiges Schwert mit einem hohen Risiko- und Gefahrenpotenzial. Dadurch, dass heute viele Menschen noch immer der Überzeugung sind, dass die Aufklärung uns endlich aus der Finsternis des mittelalterlichen Geistes befreit hat und scheinbar ausschließlich einen Gewinn ohne Risiko und Gefahrenpotenzial bedeutet, entwickeln diese die Tendenz, nur noch das rein rationale Denken als sinnvoll und gültig anzuerkennen. Ein Wahrnehmen jedoch, das in uns allen als menschlicher Ursprung in unserer Leiblichkeit noch immer gespeichert ist und uns im gesamten weiteren Leben als notwendige Basis dient, wird nur noch als „primitiv" oder „kindlich" deklariert. Damit spaltet sich der betreffende Mensch jedoch von fundamentalen Ressourcen seines Menschseins ab. Ohne die synergetische Verbindung der hier aufgezeigten fundamentalen Strukturbausteine unseres menschlichen Willens werden wir uns noch sehr lange im einseitig rational denkenden Kreis weiterdrehen.
- Es gibt aktuell jedoch auch einen Geist, der in die genau entgegengesetzte Richtung tendiert. C. G. Jung war ja der erste Psychotherapeut, der die negativen psychischen Folgen der reinen Rationalität als erster diagnostiziert und beschrieben hat. Den Begründer der Gestalttherapie Fritz Perls hat die gleiche Einsicht in ein so extrem entgegengesetztes Denken geführt, dass er das Sprechen in der Therapie bei den meisten Menschen als reinen „mindfuck" bezeichnete. Auch derzeit reagieren viele Menschen auf die Übertreibung des rationalen Denkens und die nicht zu übersehenden Folgen dieses

Denkens mit einer besonders extremen Form der Introversion. Dies haben allerdings, wie wir in diesem Buch schon gesehen haben, nicht wenige später berühmt gewordene Menschen zunächst auch so getan. Wenn jedoch aus dieser extremen und einseitigen Introversion keine Umkehr in eine gelungene Balance zwischen Innen und Außen gelingt, hat das genauso krankmachende Folgen wie das einseitige rationale Denken. Und dann kommt es zu den gleichen Phänomenen, die Tagore schon vor hundert Jahren bei manchen extremen indischen „Gottsuchern" beobachtet hat. Sie versetzen ihren Geist in einen künstlichen „Rausch" (Zitat Tagore). Ihr Glaube unterscheidet nicht zwischen den negativen kulturellen Phänomenen, die aus zu einseitiger reiner Rationalität entstanden sind, und gesunden, eine Weiterentwicklung fördernden kulturellen Phänomenen im Sinne von Maturana. Krankmachend ist diese Tendenz insbesondere insofern, als diese Menschen die innere Kluft zwischen der Primär-Welt unseres Menschseins und der Sekundär-Welt (die der Sprache und Kultur im Sinne von Daniel Stern) immer größer werden lassen und dadurch die für uns alle notwendige Fähigkeit, zwischen diesen beiden Welten hin und her schwingen zu können, zunehmend zunichte machen. Von der Unfähigkeit einer auch inneren Akzeptanz staatlicher Gesetze und Vorschriften ganz zu schweigen, selbst wenn solche Gesetze schon einmal ihres tieferen Sinnes entbehren können. Der weise Sokrates hat dieser Erkenntnis sein Leben geopfert. Wollen wir ihn deshalb für naiv oder gar dumm erachten? Es lohnt sich, darüber nachzudenken, aber dabei nicht gleich wieder „in Regensburg auszusteigen" (Kandinski).

Beispiel aus dem Leben

Wenn heute alt gewordene Menschen Verhaltensweisen an den Tag legen, die für die Außenstehenden „unvernünftig" sind, zum Beispiel in ihrem Haus oder ihrer Wohnung wohnen bleiben und nicht einmal eine fremde Hilfskraft hereinlassen, obwohl das Leben dort viel größeren Risiken ausgesetzt ist als beispielsweise in einem Heim, dann kann das nahe Angehörige, die sich ganz auf das rein rationale Denken beziehen, schon einmal dazu bringen, dass ihnen ihre daraus resultierenden Emotionen schlaflose Nächte bereiten. Erst recht, wenn dann genau das eintritt, was man hat kommen sehen, und den betreffenden alten Mensch dann tatsächlich etwas ereilt, was ihm in einer betreuten Wohnsituation nach aller Wahrscheinlichkeit nicht zugestoßen wäre, und er schließlich daran sogar stirbt. Aber dieses Beispiel ist ein Beleg dafür, dass in solchen Fällen der betreffende Mensch genau das gewollt hat. Zum Beispiel, weil er gespürt hat, das er den seelischen – nicht geistigen – Herausforderungen, die eine solche Situationsveränderung sowohl im bisherigen Zuhause als auch in einem Heim mit sich bringen würde, nicht mehr gewachsen ist. Wenn man sich jedoch nicht einmal sicher ist, ob es so etwas wie eine Seele überhaupt gibt, wie soll das Einnehmen einer solchen Perspektive jemals gelingen? Und wie schon bei einem ganz kleinen Säugling nach wenigen Wochen die Wahrnehmung eines eigenen Willens mit das erste ist, das er überhaupt wahrnimmt, so ist der eigene Wille das letzte, was dem Menschen bleibt, wenn sonst zunehmend die wichtigen Funktionen zum Erliegen kommen. Und solange das Bewusstsein nicht vollkommen ausgeschaltet ist, zum Beispiel durch eine demenzielle Erkrankung, hat jeder Mensch gegenüber dem Betroffenen in erster Linie die Pflicht, ihm seinen eigenen Willen und damit seine Würde zu lassen. Jedoch ohne das Einbeziehen von humanen Perspektiven, die außer auf dem rein rationalen Denken auch auf den Gesetzmäßigkeiten aller drei Welt-Systeme fundiert sind, werden wir weiterhin große Probleme haben, den anderen Menschen-Ichs ihre eigene Würde zuzugestehen. Und wenn die Theorie der „Neurozentriker“ (Gabriel) stimmen würde, dass der Mensch grundsätzlich keine eigene Willensfreiheit besitzen könne, weil er viel zu abhängig ist von der gewaltigen Masse seines Unbewussten, dann bräuchten wir über das Thema „Menschenwürde“ nicht weiter zu reden. Und wir könnten den Artikel 1 aus unserem Grundgesetz getrost wieder streichen.

Beispiel aus der Psychotherapie

Speziell im Zusammenhang mit einer Körperpsychotherapie kann es vorkommen, dass ein Klient unerwartet auf etwas in seinem Inneren stößt, das so beängstigend ist, dass er sich dem gegenüber seelisch nicht gewachsen fühlt. Und wenn Herr V. dann kommt und mitteilt, dass er die begonnene Körperpsychotherapie nicht weiter fortsetzen möchte, dann zeige ich ihm gegenüber meinen tiefsten Respekt. Diese Haltung im Hinblick auf etwas im Inneren

Schlummerndes kann sich eventuell später noch einmal verändern. Das muss sie aber nicht, und in einem solchen Fall ist eine so getroffene Willensentscheidung für das spätere Leben ganz sicher der bessere Weg als zu meinen, das Schlummernde müsse dringend an die Bewusstseinsoberfläche gelangen. Umgekehrt werde ich Zeuge, wie Frau B., nachdem sie therapeutisch aus dem Gröbsten heraus ist, trotzdem die Therapie fortsetzen möchte, weil „etwas in ihr sie dazu dränge". Und so kommt es, dass sie durch die immer bewusster werdende Wahrnehmung ihrer selbst plötzlich wieder zunehmende depressive Symptome verspürt, die ihr mitteilen, dass da etwas an die Oberfläche will. Als ihr das, um was es da ging, immer bewusster wurde, wurde sie zunächst von Angst nur noch überwältigt. Durch die gute therapeutische Beziehung und Begleitung gelang es ihr jedoch schließlich, auch durch diesen schwierigen Prozess hindurchzugehen. Meine Perspektive hierzu ist: Es war ihr eigener Wille weiterzugehen, der ständig spürbar war und der diese Entwicklung letztendlich in Gang gesetzt hat. Und wenn ihr inneres Selbst sie schließlich an solche schwierigen Stellen hinführt, dann geschieht das nur, weil das innere Selbst inzwischen auch über die Kräfte verfügt, dieser seelischen Herausforderung nun auch gewachsen zu sein.

Modellbeispiele einer gelungenen Aktivierung der eigenen Willensfreiheit

Es wurde schon zum Ausdruck gebracht, dass Arthur Schopenhauer gerade nicht als Modellbeispiel gelten kann dafür, wie ein Mensch in seinem Leben in der Lage ist seinen eigenen freien Willen so umzusetzen, wie wir einen solchen inzwischen ausführlich beschrieben haben. Und dies trotz seiner lebenslangen rein kognitiven Beschäftigung mit dem Thema „Wille". Zwar gibt es genügend Modellbeispiele von Menschen, denen dies, im Gegensatz zu Schopenhauer, gelungen ist. Aber auch hier gilt wieder, dass, so lange Menschen an ihren freien Willen nicht einmal selber glauben, sie auch kaum eine Wahrnehmung für solche positiven Modellbeispiele haben werden, sondern nur die Menschen wahrnehmen, denen die Umsetzung ihres freien Wollens nicht gelingt. Denn das bestätigt ja auf eine bequeme Weise die entsprechende Sichtweise über die

Welt und die Menschen. Und dennoch gibt es sie also, die Menschen, denen die Umsetzung ihres Wollens im Leben gelungen ist, und selbst wenn dies zum Beispiel nur zum Zeitpunkt des aus dem Leben Scheidens möglich war. Zwei positive Modellbeispiele, die mich persönlich sehr beeindrucken, möchte an dieser Stelle noch etwas ausführlicher beschreiben.

Modellbeispiel 1

Richard Buckminster Fuller war ein US-amerikanischer Architekt, Designer, Philosoph und Schriftsteller. Er lebte von 1895 bis 1983. Sein Studium in Harvard hatte er abgebrochen, er heiratete und bekam zwei Töchter. Die erste Tochter starb im Alter von fünf Jahren an Kinderlähmung. Im Alter von ca. 32 Jahren war Buckminster Fuller arbeitslos und finanziell bankrott. Er war nahe daran, sich das Leben zu nehmen, beschloss dann aber, sein weiteres Leben „als Experiment" zu verstehen. „Er wollte feststellen, was eine einzelne Person dazu beitragen kann, die Welt zum Nutzen der Menschheit zu verändern. Er begann sein Leben peinlich genau in einem Tagebuch zu dokumentieren, das er dann ein halbes Jahrhundert führte" (19). Ihm gelang es trotz seines abgebrochenen Studiums, als Architekt zu arbeiten. Mit seinen futuristisch aussehenden Bauwerken erlangte er bald darauf Weltruf. Da er aber seinen Willen zum Leben in der oben beschriebenen besonderen Weise definiert hatte, blieb er bei seinem inzwischen ruhmreichen Dasein als weltbekannter Architekt nicht stehen, sondern entwickelte sich weiter zum Designer von futuristischen Autos und anderen Gebrauchsgegenständen. Schließlich begann er, wissenschaftlich zu forschen, wurde ein beliebter Lehrer bei Studenten und widmete sich dem Schreiben. Sein Konstruktionsprinzip basierte auf der Weiterentwicklung von einfachsten geometrischen Grundkörpern, den sogenannten „platonischen Körpern". Als den platonischen Körper mit der größten Energie- und Synergieeffizienz entdeckte Fuller das Tetraeder, dessen auch hochgradig rein virtuelle dynamische Potenziale im Bereich seiner vielen räumlichen Achsen erst allmählich ins Bewusstsein der Menschen rücken. Es gelang ihm als einem der ersten nachzuweisen, dass die Natur das Formprinzip des Tetraeders geradezu perfekt umsetzt, zum Beispiel in der Gestaltung von Molekülen. Kein anderer geometrischer Körper ist in der Lage, Stabilität und Effizienz sowohl bei immer größer als auch bei immer kleiner werdenden Formen durch optimale Anpassung an die anderen Bauteile aufrecht zu erhalten. Darüber hinaus ist kein anderer geometrischer Körper in der Lage, sehr spontane und nicht unbedingt vorausberechenbare Kooperationen mit den Nachbarformen zu entwickeln. Und wie sah das Lebensende dieses Mannes aus? Buckminster Fuller starb im Alter von 88 Jahren, keine 36 Stunden vor seiner Frau, einen natürlichen Tod.

Modellbeispiel 2

Alfred Andersch war ein deutscher Schriftsteller, der seine Kindheitsjahre im Münchener Stadtteil Neuhausen verbrachte. Sein Vater kehrte schwer kriegstraumatisiert aus dem ersten Weltkrieg zurück. Dessen amputiertes Bein entzündete sich aufgrund einer schon bestehenden Vorerkrankung, Diabetes, ständig. Er konnte keiner beruflichen Arbeit mehr nachgehen und lebte nicht mehr lange. Der Sohn Alfred spürte, dass er sich aus dem Seelenraum seines Elternhauses so schnell wie möglich entfernen musste, wollte er nicht selber völlig hineingezogen werden in die Atmosphäre von Hoffnungslosigkeit und Verzweiflung. Er brach das Gymnasium wegen schlechter Noten in der Untertertia ab, absolvierte eine Buchhändlerlehre, bekam jedoch danach keine Anstellung. Im Alter von 16 Jahren trat er der KPD bei. Durch seine Arbeitslosigkeit konnte er sich zwar zunächst ganz auf seine politische Tätigkeit konzentrieren, aber bald erfuhr er in diesem Tätigkeitsfeld eine zunehmende Desillusionierung. Er wandte sich von der Politik ab und versuchte den Sinn seines Lebens in der Kunst zu suchen. Im zweiten Weltkrieg verbrachte er eine kurze Zeit als Soldat im Westen Frankreichs. Durch eine kurzfristige Gesetzeslücke erwirkte er bald sein Ausscheiden aus der Wehrmacht, und er erhielt die offizielle staatliche Erlaubnis, seinen Lebensunterhalt als Schriftsteller zu generieren. Schriftstellerisch produktiv waren die ersten Jahre durch die Unruhen des Krieges jedoch nicht. Als die kriegspolitische Lage sich zuletzt immer mehr zuspitzte, wurde er erneut zum Wehrdienst eingezogen und 1944 nach Italien kommandiert. Hier wagte er es, sich von seiner Truppe zu entfernen, zu desertieren und sich unmittelbar in amerikanische Kriegsgefangenschaft zu begeben.

Bevor er nach der Rückkehr aus der Gefangenschaft mit dem eigentlichen Schreiben begann, verarbeitete er zunächst seine bisherige Biografie in seinem ersten eigenen Buch, das kein Roman, sondern mehr ein autobiografischer

Bericht wurde. Das Buch trägt den Titel „Die Kirschen der Freiheit". In den ersten zwei Nachkriegsjahrzehnten erwarb sich Alfred Andersch im deutschen Sprachraum vor allem durch viele Radio-Hörspiele, einem damals sehr beachteten Genre, den Ruf als angesehener zeitkritischer und sehr politischer Schriftsteller. Wenn man jedoch seine schriftstellerischen Werke etwas tiefergehender auf sich wirken lässt, fällt auf, dass er nicht nur zeitkritisch und politisch geschrieben hat, sondern dass er einer der wenigen deutschsprachigen Schriftsteller war, der den Aspekt der freien Willensentscheidung eines Menschen zum eigentliche Kernthema seines gesamten schriftstellerischen Schaffens gemacht hat. Im Folgenden möchte ich Sie mit seinem Denken über die menschliche Willensfreiheit etwas vertraut machen. Dazu zitiere ich einige wichtige Stellen aus seinem Buch „Die Kirschen der Freiheit".

Ich glaubte, dass man den Menschen durch rationale Willensakte ändern und so die Welt verbessern könne. Aber bald begriff ich die Oberflächlichkeit einer nichts als vernünftigen und mit dem Pathos der Humanität geladenen Begründung des Sozialismus. Dunkel erfasste ich, was geschehen war, als Marx und Lenin, auf Hegel zurück greifend, an die Stelle des mechanistischen Denkens das dialektische gesetzt hatten ... Wir waren Opfer einer deterministischen Philosophie geworden, welche die Freiheit des Willens leugnete. Wir redeten ausdauernd über die Massenbasis, die uns fehlte, ohne zu erkennen, dass uns die Arbeiter gefolgt wären, wenn wir uns zur Tat entschlossen hätten. Niemand konnte die Gesetze der Dialektik so genau ergründen wie das Zentralkomitee der Kommunistischen Internationale. Seine historischen Vorhersagen waren von der Präzision eines Uhrwerks. Dass aber die Dialektik der Geschichte von Menschen geschaffen wird, war niemand so unfähig zu erkennen wie die Führer der kommunistischen Partei ...

Der Ausweg, den ich wählte, war die Kunst. Im Ganzen war es eine ziemlich dünne Beschäftigung. Der Preis, den ich für die Emigration aus der Geschichte bezahlte, war hoch, höher als der, den ich leisten musste, als ich mit der kommunistische Partei in der Geschichte gelebt hatte ... Ich antwortete dem totalen Staat mit der totalen Introversion. Das war, im Sinne Kierkegaards, die ästhetische Existenz, marxistisch verstanden, der

Rückfall ins Kleinbürgertum, psychoanalytisch betrachtet, eine Krankheit als Folge des traumatischen Schocks, den der faschistische Staat in mir erzeugt hatte …

Ich fuhr meine Radtouren immer allein, und ahnte die Möglichkeiten des Lebens, wusste, dass hinter dem Leben, das ich im Augenblick lebte, noch tausend andere Leben auf mich warteten … Ziemlich genau fünf Jahre später, Pfingsten 1944, lief mein Leben endlich auf den Punkt zu, auf den es seinen für mich unsichtbaren Kurs gehalten hatte …

Die Furcht und ihre höchste Steigerung, der Schrecken, kommen von außen auf den Menschen zu, während die Angst von Anfang an in ihm eingeschlossen ist. Sie gehört, ebenso wie der Mut, zu seiner Natur. Zwischen Angst und Mut treten die beiden anderen Eigenschaften des Menschen, Vernunft und Leidenschaft. Sie führen die Entscheidung, die er zwischen Mut und Angst zu treffen hat, herbei … Aber die Größe des Menschen verwirklicht sich nicht in solchen Augenblicken! Es ist ein Leben denkbar, in dem die Freiheit niemals erfahren wird und das dennoch seinen vollen Wert behauptet. Der Wert des Menschen besteht darin, dass er Mut und Angst, Vernunft und Leidenschaft nicht als feindliche Gegensätze begreift, die er zerstören muss, sondern als Pole des einen Spannungsfeldes, das er selber ist. Denn wie kann zum Mord entschlossene Feindschaft herrschen zwischen Eigenschaften, die so offensichtlich zur menschlichen Natur gehören, dass, wollte man auch nur eine von ihnen amputieren, die Seele sterben müsste? Wie viele lebende Leichname gibt es, die – mag ihr Fleisch noch so blühen – gestorben sind, weil sie entweder die Angst oder den Mut, die Vernunft oder die Leidenschaft aus sich ausgerottet haben? Die Freiheit ist nur eine Möglichkeit, und wenn man sie vollziehen kann, hat man Glück gehabt – worauf es ankommt, ist: sich die Anlage zur Freiheit zu erhalten …

Aber ich hatte wenigstens noch den Riecher, die Angst in mir festzuhalten. Hätte ich sie überwunden und zerstört, hätte ich den Mut über sie triumphieren lassen, so wäre ich stumpf geworden. „Stur“ heißt der Ausdruck dafür. Über die Jahre …, die dann folgten, habe ich nicht nur den Mut, sondern auch die Angst gerettet, bis zu den Tagen, an denen ich meine

Flucht wagte. Niemals hätte ich den Mut zur Flucht aufgebracht, wenn ich nicht im gleichen Maße, in dem ich mutig war, feige gewesen wäre.

Ein weiteres Modellbeispiel für ein gelungenes Lebendig-Halten der vier fundamentalen Strukturbausteine des Willens ist für mich Goethe. Er ist deshalb für mich ein gelungenes Modellbeispiel, weil er nicht, wie viele heute denken, einfach nur ein geborenes Genie war, sondern er hat sich seine innere Wandlung erarbeitet. Aber es waren auch die zeitlichen Umstände, die ihn einerseits zur Wandlung genötigt, andererseits aber auch darin unterstützt haben. Und was man Goethe wirklich bescheinigen kann, ist, dass ihm sehr viel *poiesis* in seinem Leben gelungen ist und er somit enorme nachhaltige Spuren in der Welt hinterlassen hat. Denn vielen heutigen Menschen ist vielleicht gar nicht bewusst, dass Goethe schon ab seinem 26. Lebensjahr ein Leben auf zwei Standbeinen führte. In Weimar war er nämlich nicht nur Dichter und Schriftsteller, sondern Beamter des Herzogtums mit Aufgaben, die heute ein Minister innehat. Nach heutiger Lesart war er phasenweise zugleich Bergbau-, Straßenbau-, Finanz- und Verteidigungsminister. Er hat jedoch diese Karriere nicht von sich aus angestrebt, sondern er wurde vom damaligen Herzog „als guter Geist, der mir zur Seite steht" gerufen. Die zeitlichen Perspektiven sollte man aber eben auch berücksichtigen, wenn man zum Beispiel den einen Dichter mit einem anderen vergleicht. Ein solch anderer Dichter war Rainer Maria Rilke. Er wurde in eine Zeit hineingeboren, in der die Selbstentfremdung der Menschen durch die industrielle Entwicklung schon in einem wesentlich größeren Ausmaß Gestalt angenommen hatte als zu Goethes Zeit. Das Narrativ des Lebens von Rilke ist in meinen Augen gekennzeichnet durch einen permanenten inneren Kampf, dieser geistigen Tendenz der Entfremdung seiner Zeit etwas entgegenzusetzen, aber dieses andere erst einmal suchen zu müssen. Das, was er als Alternative schließlich gefunden hat, war, ähnlich wie bei Goethe, die zunächst sehr radikale Rückbesinnung auf die tief in uns wurzelnde Kraft der Empfindung, welcher nicht ohne Grund in diesem Buch ein ganzes Kapitel gewidmet ist. Rilke hat zwar nicht so viel *Poiesis* entwickeln können wie Goethe, aber was viele im Außen ihm damals nicht zugetraut haben, sein Weg nach innen missriet ihm nicht zum einseitigen Rückzug und zum Scheitern am Leben, sondern zu einer Wandlung, die es ihm ermöglichte, das Außen später mit neuen Augen betrachten zu können. Wenige Jahre vor seinem Tod schrieb er in einem Brief an Lou Andreas Salomé:

> *… da spannen sich neue Fernen, so wie im Atom, das die neue Wissenschaft auch als ein Weltall im Kleinen begreift. Das Fassliche entgeht, verwandelt sich, statt des Besitzes lernt man den Bezug, und es entsteht eine Namenlosigkeit, die wieder bei Gott beginnen muss, um vollkommen und ohne Ausrede zu sein. Das Gefühlserlebnis tritt zurück hinter einer unendlichen Lust zu allem Fühlbaren …* (20)

Gerade weil Rilke für mich das Modellbeispiel für diesen Kampf gegen die herrschende Selbstentfremdung des Menschen ist, an deren Grundtendenz sich seit hundert Jahren noch nichts Wesentliches geändert hat, erteile ich ihm dankend das Schlusswort in diesem Buch, mit einem Gedicht aus „Die Sonette an Orpheus".

Wolle die Wandlung. O sei für die Flamme begeistert,
drin sich ein Ding dir entzieht, das mit Verwandlungen prunkt;
jener entwerfende Geist, welcher das Irdische meistert,
liebt in dem Schwung der Figur nichts wie den wendenden Punkt.
Was sich ins Bleiben verschließt, schon ists das Erstarrte;
wähnt es sich sicher im Schutz des unsichtbaren Grau's?
Warte, ein Härteres warnt aus der Ferne das Harte.
Wehe – : abwesender Hammer holt aus!
Wer sich als Quelle ergießt, den erkennt die Erkennung;
und sie führt ihn entzückt durch das heiter Geschaffne,
das mit Anfang oft schließt und mit Ende beginnt.
Jeder glückliche Raum ist Kind oder Enkel von Trennung,
den sie staunend durchgehn. Und die verwandelte Daphne
will, seit sie Lorbeeren fühlt, dass du dich wandelst in Wind.

Anmerkungen

Einleitung

(1) Zitiert nach: Dirk de Sousa: *Einsicht in das Selbst.* Verlag Pegasus Beratung, Bildung & Investment AG, Schweiz 2015, S. 9.

(2) Anäis Nin: *Die Tagebücher* Band 1. dtv, 1979, S. 12.

(3) Goethe: *Tagebuch der italienischen Reise.* 10. Oktober 1776 in Venedig, Insel, 1970.

(4) Wertvolle Gedanken hierzu verdanke ich dem Essay von Emil Staiger: „Johann Wolfgang Goethe" in der „Insel – Goethe – Werkausgabe", Insel, 1970.

(5) Roberto Assagioli: *Die Schulung des Willens.* Junfermann, 1982, S. 13.

(6) Armin Nassehi: *Die letzte Stunde der Wahrheit.* kursbuch-edition, 2018, S. 4f.

(7) Näheres zum *Libet-Experiment*: https://de.wikipedia.org/wiki/Libet-Experiment, 10.1.2020.

(8) Näheres zur Person von *Libet*: https://de.wikipedia.org/wiki/Benjamin_Libet, 20.1.2020.

(9) E. Fromm: *Die Furcht vor der Freiheit.* dtv, 1990, S. 7.

(10) E. Fromm: a.a.O., S. 33.

Kapitel 1

(1) Marion Küstenmacher, Tilmann Haberer, Werner Tiki Küstenmacher: *GOTT 9.0.* Gütersloher Verlagshaus, 2016, S. 8.

(2) Manfred Spitzer: „Vorurteil und Gehirn" in: *Zeitschrift Nervenheilkunde* I/2004, Editorial.

(3) Markus Gabriel: *Ich ist nicht Gehirn.* Ullstein, 2015, S. 7.

(4) Arthur Zajonk: *Die gemeinsame Geschichte von Licht und Bewusstsein.* Rowohlt, 1997, S. 51.

(5) Markus Gabriel: a.a.O., S. 21.

(6) Martin Altmeyer: „Innen, Außen, Zwischen, Paradoxien des Selbst bei Donald Winnicott", in Zeitschr. *Forum der Psychoanalyse*, 1/2005. S. 55f.

(7) Detlef Georg Siebert: *Wir im All, das All in uns.* Books on Demand, 2001, S. 136.

(8) Arthur Zajonc: a.a.O., S. 352.

Kapitel 2

(1) Zitiert nach Rudolf Steiner: *Die Philosophie der Freiheit.* Freies Geistesleben, 1973, S. 199.

(2) Hugo Kükelhaus, Rudolf zur Lippe: *Entfaltung der Sinne.* Rowohlt, 1982; zitiert nach Bruno Martin: Intelligente Evolution. Sphinx, 2007, S. 260.

(3) Otto Friedrich Bollnow: *Philosophie der Erkenntnis.* Kohlhammer, 1981.

(4) Eine gute Übersicht hierzu in: Daniel Siegel: *Das achtsame Gehirn.* arbor, 2007.

(5) Jakob von Uexküll: *Nie geschaute Welten.* Fischer, 1936, S. 11.

(6) Elisabeth von Thadden, Barbara Zehnpfennig, Marcus Kracht, Bernhard Dick, Nico Ernsting, Marc Reimann, Andreas Fischer-Lescano: „Wir können das nicht verantworten“. *Die Zeit*, 11.06.2015, S. 59ff.

(7) Jeremy Hayward: *Die Erforschung der Innenwelt.* Scherz, 1990.

(8) Jeremy Hayword: a.a.O., S. 28f.

(9) Jeremy Hayward: a.a.O., S. 15.

(10) Jeremy Hayward: a.a.O., S. 13.

(11) Maja Storch, Benita Cantieni, Gerald Hüther, Wolfgang Tschacher: *Embodiment.* Huber, 2006, S. 75ff.

Kapitel 3

(1) *Lob der Weisheit – Lektüre zwischen den Jahren.* Insel, 2010, S. 7f.

(2) https://de.wikipedia.org/wiki/Philosophie_der_Antike, 7.10.2021.

(3) https://de.wikipedia.org/wiki/Aristoteles, 7.10.2021.

(4) https://de.wikipedia.org/wiki/Stoa, 7.10.2021.

(5) Eine gute Übersicht zum eigenen Vertiefen bietet Wikipedia zu allen wichtigen Personen und Begriffen der griechischen Philosophie.

(6) https://de.wikipedia.org/wiki/Kritik_der_reinen_Vernunft, 7.10.2021.

(7) https://de.wikipedia.org/wiki/Kritik_der_reinen_Vernunft, 7.10.2021.

(8) https://de.wikipedia.org/wiki/Kritik_der_reinen_Vernunft, 7.10.2021.

(9) Carsten Könneker (Hg.): Wer erklärt den Menschen?, Fischer, 2006.

(10) Carsten Könneker (Hg): a.a.O., S 278.

Kapitel 4

(1) Rudolf Steiner: *Die Pholosophie der Freiheit.* Freies Geistesleben, 1973, S. 202.

(2) Die Zeitschrift *Geist und Gehirn.*

(3) Kai Voglay, Albert Newen: „Ich denke was, was du nicht denkst", in: C. Könneke (Hg.): *Wer erklärt den Menschen?* Fischer, 2006, S. 62.

(4) Kai Vogelay, Albert Newen: a.a.O., S. 65.

(5) Wolf Singer, Matthieu Ricard: *Jenseits des Selbst.* Suhrkamp, 2017, S. 134.

(6) Dalai Lama: *Einführung in den Buddhismus.* Herder Spektrum, 1993.

(7) Die biografischen Daten sind entnommen aus: Christoph Lindenberg, Rudolf Steiner: *Freies Geistesleben*, 1988/2010.

(8) Zitat in Peter Boerner: *Goethe.* rororo bild monographien, Rowohlt, 1964, S. 74.

(9) Albert Schweitzer; in Peter Boerner: *Goethe.* rororo bild monographien, Rowohlt, 1964, S. 162.

(10) https://de.wikipedia.org/wiki/Roter_Holunder, 12.8.2018.

(11) Zitiert nach Christoph Lichtenberg: a.a.O., S. 136.

(12) Zitiert nach Christoph Lichtenberg: a.a.O. S. 113.

(13) Rudolf Steiner: Die Philosophie der Freiheit, a.a.O., S. 82.

(14) Rudolf Steiner: Die Philosophie der Freiheit, a.a.O., S. 202.

(15) Das Mind-and-Life-Forum entstand aus den in Kapitel 2 erwähnten ersten Zusammentreffen zwischen westlichen Naturwissenschaftlern und dem Dalai Lama. Siehe hierzu: https://de.wikipedia.org/wiki/Mind_and_Life_Institute, 10.12.2018.

(16) Oliver Sacks: *Der Strom des Bewusstseins.* Rowohlt 2017, S. 214.

Kapitel 5

(1) Zitiert aus: Vom Wesen des Atems. Herta Richter im Gespräch mit Dieter Mittelsten Scheid. Reichert, 2006, S. 34.

(2) Ilse Middendorff: *Der erfahrbare Atem.* Junfermann, 1986, S. 21.

(3) Eine gute Übersicht über die Leib-Philosophie von Hermann Schmitz, siehe in: Hermann Schmitz: Phänomenologie der Leiblichkeit, in Hilarion Petzold (Hrsg.): *Leiblichkeit.* Junfermann, 1988, S. 71ff., dort auch der Hinweis auf weitere Literatur.

(4) Zitiert nach: Jolande Jacobi: *Die Psychologie von Carl Gustav Jung.* Fischer TB, 1977, S. 22.

(5) Gerhard Roth, Nicole Strüber: *Wie das Gehirn die Seele macht.* Klett-Cotta, 2014, S. 221f.

(6) Herta Richter im Gespräch mit Dieter Mittelsten Scheid: *Vom Wesen des Atems.* Reichert, 2006.

Kapitel 6

(1) Zitiert nach Ken Wilber: *Das Spektrum des Bewusstseins.* rororo, 2000, S. 11.

(2) Tom Steininger, Peter Gottwald: Das aperspektivische Zeitalter. Jean Gebser und die Vision des integralen Zeitalters, in: Zeitschr. *Tattva Viveka* Nr. 49, S. 14ff.

(3) Wulf Mirko Weinreich: *Integrale Psychotherapie.* Araki, 2005.

(4) Wulf Mirko Weinreich: a.a.O., S. 11.

(5) Wulf Mirko Weinreich: a.a.O., S. 40.

(6) Siehe hierzu unter Wikipedia: Bieri-Trilemma; https://de.wikipedia.org/wiki/Bieri-Trilemma, 8.12.2018 und ergänzend: https://de.wikipedia.org/wiki/Peter_Bieri, 8.12.2018.

(7) Eine gute Übersicht, auch über dieses Quadranten-Modell finden Sie unter: Wulf Mirko Weinreich: a.a.O., Seite 46f.

(8) Zur weiteren Vertiefung des Themas „Integrales Bewusstsein“, siehe auch: Küstenmacher Marion, Haberer Tilmann, Küstenmacher Werner Tiki: *Gott 9.0.* Gütersloher Verlagshaus, 2010.

(9) Und zur noch weiteren Vertiefung siehe: Beck Don Edward, Cowan Christopher C.: *Spiral Dynamics, Leadership, Werte und Wandel.* Kamphausen, 2007.

Kapitel 7

(1) Diesen Hinweis verdanke ich Felix Baritsch in: Felix Baritsch: Das Körper- und Geist-Problem, in Zeitschr. *Tibet und Buddhismus*, Ausgabe 4/2013, S. 15ff.

(2) Zitiert aus Jeremy Hayward: a.a.O., 1990, S. 185.

(3) Gerhard Roth: *Wie einzigartig ist der Mensch?* Spektrum, 2011, S. 1f.

(4) Zitiert nach Jeremy Hayward: a.a.O., 1990, S. 182f.
(5) Siehe Wulf Mirko Weinreich: a.a.O., 2005, S. 21.
(6) Die Hinweise auf seine aktuellen Forschungen entnehme ich einem Interview, das er der Zeitschrift *Tattva Viveka* gegeben hat, Ausgabe Nr. 78, S. 28ff.
(7) Entnommen aus einem Interview, das Alex Berzin der Zeitschrift *Tibet und Buddhismus* gab, Ausgabe 10/2018, S. 61ff.
(8) Jakob von Uexküll: *Der unsterbliche Geist in der Natur.* Christian Wegner, 1946, S. 51.
(9) Den Hinweis verdanke ich Jeremy W. Hayward: a.a.O., S. 166f.
(10) Gerald Hüther: *Etwas mehr Hirn.* Vandenhoek & Ruprecht, 2016,
(11) https://de.wikipedia.org/wiki/Buddhi, 09.10.2021.
(12) Wassily Kandinsky, Franz Marc: Der Blaue Reiter, Piper, 1984, S. 142.
(13) Manfred Spitzer: „Denken", in: Zeitschrift *Nervenheilkunde*, 6/2015, S. 417ff.
(14) Manfred Spitzer: a.a.O., S. 419.
(15) Thomas Helmer: Vortrag Psychotherapietage Langeoog, 2014.
(16) Diesen Hinweis verdanke ich dem Buch: Mieke Mosmuller: *Arabeske – Das Integral Ken Wilbers*, dort, S. 41ff.
(17) Mieke Mosmuller: a.a.O., S. 33f.
(18) Gerald Hüther: a.a.O., 2016, S. 50.
(19) Gerald Hüther: *Biologie der Angst.* Vandenhoek & Ruprecht, 2009, S. 80.

Kapitel 8

(1) https://de.wikipedia.org/wiki/Erasmus_von_Rotterdam, 10.8.2020.
(2) https://de.wikipedia.org/wiki/Ludwig_Wittgenstein, 10.8.2020.
(3) Maren Linnartz: „Fit und fertig". *Süddeutsche Zeitung* vom 8./9. August 2015, S. 59ff.
(4) Jens Christian Rabe: „Selbsthass macht fit". *Süddeutsche Zeitung* vom 15. Oktober 2019, Anhang Literatur Sachbuch, S. 16f.
(5) Jürgen Martschukat: *Das Zeitalter der Fitness. Wie der Körper zum Zeichen für Erfolg und Leistung wurde.* Fischer, 2019.
(6) Maja Storch, Benita Cantieni, Gerald Hüther, Wolfgang Tschacher: *Embodiment.* Verlag Hans Huber, 2006, S. 7f.

(7) Gerhard Roth: a.a.O., 2011, S. 38f. und S. 54.

(8) Gerald Hüther: „Was bedeutet das: Lebendig zu sein?", in Zeitschr. *Tattva Viveka*, Nr. 78, S. 14ff.

(9) Ervin Laszlo: *HOLOS Die Welt der neuen Wissenschaften.* Verlag Vianova, 2002, S. 42.

(10) Humberto Maturana, Franzesco Varela: *Der Baum der Erkenntnis.* Scherz 1987; gute Übersicht auch in: Jeremy W. Hayward, 1990.

(11) https://de.wikipedia.org/wiki/Quantenverschränkung, 10.08.2020.

(12) Maurice Merleau-Ponty: *Phänomenologie der Wahrnehmung.* de Gruyter, 1966.

(13) Siehe ein erster Überblick in: Hermann Schmitz: Phänomenologie der Leiblichkeit, in Hilarion Petzold (Hrsg.): *Leiblichkeit.* Junfermann, 1986, dort weitere Literatur.

(14) Ernst-Michael Kranich: *Der innere Mensch und sein Leib.* Freies Geistesleben, 2003, S. 12.

(15) Ernst-Michael Kranich: a.a.O., 2003, S. 227f.

(16) Rainer Flindt: *Biologie in Zahlen.* Thieme 1985; Hinweis in Ernst-Michael Kranich, a.a.O., S. 369.

(17) Ervin Laszlo: a.a.O., S. 76.

(18) Ervin Laszlo: a.a.O., S. 77.

(19) Ervin Laszlo: a.a.O., S. 96.

(20) Bruno Martin: *Intelligente Evolution.* Ullstein, 2007, S. 65f.

(21) Ervin Laszlo: a.a. O., S. 97.

(22) Stowasser: Das Standardwörterbuch Lateinisch – Deutsch; (bitte hier nicht Google zu Hilfe nehmen, dort gibt es meist nur oberflächliche und nicht selten sinnentleerte Worthülsen).

(23) Ervin Laszlo: *Zu Hause im Universum.* Ullstein, 2005, S. 143f.

(24) Die hier aufgeführten Zusammenhänge entnehme ich im Wesentlichen einem aufgezeichneten Vortrag von Wolfgang Held: „Was den Mensch zum Menschen macht", Dornach, 02.01.2008.

(25) Armin J. Husemann: *Der musikalische Bau des Menschen.* S. 37 und S. 285.

(26) Ervin Laszlo: a.a.O., 2005, S. 52.

(27) Bruce Lipton: *Intelligente Zellen.* KOHA, 2011, S. 38.

(28) Bruce Lipton: a.a.O., S 68.

(29) Stowasser: unter *Cura* und *curare*.
(30) Siehe hierzu: Alberto Villoldo, David Perlmutter: *Das erleuchtete Gehirn.* Goldmann 2011, speziell S. 130ff.
(31) https://de.wikipedia.org/wiki/Glutathion, 30.09.2020.
(32) https://de.wikipedia.org/wiki/Melatonin, 30.09.2020.
(33) https://de.wikipedia.org/wiki/Glucocorticoide, 30.09.2020.
(34) Siehe hierzu die wissenschaftliche Expertise in: Gerald Hüther: The central adaption syndrome: Psychosocial stress as a trigger for the adaptive modification of brain structure and brain function. Progress of Neurobiology, 48, 569–612; außerdem als populärwissenschaftliche Darlegung in Gerald Hüther: *Biologie der Angst.* Vandenhoeck & Ruprecht, 2009.
(35) Gerhard Roth: „Gleichtakt im Neuronennetz" in: Carsten Könneker (Hg.): a.a.O., 2006, S. 30.
(36) Hermann Haken: „Die Synergetik der Gehirnfunktionen" in: Günter Schiepek (Hg.): *Neurobiologie der Psychotherapie.* Schattauer, 2003.
(37) https://de.wikipedia.org/wiki/Synästhesie, 17.10.2020.
(38) Daniel Stern: *Die Lebenserfahrung des Säuglings.* Klett-Cotta, 1992, S. 77.

Kapitel 9

(1) Zitiert nach Andreas Pfäfflin: *Ich – Leib – Person.* Novalis, 2015, S. 313.
(2) Daniel Hell: *Seelenhunger.* Hans Huber, 2003, S. 21.
(3) https://de.wikipedia.org/wiki/Seele, 01.06.2020.
(4) Gerhard Roth, Nicole Strüber: „Wie das Gehirn die Seele macht", a.a.O., S. 370.
(5) Andreas Resch: „Die Seele". *Grenzgebiete der Wissenschaft* GW 62 (2013), 2, 99–128, Andreas Resch, Innsbruck.
(6) Sabine Rückert, Matthias Kalle, Sascha Chaimowicz, Heike Faller, Lilith Grull, Tillmann Prüfer, Mathias Stolz, Annabel Wahba: „Was ist die Seele?" in: *Zeitmagazin* 20.12.2017, S. 20ff.
(7) Daniel Hell: *Seelenhunger.* Hans Huber, 2003, S. 21.
(8) https://de.wikipedia.org/wiki/Seele, 01.06.2020.
(9) Bei meiner in diesem Abschnitt skizzierten Übersicht über die Pioniere und Forscher der Seelenwelt war mir eine entsprechende Übersicht in Andreas Pfäfflin: *Ich – Leib – Person.* Sehr hilfreich, weil dort die auch für

mich wesentlichsten Aspekte der skizzierten Protagonisten gut zur Darstellung kommen; an dieser Stelle meinen Dank an den Autor, siehe Andreas Pfäfflin, 2015, a.a.O., S. 288 ff.

(10) Stanislav Grof: *Topografie des Unbewussten.* Klett Cotta, 1983, S. 29.

(11) Stanislav Grof: a.a.O., S. 29f.

(12) https://de.wikipedia.org/wiki/Stanislav_Grof, 01.04.2020.

(13) Carlo Zumstein: *Der schamanische Weg des Träumens.* Hugendubel, 2003.

(14) Carlo Zumstein: a.a.O., S. 22f.

(15) Carlo Zumstein: a.a.O., S. 9.

(16) Die hilfreiche Zusammenfassung entnehme ich dem Buch: Deepak Chopra: *Das Buch der Geheimnisse.* Goldmann-Arkana, 2003.

(17) Gerald Hüther: *Etwas mehr Hirn.* V&R, 2016.

(18) Jose & Miriam Argüelles: *Das große Mandala-Buch.* Aurum, 1974.

(19) Jose & Miriam Argüelles: a.a.O., S. 13.

(20) Jose & Miriam Argüelles: a.a.O., S. 17.

Kapitel 10

(1) Rabindranath Tagore: *Sadhana.* Kurt Wolf, S. 101.

(2) https://de.wikipedia.org/wiki/Selbst, 09.01.2021.

(3) Roderich Wahsner: „Brahman – Atman – Purusha“, in Zeitschr. *Transpersonale Psychologie und Psychotherapie* 2/2004, S. 31–42.

(4) Derselbe, a.a.O., S 35.

(5) Rabindranath Tagore: *Sadhana.* Kurt Wolff, 1921, S. 96–98.

(6) Derselbe, a.a.O., S. 96ff.

(7) Derselbe, a.a.O., S. 105f.

(8) Derselbe, a.a.O., S. 6.

(9) https://de.wikipedia.org/wiki/William_James, 13.01.2021.

(10) Carl Gustav Jung: *Gesammelte Werke,* Band VII, S. 195f.; zitiert nach: Erinnerungen, Träume, Gedanken von C. G. Jung, herausgegeben von Aniela Jaffe, Walter, 1984, S. 416.

(11) Der Vortrag ist abrufbar unter: https://web.archive.org/web/20160325045532/http://gassenhuber.de/kontingenz/materialien/Ferenczi Verwirrung.pdf, 18.01.21.

(12) https://de.wikipedia.org/wiki/Melanie_Klein, 20.01.2021.

(13) Donald Woods Winnicott: *Von der Kinderheilkunde zur Psychoanalyse.* Kindler, 1976, S. 67.
(14) Donald Woods Winnicott: a.a.O., S. 163ff.
(15) Donald Woods Winnicott: a.a.O., S. 20.
(16) Julius Kuhl: *Lehrbuch der Persönlichkeitspsychologie.* Hogrefe, 2010; außerdem: Maja Storch, Julius Kuhl: *Die Kraft aus dem Selbst.* Huber, 2011.
(17) Julius Kuhl: *Das bewegte Selbst.* DVD: Julius Kuhl: Das bewegte Selbst. Aufzeichnung eines Vortrags beim 7. Osnabrücker Kongress „Bewegte Kindheit". März 2011, Auditorium Netzwerk, Mühlheim/Baden.
(18) Ich habe die Reihenfolge leicht verändert, weil aus meiner körperpsychotherapeutischen Erfahrung heraus die Verbundenheit mit dem Körper zwingend schon auf die Parallel-Verarbeitung folgt.
(19) Sylvester Walch: *Vom Ego zum Selbst.* O. W. Barth, 2011.
(20) Manfred Spitzer: „Mediennutzung in Zeiten von Corona", in Zeitschr. *Nervenheilkunde*, 2020; 39; S. 698–703.

Kapitel 11

(1) Zitiert nach Markus Gabriel: *Ich ist nicht Gehirn.* Ullstein, 2015, S. 225.
(2) Zitiert nach Markus Gabriel: *Ich ist nicht Gehirn.* Ullstein, 2015, S. 186f.
(3) https://de.wikipedia.org/wiki/Ich, 28.11.2020.
(4) Rudolf Steiner: *Der Christus-Impuls und die Entwicklung des Ich-Bewusstseins.* Rudolf Steiner Verlag, 2012, S. 9.
(5) Jean Gebser: *Ursprung und Gegenwart.* Erster Teil. Novalis, 2007, S. 127; ich danke Andreas Pfäfflin an dieser Stelle explizit für den wertvollen Hinweis; siehe dort, a.a.O., S. 84f.
(6) Homer: *Odyssee.* 22. Gesang.
(7) https://de.wikipedia.org/wiki/Meister_Eckhart, 28.11.2020.
(8) https://de.wikipedia.org/wiki/Meister_Eckhart, 28.11.2020.
(9) Meister Eckart: Predigt 52; in Niklas Largier, (Hg.): *Meister Eckart. Werke.* Deutscher Klassiker Verlag 1993, S. 562f., zitiert nach Markus Gabriel, a.a.O., S. 215.
(10) Markus Gabriel: a.a.O., S. 214f.
(11) https://de.wikipedia.org/wiki/David_Hume, 18.12.2020

(12) Thomas Metzinger: „Der Preis der Selbsterkenntnis“, in: Carsten Könneker, a.a.O., 2006, S. 266f.

(13) Zitiert nach Markus Gabriel: a.a.O., S. 202.

(14) Jeremy Hayward: a.a.O., S. 163.

(15) Mich erinnert das immer wieder an die Frontlinien im 1. Weltkrieg. Die Situation brachte keiner der beiden Fronten auch nur einen kleinen Zugewinn. Und das über Jahre hinweg. Aber auf die Idee, dann lieber mit einander zu reden und zu verhandeln, kam keiner.

(16) Andreas Pfäfflin: a.a.O., 2015, S. 311f. und S. 313.

(17) Andreas Pfäfflin: a.a.O., 2015, S. 113ff.

Kapitel 12

(1) Rabindranath Tagore: *Sadhana*. a.a.O., S. 104.

(2) https://de.wikipedia.org/wiki/Upanishaden, 13.12.2020.

(3) https://de.wikipedia.org/wiki/Upanishaden, 13.12.2020.

(4) Rabindranath Tagore, Sadhana: a.a.O., S. 163–167.

(5) Rabindranath Tagore, Sadhana: a.a.O., S. 172ff.

(6) Siehe hierzu: https://de.wikipedia.org/wiki/Satz_vom_zureichenden_Grund, 12.12.2020, Schopenhauers Doktorarbeit, siehe unter: https://books.google.de/books?id=cM0AAAAAcAAJ&printsec=frontcover&dq=Arthur+Schopenhauer&hl=de&ei=YlBVTejRKNDusgaTmNToDA&sa=X&oi=book_result&ct=result&redir_esc=y#v=onepage&q&f=false, 12.10.2021.

(7) Urs App: http://www.sino-platonic.org/complete/spp200_schopenhauer.pdf, 01.03.2021.

(8) Das Zitat entnehme ich dem erwähnten Artikel von Urs App: a.a.O., S. 39.

(9) Urs App: a.a.O., Vorwort, ohne Seitenangabe.

(10) Urs App: a.a.O., Vorwort, ohne Seitenangabe.

(11) Rudolf Steiner: *Die Philosophie der Freiheit*. a.a.O., S. 123.

(12) Roberto Assagioli: *Die Schulung des Willens*. Junfermann, 1982.

(13) Bei den aktuellen Demonstrationen gegen die von der Politik bewirkten Einschränkungen gegen die Corona-Epidemie ist das Hauptargument, dass man sich „von oben“ einseitig behandelt und gegängelt fühle, ohne dass man auf ihre persönlichen Bedürfnisse eingehe. Ein solches Grundgefühl

kommt dem sehr nahe, was Stern und seine Mitarbeiter als Folgeerscheinung bei Säuglingen von „funktionalen“ Müttern beobachtet haben.

(14) Daniel Stern: *Die Lebenserfahrung des Säuglings.* a.a.O., S. 232 und 240.

(15) Ders.: a.a.O., S. 241–246.

(16) Ders.. a.a.O., S. 247.

(17) Ders.: a.a.O., S. 251.

(18) https://de.wikipedia.org/wiki/Rapport_(Psychologie), 03.03.2021.

(19) https://de.wikipedia.org/wiki/Buckminster_Fuller, 22.03.2021.

(20) Zitiert nach Willy Grabert, Arno Mulot: *Geschichte der deutschen Literatur.* Bayerischer Schulbuch-Verlag, 1966, S. 407.

Literaturverzeichnis

Andersch, Alfred: *Die Kirschen der Freiheit*, Diogenes, 2006.
Argüelles, Jose und Miriam: *Das große Mandala-Buch*, Aurum, 1978.
Assagioli, Roberto: *Die Schulung des Willens*, Junfermann, 1982.
Baritsch, Felix: „Das Körper- und Geist-Problem", in: *Tibet und Buddhismus*, 4/2013, S. 15–17.
Beck, Don Edward, Cowan, Christopher C.: *Spiral Dynamics – Leadership. Werte und Wandel*, J. Kamphausen, 2007.
Boemer, Peter: *Goethe*, Rowohlt, 1964.
Bollnow, Christian Friedrich: *Philosophie der Erkenntnis*, Kohlhammer, 1981.
Buber, Martin: *Das dialogische Prinzip*, Lambert Schneider, 1979.
Chopra, Deepak: *Das Buch der Geheimnisse*, Goldmann, 2008.
Dalai Lama: *Einführung in den Buddhismus*, Herder, 1993.
Flindt, Rudolf: *Biologie in Zahlen*, Thieme, 1985.
Fromm, Erich: *Die Angst vor der Freiheit*, dtv, 1990.
Gabriel, Markus: *Ich ist nicht Gehirn*, Ullstein, 2015.
Gebser, Jean: *Ursprung und Gegenwart*, Novalis, 2007.
Goethe, Johann Wolfgang: *Tagebuch der italienischen Reise*, Insel, 1970.
Grof, Stanislav: *Topografie des Unbewussten*, Klettt-Cotta, 1983.
Hayward, Jeremy W.: *Die Erforschung der Innenwelt*, Scherz, 1990.
Hell, Daniel: *Seelenhunger*, Hans Huber, 2003.
Hüther, Gerald: *Biologie der Angst*, Vandenhoeck & Ruprecht, 2012.
Hüther, Gerald: „Was bedeutet das: Lebendig zu sein?" In: *Tattva Viveka*, Nr. 78, S. 14–23.
Husemann, Armin J.: *Der musikalische Bau des Menschen*, Freies Geistesleben, 2003.
Jacobi, Jolande: *Die Psychologie des C. G. Jung*, Fischer, 1977.
Jaffe, Aniela (Hg.): *Erinnerungen, Träume, Gedanken von C. G. Jung*, Walter, 1984.
Kandinsky, Wassili, Marc, Franz: *Der Blaue Reiter*, Piper 1984.
Kant, Immanuel: *Kritik der reinen Vernunft*, VMA, Wiesbaden, o.J.
Könnecker, Carsten: *Wer erklärt den Menschen?* Fischer, 2006.
Kranisch, Ernst-Michael: *Der innere Mensch und sein Leib*, Freies Geistesleben, 2003.
Kükelhans, Hugo, zur Lippe, Rudolf: *Entfaltung der Sinne*, Rowohlt, 1982.
Küstenmacher, Marion; Haberer, Tilmanm; Küstenmacher, Werner Tiki: *Gott 9.0*, Gütersloher Verlagshaus, 2016.
Kuhl, Julius: *Lehrbuch der Persönlichkeitspsychologie*, Hogrefe, 2010.
Laszlo, Ervin: *HOLOS die Welt der neuen Wissenschaften*, Vianova, 2002.
Laszlo, Ervin: *Zu Hause im Universum*, Ullstein, 2005.
Lindenberg, Christoph: *Rudolf Steiner – Eine Chronik*, Freies Geistesleben, 2010.

LIPTON, BRUCE: *Intelligente Zellen*, Koha, 2011.
MARTIN, BRUNO: *Intelligente Evolution*, Ullstein, 2007.
MARTSCHUKAT, JÜRGEN: *Das Zeitalter der Fitness. Wie der Körper zum Zeichen für Erfolg und Leistung wurde*, Fischer, 2019.
MATURANA, HUMBERTO; VARELA, FRANCESCO: *Der Baum der Erkenntnis*, Scherz, 1987.
MERLEAU-PONTY, MAURICE: *Die Phänomenologie der Wahrnehmung*, De Gruyter, 1966.
MERTENS, WOLFGANG: *Psychoanalyse im 21. Jahrhundert – Eine Standortbestimmung*, Kohlhammer, 2013.
MICHELS, ALOIS: „Körpertherapie bei Persönlichkeitsstörungen?" In: *Verhaltenstherapie & Psychosoziale Praxis*, 4/2001, S. 695–712.
MICHELS, ALOIS: „Die Strukturelle Körperpsychotherapie – eine komplementäre Methode in der Therapie von Persönlichkeitsstörungen", in: Merod, Rudolf (Hg.): *Behandlung von Persönlichkeitsstörungen. Ein schulenübergreifendes Handbuch*, DGVT, 2005.
MICHELS, ALOIS: „Darlegung tradierter klassischer Körperpsychotherapie – Methoden", in: Hampe, Ruth, Martius, Philipp, Ritschi, Dietriech, Spreti, Flora von, Stalder, Peter, B. (Hg.): *KunstReiz – Neurobiologische Aspekte künstlerischer Therapien*, Frank & Timme, 2009.
MIDDENDORF, ILSE: *Der erfahrbare Atem*, Junfermann, 1986.
MITTELSTEN SCHEID, DIETER: *Vom Wesen des Atems*, Reichert, 2006.
MOSMULLER, MIEKE: *Arabeske – Das Integral Ken Wilbers*, Occident, 2009.
NASSEHI, ARMIN: *Die letzte Stunde der Wahrheit*, kursbuch-edition, 2017.
PETZOLD, HILARION (Hg.): *Leiblichkeit*, Junfermann, 1986.
PFÄFFLIN, ANDREAS: *Ich – Leib – Person*, Novalis, 2015.
PÖPPEL, ERNST: *Grenzen des Bewusstseins – Wie kommen wir zur Zeit?*, Insel, 2000.
ROTH, GERHARD: *Wie einzigartig ist der Mensch?* Spektrum, 2011.
ROTH, GERHARD, STRÜBER, NICOLE: *Wie das Gehirn die Seele macht*, Klett-Cotta, 2014.
SACKS, OLIVER: *Der Strom des Bewusstseins*, Rowohlt, 2017.
SCHIEPEK, GÜNTER (Hg.): *Neurobiologie der Psychotherapie*, Schattauer, 2003.
SCHOPENHAUER, ARTHUR: *Die Welt als Wille und Vorstellung*, Atlas, o.J.
SIEBERT, DETLEF, GEORG: *Wir im All, das All in uns*, Books on Demand, 2001.
SIEGEL, DANIEL: *Das achtsame Gehirn*, Arbor, 2007.
SINGER, WOLF, MATTHIEU RICARD: *Jenseits des Selbst*, Suhrkamp, 2017.
STEINER, RUDOLF: *Anthroposophische Leitsätze*, GA 26, Dornach, 1990.
STEINER, RUDOLF: *Die Philosophie der Freiheit*, Freies Geistesleben, 1973.
STERN, DANIEL: *Die Lebenserfahrung des Säuglings*, Klett-Cotta, 1982.
STORCH, MAJA, KUHL, JULIUS: *Die Kraft aus dem Selbst*, Huber, 2011.
TAGORE, RABINDRANATH: *Sadhana*, Kurt Wolff, 1921.
UEXKÜLL, JAKOB VON: *Nie geschaute Welten*, Fischer, 1936.
UEXKÜLL, JAKOB VON: *Der unsterbliche Geist in der Natur*, Christian Wegner, 1946.

VILLOLDO, ALBERTO, PERLMUTTER, DAVID: *Das erleuchtete Gehirn*, Goldmann, 2011.
WAHSNER, RODERICH: „Brahman – Atman – Purusha“, in: *Transpersonale Psychologie und Psychotherapie*, 2/2004, S. 31–51.
WALCH, SYLVESTER: *Vom Ego zum Selbst*, O. W. Barth, 2011.
WEINREICH, WULF MIRKO: *Integrale Psychotherapie*, Araki, 2005.
WHITEHEAD, ALFRED NORTH: *Wissenschaft und moderne Welt*, Suhrkamp, 1984.
WINNICOTT, DONALD W.: *Von der Kinderheilkunde zur Psychoanalyse*, Kindler, 1976.
ZAJONK, ARTHUR: *Die gemeinsame Geschichte von Licht und Bewusstsein*, Rowohlt, 1997.
ZUMSTEIN, CARLO: *Der schamanische Weg des Träumens*, Hugendubel, 2003.

Bei den hier verzeichneten Büchern entspricht das angegebene Jahr nicht unbedingt dem Ersterscheinungsjahr, sondern bezeichnet das Erscheinungsjahr der derzeit verfügbaren Buchausgabe.

Printed in Poland
by Amazon Fulfillment
Poland Sp. z o.o., Wrocław

39830346R00266